무형재산권론

吳漢東 著
董新義·申惠恩·許麗華 譯

진 원 사

本项目受中国社会科学基金(Chinese Fund for the Humanities and Social Sciences)资助。

본 프로젝트는 中國社會科學基金(Chinese Fund for the Humanities and Social Sciences)의 지원에 의하여 완성하였습니다.

추 천 사

중국 지적재산권법의 대가이신 오한동(吳漢東) 선생의 "무형재산권론"은 제1회 중국출판정부상을 수상한, 중국법학계에서 우수성과물로 선정된 연구결과물이다. 이러한 "무형재산권론"이 우리나라에서 번역 · 출판하게 된 것을 대단히 기쁘게 생각한다.

오한동 선생은 『무형재산권 기본문제연구』를 비롯하여 지적재산권법 분야에 100여 편의 논문과 도서가 있으며, 중남재경정법대학교 총장, 중국 교육부 인문사회과학중점 연구기지, 지식재산보호 연구국가기지, 지식재산전략 연구기지, 국가판권국 국제판권 연구기지 주임, 중국 교육부 사회과학위원회 법학부 위원, 중국지식재산법연구위원회 명예회장, 최고인민법원 특약자문위원, 최고검찰원 특약자문전문가 직을 두루 역임한 중국의 대표적인 지적재산권법 학자이자 전문적인 행정가이기도 하다. 오한동 선생은 중국뿐만 아니라 우리나라와 일본의 학자들과도 많은 학술적 교류를 하고 있는 분이다.

중국문학 분야는 일찍부터 우리나라에 번역 · 출판되어 우리에게 많은 영향을 주었으나, 지적재산권법 분야에서는 몇 권의 실무서가 번역 · 출판되어 소개된 적은 있으나, 이론서가 번역 · 출판되는 것은 처음이라고 생각된다.

본서는 『무형재산권 기본문제연구(无形财产权基本问题研究)』(第三版)을 中國社會科學基金(Chinese Fund for the Humanities and Social Sciences)의 지원에 의해 동신의(董新義) 교수, 신혜은 교수, 허려화(許麗華) 변호사가 주축이 되어 여러 전문가들이 2여년에 걸쳐 어렵게 번역한 책이다. 본서는 상편과 하편으로 구성되어 있는데, 상편에서는 주로 무형재산권에 관한 기본이론의 구축에 대해 서술하고 있으며, 하편에서는 각종 무형재산인 저작권, 특허권, 집적회로 배치설계권, 영업비밀권, 식물신품종보호권, 상표권, 지리적표시권, 상호권, 도메인 네임권 등에 대한 제도적인 부분으로 구성되어 있다.

마지막으로 본서가 중국지적재산권법을 연구하는 학자와 실무가들뿐만 아니라 지적재산권 정책 수립에도 참고가 될 것이라 생각한다.

2018년 8월 8일

한양대학교 법학전문대학원 교수 윤 선 희(尹宣熙)

(사)한국지식재산학회 명예회장

머 리 말

저자의 저서 "무형재산권론"이 곧 한국에서 출판발행하게 된 것은 중국의 대외학술교류의 하나의 성과이자 저자의 36년 동안의 학술연구에서 아주 큰 일로서 대단히 기쁘게 생각한다. "무형재산권론" 한국어본은 주로 중국의 중앙재경대학교 동신의 박사, 한국의 충북대학교 신혜은 박사 및 중국의 베이징중은변호사사무소 허려화 변호사가 공동으로 번역을 하였으며 약 2년 동안의 힘겨운 번역과정과 밀접한 협력을 통하여 이번에 순조롭게 출판하게 된 것에 대하여 역자들에게 깊은 경의와 감사를 드리는 바이다.

한국은 저자가 자주 해외학술교류를 하는 국가 중 하나이다. 저는 서울, 부산 등 한국의 여러 지역에서 개최한 지식재산권 관련 회의에 여러 차례 참석하였으며 총리사무실의 고위층간부, 문화부 장관, 대법원 부원장 및 저작권위원회 위원장 등 지식재산권 분야 관련 여러 고위층을 방문한 적도 있으며 한국의 동국대학교 명예교수 박영길 박사, 고려대학교 이대희 박사, 한국특허법연구회 회장 신혜은 박사, 한국저작권위원회 이호흥 박사 등과도 깊은 학술적인 우정을 맺게 되었다. 책으로 벗을 만나고 학술로 서로 교류하고자, "무형재산권론"의 출판을 통하여 중국과 한국의 지식재산권 학술교류에 작으나마 이바지할 수 있기를 기대해본다.

20세기 90년대부터, 저는 줄곧 무형재산권제도를 연구하여 왔다. 당시 중국의 학술지인 "법학연구"에 "무형재산권에 관한 여러 이론문제"라는 논문의 발표를 시작으로, 2013년에 50만자에 달하는 저작 "무형재산권 기본문제 연구" 제3판의 발행까지, 저의 20여 년 동안 무형재산권 관련 연구에 대한 학술상의 사고와 총괄을 의미한다.

무형재산권이라는 개념은 독일학자 코블러(Kobler)가 1875년에 제시한 것이다. 그는 기존의 학자들이 지혜성 산물로 인한 권리를 일종의 소유권으로 간주하는 것은 잘못된 것이라고 비판하였으며 이를 재산소유권과 구별되는 다른 종류의 권리인 "무형재산권"(Immaterial Güterrecht)으로 간주하여야 한다고 주장하였다. 일본학자 요시우찌(吉藤幸朔)의 연구에 의하면, 해당 학설은 그 후 유럽대륙에서 흥행하였으며 일부 서양국가의 관련 입법과 학설에서는 "무형재산권"으로 지식재산권의 전유권리를 개괄하여 칭하기도 하였다. 20세기 60년대에 이르러, 지식재산권은 점차 국제적으로 통용하는 법률용어가 되었지만 일부 학자들은 계속하여 "무형재산권"이라는 용어를 사용하였다. 저자는 이러한 법률용어는 넓은 포용성을 갖고 있으므로 새로운 시대적 배경 하에 참조할만한 점이 있다고 본다. 우리는 현대사회의 재산형태는 중대한 변화가 발생하였으며 점점 더욱 많은 재산이 무형성 및 비물질성을 나타내고 있음을 볼 수 있다. 예를 들면 지식형 재산으로서의 지식, 기술 및 정보, 자본신용형 재산으로서의 상업명예, 신용 및 이미지, 특별허가형 재산으로서의 경영자격 및 특권 등이 있다. 비물질성 재산의 권리형태로부터 보면, 다수는 지식재산권으로서의 문학재산권, 산업재산권 등에 해당되지만, 일부는 지식재산권으로 분류할 수 없으나 무형재산권의 기본적인 속성을 갖는 상업명예권, 신용권, 이미지권, 특별허가권 등이 있다. 이를 토대로, 본 저서는 지식재산권보다 범위가 넓은 무형재산권체계를 확립하여 비물질성 형태의 객체로 인하여 발생한 모든 권리를 이에 포함시키는 시도를 한 것이다. 또한 이를 통하여 현대의 과학기술 및 상품경제의 발전으로 인하여 발생한 법률적 필요성을 대응하고자 한 것이다.

본 저서는 이론적 구축 및 제도적 설계를 기본적인 구조로 하며, 상편은 무형재산권의 기본적인 이론범주를 집중적으로 검토한 것이고 하편은 주로 무형재산권의 기본적인 제도유형을 분석한 것으로서 역사와 현실의 집합점에서 무형재산권제도의 변혁 및 발전을 집중적으로 논술하고 이론과 실무를 상호 결합하여 새로운 법률규범을 검토하였다. 본 저서는 중국에서 여러 번 재인쇄 및 재판하였으며 학술계의 많은 관심과 호평을 받았다. 이번에 한국에서 출판하게 되면서 한국학자들의 진심어린 비판과 건의를 바란다.

우한동(吳漢東)
2018년 3월 28일

옮긴이 서문

1992년 한중 수교 이후 양국 간의 무역규모는 해마다 증가하였고, 현재 중국은 한국의 최대 교역국이다. 4차 산업혁명시대에는 무역에 있어서도 상품의 교역보다 지식재산의 교역이 주를 이룰 것으로 예상되는데, 그럼에도 불구하고 중국의 지식재산권법에 대해서는 한국 내에 연구자나 전문가가 많지 않은 상황이다. 그 이유 중 하나는 언어의 장벽으로 생각되는바, 역자들은 중국의 대표서적을 번역하여 국내에 소개하고자 뜻을 모았다.

번역대상 도서 『无形财产权基本问题研究』(第三版)는 중국 지식재산권법학계의 1인자로 불리시는 우한동 교수의 대표적 저작 중 하나로, 제1회 중국출판정부상을 수상하였고, 중국법학 우수성과물로 선정된 바 있다. 이 책의 번역 · 출판을 위해서는 중국사회기금(Chinese Fund for the Humanities and Social Sciences)에서 지원을 받았다.

민사적 권리제도의 체계상, 지식재산권이란 용어는 전통적인 소유권과는 구별되어 존재한다. 지식재산권 학설은 국제적으로도 널리 전파되었지만, 과학기술의 발전에 따라 새롭게 등장한 유형의 권리들을 모두 포함시키지는 못한다는 한계가 있었다. 이에 우한동 교수는 "무형재산권"이라는 개념을 도출하여 지식재산권보다 더 넓은 범위의 이론체계를 구축할 필요가 있다는 점을 제안하고 있다. 이와 같은 새로운 이론체계의 창설은 물권법을 비롯한 민법의 기본 이론체계뿐 아니라 지식재산권과 관련된 각종 제도의 구축에까지 새로운 도전을 요구하고 있다. 이 책은 상편과 하편으로 구성된다. 상편에서는 주로 무형재산권에 관한 기본이론의 구축에 대해 서술하고 있다. 하편에서는 현재까지 나타난 각종 무형재산(권)인 저작권, 특허권, 집적회로 배치설계권, 영업비밀권, 식물신품종보호권, 상표권, 지리적표시권, 상호권, 도메인 네임권, 이미지권, 상업명예권, 신용권, 특별경영허가권 등에 대해 구체적으로 논의하고 있다.

이 책의 번역을 위해 지난 2년간 중국 중앙재경대학교 동신의 교수, 한국 충북대학교 법학전문대학원 신혜은 교수 그리고 북경 중은변호사사무소 허려화 변호사가 수고하였고, 김영필 삼성전자 책임, 문려화 박사과정 학생, 박동매 변호사, 박종학 변호사, 서지영 변리사, 심상희 변리사, 윤정화 변리사, 이기성 변리사, 한상욱 변호사 등 한국의 중국전리법연구회 회원 분들께서 감수를 해주셨다. 바쁜 일정에도 불구하고 기꺼이 번역과 감수에 동참해 주신 모든 분께 다시 한 번 감사의 말씀을 드린다. 아울러 어려운 출판시장 사정에도 불구하고 흔쾌히 출판을 맡아주신 진원사 사장님과 편집을 위해 수고해주신 직원 분들께 깊이 감사드린다.

아무쪼록 중국 법학계에서 민법과 지식재산권 기초이론 연구의 방향성 제시에 중심적인 역할을 담당하고 있는 이 책이 한중 양국의 법학 학술교류에도 보탬이 될 수 있다면 더 이상 바랄 것이 없겠다.

2018년 9월 1일 옮긴이를 대표하여
중국 중앙재경대학교 동신의 교수

목 차

상편 무형재산권 기본이론

하편 무형재산권 기본제도

상 편

무형재산권 기본이론

제 1 장
무형재산권제도의 연혁

모든 사회의 존재형태는 먼저 물질자료로 표현되는 재산을 토대로 한다. 사회경제활동에서 발생하는 각종 경제관계는 점유관계와 이전관계를 포함하며, 모두 직접적 또는 간접적으로 재산과 관련된다. 그 출발점 범주를 보면 재산은 민사적 권리의 중요한 객체로서 사회경제활동의 토대이다.

1. 고대로마 재산제도의 형성

권리대상으로서의 재산에 대해, 고대 로마법의 발전과정에서 다양한 제도적 수단이 마련되어 있었다. 로마의 건국 초기, 사적 재산권의 객체로 될 수 있는 것은 동산뿐이었다. "크리워이츠(Crevits)" 소유제 하에서는 토지소유권이 인정되지 않았으므로, 소유권의 객체는 아내, 아들, 노예, 가축과 세습된 주택에만 한정되었다. 이들은 당시 사람들의 눈에는 중요한 재산이었으므로 개인재산권의 객체가 되었다.[1)] 노예제 경제와 사유제가 발전함에 따라 부동산, 예를 들어 토지, 삼림, 목장 등과 같은 중요한 생산자료도 점차 사권(private rights)의 객체로 확인되었다. 여기서, 토지는 농업사회에서의 중요성과 자명성(visibility), 고정성(fixity), 안전성(security)으로 인하여 고대 로마로부터 근대까지 줄곧 재산권의 중요한 객체였다.[2)]

1) 周枏等:《罗马法》, 155页, 北京, 群众出版社, 1983。

2) [英] F · H · 劳森、B · 拉登:《财产法》, 22页, 北京, 中国大百科全书出版社, 1998; 王利明:《民商法研究》(第四辑), 169页, 北京法律出版社, 1999。

가. 로마법상의 객체제도

로마의 사법(private law) 체계에서 로마인은 "물(物)"을 객체의 범주로 하였으며, 이를 토대로 소유권 형태를 핵심으로 하는 "물권(物權)"제도를 설계하고 물권제도, 채권제도를 골자로 하는 "물법(物法)" 체계를 구축하였다. 요약하면, 로마의 재산법 체계는 "물"(주로 유형의 물질 객체이며, 무형의 제도 산물도 포함)을 토대로 구축되었다. 로마의 민사객체물제도는 아래 몇 가지 특징을 가진다.

(1) 인간 자체를 물건으로서 객체 범주에 포함시켰다.

로마법 의미에서 "물(物)"(res)은 자유인을 제외한, 자연계에 존재하는 모든 물건을 가리킨다. 노예제 로마국가에서 노예는 자유권을 향유하지 못하므로 "물(物)"로 취급되었으며, 그 지위는 소나 말과 같았고 주인은 노예를 하나의 동산으로서 자유롭게 처분할 수 있었다. 로마의 인법(人法), 물법(物法)(이상은 세속법)과 신법(즉 종교법)에는 "노예는 물건"이라는 원칙이 관통되어 있었다.

(2) 유체물과 무체물의 구분을 제기하였다.

로마의 법학자인 가이우스(Gaius)는 유체물(nescorporales)은 객체 존재가 있으며, 사람의 감각기관으로 느낄 수 있는 물(物)로서, 예를 들어 토지, 가옥, 소나 말과 같은 것이며, 무체물(incorporales)은 "법률적으로 제정된 관계"(quae consistunt in jure)로서, 실체는 없고 법률적으로만 제정된 물(즉 권리)이며, 예를 들어 지역권, 사용수익권 등이라고 보았다.[3] 로마법이 창제한 무체물이론은 아래의 중요한 특징을 가진다. 첫째, 권리는 추상물로서 사람들이 주관적으로 제정한 어떤 이익으로 개괄되므로 유체물과 구분되는 무체물로 간주된다. 둘째, 법률상의 무체물은 금전으로 평가할 수 있는 것을 조건으로 한다. 가장권(家長權), 부권(夫權, authority of the husband), 자유권 등은 재산 내용이 없으므로 무체물로 볼 수 없다. 셋째, 비록 소유권은 추상적으로 형성된 것이지만 로마인은 이 권리와 물은 함께 존재하는 것이며 가장 완전한 물권으로서 다른 일반적인 재산권과 구분해야 한다고 보았다. 로마인에게 있어서, "나는 토지를 가지고 있다."와 "나는 토지소유권을 가지고 있다."는 거의 차이가

3) 陈朝璧:《罗马法原理》(上册), 84页, 北京, 商务印书馆, 1936; 周枏:《罗马法原论》(上册), 28页, 北京, 商务印书馆, 1994。

없으며, 따라서 소유권은 유체물의 범위에 포함되었다.

(3) 물권의 객체는 주로 유체물이다.

일반적 의미에서 로마법상의 물품은 실체성을 요건으로 한다. "구체적 또한 특정 의미에서(즉 물권과 연관), 물(物)은 외부세계의 어느 하나의 유한한 부분을 가리키며, 이는 사회의식에서 고립되고 자유로운 하나의 경제 객체로 간주된다. 로마법에서 물권의 목적물은 이런 의미에서의 물(物) 즉 실체적인 물일뿐이며, 로마법에서 이를 '물체'(corpus)라고도 칭한다."[4] 따라서 비록 로마인이 유체물과 무체물을 구분하였으나, 물권의 객체는 주로 물질자산으로 구현되는 유체물이었다고 할 수 있다.

(4) 유체물은 느낄 수 있는 유형물만을 가리킨다.

실체성은 물(物)의 요건이며, 객체물의 유체는 유형을 의미한다. 로마사회에서 물권의 목적물은 확실히 모두 감지될 수 있고 느낄 수 있는 것이었다. 가스, 전력과 같은 물질은 로마인이 몰랐으며, 적어도 로마인은 이들이 경제적 객체가 될 수 있고 따라서 권리의 목적물이 될 수 있다는 것을 몰랐다.[5] 이를 토대로, 로마법에서 유체물과 무체물을 구분할 때 이러한 유체물은 유형물만을 가리켰다.

정리하면, 로마법은 노예를 물건으로 보았고 권리는 제도적 산물로 보았으며, 유체물을 주요한 보호대상으로 하였으며 물의 유체는 유형적인 것으로 하였다. 객체물제도의 상기 특징에 따르면, 고대 로마법은 정신적 상품 등의 비물질적 자산, 즉 무형재산권의 객체까지 다루지는 않았다. 이는 로마국이 실재했던 "농업사회" 또는 "철기시대" 즉 통치계급의 물질적 생활조건에 의하여 결정된 것이다.

나. 로마법 의미에서의 "무형물"

일부 학자는, 로마법 자체는 비록 더 이상 존재하지 않는 고대 법률제도지만 그 속에서 무형재산권의 원형을 볼 수 있다고 보았으며,[6] 그 이유로서, 가이우스가 자신의 『법학제요(Institutiones)』에서 재산을 가옥, 가구 등과 같은 "실재물"을 포함한

---

4) [意] 彼德罗 · 彭梵得:《罗马法教科书》, 185页, 北京, 中国政法大学出版社, 1992。
5) [意] 彼德罗 · 彭梵得:《罗马法教科书》, 185页, 北京, 中国政法大学出版社, 1992。
6) 郑成思:《智慧财产权、财产权与物权》, 载《智慧财产权》, 1997(5)。

"유형재산"과, 채권, 통행권 등과 같은 "추상물"을 포함한 "무형재산" 이 두 가지 유형으로 명확하게 구분한 것을 들었다. 그러나 이러한 견해는 받아들이기 어렵다. 현대 의미에서의 무형재산권은 전통적 재산소유권과 구분되며, 그 객체는 인간의 지식과 경험을 토대로 창조된 정신적 상품(관련 개념 범주에 대한 검토는 제2장을 참조)이어야 한다. 위 관점에서 증명한 "무형재산"은 사실상 어떤 재산적 권리를 목적물로 하는 "무형물"만을 가리키며, 자원을 할당하는 사회적 도구로서 하나의 제도적 상품이다. "무형재산"이 외적 형태를 가지지 않고 대체로 인간이 주관적으로 제정한 비물질성인 것을 감안하면, 정신적 상품과 제도적 상품은 공통한 특징을 가지나, 양자는 서로 다른 성질과 기능을 가지므로 서로 다른 권리의 객체로 될 뿐이다. 요약하면, 로마법 시기에는 재산적 의미를 가지는 정신적 상품의 범주 또는 이 정신적 상품을 법률적으로 보호하기 위한 필요성이 존재하지 않았다. 따라서 로마법의 법률체계에는 근대적 의미의 지적재산권 또는 무형재산권제도가 없었고 또한 형성될 수도 없었다.

사실 로마법 시기에 정신적 상품 소유권에 관한 관념이 싹튼 적이 있었다. 이러한 관념의 진화는 제도구축의 선도로서 작용하나, 사상은 결코 제도 자체가 아니다. 인류학자의 연구에 따르면, 지적 성과물의 소유권 관념은 고대사회에서 다양한 형태로 인정되었으며, 최초 역사 시기에 어떤 형태의 "문학재산권" 사상이 어느 정도 존재하였다.[7] 전해진 바에 따르면, 고대 로마 시기에 키케로(Cicero) 등은 자신의 연설 또는 저술에 대해 보수를 받은 적이 있으며, 표절은 비록 법률적 제재를 받지 않았으나, 수치스러운 행위로 지탄을 받았다. 영국 그레이트브리튼(Great Britain)백과사전에 따르면, "표절"이란 용어는 기원 1세기에 로마의 저명한 풍자 시인 마셜(Marshall)이 창조한 것이다. 이 시기에 비록 사람들이 창작자의 권익문제를 의식하였으나, 문학표절행위는 도의적인 질책을 받았을 뿐 법률적인 불이익은 발생하지 않았다.[8]

로마법에서 일부 정신적 상품도 간접적으로 법적 보호를 받은 적이 있었으나, 법률적 의미를 가진 재산으로 승화되지 않았다. 영국학자의 연구에 따르면 고대 로마의 방대한 규모의 노예주 장원과 수공업 가공장과 웅장한 건축공정은 많은 노

7) 联合国教科文组织编:《版权基本知识》, 2页, 北京, 中国对外翻译出版社公司, 1984。
8) 吴汉东:《着作权合理使用制度》, 北京, 中国政法大学出版社, 1996。

예의 노동력이 뒷받침되어야 하므로, 당시 "고용주"와 "고용자"의 관계는 매우 복잡했으며, 노예가 고용주의 영업비밀을 팔아먹는 현상이 사회의 일반적인 문제로 대두되었다. 노예에 대한 소송이 아무런 의미가 없었으므로 로마법은 영업비밀을 갈취한 제3자에 대항하는 소송청구제도가 발전하였다. 비록 이를 역사상 최초의 영업비밀 보호에 관한 규정으로 보는 사람도 있지만, 이는 영업도덕을 규범화하는 측면에서 제공된 소수의 규정일 뿐, 대량의 영업비밀은 여전히 재산적 의미가 없는 자연상태에 있었으며, 당사자가 가진 법외 이익이었다.[9)]

2. 근대사회 재산제도의 발전

객체물제도는 근대사회에 이르러 충분한 발전과 눈에 띄는 변화를 가져왔다. 한편으로는 근대상품경제 및 과학기술이 발전함에 따라 재산권 객체의 범위도 대대적으로 확장되었다. 자본주의 시장에서는 주식, 채권, 상업명예, 상업표지 내지는 지적 창조의 성과물까지 모두 물질적 상품으로서의 유체물과 마찬가지로 자유교환의 목적물이 되어 재산권의 내용이 날이 갈수록 풍부해지고 있다. 다른 한편으로는 법률전통의 차이점으로 인하여 영미법계 국가의 재산에 대한 기본적 분류는 대륙법계 국가의 물권 객체에 대한 유형화와 확연히 다르다. 로마법의 전통을 받아들인 프랑스와 독일이라도 무체물에 대하여 서로 다른 입법방식을 취하고 있다. 따라서 물과 재산의 개념 및 범주에 대하여 각 나라마다 서로 다른 해석을 하고 있다. 이를 기초로 하여, 근대사회의 재산제도에 대하여 필자는 아래 몇 가지 측면으로부터 논하고자 한다.

가. 근대 재산권 객체제도의 기본적 특징

(1) 유가증권: 유형물의 추상화

시장경제가 활성화됨에 따라 사람들은 물(物)의 개념에 대하여 새로운 인식을 하

---

9) 唐昭红:《商业秘密研究》, 载梁慧星主编:《民商法论丛》(第6卷), 72页, 北京, 法律出版社, 1999。

기 시작하였다. 물에 대한 점유는 해당 물을 사용하기 위해서뿐만 아니라 더욱 중요한 것은 유통영역에 진입하여 그 가치의 증가를 획득할 수 있다는 것이다. 유가증권은 이러한 시대의 발전에 발맞추어 일종의 특수한 동산으로 되었다. 영국학자 젠크스(Jencks)가 말한 바와 같이 "공업의 점차적 발전과 상업활동의 더욱 큰 발전은 결국 최초의 형태와 완전히 다른, 또 다른 유형의 동산을 창조하였다. 이러한 동산의 가치는 그의 자연적 성질에 의하여 결정되는 것이 아니라 그의 법적 성질에 의하여 결정된다. 만약 백상팀 어음을 단지 하나의 자연적 대상으로 본다면 별 가치가 없지만 이를 부자의 지급보증으로 본다면 이는 백프랑의 가치가 있을 것이다. 채권, 주식, 보험증권 및 기타 다수 분쟁재산 그리고 채무청구권 대상으로서의 재산도 상기 경우와 마찬가지이다."[10] 유가증권은 상품매매로 인하여 출현하였으며 재산법에 이러한 특수한 유형의 물(物)인 유가증권을 도입하는 것은 유가증권으로 화폐를 대체하여 금전적 거래를 하기 위해서이다. 현실적 거래에서 유가증권은 단지 하나의 약속이 아닌, 매매할 수 있는 물로 취급되고 있다. 영국학자 로슨(Lawson)과 라덴(Laden)의 서술에 따르면 최초 유가증권은 화물의 상징으로서 이러한 문서의 이전은 화물의 이전을 의미한다. 즉 실물을 추상화한 후 이러한 추상화를 다시 실물화하는 것으로서 자필 또는 인쇄한 영수증의 문서를 영수증 자체와 동등하게 취급하는 것이다. 따라서 창고증권 또는 선하증권의 교부를 실물의 교부로 간주한다.[11]

(2) 지식상품: 정신적 산물의 재산화

지식재산권은 근대 상품경제 및 과학기술 발전의 산물이다. 지식상품이 새로운 재산권의 목적물이 될 수 있는지는 아래 몇 가지 조건에 의하여 결정된다. 첫째, 사회생산 관련 과학의 기술화이다. 자연경제에서 상품경제로 전환하는 과정에서 노동상품 중에서 주도적 지위를 차지하던 체력적 요인이 점차 지적 요인으로 바뀌게 되었다. 자산계층은 최초 100년의 통치기간동안 거대한 생산력을 발휘하여 과학기술과 사회생산이 밀접하게 연결되도록 하였다. 둘째, 과학기술 성과의 상품화이다. 상품경제의 발전과 자본주의 경제구조의 확립은 자연경제에서 기술부문 사이 및 기술과 사회 사이의 장벽을 허물었다. 상품경제 수요의 강력한 충격은 기술로

10) 转引自王利明:《民商法研究》(第四辑), 170页, 北京, 法律出版社, 1999。
11) [英] F · H · 劳森、B · 拉登:《财产法》, 171~18页, 北京, 中国大百科全书出版社, 1998。

하여금 사회로 대량 이전하지 않을 수 없게 하였다. 자본은 기술을 일반등가물로 환원시켜 시장에 진입하도록 촉진하였다. 셋째, 지식재산의 법률제도화이다. "공업 및 상업의 발전으로 인하여 새로운 거래방식이 창조될 때마다 ... 법은 그 거래방식이 재산을 획득하는 새로운 방식임을 인정하지 않을 수 없다."[12]

지식재산권은 전통적인 재산제도와 서로 구별되는 새로운 법률제도이다. 사적 소유제의 상품경제조건에서 자산계층은 수많은 법률방식을 창제하였다. 상품생산과 직접적 관련이 있는 기술발명영역에서는 특허권이 출현하였고 상품판매와 서로 관련이 있는 상품표지의 범주에서는 상표권이 출현하였으며 문학창작이 상품의 형식으로 교환시장에 진입하는 과정에서 저작권이 출현하였다. 이러한 법률형식은 최종 지식재산권으로 확장되었다. 지식상품은 지식재산권의 보호대상으로서 전통적 의미의 물과 구별되는 또 다른 유형의 객체이다. 하지만 지식재산권은 기타 재산권과 마찬가지로, 모두 일종의 무체물로서 그 자체를 재산으로 볼 수 있으나(저당, 양도, 사용허가 가능), 어떤 종류의 재산에 해당하는지와 관련하여 각국의 법적 규정이 서로 다르다(본 장의 다음 내용에서 검토하고자 한다).

(3) 자연력: 무형물의 객관적 실체화

사회가 발전하고 진보함에 따라 사람들의 물질적 자료에 대한 지배 및 이용능력도 점차 높아지고 있고 물의 범주도 끊임없이 확장되고 있다. 이러한 경우, 사람들이 물(物)에 대한 인식도 점차 변화하고 발전하고 있다. 앞서 논한 바와 같이 로마인은 유체물을 유형물로만 한정하고 있었다. 그들은 권리가 비록 추상물이라 할지라도 권리의 행사 또는 지배를 통하여 그의 존재를 느낄 수 있지만 광선, 전력, 열에너지 등은 구체적인 물질적 형태도 없고 감각기관으로 감지할 수도 없으므로 로마법은 이를 물의 범주에 포함할 수 없다고 보았다. 사회생산력과 인간의 인식능력의 한계성으로 인하여 유체물의 "체(體)"는 외적 "형(形)"의 구속을 받는다고 할 수 있다. 근대사회에 이르러 민법이론 및 민사입법에서는 이러한 낙후한 관념을 포기하게 되었다. 쩡위부어(鄭玉波)선생의 말씀대로 "시대가 현재에 이르러 과학이 발전하고 물의 범위도 확장하여 예컨대 자연력(수력, 전력)은 반드시 물의 범주에 포함시켜야 하며 따라서 '유체'라는 두 글자를 해석할 시 더 이상 굳이 '유형'을 고집할 필요가

12) 《马克思恩格斯全集》, 第3卷, 72页, 北京, 人民出版社, 1972。

없다."고 하였다.[13] 입법례를 보면 스위스민법, 한국민법에도 유사한 규정이 있다.[14] 독일민법에는 비록 명확한 규정이 없지만 물에 대하여 확장해석을 취하고 있어 자연력을 물권의 객체로 인정하고 있으며[15] "물(物)은 반드시 체(體)가 있어야 한다."라는 원칙에 의하여 자연력도 유체물로 간주하고 있다. 외적 형태가 없는 자연력을 유체물로 보는 이유는 두 가지가 있다. 첫째, 유체물의 "체"는 물의 객관적 실재성으로 표현된다. 유체물은 민사주체와는 독립된, 물의 객관적 실존성으로 표현된다. 유체물은 민사주체와는 독립된, 민사주체 이외의 객관적 사물이다. 이는 천연적으로 형성되거나 노동으로 창조된 것으로서 이미 현실적으로 존재하거나 현실적으로 존재할 가능성이 있는 것이다. 종합하여 말하면 이는 인간의 감각에 의존하지 않고 존재하는 객관적 실체이다.[16] 둘째, 유체물의 "체"는 사람이 감지할 수도 있고 이를 통제할 수도 있어야 한다. 예를 들면 광선, 전력, 열에너지, 채널, 자장 등 자연력은 비록 사람들이 감각기관으로 감지할 수 없지만 현대적 기술수단으로 이를 측정하고 형량(衡量)할 수 있다. 예컨대 전기에너지의 전류 및 전압, 광선의 색층 및 광도, 채널의 파장 및 주파수 등이다. 그 외 자연력은 반드시 인간에 의하여 통제될 수 있어야 한다는 조건을 갖추어야 한다. 따라서 사람들이 통제할 수 없는 대기, 화산구에 분출된 열에너지 등은 민법상의 물로 볼 수 없다.

나. 대륙법계 국가의 입법례

자산계급 혁명 이후 대륙법계 국가는 법전을 도구로 하여 법률제도의 체계화를 형성하였다. 비록 각국의 민법전이 로마법으로부터 승계 및 발전한 맥락이 뚜렷하게 나타나지만 각국의 입법기술 측면의 차이점은 오히려 아주 분명하다.

프랑스민법은 그 체계, 규칙 및 용어 측면에서 로마법의 전통을 제일 많이 승계하였다. 재산권의 객체제도와 관련하여 주로 아래 몇 가지 특징이 있다.

---

13) 郑玉波:《民法总则》, 186~187页, 台北, 1959。

14)《瑞士民法典》第713条、《韩国民法典》第98条。

15) 孙宪忠:《德国当代物权法》, 3页, 北京, 法律出版社, 1997。

16) 章戈:《小议客体与标的》, 载《西北政法学院学报》, 1985(1); 吴汉东:《关于无形财产权若干理论问题的研究》, 载《法学研究》, 1997(3)。

(1) 물권 객체의 유형화이다.

로마법에서부터 프랑스법까지 재산분류원칙에 관한 법률 및 입법적 기술은 모두 동일하다. 그들 모두 물(物)의 구체적인 특징 및 그에 따른 법적 결과에 따라 물에 대하여 분류하였다. 이러한 분류는 사람들이 물에 대한 인식이 깊어지고 물과 관련된 각종 특별규칙을 이해하는데 도움이 된다. 하지만 폐단은 이러한 분류에 해당하는 구체적인 사물은 항상 유한하다는 것이다. 또한 이러한 분류방식이 세분화될수록 경직상태에 이르기 쉬우며 심지어 일정한 시기의 변화하고 있는 사회적 경제현실을 정확하게 반영하지 못 할 수도 있다.[17)]

(2) 무형재산 범위의 확대화이다.

로마법은 재산권 객체의 범위를 유형재산(유체물)과 무형재산(무체물)으로 분류한다. 프랑스민법은 로마법의 전통을 승계하고 발전시켰으며 상기 분류방식 외에도 무형재산의 범위를 대폭 확장하였다. 「프랑스민법전」에서 명확하게 규정하고 있는 채권, 주주권 이외에 무형재산(즉 무체물)에는 현실생활에서 보편적으로 존재하고 또한 자주 갱신하는 지식재산권도 포함된다.

(3) 무형재산권의 부동산화이다.

동산과 부동산은 프랑스민법에서 재산에 대한 제일 중요한 기본적 분류방식이다. 무형재산 소유권은 무체물에 포함되기도 하고 전통적으로 동산의 성질도 갖고 있다.[18)] 동산 재산의 확연한 증가는 무형재산권이라는 이 새로운 재산을 동산이라는 "개방적" 체계에 포함시킬 수밖에 없다. 하지만 무형재산권의 가치가 사람들에 의하여 점차 인식됨에 따라 이러한 새로운 재산적 권리는 더욱 사회적 가치가 있는 부동산에 귀속되었다.[19)]

독일민법은 로마법의 전통을 승계하는 과정에서 프랑스민법과 서로 다른 독일민족만의 방식을 채택하였다. 재산적 권리의 객체제도의 주요특징은 아래와 같다.

---

17) 尹田:《法国物权法》, 88页, 法律出版社, 1998。

18) 1804년 "프랑스민법전" 제529조 규정에 의하면 "만기된 금액 또는 동산을 목적으로 한 채권이나 소송권에 대한 청구는…법률규정에 따르면 동산에 해당된다." 따라서 무체물(무형재산권 포함)도 법률상의 동산이다.

19) 尹田:《法国物权法》, 71~72页, 北京, 法律出版社, 1998。

① 민법상의 물은 단지 유체물에 한한다. 독일민법은 무체물을 인정하지 않는다. 물과 관련된 규정은 단지 유체물을 말한다. 이러한 규정은 주로 물권법에 대하여 의미가 있다. 독일민사소송법에서 민사소송의 집행대상으로서의 물에는 모든 객체 또는 대상이 포함되며 유체물은 물론, 무체물 내지는 권리까지 포함된다. 민법전의 채권편에서 물은 단지 유체물만 말하는 것이 아니라 민법상 재산으로 될 수 있는 무체물도 포함된다고 규정하였다.[20] 이로부터 보다시피 "물은 반드시 체가 있어야 한다(物必有體)"는 원칙은 물권법에서만 주로 적용된다. ② 정신적 상품은 지식재산권법이 규범하는 "무체물"이다. 독일학자의 견해에 따르면 정신적 상품도 일종 무체물로 볼 수 있다. 그러나 물권법상의 물에는 정신적 상품이라는 무체물이 포함될 수가 없다. 「독일민법전」에서 확립한 원칙에 의하면 정신적 상품은 물권법이 아닌 지식재산권법으로 규범화하여야 한다. ③ 지식재산권은 일종의 동산에 해당한다. 지식재산권 등 무형재산에 대한 권리의 재산적 의의와 관련하여 「독일민법전」에서는 명확하게 규정하고 있지 않다. 해당 법전에는 동산과 부동산이라는 기본적 분류방식을 규정하고 있지만 동산의 범위에 대하여 나열하지 않고 또한 물의 개념의 특정성에 의하면 동산에는 권리가 포함되지 아니한다. 그러나 통상 권리에 대하여 동산의 관련 규칙을 적용할 수 있다고 본다. 따라서 목적물로서의 권리는 동산과 유사한 속성이 있다. 그 외, 독일민법의 입법자들은 "물적 소유권"과 "권리의 소유권"은 동등한 의미를 갖는다고 주장한다. 독일민법에서 규정한 권리물권제도에는 권리의 사용수익권과 질권 이 두 가지 큰 내용이 포함된다. 따라서 법학 이론에 따라 재산적 권리(무형재산권 포함) 자체를 물로 볼 수 있다.

대륙법계 각 국가의 규정을 보면, 일본민법이 독일민법에 더욱 가깝다. 1898년 실행한 「일본민법전」은 민사객체제도와 관련하여 아래 두 가지 특징을 갖는다. 첫째는 물의 개념을 좁게 정의하고 있으며 무체물의 개념을 배제하고 있다. 이로써 발명, 디자인, 저작권 등 정신적 상품(특수한 의미의 무체물)은 물권 특히 소유권의 객체가 될 수 없다.[21] 둘째는 무형재산권을 포함한 민사권리에 대하여 유체물과 동등한 법적 의의를 부여하고 있다. 일본민법전은 로마법에 따라 준점유제도를 창설하여 상기 재산적 권리를 준점유제도의 목적물로 보았다. 또한 독일민법을 참조

---

20) 孙宪忠:《德国当代物权法》, 2页, 北京, 法律出版社, 1997。
21) 邓曾甲:《日本民法概论》, 46页, 北京, 法律出版社, 1995。

하여 권리질권제도를 규정하였다. 즉 상기 재산권이 질권의 목적물로 되었다. 일본 민법의 원리에 따라 무형재산권은 일종 특수한 동산으로 간주되었다.

다. 영미법계 국가의 입법례

영미법에서 재산적 권리 객체의 범주 및 종류에 대하여 규범화할 시 유럽대륙국가처럼 엄격한 추상적 개념체계의 구속을 받는 것이 아니라 더욱 실무적인 방식으로 재산법의 적용범위를 한정하고 나아가 확장하였다. 법률전통의 차이점으로 인하여 영미법은 물(物)의 개념을 거의 사용하지 않고 보편적으로 재산이란 개념을 사용하고 있다.

영미법에서의 동산 및 부동산은 물에 관한 기본적 분류방식이다. 동산(personal property)은 두 가지로 분류할 수 있다. 즉 유형동산(tangible personal property)과 무형동산(intangible personal property)이다. 유형동산이란 자동차, 가전제품, 말 등 실물동산을 말하며 무형동산이란 은행계좌, 유가증권, 특허 등 비실물동산을 말한다.[22] 동산은 또한 점유물과 소송물로 분류할 수 있다. 전자는 점유를 통하여 향유할 수 있는 물을 말하며 후자는 소송을 통하여 향유할 수 있는 물을 말한다. 소송물이란 용어는 최초 채권에서 사용되었으며 그 후 무형재산권에까지 확장되었다.[23] 소송물은 "소송중의 동산"(chose in action)이라고 불리기도 한다. 그 특징은 아래와 같다. 하나는 이러한 동산의 존재범위는 소송을 통하여서만 충분히 확정될 수 있다. 부동산토지의 영역확정, 유형동산물 이익의 존재는 목적물 자체로 즉시 확정가능하지만 무형재산권은 목적물의 비물질성으로 인하여 통상 소송청구를 통하여서만 이를 "사회적 재산"과 "개인적 재산", "재산의 합법적 사용" 및 "재산의 불법적 사용"으로 명확하게 구분할 수 있다. 다른 하나는 이러한 동산의 가치는 정신적 상품이 내재한 물적 매체 자체의 가치로 나타나는 것이 아니라 유형동산의 교부를 청구할 수 있는 무형권리의 가치에 의하여 결정된다. 사람들의 인식에 의하면 문자기호로 구성된 서적 그리고 도안, 선 및 색체로 구성된 회화 등 이러한 물적 매체 자체가 일종의 동산이지만 해당 유형동산은 정신적 재산권의 속성을 가진 무형동산이 내재되어

---

22) 李进之等:《美国财产法》, 22页, 北京, 法律出版社, 1999。

23) [英] F·H·劳森、B·拉登:《财产法》, 19页, 北京, 中国大百科全书出版社, 1998。

있으므로 양자의 가치를 엄격하게 구분하여야 하며 혼동해서는 아니된다.

영미법에서 규정한 물의 유형에는 주로 아래 몇 가지가 있다. ① 토지 ② 화물, 즉 금전 외의 유형동산 ③ 무형재산 ④ 화폐 ⑤ 펀드이다. 무형재산은 또 아래와 같이 구체적으로 분류할 수 있다. ㉠ 채권 및 기타 소송재산 ㉡ 상업증권(유통증권과 권리증서를 포함함) ㉢ 재산으로서의 계약권(즉 계약이 타인의 간섭을 받지 않는 상황에서 계약이 대표한 재산적 이익을 향유함)[24] ㉣ 상업명예 ㉤ 지식재산권 ㉥ 채권 및 주식이다. 상기 재산들을 무형재산으로 분류하는 이유는 그 재산들이 아래 공통된 특징을 갖고 있기 때문이다. 첫째, 그들 모두 실물동산과 구별되는 무형동산이다. 무형동산에 대하여 실제로 점유하거나 질권을 설정할 수 있지만 구체적인 규칙은 실물동산의 경우와 서로 다르다. 둘째, 그들 모두 어떠한 재산적 이익을 상징하는 추상물이지만 그 재산적 이익과 해당 권리가 내재된 문건이나 매개물과는 무관하다. 셋째, 그들 모두 소송을 통하여 향유할 수 있는 소송물로서 주로 채권과 지식재산권을 말한다.

3. 현대사회 재산제도의 변혁

20세기에 진입한 이후, 인류의 사회적 생활에는 거대한 변화가 일어났다. 현대사회 재산제도의 발전 및 변혁에 영향을 미치는 요인은 주로 아래 두 가지 측면이 있다. 하나는 현대과학기술의 발전이다. 20세기 중엽에 이르러 전자컴퓨터를 대표로 한 마이크로전자기술 그리고 광섬유, 생명공학, 신재료, 신에너지, 공간기술, 해양기술 등 새로운 기술들의 발생 및 발전은 인류사회를 하나의 완전히 새로운 경제시대인 지식경제(혹은 지능경제)시대로 진입하게 하였다. 현재 세계에서 한 국가의 지식상품의 생산수량 및 점유량은 통상 그 나라의 과학기술, 경제 및 문화 발전수준의 높고 낮음의 표지이기도 하다. 사회적 부의 구성을 보면, 무형재산은 이미 현대

---

24) 해당 무형재산권의 전형적인 사례는 다음과 같다. 극장 사장과 가수가 출연계약을 체결하였지만 사장은 강제적으로 상대방이 계약을 이행하도록 할 수 없다. 하지만 사장은 금지명령을 신청할 수 있으며 이를 통하여 출연업계 경쟁자의 부정당한 간섭을 방지할 수 있다. 이러한 의미에서 그는 불특정 다수를 대항할 수 있는 재산적 이익을 갖게 된다. 参见 [英] F · H · 劳森、B · 拉登:《财产法》, 30~31页, 北京, 中国大百科全书出版社, 1998。

사회의 제일 중요한 재산의 유형이 되었다. 세계 부호의 랭킹순위를 보면, 기존에 탑10의 자리를 어려움없이 확보하던 석유왕, 자동차왕, 강철왕은 현재의 소프트웨어, 칩, 바이오제품의 개발로 발전하기 시작한 "지식신귀족(知識新貴)"에 자리를 양보하여야만 하였다. "마이크로소프트, 인텔, IBM을 대표로 한 지식경제산업은 그들만의 새로운 관념, 새로운 방식 및 거대한 위력으로 200년 동안 휘황찬란했던 공업경제사회에 충격을 가하고 있다."[25] 이러한 현상은 필연적으로 유형재산을 중심으로 한 전통적인 재산제도로 하여금 커다란 도전에 직면하게 하였다. 다른 하나는 현대 상품경제의 발전이다. 현재 민법의 중요한 적용대상인 상품경제관계는 이미 고도로 발달한 수준에 이르렀다. 소비품, 생산원료, 부동산 등 유형상품시장에서부터 기술, 정보, 재산권 등 무형상품시장까지, 시장은 이미 재산으로 볼 수 있는 모든 물질적 및 비물질적 대상까지 확장되었다. 이러한 상품화의 결과는 재산적 권리객체의 확장이기도 하다. 하나의 통일된 국내시장으로부터 통합을 목표로 한 국제시장에 이르기까지 무역자유화를 추진하고 상품, 자본 및 노동력 등 생산요소의 자유로운 유통을 실현하기 위하여 각 나라의 끊임없는 마찰과 경쟁, 타협과 협력 속에서 새로운 국제경제질서가 점차 형성되고 있다. 경제통합의 최종 결과는 각국 무역 관련 법률제도(특히 지식재산권제도)의 동일화이다.[26] 상기 요인의 영향을 토대로, 우리는 현대사회의 재산제도를 아래와 같이 요약할 수 있다.

가. 생물체의 객체지위의 동요

근대 민법체계에서 권리주체(인간), 권리객체(물; 物)는 민법총칙의 두 기본적인 제도이다. 주체와 객체, 인간과 물(物) 사이에는 엄격한 차이점이 있다. 법이 관심을 갖는 것은 인간의 정신, 의사(意思)이며 모든 인간에게 권리능력과 주체자격을 부여하는 것이다. 인간 이외에 정신, 의사가 없는 생물은 물에 귀속되며 권리의 객체에 해당한다. 주체와 객체사이 이러한 넘을 수 없는 장벽은 점차 동요하기 시작하였다.[27] 현대분자생물학에서도 인간의 유전자와 동물의 유전자는 어떠한 차이점도

25) 赵弘等:《知识经济呼唤中国》, 2页, 北京, 改革出版社, 1998。
26) 吴汉东:《科学技术、国际贸易与著作权保护》, 载《黑龙江政法管理干部学院学报》, 1999(2)。
27) 梁慧星:《从近代民法到现代民法》, 载《中外法学》, 1997(2)。

존재하지 않으며 인간의 생명현상도 물질적 현상의 일종일 뿐임이 증명되었다. 인공수정, 시험관 아기, 대리임신 등 생식기술은 인류의 수태분만의 전통적인 방식을 변화시켰다. 이는 친자관계를 더욱 복잡하게 하였을 뿐만 아니라 유전물의 법적 지위의 인정문제도 발생하게 되었다. 예를 들면 유언에 따라 사망자의 냉동수정란을 배양하여 출산할 경우, 상속법에 따라 어떻게 처리하여야 하는지에 대하여 여전히 더 깊은 연구가 필요하다. 하지만 한 가지 확실한 것은 냉동수정란을 하나의 물로 보는 것은 타당치 않는 것이 분명하다.[28] 다시 말하면, 전통적인 민법에 의하여 주체, 객체의 범위 내에서 유전자를 갖춘 생물에 대하여 합리적으로 규범화하는 것은 이미 아주 어렵게 되었다.

나. 인체의 구성부위에 대한 재산적 의의 부여

근대 민법은 물은 반드시 인체 외의 물(物)이여야 한다고 주장한다. 즉 객체물은 반드시 인체 외에 존재하여야 한다. 인체는 인간의 사상과 육체의 통일체이며 인격이 의존하는 생명유기체이다. 노예제도를 폐지한 이후, 인체는 법적으로 이미 권리의 객체가 아니다. 인체는 물이 아니지만 인체의 구성부위는 인체와 분리한 후 재산권의 객체로 볼 수 있는지에 대하여 근현대민법에서는 달리 규정하고 있다. 1900년 「독일민법전」은 물을 엄격히 인체 이외로 한정하고 있으며 완전한 인체이든 인체의 일부 부위이든(인체에 부착한 의족, 인조심장 등 인조물도 포함) 모두 물에 해당하지 않는다. 인체와 분리할 수 있는 인체의 구성부위는 단지 모발과 헌혈한 혈액에만 한하여 물권의 객체로 될 수 있다.[29] 이 원칙은 현재까지 여전히 유보되어 있다. 현대과학기술이 발전함에 따라 살아있는 사람의 신체가 물에 해당하지 않는다는 관념은 도전을 받게 된다. 예를 들면 인체기관의 이식, 혈액의 양도, 자궁의 대리임신 등은 모두 인체의 구성부위(인체와 분리되든 분리되지 않든)를 목적물로 하고 있다. 학자들은 인체의 일부 기관을 처분할 경우, 법률과 공서양속을 위배하지 않는 한, 이는 일반 유체물을 처분하는 것과 동등한 효력을 갖는다고 본다. 인간의 가치와 존엄을 보호

---

28) 梁慧星:《从近代民法到现代民法》, 载《中外法学》, 1997(2); 徐能斌等:《世纪之交看新中国民商法的发展》, 载《法学评论》, 1998(5)。

29) 孙宪忠:《德国当代物权法》, 4~5页, 北京, 法律出版社, 1997。

하기 위하여 살아있는 신체의 일부를 이식하는 것을 강제집행의 권리로 허용할 수 없다.[30] 다수 대륙법계 국가의 입법례와 사법실무에서도 상기 주장을 채택하고 있다. 그러나 영미법계 국가에서는 인체의 구성부위가 어느 정도의 경우 재산으로 될 수 있는가 하는 문제와 관련하여 각 법원에서는 아직 논쟁이 존재한다. 미국의 최근 판례를 보면 이혼한 남편이 전처가 수정란을 자신의 체내로 이식하는 것을 반대하기 위하여 그 수정란에 대하여 재산적 주장을 제기하였다. 그의 이러한 주장은 항소법원에 의하여 기각되었지만 하급법원의 지지를 얻었다. 다른 한 판례를 보면, 의사가 환자의 기관을 이용하여 제조한 약품으로 이익을 얻었을 경우, 그 이익을 공유하기 위하여 환자가 자신의 절제된 기관에 대하여 권리를 주장하였다. 비록 법원의 판결에서는 해당 환자가 패소하였지만 일부 법관은 이에 대하여 긍정적 의견을 보였다.[31]

다. 인격적 이익의 정신적 가치로부터 재산적 가치로의 확장

근대민법은 사적 재산의 절대적인 무한한 소유권과 계약의 자유를 보호할 것을 강조하였지만 인격권에 대한 인정 및 보호와 관련한 명확한 규정은 없다. 프랑스 법관은 입법의 흠결을 보완하기 위하여 1804년 「프랑스민법전」에 대하여 확장해석의 방식을 취하여 인격권 보호의 판례를 창설하였다. 1896년 「독일민법전」에서부터 법적으로 인격권을 인정하기 시작하였으며 민법총칙에서 성명권을 규정하고 또한 채권편의 불법행위 관련 규정에서도 인간의 생명, 건강, 자유에 대한 보호를 강조하였다. 1907년 「스위스민법전」은 인격권을 단독의 한 편으로 신설하여 인격의 일반적 규정과 인격에 대한 보호규정을 명확히 하였다. 이는 현대 인격권의 입법이 이미 완벽한 정도에 이르렀음을 의미한다. 전통적인 이론에 의하면 인격권의 객체는 모두 무형의 이익이다. 즉 외적 실체가 없고 물, 행위 등 형태로 표현되는 것이 아니라 인격과 밀접한 관련을 반영하는 이익을 말한다. 예를 들면 신체, 건강, 생명의 안전, 정신활동의 자유와 완전, 개인 존엄의 향유와 사회평가의 공정성 획득 등

30) 梁慧星等编著:《物权法》, 28页, 北京法律出版社, 1997; 王利明等:《民法新论》(下), 8页, 北京, 中国政法大学出版社, 1998。

31) [美] 罗奈尔得·波斯顿:《美国财产法的当前发展趋势》, 载《外国法译评》, 1994(3)。

은 모두 일종 무형의 이익에 해당된다.[32] 통상 이러한 무형의 이익은 주로 정신적 이익을 말한다. 현대상품경제의 발전과 사람들의 권리관념이 진화함에 따라 인격적 이익 중에서의 물질적 이익이 사회활동(경제활동 포함)에서 확연히 나타나고 있으며 점차 사람들에 의하여 인식되고 중요시되고 있다. 현대 민법에서 인격적 이익의 재산적 의의는 인격권 침해로 인한 재산적 결과로 나타날 뿐만 아니라 더욱 중요한 것은 일부 인격권은 객관적으로 물질적 이익으로 전환할 가능성이 있다는 것이다.[33] 구체적으로 말하면 주로 아래 몇 가지 경우가 있다.

(1) **성명사용권과 명칭사용권이다.**

공민(자연인) 또는 법인은 자신의 성명 또는 명칭에 대하여 전용사용권을 갖는다. 해당 권리의 설정은 권리자로 하여금 그의 성명 또는 명칭에 대하여 정신적 이익과 재산적 이익을 갖게 한다. 그 중에서 기업법인의 명칭은 산업재산권의 보호대상인 상호로서 기업법인에게는 하나의 중요한 무형재산이다.

(2) **초상권이다.**

해당 권리가 갖는 물질적 이익은 초상권의 하나의 중요한 내용이다.[34] 초상권에 포함된 초상제작권과 사용권은 공민 자신이 행사하거나 타인에게 양도하여 행사가 능하며 이를 통하여 초상이라는 인격적 이익이 물질적 이용가치를 얻게 된다.

(3) **법인의 명예권과 영예권이다.**

법인에 대하여 말하면, 전자는 법인이 자신의 속성 및 가치에 대하여 획득한 사회적 평가로 인하여 얻은 일종의 이익을 말하며 후자는 법인이 사회단체가 부여한 적극적인 사회평가로 인하여 얻은 일종의 이익을 말한다. 이러한 이익은 주로 비물질적 이익을 말하지만 시장경제조건에서 구체적인 경제활동을 통하여 재산적 이익으로 전환할 가능성이 있다. 예를 들면 무형재산으로서의 상업명예에는 특정주체의 명예, 영예가 포함된 인격적 이익이 포함된다.

---

32) 王利明主编:《人格权法新论》, 24页, 长春, 吉林人民出版社, 1994。
33) 杨立新:《人身权法论》, 44页, 北京, 中国检察出版社, 1996。
34) 杨立新:《人身权法论》, 465页, 北京, 中国检察出版社, 1996。

라. 공공이익으로서의 환경적 요소가 사적 권리의 객체로 발전

근대 법률에서 사법권리체계와 공법권리체계는 엄격하게 구분되어 있다. 권리의 속성도 다르고 그 권리의 행사주체와 보호대상도 서로 다르다. 현대사회에서 권리체계의 구축은 현저한 발전과 변화를 가져왔다. "민주, 자유, 평등 이러한 원칙이 이미 핵심적 지위를 차지하고 있었지만 사회적 권리체계는 전통적인 사법권리체계와 공법권리체계 사이에서 궐기하였다."[35] 이러한 상황의 출현은 상당한 정도는 인권개념의 확장과 인권관념을 받아들인 입법제도에 그 원인이 있다. 권리의 진화에 대하여 서양학자는 인권의 발전을 3단계로 나누었다. 제1단계는 개인자유, 공민권 및 참정권이다. 제2단계는 사회, 경제, 문화적 권리이며 이는 개인적 권리와 집단적 권리를 겸비한 성격을 갖는다. 제3단계는 평화, 발전, 청결한 환경 및 인류의 공동유산을 공유하는 권리이다. 환경적 권리는 소위 말하는 제3단계 권리에 해당된다. 해당 권리의 사적 권리화 추세는 공공이익으로 간주했던 환경적 요소가 일정한 조건에서 사적 권리의 객체로 전환하게 하였다.

환경적 권리의 핵심은 공민이 환경자원을 이용함으로서 획득한 법률이 보호하는 물질적 및 정신적 이익이다.[36] 환경적 권리는 사회적 권리로부터 개인의 사적 권리로 변혁하고 발전하는 과정을 거쳤다. 환경의 공공자원의 성질로 인하여 환경자원의 보호로 인한 이익은 현대인은 물론 후손에까지 영향을 미치게 된다. 그리하여 이는 전형적인 공공이익에 해당된다. 하지만 "공공이익은 사적 이익의 집합"이라는 입장에서 보면, 개인적 이익에 대한 보호가 바로 공공이익에 대한 보호이며 그 반대의 경우도 마찬가지이다. 일부 학자들은 자원이 공공소유라면 "개개인마다 만물의 주인이지만 실제로 사람들은 무소유의 경지에 빠지게 된다."[37]고 주장하였다. 따라서 법률을 통하여 권리주체가 진공상태에 처한 문제점을 해결할 필요가 있고 사회공공이익의 전반적인 필요의 범위 내에서 법적 권리의 형태로 개인적 권리를 확립하여 사회적 이익에 대한 보호를 현실에서 실현할 수 있도록 하여야 한다. 다시 말하면, 환경적 권리를 하나의 헌법적 권리로 확립하는 동시에 환경적 권리가 가진

---

35) 夏勇主编:《走向权利的时代》, 7页, 北京, 中国政法大学出版社, 1995。

36) 吕忠梅:《论环境权》, 载《法学研究》, 1995(6)。

37) [美] 迈克尔 · D · 贝勒斯:《法律的原则——一个规范的分析》, 90页, 北京, 中国大百科全书出版社, 1996。

사적 권리의 성질을 인정하는 것이다. 즉 개인적 이익의 형식으로 나타난 환경의 물질적 권리(환경사용권)와 정신적 권리(환경인격권)를 보호하고 상기 권리에 대한 침해행위를 하나의 단독적인 불법행위로 인정함으로서 구제수단을 제공하는 것이다.[38] 환경보호라는 이 공공이익의 목표를 출발점으로, 환경적 권리에 대하여 새로운 제도를 확립하는 것은 현대사회의 공법의 사법화 및 사법의 공법화의 결과이자 전통적인 법학개념에 대한 새로운 돌파이기도 하다.

4. 현대 무형재산제도의 발전 및 변화

21세기에 진입한 후 지식경제가 등장하였다. 앞서 논한 바와 같이, 현대과학기술의 비약적인 발전은 인류사회의 지식생활과 문화생활에 전례없는 거대한 변화를 초래하였다. 현대상품경제의 발달은 새로운 국제경제질서와 세계시장의 형성을 추진하고 있다. 이러한 현실의 발전에 대응하여 각국 입법자들은 부득이하게 관련법을 개정하여 국내 법률의 선진화에 박차를 가하였다. 그 중에서 가장 큰 영향을 받고 가장 많은 변화가 발생한 것은 무형재산권제도이다.

가. 전통적 지식재산권 보호범위의 끊임없는 확장

저작권, 특허권, 상표권은 전통적인 지식재산권법의 3대 기본적인 제도이다. 보호대상 면에서, 3대 지식재산권제도는 주목할만한 변화를 가져왔다.

초기 저작권의 보호영역은 서적, 지도 등 좁은 범위의 객체로만 한정되었다. 바로 이러한 의미에서 어떤 사람들은 저작권을 "인쇄출판의 아들"이라고 부르기도 하였다.[39] 19세기말에 이르러 각국은 저작권법의 보호대상의 범위를 음악저작물, 희극저작물, 영상저작물 등까지 잇따라 확대하였고 "인쇄저작물"의 개념도 확대하였다. 20세기에 진입한 후, 특히 20세기 하반기에 이르러 "전자판권"은 "인쇄판권'을 대체하였고 각종 "전자저작물"은 전통적인 저작권의 보호범위에 포함되었다. 그 구체적

38) 吕忠梅:《论环境权》, 载《法学研究》, 1995(6)。
39) 段瑞林:《智慧财产权法概论》, 28页, 北京, 光明日报出版社, 1988。

인 내용은 아래와 같다. 첫째, 영화, 드라마, 비디오를 포함한 "시청각 저작물"을 일반저작물로 간주하여 저작권으로 이를 보호한다. 둘째, 인공위성을 통하여 방송 프로그램신호를 전송하여 지상의 방송기관에서 이를 수신한 후 중계방송을 하는 "위성방송프로그램"을 일반방송프로그램으로 간주하여 저작인접권으로 이를 보호한다. 셋째, 동축케이블을 통하여 수신하고 송신한 "케이블티비프로그램"은 그 포함 내용에 따라 각각 저작권 또는 저작인접권으로 이를 보호한다. 넷째, 컴퓨터소프트웨어를 일반적인 어문저작물로 간주하여 이를 저작권의 특별보호대상으로 인정한다.[40] 그 외 민간문학의 표현방식을 저작권의 또 다른 유형의 객체로 보는 것 역시 현대 저작권법 발전의 중요한 징표이다.

특허권의 객체범위는 과학기술의 발전과 경제발전의 필요에 따라 끊임없이 확대되고 점차 명확해지고 있다. 1474년 베니스공화국 특허법에서부터 1623년 영국「독점법규」까지의 초기 특허제도의 보호대상은 모두 기술해결방안에 관련한 발명이었다. 19세기에 이르러, 프랑스는 1803년 세계에서 최초로 디자인을 보호하는 지방조례를 공표하였다. 영국은 1843년「실용디자인법」을 제정하여 실용신안에 대하여 보호하기 시작하였다. 1883년「산업재산권 보호에 관한 파리협약」(이하「파리협약」이라 함)에서는 산업재산권의 객체는 발명, 실용신안 및 디자인이라고 규정하였다. 149개 국가와 지역에 대한 통계에 따르면, 97개 국가가 법적으로 발명과 디자인을 특허로 규정하였고, 14개 국가가 법적으로 발명, 실용신안 및 디자인을 특허로 규정하였다. 발명만 특허로 규정한 국가는 38개이다.[41] 현재까지 각국 법률에서 특허로 보호하는 대상은 주로 앞서 말한 세 가지이다. 그 외 일부 국가는 식물품종, 미생물 등에 대한 보호도 규정하고 있다. 특허법의 적용을 받지 못하는 발명창작을 보면, 하나는 기술방안의 특징을 구비하지 못한 지적 성과물이다. 예를 들면 자연규칙(laws of Nature), 과학원리(Scientific Principles), 자연현상(Natural Phenomena) 및 경제방법(Method of doing business) 등이 있다.[42] 해당 객체는 특허로서 보호할 수 없고 이는 모든 국가의 입법적 관례이기도 하다. 다른 하나는 국가기술, 경제발전수준의 제한으로 인하여 보호받을 수 없는 지적 성과물이다. 이와 관련하여 각국의 법률규

40) 吴汉东等:《西方诸国著作权制度研究》, 19页, 北京, 中国政法大学出版社, 1998。
41) 刘春茂主编:《中国民法学 · 智慧财产权》, 428页, 北京, 中国人民公安大学出版社, 1997。
42) 曾陈明汝:《专利商标法选论》, 33页, 台北, 自版, 1977。

정에는 아주 큰 차이점이 있다. 하지만 현실의 발전에 따라 해당 보호받을 수 없는 특허대상의 범위가 대대적으로 축소되었다. 그 중에서 화학물질과 약품에 대한 보호는 이미 각국 특허법의 하나의 추세가 되었다.

상표법이 보호하는 대상의 범위는 지식재산권의 여러 객체 중에서 변동이 제일 적다. 상표는 구매자가 상품을 식별하기 위하여 사용되는 것으로 입법자가 우선 주목하는 것은 표지의 "식별성"이다. 근대법부터 현대법까지 상표의 구성요소 관련 규정은 완전히 동일한 것이 아니다. 문자, 도형 또는 그 조합으로 상표를 구성할 수 있으며 이 또한 모든 국가의 입법적 관례이다. 그 외, 색상, 소리, 형상, 지명, 숫자 등으로 상표를 구성할 수 있는 가에 대해서는 국제적으로 아직 일치한 입법례가 없다. 하지만 상표권 객체의 범위와 관련하여 아래 두 가지 동향에 관심을 가질 만한다. 하나는 제3산업의 발전을 추진하기 위하여 상표 관련 입법으로 서비스업계의 식별표지를 보호하며, 세계 다수 국가에서는 서비스상표와 상품상표를 동등하게 보호하고 있다. 둘째, 일반소비자들에게 명성이 높고 비교적 높은 인지도를 갖춘 유명상표에 대하여는, 등록여부와 상관없이 많은 국가에서 이에 대하여 특별하게 보호하고 있다. 1993년 관세 및 무역에 관한 일반협정의 체약국들에 의하여 통과된 「지식재산권협정」은 「파리협약」에서 확립한 상표 보호 관련 국제적 협조원칙을 토대로 해서 유명상표에 대한 보호를 더욱 강조하였고, 유명상표에 대한 보호범위를 서비스상표까지 확대하였다.[43] 이는 현대 상표법 발전의 하나의 중요한 내용이다.

나. 새로운 지식재산의 잇따른 등장

20세기 중반부터 신기술혁명이 일어나기 시작하면서, 지식경제는 신세대의 부를 배출하였을 뿐만 아니라 "지식=부"라는 새로운 관념을 심어주었다. 이는 지식은 부를 창조하고 부를 획득할 수 있는 토대이고 지식재산은 현대사회에서 일종 신형의, 중요한 재산에 해당됨을 입증하였다. 신기술이 응용됨에 따라 특히 마이크로전자기술과 생명공학기술의 응용은 지식재산의 객체범위를 신기술의 범주까지 확대시켰으며 전통적인 지식상품과 구별된 새로운 작품, 새로운 특허 및 "준특허"가 출현하였다.

---

43) 张乃根:《国际贸易的智慧财产权法》, 128页, 上海, 复旦大学出版社, 1999。

집적회로는 마이크로전자기술의 핵심이며 현대의 전자정보기술의 토대이기도 하다. 이는 용량이 작고 속도가 빠르며 에너지소비가 낮은 특징이 있어 각종 전자제품에 광범위하게 응용되고 있다. 집적회로는 일종의 종합적인 기술성과물이며 이에는 배치설계와 공예기술이 포함된다. 배치설계는 mask works 또는 topological graph 라고도 부르며 이는 각종 매체 위에 부착한 부속품 그리고 이러한 부속품을 연결하는 선으로 구성된 것이다. 집적회로의 배치설계는 실질적으로 일종의 산업디자인이 아닌 도형설계에 해당하므로 특허법의 보호범위에 포함되지 아니한다. 또한 이러한 도형설계는 비록 일종의 3D 배치형태이지만 저작권법이 보호하는 도형저작물 또는 디자인예술저작물에 해당되지 아니한다.[44] 그러므로 많은 국가들은 특별법의 형식을 취하고 또한 관련 국제협약을 통하여 집적회로의 배치설계에 대하여 단독적으로 지식재산권 또는 "준특허"를 통하여 이를 보호하였다.

디지털기술은 마이크로전자기술 발전의 산물이며 컴퓨터기술과 디지털통신기술을 이용하여 정보에 대하여 저장, 가공, 합성 및 전송하는 현대의 신기술이다. 디지털기술은 두 가지 내용이 포함된다. 하나는 멀티미디어 기술이다. 즉 "다양한 형식의 미디어(문자, 데이터, 도형, 영상, 음성 등) 정보에 대하여 통합적으로 처리하고 응용하는 하나의 복합적인 기술이다." 다른 하나는 하이퍼텍스트(Hypertext)기술이다. 즉 "일부 복합적인 정보(예를 들면 문자정보, 도형, 영상, 음악 등)에 대하여 그들을 논리적인 연관성에 따라 거미집과 같이 서로 연결시켜 이용자가 이를 저장, 검색, 시청할 수 있도록 하는 정보관리기술이다."[45] 디지털기술의 출현은 지식재산의 존재방식에 변화를 초래하였다. 전통적인 저작물은 주로 서적, 신문, 잡지, 녹음, 회화 및 영화 등 형태로 표현되었지만 현재는 컴퓨터소프트웨어, CD-Rom 및 인터넷에 기입하여 2진체계적 디지털코드의 방식으로 표현되고 있다. 캐나다의 유명한 저작권학자 Lesley은 이러한 권리의 객체를 "디지털재산"(Digital Property)이라고 칭하였다. 즉 컴퓨터나 인터넷상에 존재하는 내용들을 말한다. 다시 말하면 "디지털화할 수 있거나 디지털의 형식으로 존재하는, 또는 디지털 방식으로 창작한(예컨데 소프트웨어를 통하여) 지식재산이 바로 디지털재산이다."[46] 창작작품에 대하여 디지털적 표현방식

44) 吴汉东主编:《智慧财产权法》, 344页, 北京, 北京大学出版社, 1998。
45) 应明:《数位化技术的发展对著作权制度带来的新问题》, 载《智慧财产权》, 1994(6)。
46) lesley Ellen Harris, *Digital Property*, The Megrau-Hill Companies, 1997, pp.4-6.

을 취한 결과, 동일한 사상 내용을 토대로 원작작품 형식과 디지털형식이라는 두 가지 서로 다른 표현방식이 발생하였으며 이 두 가지 표현방식이 어떤 관계인가 하는 것에 대하여 각국의 저작권법은 아직 논쟁 중이다. 하지만 한 작품의 2진체계적 디지털코드의 표현방식은 반드시 저작권법의 보호를 받아야 한다는 것에 대하여 입법자들은 보편적으로 공감대를 형성하였다.[47]

신기술의 중요한 구성 부분으로서의 바이오테크는 특허 또는 "준특허"의 객체로 볼 수 있는데 이는 현대 지식재산권법의 하나의 발전추세이다. 바이오테크의 대상은 기본적으로 동물, 식물, 미생물 이 세 가지로 나눌 수 있다. 동물의 신품종에 대하여 특허 또는 "준특허"의 보호를 제공하는 것에 대하여 20세기에는 관련 입법례가 아직 드물었다(미국은 20세기 90년대에 "하버드 생쥐"에 대하여 특허권을 부여하였다).[48] 하지만 미생물과 관련하여, 미생물 자체 및 그 새로운 제조법에 대하여 수많은 국가에서는 이를 발명특허로 보호하고 있다. 그 외 식물의 신품종은 바이오테크가 식물품종의 개량분야에서 취득한 커다란 성과로서 점점 각국 입법자들의 주목을 받고 있다. 현재, 식물의 신품종에 대한 지식재산권의 보호는 주로 아래 두 가지 방식을 취하고 있다. 다수 국가들은 특별법을 제정하는 방식으로 식물의 신품종을 보호하고 있다. 일부 국가는 특허법의 범위 내에서 식물의 신품종을 보호하고 있다. 1961년 「식물의 신품종의 보호에 관한 국제조약」 및 1993년 「지식재산권협정」에서는 식물의 신품종에 대한 지식재산권의 보호를 강조하였으며 회원국으로 하여금 특허법 또는 지식재산권법 또는 양자를 병용하는 방식을 자유롭게 선택하도록 하였다.

다. 경영표지의 재산적 가치에 대한 점차적 중시

현재 상품경제와 국제무역이 고도로 발전한 상황에서 상표를 중심으로 한 경영표지는 특히 중요한 의의를 갖는다. 이는 식별기능이 있을 뿐만 아니라 상품의 제조업자, 제조지, 품질의 차이점을 의미하기도 하며 특정상품의 의미를 나타내기도 한다. 다시 말하면, "해당 상품의 특수한 사업상의 신용과 명예는 그가 사용하고 있는 경영표지를 통하여 표현되는 것이다."[49] 이러한 방식을 통하여 경영표지 소유자의

47) 孙铁成:《电脑与法律》, 19页, 北京, 法律出版社, 1998。
48) 郑成思:《智慧财产权法》, 156页, 北京, 法律出版社, 1998。

부가적 이익이 창출하게 된다.

전반적인 지식재산권 법률제도의 체계를 보면, 경영표지에 대한 법적 보호의 시작이 가장 빠르다.[50] 그 발전이 비록 저작권법, 특허법처럼 그렇게 신속하진 않지만 현대사회의 발전에 따라 여러 커다란 변화를 겪게 되었다. 첫째, 경영표지의 범주는 상표를 중심으로 하나의 표지 관련 군(群)을 형성하였다. 전통적인 상표 외에 상호, 업종표시, 산지표시, 품질등급표시(예: 순모[純毛]표시), 품질장려표시("국가우수" "중앙부서우수" 장려표시) 등은 모두 재산적 의미가 있는, 법적 보호를 받는 객체들이다. 둘째, 상업명칭권(즉 기업법인의 명칭권)은 상호권의 명의에서 인격권과 재산권으로 분리되었다. "상호권의 무체재산권적 속성은 하나의 유명한 상호가 상업주체에게 상업적 이익을 가져다 줄 수 있을 뿐만 아니라, 기타 상업주체가 대가를 지불하여 해당 권리를 양수받기를 원한다는 점에서 나타나고 있다."[51] 셋째, 도메인이름은 인터넷을 접속하는 사용자의 인터넷상의 명칭으로서 정보시장, 홈페이지에서 사용되는 새로운 표시이다. 도메인이름의 성질과 관련하여 학자들 사이에 아직 논쟁이 있다. 일부 학자는 도메인이름은 독자적인 표시에 해당하며 인터넷 사용자의 기존의 상호 또는 상표와 구별된다고 주장하는 반면, 일부 학자는 도메인이름은 단지 기존 표시를 인터넷상에서 디지털화로 표시한 것으로서, 표시매체의 일종의 호환일 뿐이라고 주장하였다. 이러한 논쟁을 제쳐두고라도, 도메인이름은 날이 갈수록 사람들의 주목을 받고 있으며 일부 국가에서는 이에 대한 법적 보호를 도모하고 있는 것 또한 논쟁의 여지가 없는 사실이다. 넷째, 경영표지와 상업명예는 공동으로 기업의 무형재산을 구성하고 있다. 경영표지는 통상 특정기업의 상업명예와 관련성이 있다. 상업명예는 기업의 적극적인 사회평가에 관한 것이며 기업의 품질, 경영자의 소질, 고객과의 관계 등 여러 가지 요인에 의하여 결정된다. 다양한 경영표지 중에서 상호는 상업명예를 내재한 매체이며 상표 및 기타 표시는 상업명예를 구성한 요소이다. 다섯째, 경영표지에 대한 보호는 여러 법규와 관련성이 있으며 통상 특별법(예를 들면 상표법)을 중심으로 하고 부정경쟁방지법 및 행정법을 그 보충으로 한다. 무형

---

49) 夏先良等:《论贸易标志》, 载《智慧财产权》, 1996(3)。

50) 전하는 바에 의하면 고대로마법에서는 이미 상표 보호 관련 규정이 출현하여 매입자가 상표를 위조하여 물품을 판매한 판매자에 대하여 제소할 수 있도록 허용하였다.

51) 聂卫东:《商业名称的法律保护》, 载《法律科学》, 1999(3)。

재산권의 체계에서 표시 관련 권리는 주로 일종의 산업재산권이다.

라. 영업비밀과 부정경쟁방지가 지식재산권제도로 진입

근대법과 비교하면, 현대 지식재산권체계는 하나의 아주 방대한 법적 체계를 이루고 있다. 전통적으로 영업비밀과 부정경쟁방지법은 지식재산권을 보호함에 있어서 예외적이거나 보충적 규정이었다. 하지만 현재는 당당하게 정식으로 지식재산권체계의 하나의 구성원으로 자리매김하였다.

영업비밀은 일종의 무형의 정보재산이며 특허기술과 달리 그 권리는 엄격한 의미에서의 독점성을 갖고 있지 않으며 지역과 시간의 제한도 받지 않고 권리의 효력도 완전히 영업비밀의 유지정도에 의하여 결정된다. 바로 이러한 특성으로 인하여 전통적인 지식재산권체계에는 영업비밀이 포함되지 않았다. 대륙법계 국가에서는 오랜 시간 계약법 또는 불법행위법으로 영업비밀을 보호하였으며 그의 재산권적 성질을 인정하지 않았다. 그러나 영미법계 국가에서는 통상적으로 영업비밀을 무형재산권으로 간주하여 전문적인 법률로서 이를 보호하였다. 20세기 60년대에 이르러 국제상업회의(ICC)는 우선적으로 영업비밀의 지식재산권적 속성을 인정하였으며 세계지식재산권기구 역시 그 설립조약에서 영업비밀은 지식재산권에 포함될 수 있다고 암시하였고 20세기 90년대의 「지식재산권협정」에서는 이러한 "미공개정보"의 보호문제에 대하여 특별 규정하여 영업비밀이 지식재산권의 범주에 포함된다는 것을 확인하였다.

부정경쟁방지법과 지식재산권의 보호는 밀접한 관련이 있다. 한 국가의 법률체계에서 부정경쟁방지법은 통상 지식재산권법으로 분류된다. 국제조약 중에서 1967년 「파리협약」스톡홀름버전에서는 특허기술, 경영표지 및 부정경쟁방지를 산업재산권의 보호대상으로 규정하였고 1967년 「세계지식재산권기구의 설립에 관한 협약」에서는 부정경쟁방지의 권리를 지식재산권의 범위로 포함시켰으며 1993년 「지식재산권협정」에서는 체약국은 반드시 「파리협약」의 관련 조항을 지켜야 한다고 강조하였다. 즉 해당 협약에서 부정경쟁방지를 지식재산권의 구성내용으로 한 규정을 확인하였다. 부정경쟁방지가 현대의 지식재산권 법률체계에 귀속되는 것은 아래 여러 원인이 있다. 첫째, 부정경쟁방지법은 지식재산권법의 기타 조정대상을 자신의 보호대상으로 하고 있다. 즉 저작권, 특허권 및 상표권을 침해하는 행위에 대하여 제재를 가하고 있다. 따라서 일부 경우에는 법조문의 경합 또는 법률의 우선 적용의 문제점이 발생하게 된다. 둘째, 부정경쟁방지법은 각종 지식재산권과 관련이 있지만, 해당 법률을 적용할 수 없는 객체를 보호하고 있으며 이로써 단일법률제도로 인하여 발생한 “진공지대”에 대하여 보충역할을 하고 있다. 셋째, 부정경쟁방지법은 각종 지식재산권 객체의 겹치는 부분에 대하여 “포괄적 보호”를 하고 있으며 지식재산권의 보호대상을 하나의 통일체로 통합되게 하였다. 부정경쟁방지법은 지식재산권법의 영역에서 언급된 내용이 제일 광범위한 하나의 법률제도이다. 비록 현재 입법례에서 부정경쟁방지법의 적용범위가 점점 넓어져 지식재산권과 무관한 기타 영역에까지 확대되었지만 해당 법의 중요한 목적은 여전히 지식재산권에 대한 보호에 있다.

제 2 장
무형재산권의 기본적 이론 범주

물(物), 재산 및 무형재산은 중국의 법학 및 경제학 저술에서 자주 사용되고 있고 또한 전환의 차원에서 많이 사용되고 있으며 학자들 사이에 그 사용에 있어서 많은 이견이 존재한다. 경제학 명제로서의 무형재산의 영역은 이미 사회의 핫이슈가 되었지만 법학계의 충분한 관심을 받지 못하였다. 그 외, 기존의 전통적인 이론에서는 무형재산권과 지식재산권에 대하여 동일한 의미를 부여하였으나 현재는 무형재산권에 대하여 그 의미를 확장하는 새로운 해석이 필요하다. 필자는 상기 기본적인 이론문제에 대하여 분석하고자 한다.

1. 재산 및 물(物)

가. 재산 및 물(物)에 대한 의미 분석

과거부터 현재까지, 재산이란 용어는 사람에 따라 자주 서로 다른 의미로 사용되어왔다. 때로는 재산소유권 자체를 말하기도 하고 때로는 소유권의 객체(즉 소유물)를 말하기도 한다.[52] 『옥스포드영어대사전』의 해석에 따르면 "property" 즉 재산은 주로 세 가지 의미를 갖는다.

(1) 보유하거나 보유할 수 있는 사물을 말한다. 예컨대 부, 재물, 토지 등이다.

---

52) [英] 大卫 · M · 沃克主编:《牛津法律大辞典》, 北京社会与科技发展研究所组织编译, 880页, 北京, 光明日报出版社, 1989。

(2) 소유권 즉 어떤 물(物)에 대하여 점유, 향유 및 사용할 수 있는 유일한 권리를 말한다.

(3) 특정인이 합법적으로 소유할 수 있는 물(物)을 말하며, 법적 보호를 받을 수 있고 개인이 향유할 수 있는 유형재산권(예컨대 토지, 화물, 금전)과 무형재산권(예컨대 저작권, 특허권)이 포함된다. "property"의 본래의 의미를 보면, 제(1)항과 제(3)항이 말하는 객체물에는 유체물과 무체물이 포함되며 제(2)항은 재산소유권 자체를 말한다. 초기 자산계층의 사상가이자 법학가인 로크(Locke)의 저서 "정부론"에서는 다양한 의미로 "재산"이란 개념을 사용하였다. 로크의 저서에 의하면 좁은 의미의 재산은 개인이 소유한 물질적 재산을 말하며 통상 "possessions", "estates", "fortunes" 및 "goods"로 표현하였다. 넓은 의미의 재산은 상기 "property"가 포괄하는 내용을 말한다. 이는 단지 물질적 재산 또는 통상적 의미의 재물과 부동산뿐만 아니라 인간의 심신, 생명 및 자유 내지는 인간의 노동 및 행위규범도 포함된다. 이는 개인소유의 총집합이며 심신과 물질 두 가지 내용과 유형과 무형 두 가지 형태가 포함된다.[53] 최초 법률경제학자인 커먼스(Commons)는 경제학과 법학의 차원에서 "재산"이라는 이 용어의 이중적 의미를 논술하였다. 한 측면으로는 경제상의 희소가치이다. 경제학자는 이를 "수량경제"라고 부르며, 법학자들은 이를 "실체" 또는 "재산-물체"라고 부른다. 다른 한 측면으로는 법률적 또는 논리적 재산권의 의의는 권리, 의무, 권력, 책임 등 내용이 포함된다.[54] 커먼스는 『제도경제학』이라는 저서에서 "재산은 희소하거나 희소하게 될 가능성이 있는 자연물자에 대하여 컨트롤할 수 있으며, 그 자연물자를 자신이 사용하거나, 타인이 대가를 지불할 경우, 타인이 사용하도록 허락할 수 있는 권리를 말한다. 하지만 재산적 권리는 정부 또는 기타 기관의 집단적 활동을 통하여 개개인에게 부여한 일종의 독점적 사용권이며 희소하게 될 가능성이 있고 그 독점적 사용에 충돌을 초래하는 물건에 대하여 타인으로 하여금 사용할 수 없게 할 수 있다."[55] 상기 학설에 따라 재산의 의의는 주로 재산권(소유권)과 재물(유체물과 무체물 포함) 두 가지 내용이 포함된다. 재산과 물(物)의 관계를 검토하

53) 梅雪芹:《关于约翰 · 洛克"财产"概念的一点看法》, 载《世界历史》, 1994(6)。

54) 高德步:《产权与增长: 论法律制度的效率》, 68~69页, 北京, 中国人民大学出版社, 1999。

55) [美] R · 康芒斯:《制度经济学》(上), 357页, 北京, 商务印书馆, 1962。

기 위하여 재산의 시작범위를 권리의 객체를 토대로 확정할 필요가 있다.

나. 양대 법계의 권리객체에 대한 시각

로마법에서부터 프랑스민법까지 재산과 물(物)의 개념은 권리의 객체라는 점에서 서로 중복된다. 영국의 법학자인 메인(Maine)은 로마법의 요식이전물(要式移轉物) 즉 토지, 노예 및 무거운 짐을 질 수 있는 가축에 대하여 분석할 때, 해당 상품을 최초에 "물건"(res) 또는 "재산"(proprietas)이라고 불렀다고 예측하였다.[56] 프랑스법학자가 권리의 객체에 대하여 논할 시 통상 재산을 동산, 부동산 및 지식재산으로 분류하였고 이를 통합하여 포괄적으로 "물(物)"의 개념에 포함시켰다. 프랑스의 『라루스대백과사전』에서는 "재산의 일부를 구성할 수 있고 개인이 소유할 수 있는 모든 재물이 곧 물(物)이다. 이러한 물(物)은 실체가 존재하고 사람들에 의하여 감지할 수 있는, 모든 동산과 부동산을 포함한 유체물일 수도 있고 실체가 존재하지 않고 사람들이 주관적으로 의제한, 물(物)과 관련된 각종 권리(예컨대 사용수익권, 채권)와 물(物)과 무관한 기타 권리(예컨대 저작권, 산업재산권)를 포함한 무체물일 수도 있다.[57]

독일민법은 로마법 이래의 물(物)의 분류방식을 부인하고 "물(物)은 반드시 체(體)가 있어야 한다."는 관념을 제시하였으며, 이론적으로 물권법에서의 물(物)(독일어 Sache)은 구체적으로 눈으로 볼 수 있는 좁은 의미의 물품을 말한다.[58] 독일민법은 특정 재산적 권리가 지칭하는 무체물을 인정하지 않을 뿐만 아니라 프랑스민법처럼 객체를 분류함에 있어서 재산과 물(物)이라는 통상적인 견해를 채택하지도 않았다. "부동산" 및 "동산"은 독일어의 원래의 뜻에 따라 "움직일 수 없는 물(物)"(Unbe-weglichesache)과 "움직일 수 있는 물(物)"(Beweglichesache)로 부를 수밖에 없다.[59] 독일학자의 해석에 따르면 재산과 물(物)의 의의는 동일시할 수 없다는 것이다.

법률전통의 차이점으로 인하여 영미법에서는 객체물의 개념을 거의 사용하지 않고 보편적으로 재산이란 개념을 사용하고 있다. 입법문서와 달리, 법학계에서는 이

---

56) [英] 梅因:《古代法》, 沈景一译, 157页, 北京, 商务印书馆, 1984。

57) 法国《拉鲁斯大百科全书》(第3卷), 载"国外法学"译丛《民法》, 168页, 北京, 智慧财产权出版社, 1981。

58) 孙宪忠:《德国当代物权法》, 5页, 北京, 法律出版社, 1997。

59) 孙宪忠:《德国当代物权法》, 7页, 北京, 法律出版社, 1997。

미 재산과 물(物)의 관계에 대하여 연구하고 있다. 현대의 영국학자들이 편찬한『옥스포드법률대사전』에서 권리의 객체인 물(things)과 재산(property)에 대하여 정의하면서 역시 이를 부동산(real property)과 동산(personal property)으로 분류하였다. 전자는 특정물에 대한 반환청구가 가능한 재산을 말하고 후자는 손해배상청구가 가능한 재산을 말한다. 이는 물(物)과 재산 양자의 개념과 그에 내포된 뜻이 동일함을 의미한다.[60)]

다. 중국법 언어적 환경에서의 재산과 물

중국의 법률용어를 보면, 물(物)이란 일정한 공간을 차지하고 인력에 의하여 지배할 수 있으며 사람들의 필요를 만족할 수 있는 물체를 말한다. 이러한 관점은 독일민법에서의 물(物)에 관한 정의와 동일하다. 중국민법에서도 이와 다른 의미로 재산이란 개념을 사용하고 있다. 예를 들면「민법통칙」제5장 제1절의 제목은 "재산소유권 및 재산소유권과 관련이 있는 재산권"이며 여기서 말한 "재산"은 분명 유체물을 말하고 있다. "상속법" 제3조의 규정에 따르면 "유산은 공민이 사망할 시 남긴 개인의 합법적 재산을 말한다." 여기서 말한 "재산"은 유체물과 재산적 권리(무체물)를 말한다.[61)] 재산이란 개념을 사용함에 있어서 중국민법은 또 프랑스민법과 동일하다고 할 수 있다. 법학연구영역에서 중국의 학자들이 물(物)과 재산의 관계에 대하여 논술한 저술이 많지 않다. 20세기 80년대 말에 한 저서에서 재산에 대하여 물(物)과 유사한 정의를 내린 적이 있는데 "재산이란 물(物)을 가리킨다."고 주장하였다.[62)] 일부『민법학』교재에서도 민법상의 물(物)은 곧 "재산"이라고 명확히 지적하고 있다.[63)] 지식재산권 분야의 학자이신 쩡청쓰(鄭成思) 교수도 유사한 정의를 하였다. 즉 "재산(동산이든 부동산이든)은 통상적으로 우선 모종의 '물(物)'로 표현된다."[64)] 그

---

60) [英] 大卫・M・沃克主编:《牛津法律大辞典》, 北京社会与科技发展研究所组织编译, 880页, 北京, 光明日报出版社, 1989。

61)《중화인민공화국 상속법》제3조에 따르면 유산은 아래 재산이 포함된다. (1) 공민의 수입; (2) 공민의 주택, 예금 및 생활용품; (3) 공민의 산림, 가축 및 가금; (4) 공민의 문물, 도서자료; (5) 법률상 허용된 공민이 소유한 생산자료; (6) 공민의 저작권, 특허권 중의 재산권; (7) 공민의 기타 합법적인 재산이다.

62) 王晓进:《社会主义财产制度分析》, 7页, 北京, 北京工业大学出版社, 1989。

63) 彭万林主编:《民法学》, 49页, 北京, 中国政法大学出版社, 1996。

외 일부 학자들은 제도적 혁신의 차원에서 무형재산이론의 확립을 제기하면서 물(物)과 재산의 관계에 대하여 분석한 바 있다.[65]

상기 각종 입법과 학설의 관점을 종합하여 보면, 필자는 재산과 물(物)의 관계에 대하여 아래와 같이 본인의 견해를 제시하고자 한다.

(1) 객체의 의의를 보면, 재산의 외연은 광의부터 협의까지 순차적으로 세 가지 의미가 있다. 첫째는 재산은 경제적 내용을 포함한 민사적 권리, 의무의 총집합체이다. 그 중 권리를 대표하는 재산은 적극적 재산이고 의무를 대표하는 재산은 소극적 재산이다. 둘째는 넓은 의미의 물(物)(적극적 재산)은 유체물을 말할 뿐만 아니라 특정 재산적 권리를 가리키는 무체물도 포함된다. 프랑스민법에서도 이러한 관점을 갖고 있다. 셋째는 좁은 의미의 물(物)은 유체물에 한한다. 독일민법에서도 이러한 관점을 갖고 있다. 이로부터 보다시피 개념의 내적 의미(즉 권리의 대상적 측면)를 보면, 재산과 물(物)이 모두 객체에 해당한다는 동일한 의미를 갖고 있으나 외연(즉 객체의 대상범위)을 보면 재산과 물(物)이 포함하고 있는 요소가 동일한 것은 아니다.

(2) 현대의 사회경제와 과학기술의 발전으로 인하여 좁은 의미에서의 물(物)의 개념은 이미 실생활의 필요를 충족할 수 없게 되었다. "물(物)은 반드시 체(體)가 있어야 한다."라고 주장하는 독일, 일본 등 국가에서도 입법문서에서는 융통성있게 규정하고 있다. 비록 물(物)은 단지 유체물을 가리킨다고 명문으로 규정하였지만 담보물권제도에서는 권리도 객체가 될 수 있다고 규정하고 있다. 심지어 어떤 일본 학자는 민법에서 물(物)의 개념에 대한 확장해석을 통하여 무체물도 소유권의 객체로 인정될 수 있도록 하여야 한다고 주장하였다.[66] 필자는 물(物)은 모든 재산관계의 제일 기본적인 요소로서 소유권의 객체뿐만 아니라 타물권의 객체이기도 하므로 물(物)의 개념에 대하여 너무 좁게 해석하는 것은 타당치 않다고 본다. 그리고 소유권의 객체와 타물권 및 기타 재산권의 객체에 대하여 명확하게 구분하여야 한다. 일부 학자들이 강조한 것처럼 소유권의 객체는 원칙적으로 유체물이어야 하며 무체

---

64) 郑成思:《智慧财产权论》, 36页, 北京, 法律出版社, 1998。

65) 吴汉东:《关于无形财产权若干理论的研究》, 载《法学研究》, 1997(3); 杨紫煊:《财产所有权客体新论》, 载《中外法学》, 1996(3)。

66) 邓曾甲:《日本民法概论》, 46页, 北京, 法律出版社, 1995。

물(즉 권리)은 기타 재산적 권리의 객체가 될 수 밖에 없다.[67]

(3) 로마법에서부터 프랑스민법까지 모두 일정한 재산적 내용을 포함한 권리를 무체물로 보며 물(物)의 개념에 대하여 넓게 해석하는 국가에서는 무체물이 곧 권리라는 인식이 이미 확고해졌다. 물(物)의 개념에 대하여 좁게 해석하는 국가에서도 일부 학자들은 역시 무체물의 개념을 취하였지만 전통적 이론과 서로 맞지 않는 부분이 많다. 독일학자들은 정신적 상품도 재산법상의 물(物) 즉 좁은 의미의 무체물이라고 본다. 하지만 독일민법의 원칙에 따라 이러한 상기 객체에 대하여 물권법이 아닌 지식재산권법으로 규범하여야 한다.[68] 일본학자도 현행법에서는 물(物)의 범위를 유체물로 한정하였으며 이는 발명, 디자인 등 정신적 상품 즉 무체물은 물권 특히 소유권의 객체가 될 수 없음을 의미한다고 주장하였다.[69] 중국의 일부 학자는 재산소유권의 객체는 유체물(유형재산)뿐만 아니라 무체물(무형재산)도 포함된다고 주장하였다. "무체물은 금전적 가치가 있지만 실체가 존재하지 않는 재물을 말한다." "지적 성과는 소유권 객체의 범위에 포함되며 발명, 상표도 소유권 객체의 범위에 포함된다."[70] 상기 관점에 대하여 더 깊은 검토가 필요하다. 필자는 지적 창작성과를 포괄적으로 무체물이라고 칭하는 것을 찬성하지 않는다. 객체로서의 재산적 권리는 일종의 제도적 상품이지만 지적 성과는 일종의 정신적 상품이기 때문이다. 후자는 일종의 비물질적 재물이지만 가치와 사용가치가 있고 사회의 생산과 생활을 위하여 반드시 필요한 서비스를 제공하고 있다. 일부 지적 성과는 생산력으로 전환할 수도 있으며 물질적 재물을 창조할 수도 있다. 그러므로 정신적 상품은 사회적 부의 표현형태이기도 하다. 하지만 제도적 상품을 보면 비록 당대의 법경제학자들은 권리를 부의 존재형태로 인정하고 이를 일종의 희소한 자원으로서 배분하지만 권리는 필경 사회적 재물 또는 자연적 자원 자체와 동등한 것은 아니다. 필자는 민법상의 무체물에 대한 본래의 개념은 이미 다수 학자들에 의하여 받아들여 물(物)의 개념에 대하여 확장 해석할 필요가 있지만 무체물의 범위를 지적 성과까지 확장

67) 梁慧星:《民法总论》, 80页, 北京, 法律出版社, 1996; 钱明星:《物权法原理》, 26页, 北京, 北京大学出版社, 1994。
68) 孙宪忠:《德国当代物权法》, 3页, 北京, 法律出版社, 1997。
69) 邓曾甲:《日本民法概论》, 46页, 北京, 法律出版社, 1995。
70) 杨紫煊:《财产所有权客体新论》, 载《中外法学》, 1996(3)。

할 필요는 없다고 본다. 무형재산권 객체의 명칭 및 해당 객체와 무체물의 차이점에 대하여 다음과 같이 논하고자 한다.

2. 지식재산, 무형재산 및 지식상품

가. 정신적 산물에 대한 헤겔의 "곤혹"

지식재산권의 객체에 대하여, 로마법 이래의 객체물 이론을 적용하여 단순하게 해석할 방법이 없다. 근대 독일의 법철학자 헤겔(Hegel)은 물(物)과 정신의 관계에 대하여 철저한 분석을 한 적이 있다. 그는 물(物)은 정신과 서로 분리되는 외적으로 존재하는 물건이며 객관적 자연계의 개념에 해당한다고 정의하였다. 따라서 물(物)은 의지적이고 고정적인 외부영역이 되어 주체로서의 권리를 실현하는 영역이기도 하다. 그 외, 또 "정신적 매개물을 통하여 형성한 물(物)" 예를 들면 정신적 기술, 과학지식, 예술 및 발명 등은 모두 계약의 대상이 될 수 있고 매매관계에서 인정하고 있는 물(物)과 동일하게 본다. 그 이유는 이러한 것은 정신의 특유한, 정신이 내재한 물건이지만 주체가 "표현"을 통하여 그들에게 외부적 "고정"을 부여할 시 그들은 물(物)의 범주에 포함되게 된다.[71] 하지만 헤겔은 기술력, 지식 등을 모두 물(物)로 볼 수 있는지 여부에 대하여 고민을 하였다. 그는 이러한 지적 성과도 비록 물(物)처럼 거래하거나 계약을 체결할 수 있지만 필경 내부적이고 정신적인 물건이기도 하므로 이론적으로 그것들의 법적 성질에 대하여 "당혹"하게 되었다.[72] 헤겔의 이러한 "당혹감"은 우리에게 아래 시사점을 주었다. 첫째, 지식형태의 정신적 상품은 통상적 의미의 물(物)과 다르지만 물(物)과 마찬가지로 교환의 목적물이 될 수 있다. 둘째, 정신적 상품은 정신이 내재한 물건이지만 일정한 형식의 "표현"을 통하여 외부적 "고정"을 얻을 수 있다. 즉 정신적 상품은 "직접성"과 "외재성(外在性)"을 갖춘 매체가 있을 수 있다. 셋째, 물(物)과 정신의 분리이론에 따라 정신적 상품은 내적인 정신적 물건으로서 간단하게 "고정"의 외부영역의 물(物)로 분류할 수 없다.

---

71) [德] 黑格尔:《法哲学原理》, 范扬、张企泰译, 43节附译, 北京, 商务印书馆, 1982。

72) 吕世伦:《黑格尔法律思想研究》, 32页, 北京, 中国人民公安大学出版社, 1989。

나. 역외이론: 지식재산에서 무형재산으로

구소련민법학자는 정신적 상품을 물(物)과 구별되는 다른 종류의 객체로 정의하려는 시도를 한 적이 있다. 그들은 자국의 민법입법의 정신에 따라 이러한 권리의 객체를 통합하여 "창작활동의 성과"로 불렀다. 이러한 창작활동의 성과는 두 가지로 분류된다. 하나는 과학, 문학 및 예술작품이고 다른 하나는 발견, 발명 및 합리적인 제안이다. 이에는 산업상품으로 하여금 기술과 미의 조합을 이루게 한, 새로운 예술적 처리를 거친 실용신안기술이 포함된다.[73] 구소련학자들이 의제한 "창작활동의 성과"의 개념에는 두 가지 커다란 결함이 존재한다. 하나는 지식영역에서의 각종 권리가 가리키는 공동의 대상을 추상적으로 개괄하지 못하였으며 해당 분류에는 특허, 상표 등 산업재산권의 객체가 포함되지 않음이 분명하다. 둘째는 객체의 지적 창조성의 성질을 강조하였지만 그 재산적 가치에 대하여 언급하는 것을 꺼려하였다. 해당 분류방식은 재산권의 성질이 없는 발명권, 발견권의 객체도 이에 포함시켰다. 즉 이러한 학설은 정신적 상품의 본질적 특징을 무시하였다.

현대 서양학자들이 "지식재산권"(Intellectual Property)의 재산적 의미에 따라 해당 권리의 객체를 "지식재산"이라고 부른 것은 법학 이론의 하나의 커다란 발전이다. 그들은 통상 재산을 "이동가능한 물(物)로 구성된 재산"(동산), "이동 불가능한 재산"(부동산) 및 "지식재산"으로 분류하였다. 해당 재산이 각종 정보와 서로 관련이 있기 때문에, 지식재산이론은 지적노동의 창조물을 "지식재산"으로 부르게 되었다고 여겼다. 사람들은 이러한 정보를 유형매체와 서로 결합시키는 동시에 서로 지역을 달리하여 대량으로 복제하였다. 지식재산은 상기 복제품에 포함되는 것이 아니라 복제품이 반영하는 정보에서 나타난다.[74] 일본의 저명한 법학자인 기다가와 센다로(北川善太郎)는 일본에서 "지식재산"의 개념을 보급하기 시작한 창시자이다. 전통적으로 학자들은 "무형재산권" 및 "무형재산"이란 용어로 관련 권리와 권리의 객체를 표현하였다. 그러나 기다가와 센다로는「일본민법전」제85조에서 한정한 유체물과 서로 비교하면, "무형물"은 어감상 문제가 있는 듯하여 보편적으로 받아들이기 어렵다고 보았다. 따라서 1988년 그는 "반도체 집적회로에 대한 법적 보호-새로운 지식

---

73) [苏] 格裡巴诺夫等主编:《苏联民法》(上), 177、178页, 北京, 法律出版社, 1984。

74) 世界智慧财产权组织编:《智慧财产权纵横谈》, 4页, 北京, 世界知识出版社, 1992。

소유권의 탄생"이란 논문에서 "지식재산"이란 용어를 제기하였다.[75] 이와 동시에 기타 학자들도 서로 앞다투어 이 용어를 사용하게 되어 이 개념이 일본에서 광범위하게 사용되기 시작하였다.

지식재산과 유사한 표현법은 무형재산이다. 20세기 60년대 이전, 지식재산은 아직 국제적으로 널리 사용된 법률개념이 아니고 사람들은 통상 창조적 지적 성과로부터 획득한 민사권리를 "무형재산권"(Intangible Property)이라고 불렀다. 그러므로 수많은 학자들은 작품, 상표, 실용신안 등 권리의 객체를 "무형재산"으로 간주하였다. 상기 견해에 대하여 일본 법학계에서는 이의가 없는 듯하였다. 일본 지식재산권법학자 고지마 쯔네가즈(小島庸和)는 그의 저술『무형재산권』에서 지식재산과 무형재산을 동등한 개념으로 보고 그것들을 지식재산권법의 대상이라고 지칭하였다. 그는 "무형재산은 본래 시대의 진보에 따라 끊임없이 출현하고 발전한 것이며 지금도 계속 새로운 지식형태의 상품(지식산물)[76]이 끊임없이 나타나고 있다."고 하였다. 고지마 쯔네가즈는 무형재산은 무형재산법의 객체임을 강조하고 이를 창작(creation) 및 표지(mark) 두 가지 유형으로 분류하였다. 이러한 "무형재산은 유형재산 및 기타 무형재산(예컨대 일광, 전기 등)과 비교할 시, 자신만의 특성을 갖고 있다."[77] 일본의 민법은 "물(物)은 반드시 체(體)가 있어야 한다."는 원칙을 고수하여 무형재산은 모든 지식산물 또는 지적 성과를 말하며 이는 물(物)(유체물)과 서로 대응되는 존재로서 각각 무형재산권(또는 지식재산권)과 일반재산소유권의 객체가 된다. 그러나 무형재산에 대하여 프랑스와 영국에서는 완전히 다른 해석을 하고 있다. "무형재산이라는 개념 자체에 대한 과학적인 문제에 대하여 프랑스학자들은 진지한 토론을 한 적이 있다."[78] 우리는 프랑스민법은 로마법의 물(物)에 대한 분류이론을 승계하여 무체물이 곧 무형재산이며 소유권 이외의 재산적 권리를 말한다는 것을 알고 있다. 다만, 다른 점이라면 고대 로마법의 무체물은 유체물을 대상으로 한 재산적 권리를 말하지만 현대 프랑스법의 무체물은 상기 권리 외에 물(物)을 대상으로 하지 않는 지식재산권도 포함된다는 것이다. 프랑스학자들은 "무형재산은 일종의 비물질적 재물이

---

75) [日] 北川善太郎:《技术革新与智慧财产权法制》, 3页, 北京, 国家科委政策法规与体制司等译, 1998。

76) [日] 小岛庸和:《无形财产权》, 序言, 2页, 创成社, 1998。

77) [日] 小岛庸和:《无形财产权》, 序言, 2页, 创成社, 1998。

78) 伊田:《法国物权法》, 54页, 北京, 法律出版社, 1998。

다. 예를 들면 지식재산권은 무형재산이지만 직접 물질적 자료를 대상으로 하지 않으므로 비물질적 재물에 해당된다."고 여겼다.[79] 프랑스 민법상의 무형재산은 구체적으로 권리자가 영업자산, 고객, 영업장소, 작품, 발명특허, 공업설계, 상표, 상업명칭 및 현대사회의 상업정보 등에 대하여 향유하는 권리를 포함한다. 영국법에는 이러한 물(物)의 개념이 없고 유체물과 무체물의 분류도 없으며 무형재산의 분류기준은 하나는 실물동산과 구별되는 무체물이며, 다른 하나는 재산적 이익을 상징하는 추상물이다. 무형재산에 포함되는 범위에는 채권(債權), 지식재산권 등 권리(프랑스민법상의 무체물)도 포함되고 채권, 주식 등 유가증권(현대민법 이론에서는 이를 특수종류물로 부른다[80])도 포함되며 인격 및 재산 내용을 겸비한 상업명예(어떤 학자는 상업명예를 무형재산권의 자금신용권의 객체로도 본다[81])도 포함된다. 상기 내용으로부터 알수 있는 바와 같이 무형재산에 대해 국가마다 서로 다른 해석을 하고 있다. 즉 무형재산을 지적 창조성 성과(예: 일본)로 말하기도 하고 특정한 재산적 권리(예: 프랑스)로 말하기도 하며 재산적 의의가 있는 모든 추상물(예: 영국)을 말하기도 한다. 따라서 무형재산을 지식재산권의 객체에 포함하는 것은 아직 세계적 범위 내에서 공통된 인식이 형성된 것은 아니다.

다. 중국에서의 해석: 지적 성과에서 지식상품까지

20세기 80년대 초기, 중국의 많은 학자들은 정신적 재물로 인하여 향유하는 권리를 "지적 성과권"이라고 하며 이에 대응하여 이러한 권리의 객체를 "지적 성과"로 귀결하였으며 그 가치는 화폐로 측정할 수 없다고 강조하였다.[82] 이러한 견해는 이론의 결함이라고 보기보다 역사의 제한성으로 인한 것이라고 볼 수 있다. 상품경제 특히 기술상품화가 아직 확립되거나 형성되지 않은 상황 하에서 법학 이론이 이러한 객체의 정신적 속성에 더욱 편중하는 것은 이해하기 어려운 일이 아니다. 하지만 지적 성과의 전통적인 관점은 그가 본래 갖고 있는 상품속성과 재산가치를

79) 伊田:《法国物权法》, 51~53页, 北京, 法律出版社, 1998。
80) 佟柔主编:《民法总则》, 3203页, 北京, 中国人民公安大学出版社, 1990。
81) 吴汉东:《关于无形财产权若干理论的研究》, 载《法学研究》, 1997(3)。
82) 佟柔主编:《民法原理》, 383页, 北京, 法律出版社, 1983。

더욱 두드러지게 강조하지 못하였으며 지식재산 객체의 본질적인 특징을 반영하지 못하였는데, 이는 검토와 반성이 필요한 점이다.

필자와 기타 일부 학자들은 "지식상품"에 대한 이론적인 범주의 확립을 강력하게 주장하여 왔다. 즉 지식재산권의 객체에 "지식상품"을 포함하였다.[83] "지식상품"은 사람들이 과학, 기술, 문화 등 정신적 영역에서 창조한 상품으로서 발명창조, 문학예술창작 등 각종 표현형식이 있으며 이는 물질상품(유체물)과 서로 구별되어 독자적으로 존재하는 객체의 범주이다. 이 같은 제안과 이론은 현실사회를 토대로 하고 있다. 1987년 중국 공산당 중앙위원회의「경제체제개혁에 관한 결정」및 1984년「과학기술관리체제에 관한 결정」에서는 중국의 현단계에 존재하는 상품경제에 대하여 정확하게 설명하였을 뿐만 아니라 처음으로 "기술이 사회상품의 가치에서 담당하고 있는 역할이 점점 더 커질 것이고, 점점 더 많은 기술이 이미 독자적으로 존재하는 지식형태의 상품으로 되었다."고 명확하게 인정하였다. 1986년 중국은「민법통칙」을 공포하여 정식으로 "지식재산권"이라는 개념을 사용하였으며 이로써 "지적 성과권"이라는 전통적인 용어를 대체하였다. 위와 같은 논의 및 규정은 지식상품 범위의 확립을 위하여 이론적 기초와 법적 근거를 제공하였다. 사실 외국학자들이 이미 지식상품이란 전문용어에 대하여 유사한 서술을 한 적이 있다. "지식재산권" 개념의 창시자인 벨기에 법학자 피카르디(Picardie)는 지식재산권을 "지식상품을 사용하는 권리"라고 정의하기도 하였다.[84]

필자는 지식상품은 물(物) 및 지적 성과보다, 지식재산권 객체의 본질적 특징을 더욱 잘 포함할 수 있다고 본다. 물(物)의 개념이 특히 강조하는 것은 인격 이외의 물질대상이며, 이는 가공을 거치지 아니한 자연물일 수도 있고 인류의 물질노동의 창조물일 수도 있으며, 객체의 물질성을 선명하게 나타내는 것이다. 하지만 지식상품은 지식형태 상품의 본질적 정의를 포함하였으며 이러한 객체가 과학, 기술, 문화 등 정신적 영역에서 발생하였음을 강조하고 이는 인류지식에 대한 창조물로서 객체의 비물질성을 선명하게 나타내고 있다. 또한 지식상품의 개념은 상품생산 조건에

83) 吴汉东, 闵锋编著:《智慧财产权法概论》, 34页, 北京, 中国政法大学出版社, 1987; 钱明星:《物权法原理》, 26页, 北京大学出版社, 1994; 张和生:《知识经济学》, 294页, 沈阳, 辽宁人民出版社, 1992。

84) [苏] E · A · 鲍加特赫等:《资本主义国家和发展中国家的专利法》, 载《国外专利法介绍》, 12页, 北京, 知识出版社, 1980。

서의 상품속성 및 재산적 성질을 두드러지게 강조하고 있고 저작권, 상표권, 특허권에서의 재산적 권리를 반영하고 있다. 하지만 지적 성과는 권리의 대상을 의미함으로서 "지식재산권"에 포함된 "지식소유권"의 본래 뜻을 명확하게 표현하기 어려우므로 비물질적 재물이 가치와 사용가치가 있는 상품형태임을 명시할 수 없다. 따라서 우리는 지식재산권의 객체를 물(物) 또는 지적 성과가 아닌 지식상품으로 표현하였다.

지식상품은 지식재산권의 객체로서 민법의 전통적 의미의 무체물과도 동일한 유형의 개념이 아니다. 양자 모두 사람들이 주관적으로 만들어 낸 것이고, 희소성 및 효용성이 있지만 그 근본적인 차이점은 다음과 같다. 첫째, 객체의 성질이 다르다. 무체물 관련 권리는 일종의 제도적 상품으로서 "사람들이 타인과 거래할 시 합리적인 예측을 형성하는데 도움을 주는 일종의 사회적 도구이다." 지식상품은 일종의 창조적 사상 및 그 표현방식 그리고 식별성 표지의 정신적 산물로서, 이는 사회적 부의 구성부분이며 "이미 취득한 권리 및 미취득 또는 취득불가한 권리의 지적 성과"가 포함된다. 둘째, 객체의 대상이 다르다. 객체의 대상성(對象性)이란 일정한 유형의 객체는 항상 일정한 유형의 권리와 연결되거나 어떠한 유형의 권리가 지칭하는 목적이 되기도 함을 의미한다. 무체물(즉 권리, 지식재산권 포함)을 객체로 할 경우, 주체가 이에 대하여 향유하는 것은 재산권이며, 물권, 채권, 상속권 등이 포함된다. 해당 권리는 통상 법률행위를 통하여서만 취득(설정, 양도 등)할 수 있으나 지식상품이 지식재산권의 객체일 경우, 주체가 이에 대하여 향유하는 권리는 인격권 및 재산권을 포함한 이중적 권리일 수 있다.[85] 해당 권리를 취득하기 위하여 두 가지 조건을 구비하여야 한다. 하나는 주체의 지적 창조적 활동에 의한 사실행위가 있어야 하고 다른 하나는 국가의 해당기관으로부터 법에 따른 확인이나 수권하는 특별한 절차가 있어야 한다.

85) 지식재산권의 이중적 내용과 관련하여 일부 학자는 이미 이의를 제기하였다. 즉 저작권 외의 기타 권리는 재산권에만 한정되어 있다고 주장하였다. 또 다른 학자들은 상표권이라도 인격권의 내용을 포함하고 있다고 주장하였다. 필자는 저작권, 상호권, 상업명예권 등 소수 경우를 제외하고 절대 다수의 권리는 재산권 내용만 있다고 본다.

3. 지식재산권, 무형재산권 및 무형재산

가. 지식재산권의 언어적 의미

민사권리제도의 체계에서 지식재산권 및 무형재산권은 전통적 의미상의 재산소유권과 서로 구별되어 존재한다. 지식재산권 즉 영어로는 "Intellectual Property", 불어로 "ProprieteIntellectualle", 독어로 "geistigesEigentum", 본래 뜻에 따라 번역을 한다면 "지식(재산)소유권" 이라고 하여야 한다. 무형재산권은 영어로 "Intangible Property", 불어로 "ProprieteIncorporelle", 독어로 "unverletzliche Eigentumsrechte", 상기 규칙에 따르면, "무형(재산소유권)"으로 번역할 수 있을 듯하다.

지식재산권은 사람들이 자신의 지적 창작활동을 통하여 얻은 성과, 경영관리활동에서 사용하는 표지 및 신용명예에 대하여 향유하는 권리를 말한다. 지식활동영역에서 발생한 모든 권리를 최초로 "지식재산권"으로 요약한 자는 17세기 중엽 프랑스 법학자 카르프조프(Carpzov)이며 그 후 벨기에의 저명한 법학자 피카르디(Picardie)에 의하여 발전되었다. 피카르디는 지식재산권은 일종의 특수한 권리범위에 속하며, 이는 물적 소유권과 근본적으로 구별된다고 주장하였다. "소유권은 원칙적으로 영원한 것이며 물(物)의 발생 및 멸실에 따라 발생하고 종료하지만 지식재산권은 시간적 제한이 존재한다. 일정한 대상의 재산권은 매 순간의 시간적 범위 내에서 단지 특정인에게만(또는 공유재산일 경우 일정한 범위의 사람에게만) 귀속되나 지식상품에 대한 사용권리는 인원수의 제한을 받지 않는다. 그 원인은 지식상품은 무제한으로 재생가능하기 때문이다."[86] 그 후 지식재산권 학설은 국제적으로 광범위하게 알려져 세계 다수 국가와 많은 국제기관의 인정을 받았다. 중국의 법학계에서는 오랜 기간 "지적 성과권"이란 개념을 사용하여왔다. 1986년 중국이 「민법통칙」을 공포한 후, 정식으로 "지식재산권"이라는 용어를 통용하기 시작하였다. 대만지역에서는 지식재산권을 "지혜재산권"이라고 부른다.

지식재산권은 좁은 의미(협의)와 넓은 의미(광의)로 나눈다.

넓은 의미의 지식재산권에는 저작권, 인접권, 상표권, 상호권, 영업비밀권, 원산

---

86) [苏] E · A · 鲍加特赫等:《资本主义国家和发展中国家的专利法》, 载《国外专利法介绍》, 12页, 北京, 知识出版社, 1980。

지표시권, 특허권, 집적회로 배치설계권, 식물신품종권 등 각종 권리가 포함된다. 넓은 의미의 지식재산권 범위에 대하여, 현재 2개의 중요한 지식재산권 국제협약에서 이를 인정하고 있다. 1967년 체결한 「세계지식재산권기구의 설립에 관한 협약」에서는 지식재산권의 범위를 아래와 같이 분류 및 확정하였다. 문학, 예술 및 과학작품에 대한 권리(즉 저작권); 인류의 모든 영역에서의 발명에 관한 권리(즉 발명특허권 및 과학기술장려제도 차원에서의 발명권); 과학발견에 관한 권리(즉 과학기술장려제도 차원에서의 발견권); 공업품 디자인에 관한 권리(즉 디자인특허권 또는 디자인권); 상표, 서비스표지, 제조업체명칭 및 표지에 관한 권리(즉 상표권, 상호권); 부정경쟁방지에 대한 권리(즉 부정경쟁방지권); 및 공업, 과학, 문학 또는 예술영역에서 지적 활동으로 인하여 발생한 기타 모든 권리가 포함된다. 1993년 관세 및 무역에 관한 일반협정의 체약국들에 의하여 통과된 「지식재산권협정」에서 확정한 지식재산권의 범위는 아래와 같다. 저작권 및 기타 관련 권리(즉 인접권), 상표권, 지리적표시권, 공업품 디자인권, 특허권, 집적회로 배치설계권, 미공개한 정보독점사용권(즉 영업비밀권)이 포함된다.

1986년 중국에서 통과한 「민법통칙」 제5장 "민사권리"에서는 "재산소유권 및 재산소유권과 관련 있는 재산권", "채권", "지식재산권", "인격권" 4절로 나열하여 규정하였으며 그 중 제3절 "지식재산권" 제94조부터 제97조에서는 저작권, 특허권, 상표권, 발견권, 발명권 및 기타 과학기술 성과권을 명문으로 규정하였다. 그 후 2017년 3월 15일 통과하여 2017년 10월 1일부터 시행한 「민법총칙(民法總則)」 제5장 "민사권리"의 제123조에서 다음과 같이 규정하였다. 즉 민사주체는 법에 따라 지식재산권을 갖는다. 지식재산권은 권리자가 법에 따라 아래 객체에 대하여 전유(專有)의 권리를 갖는다. ① 저작물 ② 발명, 실용신안, 디자인 ③ 상표 ④ 지리적표시 ⑤ 영업비밀 ⑥ 집적회로 배치설계 ⑦ 식물신품종 ⑧ 법률이 규정한 기타 객체이다.

상기 규정에서 보다시피, 「지식재산권협정」에서 규정한 지식재산권의 범위는 1886년 「문학예술작품 보호 관련 베른협약」(이하 「베른협약」이라 함) 및 1883년 「파리협약」의 포괄적인 분류와 대체로 비슷하나 「세계지식재산권기구의 설립에 관한 협약」에서 규정한 지식재산권의 범위는 비교적 광범위하며 특히 과학기술장려제도 중의 발명권 및 발견권까지도 포함된다. 중국의 「민법통칙」에서 규정한 지식재산권에 대한 기본적인 분류는 「세계지식재산권기구의 설립에 관한 협약」의 규정과 동일하다. 과학기술 성과권의 성질에 대하여 중국의 학자들은 서로 다른 의견을 제시하였다. 한 견해는 상기 발명권, 발견권은 이미 국제협약에서 인정하였고 중국 입법에서 특별히 상기 권리에 대하여 보호를 제공하였으므로 지적 창작활동으로 인하여 발생한 모든 권리를 지식재산권에 포함시키는 것이 타당하다고 주장하였다.[87] 다른 한 견해는 과학발견을 지식재산권의 보호대상으로 보는 것은 적당치 않으며 세계의 절대다수 국가의 법률 및 국제협약은 모두 과학발견에 대한 재산적 권리를 인정하지 않고 있다고 주장하였다.[88] 또 다른 견해는 이러한 발명권, 발견권 및 기타 과학기술성과권은 지적성과에 대한 독점사용권이 아니라 일종의 명예를 얻거나 장려를 획득하는 권리이므로 이러한 제도는 과학기술법에 분류하여야 한다고 주장하였다. 필자는 지식재산권의 독점재산권적 성질을 고려하여 그 보호범위에 상기 의미가 있는 발명권, 발견권 등 과학기술성과권을 포함하지 않는 것이 타당하다고 본다.

좁은 의미의 지식재산권 즉 전통적 의미에서의 지식재산권에는 저작권(인접권 포함), 특허권, 상표권 주로 이 세 가지가 포함된다. 통상적으로 보면, 좁은 의미의 지식재산권은 두 가지로 분류할 수 있다. 하나는 문학재산권(Literature property)이고, 이에는 저작권 및 저작권 관련 인접권이 포함된다. 다른 하나는 산업재산권(Industrial property)이며 주로 특허권과 상표권이 포함된다. 문학재산권은 문학, 예술, 과학작품의 창작자 및 전파자가 향유하는 권리를 말하며 그 보호 범위에는 창작성 작품 및 이러한 작품을 전파하는 매개물이 포함된다. 이로써 창작자의 "사상표현형식"의 영역 내에서 지식재산권 보호라는 독특한 영역을 구축하였다. 산업재산권은 공업, 상업, 농업, 산림업 및 기타 산업에서 실용적인 경제적 가치가 있는 일종의 무형재산권이다. 정확히 말하면, 공업재산권은 "산업재산권"이라고 하여야 한다. 산업재산권이라는 용어로 산업영역의 지적성과독점권을 개괄한 것은 최초 프랑스에서 비롯되었다. 즉 불어의 "proprieteindustrielle"이다. 1789년 프랑스의 「인권선언」에서는 사상을 정신적 재산으로서 "자연적이고 폐지불가한 인권"으로 간주하며 "사상 및 의견의 자유로운 표현은 인간의 최고의 권리 중의 하나"임을 확인하였다. 「인권선언」의 정신에 근거하여, 프랑스 국민의회에서는 1791년 처음으로 제1차 특허법을 통과시켰다. 그 전에 영국과 프랑스 모두 특허권을 "특권" 또는 "독점권"이라고

87) 刘春茂主编:《中国民法学 · 智慧财产权》, 3~4页, 北京, 中国人民公安大学出版社, 1997。
88) 刘春田主编:《智慧财产权法教程》, 3页, 北京, 中国人民公安大学出版社, 1995。

불렀다. 당시 프랑스 특허법 초안의 작성자인 debou fola는 "특권" 또는 "독점권"이라는 용어는 자산계층 혁명시기의 입법회의와 봉건특권에 반대하는 국민들의 반대를 받을 것을 예상하였으므로 "산업재산권"이라는 개념을 제시하였다고 하였다. debou fola의 산업재산권 이론은 1791년 프랑스 특허법에서 충분히 반영되었으며 그 후 세계 각국이 "산업재산권"이란 용어를 받아들여 특허, 상표 등 각종 독점권의 총칭으로 사용되었다.

문학재산권(또는 저작권)과 산업재산권으로 구분하는 것은 지식재산권의 전통적인 기본적 분류방식이다. 20세기 60년대부터 산업재산권과 저작권이 오랜 기간 서로 스며들고 교차하였고 공업상품에 대하여 저작권과 유사한 보호를 부여한 새로운 유형의 지식재산권 즉 공업저작권이 새롭게 출현하였다.[89] 공업저작권의 입법적 동기는 공업품의 외형디자인에 대하여 특허법과 저작권법의 이중적 보호를 제공하는 폐단을 바로잡고자 하는 점에서 비롯한 것이다. 그 후 일부 국가에서는 일부 공업상품이 보호받지 못하는 공백을 보충하고 단일저작권 보호의 부족점을 보완하기 위하여 집적회로 배치설계 등을 공업저작권의 객체의 범주에 포함시켰다. 공업저작권은 기존의 저작권과 산업재산권의 전통적인 분류방식을 타파하고 양자의 부분적 내용만 흡수하여 양자가 "교차하는 권리"를 형성하였다. 이러한 권리의 특징은 보호대상은 반드시 신규성(특허법 조건)과 독창성(저작권법 조건)을 구비하여야 하고 산업재산권법의 등록보호제와 단기간보호제도를 실행하며 독점권자는 주로 저작권법 중의 복제권과 발행권을 행사하지만 저작권의 주체가 갖는 광범위한 권리는 향유하지 못한다.

상기 문학재산권, 산업재산권 및 산업저작권 모두 지식재산권 범위에 포함시킬 수 있다.

나. 무형재산권의 함의

정신적 영역의 민사권리 범주 내에서 무형재산권(또는 무체재산권)은 지식재산권만큼 중요한 또 다른 명칭이다. 하지만 양자가 포함한 범위가 완전히 동일한 것은

89) 郑成思:《版权法》, 北京, 中国人民大学出版社, 1990。

아니다. 일본학자 고지마 쯔네가즈(小島庸和)는 그의 저서 『무형재산권』에서 “지식재산권”이란 용어는 영미법계에서 비롯된 것이며 일본법에서는 “아직 별로 성숙되지 않는 용어”이므로 무형재산권으로 지식재산권을 대체하여 정신적 영역의 권리를 표현하여야 한다고 주장하였다.[90] 그러나 해당 저서에서 열거한 무형재산권의 권리에 해당하는 항목들은 전통적인 지식재산권이 언급한 유형보다 더 많은 듯하다. 예를 들면, “상품의 형태”, “영업상의 신용”[91]은 모두 부정경쟁방지법을 적용하여 보호할 수 있으며 이를 모두 포괄적으로 무형재산권의 범주에 포함시켰다. 프랑스 민법은 무형재산권의 범위를 확정할 시 더욱 광범위하게 규정하고 있으며 관습상 해당 권리를 두 가지로 분류하였다. 하나는 경영독점권이다. 이에는 지적 창조성 관련 권리와 식별성 표지 관련 권리가 포함된다. 즉 이는 전형적인 지식재산권 범주이다. 다른 하나는 고객의 권리이다. 즉 고객을 목적물로 하는 권리 또는 “영업자산”(상품, 도구, 상업명칭, 임대권 및 간판 등 고객을 흡인하는 종합체를 말한다) 관련 권리가 포함된다.[92] 그 외, 많은 국가들은 전통적인 지식재산권 영역 이외에 소위 말하는 “상품화(이미지)권”을 창제하였다. 쩡청쓰(鄭成思) 선생의 견해에 따르면 이는 일종의 인간과 동물의 이미지가 상업적으로 사용(또는 영업적으로 사용)되면서 발생한 권리이다. 통상적인 인격권과 저작권 사이 그리고 표지권, 상업명예권 및 저작권 사이에는 경계영역이 존재하는데 해당 권리를 기존의 어떠한 범주 내에 귀속시키는 것도 타당치 않으므로 그에게 새로운 권리를 부여할 필요성이 있다.[93] 이것이 바로 무형재산권의 속성을 갖고 있지만 지식재산권 영역으로 분류할 수 없는 “상품화(이미지)권”이다. 상기 경우에서 보다시피, 무형재산권과 지식재산권은 정신적 영역의 민사권리로서 동등한 의미를 내포하고 있지만 외연은 확연히 구별되고 전자는 후자에 비해 보다 큰 포용성을 가진다.

지식재산권은 현시대에서 이미 국제적으로 통용하는 법률용어가 되었다. 그러나 학자들이 이러한 권리체계의 범위에 대하여 이견이 없는 것은 아니다. 좁은 의미의 지식재산권에는 주로 저작권, 특허권, 상표권이 포함되며 이에 대하여 법학계의 견

90) [日] 小岛庸和:《无形财产权》, 序言, 47页, 创成社, 1998。
91) [日] 小岛庸和:《无形财产权》, 序言, 49页, 创成社, 1998。
92) 尹田:《法国物权法》, 59~65页, 北京, 法律出版社, 1998。
93) 郑成思:《世界贸易组织与贸易有关的智慧财产权》, 44~45页, 北京, 中国人民大学出版社, 1996。

해는 일치하는 편이다. 그러나 넓은 의미의 지식재산권은 상기 권리 외에 또 발명권, 발견권, 영업비밀권, 상호권, 원산지표시권, 식물신품종권, 집적회로 배치설계권 및 부정경쟁방지권 등을 포함한다. 이러한 권리범위의 요약에 대하여 학술계에서는 상당히 논쟁이 많다. "신용권", "고객권", "상품화권" 등은 더더욱 지식재산권 체계에 "합류"시킬 수 없다. 필자는 지식재산권이라는 이름 하의 각종 권리는 모두 지식영역에서 온 것이 아니며, 모두 지적 성과를 토대로 발생한 것도 아니므로 "지식"이란 단어는 유명무실하게 되었다고 본다. 권리의 원천을 보면, 주로 지적 창조활동과 공상업경영활동에서 발생되며 권리의 대상을 보면, 창조성 지식, 상업성 표지 및 신용과 명예로 구성된다. 따라서 "지식재산"이란 용어가 다양한 무형재산의 출현으로 인하여 이미 현실에 적응할 수 없게 되었다. 현대 상품경제의 발전과 사회의 재산형태의 변화로 인하여 "재산은 점점 무형적 또는 비물질적으로 변화"[94]하였으며 "우리는 전통적으로 재산 또는 재산적 권리로 간주하지 않는 권리에 대하여 점차 더욱 많은 주목과 관심을 갖게 될 이유가 있다."[95] 이를 근거로, 필자는 민법학 연구에서 지식재산권 범위보다 넓은 무형재산권체계를 확립하여 비물질적 형태(지식경험형태, 영업표지형태, 상업자산신용형태)를 토대로 발생한 모든 권리를 이에 포함시키도록 주장하였다.[96]

지식재산권과 무형재산권은 모두 "재산권"이라는 함의를 갖고 있지만 서양의 법경제학자가 제창하는 "재산권"의 개념과 완전히 동일한 것은 아니다. 법경제학 저서에서 재산권은 일련의 권리로 간주되어 "점유, 사용, 변경, 증여, 양도 및 타인으로부터의 재산침해를 저지"할 권리가 포함된다.[97] 또는 "한 사회가 강제적으로 실행한 일종의 경제상품을 선택하여 사용할 권리"[98]를 말한다. 상기 간단한 정의만으로는 재산권의 정확한 법률적 의미를 파악하기 어렵다. 하지만 코우스(Coase)가 서술한 재산권의 범위를 보면, 우리는 재산권은 단지 주체가 재산에 대한 배타적인 귀속문제일 뿐만 아니라 불법행위에 대한 손해배상책임을 누가 부담하는가 하는 문제도 포함된다는 것을 알 수 있다. 법률적 언어로 논하자면, 법경제학자가 말하는 재산권

94) 尹田:《法国物权法》, 19页, 北京, 法律出版社, 1998。
95) [美] 罗奈尔得 · 波斯顿:《美国财产法的当前发展趋势》, 载《外国法译评》, 1994(3)。
96) 무형재산권의 체계에 대하여 본 저서 제7장을 참조바랍니다.
97) [美] 罗纳特 · 考特、汤玛斯 · 尤伦:《法和经济学》, 125页, 上海, 上海三联书店, 1994。
98) [美] R · 科斯等:《财产权利与制度变迁》, 166页, 上海, 上海三联书店, 1994。

은 독자적으로 지배하는 소유권, 이익을 공유하는 타물권 및 배상을 얻을 수 있는 구제권이 포함된다. 중국의 법률전통에 의하면 지식재산권 또는 무형재산권이 지칭하는 "재산권"은 상기 모든 내용을 포함할 수 없다. 그 외, 지식재산권 또는 무형재산권도 단순하게 여전히 전통적인 민법의 재산권 이론을 적용하여 해석할 수 없다. 대륙법계 국가에서도 재산권 역시 내용이 아주 풍부한 개념이며 이에는 소유권도 포함되고 타물권도 포함되며 채권 내지는 상속권까지 관련이 있다. 하지만 분명한 것은 지식재산권 또는 무형재산권은 주체가 그가 창조한 지식상품에 대하여 법에 따라 향유하는 독점적 권리를 말하며 소유권과 마찬가지로 일종의 절대적인, 배타적 특징을 갖는 재산적 권리이다.

다. 경제학 의의에서의 무형자산

무형재산권은 경제학에서 정의한 무형자산과 동등하게 볼 수 없다. 무형자산은 중국 경제학계의 핫이슈이며 그 자산항목은 각종 지식재산권 또는 무형재산권과 관련이 있다. 법학차원에서 특히 무형재산권 이론을 적용하여 무형자산문제를 연구할 시, 관련 학과와의 소통 및 대화는 대단히 유익하다. 재산과 자산과의 관계에 대하여 커먼스는 아주 간결하고 정확한 정의를 한 적이 있다. "재산의 경제적 의의는 바로 '자산'이다. 자산의 법률적 의의는 바로 '재산'이다."[99] 재산권과 자산의 관계에 대하여 고전경제학자들은 "재물(부)"과 "자산"의 구별점을 은폐하여 재물을 물자(物資)와 소유권으로 해석하였다. 커먼스는 "소유권은 재물이 아니라 자산이다."고 하였다.[100] 자산은 경제학 특히 회계학의 기본적인 개념이며 법학은 자산을 재산권으로 표현하였다.[101] 중국은 오랜 시간 상품경제를 실행하였고 전통적으로 회계학에서의 자산은 부채와 대응되는 개념으로서 일정한 교환가치가 있는 물(物)과 권리를 말하며 이에는 자금의 실물형태 및 기타 형태가 포함된다. 이처럼 자산을 "자금운용"의 동의어로 정의하는 것은 분명 한계가 있다. 따라서 경제학자들은 자산은 기업 또는 개인이 보유하거나 지배할 수 있고, 화폐로 계산할 수 있으며, 기업 또는

99) [美] 康芒斯:《制度经济学》(上), 93页, 北京, 商务印书馆, 1962。
100) [美] 康芒斯:《制度经济学》(上), 93页, 北京, 商务印书馆, 1962。
101) 陈仲主编:《无形资产评估导论》, 4页, 北京, 经济科学出版社, 1995。

개인을 위하여 이익을 획득하게 할 수 있는 경제적 자원을 말하며 이에는 실물자산, 무형자산, 채권 및 기타 경제자원이 포함된다고 정의하였다.[102] 상기 관점으로부터 보다시피 경제학자는 재산권을 자산으로 간주할 수 있다. 그 중에서 무형재산권과 무형자산은 동일한 유형에 해당되며 비실물적 형태라는 동일한 속성을 갖고 있다. 무형자산의 개념에 대하여 경제학계에서는 아직 통일적인 정의를 내리지 않았고 통상 무형자산의 범위를 확정하는 내용으로 무형자산의 개념을 정의하지만 무형자산의 비실물형태의 인정문제에 대하여 각국은 대체로 동일하다. 미국회계업계에서는 무형자산은 비실물적인 경제자원으로서 그 가치는 그에 부여된 권익 및 기타 향후 얻게 될 기대수익에 의하여 확정된 것이라고 본다(『미국회계수첩』 제23장).[103] 일본의 회계업계에서 무형고정자산은 유형고정자산과 서로 대립되는 개념으로서 그 정의는 명확하지 않지만 이러한 유형의 자산은 가상자산으로서 실체가 없는 자산이라고 본다(일본 "신판회계대사전").[104] 중국의 경제학자들은 무형자산의 비실물적 형태를 논할 시 일부는 어떠한 "법적 권리, 지식재산권, 우선권, 독점권 또는 기업이 가진 뛰어난 영리능력"[105]으로 말하며, 일부는 "어떠한 특수권리와 기술지식"으로 개괄하였다.[106] 대상의 비물질성으로 보면, 법학에서의 무형재산권과 경제학에서의 무형자산은 공통된 인정기준이 있지만 구성범위를 보면 무형자산의 범위에 대한 확정은 무형재산권 이론의 인정을 받기 어렵다. 통상적으로 무형자산은 특허권, 상표권, 저작권, 기술비밀, 특별경영허가권(特許經營權), 임대권, 토지사용권, 상업명예 등이 포함된다.[107] 상기 무형자산의 유형은 주로 지식재산권과 관련이 있으나 지식재산권의 모든 유형이 포함되는 것은 아니다. 또한 무형자산의 범위도 무형재산의 권리체계와 동일시할 수 없다. 다음 권리를 무형재산권으로 보는 것은 타당치 않다. 첫째는 임대권이다. 비록 권익은 무형이지만 그 대상의 표현형식은 유형이다. 금융임대, 사용임대, 수리임대 등의 경영대상은 통상 생산도구이다. 바꾸어 말하면 임대권의 객체는 유형물이다. 둘째는 토지사용권이다. 토지자원은 지적 자원과 달리,

102) 陈仲主编:《无形资产评估导论》, 4页, 北京, 经济科学出版社, 1995。
103) 转引自蔡吉祥:《无形资产学》, 1页, 深圳, 海天出版社, 1996。
104) 转引自蔡吉祥:《无形资产学》, 1页, 深圳, 海天出版社, 1996。
105) 吕劲松编著:《无形资产会计》, 1~2页, 北京, 中国审计出版社, 1998。
106) 何清政等:《国有资产评估》, 102页, 北京, 中国标准出版社, 1990。
107) 何盛明主编:《财经大辞典》, 1431页, 北京, 中国财经出版社, 1990。

기업자산 중에서 유형고정자산과 유사하며 해당 권리를 비물질적 형태의 재산권으로 분류할 수 없다. 바로 상기 이러한 이유로 인하여 일부 경제학자들도 해당 권리를 무형자산에서 분리하여야 한다고 주장하고 있다.108)

108) 蔡吉祥:《无形资产学》, 99页, 深圳, 海天出版社, 1996。

제 3 장
무형재산권의 본체, 주체 및 객체

무형재산권은 전통적인 재산소유권과 구별되는 하나의 새로운 민사적 권리이며 근대 상품경제와 과학기술 발전의 산물이기도 하다. 무형재산권에 대하여 로마법 이래의 물권 이론을 적용하여 상세하게 해석하기는 어렵다. 본 장은 민법학 이론을 토대로 무형재산권의 본체, 주체, 객체제도 등 기본적인 문제에 대하여 검토하고자 하며, 이로써 이러한 권리의 본질적인 특징을 알아보고 재산소유권과의 기본적인 차이점을 개괄하고자 한다.

1. 무형재산권의 성질

가. "정신적 소유권" 가설

전통적인 재산소유권제도의 적용대상에는 지식상품 또는 지적 성과가 포함되지 않았다. 독일민법의 개념체계에서 통상 물(物)의 외연에는 물질의 실체와 자연력만 포함되었다.[109] 프랑스민법 이론에서는 비록 물(物)에 대하여 넓게 해석하였지만 무체물은 단지 재산적 내용이 있는 권리만을 가리킨다.[110] 이로부터 대륙법계 국가의 민법에서는 지식상품이 소유권제도의 직접적인 적용대상이 될 수 없음을 알 수 있다.

실제로, 비물질형태인 정신적 상품을 전통적인 소유권제도에 포함시키기 위하여 법학자 및 입법자 모두 끊임없는 노력을 하였다. 18세기 유럽대륙국가에서는 문학

109) 刘心稳主编:《中国民法学研究述评》, 295页, 北京, 中国政法大学出版社, 1996。
110) 法国《拉鲁斯大百科全书》第3卷, 载"国外法学"译丛《民法》, 168页, 北京, 知识出版社, 1981。

및 예술작품을 보호하기 위한 "정신적 소유권"이라는 학설이 한때 성행한 적이 있다. 일찍이 봉건시대에는, 출판 관련 특권은 봉건군주의 수권에 의한 제한적인 영역이었고 또한 통상적으로 일정한 기한이 정해져 있으므로 이는 출판사업자의 출판에 대한 배타적인 인식을 초래하였다. 이것이 바로 초기의 "출판소유권"론이다. 그 후, 봉건왕조가 몰락하고 시민계층이 권리에 대한 인식이 높아짐에 따라 출판사업자는 출판물에 대한 독점적 보호는 국왕의 특권수여에 의하여서가 아니라, 저작자가 정신적 소유권을 양도함으로써 획득하여야 한다고 주장하기 시작하였다. 그들은 자연법 사상을 토대로 자신들의 독점적 권리를 위하여 새로운 이론적 기초를 마련하고자 하였다. 즉 "정신적 소유권" 학설로 기존의 "출판소유권"의 주장을 대체하고자 하였다. "정신적 소유권"설에 따르면 저작자는 자신의 작품 및 그 작품을 물품화한 서적에 대하여 모두 소유권을 갖고 있으므로 이러한 권리를 소유권의 일종으로 간주하였다.[111] 프랑스에서 소유권에 대한 절대적인 개념은 1789년 프랑스 대혁명시기 확립되었고 그 후 그 개념에 대하여 줄곧 확장해석하는 추세를 보였다. 그 중에서 소유권 정의에 대한 확장은 우선 지식재산권 영역에서 나타났으며 이로서 "그 목적물 및 그 표현의 법률관계 그리고 각종 서로 완전히 다른 대량의 지배권 종류에 적용"하였다. 프랑스법 이론에서는 정신적 소유권을 일종의 배타적인, 모든 사람의 권리에 대항할 수 있는 소유권의 일종으로 이해하였다.[112] 그러나 이러한 이론상의 개괄은 결함이 존재한다. 권리제도의 확립 차원에서 보면, 소유권은 일종의 제도적 혁신이 아니라 개념에 대한 간단한 모방일 뿐이다. 그 폐단은 다음과 같다. 첫째, 소유권의 개념을 비물질적 재산에 대한 권리에 적용할 시, "기술적으로 이에 대하여 정확하게 이해할 수 있는 내용의 범위를 훨씬 초과하였다."[113] 비록 소유권과 정신적 상품에 대한 권리는 어떠한 공통된 특징이 있지만 후자는 소유권과 다른 성질을 갖고 있으며 이와 다른 규정을 적용하고 있다. 둘째, "소유권 본래의 의미를 보면, 상기 권리는 결코 진정한 소유권이 아니다."[114] 정신적 소유권은 물질적 상품(유체

111) L.Ray Pattterson、Stanley W.Lindberg, *The Nature of Copyright: A Law of User's Right*, The University of Georgia Press,1991; 参见吴汉东:《著作权合理使用制度研究》, 4页, 北京, 中国政法大学出版社, 1996。

112) 尹田:《法国物权法》, 122页, 北京, 法律出版社, 1998。

113) [法] 茄利欧 · 莫兰杰尔:《法国民法教程》, 载《外国民法资料选编》, 231页, 北京, 法律出版社, 1983。

물)이 아닌 지적 창조성 지식상품에 대하여 설정한 것이며 이러한 지식상품은 특수한 비물질적 객체이다. 따라서 사회의 과학기술, 문화 및 경제발전의 필요를 충족하고 법률의 공백을 보완하기 위하여 우리는 "개개인의 간단한 물품에 대한 소유권이라는 재산권 개념의 속박에서 벗어나", "유형의 대상과는 아주 거리가 먼 권리형식을 탄생시켜야 한다."115) 이러한 권리형식이 바로 지식재산권 또는 무형재산권이다.

나. "재산소유권 신객체론"

중국에서 일부 학자들은 무형재산이 대량으로 출현하고 또 그가 생산유통영역으로 광범위하게 투입되는 배경 하에 "재산소유권 신객체론"을 제시하였다. 이 학설은 소유권 객체로서의 "재산"은 유형재산도 포함되고 무형재산도 포함된다고 주장하였다. 이 논리에 따르면 무형재산은 소유권 객체의 범위에 해당하며 지적 성과는 무형재산의 범위에 포함되고 발명창조, 등록상표는 지적 성과의 범위에 포함된다. 그러므로 지적 성과는 소유권 객체의 범위에 포함되며 발명창조, 등록상표 역시 소유권 객체의 범위에 포함된다.116) 이처럼 지식상품과 물질상품 즉 무형재산과 유형재산을 소유권 객체의 범주에 포함시키는 구상은 이론적으로든 실무적으로든 그 논리가 맞지 않을 수 있다. 현재의 민사입법체계 및 민법기초이론에 의하면 비물질형태의 지식상품을 소유권의 객체에 포함시킬 수 없다. 그 원인은 일단 가치형태의 재산 또는 무형재산이 소유권의 객체가 될 경우, 전통적인 소유권제도 및 그 이론은 피할 수 없이 곤경에 빠지게 된다. "제일 직관적인 사실은, 소유권의 권능 및 그 행사방식은 가치형태의 재산 또는 무형재산에 대하여 원만하게 적용할 수 없다는 것이다."117) 즉 점유, 사용, 수익, 처분 이 "네 가지 권한"이론은 완전히 실물형태의 객체를 토대로 하며 비실물형태의 정신적 상품에는 적용되지 않는 것이 명백하다(구체적인 경우는 다음 내용에서 분석하겠다).

114) 尹田:《法国物权法》, 122页, 北京, 法律出版社, 1998。

115) [美] 格雷:《论财产权的解体》, 载《经济社会体制比较》, 1994(5)。

116) 杨紫檀:《财产所有权客体新论》, 载《中国法学》, 1996(3)。

117) 顾培东:《法学与经济学的探索》, 104页, 北京, 中国人民公安大学出版社, 1994。

다. 새로운 민사적 권리: 무형재산권

정신적 영역에서의 지적 성과는 전통적인 소유권제도의 적용대상이 될 수 없고 새로운 재산적 권리의 객체범위에 포함될 수밖에 없다. 무형재산권의 객체는 일종의 형체가 없는 지식재산이다. 객체의 비물질성은 무형재산권의 본질적 속성이며 또한 전통적 의미의 소유권과 가장 근본적으로 구별되는 점이기도 하다. 일부 학자들은 지식재산권과 기타 재산적 권리의 근본적인 구별점은 그 자체의 무형성에 있으며 기타 독점성, 시간성, 지역성 등 법률적 특징은 모두 이로부터 파생된 것이라고 주장하였다.[118] 또 일부 학자는 다른 주장을 하고 있다. 예를 들면 층쓰쉬웅(曾世雄) 선생은 재산권의 유형 또는 무형은 권리를 가리키는 것이 아니라 권리가 지배하고 있는 생활자원을 말하며 그 객체가 외형을 갖는지 여부를 말한다고 주장하였다. 예를 들면 부동산 소유권, 그 권리 자체가 유형 또는 무형이라는 것이 아니라 문제는 부동산이 유체물이라는 것이다. 마찬가지로 저작권이 유무형의 문제를 발생시키는 것이 아니라 관건은 저작물이 지적 산물로서 비물질형태라는 것이다.[119] 엄격하게 말하면, 권리란 주체가 법을 통하여 어떠한 이익을 실현하기 위하여 실행할 수 있는 행위의 한계와 범위를 말하며 외적 실체가 없이 주관적으로 의제한 것이다. 바로 이러한 의미에서 로마법학자로부터 현대민법학자까지 모두 재산적 내용이 있는 권리(소유권 제외)를 무체물이라고 불렀다. 그러므로 지식재산권 또는 무형재산권과 전통적인 소유권의 본질적인 구별점은 소위 말하는 해당 권리의 본체의 무형성이 아니라 그 권리의 객체 즉 지식상품의 비물질성 특징에 의하여 결정된다.

지식상품은 일종의 무형재산으로서 전통적인 물(物)과는 구별되는 또 다른 종류의 객체이다. 무형재산의 무형은 동산, 부동산의 유형에 대응하여 말한 것이다. 인류의 생산활동에서 상품으로서의 노동상품[120]은 두 가지로 분류할 수 있다. 하나는 인류가 물질적 생산의 과정에서 창조한 물질적 상품이다. 이는 외적인 형체가 있을 뿐만 아니라 가치와 사용가치도 갖고 있다. 다른 하나는 사람들이 정신적 생산의 과정에

---

118) 郑成思主编:《智慧财产权法教程》, 45页, 北京, 法律出版社, 1993。

119) 曾世雄:《民法总论之现在与未来》, 151页, 台北, 三民书局, 1983。

120) 지식재산권은 정신적 산물로서 지적 창조성 노동의 성과이다. 논술의 편의를 위하여 여기서 단지 지식형태의 상품과 물질형태의 상품에 대하여서만 비교하고자 한다. 유형재산 소유권의 객체는 생산노동을 통하여 창조한 유체물 외에 천연적으로 형성된 유체물도 포함되어야 한다.

서 창조한 지식상품이다. 이는 외적인 형체가 없지만 내적 가치와 사용가치가 있으며 이러한 상품은 비물질성을 갖는다. 이러한 비물질성의 특징은 그가 물질적 상품과 다른 존재, 이용 및 처분의 형태를 갖고 있음을 표명한다. 첫째, 유형적으로 지배하는 점유가 발생하지 않는다. 지식상품은 물질적 형태가 없으므로 일정한 공간을 점유하지 않는다.[121] 따라서 사람들이 그에 대한 점유는 실제적이고 구체적인 점유가 아닌 인식과 느낌을 통한 점유이다. 다시 말하면, 권리주체는 유형재산을 관리하는 것처럼 그렇게 효과적으로 자신의 정신적 산물을 지배할 수 없다. 둘째, 유형적으로 소모하는 사용이 발생하지 않는다. 지식상품은 반드시 사회에 공시 및 공포하여야 하고 사람들은 이로부터 관련 지식을 얻어 사용할 수 있으며 일정한 시간적, 공간적 조건에서 여러 주체에 의하여 공동으로 사용할 수도 있다. 이러한 사용은 유형물에 대한 사용처럼 유형적 소모가 발생하지 않는다. 지식기술, 정보는 회복불가하므로 무권리자가 타인의 지식상품을 사용할 경우, 원상복귀의 책임을 부담할 수 없다. 셋째, 지식상품이 소멸되는 사실적 처분과 유형적으로 교부하는 법적 처분이 발생하지 않는다. 지식상품은 실물형태의 소비로 인한 소멸의 경우가 발생할 가능성이 없으며 그의 존재는 단지 기간으로 인한 독점적 재산과 사회공동재산으로 분류될 뿐이다. 또한 유형적 교부와 법적 처분은 결코 필연적인 관련성이 있는 것은 아니다. 다시 말하면 타인은 법적 수단을 거치지 않고 자신이 실제로 "점유"하고 있지 않는 지식상품을 "처분"할 수 있다.

2. 무형재산권의 기본특징

지식재산권의 기본적인 특징에 대하여, 통상 교과서에서 모두 서술하고 있다. 이러한 특징에 대한 개괄은 각종 버전의 저술들에서 얼마간의 차이가 있지만, 그 기본적인 특징은 주로 "독점성" "지역성" 및 "시간성"이다. 또한 이러한 특징은 기타 재산적 권리 특히 소유권에 대응하여 개괄한 것으로서 지식재산권 고유의 특징이 아니

121) 지식상품은 비물질성의 특징이 있지만 일정한 객체의 형식을 통하여 이를 표현하여야 하며 이러한 표현형식을 통상 "매체"라고 부른다. 지식재산권의 물질적 매체는 유형재산의 소유권을 의미하는 것이며 결코 지식재산권이 아니다.

다. 지식재산권법의 일반적인 이론에 따라 무형재산권의 특징에 대하여 아래와 같이 분석하고자 한다.

가. 전유성(專有性)

무형재산권은 일종의 독점적 민사권리이다. 채권과 비교하여 말하면, 무형재산권은 소유권과 마찬가지로 배타성과 절대성의 특징을 갖는다. 무형재산권의 이러한 속성에 관하여, 프랑스학자들은 순수 학술적인 판에 박힌 "학구적 토론"을 개최한 적이 있다.[122] 일부 학자들은 무형재산권을 일종의 "재산권"(소유권)으로 보았다. 이러한 권리의 또 다른 전문적 용어는 "지식재산권"이며 이는 "지식소유권"을 의미한다. 하지만 다수 학자들은 무형재산권이 진정한 소유권인지에 대하여 의문을 갖고 있다. 그들은 해당 권리의 목적물 및 내용의 특징에 근거하여 무형재산권을 포괄적으로 일종의 독점권 또는 점유권이라고 부른다. 일본학자와 다수 프랑스학자들의 견해는 일치하다. 고지마 쯔네가즈(小島庸和)는 무형재산권은 소유권과 다른 일종의 "새로운 특수한 권리"이며 이를 "독점권" 과 "금지권"으로 분류할 수 있다고 하였다. 독점권은 객체에 대하여 배타적이고 독점적으로 지배할 수 있는 권리를 말한다. 이러한 권리에는 주로 저작권, 특허권, 상표권, 상호권, 전기회로 배치설계권, 식물신품종권 등이 있다. 금지권은 부정경쟁의무를 위반한 행위에 대하여 제재할 수 있는 권리를 말한다. 이러한 권리에는 주로 영업비밀권, 상업이미지권, 영업신용명예권 등이 있다.[123] 사실상 독점성 즉 배타성 및 절대성은 무형재산권과 소유권의 공통된 특징이다. 양자의 구별점은 전자는 "독점권"이고 후자는 "재산권"이라는 점이 아니라 제일 관건적인 차이점은 전자는 "무형재산의 소유권"이고 후자는 "유형재산의 소유권"이라는 점이다.

무형재산권의 독점성은 주로 아래 두 가지 측면에서 나타나고 있다. 첫째, 무형재산은 권리자가 독점하고 있고 이러한 독점적 권리는 엄격한 보호를 받으며 법적 규정이 없거나 권리자의 허락없이는 누구도 권리자의 지식상품을 사용할 수 없다. 둘째, 하나의 지식상품에 대하여 2개 또는 2개 이상의 동일한 속성의 무형재산권이

122) 尹田:《法国物权法》,86页, 北京, 法律出版社, 1998。
123) [日] 小岛庸和:《无形财产权》, 5~9页, 东京, 创成社, 1998。

병존할 수 없다. 예를 들면 2개의 동일한 발명물에 대하여, 법적 절차에 따라 그 중 하나에게만 특허권을 부여할 수 있으며 그 후의 발명이 기존의 기술과 비교하여 특별히 실질적인 특징이나 현저한 발전이 없다면 해당 권리를 취득할 수 없다.

무형재산권과 소유권은 독점성 측면에서도 차이점이 존재한다.

우선, 소유권의 배타성은 비소유권자가 그의 소유물에 대하여 불법으로 침범, 방해 또는 훼손할 시 소유권자가 이러한 행위에 대하여 배제하는 것이고, 무형재산권의 배타성은 주로 비독점권자가 지식상품에 대하여 불법으로 모방, 위조 또는 표절할 시 권리자가 이러한 행위에 대하여 배제하는 것이다.

둘째, 소유권의 독점성은 절대적이다. 즉 소유권자가 물(物)에 대한 권리를 행사할 시 타인이 간섭할 수 없고 타인의 적극적인 협조도 필요로 하지 않으며 소유권자가 소유물을 지배하는 상황에서 지역과 시간의 제한도 없다. 그러나 무형재산권의 독점성은 상대적이다. 이러한 독점적 권리는 통상 권리측면의 제한을 받게 된다(예를 들면 저작권에서의 공정이용, 특허권에서의 국내를 통과하는데 불과한 사용, 상표권에서의 선사용권자의 사용 등이 있다). 또한 해당 권리의 독점성은 일정한 공간, 지역 및 유효기간 내에서만 효력이 발생한다.

독점성은 무형재산권의 법적 특징이지만 각종 지식재산권의 표현형식과 내용이 동일한 것은 아니다. 저작권의 독점성은 권리자가 그 저작물에 대한 독점사용권으로 표현되며 복제, 발행, 전시, 상영, 방송, 촬영제작, 연역 등 각종 형식으로 저작물을 독점적으로 사용할 권리가 포함된다. 유엔유네스코가 편찬한 교과서에서는 저작권의 독점성에 대하여 아래와 같이 서술하였다. "예외적인 경우를 제외하고 작품의 재사용은 단지 저작자의 수권에 의하여서만 가능하다. 저작자는 각 종류의 권리에 대하여 각각 보유할 수도 있고 각각 따로 사용할 수도 있다. 작품을 사용할 때마다 해당 권리에 근거하여 저작자의 동의를 거쳐야 한다."[124] 특허권은 언어적 의미에서 보면 권리자의 "이익(利)"에 대한 독점권을 말한다. 즉 발명창조에 대한 독점실시권이며, 이는 특허상품에 대한 사용, 제조, 판매 및 수입할 권리가 포함된다. 특허권의 독점성에 대하여 세계지식재산권팀에서 집필한 교재에서는 다음과 같이 서술하고 있다. "발명특허권은 그 소유권자로 하여금 아래와 같은 일종의 법적 지위에 처하게 한다. 즉 소유권자의 허락을 거쳐야만 특허발명을 이용할 수 있다. 이러한 허

124) 联合国教科文组织编:《版权基本知识》, 19页, 北京, 中国对外翻译出版公司, 1984。

락없이 이용하는 것은 불법으로써 발명특허의 소유권자는 타인이 특허발명을 이용하는 것을 제지할 수 있다. 이러한 제지는 특허권자가 어떠한 조치를 취할 필요가 없으며 타인에게 허락만 하지 않으면 그 이용은 불법이 되는 것이다. 발명특허의 소유권자가 타인이 특허발명을 이용하는 것을 제지할 수 있는 권리를 '독점'권이라고 한다."[125] 상표권 역시 상표독점사용권이라고 부르기도 하며 권리자의 독점사용권 및 타인의 사용을 배제하는 금지권은 해당 독점권의 완전한 내용을 구성하고 있다. 지식재산권보호연합 국제국에서 초안을 작성한 「개발도상국 국가의 상표, 상호 및 부정경쟁행위시범법」에서는 등록상표로 인하여 취득한 권리를 상표독점사용권이라고 부르며 등록상표 소유권자는 제3자가 아래 행위를 할 시 이를 제지할 권리가 있다고 규정하였다. 하나는 관련 상품 또는 서비스에 등록상표와 동일하거나 유사한 표기를 사용하여 공중의 오해를 불러일으키는 행위이고 둘째는 정당한 이유 없이 유사한 등록상표에 대하여 다른 용도로 사용하여 등록상표소유권자의 이익에 손해를 초래하는 행위이다(제18조).[126]

나. 지 역 성

무형재산권은 일종의 전유권(專有權)권으로서 공간적 효력이 무한한 것은 아니다. 무형재산권은 지역적 제한 즉 엄격한 속지성이 있으며 그 효력은 국내에만 한정된다. 무형재산권의 이러한 특징은 유형재산 소유권과 구별된다. 통상적으로 소유권의 보호원칙에는 지역적 제한이 없으며 공민이 한 국가로부터 다른 한 국가로 이주한 재산이든지, 또는 법인이 투자, 무역 등으로 인해 한 국가로부터 다른 한 국가로 이전한 재산이든 불문하고, 모두 여전히 권리자가 소유하며 소유권이 법적 효력을 상실하는 문제점이 발생하지 않는다. 유형재산권 영역에서는 국제적으로 "내외국물권평등의 원칙"을 실시한다. 즉 "권리추정"을 통하여 한 국가에서 취득한 동산이 다른 한 국가에 진입할 경우, 그 주체가 여전히 동산에 대하여 유효하게 점유하고 있으면 그 진입국은 본국의 점유제도에 따라 그를 합법적인 소유권자로 추정하여 보호하는 것을 말한다. 그러나 무형재산권은 이와 다르다. 한 국가의 법률에 따라

125) 世界智慧财产权组织编:《智慧财产权纵横谈》, 93页, 北京, 世界知识出版社, 1992。
126) 国家工商行政管理总局商标局等编:《外国商标法》, 北京, 中国社会科学出版社, 1984。

인정되고 보호받는 관련 권리는 해당 국가의 범위 내에서만 법적 효력이 발생한다. 지식상품의 비물질성으로 인하여 권리자는 실질적으로 이를 점유할 수 없으므로 무형재산권에 대하여 유형재산처럼 점유로 인한 "권리추정"을 적용하여 국외에서 보호받을 수 없다. 따라서 국제협약 또는 양국 호혜협정을 체결한 경우를 제외하고 무형재산권은 외국에서 효력이 없으며 다른 국가도 이러한 권리에 대하여 보호할 의무를 부담하지 않으며 누구든지 권리자의 동의를 구하거나 권리자에게 대가를 지불할 필요없이 모두 자신의 국가 내에서 자유롭게 해당 지식상품을 사용할 수 있다.

통상적으로 지역성은 무형재산권 또는 지식재산권의 특유한 특성이라고 하지만 실제로 역사적으로 보면 민사권리의 많은 영역에서 모두 이러한 지역성이 존재한 적이 있다. 국제사법학자들의 연구에 따르면, 침해의 채권채무에서, 침해소송은 침해행위지의 법원에서 관할하는 경우가 많아서 침해행위지의 법률을 적용한다. 계약의 채권채무관계에서도 지금까지 법률의 지역성으로 인하여 법률적용이 경직화되고 법원판결을 국외에서 집행하기 어려운 상황을 초래한 적이 있다. 이러한 상황이 발생한 원인은 이러한 권리의 발생 초기, 많은 국가가 봉건폐쇄의 상태에 있어서 대외경제무역의 거래가 적고 가끔 발생하는 외국 관련 분쟁도 국내법으로 해결할 수 있었으므로 소 제반 권리의 역외 효력을 행사할 필요가 없었다.[127] 이러한 상황에서 상기 민사적 권리는 일정한 지역성을 띨 수밖에 없다.

무형재산권의 발생은 상기 제도와 동일한 역사적 배경을 갖고 있다. 유럽봉건국가 말기, 원시 저작권과 특허권 모두 군주의 하사로 인한 특별허가권으로 출현하였는데, 따라서 이러한 권리는 군주가 관할하는 지역 내에서만 행사가능한 것이다. 이러한 원시 무형재산권의 지역성은 봉건법의 지역성이기도 하여, 근대 자산계층법의 발전에 따라 무형재산권은 결국 봉건특별허가권의 형식에서 벗어나 일종의 법정(法定) 정신적 재산권이 되었다. 그러나 자본주의국가는 국가주권원칙에 의하여[128] 국내법에 따라 취득한 무형재산권만 보호하므로 지역성은 무형재산권의 특징으로

---

127) 刘家瑞等:《智慧财产权地域性衡突法评述》, 载《中央政法干部管理学院学报》, 1998(6)。

128) 무형재산권 보호의 지역성은 각국이 주권 지역에 대한 제한에서 비롯된 것 뿐만 아니라 무형재산권이 수권한 지역의 제한과도 관련이 있다(예를 들면 국가의 심사를 거치거나 국가의 등록을 거쳐야만 수권할 수 있다.) 参见张乃根:《国际贸易中的智慧财产权法》, 53页, 上海, 复旦大学出版社, 1999。

서 지금까지 유지되어 왔다. 한 국가의 무형재산권의 권리자로 인정되었을 경우, 만약 타국에서도 법적 보호를 받으려면 반드시 해당 국가의 법률규정에 따라 등기 등록하거나 심사비준을 거쳐야 한다.

19세기 말부터 과학기술의 발전 및 국제무역의 활성화에 따라 지식재산권 관련 거래의 국제시장도 형성되고 발전하기 시작하였다. 이로써 지식상품의 국제적 수요와 무형재산권의 지역적 제한 사이에는 거대한 모순이 발생하게 되었다. 이러한 모순을 해결하기 위하여 각국은 앞다투어 무형재산권을 보호하는 국제협약을 체결하였고 국제적 또는 지역적 국제기구를 설립하였으며 세계적 범위 내에서 일련의 무형재산권에 대한 국제보호제도를 확립하였다. 무형재산권에 대한 국제보호제도에는 세 가지 중요한 원칙이 있다. 첫째, 최소보호원칙이다. 즉 각국 정부 사이의 국제적 또는 지역적인 다국적 협상을 통하여 무형재산권 보호에 대한 일부 실체적 국제기준을 협의한 후, 각국 국내법에서는 이를 채택하여 국제적으로 상대적으로 통일된 무형재산권 보호제도를 확립하였다. 최소보호원칙의 요구에 따라 체약국은 무형재산권을 보호함에 있어서 객체범위, 권리내용, 보호기간 등 측면에서 국제협약이 규정한 수준보다 낮아서는 아니된다. 둘째, 독립성 원칙이다. 즉 체약국 국민이 동일한 지식상품에 대하여 다수 국가에서 취득한 권리는 상호 독립적이며 상호 간섭불가하다. 국제협약의 최소보호원칙의 요건을 충족하는 전제하에 해당 지식상품의 소유권자의 권리에 대한 보호수준, 사법구제방식 등은 보호를 제공하는 체약국의 관련 법률을 적용한다. 국제사법 이론에서는 저작권에 대한 보호는 "권리청구지법"을 적용하고 산업재산권에 대한 보호는 "권리등록지법"을 적용한다.[129] 독립성 원칙은 관련 국제협약이 무형재산권의 지역성을 배제하지는 못하였음을 의미한다. 셋째, 내국민대우원칙이다. 즉 무형재산권에 대한 국제적 보호를 제공할 시 각 체약국은 상대국 국민에 대하여 평등한 대우를 부여하며 체약국 국민이 모든 체약국 국내에서 본국 국민과 동등한 대우를 받게 된다. 국제협약에서의 내국민대우원칙에 대한 규정은 무형재산권의 지역적 제한에 대한 중요한 보충이자 조화이다. 이 원칙으로 인해 한 국가가 승인 또는 수여한 무형재산권은 국제협약에 따라 체약국 내에서 역외 효력이 가능하게 되었다. 그러나 무형재산권의 지역적 특징은 변동

129) 郑成思:《世界贸易组织与贸易相关的智慧财产权》, 16页, 北京, 中国人民大学出版社, 1996。

이 없으며 권리를 부여할 지 여부, 권리를 어떻게 보호할 지는 여전히 각 체약국이 자신의 국내법에 근거하여 결정한다.

20세기 하반기에 이르러 지역경제의 통합화 및 현대과학기술의 발전으로 인하여 무형재산권 입법은 현대화, 통합화의 추세가 나타나고 있다. 그러므로 무형재산권의 엄격한 지역성도 도전을 받게 되었다. 이는 주로 아래 두 가지 측면에서 표현된다.

(1) 다국적 무형재산권의 출현. 지역경제의 통합은 각 국가가 연합하기 시작하면서 상품, 자본, 인력 및 노동력의 통일된 큰 시장 내에서 자유로운 유통을 실현하였고 이를 통하여 관련 국가들이 무형재산권 보호 측면에서도 통일되도록 추진하였다. 예를 들면 1968년 베네룩스경제동맹이 제정한 「베네룩스 통일상표법」, 1977년 아프리카 지식재산권기구를 통과한 「방기(Bangui)협정」 등에 따르면 한 국가에서 출원하거나 등록한 특허 또는 상표는 모든 체약국 내에서 동시에 전유권(專有權)을 갖게 된다. 그러나 제일 대표적인 것은 유럽연합 가입국이 1992년에 체결한 「마스트리히트(Maastricht) 협약」이다. 경제통합화의 목표를 실현하기 위하여 유럽연합이 채택한 중요한 조치 중 하나로서 산업재산권 및 저작권 영역에서 광범위한 유럽보호제도를 확립하였다. 즉 지역경제의 통합화를 추진함으로써 "유럽공동지식재산권에 대한 환상"[130]을 실현하고자 노력하고 있다. 유럽법원에서는 한 사건에서 권리소진원칙[131]의 지역적 제한은 반드시 공동시장의 범위 내에서 해석을 하여야 한다고 주장하였다. 즉 한 체약국 내에서 최초로 판매한 상품은 전체 공동체 내에서의 권리가 소진된다.[132] 이는 무형재산권은 한 국가의 지역적 제한에서 벗어나 이미 다수 국가에서 동시에 효력이 발생함을 의미한다. 이는 어느 정도로 해당 권리의 지역적 특성을 흔든 것이다.

(2) 분쟁은 일반적으로 통상 권리청구지법원이 전속으로 관할하였다. 위성기술, 인터넷기술, 녹음제작 기술이 발전함에 따라 현대기술의 침해행위는 몇 개 심지어

---

130) [德] 阿道夫 · 迪茨:《欧洲共同版权是幻想吗》, 载《法学译丛》, 1986(4)。

131) 권리소진원칙은 권리자의 동의를 거쳐 시장에 진입한 작품의 원본 또는 복사본에 대하여 권리자는 해당 작품의 원본 또는 복사본의 2차 사용 또는 판매를 통제할 권한이 없음을 의미한다. 마찬가지로 특허권자가 제조하거나 특허권자의 허가를 얻어 제조한 특허상품을 판매한 후 권리자는 해당 특허상품의 2차 사용 또는 판매를 통제할 권한이 없다.

132) 吴汉东等:《西方诸国家著作权制度研究》, 20页, 北京, 中国政法大学出版社, 1998。

십여 개 국가에서 발생할 가능성이 있으며 권리청구지도 이에 따라 증가하게 되어 만약 권리자가 이에 따라 이러한 지역에서 하나하나 소송을 제기한다면 상당한 불편을 겪게 될 것이다. 그리하여 일종의 새로운 관할권 이론이 시대에 발맞추어 생겨나게 되었는데, 즉 한 국가의 법원은 기타 지역 내의 무형재산권 분쟁을 관할할 권한이 있을 뿐만 아니라 기타 지역 내에서 발생한 관련 분쟁도 관할할 권한이 있다. 이로써 권리청구지를 무형재산권의 준거법으로 보는 관점 역시 변화하게 되었다. 무형재산권을 침해하는 행위가 몇 개 또는 십여 개 국가에서 동시에 발생할 경우, 여전히 권리청구지법만 고집한다면 동일한 사건에 대하여 몇 개 또는 십여 개의 준거법을 적용하여야 하는 불합리한 현상을 초래할 수도 있다.[133] 따라서 제일 밀접한 관계가 있는 국가의 법이라는 새로운 준거법원칙은 아마도 제일 좋은 선택이 될 수도 있다.[134] 외국 무형재산권 분쟁에 대한 비전속관할과 무형재산권에 대한 법률적용의 다원화는 모두 이러한 권리의 지역적 특징에 중대한 영향을 미친다. 종합하면, 현대사회에서 무형재산권의 지역적 특징은 여전히 존재하지만 이미 크나큰 도전에 직면하게 되었고 봉건법부터 현대법까지 고유한 법적 특징을 완전히 배제할 수 있을 지는 아직 지속적인 관찰과 연구가 필요하다.

다. 시 간 성

무형재산권은 무한한 공간의 절대적인 독점적 권리도 아니고 시간적 제한이 없는 영원한 권리도 아니다. 무형재산권의 시간적 특징은 이러한 권리가 법률이 규정한 기간 내에서만 보호를 받으며 일단 법률이 규정한 유효기간을 초과할 시 해당 권리는 자동으로 소멸되어 관련 지식상품은 사회의 공동재산으로 되어 전 인류가 공동으로 사용할 수 있게 된다. 시간적 특징은 무형재산권이 소유권과 구별되는 중요한 특징 중 하나다. 모두 알다시피 소유권은 시간의 제한을 받지 않으며 객체물이 멸실하지만 않으면 그 권리는 법적 보호를 받게 된다. 소멸시효 또는 취득시효로 인하여

133) 刘家瑞等:《智慧财产权地域性衝突法评述》, 载《中央政法干部管理学院学报》, 1998(6)。

134) 20세기초 국제법학자 Pillet, Niboyet는 지식재산권 보호 차원에서 권리청구지법을 적용하여야 하고 권리의 발생 및 존속은 권리의 최초 수여국법의 지배를 받아야 한다고 주장하였다. 参见李双元等:《中国国际私法》, 281页, 北京, 海洋出版社, 1991。

발생한 법적 결과도 재산적 권리의 주체만 변동할 뿐 재산(유체물) 자체의 권리 객체로서의 지위는 변동이 없다. 로마법학자는 소유권의 이러한 특징을 "영속성(영원성)"이라고 개괄하였다. 즉 "소유권의 운명은 그 목적물의 운명과 시종일관 같이 한다." 이는 설정기한이 있는 타물권(예를 들면 저당권, 지역권)과도 다르고 소멸의 운명을 갖는 채권(예를 들면 계약으로 인한 채권채무)과도 다르다.[135] "영속성"은 절대성, 배타성과 공동으로 소유권의 3대 특징을 구성한다. 사실상, 소유권의 영속성은 대부분의 경우 현실적으로 실현할 수 없다. 그 이유는 해당 권리의 영속적 상태는 목적물의 존재를 전제로 하므로 만약 목적물이 멸실, 훼손될 경우, 원소유권자는 "무소유"가 될 수도 있다. 반대로 무형재산권의 목적물 즉 지식상품은 비물질형태의 지적 산물로서 멸실, 훼손이 발생할 가능성이 없지만 즉 사실적 의미에서의 "영속성"이 있지만 법률적으로 과감하게 해당 권리가 일정한 기간 내에 유효하다고 한정한다.[136]

무형재산권의 시간성과 타물권, 채권의 "시간성"은 완전히 다른 의미를 갖고 있다. 타물권의 설정은 특정주체 사이 예를 들면 지역권에서의 공역지 소유권자와 요역지 소유권자 사이, 질권에서의 담보물권자와 질권자 사이에서 발생한다. 그 외, 타물권의 설정은 소유권의 존재를 전제로 하며 소유권을 떠나 단독으로 존재할 수 없다. 채권은 채권자와 채무자의 상대방 이익과 관련이 있다. 채무는 이행 및 상환을 목적으로 하므로 법률은 당연히 채권의 영구성을 인정하지 않는다. 그러나 무형재산권의 시간성은 다르다. 서양학자들의 해석에 따르면 지식상품의 소유자는 일정한 시기에 이를 독점적으로 사용할 수 있는 이익을 향유하지만 그 지적 성과를 공중에게 공개할 의무도 부담한다. 이는 일종의 사회계약이다. 즉 국가의 명의로 출현한 사회가 지식상품의 소유자와 체결한 특수한 계약이다.[137]

무형재산권의 시간적 유한성은 세계 각국이 과학문화의 발전을 촉진하고 지적성과의 공개를 격려하고자 보편적으로 채택한 원칙이다. 무형재산권제도를 확립한 목적은 특별한 법적 수단을 통하여 지식상품을 창조하거나 사용함으로 인하여 발생한 사회관계를 규율하고자 하는 것이다. 이 제도는 과학, 기술, 문화의 광범위한

135) 周枏等:《罗马法原论》(上册), 北京, 商务印书馆, 1994; 陈允、应时:《罗马法》, 上海, 商务印书馆, 1931。

136) 郑成思:《智慧财产权论》, 88页, 北京, 法律出版社, 1998。

137)《国外专利法介绍》(第1册), 12页, 北京, 知识出版社, 1981。

전파를 추진하고 지식상품 창조자의 합법적인 이익에 대한 보호도 중요시하여 무형재산권의 전유성(專有性)과 지식상품의 사회성 사이의 모순을 조절하여야 한다. 이를 바탕으로, 무형재산권제도는 사회의 발전을 촉진하고 권리자의 이익을 보장하며 사회의 공정성을 실현하는 등 다양한 가치적 목표를 실현하는 과정에서 반드시 여러 측면의 역할을 통일적으로 계획하고 해결하여야 하며 각종 충돌이 발생할 수 있는 요소들로 하여금 평형과 조화를 이루게 하여야만 진정으로 그 입법목적을 달성할 수 있다. 이러한 의미에서 보면, 형평원칙은 근대법부터 현대법까지 무형재산권제도의 기본정신 중 하나이다. 저작권법을 예로 들면, 초기의 「안나법령」은 저작자의 권리를 보호하는 동시에 기타 주체의 이익 및 사회공공이익에 대한 보호도 중요시하였다. 본 법은 하나의 "문학예술의 공공영역"(the public Domain for Literature)을 설정하였고, 이와 관련하여 주로 세 가지 내용의 규칙을 정하고 있다. ① (현존작품이 출판사업자에 의하여 회수되지 않도록 보호하기 위하여) 신작품의 창작은 저작권을 취득하는 필수요건이라고 규정하였다. ② (출판사업자의 저작권에 대한 영구적 권리주장을 대항하기 위하여) 저작권의 보호기간을 규정하였다. ③ 저작권 보유자가 인쇄, 출판 및 판매에서 향유하는 제한적 권리(즉 작품을 2차 사용할 시 권리소진함)를 규정하였다.[138) 「안나법령」을 공포한 후 출판사업자는 이러한 제한적인 저작권에 불만을 표하며 장장 40여년 동안 "도서출판업자 운동"을 벌여 법정 저작권기간이 만료한 후 보통법상의 저작자의 "영구저작권"을 찾고자 시도하였으며, 그 후 양도를 통하여 권리를 재취득하여 작품이 공공영역에 진입하는 것을 방지하고자 하였다. 이러한 기나긴 투쟁은 "보통법 저작권"의 영구금지명령을 철회하는 것으로 종결되었다(영국은 1911년 정식으로 이러한 저작권을 취소하였다).[139)] 영국과 달리, 미국은 무형재산권에 대한 시간적 제한을 헌법조항을 통하여 규정하고 있다. 미국 헌법은 "국회는…… 저작자 또는 발명가의 개인작품 또는 발명에 대한 독점적 권리에 대하여 일정한 기간의 보호를 부여할 권리가 있으며 이를 통하여 과학과 예술의 발전을 촉진하고자 한다."고 규정하였다. 상기 헌법조항은 미국학자들에 의하여 3P정책으로 개괄되었다. 즉 "지식장려정책"(the promotion of learning), "공공영역 유보정책"(the preservation of the

138) L. Ray Pattterson、Stanley W. Lindberg, *The Nature of Copyright: A Law of User's Right*, The University of Georgia Press, pp.49-55, 1991.

139) 吴汉东:《著作权合理使用制度研究》, 12页, 北京, 中国政法大学出版社, 1996。

public domain), "창작자 보호정책"(the protection of the author)[140]이다. 그 중에서 "공공영역 유보"는 저작권과 특허권이 시간적 및 범위적 제한을 받음을 의미한다.

무형재산권의 시간적 제한성에 대한 규정은 이러한 새로운 민사권리제도를 확립하기 위한 사회의 필요성과 공중의 이익을 반영하고 있다. 각종 무형재산권의 성질, 특징 및 본국의 실제상황에 근거하여 각국 법률은 저작권, 특허권, 상표권에 대하여 보호기간을 서로 달리 규정하고 있다. 저작권의 보호기간은 주로 저작권에서의 재산적 권리에 대하여 말한 것이며, 즉 저작권자는 단지 일정한 기간 내에서만 저작물에 대하여 독점사용권 및 보수취득권을 갖는다. 역사적으로 포르투갈 및 니카라과는 무기한의 "영구저작권"을 규정한 적이 있지만 현재는 미발표작품에 대한 저작권이 시간의 제한을 받지 않는 것 외에 각국의 저작권법 모두 이미 발표한 작품에 대하여 유한한 보호기간을 규정하고 있다. 저작권의 보호기간은 통상 저작자의 생전 및 사후 몇 년간의 계산방식을 취하고 있다. 이러한 계산방식을 취한 이유는 저작자의 일생 및 저작자 자녀의 평균 수명을 서로 합산한 시간을 토대로 하였기 때문이다. 저작권에서의 인격권 즉 저작자가 독자적으로 갖는 비재산적 권리에 대하여 어떤 국가는 무기한으로 영원히 존재(예: 프랑스)한다고 규정하였고 어떤 국가는 인격권과 재산권의 보호기간을 동일하게 규정하였다(예: 독일). 특허권의 보호기간에 대하여 각국의 특허법은 서로 달리 구체적으로 규정하고 있다. 이에는 주로 두 가지 근거가 있다. 하나는 사회의 이익과 권리자의 이익 사이의 조화이다. 다른 하나는 기술가치의 수명이다. 특허권 기한의 길고 짧음은 당사자 및 사회공중 등 각 측면의 이익과 직접적인 관련이 있다. 보호기간이 길면 장기적인 기술과 중대한 발명에 대한 투자를 격려하고 유치하는 점에서는 유리할 수 있지만 공중이 가능한 빨리 그 발명을 자유롭게 사용하는 것은 제한받는다. 반대로 보호기간이 짧으면 공중은 비교적 빨리 발명을 자유롭게 사용할 수 있지만 발명창조를 격려하고 자금 수요가 큰 복잡한 첨단기술에 대한 개발에는 불리하다. 상표권의 보호기간에 대하여서도 각국은 서로 달리 유효기간을 규정하고 있다. 그 중 "선등록주의"를 적용한 국가의 상표권의 유효기간은 등록일자부터 기산하고 "선사용주의"를 적용한 국가는 상표를 사용한 후에만 독점권이 발생하므로 유효기간은 사용일자부터 기산한다.

---

140) L. Ray Pattterson、Stanley W. Lindberg, *The Nature of Copyright: A Law of User's Right*, The University of Georgia Press, pp.49-55, 1991.

무형재산권의 시간적 특징을 보면 상표권과 저작권, 특허권이 서로 다르다. 상표권은 유효기간이 만료한 후 그 기간을 연장할 수 있으며 끊임없는 기간연장을 통하여 상표권은 실제적인 유효기간을 연장할 수 있다. 이러한 법률규정의 이유는 문학예술작품과 발명창조는 사회과학문화사업의 발전에 더욱 중요한 의의가 있으므로 반드시 일정한 보호기간을 규정하여 적당한 시기에 지식상품으로 하여금 개인의 독점적 재산으로부터 인류 공동의 정신적 재산으로 전환되도록 하여야 하기 때문이다.

무형재산권의 상기 특징은 기타 재산적 권리 특히 소유권과 서로 비교하여 논술한 것이며 상대적 의미를 갖는 개괄과 서술이다. 이는 각종 무형재산권이 모두 이러한 특징을 갖는다는 것을 의미하는 것이 아니며 기본적인 특징마다 모두 약간의 "예외"가 존재한다고 할 수 있다. 예를 들면 원산지 표시권은 완전한 의미의 독점성이 없으며 상호권의 지역성도 자신만의 특수한 규정이 있으며 영업비밀권은 시간적 제한을 받지 않는 것 등이 있다. 본질적으로 말하면 오직 객체의 비물질성만이 무형재산권에 해당하는 권리들의 공통된 법률특징이다.

3. 무형재산권의 주체

권리의 차원에서 보면, 무형재산권의 주체 즉 권리의 소유자는 저작권자, 특허권자, 상표권자 등이 포함된다. 법률관계의 차원에서 보면, 무형재산권의 주체는 권리자 및 권리자 이외의 의무자이다. 본글에서 말한 권리주체는 각종 무형재산권의 소유권자를 말한다. 여기서 말하는 소유권자는 자연인일 수도 있고 법인일 수도 있으며 일정한 조건에서는 비법인단체 및 국가도 포함된다. 일반민사주체와 달리, 무형재산권제도에서의 "인(人)"의 용어는 자연인과 법인의 통칭을 말한다. "저작권자", "특허출원인", "상표등록인" 등은 실제로 해당 권리를 향유하는 자연인과 법인을 말한다.

무형재산권의 주체가 어떠한 자격을 구비해야 하는지, 그가 어떠한 권리를 향유하는지에 대하여 국가 법률에서 직접 규정하고 있다. 주체의 자격은 민사주체가 민법상(무형재산권제도 포함)에서의 법적 인격을 말하며, 이는 자연인 및 그 단체가 민사주체로 될 수 있는 법적 전제이다.[141] 법적 지위의 평등 및 주체 인격의 독립은 민사주체의 자격을 확인하는 기본적인 원칙이다. 그 중에서 지위평등은 인격독립의 필요한 전제이며 인격독립은 오히려 지위평등의 구체적인 표현이다. 이어서 평등원칙의 무형재산권 주체제도에서의 의의를 중심으로 논하고자 한다.

사적 관계에서 평등원칙에 대한 구체적인 서술은 다음과 같다. 공민의 민사권리능력은 일률적으로 평등하며 민사주체가 민사법률관계에서 권리를 향유하기도 하고 법에 따라 의무를 부담하기도 한다. 민사주체는 평등하게 법률의 보호를 받는다.[142] 무형재산권제도의 평등정신은 본질적으로 통상적인 의미의 사법평등원칙과 같지만 자체의 법률적 특성도 갖고 있다. 이는 주로 두 가지 측면에서 표현된다. 우선, 무형재산권제도의 평등은 일종의 주체가 창작성 활동에 참여하는 자유로운 선택이며 창조자의 권리를 취득할 수 있는 기회의 평등이기도 하다. 현대 민법에서 시행하는 것은 일종의 절차상의 평등관념이며 사회가 사람들에게 평등한 기회를 제공하기만 하면 평등을 실현한 것이다. 다시 말하면, 평등은 기회의 평등이며 사람들이 민사활동을 행한 결과는 그 사람의 선천적 기질, 재능, 기회에 의하여 결정되는 것이므로 이로 인한 결과의 차이는 허용되는 것이다.[143] 무형재산권의 원시취득은 주로 주체의 창조적 행위(창작, 발명 등 포함)에 의한 것이다. 창조적 행위는 일반적인 민사법률행위가 아닌 사실행위이며 민사법률 행위능력의 제한을 받지 않으며 주체가 자신의 창조적 행위를 통하여 지식상품을 완성하기만 하면 창조자의 신분으로 법에 따라 권리를 취득하게 된다. 다음은 무형재산권제도에서의 평등은 일종의 당사자 사이의 권리의무 관계에 대한 조율이며 사회의 정신적 재산에 대한 합리적인 공유이다. 무형재산권제도의 역사적 발전은 단일한 권리주체로부터 다원화 권리주체로 발전하는 과정을 거쳤다. 저작권 영역에서 저작자의 권리보호를 토대로 공익과 사적 권리가 균형을 이루고 과학, 문화 전파의 촉진을 목표로 각 주체 사이의 관계를 조율하는 것은 저작권 입법의 기본적인 고려요소이다. 사회의 정신적 재산에 대한 창조, 전파 및 이용 과정에 대하여, 저작권제도는 창작자, 전파자 및 사용자 등 다양한 주체를 설정하고 그 주체들의 작품 관련 권익에 대한 배분을 규정하였으

141) 李开国:《民法基本问题研究》, 54页, 北京, 法律出版社, 1997。

142) 佟柔主编:《民法总则》, 16页, 北京, 中国人民公安大学出版社, 1990。

143) 彭万林主编:《民法学》, 34页, 北京, 中国政法大学出版社, 1996。

며 심지어 미국학자는 현대 저작권법을 각 주체의 권리관계를 조율하는 형평법이라고 정의하였다.[144] 특허권 영역에서 특허의 사용, 법적 사용허가, 강제사용허가 및 자유사용 등 제도로 인하여 둘 또는 둘 이상의 주체가 동일한 발명창조에 대하여 각자 사용함으로써 이익을 향유하는 경우가 발생하게 된다. 지식상품의 사회성 및 비물질적 특징으로 인하여 다수 주체가 이러한 지적 성과를 공동으로 사용하는 것이 현실적으로 가능하게 되었다. 무형재산권제도는 사회분배의 정의를 보장하고 촉진하며 또한 이러한 분배원칙을 법률상의 권리, 의무로 승화시킴으로써 정신적 자원에 대하여 권위적이고 공정한 배분을 하였다. 이러한 상기 두 가지 이유로 인하여 무형재산권 주체제도는 일반재산권 주체제도와 구별되는 중요한 특징을 나타내고 있다.

가. 무형재산권의 원시취득 주체

원시취득이란 재산권이 최초 발생하거나 기존 소유권자의 권리에 의존하지 않고 재산권을 취득한 경우를 말한다. 통상 재산소유권의 원시취득에는 생산, 수익, 선점 등 방식이 있다. 원시취득은 주체의 특정신분에 대하여 요구하지 않으며 부동산 및 개별적인 동산 외에 국가기관의 특별한 수권도 필요없다.

무형재산권의 원시취득은 이와 달리, 해당 권리를 발생시키는 법률사실에는 두 가지 측면의 내용이 포함된다. 즉 창작자의 창조적 행위와 국가기관의 수권행위이다.[145] 지식상품에 대한 생산, 개발활동 중 창작행위 또는 발명창조행위는 본질적으로 사실행위에 해당하며 누구든지 자신의 지적 노동을 통하여 지식상품 창작자의 신분을 취득할 수 있다. 사법 관계에서 신분은 특권의 기초이며 평등의 대립물이기도 하다. 고대사회의 종파법제도에서는 각 가정 사이의 연결은 개개인 사이의 왕래보다 빈번하였으며 가정은 법률이 규율하는 기본적인 단위였다. 로마법은 가장에게 완전히 독자적인 인격을 부여하였으며 가장이 향유하는 모든 공적 및 사적 권리는

144) L.Ray Pattterson、Stanley W.Lindberg, *The Nature of Copyright: A Law of User's Right*, The University of Georgia Press, p.2, 1991.

145) 모든 무형재산권이 국가기관의 수권의 특징을 갖는 것은 아니다. 예를 들면 저작권, 영업비밀권 등은 국가기관의 심사 및 비준을 거칠 필요가 없다.

특정신분에 의하여 발생한 것이다.[146] 무형재산권 주체제도의 신분원칙은 이와 달리 아래 두 가지 특징이 있다. 첫째, 창작자의 신분은 통상 창조적 지적 노동을 행한 자연인이지만 특정 상황에서는 단체 또는 창조활동을 주최하고 그의 의지를 표현하거나 그에 따른 책임을 부담하는 법인일 수도 있다. 고대사회의 가장의 신분과 현대사회의 소비자 신분, 고용노동자의 신분은 서로 다르다. 자연생명체와 사회단체 모두 창조자의 신분을 취득할 가능성이 있다. 둘째, 창작자의 신분과 통상 신분의 기초가 되는 혈연관계, 혼인관계 또는 기타 사회관계는 서로 관련이 없다. 이는 지적 창조성 활동이라는 사실행위의 결과이기도 하고 행위자가 무형재산권을 취득하는 전제이기도 하다. 권익 관련 분쟁에서 창조자의 신분에 대한 확인은 권원을 판정하고 권리귀속을 확정함에 있어서 중요한 의의가 있다.

그 외 무형재산권에 대한 원시취득에서 국가기관의 수권행위는 권리주체 자격을 최종 확정함에 있어서 반드시 필요한 절차이다. 수권행위는 성질상 일종의 행정법률행위로서 창조적 행위와 마찬가지로 권리의 원시취득에 대하여 중요한 의의가 있다. 미국학자의 견해를 참조하면 창작적 활동은 권리 발생의 "원천"(source)이지만 법률(국가기관 수권행위)은 권리 발생의 "근거"(origin)이다.[147] 무형재산권은 주관기관에 의하여 법에 따라 수권 또는 확인됨으로서 발생되며 객체의 비물질성에 의하여 결정된다. 지식상품은 전통적인 객체물과 달리, 유형적인 지배나 점유가 불가능하므로 창작자의 손에서 벗어나 타인에 의하여 사용되기 쉽다. 다시 말하면, 지식상품은 일단 공중에 공개되기만 하면 타인이 쉽게 불법처분의 경로를 통하여 이익을 얻을 수 있다. 따라서 지식상품의 소유권자는 창작활동의 사실행위만으로 당연하게, 유효하게, 충분히 그 권익을 취득, 향유 또는 행사할 수 없고 반드시 국가 법률의 특별한 보호를 받아야 하는데, 즉 주관기관의 심사 및 비준을 거친 후 독점권 또는 독점사용권을 수여받아야 한다.

---

146) [英] 梅因:《古代法》, 沈景一译, 第5章, 北京, 商务印书馆, 1984。

147) L.Ray Pattterson、Stanley W.Lindberg, *The Nature of Copyright: A Law of User's Right*, The University of Georgia Press, 1991.

나. 무형재산권의 승계취득주체

민법학 이론에서 승계취득은 원시취득과 구별되는 두 가지 기준이 있다. 하나는 의지특징 즉 승계취득은 반드시 물(또는 지식상품)의 원소유권자의 의지에 의하여 발생하여야 한다. 다른 하나는 권리의 원천 즉 승계취득은 원소유권자의 권리를 근거로, 권리이전의 방식을 통하여서만 발생할 수 있다. 재산소유권제도의 일물일권주의원칙에 근거하여 하나의 물건 위에 두 개 또는 수 개의 내용이 동일한 소유권을 설정할 수 없다. 승계취득의 경우를 보면, 일방의 권리양도는 권리의 주체자격의 상실을 의미하며, 권리를 승계한 다른 일방은 새로운 재산소유권의 주인이 됨을 상징한다. 그 외, 해당 원칙에 따라 한 물건 위에 비록 다수의 물권(사용수익권 또는 담보물권)이 존재할 수 있지만 각 물권사이에 서로 모순되어서는 아니된다. 다시 말하면 하나의 물건 또는 그 물건의 일부에 대하여 수 개의 성질이 같으면서 서로 독립적인 물권을 설정할 수 없다.[148]

무형재산권 영역에서 승계취득으로 인한, 동일한 지식상품 위에 여러 개의 권리주체가 존재하는 상황은 아주 보편적이다. 우리는 이를 대체로 세 가지로 분류할 수 있다. 첫째, 어떤 권리주체가 지식상품에 대하여 재산권도 향유하고 인격권도 향유할 시 여기서 재산권만 승계취득할 수 있다. 즉 승계취득주체는 창작자에게만 전속하는 인격권을 취득할 수 없다. 이렇게 동일한 지식상품에서 발생한 인격권 및 재산권에 대하여 서로 다른 주체가 이를 공유하고 있을 수 있다.[149] 둘째, 어떠한 무형재산권은 불완전 양도로서 승계취득주체는 약정한 재산권 범위 내에서만 이익을 향유할 수 있다. 소유권과 그 권능이 분리되는 것과 마찬가지로 원시취득주체가 여전히 존재하는 상황에서 아울러 한 개 또는 여러 개의 부분적 권리를 소유하는 불완전한 주체가 발생하게 된다. 즉 재산권의 여러 항목의 권리를 서로 다른 주체가 갖게 되는 것이다. 물론 이러한 권리와 권리항목의 분리는 무형재산권과 소유권에 있어서 완전히 다른 내용과 의의를 갖는다. 소유권의 목적물은 독자적인 특정물이며 일정한 시간적, 공간적 조건에서 하나의 특정주체에 의하여서만 지배 및 이용될

148) 王利明:《民商法研究》(第三辑), 191~192页, 北京, 法律出版社, 1999。

149) 지식재산권체계에서 저작권은 전형적인 일체양권(一體兩權)이다. 즉 저작권을 무형재산권에 포함시키는 것은 주로 저작재산권을 고려한 결과이다. 현실생활에서 저작자의 신분을 유보하고 저작재산권을 타인에게 양도하는 사례가 발생하고 있다.

수 있다. 소유권과 그 권리내용의 분리는 점유자 즉 비소유권자가 물건의 실제지배자임을 의미하며 원소유권자는 직접 물건을 지배하지 않는 "명의상 권리주체"일뿐이다. 하지만 무형재산권의 목적물은 비물질형태의 정신적 산물로서 일정한 시간적, 공간적 조건하에 다수의 주체에 의하여 이용가능하며 이에는 원시취득주체 자신이 사용하거나 승계취득주체에 수권하여 공동으로 사용하는 경우가 포함된다. 셋째, 어떠한 무형재산권은 동시에 서로 다른 지역 범위 내에서 양도할 수 있다. 예를 들면 저작권자는 그 저작권을 다수 국가로 양도할 수 있으며 특허권자가 다른 국가에서 그 특허를 매도하게 되면, 둘 또는 둘 이상의 독자적인 권리주체가 출현하게 된다. 하지만 여러 양수인은 각자 유효한 구역 내에서만 권리를 행사할 수 있는데, 즉 주체의 지위는 각자 독립적이고 권리도 상호 관련이 없다. 이러한 상황에서 무형재산권의 소유권자는 비록 주체자격을 상실하였지만 다른 지역에서 동일한 새로운 무형재산권 소유권자가 다수 발생할 수 있어, 즉 각 승계취득주체는 서로 독자적으로 동일한 지식상품에 대하여 동일한 성질의 권리를 향유한다.

무형재산권을 보면, 승계취득은 원시취득보다 더욱 중요한 의의를 갖는다. 상품경제가 갈수록 발달하고 재산권이 점차 사회화되는 오늘날, 소유권은 통상 비소유권의 방식, 예컨대 타물권의 설정 및 채권의 발생을 통하여 행사하고 실현된다. 어떤 학자가 말한 바와 같이, 사회경제생활의 재산적 관계는 정적 상태의 소유권 중심에서 동적 상태의 채권 중심으로 전환하였으며, 소유권은 각종 권리의 전환으로 인하여 기존의 지위를 상실하게 되었다.[150] 무형재산권은 더더욱 그러한데, 무형재산권의 가치는 창작자가 지식상품에 대한 직접적인 지배를 통하여 실현하는 것이 아니라 일련의 "창조-전파-사용"의 과정으로 표현된다. 현대의 정보화사회에서 사회적 분업이 세밀하여, 하나의 작품 또는 발명에 대하여 창작자 본인이 각종 형식으로 모두 사용하는 것은 거의 불가능한 일이므로, 지식상품의 소유권자는 통상 타인의 의사와 행위를 빌려 자신의 이익을 실현한다. 이것이 바로 무형재산권의 승계취득이 소유권 관련 제도와 구별되는 사회적 의의이다.

150) 董开军:《所有权转换现象研究》, 载《法律科学》, 1991(1)。

다. 외국인의 주체자격

민사주체는 국적에 따라 내국인과 외국인으로 나눌 수 있다. 외국인의 민사적 지위에 대하여 고대국가는 불인정주의를 취하였다. 즉 외국인이 내국인의 권리능력을 갖는 것을 인정하지 않았다. 고대로마법에서는 노예로 전락하지 않은 모든 외국인은 비록 자유인의 신분을 갖지만 시민법이 규정한 각종 권리를 행사할 수 없다고 하였다. 자본주의시기 이래, 국제무역이 발전함에 따라 각국은 점차 "상호주의"원칙을 취하고 양국 간의 협약 또는 법률에 근거하여 상대국의 국민은 본국 국민이 상대국에서 향유하는 권리를 갖는다고 상호 인정하였다.[151] 최초로 국내법의 형식으로 외국인의 평등한 민사적 지위를 확립한 것은 1804년의 「프랑스민법전」이다. 이 법전에서는 "만약 본국과 프랑스가 협약을 체결하여 프랑스인이 그 국가의 국내에서 일부 민사적 권리를 갖는 것을 허용한다면 그 외국인 역시 프랑스에서 동등한 민사적 권리를 갖는다."고 규정하였다. 고전 자연법학파의 영향으로 인하여 1829년 「네덜란드민법전」도 평등주의를 채택하여 외국인에 대하여 원칙적으로 내국인과 동등한 대우를 부여하였다. 그 후 각국의 법률은 앞다투어 내국민대우원칙을 인정하였지만 외국인이 향유하는 권리에 대하여서는 약간의 제한을 두었다. 예를 들면 외국인은 토지권, 광산개발권, 어업권을 취득할 수 없으며 본국 국민만 종사할 수 있는 직업을 가질 수 없다. 이것이 바로 제한적인 내국민대우원칙이다.

무형재산권제도는 외국인의 주체자격에 대하여 서로 달리 규정하고 있다. 저작권법의 통상적인 규정에 의하면 외국인이 창작한 작품이 한 국가 내에서 최초 발표된 경우, 해당 국민의 작품과 동등한 보호를 받아야 하며, 해당 국가 내에서 최초 발표하지 않았다면 관련 국가 사이의 양국 협약 또는 공동으로 참가한 국제협약 또는 호혜원칙에 따라 보호를 제공한다. 산업재산권법의 통상적인 규정에 의하면 본국 내에서 장기거주지 또는 영업소가 있는 외국인은 내국인과 동등한 대우를 받게 되고 외국에 있는 외국인은 그 소속국가와 본국이 체결한 쌍방 협약 또는 공동으로 참가한 국제협약 또는 호혜원칙에 따라 처리한다. 이러한 규정은 무형재산권제도는 주로 조건부 내국민대우원칙을 취하며 즉 상기 규정의 경우 중 하나만 해당하더라도 외국인은 내국인과 동등한 권리를 향유할 수 있으며 그 권리의 범위 및 내용

151) 《中国大百科全书》(法学卷), 830页, 北京, 中国大百科全书出版社, 1984。

측면에서도 제한받지 않음을 알 수 있다.

내국민대우원칙은 국제무형재산권제도의 기본적인 원칙이다. 이 원칙은 두 가지 측면의 내용이 포함된다. 하나는 무형재산권의 보호 측면에서 보면 국제협약의 회원국은 반드시 법률상 다른 회원국의 국민들에게 본국 국민이 향유하는 동등한 대우를 부여하여야 한다. 둘째는 비회원국 국민에 대하여 그 작품이 최초로 국제협약의 회원국 국내에서 발표하기만 하면(저작권법) 또는 그 국내에 장기 거주지나 실제로 공상업활동에 종사한 영업소가 있다면(산업재산권법) 해당 국가의 국민과 동등한 대우를 부여한다. 내국민대우원칙은 무형재산권의 지역적 효력에 대한 제한을 타파하여 한 국가에 부여한 권리가 다른 국가에서도 보호받을 수 있도록 하였다. 외국인과 내국인이 동등한 민사적 지위를 갖는 것을 허용하는 것은 내국인이 외국에서의 무형재산권이 침해를 받지 않도록 보호하기 위함과 동시에 외국의 선진적인 기술과 우수한 문화를 도입하기 위해서이다. 따라서 이 원칙은 세계 각국의 인정을 받았다.

관련 국제협약에 의하여 확립한 내국민대우원칙은 "법률 앞에서는 사람은 모두 평등하다."라는 사상의 국제법에서의 실현이며 외국인과 내국인을 모두 국민으로 동화하여 외국인이 선택한, 자신을 보호해 줄 국가에서 그 국가의 국민과 동등한 권리를 향유하는 것이다. 이는 모든 적격한 주체는 본국에서 무형재산권을 향유할 뿐만 아니라 모든 협약 회원국에서도 상응하는 권리를 향유할 수 있음을 표명한다. 내국민대우원칙은 19세기 이래 점차 각국에서 받아들여 현재에 이르러 이미 많은 변화를 거쳤다. 첫째, 내국민대우원칙의 확장이다. 특정협약회원국의 국민이 기타 회원국에서 향유하는 권리는 그가 본국에서 향유하는 권리와 완전히 일치하는 것은 아니므로 권리의 불평등이 발생하였다. 그러므로 국제협약은 각 회원국의 관련 입법이 반드시 협약이 정한 최저기준에 도달할 것을 요구하였다. 이는 내국민대우원칙이 관련 국제협약에서의 확장이다. 둘째, 내국민대우원칙에 대한 제한이다. 우선 이러한 제한은 호혜원칙에 의한 것이며 회원국의 보호수준의 현저한 차이에 대하여 "이익 균형 대등"을 실행하여 일부 측면에서는 내국민대우원칙을 적용하지 않는다. 다음은 회원국이 국제조약에 가입할 시 "유보조항"이 있다. 즉 특정권리 또는 수 개의 권리에 대하여 유보함으로써 이것이 내국민대우원칙의 적용에 영향을 미치게 된다. 이러한 상황은 내국민대우원칙이 어느 정도 도전에 직면하게 됨을 의미한다.[152)]

4. 무형재산권의 객체

무형재산권의 객체는 사람들이 과학, 기술, 문화 등 지식형태의 영역에서 창조한 정신적 상품을 말한다. 이는 물질적 상품(즉 민법적 의미의 유체물)과 병존하는 일종의 민사권리의 객체이다.

가. 무형재산권 객체의 유형

지식상품은 무형재산권의 각종 객체를 개괄한 집합적인 개념이다. 전통적인 교과서에서는 포괄적으로 지식재산권의 보호대상을 지적 창조성 성과라고 표현하였다. 수많은 학자들은 이미 이러한 표현의 부족한 점을 지적하고 지식재산권의 객체는 두 가지로 분류된다고 주장하였다. 한 종류는 지적 성과이고 다른 한 종류는 경영적 표지이다.[153] 이에 한하지 않고 앞서 논한 바와 같이 필자는 지식재산권의 범위보다 넓은 무형재산권의 체계를 확립하여 비물질형태의 정신적 산물로 인하여 발생한 모든 권리를 포함시킬 것을 제안하였다. 이러한 권리체계에 대응하여 우리는 지식상품을 구체적으로 세 가지 유형으로 분류할 수 있다. 첫째, 창조적 성과로, 이에는 작품 및 그 전파매개물, 산업기술이 포함된다. 둘째, 경영적 표지이다. 셋째, 경영적 자본신용이다. 첫 번째 유형은 과학기술 및 문화영역에서 발생하며 둘째 및 셋째 유형은 공상업 경영영역에서 발생한다.

작품 및 그 전파매개물이라 함은 통상적으로 문학예술영역에서 각각 다른 표현형태로 출현하고 또한 창조성을 갖춘 지적 성과(저작권 객체) 그리고 작품을 전파하는 과정에서 발생한 원작작품과 관련된 각종 제품, 물품 또는 기타 전파매개물(인접권 객체)을 말한다. 저작권 객체로서의 작품은 문학작품, 예술작품 및 과학작품으로 개괄하여 분류할 수 있으며 인접권 객체로서의 전파매개물은 주로 예술연출, 녹음녹화제품, 방송프로그램이 포함된다. 이러한 지식상품의 공통적인 특징은 그것들 모

---

152) 국민대우원칙의 연혁은 S · M · Stewart, *International Copyright and Neighbouring Rights*, Butterworth and Copublishers Ltd., 1983; 曹新明:《试析国际著作权公约中的国民待遇原则》, 载《法商研究》, 1995(1)。

153) 刘春田主编:《智慧财产权法教程》, 1页, 北京, 中国人民公安大学出版社, 1995; 吴汉东主编:《智慧财产权法》, 1页, 北京, 北京大学出版社, 1998。

두 문화영역에서의 지식창조성 성과이며 그 성과는 작품창작자의 창작활동 및 전파활동과 관련이 있으며 그것들 모두 창작자의 사상결정체의 객관적인 표현방식이며 문자 또는 기호 형식, 이미지 형식, 녹음녹화 형식 및 기타 관련 사상표현 형식이 포함된다.

산업기술이라 함은 통상적으로 공업, 농업, 상업 등 산업영역에서 물질매체상에 물질화할 수 있는 지식과 기능을 말한다. 이는 과학원리 및 생산의 실무경험에 근거하여 발전하고 형성한 수공예가동방법과 기능이며 이러한 방법 및 기능에 서로 적용할 수 있는 생산도구 및 기타 물질적 시설을 말한다. 산업기술과 과학성과는 서로 다른 개념이다. 과학성과는 인류의 실무경험과 인식에 대한 개괄과 종결이며 자연, 사회 및 사유에 관한 각종 이론지식과 연구성과이다. 과학과 기술 모두 지식형태로 표현되어 사회의 정신적 재산에 속한다. 과학의 기능은 자연계(사회 또는 사유) 및 기술의 가능성에 대한 이해이며 예견성과 깊이를 더 가지는 반면 기술은 직접 생산과정과 연결되고 그 기능은 자연계에 대한 지배와 이용이며 실천성과 응용성을 더 갖는다. 법률적으로 산업기술은 산업재산권을 취득한 각종 특허기술로 표현될 수 있으며 기타 지식재산권을 취득한 기술비밀 및 새로운 지식재산권 즉 산업판권의 보호를 받는 산업상품으로 표현될 수도 있다.

산업표지라 함은 통상적으로 공업, 농업, 상업 등 산업영역에서 제품의 공급원 및 제조업자의 특정인격을 표시하는 식별표지를 말한다. 상표, 상호, 제조지 명칭 등을 포함한 산업표지는 사람들이 일상생활에서 제일 많이 볼 수 있는 표지이다. 이는 표지예술의 일반적인 특징을 갖고 있다.

(1) 표 지 성

산업표지의 주요한 기능은 상품과 상품을 생산한 제조업자를 구별하여 사람들로 하여금 쉽게 식별하고 오인을 방지하기 위함이다.

(2) 홍 보 성

산업표지의 주요한 역할은 공상업거래에서 특정된 상품, 제조업자 또는 제조지를 홍보하는 효과를 실현하는 것이다.

(3) 적 응 성

산업표지는 다양한 장소에서 사용할 수 있고 상품 또는 관련 원자재 위에 표기할 수도 있으며 다양한 홍보매개물의 제작에도 사용될 수 있다.[154] 산업표지는 산업재산권 및 기타 지식재산권의 객체로서 기업의 중요한 무형재산이다.

경영적 자본신용이라 함은 통상적으로 공상업기업이 경영활동 중 가지는 경영자격, 경영우위 및 사회에서 얻은 상업신용과 명예를 말하며, 이에는 특허전문경영자격, 특허거래자격, 신용 및 상업명예 등이 포함된다. 경영적 자본신용의 구성을 보면, 그 내적 요인은 주체의 경영능력이다. 경영능력은 아주 광범위한 개념으로서 경제상황, 생산능력, 제품품질, 시장점유율 등이 포함된다.[155] 이러한 경영능력은 특정주체로 하여금 동종업계의 일반기업보다 이익창출수준이 높은 영리능력을 갖추게 하고 그 외적 요인은 아래 두 가지 측면에서 표현되는데, 특정 단체나 기관이 수여한 자격 또는 사회공중의 평가와 신뢰이다. 이러한 권리객체와 관련된 자격, 능력 또는 신용 및 명예에는 명확한 재산적 이익의 요소도 포함되지만 정신적 이익의 내용도 포함된다. 문학예술작품, 산업기술, 산업표지와 달리, 경영적 자본신용의 재산적 가치는 사람들에 의하여 아직 완전히 인식되지 못하였으며 관련 입법을 통한 보호도 아직 미흡한 점이 많다. 바로 이러한 이유로 인하여 일부 학자는 이러한 객체를 개발 중인 무형재산이라고 부르기도 하였다.[156]

나. 무형재산권 객체의 특징

지식상품은 창작적 성과, 경영적 표지, 경영적 자본신용 등 여러 가지 표현형식을 가지지만 그것들 모두 아래와 같은 기본적인 특징이 있다.

(1) 창 조 성

지식상품은 물질상품과 달리 현존상품의 간단한 반복이 아니라 반드시 창조적이고 혁신적이어야 한다. 창작성은 지식상품이 법적 보호를 받을 수 있는 요건이지만

---

154) 吴汉东主编:《工业产权法的理论与实践》, 6页, 北京, 中国政法大学出版社, 1989。

155) 杨立新:《人身权法论》, 638页, 北京, 中国检察出版社, 1996。

156) 曾世雄:《民法总则之现在与未来》, 137页, 台北, 三民书局, 1993。

통상적인 재산법은 이러한 요건을 필요로 하지 않는다. 여기에서 지식상품의 창작성의 특징을 강조하는 것은 물질상품이 창작성이 없다는 것을 의미하는 것은 아니다. 문제의 관건은 창작성은 지식상품이 무형재산권의 객체로 될 수 있는 요건이지만 물질상품이(유형재산) 소유권의 객체로 될 경우 창작성이라는 요건을 요하지 않는다는 것이다. 어떠한 구체적인 지식상품에 대하여, 창작성 정도에 대한 요구도 각각 다르다. 통상적으로 특허발명에 대한 창작성의 요구가 제일 높아 그는 반드시 해당 기술영역에서 선전적인 과학기술성과이여야 하며 그가 표현하는 기술사상, 기술방안은 반드시 그 영역의 기술로 하여금 질적이고 비약적인 발전을 이루게 하여야 한다. 저작권 작품에 대한 창작성의 요구는 좀 더 낮은 편으로 작품이 반드시 저작자의 창조성 노동의 성과일 것을 요구하지만 모든 작품이 독자적인 구상 및 창작이기만 하면 그 사상내용이 타인의 작품과 동일 또는 유사 여부에 상관없이 모두 독자적으로 저작권을 얻을 수 있다. 상표에 대한 창작성의 요구는 단지 쉽게 식별할 수 있는 정도이기만 하면 된다. 상표는 반드시 현저한 특징을 구비하여 쉽게 식별할 수 있어야 하며 문자, 도형 또는 문자와 도형의 조합이 타인의 상표와 혼동하지 않으면 된다. 이로부터 알 수 있듯이 보호대상에 따라 그 창작성에 대한 요구도 다르다. 서양학자들의 견해에 따르면 특허법에서 발명에 대한 요건은 "기술진보성"(또는 비자명성")이고, 저작권에서 작품에 대한 요건은 "독창성"(또는 "창조성")이지만 상표권에서 상표에 대한 요건은 "식별가능성"(또는 "구별용이성")이다.

(2) 비물질성

지식상품은 물질상품과 달리, 지식형태의 정신적 상품이며 비록 내적인 가치와 사용가치가 있지만 외부적인 형태가 존재하지 않는다. 비물질성은 지식상품이 유형재산소유권 객체와 구별되는 중요한 특징이다. 비물질성이란 지식상품은 일정한 형태(예컨대 고체, 액체, 기체 등)가 없어 일정한 공간을 점하지 않는다. 사람들이 지식상품에 대한 "점유"는 일종의 실제적이고 구체적인 지배가 아니라 그에 대한 인식과 이용이다. 어떠한 물질상품에 대하여 일정한 시간적, 공간적 조건하에서 특정인 또는 특정사회단체가 실제로 점유하거나 사용할 수밖에 없으며 소유권자는 효과적으로 자신의 유형재산을 관리하여 타인의 불법침해를 배제할 수 있다. 그런데 지식상품은 이와 달리 여러 주체에 의하여 동시에 점유될 수 있으며 그들에 의하여 공동으로 사용될 수 있다. 지식상품은 일단 전파되기만 하면 제3자가 불법의 방식으로 "점유"할 수 있다. 지식상품은 비록 비물질적 특징이 있지만 일정한 객관적 형식으로 표현하여 지식상품 창조자 이외의 사람들이 이해하도록 하여야 하며 이러한 객관적인 표현형식은 지식상품에 대하여 지식재산권 보호를 제공하는 조건 중 하나이다. 예를 들면 저작물은 문자저술, 무대연출, 회화, 조각, 녹음녹화상품 등으로 표현되고, 발명창조는 문자서술, 설계도면, 형상구조 등으로 표현되며, 상표는 도안, 색채, 기호, 문자 등으로 표현된다. 이러한 객관적인 형식의 매체는 지식상품에 대한 물질화이다. 반드시 명확하여야 할 것은 지식상품의 표현형식으로서의 매체는 지식상품 자체가 아니라는 것이다. 지식상품은 정신적 상품으로서 그 효능 및 가치에 대하여 상기 매체가 전부 포함하거나 재현하기 어렵다.

(3) 공 개 성

지식상품은 물질상품과 달리, 반드시 사회에 공시 및 공포하여야 하며 공중으로 하여금 이를 알게 하여야 한다. 공개성은 지식상품의 소유권자가 무형재산권을 취득하는 전제조건이다. 반면 민사법률의 일반적인 규정에 따라 유형재산의 소유권자는 이러한 재산에 대한 공개의무를 부담하지 않는다. 각종 무형재산권에서 그 객체는 모두 공개성의 특징을 갖는다. 저작자가 작품을 창조하는 목적 중 하나는 이를 전파하고 또한 전파함으로 인하여 권리를 행사하고 이익을 취득하고자 한다. 발명창작자가 자신의 권리범위를 확정하려면 반드시 특허의 기술내용을 공포하여야 한다. 특허(patent)의 라틴어 "patere"의 본래의 뜻은 "공개" 또는 "열림"의 의미로서, 해당 어원은 특허의 기술내용은 반드시 공개하여야 함을 표현한다. 상표권자는 자신의 상품과 타인의 상품을 식별하기 위하여 자신의 상표표지를 사용한다. "선사용주의"를 시행하는 국가든 "선등록주의"를 시행하는 국가든 모두 상표권을 취득하려면 우선 상표를 사용하거나 우선 상표등록출원을 하여야 하며 이러한 행위는 모두 공개성과 서로 관련이 있다. 일반적으로 무형재산권의 발생조건은 지식상품의 소유권자가 자신의 작품, 발명창조 등을 공포하여 공중으로 하여금 볼 수 있게 하고 그 중의 전문적인 지식을 얻으며, 공중은 그들이 일정한 시기 내에 그 지식상품을 사용하고 제작할 독점적 권리를 갖는 것을 인정하는 것이다. 지식상품은 공개적이지만 누구든지 임의로 사용할 권한이 없으며 그렇지 않으면 권리침해에 해당된다.

"지식은 공개적이나 권리는 독점적이다." 이는 지식상품의 공개성과 지식재산권의 독점성에 대한 생생한 서술이다. 서양법학자는 이러한 현상을 계약관계로 해석하여 이는 국가의 명의로 출현한 사회와 지식상품의 창조자 사이에 체결한 일종의 특수한 계약이며, 창조자는 지식상품을 공개할 의무가 있고 그 대신 일정한 시기의 독점사용권을 갖는다.157) 여기서 지적할 것은 지식상품 형태에 해당하는 기술비밀은 공개성이 없으며 이는 비밀을 통하여 그 독점성을 유지한다. 서양민법 이론에 따르면 특허기술은 법정독점권으로서 보호기간 내에 계속 효력이 발생하지만, 기술비밀은 자연독점권으로서 권리자의 비밀유지 시간에 따라 그 권리의 효력이 결정된다. 대륙법계 국가의 법률제도에서 기술비밀은 전통적인 지식재산권의 보호를 받지 않으며 단지 계약법 또는 침해법의 규율을 받는다. 하지만 기술비밀권은 무형재산권의 본질적인 특징을 갖고 있으며 현대 입법은 기술비밀이 이미 무형재산권의 보호대상에 해당되는 추세를 나타내고 있다.

(4) 사 회 성

지식상품의 사회적 속성은 그의 발생, 사용 및 귀속 등 각 측면의 내용으로부터 표현된다. 지식상품의 발생과정을 보면, 모든 지식상품 특히 창조성 성과는 모두 인류의 지적 노동의 결정체이다. 반복재현성 노동의 물질적 생산과 달리, 정신적 생산은 선인들이 축척한 지식을 노동자료로 하고 추상적인 지식상품을 노동대상으로 하는 생산활동으로서 노동자의 지식보유량과 창조성 사유는 노동과정에서 밀접하게 결합되어 있다.158) 지식상품의 사용으로부터 보면 한 지식상품은 동시에 여러 주체에 의하여 "점유"될 수 있어 다수 사람들이 이용할 수 있다. 인류의 창조성 노동의 동적인 과정에서 사람마다 선인들의 지식정보를 흡수하여 "수익"을 얻고, 후대에게 지식의 영양을 공급하여 "지출"을 하게 된다. 지식상품의 귀속으로 보면 지식상품은 창작자 개인의 정신적 재산이기도 하고, 동시에 사회재산의 일부분이기도 하다. 그러므로 법률은 항상 일정한 시기 내에 창작자 개인에게 독점적 권리를 부여하고 일단 그 보호조건과 기간이 효력을 상실하면 지식상품은 전체 사회의 공동재산으로 되어 전 인류에 의하여 공동으로 사용하게 된다.

---

157) 《国外专利法介绍》(第一册), 12页, 北京, 知识出版社, 1981。

158) 张和生: 《知识经济学》, 69~71页, 沈阳, 辽宁人民出版社, 1992。

제 4 장
무형재산권의 이용

무형재산권의 입법목적은 우선 지식상품의 권리귀속을 확정하여 지식상품 소유권자의 합법적인 권리를 보호하기 위함이며 또한 권리의 이용을 규범화하고 지식상품 가치의 실현과 충분한 이용을 추진하기 위함이다. 무형재산권 이용제도는 지식상품의 창작자, 전파자 및 사용자 사이를 연결하는 법적 연결고리이며 비권리자가 법적 규정 또는 계약의 약정에 따라 타인의 무형재산권을 이용할 수 있는 여러 경우가 포함된다. 무형재산권제도를 통하여 각종 주체의 재산권 거래행위를 규제하며 지식상품의 동적 이용 및 사회재산의 유통을 통한 가치의 증가를 촉진하고자 한다.

1. 무형재산권 이용의 의의

무형재산권의 입법취지는 이원화의 가치목표로 요약할 수 있다. 즉 권리자의 합법적인 이익을 보호하고 지식재산의 충분한 이용을 촉진하고자 한다. 무형재산권의 제도적 규범은 주로 두 가지 요소로 구성된다. 즉 무형재산에 대한 정적 지배와 동적 이용이다. 무형재산권의 이용은 전반적인 비물질재산 영역에서 제일 활동적이고 영향력이 있는 하나의 제도라고 할 수 있다.

효율성은 무형재산권 이용제도를 구축하는 토대이며 무형재산권이 추구하는 입법적 가치목표이기도 하다. 법률가치체계에서 효율성은 정의와 동일하게 법률에 대한 분석과 평가의 기준이 될 수 있다. 요약하여 말하면 법률제도의 취지 중 하나는 그 효율성을 가치기준으로 하며 법률이 최대한의 사회경제효익을 창출할 수 있도록 촉진하는 것이다. 모든 법률제도와 법률활동은 자원에 대한 효과적인 분배와 사용을 통하여 사회재물을 최대한으로 증가하는 것을 목표로 한다. 재산제도에서 어떻게 효율성의 최대화 원칙을 실현할 수 있는가에 대하여 미국학자 포스너(Posner)는 세 가지 조건을 제시하였다. 첫째, 재산권의 보편성; 둘째, 재산권의 배타성; 셋째, 재산권의 양도가능성이다.[159] 포스너의 "원가-수익"분석구조에서 무형재산권은 일반재산권처럼 두 가지 측면의 내용이 포함된다. 즉 타인의 사용을 배제할 수 있는 권리와 재산을 타인에게 양도할 수 있는 권리가 포함된다. 구체적으로 말하면 관련 제도의 설립은 무형재산권에 대하여 배타성을 설정하였으나 이러한 배타성은 단지 무형재산권의 효과적인 사용을 위한 필요한 조건일뿐 충분한 조건은 아니다. 배타성을 토대로 무형재산권의 자유로운 양도를 실현하는 것은 무형재산권의 자원 분배에 대한 효율성을 최대화할 수 있는 충분한 조건이다. 무형재산권의 배타성은 거래를 위하여 필요한, 기초적인 내용이지만 절대적인 내용이 될 수는 없다. 거래원가가 지나치게 높음으로 인하여 거래를 제한할 경우, 법률은 권리에 대하여 강제적으로 분배할 필요성이 있으며 재산권의 배타성을 제한함으로써 일부 권리를 강제적으로 사용자에게 분배하여 효익의 최대화를 실현하는 것이다. 상기 내용을 요약하면, 효율성은 무형재산권제도의 중요한 가치이다. 그 권리의 이용은 무형재산 가치의 실현과 부의 증가를 목표로 하여야 하고 무형재산권 권리자, 사용자의 권리분배를 중심으로 하며 재산권에 대한 보호 및 제한, 구제 및 책임을 기본적인 규칙으로 한다. 이를 토대로 무형재산권 이용의 의의는 주로 아래 몇 가지 방면에서 표현된다.

가. 무형재산권 가치실현의 방식

전통적인 이론은 소유권 내부의 자아만족 및 자아실현에 편중한다. 로마법은 소유권을 "소유물에 대한 완전한 지배권"[160]으로 간주하여 사람이 물에 대한 완전한 지배, 관리 및 통제를 강조하는 것이다. 그러나 상품경제가 갈수록 발달하고 소유권이 점차 사회화되고 있는 오늘날, 소유권 관계는 이미 사람의 물에 대한 단순한 지배관계로부터 외부적으로 소유권자와 비소유권자의 권리의무 관계로 전환되었

159) [美] 波斯纳: 《法律的经济分析》(上), 蒋兆康译, 22~27页, 北京, 中国大百科全书出版社, 1999。
160) 周枏: 《罗马法原论》, 299页, 北京, 商务印书馆, 1994。

다. 소유권의 행사와 이익의 실현은 통상 타물권의 설정 및 채권의 발생 등 비소유권의 방식을 통하여 진행된다. 이로부터 보다시피 사회경제 및 생활의 재산적 관계는 정적 형태의 소유권 중심으로부터 동적 형태의 채권 중심으로 전환함에 따라 소유권이 각종 권리로 전환함으로써 원래의 지위를 상실하였다.[161]

이러한 변혁에 발맞추어, 무형재산권제도는 확립 초기부터 지식상품화를 그 토대로 하였으며 그의 재산적 이익과 사회적 가치의 실현은 권리자의 무형재산자원에 대한 지배로 단순하게 표현되는 것이 아니라 개인의 창작 - 타인에의 전파 - 사회의 이용이라는 일련의 과정이기도 하다. 현대정보사회에서 분업이 더욱 세분화되고 명확해짐에 따라 동일한 주체가 하나의 작품 또는 기술에 대하여 소유권의 지배방식을 통하여 자신이 직접 전파하거나 사용하는 것은 거의 불가능한 일이다. 그러므로 무형재산권자는 통상 타인에의 전파 또는 사용을 통하여 자신의 이익을 실현한다. 이런 경우에만 무형재산권은 법률적 의의가 있을 뿐만 아니라 실제적인 가치도 있다. 다시 말하면 무형재산권의 이익은 타인이 합법적으로 그 권리를 이용함으로 인하여 비로소 실현될 수 있다.

무형재산권 이용의 법적 목적은 재산권 거래를 규범화하고 지식 및 기술의 충분한 이용과 광범위한 전파를 촉진하며 경제학의 공급과 수요의 이론에 의하여 정신적 생산 다시 말하면 지식형태의 자원에 대한 개발의 목적은 교환이며 오직 교환을 거쳐야만 개인은 각종 물품의 최상의 조합을 구성하여 그의 효용 또는 이익을 최대화할 수 있다. 새로운 과학기술의 상품화와 시장화는 과학기술 혁신과정에서 하나의 관건적인 일환이기도 하고 근본적인 목적이기도 하다. 만약 하나의 발명창조가 완성된 후 빠른 시일 내에 이를 실행하지 않으면 새로운 기술에 의하여 대체될 가능성이 있으며 결국에는 경제적 효익이 없는 기술로 전락하게 될 것이다. 특허권자에 대하여 말하면, 과학기술 혁신의 "관건적인 도약"은 특허기술의 성과를 현실적인 생산력으로 전환하는 것이며 그 평가지표는 특허기술의 효과적인 응용법률과 특허기술의 경제성장에 대한 기여도이다. 또한 문화혁신영역에서 저작물의 이용은 복제, 연출, 방송, 전시, 출판, 촬영, 연역 등 각종 방식이 존재하며 저작권자의 이익은 수많은 저작물 이용자의 전파활동을 통하여 실현된다. 저작권 이용의 경제적 의의

161) 董开军,《所有权转换现象研究》, 载《法律科学》, 1991(1)。

는 저작권 작품이 문화시장에서의 점유율과 저작권 산업이 경제발전에 대한 영향력을 평가하는데 있다. 요컨대 무형재산의 동적 이용과 가치의 실현은 무형재산권제도를 창설하는 중요한 목표이다.

나. 무형재산권 거래행위의 수단

전통적인 이론은 소유권의 정적 귀속성과 본체의 완전성에 초점을 두고 있다. 로마법의 "기본적인 출발점은 재산의 귀속문제를 해결하는 것이다."[162] 지배권은 소유권의 핵심과 영혼이며 기타 각종 권능의 분리는 단지 일시적인 분리로서 결국에는 지배권을 기반으로 소유권으로 다시 복귀하게 된다. 또한 "일물일권(一物一權)"이라는 고대의 교훈에 의하여 동일한 물에는 단지 하나의 소유권만 존재한다는 규칙은 재산적 권리의 상대적 확정성을 보장하였지만 재산의 동적 이용현실을 고려하지 않았다.[163] 로마법 이후의 게르만법에서는 소유권을 추상적인 지배권으로 간주하지 않고 게르만인의 단체중심의 사유방식을 토대로 물의 이용형태에 따라 그에 대응하는 권리를 각각 인정함으로써 이용을 중심으로 한 물권체계를 확립하였다.[164] 자산계급혁명이 승리한 후 "로마법의 개인 중심 및 절대적인 소유권 관념은 자유자본주의 발전의 요구에 적합하며 대륙법계 국가는 점차 로마법의 소유권 관념을 받아들이게 되었다."[165]

게르만법은 영미법계 국가의 재산제도에 대하여 깊은 영향을 주었다. 19세기 하반기에 진입한 후 소유권의 절대성과 무제한성은 개인이익과 사회이익 사이의 충돌을 갈수록 심각하게 하였다. 이로 인하여 개인소유권의 관념은 갈수록 미약해지고 사회의 소유권 관념과 개인 및 사회를 조화한 소유권 의식이 등장하였다. 이들은 소유권의 행사는 사회공공이익을 고려해야 한다고 강조하였으며 물의 효용을 충분히 발휘하여 사회복지를 증진할 것을 요구하였다. 현대재산권제도의 입법목적은 권리주체가 재산에 대한 점유 및 지배를 확인하고자 하는 데 있을 뿐만 아니라 재산

---

162) 孟勤国:《中国物权制度的基本构思》, 载杨振山主编:《罗马法 · 中国法与民法法典化》, 北京, 中国政法大学出版社, 1995。

163) 吕来明:《从归属到利用》, 载《法学研究》, 1991(6)。

164) [日] 我妻荣:《物权法》, 3页, 东京, 岩波书店, 1995。

165) 王利明:《物权法论》, 217页, 北京, 中国政法大学出版社, 1998。

의 동적 이용을 촉진하고자 하는 데 있다. 소유권의 이러한 동적 이전을 통하여 일물일권의 제한을 탈피할 수 있으며 각 주체가 동일한 재산에 대하여 각각 특정내용의 권리를 향유하는 목적을 실현할 수 있다.

무형재산권 영역에서 객체에 대한 "가상점유"와 권능의 다양화로 인하여 통상 "일물다권(一物多權)", "일물다주(一物多主)"의 상황이 출현하므로 무형재산권의 이용은 유형재산보다 주체와 권능 방면에서 더욱 풍부하고 다양하다. 우선 지식형태의 상품은 비물질성의 특징을 띠고 있으므로 무형재산권자의 지식상품에 대한 점유는 단지 "실제지배"가 아닌 "가상점유"이다. 또한 지식상품은 반드시 매체라는 매개물을 통하여 이용되어야 한다. 동일한 지식상품은 여러 개의 동일한 또는 부동한 매체를 통하여 물체화할 수 있으며 다수 주체가 동일한 지식상품을 동시에 사용하는 상황이 나타날 수도 있다. 둘째, 각종 무형재산권은 다양한 권능을 갖는다. 어떤 학자는 각종 권리가 내포한 권능의 특징에 따라 그 내용에 대하여 세부적인 분류를 하였다. 예를 들면 특허권을 특허실시권, 사용허가권, 양도권, 표기권 및 기타 권리로 분류하였으며 상표권을 상표전용사용권, 양도권, 사용허가권 및 존속기간 갱신등록권으로 분류하였고 저작권을 저작인격권, 저작재산권 및 기타 권리 등으로 분류하였다.[166] 이와 같이 각 권리가 갖고 있는 권능마다 모두 동일한 주체 또는 다른 주체가 이용할 수 있다. 요약하면 객체에 대한 "가상점유"와 권능의 다양화는 객관적으로 무형재산권의 지배기능을 약화하고 그의 이용기능을 강화할 것을 요구하고 있다. 그러므로 관련 입법의 핵심은 무형재산권자와 각종 재산권 사용자 사이의 관계를 규범화하고 "지적 발명에 동력을 부여하는 효용과 타인이 새로운 유익한 지적상품을 사용하도록 허가하는 사회적 효용은 서로 평형을 이루어야 한다."고 강조하였다.[167]

무형재산권 영역에서 소유자와 사용자의 이익관계를 잘 조율하여 무형재산이라는 자원이 효과적으로 사용될 수 있는 목적을 이루려면 그 핵심은 소유자와 사용자 각자의 권리범위를 확정하고 무형재산권 분배과정에 존재하는 장애를 제거함으로써 재산권 교환으로 인한 대가의 효과를 최대한으로 감소하는 것이다. 무형재산권

166) 蒋言斌、蒋美仕:《论知识产权的权利体系》，载《知识产权》，1997(4)。

167) [美] 迈克尔·D·贝勒斯:《法律的原则——一个规范的分析》，113页，北京，中国大百科全书出版社，1996。

의 거래활동과 관련하여 주요한 제도로는 수권사용허가, 법정사용허가, 강제사용허가 및 공정이용제도가 있다. 그 중 수권사용허가제도의 기능은 사람들의 거래관습에 대하여 통일된 거래규범과 용어를 규정함으로써 당사자가 매 거래 시마다 복잡한 계약조항을 체결하는 문제점을 해결하여 거래원가를 절감하고 당사자가 합의를 이룰 수 있도록 편의를 제공할 수 있다. 법정사용허가와 강제사용허가제도의 기능은 법률규정에 의하여 직접 거래를 함으로써 이는 실제로 국가 차원에서의 "합작게임(博弈)"이며 그 목적은 재산권 거래의 정보원가(누구와 거래하고 어떤 거래를 하며 어떻게 거래하는지를 발견하는 원가)와 협상원가를 절감하여 당사자가 성공적으로 합작하여 거래할 가능성을 크게 증가시켰다.[168] 공정이용은 상기 제도와는 서로 구별되며 자유롭고 무상으로 타인의 지식상품을 사용하는 일종의 경우로서 무형재산에서 차지하는 비율이 아주 적다. 한마디로 말하면 공정이용제도에서 사용자와 권리자의 재산권 거래는 "일대일" 거래가 아니라 사회의 제도적 차원에서 특정권리자와 불특정사용자 사이의 지식형태의 상품분배에 대한 교환행위이다. 요컨대 무형재산권 이용제도는 여러 주체의 이해관계를 조율하고 재산권 거래행위를 규제하기 위하여 제도적 기반을 마련하였다.

다. 무형재산권 효력에 대한 제한방식

전통적인 이론은 통상 소유권 효력의 특징에 대하여 절대성, 배타성, 영속성 등과 같이 추상적으로 개괄하였다. 로마법은 소유권에 대하여 명문으로 법적 정의를 내리지 않았지만 법학자들은 소유권을 물권 중에서 최고의 절대적인 권리로 간주하였다.[169] 1804년 「프랑스민법전」에서는 "소유권은 물에 대하여 절대적이고 무제한으로 사용, 수익 및 처분할 수 있는 권리이다. 다만 법률이 금지하는 사용은 이에 포함되지 않는다."고 규정하면서 소유권의 절대적이고 무제한적인 원칙을 확립하였다. 1896년 「독일민법전」에서는 소유권의 권능은 "법률 및 제3자의 권리를 위반하지 않는 경우에 한하여 물의 소유권자는 자유로 그 물을 처분할 수 있으며 타인의 어떠한 간섭도 배제할 수 있다."고 규정하였다. 보다시피 비록 사유재산 침해불가원칙을

168) [美] 罗伯特 · 考特, 托马斯 · 尤伦:《法和经济学》, 张军等译, 185页, 上海, 上海三联书店, 1994。
169) 丘汉平:《罗马法》, 36页, 上海, 上海会文堂新记书局, 1935。

고수하지만 "신성침해불가", "절대", "무제한"의 용어는 사용하지 않았다. 현대의 각국 민법은 소유권의 관념을 받아들였지만 로마법 및 「프랑스민법전」처럼 소유권을 일종의 절대적인 권리로 보지 않고 사회발전의 필요에 따라 적당하게 제한하고 있다. 이에는 소유권 공간효력에 의한 제한, 소유권 인접관계에 의한 제한, 소유권 행사방식에 의한 제한 등이 포함된다. 상기 제한은 대체로 소유권 효력에 대한 소극적 제한에 해당한다.

무형재산권은 창설 초기 비록 일종의 자연적 권리로 간주되었지만 무제한의 권리로 본 적은 없었다. 심지어 일부 학자는 해당 권리를 "유한한 독점적 권리"로 칭하였다. 무형재산권은 최초에 시간과 지역의 제한을 받았지만 그 후 권리를 행사함에 있어서도 각종 제한을 받았다. 그러나 이러한 제한은 소유권에 대한 제한과 분명 다르다. 소유권 남용금지란 소유권의 행사는 타인의 합법적인 이익을 침해해서는 아니됨을 의미한다. 반면 무형재산권 남용금지란 통상 타인이 합법적인 방식으로 "정당하게" 무형재산권자의 합법적 이익을 공유하는 것을 허락함을 의미한다. 그러므로 유형재산권에 대한 이용은 단지 약정방식으로 표현되지만 무형재산권에 대한 이용은 약정방식 외에 강제사용허가, 공정이용, 법정사용허가 등 법적 사용방식이 존재한다.

무형재산권에 대한 제한은 권리자의 독점적 권리의 행사를 제한하는 것으로서 그 기능은 재산권에 대한 적당한 제한을 통하여 권리자와 사회공중(무형재산사용자와 일반소비자 포함)사이의 이익을 조율하여 사회공중이 지식형태의 자원을 접하고 이용할 기회를 확보하는 것이다. 무형재산권의 특징에 따라 경제학자들은 다음과 같은 역설을 제시한 적이 있다. 정보재산권의 독점성은 한 면으로는 정보의 생산자로 하여금 새로운 정보를 개발하도록 자극할 수 있으며 다른 한 면으로는 정보를 독점한 생산자가 고액의 대가를 요구하여 정보를 사용할 수 없는 상황이 발생할 수도 있다.[170] 이러한 정보경제의 곤경을 해결하는 법률적 경로는 무형재산권에 대한 보호를 토대로 해당 독점적 권리에 대하여 필요한 제한을 실행하는 것이다. 구체적으로 말하면 무형재산권의 범위 및 분배를 기준으로 "독점구역(exclusive zones)" 및 "자유구역(free zones)"으로 구분하는 것이다.[171] 무형재산에서 "독점구역"은 포함된

170) [美] 罗伯特 · 考特, 托马斯 · 尤伦: 《法和经济学》, 张军等译, 185页, 上海, 上海三联书店, 1994。
171) Edward w. Ploman、L. Clark Homilton, *Copyright Intellectual Property In the Information*

범위가 상당히 넓으며 소유자는 이 구역 내의 "독점자"로서 타인이 그 무형재산을 사용하고자 할 경우 동의를 얻어야 하고 또한 보수도 지불(예를 들면 수권사용허가의 경우)하여야 한다. "자유구역"은 무형재산 중에서 차지하는 비율이 아주 적으며 사용자는 이 구역 내의 "자유인"이다. 법적 규정이 있는 조건에서, 타인의 무형재산을 사용할 때 권리자의 동의를 얻을 필요가 없더라도 반드시 보수를 지불(예를 들면 법정사용허가의 경우)하거나 또는 동의를 얻을 필요도 없고 보수를 지불할 필요도 없다(예를 들면 공정이용의 경우). 결론적으로 무형재산권의 사용은 사용자에게는 일종의 권리획득이며 소유자에게는 일종의 권리제한이다.

2. 무형재산권 이용의 법리기초

무형재산의 가치실현은 하나의 창작, 전파 및 사용의 과정이며 무형재산권으로부터 권능의 분리 또는 권능의 이용으로 전환하는 것은 권리자가 재산적 이익을 실현하는 기본적인 경로이다. 이러한 과정은 권리자가 무형재산에 대한 직접적인 사용관계에 국한하지 않고 다수 주체가 무형재산에 대하여 공동의 이용관계를 형성하는 상황이 발생할 수도 있다. 현대 재산권제도의 입법목적은 권리주체가 무형재산에 대한 점유 및 지배를 확인하고자 하는데 있을 뿐만 아니라 무형재산의 동적 이용을 촉진하여 자원의 효용을 최대한으로 발휘하고자 하는 데 있다.

가. 대륙법계의 "권능분리"설

"권능분리"설은 대륙법계의 전통적인 이론이 무형재산권 이용에 대한 민법학적 해설이다. 민법이론에서 "권능분리"설은 최초에 소유권과 기타 물권의 관계를 해석하는데 사용되었다. 즉 소유권은 점유, 사용, 수익 및 처분 등 권능으로 구성되었고 이러한 권능은 일정한 법률사실을 근거로 분리되었으며 타인의 물에 대하여 형성된 이용자의 권리가 곧 타물권이다. 소유권은 이러한 타물권을 발생시키는 "모권(母權)"이며 타물권은 소유권으로부터 발생한 "자권(子權)"이다.[172] 타물권이란 권리의 목

Aage, p.197, Rowtledge and Kegan Pawl Ltd., 1980.

적물을 타인이 소유하는 물권으로서 물권인 소유권으로부터 파생되고 소유권에 종속하는 권리이다. 타물권을 또한 제한물권이라고도 부르며 소유권자가 소유권의 일부 권능을 관련 권리자에게 이전하는 경우를 말한다. 관련 권리자는 소유권으로부터 분리한 권능범위 내에서 이익을 향유하고 권능분리의 법률사실이 소멸될 시 소유권은 원래 상태로 회복하게 된다.[173] 물권법 영역에서 인접관계는 소유권 권능분리의 전형적인 경우이다. 인접관계라 함은 2개 또는 2개 이상의 재산이 서로 인접한 소유권자 또는 사용자가 부동산에 대한 점유, 사용, 수익 및 처분으로 인하여 발생한 권리의무 관계를 말한다. 인접권의 권원은 부동산 소유권에 대한 제한이기도 하고 부동산 사용권에 대한 확장이기도 하다. 사용권에 대한 확장은 법률상 명시 또는 묵시의 방식을 통하여 수권하여 설정할 수 있으며 장기적으로 사용하거나 묵인의 수권방식을 통하여 발생할 수도 있다.[174] 인접관계에 대한 법률규정은 부동산의 "이용"관계를 조율하고자 하는 것이지 부동산 "소유"에 대한 귀속문제를 확정하고자 하는 것이 아니다.

"권능분리"설은 사람들이 소유권 내부구조를 이해하고 소유권과 타물권의 관계를 해석하는 기본적인 분석도구이며 무형재산권 이용에 관한 학설상의 법리기초를 위하여 중요한 시각을 제공하였다. "권능분리"설은 소유권에만 한하지 않고 일반재산권에도 적용된다. 독일학자 라렌츠(Larenz)는 "하나의 간단한 권리에는 서로 다른 권능이 포함될 수 있다. 다만 그 권능이 만약 권리로부터 아직 분리되지 못하여 독자적으로 양도할 수 없을 경우, 그 권능 자체를 '권리'로 간주할 수 없다."고 주장하였다.[175] 대만지역의 학자 쎄밍샤앙(谢铭祥)의 주장에 의하면 지식재산권 허가제도에서 "수권자가 그 권리의 전부를 양수인에게 이전한 것이 아니고 단지 자신이 갖고 있는 권리 중 사용권만 타인에게 행사하도록 하며 수권자 자신은 여전히 지혜재산권자의 지위를 유지함으로써 향후 여전히 완전한 권리자로 회복할 가능성이 있다. 따라서 수권자가 향유하는 권리는 통상 "모권"이 되며 피수권자가 수권에 의

172) 崔建远:《论他物权的母权》, 载《河南省政法管理干部学院学报》, 2006(1)。

173) [德] 沃尔夫:《物权法》, 吴越、李大雪译, 7页, 北京, 法律出版社, 2002。

174) [德] 戴维 · M · 沃克主编:《牛津法律大辞典》, 278页, 北京, 光明日报出版社, 1989。

175) 라렌츠 교수는 "권능분리"학설을 운용하여 소유권, 채권 중의 여러 권능을 타인에게 양도하여 행사하도록 하는 경우를 분석하였다. 参见 [德] 卡尔 · 拉伦茨:《德国民法通论》(上), 王晓晔译, 263~264页, 北京, 法律出版社, 2003。

하여 취득한 사용권은 통상 “자권”이 된다.[176] “권능분리설”에 따르면 무형재산권은 유형재산 소유권과 마찬가지로 사용, 수익 및 처분의 기본적인 권능을 갖고 있다. 객체인 무형재산의 비물질성으로 인하여 그 권능은 자신만의 특징을 갖고 있다.

(1) 유형적 지배로서의 점유가 발생하지 않는다. 무형재산은 물질적 형태를 갖고 있지 않기 때문에 일정한 공간을 점하지 않는다. 사람들의 그에 대한 점유는 일종의 실체적이고 구체적인 점유가 아니라 어떠한 지식, 경험에 대한 인식과 감지이다.

(2) 사용으로 인한 유형적 소모가 발생하지 않는다. 무형재산은 지식형태의 특징을 갖고 있으므로 일정한 시간적, 공간적 조건에서 여러 주체에 의하여 공동으로 사용될 수 있으며 사용으로 인한 유형재산의 소모가 발생하지 않는다.

(3) 무형재산을 소멸하는 사실적 처분이 발생하지 않는다. 무형재산은 그 실물이 멸실되거나 훼손되는 상황이 발생할 수 없으나 법적 보호기간이 만료되었을 경우 전용재산과 사회공공재산의 차이점이 발생하게 된다. 무형재산권의 권능은 그 존재상태로 보면 비록 차이점이 존재하지만 권능분리는 무형재산권을 이용함에 있어서 통상적으로 발생하는 상황이다. 통상 무형재산권에 대한 사용, 수익 및 처분의 권능은 계약상 약정 또는 법적 규정에 근거하여 이를 무형재산권으로부터 분리할 수 있다. 구체적으로 말하면 무형재산권자는 계약의 형식으로 정한 기한 내에 또는 전반적인 권리의 존속기간 내에 모든 재산적 권능을 분리하여 타인에게 행사하도록 함으로써 무형재산에 대한 양도가 이루어진다. 그 외 무형재산권자는 계약의 약정 또는 법적 규정에 근거하여 관련 권능을 분리하여 타인에게 사용하도록 할 수 있으며 이로부터 무형재산권에 대한 수권사용허가, 법정사용허가 및 공정이용 등이 이루어진다. 권능분리의 차원에서 보면, 무형재산권의 양도와 약정사용 및 법정사용의 제일 큰 차이점은 처분권능에 대한 분리 및 유보에 있다.

나. 보통법계의 “권리다발”(a bundle of rights)이론

“권리다발”이론은 보통법계의 전통이론에서 권리의 내부구조에 대한 재산법적 분

176) 谢铭祥:《智慧财产权之基础理论》, 67页, 台北, 翰庐图书出版社有限公司, 2004。

석을 말한다. 본 이론은 유형재산의 기본적인 구성을 해석하는데 적용할 뿐만 아니라 무형재산권의 내부구조와 외적 사용을 설명하는데 더욱 많이 적용되고 있다. 재산에 관한 "권리다발"모델은 미국 법학자 호펠드(Hohfeld)의 권리분석이론을 토대로 설립한 것이다. 권리분석이론에 따르면 권리는 최종적으로 사람과 사람 사이의 법률관계를 표현한 것이며 이러한 법률관계에는 두 가지 개념이 포함된다. 하나는 상호 관련된 개념 즉 권리(좁은 의미), 특권, 권력, 면책과 의무(좁은 의미), 무권력, 책임, 무능력이고 다른 하나는 상호 대립되는 개념 즉 권리(좁은 의미), 특권, 권력, 면책과 무권리, 의무(좁은 의미), 무능력, 책임이다. 호펠드는 주장하기를 모든 권리는 인간과 인간 사이의 법률관계와 관련된 것이며 소유권과 같은 권리는 실질적으로 일련의 좁은 의미의 권리, 특권, 권력 및 면책 등으로 구성된 것이다.[177] 권리, 특권, 권력 및 면책을 "법률이익"(Legal interest)[178]으로 통칭하거나 또는 이러한 일련의 법률이익이 하나의 스틱(bundle of sticks)과 유사한 "권리다발"(bundle of rights)[179]을 구성하였다고 할 수 있다. "권리다발" 분석이론은 보통법계의 재산개념에 대하여 새로운 해석을 하였다. 전통적인 재산관념과 달리, 수많은 사건을 보면 법률에서 말한 재산에는 "물"이 포함되지 않거나 소유자가 물에 대한 지배가 결코 절대적이지 않았다. 이것이 바로 재산의 비물질화 현상이다.[180] 호펠드는 새로운 재산의 개념에 대하여 정확한 정의를 내렸다. 또는 호펠드의 학설은 비물질적 또는 제한받는 재산에 대한 연구에 중요한 용어(근거)를 제공하였다고 할 수 있다.[181] "권리다발"이론은 무형재산의 권리구조를 분해하고 권리변동을 분석하는데 적용된다. 우선, 무형재산권은 수많은 다양한 법률이익으로 구성된 "권리다발"이다. 이는 단순한 권리가 아닌 각종 관계로 구성된 "법률복합체"(Legal complex)이다.[182] 다음, 무형재산권의 이용(양도와 사용 포함)은 "권리다발"의 변동에 불과하다. 이러한 "권리다발"은 고

---

177) 沈宗灵:《对霍菲尔德法律概念学说的比较研究》, 载《中国社会科学》, 1990(1)。

178) [美] 肯尼斯 · 万德维尔德:《19世界的新财产: 现代财产权概念的发展》, 载《社会经济体制比较》, 1995(1)。

179) Doenise R. Johnson, "Reflections on Bundle of Rights", *Vermont Law Review*, Vol.32.

180) [美] 肯尼斯 · 万德维尔德:《19世界的新财产: 现代财产权概念的发展》, 载《社会经济体制比较》, 1995(1)。

181) [美] 肯尼斯 · 万德维尔德:《19世界的新财产: 现代财产权概念的发展》, 载《社会经济体制比较》, 1995(1)。

182) J. E. Penner, "The Bundle of Rights Picture of Property", Ucla L. Rev.; Vol 43(1996).

정되고 정지불변하는 것이 아니라 끊임없이 "분리"(unbundle) 또는 "분산"(disaggregated)될 수 있는 것이다.[183] 상기 권리분석이론으로부터 출발하여 무형재산권의 이용에 대하여 다음과 같이 설명할 수 있다. 권리자의 무형재산권에 대한 권리는 타인에 대한 권리를 의미하며 본인의 허가없이 누구든지 그 무형재산을 이용할 수 없으며 권리자는 무형재산에 대하여 사용 및 처분과 같은 특권을 행사할 수 있다. 또한 권리자는 무형재산을 타인에게 양도하여 그 법률관계를 변동하게 할 권리가 있으며 권리자는 타인이 무형재산을 양도하여 그 법률관계가 변동하는 것을 불허할 수 있는 면책권도 있다.

다. "권능분리"설과 "권리다발"이론의 비교

"권능분리"설과 "권리다발"이론은 두 법계에서 재산권에 관한 서로 다른 해석이지만 그 취지와 원리에는 실질적인 차이점이 없다. 상기 학설, 이론은 재산권 내부의 자아만족 및 자아실현, 그리고 재산권의 정적 귀속 및 주체의 완전성에만 그치지 않고 경제발전에 대한 법률적 규율의 필요성에서 출발하여 재산권의 운용상황을 집중적으로 고찰한 결과 무형재산의 동적 이용에 대하여 각자의 해석을 한 것이다. 여기서 지적하고 싶은 것은 "권능분리"설은 재산권 내부의 권능분류에 초점을 두고 어떠한 재산권이든 모두 점유, 사용, 수익 및 처분으로 설명하는 반면 "권리다발"이론은 법익의 다원화를 강조하여 재산권 유형에 따라 법률이익의 내용도 다르다는 것이다.

3. 무형재산권 이용의 대상

무형재산권 이용대상이 지식형태의 상품인지 아니면 권리 자체인지는 무형재산권 이용제도에서 줄곧 하나의 곤혹스러운 문제이다. 현재 무형재산권에 관한 법률은 통상 직접적이고 구체적인 형식으로 타인이 지식형태의 상품에 대한 이용문제를 규정하였다. 즉 주체가 객체를 지배하는 입법적 용어를 사용하였다. 이러한 입법기

183) [美] 约瑟夫 · 威廉 · 辛格:《财产法概论》(英文版), 2页, 北京, 中信出版社, 2003。

술은 학계에도 광범위한 영향력을 행사하여 현재 출판한 절대다수의 교재와 저서에서는 무형재산권 이용을 모두 저작물의 이용, 특허기술의 이용, 상표의 이용, 영업비밀의 이용 등으로 표현하고 있다. 물론 입법자가 취한 이러한 표현방식이 직접적이고 실행용이한 특징이 있지만 무형재산권 법률제도의 규율대상을 출발점으로 고찰할 때 지식형태 상품의 이용과 무형재산권의 이용은 현저한 차이점이 존재하여 양자를 동일시하거나 상호 대체하는 것은 절대 불가능하다는 것을 쉽게 발견할 수 있다. 이 문제에 대한 연구는 법학 이론의 과학적인 진술과도 관련될 뿐만 아니라 법률규범의 정확한 적용과도 관련이 있으므로 의의가 있다.

가. 사람과 사람의 관계 vs 사람과 물의 관계

지식상품에 기한 무형재산권 이용관계는 사람과 사람 사이의 관계이지 사람과 물의 관계가 아니다. 마르크스는 프루동(Proudhon)의 재산권에 관한 사회관을 논할 때 지적하기를 "실물은 사람을 위한 존재이며 사람의 실물로 존재하며 동시에 사람은 타인의 정재(定在)이고 그가 타인에 대한 사람의 관계이며 사람의 사람에 대한 사회관계이다."고 하였다.184) 마르크스의 상기 지적은 소유권의 본질은 사람의 물에 대한 관계가 아니라 사람과 사람 사이의 사회관계임을 밝혔다. 일본학자 와가쯔마 사가에(我妻榮)는 자본주의사회의 각종 재산의 기능을 고찰한 후 지적하기를 자본주의 경제구조에서 소유권의 역할은 이미 그 물질적 객체를 이용하고자 하는 것이 아니라 이를 자본으로 이용하여 이익을 획득하고자 하는 것이다. 즉 "소유권의 역할은 물에 대한 지배가 아니라 사람에 대한 지배이다."185) 따라서 각종 채권계약과 서로 결부하여 사람과 사람 사이의 지배관계를 형성하게 된다. 무형재산권의 이용관계도 동일한 속성을 갖고 있다. 사람과 지식상품 사이의 이용관계는 단지 일종의 표상일 뿐 그 배후에는 지식형태 상품의 창작자와 그의 전파자 및 사용자 사이의 사회관계가 숨겨져 있다. 그리하여 우리는 무형재산권제도를 단순히 "인간-지식상품"의 관계로 설정하여 연구할 것이 아니라 무형재산권제도의 본질을 정확하게 파악하여야 한다.

184) 《马克思恩格斯全集》, 第2卷, 52页, 北京, 人民出版社, 1957。
185) [日] 我妻荣:《债权在近代法中的优越地位》, 8页, 北京, 中国政法大学出版社, 1999。

나. 지식상품의 사용 및 재산권의 이용

지식상품의 사용과 무형재산권의 이용은 자연적인 불가분의 연관성이 존재한다. 지식형태의 상품은 일종의 무형재산으로서 사람들은 지식상품에 대하여 유형재산과 마찬가지로 "기능적 사용"을 할 수 있다. 예를 들면 산문 낭독, 시가 가창, 상표를 상품에 부착, 특허기술로 제조한 기계 등이 있다. 상기 상품의 사용과정은 재산권 소유자가 지식상품 자체의 특징과 사용가치에 근거하여 사용하는 것이며 통상 타인의 협조가 필요없으므로 이는 일종의 무형재산권에 대한 자아실현과 자아만족의 과정이라고 할 수 있다. 이러한 과정에서 우리는 한 가지 사실을 간과해서는 아니된다. 즉 지식형태의 상품은 통상 반드시 일정한 매체 위에 물질화되어야만 사용할 수 있다는 사실이다. 그러나 이러한 지식상품을 일정한 매체에 물질화하는 과정 또한 하나의 "스릴있는 점프"의 과정이다. 그 원인은 타인이 매체에 대한 약탈을 통하여 지적성과를 탈취할 가능성이 있으며 지식상품의 창작자에게 무소유의 결과를 초래할 수 있다. 하지만 전통적인 민법에 따르면 물의 대상은 반드시 인력으로 지배가능하여야 하며[186] 인력으로 지배불가한 물은 물리적인 물일 뿐 법률상의 물이 될 수 없다. 지식형태의 상품도 예외가 아니다. 지식상품의 매체는 통제가능성으로 인하여 소유권의 객체가 될 수 있지만 지식상품의 비물질성으로 인한 통제불가능성은 지식상품으로 하여금 직접 거래대상이 될 수 없도록 하였다.

지식형태 상품의 창작목적 역시 사회에 서비스를 제공하고 인류에 복지를 제공하는 것이므로 반드시 법률상 지식상품의 거래가 성사될 수 있도록 하는 교량을 모색하여야 한다. 이러한 필요성에 의하여 "무형재산권"이라는 제도가 탄생하였다. 일찍 중세기 유럽에서 봉건군주는 봉건특별허가의 방식을 통하여 지식상품의 창작자에게 전용권을 부여하였다. 그 후 자본주의사회의 연혁을 거쳐 이러한 전용적 특허권은 점차 법률이 보호하는 특허권, 저작권, 상표권 등 무형재산권으로 발전하였다. 무형재산권제도의 확립은 지식상품의 창작자로 하여금 무형재산권에 대한 지배를 통하여 지식상품을 이용하도록 하게 하며 지식상품에 대한 타인의 불법사용을 배제함으로써 무형재산권이 결국에는 거래대상이 되게 하였다. 그러므로 필자는 무형재산권만이 비로소 거래의 가치가 있다고 본다.

---

186) 梁慧星:《民法总论》, 81页, 北京, 法律出版社, 1996。

무형재산권이 거래대상으로 발전한 것은 아주 중요한 의의가 있다. 지식상품 매체물의 거래와 무형재산권의 거래는 확연히 다르다. 지식상품 매체물의 거래는 동산소유권의 이전과 관련이 있으나 무형재산권의 거래는 무형재산권의 각종 권능의 이용과 관련이 있다. 예를 들면, 특허상품의 판매는 상품소유권의 이전을 의미한다. 만약 해당 특허상품이 최초 판매라면 특허권 중의 판매권의 이전과 관련이 있다. 무형재산권자는 비록 지식상품을 전파하는 과정에서 어려움에 직면하게 되지만 무형재산권의 행사를 통하여 지식상품의 매체물을 지배하게 된다. 예컨대 상기 예를 보면, 무형재산권자는 특허권 중의 "최초 판매권"에 대한 행사를 통하여 특허상품의 판매를 통제할 수 있다. 이러한 의미에서 보면, 구매자가 특허상품 중의 기술성과를 사용할 시 특허기술성과의 사용과 관련이 있으며 이러한 사용은 특허권의 행사와도 불가분의 관련성이 있다. 그러므로 지식상품의 이용은 실제로 무형재산권의 행사와 밀접한 관련이 있다. 그 외 지식상품의 이용과 무형재산권의 이용은 동일한 의미가 아니다. 사용자는 지식상품의 성질과 용도에 따라 그에 대하여 "기능성 사용"(예를 들면 상호를 간판에 사용하거나 노래를 열창하거나 특허기술을 사용한 생산제품 등)을 하게 되는데 이는 어떠한 법적 결과를 야기하게 될 수도 있고 아닐 수도 있다. 당사자가 지식상품을 어떻게 사용하는가에 대하여서는 법률은 통상 고려하지 않는다. 반면 무형재산권의 이용은 통상 무형재산권자와 사회공중 사이의 관계와 관련이 있으며 상기 주체 사이의 권리의무 관계는 당연히 법률이 규율하는 범위 내에 포함된다.

다. 무형재산권 이용대상: 권리 자체

지식상품이 모두 재산적 의의를 갖는 것은 아니고 무형재산권만이 재산적 의의를 갖는다. 역사전통, 경제 및 문화 여러 요소들의 영향으로 인하여 지식상품은 "공유영역", "배제영역" 및 "전용영역" 등 여러 영역으로 구분된다. 전자의 두 영역은 이미 전 사회의 공동적인 재산으로 되어 누구든지 자유로 사용할 수 있으나 "전용영역"의 지식상품에 대한 사용이야말로 무형재산권자의 권리와 서로 연관성이 있으며 그 사용은 비로소 법률적 의의를 갖는다. 그러므로 모든 지식상품이 재산적 의의를 갖는 것이 아니라 지식상품 위에 설정한 법적 보호를 받는 무형재산권만 타인의 사용대상이 될 수 있으며 비로소 재산적 의의를 갖는다.

요약하여 말하면, 무형재산권 이용대상은 지식형태 상품이 아닌 재산적 권리 자체이다. 권리자가 사용허가, 양도 및 질권설정 등 방식을 통하여 무형재산권의 전부 또는 일부를 양수인에게 이전할 때 양수인은 무형재산권의 전부 또는 일부 권능을 취득할 수 있으며 양수인은 지식상품의 특징에 따라 "기능성 사용"을 할 수 있다.

4. 무형재산권 이용의 유형

가. 약정사용 및 법정사용의 차이점

무형재산권의 이용은 두 가지 유형으로 나눈다. 하나는 계약의 약정에 의한 이용이고 다른 하나는 법률의 규정에 의한 이용이다. 약정사용과 법정사용 모두 재산권을 이용하는 일종의 방식이지만 둘 사이에는 현저한 차이점이 존재한다.

(1) 적용범위가 다르다.

약정사용은 재산권 이용의 보편적인 방식인 반면 법정사용은 재산권 이용의 특수한 방식이다. 유형재산 소유권과 무형재산 소유권 모두 절대권에 해당하며 별도의 법률규정이 있는 경우를 제외하고는 누구든지 타인의 재산을 함부로 사용할 수 없다. 권리자는 그 재산에 대하여 자주지배권을 갖고 있으며 약정을 통하여 타인에게 그 재산을 사용할 수 있도록 허락할 수 있다. 의사자치원칙에 의하면 재산에 대한 자주권은 곧 계약의 자유를 의미하며 약정의 방식으로 재산을 이용하게 함으로써 재산소유자와 사용자의 의사자유를 충분히 존중하고 재산권리자의 정당한 권익을 보호하며 재산의 효과적이고 합리적인 이용을 추진할 수 있다. 그러므로 유형재산 소유권에서든 무형재산소유권에서든 약정사용은 모두 하나의 보편적으로 적용하는 제도이다. 반면 법정사용은 단지 재산권 이용의 일종의 예외적인 경우이다. 법률상 소유권에 대하여 법정사용을 규정하는 경우는 매우 드물다. 비록 소유권의 행사는 상린관계, 국가징수, 환경보호 등의 제한을 어느 정도 받지만 통상 소유권자의 부작위 형태로 표현될 뿐 사용자의 특정물권에 대한 제한이 아니다. 중국의 일부 학자들은 상린권은 부동산물권에 해당되므로 법적 규정에 따라 직접 발생한 것이라고 주장하였다.[187] 하지만 다수 학자들은 지역권은 인접소유권자와 사용자의 약정을 거쳐 발생한 일종의 독자적인 물권이지만 상린권은 법률상 직접 규정한 권리이며 상린권은 소유권에 대한 제한 및 확장이므로 일종의 독자적인 물권이 아닌 소유권의 내용이라고 주장하였다.[188] 이로부터 보다시피 유형재산권에 대한 법정사용의 경우는 극히 제한적이며 그에 대응하는 물권형태가 발생하지 않을 수도 있다. 그러나 무형재산권은 이와 달리, 법정사용은 무형재산권의 효력행사에 대한 제한이기도 하고 약정사용의 필요적 보완방식이기도 하다. 이러한 법정사용방식을 통하여 사회공중이 무형재산권을 이용할 수 있게 되었다. 이러한 이용은 기본적으로 권리의 세 가지 요소를 구비하고 있다. 즉 이익, 자유 및 의지 세 가지 요소이다. 우리는 사용자가 법에 따라 타인의 지식형태의 상품을 사용함으로 인하여 갖는 권익을 "사용자권"으로 부를 수 있다.[189] 비록 무형재산권의 법정사용의 경우가 비교적 제한적이긴 하지만 소유권의 법정사용과 비교할 시 그 범위는 훨씬 광범위하다.

(2) 의사자치의 정도가 다르다.

약정사용에서 적용대상, 범위, 기한, 장소 등 조건은 모두 당사자가 자유롭게 약정하며 법률은 이에 간섭하지 않는다. 하지만 법정사용에서의 의사표시는 단지 제한적인 범위 내에서만 당사자에게 효력이 발생한다. 예를 들면, 법정사용허가에서의 "수권"은 비록 법률상 직접 규정하고 있지만 사용자는 여전히 대가를 지불하여야 하며 대가의 지불금액, 방식, 시간 등은 여전히 당사자의 "의사결정"이 필요하다. 강제사용허가에서의 "수권"은 주관부서의 비준에 따른 것이지만 보수지불에 관한 조항은 여전히 당사자가 약정하여야 한다. 그 외 공정이용에 있어 의사표시는 단지 개별적인 상황에서만 효력을 갖는다.[190] 그 원인은 법정사용은 국가주관기관의 무형재산권에 대한 일종의 제한이며 그 제한이 타당한 지 여부는 무형재산권 소유자의 이익과 직접적인 관련이 있기 때문이다. 그러므로 무형재산권자에게 불필요한 손해를 초래하는 것을 피하기 위하여 법률은 반드시 법정사용의 요건, 방식, 지역

---

187) 张俊浩主编:《民法学原理》, 476页, 北京, 中国政法大学出版社, 1991。

188) 佘能斌、马俊驹主编:《现代民法学》, 645页, 武汉, 武汉大学出版社, 1995; 王利明:《物权法论》, 420页, 北京, 中国政法大学出版社, 1998。

189) 吴汉东:《著作权合理使用制度研究》, 135页, 北京, 中国政法大学出版社, 1996。

190) 예외경우에는 저작권자가 사전 성명의 방식으로 타인이 정치, 경제, 종교문제에 관한 시사성 문장을 복제 또는 재방송하는 것을 금지하거나 타인이 그가 공중모임에서 발표한 연설을 게재 또는 방송하는 것을 금지하는 경우가 포함된다.

및 기한을 구체적으로 자세하게 규정하여야 한다.

(3) 주체가 다르다.

약정사용에서 수권자는 무형재산소유권자이고 사용자는 무형재산권자의 동의를 얻은 자이다. 법정사용에서는 무형재산권자의 수권이 존재하지 않으며 사용자는 법률에서 규정한 조건을 구비한 모든 불특정 다수인이다. 예를 들면 공정이용 및 법정사용허가의 주체는 모두 불특정 다수인이고 강제사용허가의 주체는 무형재산권 주관부서에 신청하여 강제사용허가증을 취득한 자이며 그 범위가 좀 좁다. 이로부터 알다시피 유형재산권은 통상 특정한 소수인의 이익과 관련이 있으므로 약정사용을 위주로 하고, 무형재산권은 통상 사회공중이익과 밀접한 관련이 있으므로 이에 대하여 일정한 제한을 두면서 입법상 약정사용과 법정사용을 병존하여 규정하고 있다. 그 외, 지식형태 상품의 무형적 특성으로 인하여 불특정 다수인이 이를 동시에 공동으로 사용할 수 있고, 이러한 특성으로 인해 법정사용이 실무에서 적용될 수 있게 되었다.

나. 약정사용의 주요 종류

계약의 약정에 의한 이용은 주로 아래 몇 가지 경우가 있다.

(1) 양 도

무형재산소유권자가 재산권의 전부 또는 일부를 양수인에게 양도하여 양수인이 그 전부 또는 일부 재산권의 새로운 소유자가 되는 법률행위를 말한다. 무형재산권의 양도가능성을 인정하는 것은 각국 입법의 통상적인 관례이며 단지 저작권 양도의 입법례에서 예외가 존재한다.[191] 무형재산권의 양도는 내용적으로 전부 양도와 일부 양도로 나눌 수 있다. 전부 양도라 함은 무형재산권자가 그 재산권을 전부 양수인에게 양도하여 양수인이 기존 권리자를 대신하여 무형재산 이용에 대한 각종 전유권(專有權)을 행사하는 것을 말한다. 일부 양도라 함은 무형재산권자는 그 재산

191) 독일저작권법은 “일원론”의 관점에서 출발하여, 저작인격권과 저작재산권은 불가분적이며 저작인격권은 양도불가하므로 저작재산권도 단독으로 양도할 수 없다고 주장하였다.

권의 일부를 양수인에게 양도하고 자신이 기타 무형재산 이용에 대한 권리를 유보하는 것을 말한다. 무형재산권의 양도는 시간적으로 무기한 양도와 유기한 양도로 나눌 수 있다. 무기한 양도라 함은 무형재산권의 유효기간 내에 무형재산의 재산권을 타인에게 양도하여 양수인은 이러한 권리를 무형재산권 보호기간이 종료될 때까지 행사할 수 있음을 말한다. 유기한 양도라 함은 무형재산권 보호기간 내의 약정기간 동안 재산권을 양도하는 것으로, 양수인의 전유권(專有權)은 약정기간이 만기함으로써 종료되며, 만기 후 원래의 무형재산권자에게 귀속되는 것을 말한다.

무형재산권의 양도를 허용하는 국가에서는 통상 자유양도원칙을 취하며 무형재산권은 전부 양도 및 일부 양도 모두 가능하다. 무형재산권은 통상 양도의 대상이 될 수 있지만, 일부 권리는 양도의 객체로 타당하지 않거나 양도 시 제한을 받는다. 구체적으로 다음과 같다. 1) 상표권의 양도를 보면, 각국 상표법은 통상적으로 유사상품에 동일한 상표를 사용할 경우 반드시 해당 등록상표가 당해 상품에서의 전용권(專用權)을 개별적 양도가 아닌 전부 양도하도록 규정하고 있으며, 연합상표 또한 분리하여 양도해서는 아니된다. 상표를 양도할 시 해당 상표를 사용하는 기업도 같이 양도하여야 하는지 여부에 관하여 각국 입법은 서로 달리 규정하고 있다. 일부 국가의 경우, 동시양도원칙을 취하여 상표권은 단독으로 양도할 수 없으며 반드시 기업과 함께 양도하여야 한다고 하였다. 이러한 관점을 취한 나라로는 미국, 스위스, 독일 등이 있다. 이 원칙의 목적은 상표의 양도로 인하여 상품출처에 대한 혼동과 소비자의 오인을 방지하고자 하는데 있다. 다른 하나는 자유양도원칙을 취하여 상표권은 해당 기업과 동시에 양도할 수도 있고 단독으로 양도할 수도 있다. 현재 세계 다수 국가는 이러한 관점을 취하고 있다. 상표권의 자유양도를 주장하는 것은 해당 상표를 사용한 상품의 품질을 중심으로 고려한 것으로서, 상품품질과 상표가 일치하기만 하면 설령 해당 상표가 기업과 분리되어 양도하더라도 소비자의 이익에 손해를 미치지 않기 때문이다. 이 원칙을 취한 국가는 상표권의 양수인이 상품품질과 상표가 서로 일치됨을 보증할 것을 강조하며 중국도 실무에서 이 원칙을 취하고 있다. 단체상표 및 증명상표에 대하여서는 그 주체와 성질의 특수성을 고려하여 통상 양도를 허용하지 아니한다. 2) 지리적표시권의 양도를 보면, 지리적표시는 특정지역과 서로 연관이 있으며, 현지 특정상품의 품질의 상징이기도 하다. 그러므로 지리적표시권은 특정지역의 특정상품을 생산경영하는 주민들만이 공유하는 것으로서 타인에게 양도할 수 없다. 3) 기업명칭권 및 상업명예권의 양도를 보면, 기업명칭은 특정기업의 인격과 서로 연관이 있으므로 기업명칭권은 인격적 내용도 있고 재산적 내용도 있다.[192] 기업명칭권의 양도에 관하여 두 가지 견해가 있다. 절대양도주의는 명칭은 반드시 기업과 동시에 양도하거나 기업이 종료 시 양도하여야 한다는 입장이다. 반면, 상대양도주의는 명칭은 기업과 분리하여 단독으로 양도할 수 있다는 입장이다.[193] 필자는 절대양도주의는 사회경제질서를 유지하고 소비자의 합법적 이익을 보호하며 시장의 혼란을 피할 수 있으므로 중국은 절대양도주의를 취하여야 한다고 본다. 상업명예권은 기업의 인격과 불가분의 관계이므로 기업과 동시에 양도할 수밖에 없다. 4) 저작권의 양도를 보면, 저작권의 양도가능 여부는 각국의 입법과 실무에서 아주 큰 차이점을 보이고 있다. 구소련과 동유럽 국가의 저작권법은 저작자가 저작권을 갖고 있어야만 그 이익을 충분히 보호할 수 있다고 생각하여 저작권의 양도를 허용하지 않았다. 그 후 러시아연방은 1993년 저작권법을 수정하여 양도를 금지하지 않았다. 영국, 프랑스, 일본, 미국 등 세계 절대다수 국가의 저작권법은 저작권자가 저작권을 자유로 양도하는 것을 허용하고 있다. 다만, 튀니지 등 일부 국가는 일부 양도만 허용하고 전부 양도를 금지하고 있다. 현재 중국의 실무에서는 저작권의 양도를 허용하지만 저작자의 이익을 보호하기 위하여 "저작권의 매절"을 적극 격려하지는 않는다.

(2) 수권사용

수권사용을 사용허가라고도 부르며 무형재산권자가 그 재산권의 전부 또는 일부 권능을 타인이 사용하도록 허가하는 법률행위를 말한다. 그 성질을 보면 수권사용은 일종의 권리를 설정하는 의사표시행위로서 수권사용행위는 당사자의 의사표시 내용에 따라 효력이 발생한다. 법률이 수권사용행위의 효력을 인정하는 것은 허가자와 피허가자 사이에 효력 관련 의사표시가 있기 때문이다. 수권사용이라는 법률행위는 통상 사용허락계약으로 표현되며, 무형재산권자는 사용허락계약을 통하여 재산권 중의 한 개 또는 여러 개의 내용을 타인에게 사용하도록 허락함과 동시에 피허가자로부터 일정한 금액의 무형재산권 사용료를 수취한다. 이러한 경우를 허가

192) 王利明主编:《人格权法新论》, 346页, 长春, 吉林人民出版社, 1994。
193) 杨立新:《人身权法论》, 452页, 北京, 中国检察出版社, 1996。

증 무역이라고도 부른다. 수권사용은 무형재산권 사용제도에서 흔히 나타나는 방식이며 무형재산권자가 그 재산적 이익을 실현하는 중요한 방식이기도 하다.

무형재산권의 권능은 아주 다양하므로 무형재산권의 사용허락방식 또한 다양하고 풍부하다. 저작권을 예로 들면, 복제권, 출판권, 공연권, 수정권 등 권능은 전통적인 저작권의 내용을 구성하고 있다. 그리고 신기술혁신의 추진 하에 저작재산권의 내용은 갈수록 풍성해지고 있다. 방송권, 녹화권, 임대권, 탑재권 등 새로운 권능도 끊임없이 나타나며, 매 하나의 이익 또는 권리는 또 다른 교육과 예능산업의 부흥을 야기한다.[194] 그러므로 무형재산권자는 주관적 의지에 따라 일부 또는 전부 권능을 자유롭게 선택하여 타인에게 사용하도록 허가할 수 있으며 사용지역 및 사용기한을 약정할 수 있다.

무형재산권은 여러 주체가 동시에 사용할 수 있음으로 인하여 무형재산권의 사용허가는 사용의 주체에 따라 독점사용허락, 단독사용허락 및 보통사용허락으로 나눌 수 있다. 독점사용허락이라 함은 무형재산권자가 타인에게 일정한 기간과 범위 내에서 특정방식으로 그 사용을 독점하도록 수권하는 경우를 말한다. 단독사용허락이라 함은 피허가자가 약정한 기간과 범위 내에서 지식상품을 사용할 수 있고 또한 무형재산권자 본인도 사용할 수 있는 경우를 말한다. 보통사용허락이라 함은 무형재산권자는 둘 이상의 주체가 지식상품을 사용할 수 있도록 허락할 수 있으며 본인 또한 사용할 수 있는 경우를 말한다. 효력의 강약으로부터 보면, 독점사용허락계약을 전용사용허락계약이라고도 부르고 후자 모두 비전용사용계약이라고 한다. 비전용과 전용사용허락계약은 효력상 실질적인 차이점이 존재한다. 비전용사용허락계약은 일반채권계약의 특징을 갖고 있어, 피허가자가 허가자로부터 얻은 사용권은 단지 상대권에 불과하므로 계약은 당사자 사이에서만 효력이 발생할 뿐 제3자에 대항할 수 없다. 동일한 지식상품에 대하여 여러 사용권을 설정한 경우, 각 사용권 사이에 배타성이 없다. 만약 제3자가 사용권을 침해할 경우, 피허가자는 단독으로 소송할 수 없으며 단지 무형재산권자를 협조하여 제3자의 법적 책임을 추궁할 수밖에 없다.[195] 독점사용허락의 효력은 이와 현저히 다르다. 피허가자는 유일한 사용주체로서 약정한 기간과 범위 내에서 타인이 동일한 지식상품을 사용하는 것을 배

194) 段瑞林:《知识产权法概论》, 28页, 北京, 光明日报出版社, 1988。
195) 刘春茂主编:《中国民法学知识产权》, 478页, 北京, 中国人民公安大学出版社, 1997。

제할 수 있으며 허가자의 사용까지도 배제할 수 있다. 피허가자의 해당 권리는 약정한 기간과 지역 내에서 배타적 효력이 발생한다. 이로써 기존의 채권적 성질의 사용수익권은 일종의 특별한 채권으로 전환하게 된다. 즉 물권만이 행사할 수 있는 효력을 갖게 된다. 민법학자들은 통상 유형재산영역에서 발생한 이러한 변화를 "채권의 물권화"라고 부른다. 이에 대응하여 일부 지식재산권을 연구하는 학자들은 이러한 현상을 "준사용수익권설정계약"이라고 부른다.[196] 독점사용권의 물권화에 따라 그 효력도 물권의 여러 특징을 나타내고 있다. 첫째, 우선권 효력이다. 즉 동일한 지식상품에 여러 권익이 서로 모순되고 충돌되는 권리가 존재할 경우, 비교적 강한 효력의 권리는 약한 효력의 권리를 배제하거나 그보다 우선시될 수 있다. 이는 독점사용권은 일반사용허가권을 배제할 수 있을 뿐만 아니라 그 후설정한 동일한 내용의 권리를 배제할 수도 있고 무형재산권자의 사용도 배제할 수 있음을 의미한다. 둘째, 물상청구권의 효력과 유사하다. 물상청구권이란 "물권의 원만한 상태가 방해를 받거나 방해받을 위험이 있을 경우, 물권자는 그 물권이 원만한 상태로 회복하기 위하여 방해자로 하여금 일정한 행위를 행하거나 행하지 않을 것을 요구할 수 있는 권리를 말한다."[197] 독점사용권은 이와 유사한 효력을 갖고 있으며, 제3자가 관련 사용권을 침해할 시 중국 다수 학자들은 사용을 허락받은 자는 사용허락계약에 근거하여 자신의 명의로 침해자에게 소송을 제기할 수 있다고 주장하였다.[198] 그 외 사용허락계약을 체결한 후 무형재산권자는 임의로 그 전유권(專有權)을 포기하거나 처분하여 사용을 허락받은 자의 이익에 손해를 초래해서는 아니된다. 상기 경우로부터 보다시피 사용을 허락받은 자가 획득한 이러한 권리는 물권과 유사한 효력이 발생하며 일정한 정도에서 무형재산권자 및 제3자의 불법간섭을 배제할 수 있다. 독점사용허락권은 일종의 배타적 효력을 갖지만 무형재산권의 양도와는 여전히 구별된다. 독점허락을 얻은 사용권자는 해당 권리를 제3자에게 재허락할 권리가 없으며, 권리의 최종 처분권은 여전히 무형재산권자가 갖는다. 그러므로 만약 사용자가 제3자에게 동일한 권리를 행사하도록 허락하고자 하면 반드시 무형재산권자의 동의를 얻어

196) 刘波林:《作品使用授权合同刍议》, 载《著作权》, 1995(1)。

197) 梁慧星、陈华彬编著:《物权法》, 63页, 北京, 法律出版社, 1997。

198) 郑成思主编:《知识产权法教程》, 73页, 北京, 法律出版社, 1993; 刘春田主编:《知识产权法教程》, 93页, 北京, 法律出版社, 1995。

야 한다.

피허락자가 일반채권 성질의 상대권을 취득하든 특별채권의 "준물권"을 취득하든, 특정한 경우에는 모두 절대권인 무형재산권에 대항할 수 있다. 실무에서 종종 이러한 문제에 직면하게 된다. 무형재산권을 이미 타인에게 사용하도록 허락한 후 무형재산권자가 이를 양도하고자 할 경우 피허락자는 그 양도를 저지할 수 있는지 여부이다. 이 문제에 대하여 중국의 현행입법에서는 명확히 규정하고 있지 않다. 학계의 대다수 학자들은 상표권의 양도를 논할 시 양도자는 반드시 피허락자의 동의를 얻거나 피허락자와의 계약을 우선 해제하거나 협상을 거쳐 피허락자가 계속 사용할 수 있도록 하여야 한다고 주장하였다.[199] 즉 피허락자는 양도계약의 효력을 부인할 권리가 있다는 것이다. 어떤 학자는 상표권자가 피허락자의 동의를 거치지 않고 임의로 등록상표를 양도할 시 이는 계약위반행위에 해당하며 상표국은 피허락자의 합법적인 권익을 보호하는 차원에서 해당 상표의 양도를 비준하지 말아야 한다고 해석하였다.[200] 이로부터 보다시피 허락에 의한 사용권은 어느 정도에서 보면 허락자의 무형재산권에 대항하는 효력이 있으며 이는 법률이 우선권으로 보호함을 의미한다.

(3) 질권설정

질권이라 함은 채권자가 채권의 담보로서 채무자 또는 제3자가 이전한 재산을 수취하여 점유하고 해당 재산에 대하여 우선하여 변제받을 수 있는 권리를 말한다. 통상적으로 질권은 동산에 대한 일종 담보물권이다. 「프랑스민법전」은 질권을 동산질권과 부동산질권으로 나누며 권리질권이 존재하지 않는다. 그 원인은 프랑스민법은 채권, 지식재산권, 주주권 등을 동산 또는 무형동산으로 간주하므로 동산질권에 이미 권리질권이 포함되어있기 때문이다. 「독일민법전」에서는 질권을 동산질권과 권리질권으로 나눈다. 지식재산권을 포함한 권리 모두 질권의 대상이 될 수 있지만 학설에서는 권리질권을 통상 준질권이라고 부른다. 질권은 계약에 의하여 발생되며[201] 질권을 설정한 후 계약상 특별한 규정이 없으면 질권자는 해당 지식재산권을

199) 刘春茂主编:《中国民法学知识产权》, 478页, 北京, 中国人民公安大学出版社, 1997; 吴汉东主编:《知识产权法》, 340页, 北京, 中国政法大学出版社, 1999。

200) 张序九主编:《商标法教程》, 110页, 北京, 法律出版社, 1994。

201) "독일민법전"은 권리질권을 약정방식과 법정방식으로 나누었지만 "현재 독일민법실무에서 거의

행사하거나 처분할 수 없으며 채권이 소멸될 시 지식재산권은 질권설정자에게로 반환된다.

무형재산권을 질권의 대상으로 할 경우, 권리의 양도가능성은 물론이고 권리점유의 이전을 어떻게 실현할 것인가에 대하여 이론상 의문점이 존재하는 것은 사실이다. 통상적으로 점유는 원래 자신 또는 타인의 유체물에 대한 점유를 말한다. 대만지역「민법」제940조 규정에 따르면 "물에 대하여 실질적인 관리권이 있는 자를 점유인이라고 한다." 일부 학자는 "「민율초안」제1243조는 동산질권을 설정할 시 반드시 점유를 이전하여야 하지만 권리질권을 설정할 시는 준용되지 않는다."고 하였다.[202] 즉 점유의 이전의무는 권리질권을 설정할 시 적용되지 아니함을 의미한다. 이론적으로 분석하면, 점유의 본질은 물에 대한 지배 및 관리이다. 무형재산권이 일방당사자의 지배에서 다른 당사자의 지배로 이전하는 것 역시 일종의 "관리"로 간주할 수 있다. 그러므로 무형재산권에 대한 점유는 일종 법률상의 "의제점유"로 간주할 수 있다. 입법례에서 독일, 스위스, 오스트리아, 일본 등 국가의 민법전 모두 권리점유에 대하여 일반점유의 규정을 준용하고 있다. 따라서 실무에서 무형재산권의 점유의 이전을 어떻게 인정할 것인가가 문제로 된다. 중국의「담보법」제75조 제1~3항에서는 상표전용권, 특허권, 저작권 중의 재산권에 질권을 설정할 경우 당사자는 서면계약을 체결하여야 하고 질권설정을 등록하여야 하며 질권설정자는 상기 권리를 타인에게 양도하거나 사용허가해서는 아니된다. 이로써 질권자의 이익을 보호하고 무형재산권에 대한 "관리력"을 실현하는 것이다. 일부 학자들은 질권등록은 권리의 점유를 의미한다고 주장하고 있다.[203]

무형재산권에 대하여 질권을 설정하는 것은 중요한 의의가 있다. 이러한 질권은 물권담보의 범위를 대대적으로 확장하였다. 물적 재산을 담보의 목적물로 할 경우 그 범위는 객관적인 수량의 제한을 받지만, 재산의 비물질화의 대량 출현으로 인하여 무형재산권의 종류 및 규모는 갈수록 다양해지고 있으므로 이는 필히 권리질권제도의 발전과 개선을 촉진할 것이다. 이러한 질권은 지식상품의 이전에 한하지

역할을 발휘하지 못하고 있다." 参见孙宪忠:《德国当代物权法》, 351页, 北京, 法律出版社, 1997。

202) 王泽鉴:《最新综合六法全书》, 361页, 台北, 三民书局, 1994。

203) 梁慧星等:《物权法》, 365页, 北京, 法律出版社, 1997。

않고, 질권을 설정할 시 지식상품을 이전할 필요없이 권리에 대하여 질권설정의 등록을 하기만 하면 된다. 이로써 질권설정자는 대규모의 물질적 이전없이 운송의 번거로움을 해소할 수 있고, 질권자도 대형의 공간을 마련하여 물품을 보존할 필요가 없어 저장의 어려움을 해소할 수 있다. 그 외 이러한 질권은 안전성과 효익성(效益性)의 특징을 갖고 있다. 무형재산권에 대하여 질권을 설정하기만 하면 질권설정자는 질권등록한 후 임의로 무형재산권을 양도하거나 사용할 수 없으므로 해당 제도는 채권담보의 안전가치를 실현할 수 있다. 질권자 입장에서 보면 질권자는 질권설정자와 무형재산권의 수익으로 채무를 상환할 것을 약정할 수 있으며, 이로써 질권목적물의 경제적 효용을 충분히 발휘할 수 있고 채권을 행사함에도 유리하므로 해당 제도는 효익적 가치도 갖고 있다.

(4) 신탁설정

신탁은 원래 보통법계의 특유한 제도이다. 즉 수탁자는 위탁자가 교부한 신탁재산을 접수한 후 약정한 목적에 따라 관리하거나 기타 처분행위를 하는 법률행위이다. 해당 법률관계에서 수탁자는 실제로 재산을 지배함과 동시에 위탁자의 이익을 위하여 해당 재산을 운용할 의무를 지고 있다. 신탁대상으로서의 재산은 동산과 부동산, 유형재산과 무형재산이 포함된다. 신탁은 재산의 경영관리와 재산의 수익이 서로 분리되게 함으로써 당사자의 특별한 필요를 만족하는 것이다. 신탁관계에서 무형재산권은 수탁자에 속하지만 수탁자는 반드시 신탁의 목적에 따라 권리를 행사하여야 한다. 현재 신탁설정은 저작권을 이용하는 경우에 흔히 볼 수 있다. 독일, 미국, 영국, 일본 등 국가의 저작권단체관리기관에서는 이러한 이용방식을 취하고 있다.

다. 법정사용의 주요 종류

법률의 규정에 의한 사용은 주로 아래 경우가 있다.

(1) 공정이용

이는 법률은 특정조건에서 타인이 무형재산권자의 동의를 거치지 않고 지식상품을 자유로 사용할 수 있고 그에 따른 대가도 지불할 필요가 없는 제도를 말한다. 지식형태의 상품은 일종의 특수한 상품으로써 이는 개인의 합법적인 재산이익과 관련된 문제일 뿐만 아니라 사회과학문화사업의 발전과도 밀접한 관련이 있다. 그러므로 각국에서는 무형재산권의 행사에 대하여 엄격하게 제한하고 있다. 타인의 지식상품을 사용할 경우 상대방의 동의를 거치지 않고 또한 그에 대한 대가도 지불하지 않는 것은 지식재산권에 대한 일종의 가장 가혹한 제한이다. 예를 들면 저작권 영역에서의 적법한 인용, 특허권 영역에서의 과학연구 및 실험을 위한 사용, 국내를 통과하는데 불과한 사용, 식물품종권 영역에서의 농민의 번식자료에 대한 자가번식 및 자가사용, 집적회로 배치설계권 영역에서의 개인학습을 위한 사용 등의 경우가 이러한 제한에 해당된다. 공정이용의 법률속성에 대하여 현재 3가지 학설이 있다. 하나는 "권리제한설"이다. 즉 공정이용은 무형재산권에 대한 제한이다. 이 관점은 행위주체 자신이 아닌 행위대상의 관점에서 논술한 것으로서, 무형재산의 사용자가 아닌 소유자의 시각이며, 그 내용은 무형재산권의 행사 관련 소극적 내용이며 지식상품의 사용 관련 적극적인 내용이 아니다. 국내외 학자 다수는 이러한 견해를 주장하고 있다.[204] 둘째, "침해조각(阻却)설"이다. 공정이용은 무형재산권을 침해하는 위법성에 대한 조각사유이다. 이 관점은 우선 공정이용을 침권행위임을 가정하고 다만 법적 규정으로 인하여 그 위법이 효력을 상실한 것으로 추정하므로 그 행위가 타인의 지식재산권을 침해한 것으로 보지 않는다고 주장하였다. 미국, 일본 및 대만 지역의 일부 학자는 이러한 논점을 갖고 있다.[205] 셋째, "사용자권리설"이다. 공정이용을 사용자가 법에 따라 타인의 지식상품을 사용할 수 있는 일종의 권익으로 본다. 이러한 관점은 공정이용행위자의 입장에서 출발하여 공정이용은 합법행위라는 인식에 입각하여 행위주체의 이러한 법정 "이익"을 "특권", "권리"로 부른다. 미국 학자가 이러한 이론을 제시하였다.[206] 더 나아가 공정이용은 타인의 재산에 대하여

---

204) 대표적인 저작으로는 John S. Lawrence, *Fair Use And Free Inquiry: Copyright And The New Media*, P.271, Ablex Publishing Co., 1980; 参见郑成思主编:《知识产权法教程》, 124页, 北京, 法律出版社, 1986; 杨崇森:《著作权法论丛》, 177页, 台北, 华欣文化事业中心, 1983。

205) 대표적인 저작으로는 [日] 胜本正晃:《权利的合理使用》, 载日本《独协法学》, 1977(10); 张静:《著作权法评析》, 241页, 台北, 水牛出版社, 1983。

206) 대표적인 저작으로는 Paul Goldstein, *Copyright principles:Law And Practice*, p.182, Little, Broun And Company(Canada) Limited.1989; L.Ray Paterson, Stanley W.Lindberg, The Nature of Copyright: A Law of User'Right,p.2.4.193,The University of Georgia Press.1991.

향유하는 이익으로서 사용자권리이며, 타인의 재산에 대하여 설정한 부담으로서 무형재산권에 대한 제한이기도 하다는 중국학자가 있다.[207)]

(2) 법정사용허락

이는 법률의 직접적인 규정에 의하여 특정한 방식으로, 권리자의 허락을 거치지 않고 타인의 지식상품을 사용할 수 있으나, 권리자에게 그 사용료를 지불하여야 하며 권리자의 기타 권익은 존중하는 제도를 말한다. 이 제도는 저작권 영역에만 적용된다. 법정사용허락제도는 공정이용에 비해 재산권에 대한 제한이 약간 느슨한 편이다. 이는 법정사용허락에서 사용자 다수는 영리를 목적으로 하며 지식상품의 사용수량도 많아서 시장에서 저작권자의 수권사용과 경쟁관계를 형성하기 때문이다. 그러므로 법정사용허락에서 반드시 저작권자의 수익권을 보호하여야 한다. 행위주체를 보면, 법정허락에서 일부의 경우만 원작자가 일반사용자와 관련이 있을 뿐 그 사용자 다수는 실연자, 음반제작자, 방송사업자 등이다. 법정사용허락은 주로 저작권자(저작물 창작자)와 인접권자(저작물 배포자)의 관계에 적용된다. 이러한 제도의 설정목적은 저작권의 수속을 간소화하고 작품의 광범위하고 신속한 전파를 촉진하기 위함이다. 행위대상을 보면, 법정사용허락은 실제로 작품의 "2차사용"에 관한 것이며 이러한 사용은 저작권자의 공표권에 손해를 끼치지 않는다. 만약 저작권자가 사전에 사용불허를 성명하였을 경우 법정사용허락은 성립될 수 없다. 해당 성명은 법정허락에 대한 일종의 "유보권"이다. 행위성질에서 보면 법정사용허락은 일종의 준법률행위이다. 이는 엄격한 의미상의 의사표시가 존재하지 않지만 상대방에게 의사를 표시하는 행위가 존재하므로 법률행위와 동일한 결과를 발생하게 하는 일종의 법률관계이다.[208)] 사용허가의 "수권"의사는 비록 법률에서 직접 규정하였지만, 법률상 이러한 행위에 대하여 사실행위처럼 그 법적 결과에 대하여 구체적으로 규정하고 있지 않다. 다시 말하면 법적 규정은 반드시 보수를 지불하여야 한다고 규정하였지만 그 지불금액, 지불방식, 지불시간 등은 여전히 "자유로 약정"하여야 한다. 피허락자가 의사표시의 행위가 있기만 하면 법정사용허락은 성립된다. 이로부터 보다시피 의사표시는 법정사용허락에서 법적 의미를 갖고 있으므로 사용허락과 유사한 법적 효력이 발생한다.

---

207) 吴汉东:《著作权合理使用制度研究》, 131~135页, 北京, 中国政法大学出版社, 1996。

208) 史尚宽:《民法总论》, 台北, 正大印书馆, 1979。

(3) 강제사용허락

이는 특정한 조건에서 무형재산권 관련 관리기관에서 구체적인 상황에 따라 지식상품에 대한 특별사용권리를 해당 권리를 신청하여 획득한 사용자에게 수여하는 제도를 말한다. 국제조약에서는 "강제허가증"이라고도 부르며 "비자발허가"의 경우에 해당한다. 현재 저작권, 특허권 및 식물신품종 영역 모두 강제사용허락제도가 존재한다. 최초에 이 제도는 단지 음악저작물을 음반으로 제작하는 경우에만 적용되었다. 즉 음반제작자는 주관부서의 비준을 거쳐 사용료를 지급하여 타인의 음악 저작물을 녹화할 수 있으며 이 경우 저작권자는 해당 사용을 거절할 수 없다. 그 후 이러한 제도는 점차 다른 영역에까지도 확산되었다.[209] 입법례를 보면 미국 1909년 저작권법은 제일 처음으로 성문법의 형식으로 이러한 제도를 확립하였다. 현재 전 세계 각국에서 보편적으로 강제사용허락제도를 규정하고 있으며「베른협약」및「세계저작권협약」모두 해당 제도를 규정한 관련 조항이 있다. 마찬가지로 국제조약 및 다수 국가의 특허법에도 강제허락제도를 규정하고 있다.「지식재산권협정」제31조에서도 체약국의 법률에 강제허락제도를 규정할 것을 허용하고 있다. 강제사용허락의 기능은 강제허락의 방식을 통하여 지식재산권자의 독점적 권리를 제한하고 공중이 지식상품을 접촉하고 사용할 수 있는 가능성을 확보하여 전반적인 사회의 정치, 경제, 과학 및 문화의 발전을 촉진하는 것이다. 무형재산권제도에서 공정이용은 지식상품의 사용자에 대하여 엄격한 제한적인 조건을 규정하여, 사용자가 이용할 수 있는 지식상품의 수량이 극히 제한적이며 무형재산권 소유자는 이러한 전파과정에서 어떠한 수익도 획득할 수 없다. 그러나 강제사용허락은 비록 공정이용과 마찬가지로 비자발적 허락이지만 자신의 특수한 기능을 갖고 있다. 이는 무형재산권자의 수익권을 확보하는 전제 하에 사용자가 지식상품을 이용하는 수량과 방식의 필요성을 확보하였다. 또한 일부 국가에서는 창작자의 독점사용권과 공중이 작품을 사용하는 필요 사이의 모순을 흔히 법정허락제도를 통하여 완화하지만 법정허가제를 실행하지 않는 국가(예를 들어 미국, 일본 등)에서는 강제사용허락방식을 통하여 이 모순을 해결한다. 다시 말하면 강제사용허락은 법정사용허락의 대체기능을 갖고 있어 무형재산권자와 사용자 양자의 이익을 형량하여 창작자의 권리를 보호하고 과학문화사업발전을 촉진하는 입법목적을 실현하였다.

---

209) 张静:《著作权法评析》, 230页, 台北, 水牛出版社, 1983。

제 5 장

무형재산권에 대한 제한

무형재산권제도의 기본적인 기능은 권리자의 "전유권(專有權)"의 행사와 지식 및 기술의 광범위한 전파 사이의 충돌을 규율하고 무형재산의 소유자, 전파자 및 사용자 사이의 이익관계를 조율하는 것이다. 제도적 규범에서 보면, 이러한 기능은 무형재산권의 보호 및 제한과 직접적인 관련성이 있다. 무형재산권에 대한 제한이라 함은 통상 무형재산소유권자가 "전유권(專有權)"을 행사할 시 그에 대한 제한을 말한다. 무형재산권의 지역성 및 시간성은 통상 권리가 존재하는 공간적 효력 및 존속기간의 효력에 대한 일종의 제한으로 해석할 수 있다. 본 장에서 논하고자 하는 제한은 단지 권능효력에 대한 제한을 말한다. 즉 무형재산권 행사에 대한 제한으로서 "전유권(專有權)" 내용에 대한 제한을 말한다. 무형재산권제도는 "전유권(專有權)"을 보호하는 한편 전유권(專有權)에 대하여 필요한 제한을 설정한다. 이는 법률은 지식상품의 각종 이익을 인식하고 이에 대하여 조율하고 있음을 의미한다. 즉 법률은 사회관계의 각종 객관적 이익에 대하여 목적성 및 방향성있게 조율함으로써 이익의 생성과 발전을 촉진한다.[210]

1. 무형재산권 제한의 법리기초

이익형평은 무형재산권 제한제도를 구축하는 기본적인 법률관이다. 법리학자 보텐하이머(Bodenheimer)는 "법률의 목적은 개인원칙과 사회원칙 사이에 일종의 평형

210) 孙国华:《论法律上的利益选择》, 载《法律科学》, 1995(4)。

을 이루기 위함이다."고 주장하였다.[211] 바로 같은 의미에서 패터슨(Patterson) 교수는 저작권법을 하나의 창작자, 전파자 및 사용자 사이의 이익관계를 조율하는 "형평법"이라고 칭하였다.[212] 이익형평은 민법정신과 사회공공도덕의 필요이자 "인권사상과 공공이익원칙의 반응"이기도 하다.[213] 무형재산제도가 강조하는 것은 이익형평정신이며 주로 권리분배 및 제한에 대한 규칙을 통하여 표현된다.

가. 무형재산권 법률관계에서의 이익 구성

무형재산권 제한의 실질은 결국에는 지식상품으로 인하여 발생한 각종 이익에 대한 인식과 이에 대한 합리적인 배분문제이다. 따라서 무형재산권 제한제도를 연구함에 있어서 권리이익에 대한 인식을 출발점으로 하여야 한다. 이익은 권리의 기본적인 요구이고 권리의 토대와 근본적인 내용이며 권리의 목표이기도 하다. 이익은 해당 법률제도를 설정한 목적(최초 동기)이기도 하다. 이익은 하나의 객관적인 범주이며 사람들이 사회의 물질적 조건의 제약을 받는 필요이자 그 필요를 충족하는 수단 및 조치이기도 하다. "이익은 법의 발생, 발전 및 실행을 결정하고 법은 이익의 실현정도와 발전방향에 영향(촉진 또는 저해)을 미치고 있다."[214]

무형재산 법률관계는 통상 각종 주체의 이익과 관련된다. 학자들은 주체의 이익에 대하여 여러 가지 구분을 한 적이 있다. 저작권 법률관계를 예로 들면 어떤 학자는 이를 저작자의 이익과 사회의 이익으로 구분하고[215] 어떤 학자는 저작물의 창작자, 전파자 및 사용자의 이익으로 구분하였으며[216] 어떤 학자는 저작자의 이익, 출판자, 판매자, 저작물의 기타 사용자의 이익, 최종 소비자(즉 일반공중) 이익 및 사회

211) [美] E.博登海默:《法理学－法律哲学与法律方法》, 邓正来译, 115页, 北京, 中国政法大学出版社, 2004。

212) L. Ray Patterson、Stanley W. Lindberg, *The Nature of Copyright: A Law of users'Right*, The University of Georgia Press, p.12, 1991.

213) [美] 奥德丽·R·查普曼:《将知识产权视为人权: 与第15条第1款第3项有关的义务》, 载国家版权局主办:《版权公报》, 2001(3)。

214) 孙国华:《论法与利益之关系》, 载《中国法学》, 1994(4)。

215) 郑成思:《知识产权教程》, 106页, 北京, 法律出版社, 1990。

216) L. Ray Patterson、Stanley W. Lindberg, *The Nature of Copyright: A Law of users'Right*, The University of Georgia Press, p.12, 1991. 参见吴汉东、王毅:《中国传统文化与著作权制度略论》, 载《法学研究》, 1994(1)。

의 이익으로 구분하였다.217) 각 주체의 이익관계의 조율은 지식자원에 대한 사회적 분배와 관련이 있으며 이는 법률상에서 권리의 분배로 표현된다. 즉 무형재산소유권자 및 기타 주체의 권리, 의무의 설정을 통하여 실현된다. 요약하여 말하면 각 주체의 상호 이익관계는 권리분배의 측면에서 두 가지로 구분할 수 있다. 첫째, 본권(本權) 및 타권(他權)이다. 무형재산권은 무형재산소유자의 본권(本權)으로서 법에 따라 지식재산에 대하여 전반적으로 지배하는 권리를 말한다. 전파자, 사용자 등 기타 주체의 권리는 타권(他權)으로서 법률규정 또는 기본권리자의 의사에 따라 타인의 지식재산에 대하여 제한적으로 지배하는 권리를 말한다. 이익형평원칙에 따라 본권과 타권의 관계는 각 주체를 공정하게 취급하고 교환은 상호 대가의 지불 및 원원관계를 형성하는 것으로 표현된다. 다만 공정이용의 경우는 제외된다. 또한 지식재산의 이익에 대하여 합리적으로 공유하고 법률범위 내에서 각 당사자의 이익을 고려하여야 하며 이것이 바로 무형재산 소유자, 전파자 및 사용자 3자간의 권리에 대한 조율이다. 둘째, 사익 및 공익이다. 공공이익을 위하여 무형재산소유자의 전유권에 대하여 필요한 제한을 하는 것은 사회공중이 지식상품을 합리적으로 이용할 수 있도록 보장하기 위함이다. 타인의 지식상품을 이용하는 것은 자유를 표현하기 위함이거나 공공교육의 필요성에 의하거나 사회공공위생 및 생활의 필요성을 전제로 하고 있으므로 그 정당성과 합리성이 인정된다. 이 또한 인권협약에서 요구하고 있는 내용이기도 하다. 국제지식재산권단체의 한 고위관리자의 해석에 따르면 "공공이익이라는 좋은 염원 자체가 다수인의 이익은 개인의 이익보다 우선이며 어느 공민이든지 반드시 전체 사회의 공동이익을 위하여 개인의 사적 이익을 포기하여야 한다는 의미를 포함하고 있다."고 하였다.218)

나. 무형재산의 기본적 속성으로서의 "법률역설"

무형재산은 유형동산 및 부동산과 상호 구별되는 "신규동산"으로서 일종의 "비물질적이고 제한받는 재산"이다.219) 전통적인 재산소유권이 갖는 절대성, 배타성 및

217) [美] E.W.鲍曼、L.克拉克 · 汉密尔顿:《现代版权概念和版权制度的比较分析》, 载《外国法学研究》, 1998(3)。

218) [美] 杰利恩 · 达维斯:《权利集体管理中的公共利益》, 载《版权参考资料》, 1990(2)。

영구성이라는 3대 기본적인 특징과는 달리, 무형재산권은 조건부 독점성, 제한적 배타성 및 한정적 시간성이라는 특징을 갖고 있다. 권능의 효력에서 보면, 무형재산권은 독점성과 유한성이라는 "이율배반적" 특징을 갖는다.[220] 즉 권리의 주체는 지식재산에 대하여 "독점적"이지만 그 독점권은 또한 일정한 제한을 받게 된다. 이는 정보재산권이 설정한 "경제학역설"과 놀라울 정도로 일치하다. 경제학자들은 "합리적인 독점이 존재하지 않는다면 충분한 정보가 생성될 수 없다. 그러나 합법적인 독점의 존재는 이러한 정보가 더욱 널리 사용될 수 없게 한다."고 주장하였다.[221] 이러한 정보경제가 처한 모순을 해결하는 법률적 방법은 무형재산권 보호를 토대로 해당 권리에 대하여 필요한 제한을 실행하는 것이다. 이로 인하여 무형재산의 독점성 및 유한성이라는 "법률역설"의 문제점이 발생하였다.

무형재산권의 독점성은 통상 영문으로 "exclusive" 또는 "monopoly"로 표현하며 중국의 지식재산권 저서에서는 통상 "전유성(專有性)" 또는 "독점성(壟斷性)"으로 번역하였다. 그 의미는 무형재산권자는 그가 창조한 지식상품 또는 경영관리에서 획득한 지식경험 또는 표시에 대하여 법에 따라 배타적 사용권을 향유하며 누구든지 권리자의 허락없이 그의 지식상품을 사용할 수 없으며(법률상 별도의 규정이 있는 경우 제외), 동일한 지식상품에 대하여 2개 이상의 동종권리가 병존할 수 없다. 더 구체적으로 말하면 무형재산권의 독점성은 아래 두 가지 측면에서 표현된다. 하나는 권리주체의 유일성이다. 동일한 지식상품에 2개 이상의 상호 포용관계가 존재하지 않는 권리가 병존할 수 없다. 다른 하나는 권리행사의 배타성이다. 타인은 권리자의 허락없이 지식상품을 불법으로 사용해서는 안된다.

무형재산권 독점성은 법률상 직접 규정하거나 국가가 권리를 부여함으로 인하여 발생된 것으로써 이 또한 무형재산권자가 지식상품을 사용하는 법적 전제이기도 하다. 독점성의 핵심은 권리자가 지식상품의 사용에 대한 지배에 있다. 반면 유형재산권제도에서의 권리자는 통상 자신이 물(物)에 대한 실제점유를 통하여 그 물을 사용하며 법률의 권리부여를 필요로 하지 않는다. 따라서 유형재산의 사용방식에

---

219) [美] 肯尼斯 · 万德威尔德:《19世纪的新财产: 现代财产权概念的发展》, 载《社会经济体制比较研究》, 1995(1)。

220) "이율배반"(antinomies)은 18세기 독일 고전철학가 칸트가 제시한 철학의 기본개념으로서 쌍방 각자가 통상적인 원칙에 따라 확립한, 동등한 타당성이 있는 두 모순되는 명제를 말한다.

221) [美] 罗伯特 · 考特、托罗斯 · 尤伦:《法和经济学》, 张军译, 185页, 上海, 上海三联书店, 1994。

대하여 통상 법률에 의한 사전 규제없이 권리자의 의사자치원칙에 의하여 약정하도록 한다. 하지만 지식상품의 이용에 대하여 법률은 통상 일정한 범위를 한정하여 권리자가 특정범위 내에서 권리를 행사하고 의무를 부담하도록 한다. 요약하여 말하면 독점권 부여를 통하여 지식상품 창작자의 노동적 소모에 대하여 커다란 보상을 제공할 수 있으며 창조의 열정을 더욱 자극하여 사회 전체의 정신적 문명과 물질적 문명의 발전을 촉진할 수 있다. 그러므로 무형재산권제도에서 지식상품의 창작자의 이익은 향후 지식상품의 전파자 및 사용자의 이익이 존재할 수 있는 전제이며 만약 창작자의 이익이 보호받지 못한다면 기타 관련자의 이익은 그 근원을 상실하게 된다.

무형재산권의 독점성은 많은 저술에서 일종의 독점으로 표현되나 반독점법의 제약을 받지 않는다. 이는 무형재산권 자체가 갖는 독점성 및 배타성에 의하여 결정된다. 다만 권리의 행사행위가 그 효력범위를 벗어나 권리남용이 발생될 경우는 예외이다.[222] 무형재산권은 일종의 법적 보호를 받는 합법적인 독점이며 반독점법에서 규제하는 독점과는 다르다. 반독점법에서 말하는 "독점"은 "기업이 자신의 우위적 지위를 이용하여 기타 경쟁자를 배제하고 경쟁자가 동종상품을 생산하거나 동일한 서비스를 제공하는 것을 제한하는 것"을 말한다.[223] 반면 무형재산권의 독점성은 권리자가 타인이 불법으로 그 지식상품을 사용하는 것을 허용하지 않음을 의미하는 것으로서 이러한 독점성은 반독점법상의 독점과 현저히 구별된다. 물론, 만약 무형재산권자가 자신의 권리를 행사할 시, 끼워팔기, 강제성 일괄허가, 가격경쟁 등 방식을 통하여 불합리하게 경쟁사의 이익에 손해를 미칠 경우, 이러한 독점은 반독점법이 제재하는 독점에 해당될 수도 있다.

무형재산권의 유한성 또는 무형재산권 효력에 대한 제한은 아래 세 가지 측면에서 표현된다. 첫째, 공공영역의 유보이다. 무형재산권제도는 지식형태의 자원에 대하여 전문영역과 공공영역을 확립하였다. 전자는 권리자가 타인의 사용을 제한하는 독점권을 행사할 수 있는 범위를 말하며 후자는 전자에서 언급한 독점권에 대하여 제한함으로써 비권리자가 자유롭게 사용할 수 있는 공간을 말한다. 영국의 「안나법

---

222) 曹士兵:《反垄断法研究》, 80页, 北京, 法律出版社, 1996。

223) 梁慧星:《电视节目预告表的法律保护与利益衡量反》, 载梁慧星主编:《民商法丛论》, 第3卷, 北京, 法律出版社, 1995。

령」은 세계 첫 저작권법으로서 “문학예술분야의 공공영역”(the public domain for literature)을 확립하였다. 그 주요내용은 저작권 보호기간(출판업자의 영구저작권의 주장에 대항하여, 작품이 일정한 기간이 경과 후 자유롭게 사용될 수 있도록 보장함) 및 저작권자가 인쇄, 출판 및 판매에서 갖는 제한적 권리(즉 저작권자가 작품을 재판매할 시 권리가 소진됨)를 규정하였다.224) 미국헌법의 지식재산권 조항은 저작자와 발명가에게 자신의 창작물에 대한 제한적인 독점권을 부여함으로써 과학의 발전과 예술의 진보를 촉진하고자 하였다.225) 여기서 규정한 “공공영역의 유보”(the preservation of the public domain)라 함은 창작자의 독점권을 일정한 시간 및 범위 내로 제한함을 말한다. 그 외 이에 포함된 “진입권” 또는 “접근권”(the right of access)은 비권리자에게 일정한 조건에서 타인의 지식상품을 사용할 수 있는 권리를 부여하였다.226) 정신적 영역에서의 모든 지식상품의 창작은 모두 기존의 지식상품에 대한 참조와 이용에서 온 것이므로 이러한 창작성과에 대하여 무기한의 독점권을 부여하여 타인의 새로운 창조를 저해할 수는 없다. 이러한 공공영역의 자원에 대한 이용 및 독점권에 대한 “진입” 또는 “접근”은 민법의 유상대가원칙에 부합된다. 둘째, 권리행사에 대한 제한이다. 무형재산권의 행사는 권리자가 지식상품을 자유로 지배하고 이용할 수 있는 행위이며 여기에는 행위방식, 정도, 범위, 한계 및 기준이 포함된다. 권리의 행사 다시 말하면 지식상품을 사용할 수 있는 행위에 대한 자유는 일종의 제한적인 자유이며 “자유는 법률이 허용하는 모든 일을 할 수 있는 권리를 말하며 만약 한 공민이 법률이 금지하는 일을 할 수 있다면 그는 이미 자유로울 수 없다. 그 원인은 타인도 마찬가지로 그 권리를 갖고 있기 때문”이다.227) 더불어 행위의 자유는 그에 대응하는 책임이 따르며 “자유는 제도의 일종 구조이며 권리와 의무를 규정한 일종의 공개적인 규범체계”이기도 하다.228) 이로부터 보다시피 권리자가 권리행사에 대한 자유에는 지식상품의 사용에 대한 자유와 지식상품을 사용하지 않고 지배에 대한 자유

224) L. Ray Patterson、Stanley W. Lindberg, *The Nature of Copyright: A Law of users'Right*, The University of Georgia Press, p.49-55, 1991.

225) 冯晓青:《知识产权利益衡平理论》, 85页, 北京, 中国政法大学出版社, 2006。

226) L. Ray Patterson、Stanley W. Lindberg, *The Nature of Copyright: A Law of users' Right*, The University of Georgia Press, p.49-55, 1991.

227) [法] 孟德斯鸠:《论法的精神》(上册), 张雁译, 192页, 北京, 商务印书馆, 1982。

228) [美] 罗尔斯:《正义论》, 何怀宏、何包钢, 廖申白译, 192页, 北京, 中国社会科学出版社, 1998。

가 포함되나 이는 절대적이고 임의적이며 무제한적인 것이 아니다. 행위의 자유와 자유행위의 한계문제는 지식재산권제도 내에서의 권리에 대한 보호와 제한을 의미하며 사회권리체계에서의 본권 및 타권의 충돌과 조합을 의미한다. 예를 들면 데이터베이스의 저작권을 보호하는 한편 데이터의 주체인 프라이버시권 주체의 합법적 권익도 충분히 고려하여야 하거나, 공공건강권을 보호하기 위하여 약품특허에 대하여 강제실시권제도를 실행하거나, 유전자 기술에 대하여 특허권을 수여하지만 그의 정당한 사용을 전제로 하며 타인의 환경권을 침해해서는 안된다. "법익우선보호"원칙에 따라 프라이버시권, 건강권, 환경권 등과 같은 권리는 우위적 지위에 처하게 하여 특별하게 보호하여야 한다. 또한 기타 일반권도 존중하여야 하며 무형재산권의 행사로 인하여 타인에게 손해를 미쳐서는 안된다. 셋째, 권리남용의 금지이다. 권리자가 권리를 행사할 시 당연히 법적 보호를 받아야 하며 로마법에서는 "자신의 권리를 행사할 시 모든 사람에 대하여 불법이여서는 아니된다."는 관념을 갖고 있다. 프랑스대혁명 후에는 "권리절대주의"원칙을 강조하였다. 사회실무의 발전에 따라 이러한 원칙의 지도하에 권리자가 부당하게 권리를 행사하여 타인에게 손해를 미칠 경우 사회에까지 불이익을 초래하게 되므로 이로부터 "권리남용금지"원칙이 탄생하였다.[229] 사법(私法)원칙은 당연히 무형재산권 영역에도 적용되며 비록 무형재산권은 일종의 합법적인 독점이지만 권리자가 권리를 행사할 시 시장에서의 일부 독점을 초래할 수 있으므로 무형재산권의 남용행위이기도 하다. 무형재산권의 남용은 무형재산권의 정당한 행사에 대응하여 상대적으로 말한 것이며 권리자가 무형재산권을 행사할 시 법률이 허용하는 범위 또는 정당한 한계선을 초월하여 타인의 이익과 사회공공이익에 손해를 미치는 경우를 말한다. 무형재산권 남용행위로 인하여 무형재산권 자체가 무효로 되는 것은 아니다. 그 이유는 권리남용에서의 권리 자체는 법률이 인정하고 그 실현을 보장하는 이익을 말하며 여기에는 불법 "권리" 또는 부당 "권리"가 포함되지 않기 때문이다. 비록 권리 자체가 남용으로 인하여 무효로 되지는 않지만 그 남용으로 인하여 두 가지 법적 결과가 발생하게 된다. 하나는 무형재산권제도의 규범을 위반하여 사법규제의 결과가 발생하게 된다. 사법영역에서 무형재산권 남용행위 자체는 소송가능한 침해행위가 아니지만 권리자가

---

229) 魏振瀛主编:《民法》, 29页, 北京, 北京大学出版社, 2004。

이로 인하여 권리사용료 또는 금전적 배상 등을 청구할 수 있는 구제의 가능성을 상실하게 된다. 다른 하나는 반독점법 규범을 위반하여 공법규제의 결과가 발생하게 된다. 권리남용은 시장지배적 지위를 남용하고 시장경쟁을 제한하는 행위에 해당하며 시장경쟁의 공공정책과도 관련이 있으므로 반독점법으로 규제할 필요성이 있다. 상기 경우에서 보다시피 무형재산권 남용행위는 사법 및 공법영역에서 발생할 수 있으며 권리남용행위가 반드시 반독점법을 위반함으로 인하여 규제받는 것은 아니지만 반독점법을 위반한 권리행사행위는 당연히 무형재산권 남용행위에 해당된다.[230] 여기에서 판단기준은 반독점법에서 규정한 시장 구조적 요인을 토대로 한 것이며 그 요인에는 시장지배력, 시장지분, 시장진입난이도 등이 포함된다. 미국법이든 유럽연합법이든 대체로 시장구조를 통하여 무형재산권의 남용문제를 규범화하고 있으며 무형재산권 남용은 아래 요건을 구비하여야 한다. 무형재산권과 관련된 관련 시장의 범위를 확정할 것, 관련 시장에서 시장지배적 지위를 차지할 것, 부정경쟁방지의 방식을 통하여 이러한 지위를 유지하거나 강화할 것(남용행위), 경쟁을 해소할 효과나 위험이 존재할 것, 기타 정당한 사유로 그 정당성을 획득할 수 없어야 한다.[231]

다. 무형재산권 입법의 “이익형평” 목표

무형재산권제도의 취지는 창작자의 합법적인 권익을 보호하고 지식상품의 광범위한 전파를 촉진하기 위함이다. 이러한 이원성 가치목표는 권리보장의 장려제도를 토대로 하고 이익형평의 조율제도를 수단으로 하여 실현된다. 무형재산권은 사상, 정보, 지식의 표현 및 전파와 밀접한 관련성이 있다. 창작자의 권익을 보호하는 한편 지식의 광범위한 전파와 사회문명의 진보라는 공익적 목표도 함께 고려하여야 한다. 미국학자가 저작권법을 평가할 시 논한 바와 같이, 저작권법은 사회, 정치, 경제, 교육 및 예술 등 각 분야와 관련되므로 저작권법은 저작자의 권리보호에만 주목하지 말고 수많은 사용자의 이익도 함께 고려하여야 한다고 하였다.[232] 무형재

---

230) 许春明:《阻止专利大棒－浅谈专利权滥用的法律规制》, 载《中国发明与专利》, 2007(8)。

231) 韩立余:《反垄断法规范知识产权滥用的法律规制－以欧美微软案为视角》, 载《暨南学报(哲学社会科学版)》, 2007(2)。

산제도는 저작자의 이익을 보호함과 동시에 사회이익에도 관심을 가져야 한다. 구체적으로 말하면 무형재산권 제한제도의 평형 및 조율기능은 주로 아래 몇 가지 내용에서 반영된다.

첫째, 독점권 및 후속창조의 자유. 무형재산권자의 지식상품에 대한 독점권은 재창조를 저해해서는 아니된다. 지식상품의 창조활동은 일련의 끊이지 않는 역사적 과정이며 현존의 지식상품은 통상 선인들의 성과에 대한 참조 및 흡수의 결과이기도 하다. 그러므로 지식상품의 창작자는 자신의 독점권을 통하여 타인이 지식상품을 재창조하는 것을 배제하는 것은 타당치 않다. 이러한 원인으로 인하여 각국 법률에서는 각종 제도를 확립하여 후대가 재창조할 수 있는 권리를 보호하였다. 예를 들면 저작권법에서 타인이 기존 작품에 대한 적당한 인용은 "공정이용"에 해당하고, 특허법에서 "과학연구 또는 실험목적으로" 타인의 특허기술을 사용하는 것은 권리침해에 해당하지 않으며, 식물신품종보호법은 "과학연구 또는 실험을 위하여" 보호받는 식물신품종을 번식하는 것을 허용한다.

둘째, 개인권리 및 공공교육정책. 국민들에게 충분하고 완전한 교육기회를 제공하기 위하여 교육사업을 발전시키는 것은 각 나라에서 보편적으로 시행하고 있는 공공정책이며 교육받을 권리는 헌법에서 규정한 국민의 기본적인 권리이다. 그러므로 무형재산권자의 개인권리를 보호하는 한편 해당 독점권이 국민이 교육받을 권리를 저해하는 장벽이 되어서는 안된다. 만약 저작권법에서 이를 제한하지 않는다면 저작자 및 그 후손들은 이익을 얻을 수 있지만 사회공중의 권리는 무기한으로 제한받게 된다. "이는 사실상 일종의 권리충돌이다. 즉 저작자 및 그 후손의 권리와 사회공중이 인류의 문명을 획득할 수 있는 권리 사이의 충돌이다."[233] 그러므로 각 나라의 저작권법에서는 통상 상업성 목적이 아닌 교육학습의 목적으로 저작권이 있는 작품을 자유로 사용하는 것을 허용하고 있다.

셋째, 사권 및 경제발전. 과학기술의 최신성과를 이용하여 국가의 경제발전을 촉진하는 것은 그 나라 국민의 공동적인 목표일 뿐만 아니라 발전권이라는 기본적인 인권의 집중적인 표현이기도 하다. 본국의 경제를 발전시키기 위하여 사회는 항상

---

232) Edward W. Ploman、L. Clark Hamilton, Copyright : *Intellectual Property in the Information Age*, Routledge and Kegan Paul ltd, 1980.

233) 曹新民:《试论"均衡原理"对著作权法律制度的作用》, 载《著作权》, 1996(2)。

현대의 최첨단기술을 응용하기 희망하지만 이러한 기술은 통상 이미 특허권을 취득한 경우가 많다. 특허권자가 수권하지 않을 경우 사회공중은 이러한 특허기술을 이용하기 어렵게 된다. 이러한 충돌을 해결하기 위하여 각국 법률 및 국제협약에서는 무형재산권의 권리행사에 대하여 제한하고 있다. 예컨대 각국 특허법에서는 통상 강제허가 및 국가의 긴급상황에서의 사용 등 제도를 확립하여 특허기술이 특정조건에서 응용할 수 있도록 하였으며 식물신품종보호법에서는 농업생산의 발전을 위하여 농민이 번식자료에 대하여 자체로 번식하고 사용할 수 있도록 허용하였다. 이러한 제한을 통하여 국가가 최첨단 과학기술성과를 도입하고 응용할 수 있도록 확보하였으며 따라서 국가의 경제발전을 촉진하였다.

넷째, 독점권 및 무역의 자유. 무형재산권은 일종의 배타성 독점권으로써 권리자는 지식상품의 사용을 지배할 수 있지만 그 지배의 범위 및 강도는 지식상품의 유통절차와 구역에 직접적인 영향을 미치게 된다. 특허제도 확립 초기, 서유럽에서 특허제도에 관한 치열한 논쟁이 발생하여 특허제도의 전파가 지연되게 되었다. 1850년 전후로 자유무역의 지지자들은 반독점의 명의로 특허제도를 공격하였으며 특허권은 국내의 경제활동에 영향을 미치고 나라와 나라 사이에서 관세장벽과 유사한 역할을 하여 국제무역의 발전을 저해하므로 특허제도를 폐지하는 운동을 벌이기도 하였다.[234] 이로부터 보다시피 만약 아무런 제한없이 무형재산권자가 그 권리를 자유로 행사할 수 있을 경우, 권리자는 그 권리를 남용하여 지식상품의 각 절차와 각 지역에 겹겹의 장애를 설치하여 지식상품의 유통 및 전파를 차단할 수 있다. 이러한 문제점을 해결하기 위하여 각국 입법자들은 "권리소진"제도를 포함한 각종 제한조치를 취하였다. "권리소진"제도는 권리자가 상품을 최초 판매할 경우에만 지배할 권한이 있으므로 해당 이론을 "최초 판매"이론이라고 부르기도 한다. 권리소진에 관한 내용은 각국의 저작권법, 상표법 및 특허법 등 법률에 분산하여 규정하고 있다. 해당 제도의 확립은 무형재산권자가 지식상품의 재유통에 대한 지배를 대대적으로 약화시켜 무역의 자유거래에 아주 유리하다.

234) 汤宗舜:《专利法教程》, 10页, 北京, 法律出版社, 1996。

2. 무형재산권 제한의 제도적 구성

무형재산권 제한이라 함은 그 권능의 효력에 대한 제한만을 말한다. 현행 법률에서 저작권, 특허권 및 식물신품종권에 대한 제한 관련 규정은 모두 독점권의 행사를 제한하는 범주에 해당된다. 여기서 제한대상으로서의 "독점권"은 재산적 권리만 말할 뿐 "종신적이고 양도불가하며 박탈불가한" 인격권은 포함되지 아니한다. 한편 "독점권"은 일종의 법정이익으로서 무형재산권제도에서 소유자에 대하여 말하면 일종의 권리제한이지만 사용자에 대하여 말하면 일종의 권리취득이다.

각국은 무형재산권 제한에 대한 규정을 여러 구체적인 제도에 분산하여 규정하고 있다. 예를 들면 저작권에 대한 제한에는 공정이용, 법정사용허가, 법정무료사용, 권리소진 등 규정이 포함되고 특허권에 대한 제한에는 강제사용허가, 특허권 소진, 과학연구를 위한 사용, 선사용권자의 사용, 국내를 통과하는데 불과한 사용 등 규정이 포함되며 상표권에 대한 제한에는 권리소진, 선사용, 병행수입 등 규정이 포함되고 식물신품종권에 대한 제한에는 과학실험을 위한 사용, 농민의 번식자료에 대한 자가번식 및 사용 등 규정이 포함되며 집적회로 배치설계권에 대한 제한에는 강제허락, 선의사용 등 규정이 포함된다. 구체적인 제도에서의 구체적인 규정에 한하지 않고 관련 내용을 추상적으로 종합하여 무형재산권 제한제도의 구성에 관하여 다음과 같이 분류할 수 있다.

가. 지식상품 권리이용에 의한 제한

통상적으로 말하면 소유자는 자신의 재산에 대하여 자신의 의지에 따라 법률이 규정한 범위 내에서 자유로 사용할 수 있으며 법률의 규정 또는 계약의 약정에 따라 타인에게 사용하도록 할 수 있다. 우리는 후자를 독점권의 사용이라고 한다. 무형재산권에 대한 제한의 경우, 소유자의 수권과 동의없이 지식상품을 사용할 수 있는 것은 독점권에 대한 제한이며 이러한 제한에는 공정이용 및 비자발적 사용허락제도가 포함된다.

공정이용은 무형재산권에 대한 제일 엄격한 제한이다. 공정이용이라 함은 법률상 명문 규정이 있는 경우, 권리자의 동의없이도, 아무런 대가를 지불할 필요도 없이 정당한 목적으로 타인의 지식상품을 사용하는 행위를 말한다. 통상적으로 타인의 재산을 사용하고자 하면 소유권자의 동의를 구하고 그에 대응하는 보수를 지불하는 것이 유형재산 및 무형재산 사용의 통행적인 규칙이며 상품등가교환원칙이 법률에서의 표현이기도 하다. 그러나 지식상품은 일종의 특수한 상품으로서 개인의 합법적인 재산이익과 관련이 있을 뿐만 아니라 지식전파 및 과학문화산업의 발전과도 관련이 있다. 그러므로 각국은 무형재산권의 행사에 대하여 엄격한 제한이 있다. 타인의 지식상품을 사용할 시 소유자의 동의도 구할 필요없고 대가를 지불할 필요도 없는 것은 무형재산권에 대한 제일 엄격한 제한이다. 예를 들면 저작권 및 집적회로 배치설계 분야에서의 공정이용, 특허권 분야에서의 과학연구 및 실험을 위한 사용, 국내를 통과하는데 불과한 사용 및 농민의 식물신품종의 번식자료에 대한 자가 번식 및 사용 등은 모두 이러한 제한에 해당한다.

공정이용은 무형재산권에 대하여 제한이 많으므로 무형재산권자에게 중대한 손실을 초래하여 지식상품 창작자와 사회공중 사이의 이익이 균형을 잃게 되는 부당한 면도 있다. 그러므로 법률은 공정이용에 대하여 엄격한 적용조건을 규정하였다.

(1) 공정이용은 법적 근거가 있어야 한다. 공정이용은 무형재산권자의 수권이 아닌 법률이 직접 규정하고 있다. 이로부터 우리는 사용자에 대한 수권은 직접 법률이 규정한 것으로 볼 수 있다.

(2) 공정이용은 정당한 목적이 있어야 한다. 공정이용에 대하여 그 사용의 목적이 영리인지 비영리인지의 판단은 문제를 해결하는 핵심이다.[235] 만약 사용자가 영리의 목적으로 지식상품을 사용한다면 그 사용목적은 무형재산권 제한제도를 확립하는 최초의 취지와 위배되는 것이다. 반대로 만약 사용자는 "학습 및 연구", "교육", "과학실험" 및 "평론" 등 비영리의 목적으로 지식상품을 사용한다면 이러한 사용은 정당한 사용에 해당된다.

(3) 공정이용은 일정한 수량 제한이 있다. 이러한 제한은 무형재산권자로 하여금 수익권을 상실하게 하였으므로 그 사용의 수량이 과다할 경우, 필히 지식상품의 시장판매에 대하여 일정한 충격을 초래하게 된다. 이로 인하여 각국 법률에서는

---

235) Leval、Piere N., "Toward a Fair Use Standard", *Harward Law Review*, Vol. 103: 1105, 1990.

그 사용수량에 대하여 일정한 제한규정을 두고 있다. 예를 들면 타인의 작품을 인용할 경우, 일정한 수량을 초과할 수 없으며 교육목적을 위하여 복제한 도서는 일정한 부수를 초과할 수 없는 등 규정을 두고 있다.

(4) 공정이용이 지식상품의 시장판매에 대하여 잠재적인 위협이 되어서는 안된다. 무형재산권자의 이익을 고려하여 법률은 사용자가 이러한 제한을 통하여 무형재산권자의 경제적 이익에 손실을 초래하는 것은 허용하지 아니하므로 각국 법률에서는 그 사용의 결과에 대하여 제한하고 있다. 예컨대 농민의 식물신품종의 번식자료에 대하여 자가번식 및 사용할 경우, 권리자의 동의도, 대가도 지불할 필요도 없지만 농민은 번식자료에 대하여 단지 자가로 사용할 수 있을 뿐 이를 판매하여 식물신품종권리자와 경쟁해서는 아니되며 번식자료를 무상으로 타인에게 증정하여 식물신품종의 판매에 손해를 미쳐서도 아니된다.

(5) 공정이용은 무형재산권자의 기타 합법적인 이익에 손해를 미쳐서는 아니된다. 법률은 사용자에 대하여 일정한 범위 내에서만 사용권을 부여하며 사용자는 무형재산권의 기타 합법적인 권익을 존중하여야 한다. 즉 타인의 작품을 인용할 시 그 출처를 명시하고, 저작권이 있는 저작물을 무료로 공연할 경우 적당한 방식으로 저작자의 명칭을 표시하여야 한다.

비자발적 사용허가는 무형재산권 제한의 중요한 제도이다. 비자발적 사용허락이라 함은 법률의 규정에 따라 무형재산권자의 수권을 거치지 않고 사용자는 그 지식상품을 사용할 수 있지만 권리자에 대하여 적당한 보수를 지불하여야 하는 행위를 말한다. 무형재산권 영역에서 비자발적 사용허락과 자발적 사용허락은 서로 대응되는 두 행위이다. 그 중요한 차이는 권리자의 동의를 구하여야 하는지 여부이다. 비자발적 사용허락은 아래 몇 가지 특징이 있다.

(1) 비자발적 사용허락은 반드시 법적 근거가 있어야 한다. 이러한 사용허락은 수권허락과 달리, 사용근거는 무형재산권 행사에 대한 간섭과 제한이며 "의사적 결정"이 아닌 "법적 규정"이다. 법률상 직접적인 규정이 없다면 비자발적 사용허락은 성립될 수 없다.

(2) 비자발적 사용허락은 독점적 실행 및 사용의 성질을 갖고 있지 않고 권리자의 권리행사에 대하여서만 제한적인 구속력을 갖는다. 즉 비자발적 사용허락의 경우, 권리자는 여전히 지식상품에 대하여 자신이 사용하거나 타인이 사용하도록 허락할 수 있다.

(3) 비자발적 사용을 허락받은 자는 권리자에 대하여 적당한 보수를 지불하여야 한다. 사용에 대한 대가 지불 여부는 비자발적 사용허락과 공정이용의 제일 중요한 차이점이다.

비자발적 사용허락은 행정비준절차의 필요 여부에 따라 비준이 필요한 비자발적 사용허락과 비준이 필요없는 비자발적 사용허락으로 나눌 수 있다.[236] 전자는 강제사용허락이고 후자는 법정사용허락이다. 저작권의 강제사용허락, 특허권의 강제사용허락, 특허권의 지정사용허락, 집적회로 배치설계의 비자발적 사용허락, 식물신품종권의 강제사용허락 등은 모두 행정기관의 비준을 거쳐야만 취득할 수 있다. 여기서 일부 비준은 사용자가 신청한 경우에만 행정기관이 비준을 한다. 특허권의 남용을 방지하기 위하여 비준이 필요한 특허강제사용허락(「중국특허법」 제48조)이 그 예이다. 반면 일부 비준은 행정기관이 법적 규정에 따라 적극적으로 비준을 한다. 특허권의 지정허락(「중국특허법」 제49조)이 그 예이다. 법정사용허락은 단지 저작권 영역에만 적용되며 일종의 비준이 필요없는 비자발적 사용허락이다. 즉 사용자는 저작권법의 규정에 따라 행정기관의 비준이 필요없이 저작권자의 작품을 직접 사용할 수 있다(「저작권법」 제23조).

나. 지식상품의 물적 매체 유통에 의한 제한

무형재산권은 일종의 합법적인 독점권이다. 법률이 허용하는 범위 내에서 권리자는 사용방식, 장소 및 시간 등 지식상품의 사용에 대하여 결정할 수 있다. 이것이 바로 독점권의 효력이다. 하지만 비물질성 지식상품이 물적 매체라는 형식으로 출현한 후 무형재산 독점권이 물적 상품의 소유권을 대항할 수 있는지 여부는 입법자로서 반드시 해결해야 할 권리충돌문제이다. 통상적으로 무형재산권자는 그가 창조

236) 陶鑫良、袁真富:《知识产权总论》, 231页, 北京, 知识产权出版社, 2005。

한 지식상품에 대하여 독점권을 향유하며 자체로 지식상품의 사용 및 판매를 결정할 수 있다. 하지만 지식상품을 물적 매체에 부착하여 상품으로 판매할 경우, 무형재산권 주체는 통상 권리의 독점적 효력을 판매한 후의 상품에까지 확장하기를 원하지만 상품의 구매자는 그 유형상품의 소유권을 통하여 항변함으로써 무형재산권 주체가 지식상품에 대하여 갖는 독점권과 유형재산권 주체가 지식상품의 물적 매체에 대하여 갖는 소유권 사이에 충돌이 발생하게 된다. 상기 권리충돌을 해결하는 법적 방식은 무형재산권의 독점적 효력을 제한하여 지식상품의 물적 매체로서의 상품의 유통을 유지하는 것이다. 이러한 제도가 바로 "권리소진"제도이다.

권리소진이라 함은 합법적인 방식을 통하여 지식상품이 내재된 상품을 판매하거나 양도한 후 여러 경로를 거쳐 해당 상품을 누가 소유하든 무형재산권자는 해당 상품의 이전을 더 이상 지배할 수 없게 됨을 말한다. 즉 권리자가 관련 권리를 한번 행사하고 나면 그 권리가 소진되어 더 이상 행사할 수 없게 된다.[237] "권리소진"제도는 무형재산권자가 상품을 최초 판매 시에만 지배할 권한이 있으므로 해당 이론을 "최초 판매"이론으로 불리기도 한다.

권리소진에 관한 규정은 각국의 저작권법, 상표법 및 특허법 등 법률에서 분산하여 규정하고 있다. 예를 들면 「독일저작권법」 제17조 제2항에서는 "일단 저작물의 원본 또는 복제본이 법률의 적용지역 내에서 해당 물품의 판매권자의 동의를 얻어 소유권 양도의 방식으로 유통영역에 진입하였다면 해당 물품의 계속적 판매에 대하여 법률은 이를 인정하고 있다."고 규정하였다. 이로부터 보다시피 저작권자가 독일에서 그 작품의 판매를 동의한 적이 있다면 해당 작품의 원본 또는 복제본이 유통영역에 진입한 후 그는 타인이 그 작품을 계속하여 판매하는 것을 더 이상 지배할 권한이 없게 된다. 중국의 「특허법」 제69조 제1조에서는 특허권자가 제조하거나 특허권자의 허가를 얻어 제조한 특허상품을 판매한 후 그 상품에 대하여 사용 또는 판매하는 경우는 특허권 침해행위에 해당하지 않는다고 규정하였다. 다시 말하면 중국의 특허법은 특허상품이 합법적으로 시장에 투입된 후 특허상품의 판매권 및 사용권은 중국에서 "소진"하게 된다. 그 외 다수 국가에서는 상표권의 소진문제도 법률로 인정하고 있다.

---

237) 郑成思:《版权法》, 272页, 北京, 中国人民大学出版社, 1990。

상기 내용과 관련하여 무형재산권의 "권리소진"제도에 대하여 아래와 같이 요약할 수 있다.

(1) "권리소진"제도의 설정목적은 무형재산권의 독점성이 상품의 자유로운 유통으로 인하여 발생한 부정적 영향을 해소함으로써 무역의 발전을 추진하기 위함이다. "권리소진"제도는 무형재산권의 효력을 상품의 최초 판매에만 한정하여 지식상품이 내재된 상품을 재판매하거나 기타 방식으로 양도 시 무형재산권자는 지배할 권한이 없게 된다. 이러한 제도적 설정을 통하여 무형재산권자의 지식상품에 대한 수익권을 보호하는 한편 지식상품이 내재된 상품에 대한 구매자의 이익도 보호함으로써 무형재산권과 유형재산소유권이 균형상태를 이루게 하여 무역에서의 "불공정경쟁"을 피하고 상품의 자유로운 유통을 위하여 방해를 제거하였다.

(2) "권리소진"의 발생조건으로서의 유통영역 내에 진입한, 지식상품이 내재한 상품은 무형재산권자 또는 수권자의 동의를 거쳐 합법적으로 유통영역에 진입한 상품을 말한다. 예를 들면 특허권자가 시장에 투입한 특허상품, 실시를 허락받은 자가 시장에 투입한 특허상품 등을 말한다. 만약 이러한 상품이 불법으로 유통영역에 진입하였다면 무형재산권의 "권리소진"의 결과를 초래하지 않을 것이다.

(3) 지식상품이 내재된 상품은 합법적인 판매 또는 합법적인 증정 및 양도 등 방식을 통하여 "권리소진"이 발생한다. 하지만 "권리소진"은 단지 지식상품이 내재한 상품에 대한 판매권 및 증여권의 종료를 의미할 뿐 기타 권리가 종료되는 것은 아니다. "권리소진"된 후 사회공중은 해당 상품을 자유로 판매, 사용 및 증정을 할 수 있지만 "권리소진" 후의 상품에 대한 수출입 및 대여 여부 문제에 대하여 각국 법률은 서로 다른 차이점을 보이고 있다.

(4) 무형재산권 "권리소진"의 범위는 국내에만 한정되는지 아니면 기타 국가도 포함되는지에 대하여 각국의 견해는 서로 다르다. 다수 국가에서는 저작권과 특허권의 소진효력은 권리소진이 발생한 해당 국가 내에서만 한정되고 기타 국가에는 효력이 없어 권리자는 여전히 지식상품이 내재한 상품의 수출입을 지배할 권한이 있다고 본다. 즉 특허권 또는 저작권의 소진은 지역의 제한을 받는다는 것이다. 그러나 상표권에 대하여, 절대다수 국가는 상표가 부착된 상품이 일단 판매하게 되면

상표권자는 해당 상품의 재판매 또는 수출입을 지배할 권한이 없으며 상표권의 소진효력은 지역의 제한을 받지 않고 다른 나라에까지 적용된다고 규정하였다. 상기 문제의 복잡성을 고려하여 「지식재산권협정」 제6조에서는 체약국이 그들 사이의 분쟁을 해결할 시 본 협정조항을 적용하여 권리소진문제를 긍정하거나 부정할 수 없다고 규정하였다. 이는 원래 차이점이 큰 각 체약국의 입법이 해당 분쟁에서 더욱 많은 모순을 야기하는 것을 방지하기 위해서이다.[238)]

다. 선사용권, 선권리에 의한 제한

선사용권리를 "선사용권"이라고도 부르며 이는 한 지식상품의 선사용자는 해당 지식상품에 대하여 후취득한 무형재산권을 대항할 수 있음을 말한다. 이 경우 선사용은 후에 취득한 무형재산권을 제한하게 된다.

특허제도에서 선사용권은 특허권을 수여하기 전에 해당 기술을 선사용하고 있는 자의 이익을 보호하고자 하는데 있다. 중국「특허법」 제69조 제2항 규정에 따르면 특허출원일 이전에 동일한 상품을 이미 제조하였거나 동일한 방법을 사용하였거나 제조 및 사용에 필요한 준비를 이미 완료하였을 경우 단지 기존의 범위 내에서 계속 제조 및 사용하는 것은 권리침해에 해당하지 않는다. 선사용권은 특허권에 대한 일종의 제한으로서 선발명가 또는 설계자의 이익의 보호에 유리할 뿐만 아니라 "선출원주의"의 폐단을 해소할 수도 있다. 만약 이러한 제도가 없다면 어느 한 법인 또는 개인이 한 발명창조에 대하여 특허권을 취득하기만 하면 기타 법인 또는 개인이 대량의 인력, 물력, 재력 및 지력을 투입하고 출원일 전부터 동일한 상품을 이미 제조하였거나 동일한 방법을 사용하였거나 제조 및 사용에 필요한 준비를 이미 완료하였더라도 계속 제조 및 사용할 수 없게 된다. 이는 과학기술의 발전에도 경제의 발전에도 불리할 것이다. 특허법은 선사용권제도에 대한 규정을 통하여 특허권자와 선사용권자의 이익 모두 합리적인 보호를 받도록 하였다. 여기서 지적할 것은 선사용권은 법률이 특별히 부여한 선발명가의 일종의 권리이며 선발명가가 해당 권리를 행사함에 있어서 엄격한 제한이 있다. 즉 기존의 범위 내에서만 해당 상품을 계속

238) 郑成思:《知识产权论》, 342页, 北京, 法律出版社, 1998。

제조 및 사용할 수 있다.

선권리라 함은 무형재산권을 취득하기 전에 이미 존재하거나 취득한 권리를 말한다. 일부 학자는 선권리 및 선사용권을 엄격하게 구분하였으며 이러한 구분은 이론적으로 유익하다. 반면 일부 학자는 선권리의 존재는 후취득한 무형재산권의 취소 또는 무효의 결과를 초래할 가능성이 있으므로 후취득한 무형재산권에 대한 제한으로 간주하는 것은 타당치 않다고 주장하였다.[239] 이러한 주장에 대하여 검토의 여지가 있다. 통상적으로 후취득한 권리와 타인의 선권리가 충돌이 발생할 경우, 법에 따라 취소되거나 무효화될 수 있다. 예를 들면 특허권자가 취득한 실용신안특허와 타인이 선취득한 실용신안특허 모두 중복수권에 해당하며 상표권자가 등록신청한 상표표지가 타인의 미술작품의 선저작권을 침해할 시 이는 후취득한 무형재산권에 대한 제한이 아니라 직접 해당 권리의 소멸을 초래할 수도 있다. 하지만 이에 대한 예외는 있다. 동일한 표지에 대하여 한 주체가 이를 기업명칭으로 선등록할 시 상호권이 선권리가 된다. 하지만 다른 주체가 상표표지로 후등록할 시 법에 따라 상표권을 갖게 된다. 이 경우, 상호권은 등록한 행정구역 내에서 기존에 확정한 사용범위 내에서 계속 권리를 향유하고 후취득한 상표권 금지효력의 영향을 받지 않는다. 요약하여 말하면 해당 선권리는 무형재산권에 대한 제한이 된다.

3. 무형재산권 제한의 법적 변혁

무형재산권 각 당사자의 이익형평은 무형재산권 보호 및 제한의 제도적 설계를 통하여 실현된다. 다시 말하면 무형재산권의 제한은 사적 이익과 공공이익을 조율한 결과이다. 물론 이익형평 자체는 일종의 동적 과정이며 전반적으로 일종의 불확정한 상황에 처해있다.[240] 그러므로 객관조건의 변화로 인하여 이익-형평의 구조에 변화가 발생할 시 무형재산권 제한제도도 이에 대응한 변혁을 일으키게 된다.

---

239) 陶鑫良、袁真富:《知识产权总论》, 231页, 北京, 知识产权出版社, 2005。

240) 陶鑫良:《网络时代知识产权保护的利益平衡思考》, 载《知识产权》, 1999(6)。

가. 무형재산권 제한제도 변혁의 사회적 동력요인

(1) 신기술혁명의 영향

무형재산권제도는 산업혁명에서부터 정보혁명의 시기까지 그리 길지 않은 역사를 거쳤다. 해당 제도는 과학기술혁명으로 인하여 발생되고 과학기술혁명으로 인하여 변화되었다. 우리는 현대의 신기술, 신지식이 현행의 무형재산권 제한제도로 하여금 새로운 도전에 직면하게 되었음을 볼 수 있다. 저작권 영역에서 새로운 기술의 전파는 저작권에 대한 제한 및 역제한의 끊임없는 변혁을 일으켰다. 20세기 60년대 이래, 인류사회는 "전자판권"시대에 진입하여 복사기와 녹음녹화설비는 도서관, 문헌자료센터, 정부부서에서 이용하게 되었을 뿐만 아니라 "일반가정"에서도 이용하게 되어 사회에는 전문 복제 및 녹음을 업으로 하는 가게도 나타나게 되어 수많은 작품이 개인, 가정 나아가 사회에서 무상으로 복제할 수 있게 되었다. 세계지식재산권기구의 통계에 따르면 매년 각국의 작품복제의 수량은 약 25,000억장에 달하며 불법복제한 CD의 가치는 매년 10억 달러를 초과하였다. 그리고 새로운 복제기술의 탄생은 타인의 작품을 복제하는 것이 아주 용이하게 되었고 멀티기술의 발전은 원본과 복제본의 음질상의 차이를 크게 좁혀 "과거 복제에서 존재하는 전문직종사자와 비전문직종사자의 '분업관계'의 벽을 허물게 되었다."[241] 저작권자와 사용자 사이는 한 작품으로 인하여 어떠한 관계가 발생하게 되지만 그들 사이의 연결고리가 없어지게 되었다. 이로 인하여 "한 작품으로부터 그물망처럼 무수한 '끈'이 생겼지만 권리자는 그 '끈'의 끝의 방향을 알 수 없고 현실상황에 대하여 지배할 수도 없으므로 어떠한 권리를 주장하기도 어려운 실정이다.[242] 20세기부터 현재까지 전 세계를 휩쓴 정보혁명에서 우리는 "인터넷판권"시대에 진입하였다. 인터넷기술의 출현은 우리의 생활 및 업무방식을 변화시켰을 뿐만 아니라 경제, 과학기술, 문화거래를 위하여 기술적 보장을 제공하였다. 인터넷의 광범위한 응용 및 보급은 정보를 획득할 수 있는 루트를 확장하였고 전 세계범위 내에서 신속하고 편리하게 정보를 전송할 수 있게 되었다. 바로 이러한 의미에서 세계는 미니형 "지구촌"이 되었다. 한편 인터넷판권 관련 법률문제도 나타나기 시작하였고 전자데이터베이스는 작품의 이

---

241) [日] 中山信弘:《数字时代著作权法的变化》, 载《外国法译评》, 1995(2)。
242) [日] 中山信弘:《数字时代著作权法的变化》, 载《外国法译评》, 1995(2)。

용에 대하여 대량의 수요가 발생하여 전통적인 저작권허가제도는 이를 만족할 수 없게 되었다. 예를 들면 정기간행물 발표문 전자데이터베이스는 전통적인 서면간행물을 근거로 하며 그에 수록된 간행물은 수천수만 개에 달하며 관련된 문헌자료도 수백만 개에 달한다. 만약 데이터베이스의 제작자가 허가를 얻으려면 특히 간행물 저자의 허가를 얻으려면 원가가 너무 높아 실현하기 어려운 실정이다. 이러한 경우, 비자발적 허가범위를 확대하여야 한다는 목소리가 갈수록 높아지고 있다.

전자와 인터넷복제가 무형재산권자에게 위협을 가하는 상황 외에 유선텔레비전 중계방송, 위성전파, 특허강제허락, 집적회로 역공정, 권리소진제도 등의 규정도 신기술에 대하여 속수무책일 뿐만 아니라 이에 적용하기 어렵게 되었다. 신기술혁명의 출현은 한 면으로는 사회공중에게 지식상품을 이용하는 기회를 더욱 많이 제공하여 지식전파로 하여금 더욱 편리하고 원가도 더욱 저렴하게 하였다. 그러나 다른 한 면으로는 무형재산권자가 지식상품에 대한 지배능력이 약화되어 그의 재산적 이익이 상실하게 되는 결과를 초래하였다. 그러므로 사람들은 새로운 시기에 기존의 무형재산권 제한제도에 대하여 의문을 제기하게 되었다.

(2) 새로운 국제무역체제의 영향

세계무역기구의 설립(1994년)과 「지식재산권협정」의 효력발생(1995년)은 전 세계적인 무형재산권 보호제도를 강화하였다. 이러한 세계무역기구의 제도적 구조에서 각국의 입법자는 「지식재산권협정」의 기준에 따라 본국법을 수정하여야 하며 이를 통하여 무형재산권 보호제도가 새로운 국제무역체제에 융합하게 되었다. 「지식재산권협정」은 개발도상국과 제일 낙후한 국가에게 유예기간을 약정하여 일정한 정도에서 이러한 국가의 요구사항을 충족하였지만 협정이 가져온 선진국에 대한 이점은 아주 현저하였다. 선진국이 “우루과이라운드협상”을 발기한 의도는 의약품제조업, 영화업, 통신업의 전략적 목표를 보호하고 전 세계적 범위 내에서 비교적 높은 기준과 유력한 보장체계의 무형재산권제도를 확립하여 선진국이 국제무역에서 계속 기술적 우위를 유지하고 무형재산권을 기반으로 한 기술적 우위를 유지하기 위함이다. 「지식재산권협정」의 체결은 바로 이러한 의도를 실현할 수 있게 되었다. 통계에 따르면 전 세계에서 산업화 국가가 모든 특허의 97%를 보유하고 있고 그 외 판권 및 로열티 수입의 70%는 선진국의 다국적 회사가 획득하고 있는 실정이다.[243] 국제문화시장 역시 여전히 유럽 및 미국 문화제품이 절대적인 주도권을 갖고 있다. 전 세계 문화시장에서 미국은 43%, 유럽국가는 34%를 차지하고 있다.[244] 무형재산에 대한 사적 권리의 확장은 국제적 측면에서 개발도상국과 선진국 사이의 이익이 형평을 잃게 하였고 사회적 측면에서 권리자와 타인 사이의 이익충돌을 초래하였다. 또한 제도적 측면에서 보면 무형재산권 영역에서는 권리 보호와 제한 사이의 조율 문제가 발생하였다. "지식재산권협정"시대에 진입한 후, 국제사회는 무형재산권 이익조율에 대하여 끊임없이 노력하여왔다. 도하회의에서 통과한 「지식재산권협정과 공공건강선언」, 칸쿤회의 전 달성한 본 선언 제6단락의 실시결정에서는 해당 협정의 "공공이익"조항에 대한 해석을 통하여 체약국에게 공공건강을 보호하기 위한 필요에 의하여 "강제허가"를 실행하고 "강제허가"의 이유를 결정할 권한을 부여하며 어떠한 경우가 "국가가 긴급상황 및 기타 극단적 긴급상황"에 해당하는지를 규정할 권한과 자신의 "권리소진"제도를 구축할 권한을 부여하였다. 상기 상황은 우루과이라운드협상에서부터 「지식재산권협정」시대까지 무형재산권 제한제도는 줄곧 "제한-역제한-재제한"이라는 법률적 변혁을 경과하였음을 의미한다.

나. 무형재산권 제한제도 변혁의 중요한 표현

무형재산권 제한제도의 변화는 주로 아래 몇 가지 측면에서 표현된다.

(1) 국제협약은 권리제한의 적용원칙에 대하여 명확하게 규정하고 있다. 국제협약의 수정본 및 새로 체결한 국제협약 모두 무형재산권에 대한 제한은 무형재산권자의 정당한 이익에 손해를 가해서는 아니된다고 규정하였다. 「베른협약」은 1967년 수정하기 전에 단지 저작권 제한에 대하여 전반적으로 제한하였다. 즉 해당 제한은 "반드시 공정한 관례에 부합되어야 한다."고 규정하였다. 1967년 스톡홀름 수정본에서는 "만약 복제가 작품의 정상적인 사용에 손해를 가한다면 절대로 그 복제를 허용해서는 아니된다. 만약 복제가 작품의 정상적인 사용에 손해를 가하지 않을

243) 联合国开发计划署:《1999年人类发展报告》, 转引自 [美] 奥黛丽·R·查普曼:《将知识产权视为人权: 与第15条第1款第3项有关的义务》, 载国家版权局主办:《版权公报》, 2001(3)。

244) 新华网:《文化软实力: 我国文化产业占世界文化市场不足4%》, http://news.xinhua-net.com-02/2011-02/c_121101442.htm.

시 그 복제가 저자의 합법적인 이익을 침해하였는지 여부를 고려하여야 한다. 저작자의 합법적인 이익에 손해를 미치지 않는 경우에만 일정한 특수상황에서 강제허가증을 사용하거나 무상사용을 규정할 수 있다. 다양한 목적으로 사용되는 사진복제를 예로 들면, 사진을 대량으로 복제한다면 작품의 정상적인 사용에 손해를 미치므로 그 사용을 허용할 수 없다. 만약 공업기업에서 상당한 수량의 사진을 사용하고 국가의 법률에 따라 이에 대한 합리적인 보수를 지불한다면 고의로 저작자의 합법적인 이익을 침해하는 경우에 해당하지 않는다. 만약 복제의 수량이 아주 적다면 특히 개인이 사용하거나 과학연구에 사용한다면 보수를 지불하지 않고 사용할 수 있다."고 명문으로 규정하였다. 또한 수정본에서는 "본 동맹구성원 국가의 법률은 특수한 경우에 상기 작품의 복제를 허용하여야 하며 이러한 복제가 작품의 정상적인 사용에 손해를 미치지만 않는다면 고의로 저작자의 합법적인 이익을 침해하는 경우에 해당하지 않는다."고 강조하였다. 1994년에 효력이 발생한 「지식재산권협정」은 무형재산권 제한에 대하여 포괄적인 적용원칙을 제시하였다. 즉 이러한 제한은 지식상품의 정상적인 이용과 서로 충돌되어서는 아니되며 불합리적으로 권리소지자의 합법적인 이익에 손해를 미쳐서는 아니된다. 이로부터 보다시피 본 협정은 지식상품의 정상적 이용 및 권리소지자의 합법적인 이익을 보호하는 전제하에서만 무형재산권에 대하여 제한할 수 있다. 반면, 현존의 제한조치가 무형재산권자의 합법적 이익에 손해를 미칠 경우 제지하여야 한다. 본 원칙을 실현하기 위하여 「지식재산권협정」은 수많은 구체적인 조항으로써 지식상품의 사용을 규범화하였다.

(2) 공정이용제도의 적용을 제한한다. 서양국가는 적극적인 조치를 취하여 공정이용규칙의 남용을 규제하고 있다. 그들은 기존의 공정이용 규정을 수정하거나 제한하기도 하고 심지어는 일부 영역의 공정이용을 취소하기도 하였다. 예를 들면 1972년에 공포한 네덜란드복제법에서는 "일부 사적인 사용을 위한 자유로운 복제"라는 조항을 삭제하였고 1985년에 수정한 독일저작권법에서는 "책 한권 또는 하나의 간행물을 복제할 시 만약 이에 대하여 거의 전부 복제한다면, 이를 필사하지 않는 한 반드시 사전에 권리자의 동의를 얻어야 한다."고 규정하였다. 그 외 오스트리아, 프랑스, 헝가리, 포르투갈, 러시아 등 국가도 계속해서 본 국의 저작권법을 수정하여 공정이용의 제한에 대하여 유사한 규정을 하였다.

공정이용의 입법적 변혁에 따라 각국은 복제권에 대한 보호와 구제를 강화하였다. 현대의 전파기술은 작품을 복제함에 있어서 은폐성의 특징을 갖게 하여 복제권이 더욱 쉽게 침해받게 되었고 전통적인 소송을 통한 보호방법을 취하기도 어렵게 되었다. 이로 인하여 서양국가는 다른 구제방법을 모색하기 시작하였다. 그 중에서 주로 복제로열티 및 녹음제작로열티를 징수하는 경우가 포함된다. 복제로열티 징수란 일정한 기관이 복사업에 종사하는 법인이나 개인으로부터 로열티를 징수하는 것을 말한다. 미국, 네덜란드, 스웨덴 등 국가에서는 전문적인 기관이 복사자로부터 사용료를 수취한다. 녹음제작로열티 징수란 일정한 기관이 녹음제작업에 종사하는 법인이나 개인으로부터 로열티를 징수하는 것을 말한다. 독일에서는 사적으로 사용하거나 기타 사적 이용을 목적으로 한 복제에 대하여 저작권자는 상기 설비 또는 녹음녹화 매체의 제조자에 대하여 그 보수를 주장할 권한이 있다. 본 규정은 수입업에 종사하거나 상기 설비 또는 녹음녹화 매체의 도매상에게도 역시 적용된다. 비록 현재 각국에서 공정이용제도를 규범화하는 방식에 일정한 결함이 존재하고 저작권자의 요구를 충분히 만족할 수 없지만 공정이용에 대한 제한, 로열티 징수제도의 확립은 이미 서양국가의 저작권법의 하나의 추세로 되었다.

특허법, 식물신품종보호권 및 기타 영역에서의 공정이용규칙은 마찬가지로 제한받고 있다. 예컨대 국내를 통과하는데 불과한 사용의 원칙에 따른 특허상품은 판매할 수 없으며 과학연구를 위한 사용범위는 식물신품종에까지 확산되어서는 아니된다.

(3) 법정사용허락의 범위가 다소 확대되었다. 신기술혁명의 충격으로 인하여 전통적으로 공정이용에 해당되던 일부 내용도 법정사용허락으로 전환되었다. 20세기 70년대 이래, 독일, 영국, 스웨덴, 네덜란드, 호주 등 국가에서는 일종의 공공대여권을 확립하였다. 즉 도서관에서 저작권이 있는 도서를 대여할 시 반드시 저작자에게 대여로열티를 지불하여야 한다고 규정하였다. 개인복제 및 가정녹음의 경우에 대하여, 적지 않은 서양국가가 모두 로열티제도를 도입하였다. 녹화제작로열티에 대하여 독일, 오스트리아, 스웨덴 등 국가의 규정은 녹음, 녹화설비에 적용될 뿐더러 공백음악매체에까지 적용된다. 징수대상은 녹음제작설비 및 그 공백 매체의 제조자 외에 상기 녹음제작설비 및 그 공매체의 판매자까지도 포함된다. 로열티의 수익자는 전체 권리자로서 저작자 및 기타 저작권자, 연출자, 음반제작자, 방송단체가 포함

된다. 일본, 영국, 프랑스, 독일 이탈리아 등 국가에서 모두 복제로열티에 대하여 규정하고 있다. 즉 사적 이용의 목적으로 타인의 작품을 복제할 경우 저작권자에게 법이 정한 보수를 지불하여야 한다. 상기 새로운 로열티의 징수는 일부 복제, 녹화 제작 분야 내에서 공정이용으로 하여금 이미 일종의 법정사용허락이 되게 하였다.

(4) 법정무료사용제도가 취소되었다. 법정무료사용이라 함은 특정기관이 비영리의 목적으로 타인의 작품을 사용할 시 권리자의 허락도, 그에게 보수를 지불할 필요도 없는 법률이 허용하는 일종의 제도를 말한다. 법정무료사용제도를 실행하는 국가는 주로 전 동유럽 공유제국가이다. 당시 이러한 국가에서의 라디오 및 TV방송국은 모두 비영리성 단체에 해당하므로 그들로 하여금 저작권자에게 사용료를 지불하게 하는 것은 다소 어려움이 있었다. 그리고 작품을 사용할 시 사전에 저작자의 동의를 얻으려면 홍보교육의 즉시성을 실현하기 어려울 수도 있었다. 이러한 경우, 상기 국가의 저작권법에서는 모든 라디오, TV 등 방식으로 이미 발표한 작품을 전파할 시 권리자의 허락을 얻을 필요가 없으며 보수를 지불할 필요도 없다고 규정하였다. 법정무료사용은 사실상 상기 국가에서 공정이용제도에 해당되지만 다른 다수 국가처럼 명확한 규정을 두지는 않았다. 두 저작권국제협약의 최신본에서는 심지어 이러한 사용은 불합리적이라고 암시하고 있다. 1971년 수정한 「세계저작권협약」은 결국 법정무료사용제도를 인정하지 않았으므로 그의 체약국도 더 이상 이러한 작품의 사용방식을 취할 수 없거나 단지 본국 국민의 작품에 대하여서만 무료사용제를 실행할 수 있게 되었다.[245)]

(5) 국가계획특허허가에 대하여 제한적 조건을 설정하였다. 일부 국가의 특허법은 특허기술의 광범위한 보급과 운용을 위하여 "국가계획사용허가"제도를 규정하였다. 기존의 중국 「특허법」 제14조에서는 국무원 관련 주관부서 및 성, 자치구, 직할시 인민정부는 국가계획에 근거하여 본 기관 또는 그가 관할하는 전국민소유제 법인이 보유한 중요한 발명창조특허에 대하여 그가 지정한 기업이 사용하도록 결정할 권한이 있으며 그 지정된 사용자는 국가의 규정에 따라 특허권을 보유한 자에게 사용료를 지불하여야 한다고 규정하였다. 이러한 규정은 계획경제의 흔적을 고스란

245) 郑成思:《版权法》, 269页, 北京, 中国人民大学出版社, 1990。

히 반영하여 의사자치(意思自治)원칙을 위배하므로 무형재산권자의 합법적인 이익을 보호하는 데 불리하다. 따라서 중국의 새로 수정한 「특허법」 제14조에서는 이와 같이 제한하고 있다. "국유기업사업자의 발명특허가 국가이익 또는 공공이익에 대하여 중대한 의의가 있을 경우, 국무원 관련 주관부서 및 성, 자치구, 직할시 인민정부는 국무원의 비준을 거쳐 지정한 기업이 비준한 범위 내에서 보급 및 응용하도록 결정할 수 있으며 그 사용자는 국가의 규정에 따라 특허권자에게 사용료를 지불하여야 한다." 이로부터 보다시피 이러한 국가계획허가의 적용은 국가이익 또는 공공이익에 중대한 의의가 있는 특허기술이어야 하는 조건부 제한 및 국무원의 비준을 거쳐야 하는 절차상 제한을 받고 있다.

(6) 강제사용허락조건은 제한을 받게 된다. 「베른협약」 및 「세계저작권협약」은 강제허가증 발급조건을 엄격하게 규정하고 있다. 만약 한 체약국이 UN회의에서 확정한 관례에 따라 개발도상국으로 인정되었다면 해당 국가는 두 협약의 가입국으로서 허가증제도에서의 권리를 번역 및 복제할 권리가 있으며 이러한 국가는 반드시 "경제상황 및 사회나 문화 실정으로 인하여 해당 협약문에서 규정한 모든 권리를 보호하는 제도를 현재로서는 확립할 수 없다고 생각하는" 국가이여야 한다. 또한 상기 기준에 해당하고 우대혜택을 받기를 원하는 체약국은 반드시 두 협약에 참여할 시 또는 참여한 후 두 협약의 각 수탁자에게 본국이 규정의 일부 또는 전부 권리를 인용할 것을 통지하여야 하고 청구서류를 제시하여 어떤 권리를 인용할 것인지를 명기하여야 한다. 협약의 관련 규정에 따라 번역권 또는 복제권자의 이익을 위하여 허가증을 발급할 시 반드시 상기 저작권자에게 공정하고 합리적인 보수를 지불하여야 하며 각 체약국은 조례를 제정하여 그 보수가 저작권자에게 전달되도록 보증하여야 한다. 저작권국제협약에 따르면 개발도상국은 이른바 우대조항을 통하여 번역권 및 복제권의 강제허가증을 취득하게 된다. 하지만 신청주기가 길고 수속이 복잡하며 게다가 "국제교환가능" 화폐의 지불요구에 의하여 개발도상국은 실제로 이러한 "우대"를 받기가 상당히 어렵다. 그 외 「지식재산권협정」 제31조에서는 특허 강제허락에 대한 제한을 구체적으로 열거하였다. 즉 강제허가증은 각 사안마다 결의하여야 하고 합리적인 기간 내에 특허권자의 수권을 얻지 못하여야 하며 강제허락사용 범위 및 기한은 피수권일에만 한정되고 또한 이러한 강제허락은 비독점적이

며 해당 사용은 양도불가하고 적당한 보수를 지불하여야 하며 이러한 사용의 경우가 존재하지 않거나 재현불가할 경우 해당 강제허가는 반드시 종료되어야 한다는 등 14개의 제한조항을 두고 있다. 심지어 일부 학자는 “강제사용에 대하여 협정은 권리의 제한에 대하여 규정하였다기보다 권리제한에 대한 제한이라고 할 수 있다.”고 주장하였다.[246]

(7) 권리소진제도는 중대한 변혁에 직면하게 되었다. 권리소진제도는 무형재산권의 독점성이 상품의 자유로운 유통에 대한 부정적 영향을 해소함으로써 무역의 발전을 추진하였다. 하지만 권리소진제도의 남용은 무형재산권자의 이익에 대하여 손해를 초래할 가능성이 있다. 이러한 부족점을 보완하기 위하여 일부 국가는 저작권법에서 대여권을 규정하였으며 특허법에서 수입권을 설정함과 동시에 지식상품의 병행수입에 대하여서도 새로운 법률적 논리를 제시하였다.

첫째는 대여권 문제이다. 출판업이 막 발전할 무렵 작품의 대여량은 그리 많지 않아 저작권자의 이익에 위협을 가하지 못하였으며 그 당시 대여업의 영위와 권리소진원칙은 서로 충돌이 발생하지 않았다. 신기술혁명의 발전에 따라 작품의 대여는 판매를 대체할 추세로 발전하였으며 저작권자의 재산적 이익에까지 위험을 초래하게 되어 각국 입법자는 권리소진원칙에 대하여 다시 검토하고 주목하게 되었다. 이로 인하여 유네스코(UNESCO)는 1984년 2개의 건의성 원칙 및 보충의견을 공포하여 각국이 녹음제품에 대한 전문적인 법률을 수정할 시 참조하도록 하게 하였다. 그 주요 내용은 저작권자가 그의 원작작품에 대하여 저작권을 보유할 뿐만 아니라 녹음제작된 녹음녹화제품에 포함된 자신의 작품에 대하여서도 저작권을 갖는다고 규정하였다. 이는 저작권자는 타인이 자신의 작품이 포함된 녹음제품을 대여하는 것을 허용하는지 여부에 대하여 결정할 권한이 있으며 만약 녹음제품에 저작권의 원작이 포함되지 않았다면 제1녹음제작자는 녹음제작품에 대하여 인접권을 갖게 됨을 의미한다. 이는 인접권자는 타인이 그 녹음제품을 재녹음하거나 복제하거나 심지어 대여하는 것을 금지할 권한이 있음을 의미한다. 상기 권리는 반드시 저작권자 또는 음반제작자의 특정단체에서 대행하여야 한다.[247] 유네스코(UNESCO)의 건의의 취지는 대여

246) 郑成思:《世界贸易组织与贸易有关的知识产权》, 200页, 北京, 中国人民大学出版社, 1996。
247) 郑成思:《信息、新型技术与知识产权》, 97~98页, 北京, 中国人民大学出版社, 1986。

권을 인정하고 작품창조자와 전파자의 이익형평을 보호하여 사회가 기술을 사용함으로 인하여 저작권자에게 초래한 손해에 대하여 보상하기 위함이다.

최근에 대여권은 일종의 신형권리로서 각국 저작권법에서는 이에 대하여 규정하고 있다. 대여권에 관한 입법방식은 주로 두 가지가 있다. 하나는 대여를 하나의 작품발행의 방식으로 간주하는 것인데 이 경우 대여권은 발행권에 포함된다. 예를 들면「미국저작권법」제106조에서는 발행권에 대하여 아래와 같이 해석하였다. “판매 또는 기타 소유권 이전의 방식을 통하거나 대여 또는 임차의 방식을 통하여 공중에게 저작권이 있는 작품의 복제물 또는 녹음제품을 발행하는 것을 말한다.” 이로부터 보다시피 본 조에서 규정한 발행권에는 대여권이 포함된다. 다른 하나는 대여를 독자적인 작품의 사용방식으로 간주하여 대여권과 발행권을 각각의 권리로 인정하는 것이다. 예를 들면「독일저작권법」제27조에서는 “복제물의 대여 및 임차”의 권리를 규정하였지만 제17조에서 규정한 전파권은 주로 발행권을 말한다. 이로부터 보다시피 두 권리는 서로 관련성이 없다. 러시아 등 국가의 저작권법도 유사한 규정을 하고 있다.

대여권의 출현은 어느 정도에서 권리소진원칙을 약화하였다. 즉 저작권제한원칙에 대하여 역제한을 하였다. 권리소진원칙에 의하면 작품이 최초로 판매된 후 해당 작품의 재판매, 발행 및 기타 방식의 사용은 저작권자가 지배할 권한이 없다. 본 원칙은 상품의 자유로운 유통을 추진할 수 있지만 작품의 대여는 작품복제물의 이전을 야기하지 않으므로 상품의 자유로운 유통과 관련이 없다. 입법자는 대여권에 대한 설정을 통하여 저작권자로 하여금 작품 판매 후 일정한 범위 내에서 대여권을 지배할 수 있게 하여 저작권자의 이익을 최대한으로 보호하고 저작권 제한에 대한 부정적 영향을 감소하였다. 어떤 학자는 이러한 현상을 “저작권이 소유권에 대한 제한의 확대”라고 보았다. “과학기술의 발전으로 인하여 저작권에 포함된 권리 및 이용의 형태가 대폭 증가하게 함으로써 작품을 탑재한 유체물에 대한 소유권의 권능 또는 역할을 상대적으로 많이 제한하고 있다.”는 것이 그 이유이다.[248] 다시 말하면 저작권에 내포된 내용의 증가로 인하여 저작권과 작품의 원본 또는 그 복제본의 소유권이 충돌할 시 소유권의 역할은 저작권의 제한을 많이 받게 된다. 대여권의 설정이 바로 이러한 경우이다.[249] 입법자의 최초 목적에서 보면 대여권제도의 확립

248) 杨崇森:《著作权法论丛》, 207页, 台北, 华欣文化事业中心, 1983。
249) 吴汉东等:《西方诸国著作权制度研究》, 204页, 北京, 中国政法大学出版社, 1998。

은 저작권자에 대한 경제적 보상을 통하여 사회의 공정을 이루고자 하는 것일 뿐 저작권 효력에 대한 무제한의 확장이 아니다. 사실상 저작권법에서 이러한 새로운 권능에 대하여 설정할 시 이미 이에 대하여 어느 정도 제한을 두고 있으며. 주로 아래 두 가지 측면에서 알 수 있다. 하나는 적용범위에 대한 제한이다. 대여권은 주로 법률이 특별히 규정한 작품유형에만 한할 뿐 모든 작품에 적용되지 않는다. 「지식재산권협정」 제11조에서는 체약국이 대여권을 인정할 것을 요구하지만 그 범위는 컴퓨터 소프트웨어, 영상저작물 및 음반제품에만 한정된다. 다른 하나는 법정사용허가에 대한 제한이다. 대여권은 저작권의 기타 권능과 마찬가지로 법정사용허가제도의 적용을 허용하여야 한다. 예컨대 영국 「저작권법」 제66조에서는 "대여인은 국무대신의 명령에 의하여 작품을 대여할 수 있으며 이 경우 저작권자의 수권을 취득할 필요가 없지만 합리적인 보수를 지불하여야 한다."고 규정하였다.

특허법 및 상표법에서 특허상품의 대여 및 상표가 부착된 상품의 대여는 지식재산권자의 이익에 대한 영향이 그리 명확하지 않으므로 절대다수의 국가는 이에 대한 대여권을 규정하지 않고 있다.

둘째, 병행수입 및 수입권 문제이다. 상품의 병행수입이라 함은 무형재산권자의 동의없이 제3자가 무형재산권이 내재된 상품을 수입하여 판매하는 경우를 말한다. 예를 들면 갑은 중국 및 미국에서 모두 특허권을 갖고 있으며 을은 갑의 허락없이 중국에서 구매한 특허복제품을 미국에 수입하여 판매하거나 또는 갑은 병이 미국에서 특허권을 행사하도록 수권하였으나 을은 갑이나 병의 동의없이 중국에서 구매한 특허상품을 미국에 수입하여 판매한 경우를 말한다.

병행수입이 야기한 문제의 쟁점은 병행수입한 상품이 무형재산권 침해에 해당하는지 여부이다. 현재 다수 국가의 전문가들은 병행수입이 합법적인지 여부에 관한 문제를 해결할 시 "권리소진원칙"으로부터 출발한다. 병행수입을 찬성하는 이유는 권리자가 지식상품을 포함한 상품을 최초 판매 또는 양도한 후 무형재산권자의 권리는 소진되어 타인의 해당 상품의 처분행위에 대하여 지나치게 지배해서는 안되기 때문이다. 병행수입을 반대하는 이유는 무형재산권은 지역성이 있으므로 무형재산권의 "권리소진"도 지역적 제한이 있다.[250] 따라서 무형재산권이 내재된 상품을 한

250) 郑成思:《世界贸易组织与贸易有关的知识产权》, 85页, 北京, 中国人民大学出版社, 1996; 吴汉东主编:《知识产权法》, 206页, 北京, 北京大学出版社, 1998。

국가에서 판매 또는 양도할 경우, 그 권리가 타국에서 상실되지는 않으며 권리자가 타국에서 역시 지배권을 갖고 있으므로 병행수입 역시 지식재산권에 대한 침해에 해당되기 때문이다.

필자는 이 문제를 해결하는 핵심은 "권리소진"의 효력범위를 확정하는 것이라고 본다. 만약 "권리소진"의 효력이 국내에만 한정되면 병행수입은 무형재산권에 대한 침해가 될 것이다. 만약 "권리소진"의 효력이 국외에까지 미친다면 병행수입은 무형재산권 침해에 해당되지 않는다. 국내외의 입법실무에서 보면, 특허권과 저작권에 대하여 말하면 다수 국가는 권리가 한 나라에서 소진되면 국제시장에서도 소진된다고 보지 않았다. 예컨대 중국과 미국이 체결한 지식재산권 보호양해각서에 근거하면 중국은 특허법을 수정하여 특허권자의 "수입권"을 규정하였고 미국특허법도 "수입권"을 규정하고 있다. 최근 몇 년에 많은 국가의 특허법과 저작권법에서 규정한 "수입권"은 사실상 입법을 통하여 권리소진의 지역성을 확인하였다. "수입권"제도의 출현은 어느 정도 "권리소진"원칙의 효력을 약화시켰고 무형재산권 제한에 대한 역제한이기도 하다. 만약 "권리소진"에 대하여 지역적 제한이 없다면 무형재산권리자는 한 나라에서 특허권과 저작권을 취득하였더라도 다른 국가의 합법적인 특허상품 또는 "작품" 복제품의 충격을 받게 되어 경제적 이익에 손해를 입을 수 있다. 반면, 입법자는 "수입권" 설정을 통하여 "권리소진"의 지역성을 명문으로 인정하여 무형재산권자로 하여금 한 나라의 지식상품 거래시장을 완전히 장악하여 권리자의 독점적 이익을 보호하여 해당 권리가 진정한 "독점권"으로 되게 하였다. 하지만 이는 국제적 무역거래에 대하여 일정한 저해역할을 하게 된다. 최근 몇 년에 공포한 국제협약 중, 「지식재산권협정」 제28조에서는 특허권자의 "수입권"을 명확히 규정하였으며 이는 사실상 특허권 소진의 지역성을 확인한 것이다. 그러나 1996년 세계지식재산권기구의 「WIPO저작권협약」 및 「WIPO 연출 및 녹음제품협약」 모두 논쟁이 비교적 큰 저작권의 지역성 문제에 대하여 협의를 이루지 못하였다.

상기 경우와 달리, 각국은 상표권 소진문제에 대하여 논쟁이 아주 크다. 1991년 맥시코 「산업재산권법」 제92조에서는 "권리소진"원칙을 규정하였으며 법원의 판례에서도 상품의 "병행수입"은 상표권을 침해한 것이 아니라고 판결하였다. 1986년 호주법원의 판결에서도 "병행수입"은 특허권 또는 저작권을 침해할 가능성이 있지만 상표권을 침해할 수는 없다고 하였다. 이와 반대로 미국의 판례는 예전부터 이러한 "병행수입"은 상표권을 침해하였으며 상표법에서도 상표권이 1차 사용 후 소진되는 것을 인정하지 않았다. 이와 관련하여 중국학자는 상표는 한 기업의 상품이 타 기업의 상품 및 타 기업과 구별되는 표지로써 어느 나라에서 이를 사용하든지 변경되어서는 아니된다. 그렇지 않으면 소비자는 동일한 출처의 상품에 대하여 "다른 출처"로 오해가 발생할 수 있으며 이는 시장의 안정성 및 상표권자 자신에게도 불리하며 상표권의 지역성 특징과도 충돌되지 않는다고 주장하였다.[251] 하지만 이러한 해석은 단지 상표의 식별성 역할을 해명할 뿐 상표권과 병행수입 사이의 관계에 대한 문제를 충분히 해석할 수 없었다. 필자는 특허권, 저작권 영역에서의 병행수입문제든 상표권 영역에서의 병행수입문제든 실질적인 문제는 "권리소진"의 효력범위를 확정하는 것이라고 본다. 이 문제를 해결하기 위하여 입법자는 무형재산권자가 지식재산에 대한 독점적 이익, 판매자가 자신이 구입한 상품의 소유권에 대한 지배적 이익 및 국가가 상품의 자유유통을 추진하는 사회적 이익 등 요인을 종합적으로 고려하여야 한다. 특허권 및 저작권을 말하면, 지식창조의 활동은 특허상품 및 작품의 가치에서 아주 중요한 지위를 점하고 특허권자와 저작권자가 투입한 창조원가는 반드시 시장판매를 통하여서만 대가를 얻을 수 있다. 만약 "병행수입"의 합법성을 인정한다면 특허권자 및 저작권자는 상품수입국의 시장지분을 상실하게 되어 그들의 이익에 심각한 손해를 미치게 될 것이다. 이로 인하여 다수 국가는 계속해서 특허권자 및 저작권자의 수입권을 인정하였다. 하지만 상표권 영역에서 보면, 비록 병행수입이 상표권자의 이익에 일정한 정도의 손해를 미치지만 이러한 손해는 특허상품 및 작품의 병행수입으로 인한 손해보다는 훨씬 적다. 만약 합법적인 상표가 부착된 상품을 한 나라에 수입할 시 권리침해로 인정한다면 이는 지나치게 엄격하다고 본다. 수많은 국가는 상품의 자유로운 유통을 추진하는 입장을 출발점으로, 이러한 병행수입을 아직 불법으로 인정하지 않았다. 그러나 향후 국제사회에서 더욱 엄격한 조치를 취하여 상표권을 보호할 지 여부 그리고 해당 영역에서 병행수입문제를 금지할 지 여부는 아직 더욱 깊은 고찰이 필요하다.

---

251) 郑成思:《知识产权论》, 343页, 北京, 法律出版社, 1998。

제 6 장
무형재산권 보호

무형재산권은 국가기관으로부터 부여를 받는 즉시 법률의 보호를 받는다. 무형재산권 및 그 보호대상의 특수성으로 말미암아 무형재산권제도에 있어 전통적인 재산권보호제도를 적용하기에는 부족함이 있으므로 반드시 새로운 길을 개척하여 특수한 수단을 채택해야지만 지식재산을 효과적으로 보호할 수 있다.

1. 무형재산권 보호범위

가. 무형재산권 효력범위 개설

무형재산권을 보호하기 위해서는 우선 각종 권리의 효력범위를 확정하여야 한다. 지식상품은 비물질형태의 특수한 재산으로서 공개성 및 사회성의 특징을 갖고 있으며 그 소유자는 전통적인 민법에서 규정한 점유방식을 통하여 이를 지배할 수 없게 되었다. 제3자가 지식상품에 대한 이용이 합법인지 여부 및 권리침해에 해당하는지 여부에 대하여 모두 법률로 규정하고 있다. 그러므로 무형재산권의 효력범위는 침해행위의 법적 책임을 확정하고 국가기관이 보호조치를 취하는 근거이다. 이와 관련하여 법률은 전통적인 소유권제도와 서로 다른 규정을 하고 있다.

재산소유권의 객체는 유형적인 동산 또는 부동산이다. 이러한 객체 자체로 권리의 보호범위를 설정할 수 있으며 법률은 이에 대하여 특별히 규정하고 있지 않다. 통상적으로 말하면 유형재산의 크기 및 형태, 유형부동산의 위치 및 외형을 통하여 물(物)과 물(物) 사이의 차이점을 알 수 있으며 본권(本權) 및 타권(他權)의 범위를 확정할 수 있다. 법률은 소유권자의 유형재산에 대한 점유, 사용, 수익 및 처분의 권능을 보호하며 객체물의 내용, 성능, 용도 및 가치를 불문하고 소유권자가 각 객체물에 대하여 갖는 기본적인 권능은 동일하다. 소유권제도는 보호범위를 확정하는 특별한 조항이 존재하지 않는다.

무형재산권 객체로서의 정신상품은 일종의 무형재산으로서 그의 보호범위는 상품자체로서 확정할 수 없고 관련 법률에서 특별하게 규정하여야 한다. 한정된 보호범위 내에서 권리자는 자신의 지식상품에 대하여 각종 전유권(專有權)을 행사할 수 있으며 해당 범위를 초과할 시 권리자의 권리는 효력을 상실하게 된다. 즉 제3자가 지식상품에 대하여 합법적으로 사용하는 것을 배제할 수 없게 된다.

나. 저작권의 보호범위

저작권의 보호범위는 창작자의 사상표현형태와 서로 연관되어 존재한다. "사상표현형식"을 "표현"(expression)이라고도 하며 이는 저작권 이론의 제일 기본적인 논리적 개념으로서 문학예술 및 과학창작영역에서 구체적인 작품으로 표현된다. 기존의 학설이론에 의하면, 저작자의 창작활동은 명확하게 두 가지 부분으로 분류된다. 한 부분은 저작자의 머릿 속에 존재하는 아이디어이고, 다른 한 부분은 저작자의 아이디어에 대한 표현이다.[252] 이러한 아이디어 표현형식은 작품이 완성되는 최종 형태로 기본적인 구성요소로는 문자, 언어, 색채, 선, 음율, 무보(舞譜) 등 표현형태의 기호이지만 법적 보호를 받는 작품이 되려면 두 가지 요건을 반드시 구비해야 한다. 하나는 독창성(또는 창작성)이고 다른 하나는 복제성이다. 이것이 바로 작품의 "저작물성"의 요구이다. 여기에서 보다시피 일정한 표현형태란 바로 저작권법에서 특정한 보호대상을 말한다. 저작권의 보호범위에 관하여 우리는 아래 몇 가지 측면으로부터 이해할 수 있다. 첫째, 표현형식은 사상내용과 무관하다. 각국의 저작권법은 모두 하나의 기본적인 원칙 즉 사상표현형식만 보호할 뿐 사상내용 자체는 보호하지 않는 원칙을 고수하고 있다. 비록 현재 학계에서 사상내용과 표현형식의 구성에 대하여 아직 논쟁이 존재하지만 명확한 것은 어떠한 형태로 묘사 및 설명하든지

252) 金渝林:《论"同一作品的两种不同表现形式"》, 载《中国版权研究会学术年会论文选编》, 22页, 西安, 西北大学出版社, 1993。

불문하고 저작물에 대한 보호는 어떠한 사상, 절차, 방법, 체계, 작동방법, 개념, 원리 또는 발견에까지 확장하지 않는다.[253] 미국학자 Patterson 교수는 저작권 보호 관련 제외영역을 논할 시 작품 중 세 가지 종류의 자료가 공공영역의 자료에 해당한다고 강조하였다. 즉 정부공무성 자료, 사회정보성 자료 및 역사적 창작작품이다. 상기 자료 또는 작품 모두 저작권법의 보호를 받지 않는다.[254] 일본학자 후루사와 히로시(古澤博)도 유사한 관점을 갖고 있다. 그는 작품 중 포함하고 있는 "소재", 즉 자연계 또는 사회, 역사가 부여한 창작자료는 인류문화의 공동 재산이며 자유롭게 사용할 수 있는 대상이라고 주장한다.[255] 둘째, 표현의 유형 및 보호범위와 관련이 있다. 저작권법은 저작자를 위하여 복제권, 공연권(表演權), 방영권(播放權), 전시권, 영상촬영제작권, 연역권(演繹權) 등 풍부하고 다양한 재산권 내용을 설정하였다. 하지만 작품의 유형에 따라 다시 말하면 표현형태에 따라 저작자가 갖는 재산권 내용도 각기 다르다. 다수 국가의 법률규정에 근거하면 작품의 유형에는 문자, 구두, 음악, 미술, 도형 심지어 전자형식의 것들이 있다. 저작가가 상술 작품에 대한 사용방식을 통해 향유하게 되는 권익은 작품의 유형에 한정된다. 예를 들어 구두(口頭)작품은 전시권과 관련이 없고 도형작품은 공연권과 무관하며 미술작품의 경우 연출권을 행사할 수 없다. 셋째, 표현형식에는 법적으로 제한되는 작품은 포함하지 아니한다. 일반적 의미상에서의 작품은 외연성에 있어서 극히 광범위하여 여러 가지 작품을 포함하는바 심지어 권리침해작품, 공공영역을 침범한 작품과 저작권 보호를 받지 않는 작품까지도 포함한다. 그 중 후자에는 두 가지 종류가 포함된다. 한 가지 종류는 법에 의해 출판과 전파가 금지된 작품으로서 반동, 음란, 공서양속 위반 작품 등이며, 다른 한 종류는 저작권 적용을 받지 않는 대상으로서 법률, 법규 및 정부의 공식적인 번역문, 시사뉴스, 통용 양식 및 공식 등이다.

---

253) 《美国版权法》第102条(b)款。

254) L Ray Patterson、Stanley W. Lindberg, *The Nature of copyright* : A Law of Users' Right, p.202, The University of Georgia Press,1991.

255) [日] 古泽博:《关于利用他人作品的著作权问题》, 载《独协法学》, 1997-10-22。

다. 특허권의 보호범위

특허권의 보호범위는 특허 출원시 제출한 청구항의 내용을 기준으로 한다. 특허권의 객체는 발명창조 아이디어를 구체화한 물(物) 또는 방법이다. 그에 대한 보호범위는 특허주관기관이 발명창조 아이디어의 범위에 대해 부여한 의사해석을 통해 결정된다. 다시 말하면 청구범위를 구체적인 해석의 기준으로 한다.[256] 청구범위는 특허출원의 중요한 서류로서 수권하기 전의 청구범위는 출원인이 특허보호를 통하여 획득하고자 하는 권리사항에 대한 청구이며 수권한 후의 청구범위는 특허청이 특허권의 보호범위를 확정하는 근거이다. 특허권자의 독점실시권의 범위는 특허권이 포함한 발명의 기술적 특징과 기술의 폭에 근거하여 확정된 것이라고 할 수 있다. 각국 입법에서 특허권의 보호범위를 확정할 시 세 가지 원칙이 있다. 첫째, 주변한정원칙이다. 본 원칙에 의하면 청구범위는 곧 특허보호의 범위이며 청구범위에 기재된 문자에 근거하여 엄격하고 충실하게 해석하여야 한다. 미국은 본 입법례를 취하고 있다. 둘째, 중심한정원칙이다. 본 원칙에 의하면 청구범위를 해석할 시 청구범위의 문자기재에 구속되지 않고 청구범위를 중심으로 발명의 목적, 성질, 설명서 및 도면을 전반적으로 고려하여 주변의 일정한 범위 내의 기술도 특허보호범위 내에 포함시키는 것이다. 독일은 본 입법례를 취한 적이 있다. 셋째, 절충원칙이다. 즉 상기 두 가지 원칙을 절충한 것으로서 이 원칙에 의하면 특허권의 보호범위는 청구범위의 내용에 따라 확정하되 명세서와 첨부도면을 청구범위 해석에 사용할 수 있다는 것이다. 이 원칙은 특허권자의 이익을 고려함과 동시에 제3자의 이익도 고려하여 상술 두 가지 원칙의 미흡한 부분을 극복하였다. 중국은 본 입법례를 취하고 있다.

라. 상표권의 보호범위

상표권의 보호범위는 등록상표 및 지정상품과 관련이 있으며 그 효력은 법률에서 명확히 규정하고 있다. 통상적으로 상표권은 사용권 및 금지권 두 가지 내용이 포함된다.[257] 전자는 상표권자가 그 등록상표에 대해 충분한 지배권과 완전한 사용권을

256) 何孝元:《工业所有权之研究》, 224页, 台北, 三民书局, 1977。

갖는 것을 말한다. 후자는 상표권자가 제3자에게 상표권자의 허락없이 무단 사용하는 것을 금지하는 권리를 말한다. 법률에서 사용권과 금지권을 구별하는 것은 양자의 효력범위가 서로 다르기 때문이다. 사용권은 등록자가 등록상표를 사용하는 문제와 관련이 있고 금지권은 타인이 불법으로 등록상표를 사용하는 것에 대항하는 문제와 관련이 있다. 입법통례에 의하면 등록자의 전용사용권은 등록상표와 그 지정상품에 한한다. 다시 말하면 등록자가 전용사용권을 행사함에 있어서 두 가지 내용의 제한을 받는다. 첫째, 상표주관기관이 비준한 지정상품에 한하며 기타 유사상품에 확대하여 사용해서는 아니된다. 둘째, 상표주관기관이 비준사용한 문자, 도형에 한하며 비준범위를 벗어나 그와 유사한 문자, 도형을 사용해서도 아니된다. 하지만 금지권의 효력범위는 이와 달리, 등록자는 타인이 그의 허가없이 동일 또는 유사상품에 등록상표와 동일 또는 유사상표를 사용할 시 모두 금지권을 갖는다. 다시 말하면 금지권의 효력은 아래 네 가지 경우가 포함된다. 첫째, 동일상품에 동일상표를 사용하는 경우; 둘째, 동일상품에 유사상표를 사용하는 경우; 셋째, 유사상품에 동일상품을 사용하는 경우; 넷째, 유사상품에 유사상표를 사용하는 경우가 포함된다. 여기서 주목할 것은 등록상표의 전유권(專有權)은 심사비준한 문자, 도형 및 지정상품에 한하며 이러한 제한은 상표권자가 전용권을 행사하는 범위일 뿐 상표권의 보호범위를 말하는 것이 아니다.[258]

무형재산권 보호범위에 관한 규정의 특징은 일종의 권리항 범위에 대한 "경계확정"으로 표현될 뿐만 아니라 효력범위에 대한 "제한"으로도 표현된다. 저작자, 창작자의 전유권(專有權)이 공중이 지식을 획득하고 사회 전체의 발전 및 과학문화사업의 발전에 대하여 장애가 되는 것을 방지하기 위하여 무형재산권제도는 권리자 이외의 타인이 일정한 조건에서 보호받고 있는 지식상품을 자유로 사용할 수 있도록 허용하고 있다. 예를 들면 저작권법에서의 "공정이용" 및 "법정사용허락원칙", 특허법에

257) 중국의 일부 학자들은 이러한 분류에 대하여 이의를 제기하고 있다. 일부 학자는 미등록상표는 등록상표와 마찬가지로 사용권이 있다고 주장하며 일부 학자는 상표권의 본질은 전용사용권으로서 배타권은 상표권의 당연한 내용이라고 주장하였다. 우리는 미등록상표의 "사용권"은 불완전하고 불충분하며 그의 사용은 단지 일종의 자연사실일 뿐 법정 권리가 아니라고 본다. 미등록상표와 등록상표가 충돌이 발생할 시, 전자의 계속 사용은 불법행위이다. 또한 등록상표의 사용권 및 금지권의 차이점은 그의 효력의 차이점을 인정하는 데 도움이 된다. 상표법에도 이와 관련하여 명확한 규정이 있다.

258) 何孝元:《工业所有权之研究》, 224页, 台北, 三民书局, 1977。

서의 "특허권소진원칙" 및 "국내를 통과하는데 불과한 사용의 원칙", 상표법에서의 "선사용권자의 사용원칙" 등은 지식상품을 사용함에 있어서 전유권(專有權) 행사에 대한 제한이다. 즉 법률의 무형재산권 보호범위에 대한 한정이다.

2. 무형재산권 침해행위의 개념 및 특징

가. 무형재산권 침해행위의 개념

현재 무형재산권 침해행위에 관하여 전반적으로 연구한 저서는 아주 적은 편이다. 다만 각 종류의 구체적인 권리침해행위에 대하여 여러 법의 논술에 분산되어 서술한 것은 볼 수가 있다. 침해행위의 목적물 또는 침해행위의 대상에 대하여 학자들은 서로 다른 관점을 갖고 있다. 어떤 학자는 권리침해행위는 무단으로 타인의 지식상품을 사용하는 것으로 표현된다고 강조하였다. 상기 주장에 의하면 저작권 침해행위라 함은 "저작자 또는 기타 저작권자의 허가를 거치지 않고 또한 법률이 규정한 조건에도 맞지 않는 경우, 저작권법의 보호를 받는 저작물을 무단으로 이용하는 행위를 말한다."[259] 등록상표 전용권 침해라 함은 권리자의 허가없이 무단으로 등록상표를 사용하거나 해당 상표의 중요한 구성 부분을 자신의 상표에 사용하여 상표의 혼동을 야기하여 소비자를 기만하는 행위를 말한다."[260] 어떤 학자는 권리침해행위는 본질상 무단으로 타인의 전유권(專有權)를 이용하는 것을 말한다고 강조하였다. 저작권 침해라 함은 "저작권자의 허가를 거치지 않고 법률이 허용하는 범위 외에 무단으로 그 저작권을 사용하는 행위를 말한다."[261] 특허권 침해라 함은 "특허권자의 허가를 거치지 않고 그 특허를 실시하는 행위를 말한다."[262] 상표권 침해라 함은 "불법으로 타인의 등록상표권을 침해하는 행위를 말한다."[263] 필자는 법률규정을 위반하여 지식상품 소유권자의 전유권(專有權)을 침해하는 행위 모두 무

---

259) 黄勤南主编:《新编知识产权法教程》, 448页, 北京, 中国政法大学出版社, 1995。
260) 夏淑华:《商标法要论》, 246~247页, 北京, 中国政法大学出版社, 1989。
261) 郑成思主编:《知识产权法教程》, 112页, 北京, 法律出版社, 1993。
262) 刘春田主编:《知识产权法教程》, 250页, 北京, 中国人民大学出版社, 1995。
263) 刘剑文主编:《现代中国知识产权法》, 289页, 北京, 中国政法大学出版社, 1993。

형재산권 침해행위에 해당한다고 본다. 여기서 설명하고자 하는 것은 침해행위는 주로 전유권(專有權)을 갖는 지식상품에 대한 무단사용으로 표현되지만 지식상품에 대한 무단사용이 모든 침해행위를 포함하는 것은 아니다. 예를 들면 저작권 영역에서 타인의 서명을 위조한 미술작품에 대한 제작 및 판매행위는 법률규정에 따라 저작권 침해행위에 해당한다. 이로부터 보다시피 모든 침해행위가 직접 타인의 저작권 작품을 대상으로 하는 것은 아니다. 다시 말하면 침해자는 무단으로 타인의 "권리"를 행사하는 것이지 타인의 "작품"을 사용하는 것은 아니다. 또한 특허권 영역에서 특허권 공유자가 다른 공유자의 동의를 거치지 않고 타인이 해당 특허기술을 실시하도록 허가하는 행위 그리고 상표권 영역에서 타인의 등록상표의 전용권을 침해하는 상품임을 알고 있거나 알아야 하면서도 그 상품을 판매하는 행위 등이 있다. 해당 행위는 간접침해행위에 속하며 비록 지식상품을 사용함으로 인한 직접적 권리침해는 아니지만 적극적으로 타인이 직접 침해행위를 행하도록 유인하거나 촉구함으로써 타인의 전유권(專有權)을 침해하게 된다. 따라서 침해대상으로부터 보면, 권리침해행위는 "무단으로 지식상품 소유권자의 전유권리를 행사하거나 이용하는 행위"로 표현되며 이는 "법적 보호를 받는 지식상품을 무단으로 사용하는 행위"라는 표현보다 더 적절하다고 본다.

무형재산권 침해행위는 불법사실행위에 해당한다. 현대의 민법학설에서 학자들은 사실행위를 통하여 침해행위의 성질을 해석할 것을 주장하며 금지성 규범은 반드시 "사실행위의 가치를 위반한 행위로서 행위의 목적을 금지하고자 한다."고 본다.[264] 심지어 모든 불법행위는 "항상 특정사실행위"라고[265] 주장하였다. 필자의 견해는 무형재산권 침해행위와 지식상품의 창작행위는 모두 사실행위이지만 그 성질이 다르다고 본다. 전자는 불법사실행위이고 후자는 합법사실행위이다.[266] 여기서 필자는 권리침해행위가 사실행위로서 갖는 일반적인 특징에 관하여 다음과 같이 개괄하고자 한다. 첫째, 침해행위는 의사표시를 구성요건으로 하지 않는 일종의 객

264) 史尚宽:《民法总论》, 296页, 台北, 正大印书馆, 1980。

265) 童安生:《民事法律行为》, 117页, 北京, 中国人民大学出版社, 1994。

266) 어떤 학자는 논문을 통하여 반동음란물은 창작내용이 불법인 작품이기 때문에 해당 작품은 법률이 인정하거나 보호하지 않는다. 즉 무효민사행위에 해당한다고 주장하였다. 이 관점은 정확하지 않다고 본다. 창작행위는 권리침해행위와 마찬가지로, 의사표시를 구성요소로 하지 않는 일종의 법률행위이다.

관적인 행위이다. 즉 이미 실시된 객관적으로 외계에 영향과 결과를 초래한 행위이다. 둘째, 침해행위의 법적 결과는 법률의 직접적 규제에 의하여 생기는 바, 행위자가 추구하는 직접적 목적을 반영하지 않으며 행위자가 기대하는 의사효력 또한 존재하지 아니한다. 셋째, 침해행위는 법정사실요건을 충족함으로써 성립된다. 소위 "수권을 거치지 않고 또 법률 허가도 없이 타인의 전유권(專有權)를 무단 행사하거나 이용하는 것"이 곧 바로 권리침해법이 규정한 구성요건이다. 따라서 동 행위는 본질상 일종의 법률행위이다. 행위내용이 불법이므로 해당 행위는 법률사실의 종류 중 일종의 불법사실행위에 속한다.

나. 무형재산권 침해행위의 특징

무형재산권 침해행위는 통상적인 침해행위와 동일한 법적 성질을 갖고 있고 유사한 법적 결과를 초래하게 된다. 하지만 침해대상에 따라 무형재산권 침해행위는 자체 특유의 기본적 특징을 나타내고 있다.

(1) 침해형태의 특수성

침해행위에서 재산소유권에 대한 침해는 주로 불법점유(불법으로 타인의 소유물을 점유하는 행위), 방해(소유자로 하여금 자신의 권리를 충분히 행사할 수 없도록 하는 행위) 및 훼손(타인의 소유물을 침해하여 멸실 또는 파손되게 하는 행위)으로 표현된다. 이러한 행위는 통상 직접 객체물 자체에 작용하며 객체물과 직접적이고 밀접한 관련성이 있다. 침해행위의 구체적인 내용에는 점유, 사용, 수익 및 처분이 포함된다. 무형재산권 침해는 주로 표절, 왜곡 및 모조로 표현된다. 이러한 침해행위는 지식제품의 아이디어 내용 또는 그 표현형식에 행사되는 것이지 지식제품의 물적 매개체와는 무관하다. 예를 들어 불법으로 타인이 창작한 서화를 자기 것인 양 강점하는 행위는 창작한 물적 매체 즉 물품 자체와 관련이 있다. 이러한 행위는 재산소유권에 대한 침해행위로 간주된다. 만약 행위자가 비록 이러한 서화를 점유하지 않았지만 무단으로 이를 복제 및 인쇄하여 판매할 경우 해당 행위는 무형재산 즉 저작자의 사상표현방식과 관련이 있으므로 무형재산권 침해로 인정된다. 유형재산의 침해행위와 달리, 무형재산의 침해행위는 형식상 저작자의 권리행사에 영향이 미치지 않는 듯하다.

예를 들어 타인의 작품에 대한 불법 "점유"는 권리인이 동시에 이러한 "점유"를 상실하는 것을 의미하지 않으며, 작품에 대한 불법사용 역시 권리인이 자신의 지식제품에 대한 계속 사용을 배척하지 않는다. 이러한 행위가 권리침해에 해당하는 것은 주로 이러한 행위가 지식상품 소유권자의 "독점적" 및 "전용적" 권리를 침해했기 때문이며 무형재산권의 절대성과 배타성에 대한 위반이기 때문이다.

(2) 권리침해행위의 고도의 기술성

과학기술의 끊임없는 발전 및 생산방식의 끊임없는 혁신으로 인하여 대중의 소비능력이 대폭 높아졌으며 사회생활도 과학기술화 및 현대화 추세를 나타내고 있다. 이러한 추세 하에 새로운 유형의 침해행위도 점차 발생하고 있다.[267] 새로운 권리침해행위는 다수가 무형재산권 침해행위에 해당된다. 무형재산권 침해행위는 지력창조성의 특징을 구비한 지식제품의 이용과 상호 연계되어 상당히 높은 수준의 기술함량을 가지고 있으므로 침해행위의 방지, 침해책임의 인정, 침해결과의 방지 등 측면에서 상당한 어려움을 초래하고 있다. 우선, 신정보기술, 새로운 전파매체의 발전은 저작권과 특허권 등에 직접적인 위협을 초래한다. 새로운 전자기술의 응용을 통하여 인쇄물, 음반제품 및 도표자료 등을 무제한으로 스캔, 샘플링 및 복제할 수 있다. "이러한 기술을 부당하게 사용하는 것은 저작권자의 인세와 수입을 횡령한 것과 동일하다."[268] 정보통신망의 신속한 발전에 따라 인터넷과 해커도 함께 등장하게 되었다. 컴퓨터와 최신기술도구를 이용한 침해자는 쉽게 타인의 특허기술과 영업비밀을 "정보통신망"에 올릴 수 있다. 다음으로, 지식상품과 관련된 침해행위는 다수가 기술수단이 아주 뛰어나고 일반재산권 침해보다 더욱 큰 은폐성과 기만성을 갖는다. 현재, 인터넷의 신속한 발전은 인류정보의 통합화가 현실이 되게 하였으며 이로 인한 사회적 및 경제적 효익은 모두가 알고 있는 사실이다. 하지만 "인터넷은 하나의 가상사회로서 인터넷 범죄는 첨단기술이 인류에게 가져다 준 새로운 고민이다."[269] 인터넷 권리침해, 인터넷 비밀절취, 인터넷 파손 등은 지식재산권의 유실을 초래하였으며 사람들로 하여금 대책을 세워 방지할 시간조차 없게 하였다. 마지막

267) 张新宝:《中国侵权行为法》, 13页, 北京, 中国社会科学出版社, 1998。
268) 明安香主编:《信息高速公路与大众传播》, 159页, 北京, 华夏出版社, 1999。
269) 侯晓霞等:《迎接知识经济时代, 加强知识产权保护》, 载《知识产权》, 1999(2)。

으로 무형재산권 침해행위는 그 인과관계가 아주 복잡하다. 지식상품의 비물질적 특징으로 인하여 권리자는 타인의 불법사용을 통제할 수 없다. 기존의 전통적인 환경에서 무형의 정신적 창조를 상표표지, 특허상품, 도서자료, 음반악보 등 물질적 매체로 "고정화"할 수 있었지만 이에 대한 권리침해책임의 입증은 상당히 어려웠다. 현재에 이르러 인터넷 공간에서 모든 지식상품은 데이터화한 전자정보로서 사람들이 감지할 수 있는 것은 단지 컴퓨터 단말기 화면에서 순간적으로 나타나고 소멸되는 데이터 및 영상일 뿐이므로 침해행위의 인정문제는 더욱 큰 난관에 부딪히게 되었다.270) 이러한 실정은 직접 무형재산권에 대한 보호를 위협하게 되었으며 심지어 어떤 사람은 분노를 호소하기도 하였다. "내가 누가 언제 어디서 복제품을 제조하는지를 밝혀낼 수 없다면 타인이 나의 작품을 복제하는 것을 제지하는 법적 권리가 무슨 소용이 있으랴!"271)

(3) 침해범위와 광범위성

지식제품의 비물질적이고 공개적인 특징으로 말미암아 동일한 지식제품에 대한 적법한 사용과 권리침해성 사용은 통상적으로 동일한 시공간 조건하에서 발생하며 여러 개 심지어 수십 개의 권리침해성 사용이 서로 다른 지역에서 동시에 발생할 수 있다. 지식제품의 이용이 극히 편리해진 조건 하에 사용행위는 손쉽게 침해행위를 행할 수 있고 침해를 받는 대상은 어느 한 건의 권리만이 아니다. 현대 정보기술, 전파기술의 출현으로 무형재산권의 침해행위는 두 가지 중요한 추세를 보이고 있다. 하나는 개체침해행위의 "보급화"이다. 복사기술의 보급으로 문자작품에 대한 대규모 복사가 극히 편리해졌고 사회대중들의 복제작품 구매습관에 큰 영향을 미쳤다. 관련 국제조직의 조사에 의하면 매년 각국 복사수량은 약 25,000억장에 달한다. 전자녹음/녹화 기술의 보급으로 개인이 음악과 TV프로그램을 복제하는 것은 수억만 가정의 취미가 돼 버렸다. 영국정부가 20세기 80년대에 공표한 그린북에 의하면 영국에서 가정의 녹화 한 건만으로 저작권자는 약 5000만 파운드의 손실을 보고 있다고 한다.272) 두 번째로는 하이테크 침해행위의 "국제화"이다. 세계인터넷이 광

270) 吴永臻:《网络信息环境的知识产权保护问题》, 載《河北大学学报》(哲学社会科学版), 1998(2)。
271) [英] R.F. 沃尔等:《版权与现代技术》, 載《国外法学》, 1984(6)。
272) 吴汉东:《著作权合理使用制度研究》, 206页, 北京, 中国政法大学出版社, 1996。

범위하게 응용되는 공간에서 지식제품은 극히 빠른 속도로 극히 편리하게 전 세계 범위에서 전파될 수 있어 서로 다른 나라에서 다른 주체들에 의해 수용되고 사용된다(합법적인 사용과 불법적인 사용 포함). 정보가 공간과 지역을 초월하여 대규모 및 고속망으로 전파되기 때문에 다국적 침해 역시 아주 쉽게 이루어지는 일이 되어버렸다. 침해자는 집 밖으로 나가지 않고도 "인터넷해커"가 되어 타국 국민의 데이터베이스에 진입하여 필요한 경영정보와 기술비밀을 획득할 수 있고, 또는 컴퓨터에 타인의 온라인작품을 입력, 저장, 현시할 수 있게 되었다. 자국 국민에 대한 침해라고 하더라도 온라인을 이용하여 해외로부터 우회적으로 다른 신분으로 본국에 진입할 수도 있다. 이런 상황에서 모든 지식제품은 "국제화" 침해의 위협에 노출될 수밖에 없다.[273)]

(4) 침해유형의 다양성

입법례를 통하여 보면, 무형재산권 침해는 직접침해행위와 간접침해행위로 구분되며 법은 이에 대해 부동한 과실조건과 처벌기준을 규정하였다. 소위 간접침해행위라 함은 두 가지 의미를 포함하고 있다. 하나는 행위자의 행위 자체는 침해에 해당하지 않지만 그 행위의 도움과 유도로 직접침해행위자가 발생하도록 하여 권리자에게 손해를 초래한 경우, 즉 "2차침해"라고도 불리는 경우이다. 예를 들어 저작권 영역에서 권리침해복제품을 고의로 판매, 임대, 수입하는 행위이며, 특허권 영역에서는 특허상품에만 사용할 수 있는 핵심부품을 고의로 제조, 판매하는 행위이고, 상표권 영역에서는 타인의 상표권 침해행위를 위해 고의로 저장, 운송, 송달, 은닉 등 편의조건을 제공하는 행위를 말한다. 두 번째로 "행위자"는 아무런 침해행위도 하지 않았지만 특정사회관계의 존재로 말미암아 법에 의해 반드시 타인의 침해행위에 대해 일정한 책임을 부담해야 하는 경우이다. 예를 들어 법정대리인의 경우 행위무능력자가 실시한 침해행위, 고용주의 경우 피고용인이 담당업무 완성으로 실시한 침해행위, 위탁인의 경우 수탁인이 위탁계약 이행으로 실시한 침해행위 등은 모두 간접침해행위이다.[274)] 상기 간접침해행위자와 직접침해행위자는 공동으로 책임을 부담해야 한다. 중국의 관련 법률 및 판례 모두 상표권에 대한 간접침해행위에 대하

273) 孙铁成:《计算机与法律》, 63页, 北京, 法律出版社, 1998。
274) 郑成思:《版权法》, 212页, 北京, 中国人民大学出版社, 1997。

여 언급하고 있다. 예를 들면 저작권 영역에서 기술조치를 회피하거나 파괴하는데 주로 사용되는 장치 또는 부품을 고의로 제조, 수입 또는 타인에게 제공하거나, 또는 타인의 기술조치 회피 및 파괴를 위해 고의로 서비스를 제공하는 행위(「정보네트워크전파권보호조례」 제19조 제1항 참조)이다. 저작권 간접침해행위는 침해방조, 침해대체 및 침해보조 등으로 나눌 수 있다. 특허권 영역에서 법률은 비록 간접침해행위의 제재에 대하여 명확히 규정하고 있지 않지만 사법실무를 보면 특허권자의 허가를 거치지 않고 생산경영을 목적으로 특허제품에만 사용되는 핵심부품 또는 특허방법의 실행에만 사용되는 설비나 자료를 고의로 제조 및 판매하거나, 특허권자의 수권이나 위탁을 거치지 않고 무단으로 타인에게 특허의 실행을 허가하거나 위탁하는 등 행위는 직접침해와 함께 공동침해를 구성한다. 상표권 영역에서 타인이 등록한 상표권을 침해한 행위를 위해 저장, 운송, 우송, 은닉 등 편의조건을 고의로 제공한 경우(「상표법실시조례」 제75조 참조) 직접침해행위와 함께 공동침해를 구성한다. 입법현황을 보면, 간접침해행위를 권리침해책임법 범위 내에 포함시키는 것은 무형재산권에 대한 국제적 보호수준을 높이기 위한 요구일 뿐만 아니라 국내 무형재산권제도를 조율하기 위한 필요이기도 하다.

3. 무형재산권 침해행위의 귀책원칙

가. 침해행위의 귀책원칙 개설

침해행위는 일반침해행위와 특수침해행위로 나누어진다. 전자는 과실, 손해사실, 인과관계를 기본적인 구성요건으로 하며 민법상의 일반책임조항을 적용하는 침해행위를 말한다. 후자는 일반침해행위의 구성요건이 결여되어 있는 경우로 민법상 특별규정 또는 특별법 규정의 책임조항을 적용하는 침해행위를 말한다. 침해행위의 성질에 따라 그 귀책원칙도 서로 다르다.

귀책원칙은 다른 종류의 침해행위 별로 부담해야 하는 민사책임의 기준과 원칙을 확인하는 것으로 침해행위의 책임구성 요건, 입증책임의 부담, 면책조건, 손해배상의 원칙과 방법 등을 결정한다. 무형재산권을 침해한 행위의 귀책원칙에 관하여 중국의 관련 법률은 명확하게 규정을 하지 않고 있으므로 학계의 주장은 서로 다르다. 일부 학자는 무형재산권 침해행위는 일반침해행위로 과실책임원칙을 적용해야 한다고 주장한다.[275] 일부 학자는 동 종류의 침해행위는 여러 가지 속성을 가지기 때문에 과실책임원칙과 무과실책임원칙을 동시에 적용해야 한다고 주장한다.[276] 또 일부 학자는 무형재산권 침해행위에는 특별침해행위가 포함되므로 과실책임원칙을 토대로 과실추정책임원칙을 보충하여 적용할 것을 주장한다.[277]

나. 과실책임원칙에 대한 평가

과실책임원칙은 무과실 또는 과실의 정도로써 책임부담 여부 또는 어떤 책임을 부담하여야 하는지를 확인하는 근거로 삼으며 일반침해행위 중 "주장한 자가 입증하는" 원칙을 실행한다. 과실책임원칙은 자연법칙으로서 행위자는 자신의 과실행위가 초래한 손해에 대하여 배상책임을 부담하여야 한다. 이는 명백한 자연적 이치이다. 바로 19세기 독일법학자 예림이 논한 바와 같이 "사람으로 하여금 손해배상책임을 부담하게 하는 것은 손해가 발생해서가 아니라 과실이 존재하기 때문이다. 이는 마치 화학원리처럼 촛불을 불태우는 것은 빛이 아니라 산소이며 이는 간단하고 명백한 도리이다."[278] 무형재산권 침해는 비록 특수성이 있지만 통상적인 경우, 여전히 과실책임원칙의 적용을 배재할 수는 없다. 이러한 적용만이 권리침해책임법의 진정한 가치판단의 기준을 나타낼 수 있다. 행위자는 적당한 주의의무를 다하기만 하면 책임을 질 필요가 없다. 만약 손해가 발생하기만 하면 배상하여야 한다면 행위자의 창작활동은 조심스러워지고 우유부단하게 될 것이며 걸핏하면 처벌을 받게 될 것이다. 이는 창작자의 독점적 권리의 보호 및 과학문화사업 발전의 추진이라는 무형재산권제도의 이원성 입법목표와 서로 위배되는 것이다.

---

275) 刘波林等:《侵害著作权的过错责任》, 载《著作权》, 1996(4)。

276) 郑成思:《知识产权论》, 271~274页, 北京, 法律出版社, 1998。

277) 어떤 학자는 무형재산권 침해행위는 과실책임원칙을 적용하지만 해당 원칙의 적용을 토대로 과실추정원칙으로 해결할 것을 고려할 수 있다. 이는 미국이 해당 분야에서 적용하는 엄격책임원칙과 비교적 유사하다. 张新宝:《中国侵权行为法》, 237页, 北京, 中国社会科学出版社, 1998。

278) 转引自王泽鉴:《民法学说与判例研究》(2), 144页, 北京, 中国政法大学出版社, 1997。

무형재산권 침해제도에서 과실책임원칙을 적용하는 근거는 국내법 및 국제법이다. 중국 「민법통칙」은 침해행위에 대하여 이원성 귀책원칙체계를 취하고 있다. 일반침해행위는 과실책임원칙을 적용하고 법률상 별도의 특별한 규정이 있는 경우에만 무과실책임원칙을 적용한다. 통상 지식재산권에 대한 침해는 법이 규정한 특별한 경우에 해당되지 아니므로 과실책임원칙을 적용하여야 한다. 각국의 입법에 보편적 지도의의가 있는 「지식재산권협정」 제45조 제1항의 규정에 따르면 "사법기관은 권리침해자가 권리소유자에게 충분한 손해배상을 지불하도록 명할 권한이 있으며 이로써 침해자가 지식재산권을 침해함으로 인하여 발생한 손실을 보상하며 또한 침해자는 자신이 침해행위를 행하고 있음을 알고 있거나 알고 있어야 할 충분한 이유가 있어야 한다."[279] 상기 규정은 무형재산권의 손해배상에 적용되는 조건은 침해자가 자신이 침해행위를 했음을 알고 있거나 알 수 있어야 한다는 것임을 표명한다. 다시 말해 과실책임원칙은 무형재산권 침해의 일반귀책원칙이다.

다만, 전반적으로 과실책임원칙을 적용하는 것도 검토해야 할 여지가 있다. 그 원인은 입증책임의 배분문제에 있다. 과실책임원칙은 "주장자가 입증하는" 원칙을 취하므로 원고인 권리자에게 여러 불편한 점이 있다. 무형재산권 보유자는 일정한 기간 내에 독점적 권리를 갖지만 반드시 그 지식상품을 공개하여야 한다. 이 경우, 권리자는 타인이 지식상품을 이용하는 것을 통제하기 어렵게 되며 타인이 이러한 이용에 과실이 있음을 입증하기 더욱 어렵게 된다. 일부 학자는 이에 대하여 비판적인 태도를 취하고 있다. 과실책임원칙의 적용은 허가를 거치지 않은 사용자의 이익을 지나치게 고려한 반면 권리자의 이익을 적게 고려하였다고 주장하였다. 따라서 학술계는 과실책임원칙에 대하여 수정 및 보충하여 이원성 귀책원칙을 취할 것을 주장하였다. 그 중 대표적인 관점은 두 가지가 있는데 하나는 무과실책임을 보충원칙으로 하는 것이고, 다른 하나는 과실추정책임을 보충원칙으로 하는 것이다.

다. 무과실책임원칙에 대한 의문

무과실책임원칙은 행위자의 과실 여부를 고려하지 않고 법률상 명문으로 책임을

279)《中国科学技术蓝皮书》第7号。转引自陈昌柏编著:《国际知识产权贸易》，485页，南京，东南大学出版社，1994。

부담하여야 하는 경우, 단지 손해사실 자체에만 근거하여 책임을 확정하는 것을 말한다. 이러한 인식에 근거하여 권리자는 침해자의 과실에 대하여 입증할 필요가 없으며 침해자도 무과실을 이유로 항변해서는 아니된다. 일부 학자는 무형재산권 침해영역에 무과실책임원칙을 도입할 것을 주장하였다. 즉 허가를 거치지 않고 복제하거나 직접 전파의 첫 단계인 실연 등으로 작품을 이용하는 행위 그리고 허가를 거치지 않고 발명창조특허를 제작, 사용하는 행위는 무과실책임을 적용하여야 한다. 반면 기타 행위 및 모든 간접적 지식재산권 침해행위에 대하여서는 과실책임원칙을 적용하여야 한다는 것이다.[280] 그 이유는 무과실책임원칙을 적용하는 것은 권리자의 입증의 어려움을 해소하는 것으로서 국제적 입법추세와도 일치하기 때문이다.

필자는 위 주장에 대하여 의문점을 가진다. 첫째, 현재의 무과실책임원칙은 산업혁명이 완성됨에 따라 시대에 발맞추어 탄생된 것으로 그의 중요한 사명은 현대사회의 대량 생산에서 발생한 위험한 작업 및 환경오염 등으로 인하여 사람들에게 손해를 끼치는 배상책임문제를 처리하는 것이다. 대만지역의 학자 왕저쩨엔(王澤鑒) 교수는 "무과실책임제도의 기본적인 사상은 '반사회성'을 갖는 행위에 대하여 제재하고자 하는 것이 아니다. 기업의 경영, 자동차의 사용, 상품의 생산판매, 원자력장치의 보유는 현재사회의 필요한 경제활동으로서 실제로 불법이라 할 수 없다. 무과실책임의 기본적인 사상은 불행한 손해에 대하여 합리적인 배분을 하고자 하는 것이며 이것이 바로 Esser 교수가 특히 강조하는 배분의 '정의'이다."고 지적하였다.[281] 이로부터 알 수 있는 바와 같이, 무과실책임원칙은 주로 사회에 필요한 경제활동으로 인한 손해에 적용되며 "반사회성"을 갖는, 타인의 무형재산권을 침해하는 행위의 성질과 맞지 않다. 둘째, 「지식재산권협정」 제45조 제2항 규정에 따르면 "사법기관은 침해자가 권리소유자에게 합리적인 변호사비용도 포함된 전부의 비용을 지불할 것을 명할 권리가 있다. 적절한 경우 침해자가 자신이 침해행위를 행하고 있음을 모르거가 알 수 있는 합리적인 이유가 없더라도 체약국은 사법기관에 수권하여 그 이윤의 회수를 명하여 자신의 손실을 보상받을 수 있다."[282] 위 조항이

280) 郑成思:《侵害知识产权的无过错责任》，载《中国法学》，1998(1)。

281) 王泽鉴:《民法学说与判例研究》(2)，162页，北京，中国政法大学出版社，1997。

282)《中国科学技术蓝皮书》，第7号。转引自陈昌柏编著:《国际知识产权贸易》，485页，南京，东

국제적으로 무과실책임원칙을 확인하는 준거법으로 사용할 수 있을 지 여부는 다시 한 번 살펴볼 가치가 있다. 여기에서 말하는 "적절한 경우"란 주로 침해손해가 특히 심각한 일부 경우를 일컫는데 권리침해자가 침해활동을 통하여 거대한 이익을 획득하거나 권리침해의 정도가 상당히 심각하거나 권리자의 명예에 손해를 끼쳤거나 법원소송의 기간이 과도하게 길어 권리자의 지출이 거대한 경우를 말한다.[283] 특히 주목하여야 할 것은 「지식재산권협정」에서는 "손해배상"과 관련하여 두 개의 조항을 두고 있는데 제45조 제1항에서 규정한 것은 과실책임원칙이다. 이는 침해자가 주관적으로 "알고 있거나" "알고 있었어야 함"을 전제로 한다. 위 조항은 강제성 조항으로 체약국은 "마땅히" 국내법으로 이를 인정하여야 한다. 제45조 제2항은 이와 달리 일부 "적절한 경우" 권리침해자의 소득이익의 반환 혹은 법정 배상비용의 지급은 주관적인 취득 여부를 조건으로 하지 않는다. 그러나 이 원칙은 선택성 조항으로 "체결측이 당해 귀책원칙을 채택하지 않더라도 협정을 위반하였다고 할 수 없다."[284] 법리적으로 제45조 제2항 규정이 어떤 의미가 있는지에 대하여 학술계에서는 서로 다른 의견을 갖고 있다. 일부 학자들은 위 경우 역시 과실을 조건으로 하지 않는 엄격책임이라고 판단하고 있으나 다른 일부 학자들은 이를 행위자의 과실을 고려하지 않는 부당이득으로 간주할 수 있다고 보고 있다. 요컨대 당연히 무과실책임에 해당하는 것은 아니다.[285] 셋째, 외국 입법이 무과실책임원칙을 인정하는지 여부에 대하여서는 보다 구체적인 분석이 필요하다. 대륙법계 국가인 프랑스, 독일, 일본 등 국가의 민법전 및 그 특별법에서 규정하는 무과실책임원칙은 주로 "공작물소유자"의 책임에 적용된다. 이에는 동물소유자책임, 철도소유자책임, 항공기소유자책임, 에너지설비소유자책임 등이 포함된다. 이로부터 알 수 있는 바와 같이 기본법으로서의 민법전은 무형재산권의 침해를 다루지 않았다. 지식재산권법에서 무과실책임을 규정하고 있는지 여부를 보면, 일부 학자들은 「독일저작권법」 제

南大学出版社，1994。

283) 汤宗舜:《知识产权的国际保护》，222页，北京，人民法院出版社，1999。

284) 汤宗舜:《知识产权的国际保护》，223页，北京，人民法院出版社，1999。

285) 귀책원칙을 보면 대륙법계 불법행위법은 이를 과실책임, 무과실책임 및 공정책임으로 나누고 영미법계 불법행위법은 이를 과실책임, 엄격책임 및 절대책임으로 나누었다. 参见王利明编著:《侵权行为法》，北京，法律出版社，1996; 张新宝:《中国侵权行为法》，北京，中国社会科学出版社，1998。

97조, 「독일상표법」 제14조 규정 즉 “침해를 받은 자는 재발우려가 있는 침해행위에 대하여 즉시 금지를 명할 것을 청구할 수 있다. 만약 침해행위가 고의 혹은 과실에 의한 경우에는 손해배상과 함께 청구할 수 있다.”를 인용하면서 본 조항이 바로 무과실책임에 대한 확인이라고 보고 있다. 그러나 이는 틀린 것이다. 무형재산권은 소유권과 마찬가지로 모두 대세권(對世權), 절대권으로 여러 법적 방식을 적용받아 보호될 수 있다. 이 중 방해배제청구, 원상회복청구, 원물반환청구는 물권에 의한 청구이고, 손실배상청구는 채권에 의한 청구이다. 독일의 저작권법 및 상표법에서 규정한 방해배제청구 및 권리침해정지청구는 모두 물권의 보호방식이며 이러한 물상청구권은 행위자의 과실 여부를 조건으로 하지 아니한다. 이러한 “무과실”은 권리침해로 인한 손해배상이라는 채권성 청구에 적용되지 아니한다. 영미법계 국가에서는 주로 판례의 방식을 통하여 엄격책임원칙을 인정하였다. 이러한 엄격책임은 일반책임보다 더욱 엄격한 일종의 귀책원칙이지만 이러한 책임기준은 절대책임과도 서로 구별된다. 절대책임의 경우, 만약 피할 수 있는 상해사건이 발생할 시 주의의무 부담 여부를 막론하고 당사자는 반드시 책임져야 한다. 엄격책임의 경우, 행위자는 자신이 부담하는 책임에 대하여 여전이 일부 제한적인 항변사유를 인용할 수 있지만 당사자가 이미 합리적인 주의의무를 다한 이유로 항변할 수는 없다.[286] 대륙법계 국가의 불법행위법은 엄격책임을 직접 채택하지 않는다. 중국의 일부 학자들은 엄격책임과 무과실책임의 의미는 기본적으로 동일하다고 보고 있다.[287] 그러나 다른 일부 학자들은 엄격책임은 과실추정에 더욱 가깝다고 보고 있다.[288] 이는 엄격책임은 “엄격하지만 절대적인 것이 아니기” 때문이다. 엄격책임에서는 행위자가 자신의 행위로 인한 손해에 대하여 그 어떠한 경우에서든 모두 책임을 져야 한다는 것을 의미하지는 않는다. 각국 입법은 행위자가 특정한 항변 혹은 면책사유를 제기할 수 있다는 것을 인정하고 있다. 엄격책임은 행위자의 과실과 상관없이 그 책임을 확인할 수 있다고 보일 수는 있으나 실제적으로는 과실추정방식을 채택한 것과 같다. 즉 손해사실로부터 행위자가 과실이 있다는 것을 추정하지만, 피해자의 과실,

---

286) [英] 戴维.M.沃克主编:《牛津法律大辞典》, 北京社会与科技发展研究所组织编译, 863页, 北京, 光明日报出版社, 1989。

287) 孔祥俊:《论侵权行为的归责原则》, 载《中国法学》1992(5)。

288) 王利明:《民商法研究》(第一辑), 664页, 北京, 法律出版社, 1998。

제3자의 과실 및 자연적인 원인으로 인하여 그 손실을 초래하였음을 입증할 경우 그 책임을 경감하거나 면제받을 수 있다. 이로부터 알 수 있는바와 같이 미국 등 국가들이 해당 영역에서 채택하는 엄격책임원칙은 무과실책임원칙이 아니라 과실추정책임원칙에 더 가깝다.[289)]

라. 과실추정책임원칙에 대한 주장

과실추정원칙은 과실책임원칙에 대한 보충이자 발전이며 후자의 특수한 표현형식이다. 과실추정책임은 일반적인 과실책임에 비해 엄격하지만 무과실책임에 비해 그렇게 절대적이지 않는다. 이 원칙에 근거하면, 일단 손해가 발생할 시 법률은 행위자가 과실이 있음을 추정하며 그가 무과실이라는 항변을 제시할 것을 요구한다. 만약 반박할 사유가 없거나 그 항변사유가 성립되지 못할 경우, 행위자가 과실이 있음을 인정하여 그 책임을 부담하여야 한다. 일부 학자의 분류에 근거하면 과실추정책임원칙은 일반과실추정과 특수과실추정으로 나뉜다. 전자의 경우, 법률은 행위자가 타인의 신체 및 재산을 침해하여 손해를 초래할 경우, 민사책임을 부담하여야 한다고 규정하였지만 만약 행위자가 자신이 과실이 없음을 입증할 시 그 과실의 추정을 번복하여 책임을 면제받을 수 있다. 후자의 경우, 일부 침해행위에서 법률은 행위자가 반드시 법정항변사유가 존재함을 증명하여 자신이 무과실임을 입증하여야만 손해에 대하여 책임을 지지 않는다.[290)] 무형재산권 침해행위의 성질을 볼 때 특수과실추정을 적용하여야 맞는다고 보일 수 있다. 각국 관련 입법문서에서 "권리의 제한", "특허권 침해행위로 간주되지 않음", "지식재산권에서 허가하는 행위" 등은 모두 무형재산권 침해소송에 대한 법정 항변사유이다. 위 항변사유들은 과실부존재의 이유이기도 하거니와 책임을 면제하거나 감면하는 이유이기도 한다.

과실추정책임은 과실책임과 무과실책임 사이의 책임귀책방식이다. 과실을 책임확정의 최종 근거로 하는 것으로부터 볼 때 과실추정책임은 전통적인 과실책임이 가지는 가치와 기능을 보유하고 있고, 과실이 없음에도 불구하고 책임을 부담하여

289) 王利明:《民商法研究》(第一辑), 664页, 北京, 法律出版社, 1998; 张新宝:《中国侵权行为法》, 298页, 北京, 中国社会科学出版社, 1998。

290) 王利明等编著:《侵权行为法》, 35~36页, 北京, 法律出版社, 1996。

야 하는 내용으로부터 볼 때 이는 또 무과실책임의 일부 특징을 갖는다. 따라서 과실추정책임원칙의 형평, 조정기능은 권리자에 대한 지나치게 엄격한 입증요구 및 무형재산 침해자에 대한 지나치게 관대한 과실책임원칙과 권리자에 대한 충분한 보호와 지식재산권 사용자에 대한 지나치게 엄격한 무과실책임원칙 간의 편차를 보완하였다. 침해손해결과가 발생할 때 법률에서는 지식제품 사용자가 자신의 "무과실"을 입증하여 원고로서의 권리자의 입증의 어려움을 면제하도록 한다. 또한 피고로서의 지식제품 사용자에게 항변의 기회를 제공하여 무고하게 처벌을 받지 않도록 한다. 이로부터 알 수 있는 바와 같이 과실추정책임의 기본점은 여전히 지식제품 사용자가 과실이 있을 때 책임을 부담하는 것이지 행위결과가 있을 때 책임을 부담하는 것은 아니다. 무형재산권 실무에 있어서 행위자로 하여금 예측하지 못하고 발생을 원하지 아니한 손해사실에 대하여 책임을 부담하도록 하는 것은 대부분인 경우 공정성을 잃는다. 즉 이것은 자연의 법칙에 어긋나는 것이다. 그러나 법률상의 과실추정의 목적은 "사실상 피해자를 보호하기 위한 기술적 운용으로서 피해자의 이익을 보호하고자 하는 것이다."[291] 이러한 귀책원칙을 실행하는 것은 무형재산 소유권자가 입증책임을 면제받아 유리한 위치에 서게 할 수 있고 주관적인 과실이 없으나 반박사유가 부족한 침해행위를 제재하는데 유리하다.

무형재산권 침해소송에서 과실책임과 과실추정책임은 이원성 귀책원칙으로서 양자는 침해책임을 인정하는 사명을 공동으로 행사한다. 이러한 귀책체계의 구체적인 운영모델은 다음과 같다. 법은 원고로서의 권리자에게 일종의 선택권을 부여한다. 즉 권리자를 자신 이익에 대한 최선의 판단자라고 가정하고 유력하고 상대성있게 권리침해자에게 손실을 추정할 수 있도록 입증을 선택할 "권리"가 있도록 하는 것이다. 이러한 경우에는 과실책임원칙을 적용한다. 동시에 권리자는 이러한 입증의 "권리"를 포기할 수도 있는데 이 경우 법원은 침해자에게 입증을 하도록 명령한다. 입증이 불가하거나 입증이 성립되지 않을 시에는 침해자가 과실이 있다고 추정한다. 이러한 경우에는 과실추정책임을 적용한다.

---

291) 王泽鉴:《民法学说与判例研究》(2), 198页, 北京, 中国政法大学出版社, 1997。

4. 무형재산권 침해의 법률구제

"권리가 있으면 구제는 반드시 있는 법"은 로마법이 현재까지 내려오면서 함께 내려온 법언(法諺)이고 또한 현대 권리구제사상의 집중적인 표현이다. 20세기 이래 세계 각국 및 국제간 무형재산권의 보호제도는 바로 "권리의 획득-권리의 침해-권리의 구제"라는 반복적인 순환체계에서 점차 완벽해진 것이다.[292] 현대과학기술이 발전함에 따라 지식제품의 상업가치가 현저히 제고되었을 뿐만 아니라 관련 권리에 대한 침해방식도 날이 갈수록 다양해지고 있고 그 결과도 점점 심각해졌다. 따라서 권리구제를 모색하는 것은 현대법치국가가 보편적으로 관심을 갖는 주제이다. 권리구제이론은 "권리가 있으면 구제는 반드시 있고 구제가 없으면 권리도 없다. 입법기관은 권리를 부여하는 동시에 각종 구제수단을 설정하고 권리가 침해되었을 때 이러한 수단들을 통하여 침해를 해소하고 배상 또는 보상을 획득할 수 있도록 하여야 한다."고 주장하고 있다.[293]

무형재산권에 대한 법률의 보호는 다단계적이고 다각도적이다. 1994년에 체결된 「지식재산권협정」은 본 협정에서 보호하는 지식재산권을 침해하는 행위를 효과적으로 제지할 수 있도록 각 체약국이 본 협정에서 규정한 법 집행절차가 체약국 각국의 국내법에 따라 유효하게 집행되도록 요구하고 있다. 이러한 목표를 실현하기 위해서, 본 협정에서는 권리침해에 대한 구제조치 및 권리침해를 방지하는 조치를 상세하게 규정하고 있다. 각국 관련 입법통례에 따라 권리구제의 방도 면에서 피해자가 취할 수 있는 권리보호방법은 아래와 같다.

가. 민사적 구제조치

형사, 행정구제조치와 비교할 때 민법은 무형재산권의 보호에 대하여 더욱 직접적이고, 권리상태를 유지하거나 권리자에게 입힌 손실에 대하여 경제적 보상을 해주는 역할을 한다. 통상 소유권에 대한 민법의 보호는 권리자에게 소유권 확인청구,

---

292) 沈晓雷:《音乐作品著作权若干问题研究》, 载梁慧星主编:《民商法论丛》, 第12卷, 30页, 北京, 法律出版社, 1999。

293) 林莉红:《论行政救济的原则》, 载《法制与社会发展》, 1999(4)。

방해배제청구, 원상회복청구, 원물반환청구, 손해배상청구 등 청구권을 부여하는 방식으로 실현된다. 이러한 청구 중 소유권 확인청구만이 반드시 소송을 통하여 법원에 제기하여야 하는 외, 나머지 청구들은 권리자가 권리침해자를 상대로 제기하여도 되고 물권자가 소송을 통하여 법원에 제기하여도 된다.[294] 무형재산권의 민사구제에 대하여 권리자는 확인소송, 물권소송 및 채권소송을 제기할 수 있으며 이를 통하여 자신의 침해받은 권리를 보호할 수 있다. 그러나 일반적인 재산소유권과 달리 물권의 소에서 무형재산권의 소유자는 방해배제청구, 원물반환청구 등의 전통적인 민사구제조치를 인용할 수 없다. 원상회복청구는 재산이 타인에 의하여 불법적으로 손상되지 않도록 하는 것을 목적으로 한다. 이에 적용하는 일반적인 요건은 권리대상이 유형이어야 하고, 당해 재산이 물질적으로나 가치적으로나 손해를 받았다는 사실이 존재하여야 하고, 손해를 받은 물품이 복원가능한 것이어야 한다는 것이다. 그러나 지식제품은 비물질형태의 정신적 산물로서 이에 대한 불법사용은 지식제품 자체에 대한 "소모"가 동반되지 않는다. 따라서 이러한 권리에 대한 침해는 유형의 "복원"을 통하여 원상태로 복구시킬 수 없다. 그러나 원물반환청구는 물적 점유권을 보호하는 방법이다. 이에 대한 적용조건은 반환을 청구하는 원물이 반드시 특정물이어야 하고, 당해 특정물이 불법점유인에 의하여 통제되어야 한다는 것이다. 지식제품은 특성상 유형제품과 다르기 때문에 권리침해자는 유형적인 통제가 아닌 "인지"를 통하여서도 "점유"할 수 있다. 이러한 지식 혹은 경험에 대한 "점유"는 "반환"을 통하여 원래의 권리상태로 복구될 수 없다. 따라서 무형재산권의 민사구제는 원상회복청구와 원물반환청구가 적용되지 않는다.

각국의 무형재산권제도에서 제일 중요한 민사구제조치는 침해금지청구와 손해배상청구이다. 침해금지청구는 일종의 물권의 소이다. 무형재산권이 침해를 받을 때, 권리자는 권리침해자의 침해행위 중단을 청구할 수도 있고 권리침해자에게 침해행위를 중단할 것을 법원에 요청할 수도 있다. 침해금지청구에는 이미 발생된 침해를 배제하는 청구도 포함되고 발생할 가능성이 있는 침해를 배제하는 청구도 포함된다. 침해금지청구는 전통적인 민사구제조치에서의 방해배제청구와 비슷하다. 설명드릴 부분은, 지식제품의 특성으로 인하여 침해정지청구는 권리자의 전유권(專有權)

294) 彭万林主编:《民法学》, 210页, 北京, 中国政法大学出版社, 1994。

행사에 대한 "방해"를 배제하는 것이고 권리의 객체인 지식제품에 대한 "침해"를 제지하는 것이 아니다. 소위 손해배상청구는 일종의 "채권의 소"이다. 무형재산권이 손해를 받을 때 권리자는 일정 액수의 금전을 지불하여 배상해줄 것을 권리침해자에게 청구할 수 있다. 권리자의 손실배상청구는 단독적으로 제기하여도 되고 "물상청구권(物上請求權)"을 행사함과 동시에 제기하여도 된다. 무형재산권과 전통적인 소유권은 손해배상적인 면에서 공통된 이론과 원칙이 있는데 즉 손해를 보전하는 것으로 "피해자로 하여금 마치 손해행위가 발생하지 않은 상황에 다시 처하도록 하고자 하는 것"이다. 이러한 사상은 「독일민법전」 제249조에서 명확히 규정하고 있는바 프랑스 판례와 학설, 영국법, 미국법 등에서도 이와 유사한 규정이 있다.[295] 그러나 손해를 보전하는 방법에 대하여 두 재산권제도는 차이점이 있다. 소유권 침해소송에서, 법률에서 달리 규정하거나 계약에서 달리 규정하는 경우를 제외하고, 손해배상은 "원상회복"을 귀착점으로 하여야 한다. 예를 들면, 갑이 을의 유리창문을 파손하였는데 원상회복을 위하여 갑은 똑같은 유리창문으로 수리하거나 구매하여 기존의 상태로 복구하여야 한다. 이는 손해보전의 목적을 실현하고자 손해를 받은 원 물품을 배상하는 경우이다. 이러한 손해보전이 불가능한 경우에는 금전으로 이를 대신하여 배상하여야 한다.[296] 그러나 무형재산권 침해소송에서 손해배상에는 똑같은 지식제품을 구입하여 손해사고가 발생하기 전의 원상태로 복구하는 경우가 존재하지 않는다. 다시 말해서 손해를 보전한다는 것은 금전적인 배상을 말한다. 무형재산의 손해배상액에 대해서는 두 가지 계산방법이 있다. 첫 번째는 권리침해자가 권리침해 기간 동안 침해행위로부터 얻은 이익에 따라 계산하는 것이고 두 번째는 권리자가 권리침해 기간 동안 침해로부터 받은 손실에 따라 계산하는 것이다. 만약 권리자의 실제손실과 침해자의 불법소득을 산정하지 못하는 경우, 일부 국가의 관련 제도에서는 법정배상금액을 규정하고 있는데 즉 법관이 권리침해행위의 사회적인 영향, 침해수단과 그 정도, 침해시간, 범위 및 침해자의 주관적인 과실 정도에 따라 일정한 수량의 금전적인 배상을 하도록 판결하는 것이다.

295) 曾世雄:《损害赔偿法原理》, 16页, 台北, 三民书局, 1996。
296) 曾世雄:《损害赔偿法原理》, 16页, 台北, 三民书局, 1996。

나. 형사적 구제조치

일부 심각한 무형재산 침해행위에 대하여 많은 국가의 관련 입법에서는 형사소송 절차 및 형사제재조치에 대하여 규정하고 있다. 무형재산권 침해죄의 유형에 대하여「지식재산권협정」제6조는 각 체약국에 대하여 최저한도의 요구를 규정하고 있다. 즉 체약국 혹은 지역은 적어도 위조상표 혹은 저작물을 표절한 범죄를 제재하여야 한다는 것이다. 그러나 그 적용조건은 두 가지가 있는데 첫째는 침해사용이 일정한 상업적인 규모에 이르는 것이고 두 번째는 불법사용자의 주관적인 고의에 의한 것이다. 사실 각국 입법은 무형재산권 침해죄에 대한 규정에서 일반적으로 모두「지식재산권협정」의 최저요구를 넘어섰다. 중국 신형법은 "지식재산권 침해죄"와 "시장질서 교란죄" 부분에서 상표권 침해죄, 특허권 침해죄, 영업비밀 침해죄, 상업명예 침해죄 등 각종 범죄행위를 규정하였다. 이러한 죄명들은 무형재산권의 주요 영역에 대한 침해와 관련이 있다.[297]

무형재산권 침해죄의 종류와 관련하여 각국 입법은 큰 차이점을 두고 있다. 일부 국가에서는 개괄식으로 하고 있어 범죄를 구성하는 권리침해행위에 대해 원칙적인 규정만을 하고 있다. 그 구체적인 유형은 통상 입법 혹은 사법해석을 따른다.[298] 다른 일부 국가에서는 열거식으로 각종 범죄행위를 중점적으로 열거하였다. 저작권법을 예로 든다면, 미국, 러시아 등 국가에서는 저작권을 침해하여 범죄를 구성한 행위는 마땅히 형사처벌을 받아야 한다고 원칙적으로만 규정하고 있는 반면, 이태리, 독일, 영국 등 국가는 형사책임을 부담하여야 하는 각종 범죄행위를 상세히 열거하였다. 개괄식 입법체계의 장점은 포용성이 강하고 각종 구체적인 상황에 적용시킬 수 있다는 것이다. 그러나 단점은 탄력이 과도하게 커서 범죄인지 여부를 정확히 가늠하기 어려울 때가 있다는 것이다. 열거식의 입법체계는 정확하고 명료하게 규정하고 있기에 범죄인지 여부를 확정하기는 쉬우나 단점은 하나를 인용하고 만개를 빠뜨릴 가능성이 있기에 일부 열거되지 않은 범죄행위가 형사제재의 범위에서

---

297) 赵秉志主编:《新刑法教程》, 470页, 北京, 中国人民大学出版社, 1998。

298) 독일, 일본 등 국가의 형법이론 및 사법실무에서는 법전의 안정성을 토대로 관련 죄명에 대한 확대해석을 통하여 새로운 범죄행위를 제재하는 것을 중요시한다. 예를 들면, 일본 형법에서는 영업비밀 절도죄에 대한 규정이 없으나 형법에 대한 해석을 통하여 이러한 행위를 절도죄로 인정하였다. 参见张明楷:《市场经济下的经济犯罪与对策》, 17页, 北京, 中国检察出版社, 1995。

빠져나가게 할 수 있다.

무형재산권 침해죄와 재산 침해죄는 범죄의 구성에서 약간 차이가 있다. 주관적인 면에서 양자 모두 고의적인 상황에서만 범죄에 해당한다고 강조하였다. 그러나 일부 국가의 일부 법률에서는 무형재산권 침해에 대하여 과실이 있는 범죄자도 일정한 조건에서도 형사처벌을 받아야 한다고 규정하고 있다.[299] 주체적인 면에서 재산 침해죄는 일반주체도 있고 특수주체도 있으나 모두 자연인 범죄에 속한다. 법인/단체 범죄란 공공안전 위해죄, 사회주의시장질서 파괴죄, 공민의 인신권리 침해죄, 민주권리 침해죄, 사회관리질서 방해죄, 국방이익 침해죄 그리고 뇌물 수수 및 공여죄 등에 광범위하게 존재하고 있어 재산 침해죄와는 무관하다.[300] 그러나 무형재산권 침해죄는 이와 달리, 구체적인 범죄행위를 실시하는 자가 형사책임을 져야 하는 외, 행위자의 고용주(법인 혹은 비법인단체 포함)도 함께 처벌을 받아야 한다.

심각한 무형재산권 침해행위에 대하여「지식재산권협정」제61조는 체약국은 형사소송절차와 형사처벌을 하여야 한다고 규정하고 있다. 채택할 수 있는 법률조치는 위협작용을 일으킬만한 감금 및/혹은 벌금을 포함하여야 하고 처벌절차는 해당 엄중성 범죄에 대한 처벌정도와 상당하여야 한다. 일부 적당한 사건에서 채택할 수 있는 조치는 권리침해 물품 및 주요용도가 위 범죄행위에 사용되는 자료와 설비에 대한 국유화, 몰수 혹은 소각이 포함되어야 한다.[301] 여러 국가의 관련 입법과 해당 협정에서 규정한 형사조치는 기본적으로 일치한다. 일반적으로 유기징역과 벌금은 가장 기본적인 두 가지 형사적 구제수단이다. 이 외 일부 국가에서는 침해복제물 및 제작설비 등에 대한 압류, 몰수, 소각에 대하여 규정하고 있다. 중국 신형법은 무형재산 침해죄에 대하여 유기징역, 단기징역, 단속, 벌금 등 각종 형사처벌을 규정하고 있다. 현대과학기술이 발전하여 지식제품이 광범위하고 편리하게 사용됨에 따라 무형재산권 침해행위도 나날이 심해지고 있고 각국 형사입법도 처벌강도를 올리고 있는 추세를 보이고 있다. 예를 들면 엄중한 범죄행위자에 대하여 형벌기간을 증가하거나 벌금액수를 늘리는 등 처벌강도를 점점 높이고 있는 추세이다.

---

299) “이탈리아 저작권법” 제172조 참조.

300) 赵秉志主编:《新刑法教程》, 121、622页, 北京, 中国人民大学出版社, 1998。

301) 转引自《中国科学技术蓝皮书》, 第7号。

다. 행정적 구제조치

무형재산권은 민사주체가 법에 따라 보유하는 중요한 민사적 권리이다. 따라서 해당 재산권에 대한 보호는 주로 민법적 보호의 방법을 취하고 있다. 그러나 일부 무형재산권 침해행위는 개인의 권익에 해를 줄 뿐만 아니라 정상적인 사회질서도 교란하고 국가와 사회공중의 이익도 침해한다. 따라서 이러한 행위는 사권(私權)에 대한 침해일 뿐만 아니라 국가공권에 대한 침해이기도 하기에 행정법률규범의 위반행위에 해당된다. 이러한 상황 하에서 행위자는 침해행위에 대하여 민사책임을 져야 할 뿐만 아니라 동시에 행정법률의무를 위반하여 초래된 결과에 대한 행정책임도 져야 한다.

통상 모든 국가는 저작권국, 특허국, 상표국, 공상행정관리국 등과 같은 전문적인 행정관리기관을 두고 있거나 산업재산권국, 지식재산권국 등과 같은 무형재산권 사무를 관리하는 통일된 행정부서를 설립한다. 위 행정관리기관은 관련 무형재산권리의 권리심사등록, 지식상품의 사용관리 및 지식상품의 복제품 출입국관리 등 각종 행정조치를 취하여 당사자의 합법적인 이익을 보호하고 있다.

행정구제조치에 대하여 「지식재산권협정」에서는 침해행위에 대해 효과적인 위협을 가할 수 있도록 각 체결자에 각국의 사법기관의 권력을 강화할 것을 요구하고 있다. 그 내용은 다음과 같다. 아무런 보상도 지불하지 않는 상황에서 사법기관은 불법상품의 처리를 명할 권리가 있으며 그 물품이 상업유통망에 진입하는 것을 금지하거나 상기 불법상품에 대하여 소각할 권리가 있다. 그 외에 사법기관은 상품의 제작에 주로 사용되는 자료와 도구에 대하여 처리를 명할 권리가 있으며 그 물품이 상업유통망에 진입하는 것을 금지하도록 명할 권리가 있다.[302] 위 규정 외, 「지식재산권협정」은 또 세관의 통과중단제도도 규정하고 있다. 즉 피해자가 권리침해 복제품이 세관을 통하여 수입되거나 수출됨을 발견하였을 때 관련 행정 혹은 사법기관에 서면신청 및 담보를 제출하여 세관에서 권리침해제품을 차압하고 이러한 상품의 통과를 중단하도록 하는 것이다. 만약 세관에 의하여 차압된 상품이 권리침해 복제품임이 확인된 경우 세관에서는 이를 몰수하고, 잘못 차압된 경우 신청인은 피신청인에게 합리적인 손실을 배상하여야 한다.[303] 각국 관련 입법에서 채택하는 행정구

302)《知识产权协定》第三节、第四节，引自《中国科学技术蓝皮书》，第7号。

제조치는 「지식재산권협정」과 비슷한바, 구체적으로는 훈계(혹은 경고), 권리침해 복제품 제작 및 발행 중단 명령, 불법소득 몰수, 권리침해복제품과 침해품을 제작하는 데 사용되는 설비의 몰수와 벌금 등이 있다.

상기 공권적 구제조치 외에 일부 무형재산권은 관습상 민간무형재산권단체, 관련 업종협회 또는 상업협회 등 사적 구제수단을 통하여 권리 관련 분쟁과 논쟁을 중재하기도 한다.

위를 종합하면 권리구제의 입법에서 볼 때 무형재산권제도에는 그 자체만의 특징이 있다. 일반적으로 재산소유권에 대한 보호는 각 법률부서의 공동 임무이다. 그러나 서로 다른 보호방법은 모두 민법전 혹은 관련 특별법에 규정되어 있는 것이 아니다. 위 경우와는 달리, 무형재산권의 입법보호는 특별한 점이 있는데 첫째, 무형재산권제도는 창작자 및 경영자의 합법적인 권리를 보호하는 실체법이지만 현대 법률제도(예컨대 저작권법, 특허법, 상표법 등)는 일반적으로 권리침해 소송절차를 규정하고 있고 사법구제의 여러 조항을 포함하고 있다. 즉 실체법에 절차법의 내용을 규정하고 있다. 둘째, 무형재산권제도는 관련 지식재산권익을 규범하는 사법(私法)이어야 하나 현대 법률제도는 행정관리 및 처벌과 형사제재의 벌칙을 규정하고 있다. 즉 공법과 사법의 결합이라는 특징을 가지고 있다. 위 개괄적인 서술은 무형재산권 보호 및 재산소유권 보호 간의 차이점만을 설명하는 것일 뿐 위 특징은 사권을 보호하는 무형재산권제도의 민사특별법이라는 지위에 대해서는 영향을 주지 않는다.

---

303) 《知识产权协定》第三节、第四节, 引自《中国科学技术蓝皮书》, 第7号。

제 7 장
무형재산권의 제도적 체계

통상적으로 말하면, 체계라 함은 "여러 개의 사물 또는 어떠한 의식이 상호 연결되어 구성된 하나의 완전체를 말한다."[304] 무형재산권체계라 함은 "무형재산권" 관련 각종 제도 및 그 이론으로 구성된 유기적인 완전체를 말한다. 무형재산권체계는 형식상의 무형재산권체계와 이념상의 무형재산권체계로 분류될 수 있다. 전자는 주로 지식재산권의 제도적 체계를 말하고 후자는 주로 지식재산권의 이론적 체계를 말한다. 전자는 후자의 현실적 기초이고 후자는 전자의 추상적 구상으로서 양자는 상호 영향을 미치고 상호 촉진하는 관계이다. 본 장은 주로 무형재산권의 제도적 체계를 논하고자 한다. 다시 말하면 법률적 구조의 의미에서의 무형재산권 유형화 및 통합화를 분석하는 한편 무형재산권의 학설적 사상도 언급하면서 이를 무형재산권의 법률화 및 체계화의 이론적 토대로 하고자 한다.

1. 재산의 비물질화의 제도적 혁신

가. 재산의 비물질화 혁명 및 비물질성 재산 유형

근대사회에서 지식재산권제도의 확립은 재산의 비물질화 혁명의 결과이지만 무형재산권체계화의 종결은 아니다. 로마법 이래, 사권 영역에서 발생한 제도적 혁신과 변혁은 종래도 정지된 적이 없었다. 새로운 과학기술과 현대상품경제가 발전함에 따라 각종 추상화된 그리고 비물질화된 재산이 끊임없이 출현하고 사회적 부의

304) 中国社会科学院语言研究所:《现代汉语词典》(修订版), 1214页, 北京, 商务印书馆, 1996。

형태도 아주 큰 변화가 발생하였다. 다수의 경우, 법률이 보호하는 대상은 유형물이 아니라 무형의 이익이며 재산도 점차 "물에 대한 권리가 아니라 가치에 대한 권리"로 정의되었다.[305)]

비물질성 재산은 주로 지식재산이지만 지식재산에만 한정되지는 않는다. 이에 대하여 근현대의 학자들 모두 충분한 관심을 가졌다. 초기 자산계층 사상가이자 법학자인 로크는 그의 저서 『정부론』에서 다양한 의미에 입각하여 "재산"의 개념을 논한 바 있다. 로크에 의하면, 협의의 재산은 개인이 소유한 물질적 재산을 말하며 통상 "possessions", "estates", "fortunes" 및 "goods"로 표현한다. 광의의 재산은 "property"로 표현하며 이는 물질적 재산 또는 통상적 의미상의 재산과 토지를 말할 뿐만 아니라 사람의 신체, 생명 및 자유도 포함되며 심지어 사람의 노동 및 행위규범도 포함된다. 이는 개인소유의 집합체로서 신체 및 물질 두 측면의 내용 그리고 유형 및 무형 두 가지 형태가 포함된다.[306)] 20세기 초 미국학자 슈바르츠(Schwartz)는 "중대한 가치가 있는 신형재산"에 대하여 열거한 적이 있다. "이러한 재산에는 상업신용명예, 상표, 영업비밀, 저작권, 경영이익, 특별허가권 및 공정한 편리권이 포함된다." 애치슨(Acheson) 또한 "19세기 제일 핵심적인 법학개념은 바로 재산권이며 어떠한 사물도 모두 재산으로 간주되었다. 예를 들어 명예, 프라이버시, 가정관계 등이다."고 주장하였다.[307)] 다른 한 미국학자 프리드먼(Friedman)은 20세기에 이미 "신재산"(new property)의 개념이 출현하였으며 취업기회, 노후자금, 정부특별허가사용을 새로운 재산으로 간주하여야 한다고 주장하였다.[308)] 한편 미국법원은 아래 권리마저도 비물질화 재산으로 간주하였다. 즉 우편사용의 권리, 고용주가 자유롭게 노동자를 증감할 권리, 피고용자의 자유취업권리, 주주가 회사의 이사를 선임할 권리, 면세의 권리, 타인이 자신이 취재한 뉴스를 판매하는 것을 금지할 권리, 증권거래소 회원으로 가입할 권리 등이다.[309)] 여기에서 모든 이익, 기회, 자격 등을

305) [美] 肯尼斯 · 万德威尔德: 《19世纪的新财产: 现代财产权概念的发展》, 载《社会经济体制比较》, 1995(1)。

306) 梅雪芹: 《关于约翰.洛克"财产"概念的一点看法》, 载《世界历史》, 1994(6)。

307) 转引自 [美] 肯尼斯 · 万德威尔德: 《19世纪的新财产: 现代财产权概念的发展》, 载《社会经济体制比较》, 1995(1)。

308) 转引自马俊驹、梅夏英: 《无形财产的理论与立法问题》, 载《中国法学》, 2001(2)。

309) [美] 肯尼斯 · 万德威尔德: 《19世纪的新财产: 现代财产权概念的发展》, 载《社会经济体制比较》, 1995(1)。

재산화 및 상품화하고 정치적 권리 및 인격적 권리를 사적 재산권과 동등화하게 취급하는 것은 검토할 여지가 있다. 지나치게 광범위한 재산관념은 현대의 재산권 개념의 과학적 토대를 동요시킬 가능성이 있으며 재산의 비물질화 혁명의 본의에 위배될 수도 있다. 그러나 지식재산이 출현한 후 새로운 비물질성 재산이 끊임없이 발생함으로 인하여 일종의 새로운 무형재산체계가 확립된 것은 확실한 사실이다. 필자는 사적 권리에서 입각하여 비물질성 재산을 아래 몇 가지로 분류하고자 한다.

첫째, 지식형 재산이다. 이러한 재산은 주로 지식, 기술, 정보 등 무형재산 관련 이익으로 구성되며 더 나아가 창조성 성과 및 경영성 표지 두 가지 형태로 분류할 수 있다. 전자는 저작물 및 그 매체와 공업기술이 포함된다. 저작물 및 그 전파매체물은 문화영역에서의 창작성 성과로서 창작자의 창작활동 및 전파활동과 관련성이 있고 객관적인 표현형태로는 문자, 기호, 도형, 형상, 영상 등이 있다. 공업기술이라 함은 공업, 농업, 상업 등 산업영역에서 물질성 매체에 물질화할 수 있는 창작성 성과를 말하며 이는 통상 공예조작방법 및 기능 그리고 이러한 방법과 기능에 사용되는 생산도구 및 기타 물질적 시설로 표현된다. 후자(경영성 표지)는 생산유통분야에서 상품의 출처 및 생산자의 특정인격을 식별할 수 있는 표지를 말하며 이에는 상표, 상호 및 지리적표시 등이 포함된다. 이러한 지식재산은 현대사회에서 제일 중요한 비물질성 재산이다.

둘째, 자본신용형 재산이다. 이러한 재산에는 경영거래에서의 상업명예, 신용, 이미지 등 재산화된 상업의 인격적 이익을 말한다. 신용명예, 상업이미지의 구성을 보면, 그 내적 요소는 주로 경제상황, 생산능력, 상품품질, 시장점유율 등을 포함한 주체의 경영능력을 말한다.[310] 그 외적 요소는 주체의 신용명예 및 이미지의 영향으로 인하여 사회로부터 받은 평가와 신뢰를 말한다. 이러한 상업적 인격이익에는 현저한 재산적 이익의 내용도 포함되고 정신적 이익의 요소도 포함된다. 자본신용형 재산의 가치는 아직 사람들에 의하여 완전히 인식되지 못하고 있으며 대만지역의 학자 층쓰슈웅(曾世雄)은 이러한 재산을 개발 중의 무형재산권이라고 표현하기도 하였다.[311]

셋째, 특별허가형 재산이다. 이러한 재산은 주관기관 또는 사회단체가 특별히 부

310) 杨立新:《人身权法论》, 638页, 北京, 中国检察出版社, 1996。
311) 曾世雄:《民法总则之现在与未来》, 137页, 台北, 三民书局, 1983。

여한 자격, 우대, 특권 등 법적 이익으로 구성된다. 미국 분석법학파의 대표자인 호펠드(Hohfeld)는 권리형태의 분석이론을 토대로 재산의 개념에 대하여 새로운 해석을 하였다. 그는 권리, 특권, 권력 및 면제 등은 모두 "법률이익"(Legal interest)으로 통칭할 수 있고 한 사람이 소유한 재산은 실제로 그 사람이 소유한 일련의 권리, 특권, 권력 및 면제를 말한다고 주장하였다.[312] 모든 재산이 상기 요소의 조합으로 구성된 "법률이익"인지에 대하여 아직 더욱 깊은 검토가 필요하다. 다만 호펠드의 이론에 따라 비물질성 재산에 "법률이익"으로 구성된 특별허가형 재산을 별도의 단독 종류로 열거할 수는 있다. 이러한 재산은 상기 지식형 재산 및 자본신용형 재산과 달리, 소유자 자신의 창작성 행위 또는 경영성 자본신용에 의한 것이 아니라 특정기관이나 단체의 특별한 수권에 의한 것이다. 주체가 갖는 일정한 특별자격, 우대 또는 이익은 특수한 경제능력 또는 경제이익을 발생할 수 있으므로 주체의 하나의 재산으로 될 수 있다.

나. 비물질성 재산권제도의 역사적 변천

지식형 재산, 자본신용형 재산 및 특별허가형 재산은 현대의 비물질성 재산의 완전한 체계를 구성하였다. 사회적 동력으로부터 보면, 이러한 체계의 형성은 과학기술과 상품경제가 발전한 결과이며 법률적 측면으로부터 보면, 이는 제도의 발전과 혁신의 산물이다. 역사적으로 비물질성 재산의 권리제도는 아래의 변천과정을 거쳤다.

첫째, 특별허가권으로부터 일반재산권으로의 발전이다. 지식재산의 권리형태는 바로 지식재산권이다. 근대 지식재산권제도가 탄생하기까지 봉건특별허가권제도는 약 300년이라는 오랜 시간의 진통을 겪었다. 봉건특별허가권에는 인쇄전유권 및 제품전문경영권이 포함되며 이는 칙령이나 명령의 형식을 통하여 인쇄상에게 독점적인 출판허가증을 부여하거나 경영자에게 특정상품을 전문 제조 및 판매할 수 있는 권리를 부여하는 것을 말한다. 그 후 봉건왕조의 몰락과 사적 권리에 대한 관념이 점차 발전함에 따라 시민계층은 인쇄품 및 독점경영품에 대하여 행정기관이 특

312) [美] 肯尼斯 · 万德威尔德:《19世纪的新财产: 现代财产权概念的发展》, 载《社会经济体制比较》, 1995(1)。

별보호하는 특권이 아니라 일종의 새로운 소유권이 있어야 한다고 주장하였다. 이것이 바로 "정신적 소유권"이다.313) "정신적 소유권" 이론은 창작자가 그의 사상 및 그 사상으로 인하여 발생한 물적 상품에 대하여 모두 소유권을 향유한다고 주장하였다. 이러한 정신적 상품에 대한 권리도 소유권의 일종이다. 아주 명확한 것은 "정신적 소유권"은 이미 근대의 지식재산권의 기본적 의미를 내포하고 있다는 것이다. 지식재산권은 개인이 향유하는 일종의 무형재산권으로서 특별허가의 권리가 아닌 법정권리로서 자산계급 혁명시기가 되어서야 실현되었다. 역사적으로 지식재산권은 특별허가권으로부터 일반재산권으로 변천한 산물이라고 할 수 있다.

둘째, 인격권으로부터 특별재산권으로의 발전이다. 자본신용재산의 권리형태에는 상업명예권, 신용권, 상품화(이미지)권 등이 포함된다. 민사적 객체의 범주 내에서 성명, 초상, 명예, 영예 등 정신적 이익은 전통적으로 인격권의 보호범위 내에 해당되며 통상적으로 직접적인 재산적 내용을 갖고 있지 않다고 본다.314) 비록 정신적 이익과 재산은 일정한 관련성, 예를 들어 주체가 관련 권리를 행사하여 일정한 경제이익을 얻을 수 있거나 주체의 권리가 침해당함으로 인하여 일정한 재산적 보상을 얻을 수 있지만 여기서 말하는 재산적 결과는 명예권, 초상권 등 인격권의 내용 자체를 말하는 것이 아니다. 상품경제의 발전으로 인하여 인격적 이익은 점차 상업적 이익으로 발전하였다. 즉 현대법의 구조에서 상업상의 명예 및 영예로부터 상업명예권 및 신용권이 발생하였으며 성명, 초상, 형체의 상업적 이용으로부터 상품화(이미지)권이 발생하였다. 다시 말하면 인격적 이익의 권리형태를 보면, 전통적인 인격권이 여전히 존재하는 한편 자본신용형의 특별재산권도 새롭게 출현하였다.

셋째, 행정권으로부터 사적 재산권으로의 발전이다. 특별허가형 재산의 권리형태는 주로 특별경영허가권이다. 특별허가형 재산은 본래 어떠한 자격, 대우 또는 이익을 말하는 일종의 "법률이익"으로서 법적 보호는 받지만 법정재산권으로 인정받지는 못하였다. 특별경영허가권은 이러한 재산들이 채택할 수 있는 유일한 법적 권리형태이다. 특별허가권의 발생으로부터 보면, 이는 일종의 행정권의 파생물이라고 할 수 있다. 고대의 중국에서는 정부가 특별허가한 소금 및 철도 관련 독점경영권이 존재하였으며 중세기 영국에서도 왕실이 수권한 토지 관련 독점경영권이 존재하였

313) 吴汉东:《著作权合理使用制度研究》, 4页, 北京, 中国政法大学出版社, 1996。
314) 王利明等:《人格权法》, 北京, 法律出版社, 1997。

다. 이로부터 피특별경영허가자는 일종의 행정특권을 얻을 수 있으며 주체는 일종의 특수한 신분 및 지위를 갖게 됨으로써 이로부터 특별한 이익을 얻을 수 있다. 근대사회에 이르러, 특별허가의 대상은 상당부분이 여전히 특정업종의 경영, 허가증제도 등과 같은 국가의 행정특별허가이다. 그러나 상품경제의 발전에 따라 행정권과 무관한 수많은 특별허가업무가 출현하였으며 기업의 순수 상업성 특별허가업무(예를 들면 여관업, 도매업 등)를 형성하였다.315) 정부 및 상업성 특별경영허가가 병존하는 상황이 출현함으로써 특별허가방식이 더욱 확장되었으며 특별경영허가권이 행정권으로부터 사적 재산권으로의 변혁을 완성하였다. 이는 전문경영자격, 우대 또는 이익은 정부 또는 상업의 특별허가에 의하여 획득할 수 있으며 권리의 취득방식을 불문하고 해당 권리의 기본적인 속성에는 아무런 영향을 미치지 않음을 의미한다. 요약하면 특별허가권은 일종의 전문경영자격을 객체로 하는 비물질성 재산권이다.

비물질성 재산체계의 형성은 국가의 공적 권리로부터 사적 재산권으로, 봉건특별허가권으로부터 자본주의재산권으로, 인격권으로부터 특수재산권으로 전환하는 역사이기도 한다. 이러한 역사적 변천은 비물질성 재산법은 하나의 개방적이고 동적이며 끊임없이 발전하는 제도적 체계임을 의미한다.

2. 무형재산권 통합화의 법적 토대

재산은 재산권체계 내지는 무형재산권체계를 구축하는 시작점이자 범주이다. "재산이익"은 모든 재산권의 공통된 대상으로서 여러 재산적 형태를 포함하고 있으며 이로 인하여 각종 형태의 재산권이 발생하였다. 요약하면 재산 개념에 대한 통합은 재산권제도를 통합하는 토대이다.

가. 재산권으로부터 무형재산권까지

사적 권리제도의 발전과정에서 권리에 대하여 두 가지 제일 중요한 분류방식이

315) 陈仲主编:《无形资产评估导论》, 227页, 北京, 经济科学出版社, 1995。

있다.

재산권 및 비재산권(또는 인격비재산권)이다.[316] 로마법 시기, 비재산권은 단지 신분과 관련이 있는 가장권, 친권, 부권 등에 한정되었다. 근대법 시기에 이르러, 인격과 관련이 있는 성명권, 초상권 및 명예권 등이 출현하였으며 이를 비재산권 범주에 포함시키기 시작하였다. 법률제도의 역사를 보면, 사권체계는 오랫동안 재산권과 비재산권으로 구성되었으며 이는 하나의 이론적 개괄이자 일종의 입법규칙이기도 하다. 그러나 현재에 이르러, 재산권 및 비재산권의 분류방식은 이미 절대적인 것에서 상대적인 것으로 변화하였으며 서로 교차되고 포용하는 상황이 발생하기도 하였다. 구체적으로 말하면, 첫째는 전통적인 인격권을 토대로 새로운 재산권이 파생되었다. 예를 들면 성명, 초상, 명예 등 인격적 이익은 통상 직접적인 재산적 내용을 포함하고 있지 않았지만 상품경제시대에 이르러 이러한 인격적 이익은 상업적 인격이익으로 발전하였다. 중국의 상법학자 다수는 이러한 권리를 요약하여 "상사인격권", "경제인격권"이라고 부르기도 하였다. 그러나 외국학자들은 이러한 권리가 단독적인 재산권 또는 무형재산권에 해당한다고 보았다.[317] 둘째는 인격권과 재산권이 융합함으로서 새로운 재산권을 탄생시켰다. 필자의 예전의 초기 저서를 포함한 중국의 지식재산권 학자들은 지식재산권을 "일체양권(一體兩權)"으로 보았다. 현재 학자들의 공통적인 견해는 지식재산권(저작권 등 개별적 권리 제외)은 두 가지 권리의 결합이 아닌 전반적으로 일종의 재산권으로 간주하여야 한다고 보았다. 일부 상법학자는 주주권을 인적 성격을 띈 사원권과 동일시하였지만 현재 더욱 많은 학자들은 주주권의 기본적 속성과 주요내용에 입각하여 이를 재산권으로 분류하였다. 여기서 마땅히 인정하여야 할 것은 사권체계에서 재산권과 비재산권의 구분은 매우 필요한 것이나 난감한 경우도 있다는 것이다. 예를 들면 사원권은 단일한 재산권 또는 비재산권으로는 포용할 수 없으며 형성권 및 기대권도 단순하게 재산의 인격적 "이익"의 기준으로 분류할 수 없게 되였다. 바로 이러한 원인으로 인하여 일부 학자는 재산권과 비재산권의 분류방식을 취하지 않고 사권에 대하여 직접 유형화하

---

316) 谢怀栻:《论民事权利体系》, 载《法学研究》, 1996(2)。

317) [英] 劳森 · 拉登:《财产法》, 施天涛等译, 北京, 中国大百科全书出版社, 1998; [日] 小岛庸和:《无形财产权》, 东京, 创成社, 1998; Black's Law Dictionary(15Edition), West Publishing Co., 1979.

고 있다. 예를 들면 일본의 법학자 호즈미 시게토오(穗積重遠)는 사권을 인격권, 물권, 취득권, 채권, 친족권, 상속권, 무형재산권, 사원권 등으로 분류하였다.[318] 독일학자는 "사권의 유형에는 인격권, 인격적 성격을 띈 친족권, 물에 대한 지배권(물권), 무형재산권, 채권, 공동실시권(사원권), 형성권, 무주인물 취득권, 기대권, 권리상의 권리, 반대권 등이 포함된다."고 열거하였다.[319] 우리가 마땅히 인정하여야 할 것은 재산권 및 비재산권은 사권의 가장 일반적이고 가장 기본적인 분류이지만 이러한 분류는 결코 절대적인 것이 아니라 분명 일부 혼합형 또는 비주류형 권리가 존재한다는 것이다.

소유권과 무형재산권. 로마법은 소유권을 절대적인 중심으로 한 재산법을 구축하였다. 로마인은 "물"을 객체의 범주로 하고 이를 토대로 물권제도 및 채권제도를 주요내용으로 하는 "물법"인 재산권체계를 확립하였다.[320] 근대사회에서 지식상품의 재산화 및 지식재산의 법률화는 재산의 "비물질화 혁명"을 불러일으켰으며 이는 로마법 이래 사권영역에서 발생한 한차례의 심각한 제도적 혁신이자 변혁이다. 지식재산은 일종의 새로운 재산으로서 물에 대한 절대적인 지배처럼 지배할 수 있는 재산이 아니라 "비물질적이고 제한성 재산"이다.[321] "비물질화"의 결과, 재산법의 적용범위를 대대적으로 넓혔고 권리객체에는 재산으로 간주할 수 있는 모든 물질성과 비물질성 대상이 포함된다. 또한 "제한성"의 의의는 새로운 재산적 권리에 대하여 지역적, 시간적 및 권능적 효력 측면에서 적절하게 제한하는 것을 말하며, 제한의 목적은 권리의 지나친 독점을 방지하고 지식의 정당한 전파를 보장하기 위함이다. 오늘날에도 재산의 "비물질화 혁명"은 계속되고 있고 사회의 부의 구조도 거대한 변화가 발생하였으며 "더욱 많은 재산이 점점 더 비물질성의 무형재산으로 발전하고 있다."[322] 이로 인하여 "우리는 전통적인 재산 또는 재산적 권리에 해당하지 않는 권리에 대하여 더욱 많은 관심과 보호를 둘 이유가 있게 되었다."[323] 이러한

318) 转引自谢怀栻:《论民事权利体系》, 载《法学研究》, 1996(2)。
319) [德] 拉伦茨:《德国民法通论》, 王晓晔等译, 北京, 法律出版社, 2003。
320) [意] 彼得罗 · 彭凡得:《罗马法教科书》, 黄风译, 北京, 中国政法大学出版社, 1992。
321) [美] 肯尼斯 · 万德威尔德:《19世纪的新财产: 现代财产权概念的发展》, 载《社会经济体制比较》, 1995(1)。
322) 尹田:《法国物权法》, 19页, 北京, 法律出版社, 1998。
323) [美] 罗纳德 · 波斯顿:《美国财产法的当前发展趋势》, 载《外国法译评》, 1994(3)。

비물질성의 재산적 권리는 주로 지식재산권을 말하지만 이에 한하지는 않는다. 사회활동이 갈수록 발전함에 따라 일부 새롭게 변형된 무형재산권도 지속적으로 출현할 것이다. 따라서 객체의 물질성 및 비물질성을 분류기준으로 하여 지배성 재산권 영역을 유형재산권(즉 소유권)과 무형재산권(주로 지식재산권)으로 분류하는 것을 고려하여 볼만하다.

나. 무형재산 이익의 객체 특징

유형재산권과 무형재산권 모두 공통의 보호대상이 있다. 그것은 바로 재산이익이다. 하지만 이러한 재산이익은 여러 표현형태를 갖고 있다. 전자는 유형동산과 부동산을 말하며 민법객체 이론에서는 이를 물이라고 개괄하였으며 후자는 비물질성의 특수재산을 말하며 지식재산권 이론에서는 이를 지식상품이라고 칭하였다. 무형재산 관련 이익은 아래 몇 가지 특징을 갖고 있다.

첫째, 객관성이다. 객체는 주체에 대응한 것으로서 주가 있으면 객이 반드시 있다. 객체는 권리 및 의무의 공동의 지칭대상으로서 이익의 대상을 말한다. 물의 객관성은 객관화된 물질의 실체로 표현되며 지식상품의 객관성은 인지성 및 복제성을 띈 객관화된 지식체계로 이해하여야 한다. 칼 포퍼(K.R.Popper)는 세계를 세 가지로 분류하였다. 첫째, 세계는 물질세계이고, 둘째, 세계는 의식경험의 세계이며 셋째, 세계는 객관지식의 세계이다. 후자는 서적, 도서관, 컴퓨터저장 등이 포함된다. 포퍼의 주장에 의하면 객관지식은 세계에 관한 진리로서 사람의 주관적 세계와는 독립된 것이다. 현재까지 지식재산은 전 세계의 일종의 자원으로서 인류의 집단노동에 의하여 과거의 모든 시간 내에 완성된 것이라고 보았다.[324] 지식상품이 권리대상으로서의 객관성 특징은 그의 비물질성이라는 본질적 속성과 상호 모순되는 것이 아니다. 비물질성이라 함은 지식상품이 일정한 물질형태를 갖고 있지 않고 일정한 공간도 점하지 않음을 말하며 이는 지식상품이 물질상품(유체물)과 구별되는 근본적인 특성이다. 다만 지식의 재산화는 지식상품이 권리의 객체로서 반드시 일정한 객관적 형태로 표현되어 지적 창작자 이외의 자가 이를 이해하고 인식할 수 있도록

324) K. R. Popper, *Objective Knowledge*. Oxford, 1972, Chapter III. 转引自曲三强:《传统财产权理论与知识产权观念》, 载《知识产权研究》, 126页, 西安, 西安交通大学出版社, 2001。

하여야 할 것을 요구하며 이러한 객관적 표현형태는 법률이 지식재산권을 보호하는 조건 중의 하나이다.

둘째, 유용성이다. 객체는 주체가 사용하는 물질적 또는 정신적 이익을 갖는 사물로서 형태를 불문하고 모두 일정한 가치와 사용가치가 있다. 물은 천연적으로 존재하는 것과 인공적으로 제조한 물질재산을 말하며 지식상품은 지적노동을 통하여 창작한 비물질재산을 말한다. 과학기술이 상품화된 배경 하에, 지식상품은 이미 사회에서 제일 유용한 자원 중 하나가 되었으며 사회적 부의 중요한 구성부분이 되었다. 지식상품은 사람들의 정신적 생활에 이용되고 정신적 생활의 필요를 충족함으로써 일정한 사회적 효익을 발생한다. 또한 생산영역에도 투입됨으로써 유형의 물질상품으로 전환되어 사람들의 물질적 생활의 필요를 충족하며 이를 통하여 일정한 경제적 효익도 발생한다. 이와 관련한 구체적인 표현형태는 다음과 같다. 과학사상 및 과학이론은 기술을 생산력으로 전환함으로써 생산의 산출률을 높이고 생산원가를 절감할 수 있다. 또한 저작물 및 디자인 등은 사람들의 생산과 생활의 필요를 충족할 수 있음으로서 인류의 정신 및 문화적 부를 상징한다. 또한 상표 및 서비스 표지는 시장검색의 원가를 절감하는 역할을 한다.[325] 지식상품은 비물질재산으로서 그 자체가 사회적 부의 중요한 표현형태이며 지식상품을 이해하고 이용함으로 인하여 사회에 더욱 많은 재산을 창조할 수 있다. 다시 말하면 지식상품의 유용성은 그가 재산이 될 수 있는 기본적인 요인이다.

셋째, 희소성이다. 재산권의 객체는 사람들에 의하여 지배되고 이용될 수 있는 자원이며 이러한 자원은 물질형태이든 지식형태이든 무궁무진하여 영원히 사용할 수 있는 것은 아니다. 자원의 유한성 및 공급부족은 물 또는 지식상품이 재산권 객체가 될 수 있는 경제적 동력이기도 하다. 비록 로마법의 역사에서 햇빛, 공기, 해양 등도 물로 간주된 적이 있었지만 이러한 물은 인류가 공유하는 물로서 사적 권리의 객체로서의 의미를 갖지는 못한다. 그 외, 천연적 존재물과 인공적 제조물 모두 유한한 자원이다. 지식상품은 유체물과 마찬가지로 역시 희소성의 문제가 존재하지만 그 표현형태가 다르다. 희소성이라 함은 우선 지식상품 생산의 장기성, 복잡성 및 고원가성으로 표현된다. 이에 대한 전반적인 생산과정은 사회 및 개인의

325) 高德步:《产权与增长: 论法律制度的效率》, 119页, 北京, 中国人民大学出版社, 1999。

대량의 투입이 필요하며 오랫동안의 연구, 창작 및 지속적인 노동을 통하여서만 실현할 수 있다. 다음은 지식상품 창작자 수량의 희소성과 가치의 소중함으로 표현된다. 창조형 인재는 지식의 생명매체이며 그들은 선인들이 축적한 지식을 창작자료로 하고 추상적인 지식상품을 창작대상으로 하여 정신적 생산노동을 진행한다. 지식상품의 생산과정에서 생산자의 지적 투입에 대하여 특별한 요구가 있다. 하나는 생산자의 지적 수준이 일반인보다 높아서 고도의 지적수준을 요하는 노동을 감당할 수 있어야 한다. 다른 하나는 문헌저장과 대뇌저장을 통하여 상당한 지식의 축적이 있어야 하며 고수준의 지적 투입의 기본적인 요건을 갖추어야 한다.[326] 사회에서 이러한 인재 및 그가 생산한 지식상품이 항상 부족하므로 이러한 공여부족을 해결하는 효과적인 방법은 바로 지식상품을 유상사용하게 하는 것이다. 지식재산권법은 이러한 문제점을 해결하기 위한 제도적 장치이다.

다. 무형재산권제도의 혁신 의의

무형재산권의 출현은 재산운동의 비물질화의 결과이며 사권 영역에서 제일 혁명적 의의가 있는 제도적 혁신이다. 그의 혁명적 의의는 아래 몇 가지 측면으로부터 설명할 수 있다.

(1) 전통적인 단일한 물적 재산권 구조를 변화시켰다. 법률이 지식재산에 대한 인정은 구체적인 재산관념에서 추상적인 재산관념으로 전환하였음을 의미한다. 사람들은 재산의 범위를 유체물에 한하지 않고 외적 형체를 갖고 있지 않는 수많은 재산에까지 확장하였다. 이것이 바로 재산의 추상화와 비물질화이다. 로마법상 "무체물"에 대한 새로운 해석과 영국법상 "소송물[327]"에 대한 새로운 독창적인 견해로 인하여 재산의 개념은 불확정성과 융통성을 갖게 되어 각종 형태의 자원을 재산권

326) 지식생산 및 지식노동가치 관련 이론은 张和生:《知识经济学》, 沈阳, 辽宁人民出版社, 1992; 袁志刚:《论知识的生产与消费》, 载《经济研究》, 1999(6)。

327) 영국법에서 소송물을 "소송 중의 동산"(choses in action)이라고도 부르며 그의 특징은 이러한 동산의 존재범위는 소송을 통하여서만 충분히 표현될 수 있다. 지식재산은 객체의 비물질성으로 인하여 통상 소송청구를 통하여서만 "사회재산" 및 "개인재산", "합법적 재산" 및 "불법적 재산"의 차이점을 구분할 수 있으며 이러한 동산의 가치는 지식상품을 탑재한 물적매체 자체의 가치로 표현되는 것이 아니라 유형동산의 무형권리의 가치에 의하여 결정된다.

체계에 포함시킬 수 있게 되었다. 미국학자 케네스(Kenneth)는 재산의 비물질화의 혁명적인 변화과정을 다음과 같이 서술하였다. 19세기초 재산권에 대하여 물에 대한 절대적인 지배라는 이상적인 정의를 내렸다. 하지만 수많은 사건에서 법률이 칭한 재산에는 "물"이 포함되지 않았다. 19세기 중후반기에 이르러, 법원의 판결은 점점 가치가 있는 이익을 모두 재산으로 간주하는 경향을 보였고 심지어 "물"이 없는 경우에도 그러하였다. 이러한 방식은 재산의 적용범위를 대대적으로 확장시켰으며 19세기말에 이르러, 일종의 새로운 재산이 출현하게 되었다. 이러한 재산은 비물질적이며 지배물에 대한 권리로 구성된 것이 아니라 가치가 있는 권리로 구성되었다.[328] 또 다른 미국학자 그레이(Gray)는 비물질화 재산의 각종 형태를 열거하였다. 그는 무형재산의 발생은 재산과 실물 사이의 관련성을 제거하였다고 주장하였다.[329] 지식재산은 로마법 이래의 단일한 재산권 구조를 타파하여 비물질성 재산과 물질성 재산이 공동으로 근현대사회의 재산에 대한 완전한 내용을 구성하였다고 할 수 있다.

(2) 재산적 이익의 조합인 "권리다발"을 확립하였다. 전통적인 사법이론에 의하여 소유권은 개인이 소유물에 대한 절대적인 지배권과 배타적인 독점권으로 정의되었다. 이러한 권리의 성질은 단순한 재산적 권리로서 단일하다. 동산 또는 부동산에는 하나의 유형재산소유권만 존재하며 복합적인 권리형태가 존재하지 않는다. 따라서 권리에 대한 설정도 아주 단일하다. 즉 하나의 물에 하나의 소유권만 설정할 수 있다. 즉 일물일권원칙에 의하면 2개 또는 2개 이상의 내용이 동일한 소유권의 존재는 허용될 수 없다. 무형재산권은 일종의 새로운 민사적 권리로서, 우선, 이는 단일한 형태의 권리가 아니라 조합형태의 "권리다발"(a boundle of rights)이다. 다시 말하면 이는 단일한 하나의 권리가 아니라 일련의 독립적이고 특수한 이익의 조합형태이다.[330] 어떠한 무형재산권이라는 포괄적 명의 아래 각종 권능은 상호 독립적이고 내용도 상이하다. 또한 해당 권리는 아주 큰 포용성을 갖고 있어서 그 내용도 아주

---

328) [美] 肯尼斯 · 万德威尔德:《19世纪的新财产: 现代财产权概念的发展》, 载《社会经济体制比较》, 1995(1)。

329) [美] 托马斯 · C · 格雷:《论财产权的解体》, 高新军译, 载《社会经济体制比较》, 1995(2)。

330) Sigmund Timberg, *A Modernized Fair Use Code For Visual Auditory, And Audiovisual Copyrights*, Ablex Publishing Company, 1980.

다양하고 풍부하다. 다음은 무형재산권은 단일하게 설정한 권리가 아니다. 지식상품의 비물질성 특성으로 인하여 하나의 지식상품은 일정한 시간적, 공간적 조건에서 여러 주체에 의하여 공동으로 이용될 수 있다. 여러 권능을 분리할 경우, 여러 주체는 각자의 범위 내에서 동일한 지식상품에 대하여 서로 다른 권리를 향유할 수 있다. 지역이 서로 다를 경우, 여러 주체는 각자 범위 내에서 동일한 지식상품에 대하여 동일한 권리를 행사할 수 있다. 무형재산의 권리형태와 주체의 다양성으로 인하여 전통적인 재산권 이론 및 규칙을 더 이상 적용할 수 없게 되었으므로 사법영역에서 무형재산은 유형재산과 다른 이론적 토대와 제도적 체계를 구축하여야 한다.

(3) 물적 재산권의 전통적인 지배지위를 동요시켰다. 로마법 이래의 물과 물권제도는 유형재산 보호를 중심으로 확립한 것이다. 토지, 목장, 기계 및 공장은 당시 사회의 제일 중요한 자산으로서 물질적 부에 의한 높은 사회적 지위는 유형재산 소유권제도의 재산권체계에서의 핵심적 지위를 결정하였다. 산업경제시대에 진입한 후, 이러한 상황은 변화가 발생하기 시작하였다. 미국학자 커먼스는 그의 저서 『제도경제학』에서 이러한 변혁과정을 논술하였다. "봉건 및 농업시대에서 재산은 유형물을 말한다. 영국의 중상주의시대(17세기)에서, 재산은 양도가능한 채무라는 무형물의 재산이 되었다. 자본주의단계의 최근 40년 동안, 재산은 또한 판매자나 구매자 자신이 자유로 가격을 정할 수 있는 무형의 재산이 되었다."[331] 다른 한 미국학자 마코 디아니(Marco Diani)는 지식상품과 지식사회의 관계에 대하여 다음과 같이 논술하였다. 즉 "비물질성"은 지식사회의 전형적인 특징이다. 지식사회의 "비물질성"이라 함은 사람들이 통상 말하는 데이터화사회, 정보사회 또는 서비스형 사회를 말하며 이러한 사회에서 정보 관련 종사자의 비율은 대대적으로 증가하였다. 원시사회 및 공업사회의 상품가치는 원자재와 체력노동의 가치가 포함되지만 이와 달리, "비물질사회"의 경제가치와 사회가치는 주로 선진적인 지식이 소비상품과 새로운 서비스에서 나타난다.[332] 현대사회의 상품경제의 발전과 사회재산형태의 변화로 인하여 재산의 범위는 이미 모든 이용가능한 물질 및 비물질성 대상에까지

331) [美] 康芒斯:《制度经济学》(上册), 95页, 北京, 商务印书馆, 1962。

332) [美] 马克 · 第亚尼:《非物质社会—后工业世界的设计.文化与技术》, 藤守尧译, 2页, 成都, 四川人民出版社, 1998。

확장되었다. 이에 발맞추어, 사회의 재산의 비율구조도 변화가 발생하였으며 유형재산의 역할이 상대적으로 감소되고 무형재산의 지위가 전례없이 상승하여 지식재산은 이미 현대사회의 제일 중요한 재산이 되었다. 캐나다 학자 니코 스테어(Nico Stehr)가 지적한 바와 같이 "전통적으로 재산이라 함은 사실상 실물에 대한 소유와 동일한 개념이라는 의식이 약화되기 시작하였으며, 또는 이와 유사하게 전통적 의의에서의 재산의 상대적 중요성이 대대적으로 감소되기 시작하였다."[333] 지식재산화의 혁명적 의의는 물적 실체라는 전통적인 재산관념을 타파하였을 뿐만 아니라 유형재산권의 전통적 지위에 큰 충격을 가하였다.

3. 무형재산의 권리형태 및 입법 선택

무형재산권의 권리형태를 확립하고 그에 대하여 합리적으로 분류하는 것은 무형재산권제도 체계를 구축하는 기초이다. 다시 말하면 권리형태의 유형화는 일종의 이론분석의 도구일 뿐만 아니라 제도체계의 구축방식이기도 하다.

가. 무형재산권의 유형화 선택

학문적으로, 일부 저서는 무형재산권의 유형화 문제를 언급하고 있다. 프랑스학자 말로리(Ph.Malaurie) 등은 대상에 따라 무형재산권을 전반적으로 두 가지 종류로 분류하였다. 한 종류는 식별성 표지와 지적 성과를 대상으로 하며, 이는 주로 경영독점권으로 표현된다. 다른 하나 종류는 고객을 대상으로 하며, 이는 주로 고객권리로 표현된다. 경영독점권은 지적창조성과에 대한 권리와 식별성 표지에 대한 권리로 구분된다. 전자는 문학예술재산권(즉 저작권 및 인접권), 발명특허권 및 산업디자인권이 포함된다.[334] 그 중에서 컴퓨터소프트웨어는 1985년 7월 3일 공포한 법률에서 지적창조성과로 인정되어 저작권법의 보호를 받게 되었다. 기술비밀 및 기술보조성

333) [加] 尼科・斯特尔:《知识社会》, 127页, 上海, 上海译文出版社, 1998。

334) Malaurie et Aynes, les biens, p.63 ets. 转引自尹田:《法国物权法》, 59页, 北京, 法律出版社, 1998。

성과는 발명특허의 보충으로 인정되어 민법과 부정경쟁방지법의 보호를 받게 되었다. 후자는 상표권, 상업광고권, 상업명칭권 및 간판권(招牌權)이 포함된다. 광고가 저작권법의 보호를 받는 조건은 반드시 독창성이 있어야 한다. 상업명칭은 1924년 7월 18일 공포한 법률에서 일종의 무형재산으로서 보호받게 되었고 간판은 반드시 현저한 특징을 구비하여야 상표와 동등하게 보호받을 수 있다. 소위 말하는 고객권리라 함은 고객을 영업자산의 대상으로 하는 권리를 말하며 영업자산의 가치는 고객의 "충성도"에 의하여 결정되지만 고객의 충성도는 자주 변화하므로 이는 영업자산의 가치에도 영향을 미치게 된다. 필자는 상기 분류는 권리객체의 특징에 대하여 분류한 것으로서 일정한 체계성이 있다고 본다. 하지만 이러한 분류방식이 존재하는 문제점도 아주 명백하다. 하나는 각종 권리를 모두 포함하지 않았다는 점이다. 예컨대 식물신품종권, 집적회로 배치설계권 등 권리를 지적창조성과권에 포함시키지 않았으며 지리적표시권, 특수표지권 등 권리도 식별성 표지권에 포함되지 않았다. 둘째, 일부 권리의 분류가 불명확하다는 점이다. 예컨대 상업광고권이 저작권법의 보호를 받는다면 이를 지적창조성과권에 포함시켜야 하는 것이다. 셋째, "고객권리"의 성질이 불분명하다는 점이다. "고객권리"는 실제로 고객이 기업에 대한 "충성도"이다. 즉 기업이 고객에 대한 흡인력을 말한다. 다시 말하면 "고객권리"는 기업의 상업명예권으로서 이 또한 특정한 기업이 소유할 수밖에 없으므로 전용성의 특징을 갖고 있다. 종류를 말하자면 상업명예권은 특별경영허가권, 신용권과 같이 자본신용권으로서 법적 보호를 받는다. 영국학자 F.H. 로선(F.H.Lawson)과 B. 라덴(B. Rudden)은 그의 저서 『재산법』에서 재산을 다섯 가지로 분류하였다.

(1) 토 지

여기서 말하는 "토지"라는 용어는 광의의 개념이며 이는 토지, 농장, 가옥, 상점, 공장 등 각종 부동산이 포함된다

(2) 화 물

금전 이외의 유형재산을 말한다.

(3) 무형동산

채무, 특허, 저작권과 같은 무형동산을 말한다.

(4) 화 폐

(5) 기 금

영국법에서 무형동산을 재산으로 간주하는 것은 이러한 권리와 이익이 "가치가 있고 사람들이 구매를 원하며… 그들은 사람들의 의지에 의한 창작물로서 용도에 따라 임의로 그 유형을 선택할 수 있고 그 기능도 상호 결합할 수 있기 때문이다." 이와 같이 무형동산은 경제적 가치를 창조하여 사람들의 필요를 충족할 수 있으므로 재산의 범주에 포함시킬 수 있다.[335] 성질상 무형동산은 통상 "소송중의 동산"으로도 불리기도 한다. 그 원인은 이러한 무형동산은 통상 소송을 통하여서만 나타날 수 있기 때문이다. 영국의 재산법은 재산을 아래 몇 가지 종류로 분류하였다.

① 채무 및 기타 소송물 재산이다. ② 상업증권이다. 이에는 어음 등 유통증권, 선하증권, 화물인도지시서 등 권리증서가 포함된다. ③ 재산으로서의 계약권이다. ④ 공업 및 지식재산권이다. 이에는 특허, 이미 등록한 디자인, 상표, 상호 및 저작권이 포함된다. ⑤ 채권 및 주식이다. 그 후 이러한 입법방식은 미국법에서도 도입하였다.[336] 학문적으로 미국학자 미카엘 · D · 밸리스(Michael · D · Bayles)은 무형동산의 형태는 채권, 상업어음(유통어음 및 물권증서), 주식, 금전, 신탁펀드, 지식재산권, 신용명예 및 초상으로 포현된다고 주장하였다. 초상이 무형재산으로 될 수 있는 것은 사람마다 모두 초상을 이용하여 이익을 획득할 수 있기 때문이다. 초상은 가치가 있는 물로써 이를 완전한 일종의 재산형태로 간주할 수 있다. 영미법계에서 유형동산과 무형동산의 구분기준은 그 대상이 형체가 있는지 여부이며 이를 통하여 무형재산권의 본질을 파악하였다. 그러나 전통적인 민법의 언어관습에서 영미학자가 제시한 무형재산권 또는 무형동산권의 범위는 지나치게 넓어서 정확하지 못하거나 적절하지 못한 부분이 있다. 예를 들면 채권은 지배권의 성질을 갖고 있지 않으므로 소유권 및 지식재산권과 동등하게 열거하는 것은 타당치 못하며 상업증권, 주식, 펀드 등 재산형태는 본질적으로 유형재산에 대한 권리증서로서 엄격한 의미상의 무형재산권이 아니다. 초상권은 일정한 조건에서만 경제적 이용가치가 있으며 원칙적으로 인격권에 귀속되어야 한다.

---

335) [英] F.H.劳森、B.拉登:《财产法》, 施天涛等译, 北京, 中国大百科全书出版社, 1998。

336) [美] 彼得 · 哈依:《美国法律概论》, 沈宗灵译, 84页, 北京, 北京大学出版社, 1997。

나. 무형재산권의 체계화 구조

무형재산권제도의 체계구조는 최초에 지식재산권의 명의로 확립한 것이다. 예를 들어 저작권, 특허권 및 상표권은 지식재산권의 대표적인 전통유형이며 지식재산권 학계는 통상 이러한 원시적인 분류를 토대로 지식재산권이 갖추어야 할 특성 즉 전유성(專有性), 지역성 및 시간성을 확정하였다. 과학기술과 사회가 끊임없이 발전함에 따라 일부 새로운 비물질성 이익에 대한 법적 보호가 필요한 실정이다. 예컨대 컴퓨터소프터웨어, 집적회로 배치설계, 식물신품종 등이 있다. 이러한 새로운 비물질성 이익과 전통적인 지식상품 모두 객체의 비물질성이라는 근본적인 속성을 갖고 있으므로 입법자들은 전통적인 지식재산권법의 보호방식 및 방법에 대한 참조를 토대로 일부 새로운 지식재산권 유형을 창설하였다. 지식재산권이 보호하는 법익의 객체 모두 비물질성이라는 근본적인 속성을 갖고 있지만 지식재산권의 다양한 유형 모두 전통적인 지식재산권의 기본적인 특징을 구비한 것은 아니다. 저작권, 특허권, 상표권 등을 지식재산권의 기본적인 근거로, 이러한 권리의 객체 모두 비물질성이라는 본질적 속성을 갖고 있지만 모두 전유성(專有性), 지역성 및 시간성이라는 기본적인 특징을 갖는 것은 아니다. 다시 말하면, 한 권리의 객체가 비물질성이라는 근본적인 속성을 갖기만 하면 이를 지식재산권체계로 귀속시킬 수 있다. 그 외, 지식재산권체계에는 일종의 비교적 특수한 종류가 있는데 이것은 바로 부정경쟁방지권이다. 통상적인 지식재산권법은 경쟁법(부정경쟁방지법과 반독점법 포함)과 충돌이 존재하는 듯하다. 전자는 권리자의 합법적인 독점지위를 보호하고자 하는데 있고 후자는 독점을 제한하거나 제거하고자 하는데 있다. 사실상 양자는 창작자의 권리를 보호하고 지식기술의 발전을 추진하고자 하는 공동의 입법목적을 갖고 있지만 목적을 달성하기 위한 수단은 서로 다르다. 지식재산권은 권리자의 합법적인 권리를 보호하고 기술혁신에 대한 장려를 통하여 목적을 실현하는 반면 경쟁법은 정당한 경쟁질서를 유지하고 불법경쟁행위를 제지함을 통하여 목적을 실현한다. 지식재산권이라는 독점적 권리와 부정경쟁방지 사이의 관계를 잘 처리하는 것은 지식재산권제도가 달성하고자 하는 이익형평의 목적을 실현하는 데 유리하다. 지식재산권의 객체는 무형성의 특징을 갖고 있어 권리자는 이에 대하여 지배하기 어려우므로 각국의 입법례는 통상 권리자에게 전유권(專有權)을 수여하는 방식을 통하여 이를 보호하고 있다. 이러한 전유권(專有權)의 수여는 지식재산권자로 하여금 일종의 독점적 지위를 획득할 수 있게 하였으며 지식재산권자가 법적 범위 내에서 권리를 행사할 시 법률은 권리자의 합법적인 권익을 보호하여야 한다. 그러나 만약 권리자가 지식재산권을 남용하여 정상적인 경쟁질서를 파괴할 시 경쟁법은 이러한 행위에 대하여 제한을 하고 있다. 이로부터 알 수 있다시피 지식재산권 보호와 경쟁법 보호 사이의 관계는 양면성을 갖고 있는데, 하나는 지식재산권의 합법적이나 정당한 행사는 경쟁법에서 예외가 되거나 면제행위에 해당된다고 법률에 명문으로 규정하는 것이고, 다른 하나는 일부 금지하여야 할, 지식재산권과 관련이 있는 부정경쟁행위에 경쟁법을 적용하여 규제한다고 법률에 명문으로 규정하는 것이다. 요약하면, 지식재산권은 원래 일종의 독점권이지만 과학기술의 발전촉진과 사회경제의 발전이라는 적극적인 기능을 갖고 있으므로 이러한 독점은 경쟁법의 면제를 받게 된다. 지식재산권자가 일단 지식재산권을 획득하게 되면 해당 영역의 독점적 지위를 갖게 되므로 이로 인하여 기업은 고액의 독점적 이익을 얻게 된다. 지식재산권자는 "이성적인 경제인"으로서 시장을 제한하고 폐쇄하는 경향이 있다. 제한 또는 폐쇄당한 시장은 필연적으로 자유경쟁을 방해하여 정상적인 시장질서를 파괴하게 된다. 경제발전을 격려하고 시장경제질서를 유지하려면, 반드시 지식재산권자의 "합법적인 독점"을 인정하는 한편 "불합리적인 독점"을 부정하여야 한다. 전자는 지식재산권법의 임무이고 후자는 경쟁법의 임무이다. 사실상 지식재산권제도와 부정경쟁방지법의 목적은 동일하나 그 수단은 상이하며 이 양자가 서로 협조하여야만 사회기술의 발전과 자산 증가라는 목표를 실현할 수 있다. 지식재산권법이 주목하는 것은 사유영역이며 경쟁법이 집중하는 것은 공공영역이다. 과학기술과 사회경제의 발전에 따라 사적 영역은 끊임없이 공공영역에 압박을 가하므로 경쟁법은 공공영역의 수호신 역할을 하고 있다. 요약하여 말하면, 이러한 새로 나타난 지식재산권 문제를 해결할 시 경쟁법과 지식재산권법은 서로 협조하여 역할을 발휘할 수 있는데, 한 면으로는 현행의 지식재산권 관련 법률법규에 대한 확장해석을 통하여 새로 발생한 문제를 대응하고 다른 한 면으로는 경쟁법의 보호기능을 충분히 발휘하여 전통적인 지식재산권법에 포함되지 않은 영역에 대하여 보충, 보완하고자 한다.

무형재산권 관련 법률제도의 확립은 결국에는 무형재산권체계문제로 귀결된다. 현대사회의 경제발전에 따라 무형재산의 지위는 갈수록 중요해지고 있으며 이러한 무형재산의 공통특징은 바로 객체의 비물질성이다. 이러한 비물질성은 새로운 재산권을 지식재산권제도의 체계로 통합할 수 있는 가능성을 열어놓았다. 그러나 문제는 일부 무형재산권은 비록 비물질성의 특징을 갖고 있지만 지식형태 및 지적창조와 반드시 관련이 있는 것은 아니라는 점이다. 다시 말하면 지식재산권제도의 체계는 이미 수많은 새로운 무형재산을 포함하기 어렵다는 것이다. 지식재산권제도도 일종의 법률제도체계로서 일반적인 제도체계와 마찬가지로 발전의 가능성과 타당성이 존재한다. 지식재산권이라는 개념이 갈수록 발전하는 사회의 현실에 맞지 않을 경우 더 이상 현유의 체제속에 제한되어 정체되어서는 아니되며, 현실의 필요에 발맞추어 더욱 높은 단계의 상위개념을 창조하여 무형재산권 규범체계를 통합하여야 한다. 이렇게 하여야만 사회실무의 발전에 대한 타당한 해결책을 찾을 수 있으며 이론의 완전성을 추구할 수 있다.

다. 무형재산권의 기본유형

민법영역에서 지식재산권 범위보다 넓은 무형재산권체계를 확립하여 지식재산권과 기타 무형재산권을 포함한 모든 비물질성 재산의 각종 권리를 포함시켜야 한다. 이에는 주로 아래 세 가지 종류가 있다.

(1) 창작성 성과권

이에는 저작권, 특허권, 영업비밀권, 집적회로 배치설계권, 식물신품종권 등이 포함된다. 창작성 성과권이라 함은 민사주체가 법에 따라 자신의 지적창작성과에 대하여 갖는 권리를 말한다. 동 권리의 대상은 사람들이 지적창작활동을 통하여 얻은 성과로서 통상 과학기술, 문화 등 지식영역에서 발생된다. 지식재산권제도의 발전역사로부터 보면, 최초의 권리유형은 특허권과 저작권으로서 그들의 객체 모두 창작성 성과이다. 지식재산권의 용어인 "Intellectual property"로부터 보면, 이러한 권리가 지적창작과 관련이 있음을 알 수 있다. 바로 상기 원인으로 인하여 중국의 민법학자는 20세기 80년대 초기 "Intellectual property"를 지적성과권이라고 하였으며 대만지역에서는 동 권리를 "지혜재산권"이라고 칭하였다. 오늘날에 이르러, 일부 학자는 지식재산권의 보호대상은 지적성과로서 "지식재산권은 창작성 지적성과를 객체로 하는 사권이며",[337] "식별성 표지라 하더라도 어느 정도 일정한 지적창작성을 나타내고 있으므로" 이 역시 지식재산권으로서 보호받을 수 있다고 주장하였다.[338] 필자는 창작성 지적성과는 지식재산권의 최초의 객체이자 핵심적인 보호대상이지만 지식재산권을 지적성과권으로 이해하는 것은 타당하지 않으며 지식재산권체계를 더욱 과학적으로 분류하여야 한다고 본다. 1992년 국제보호지식재산권협회(International Association for the Protection Intellectual Property, AIPPI)는 도쿄대회에서 지식재산권을 "창작성 성과권"와 "식별성 표지권"으로 분류하였다. 전자는 발명특허권, 집적회로 배치권, 식물신품종권, 노하우(Know-How)권, 공업품디자인권, 저작권, 소프트웨어권이 포함되며 후자는 상표권, 상호권 및 기타 부정경쟁방지와 관련되는 식별성 표지권이[339] 포함된다. AIPPI는 지식재산권의 분류에 대하여 지도성 의의가 있으며 이 또한 지식재산권을 "창작성 성과권"과 "경영성 표지권"을 구분하는 이유이기도 하다.

창작성 지적성과권의 객체는 반드시 어느 정도 창작성을 구비하여야 한다. 창작성이라 함은 사실은 아주 모호한 용어로서 통상 객체는 주체의 정신노동을 통하여 탄생한 것이지 단순하게 복제, 표절한 것이 아님을 말한다. 법률은 각 권리객체에 대한 창작성 요건이 각기 다르다. 저작물의 창작성이라 함은 저작물은 반드시 저작자의 최초 창작이자 저작자의 개성을 반영하여야 하며 법률은 한 저작물이 타인의 기존 저작물과 유사한지 여부에 대하여 판단하지 않고 오직 저작자 자신이 창작한 것이기만 하면 된다. 대륙법계와 영미법계 국가는 법철학 관념의 영향으로 인하여 창작성에 대한 이해도 각기 다르다. 대륙법계 국가는 통상 활동주체의 창작력과 표현형식의 혁신을 강조하는 반면 영미법계 국가는 단지 "독자적으로 완성한" 작품이기만 하면 되며 그 예술성에 대하여 더 높이 요구하지 않는다.[340] 특허권의 객체를 보면, 이러한 진보성이 객체의 개척특허로 진행되고 있다. 다시 말하면 객체는 신규성이 있어야 하며 이미 공개한 선행기술의 범위에 포함되어서는 아니된다. 그 중에서 발명특허의 출원대상은 선행기술에 비해 "뚜렷한 실질적 특징과 현저한 기

---

337) 朱谢群:《创新性智力成果与知识产权》, 89页, 北京, 法律出版社, 2004。
338) 郑成思:《知识产权论》, 6~7页, 北京, 法律出版社, 2003。
339) 郑成思:《知识产权论》, 6~7页, 北京, 法律出版社, 2003。
340) 曹世华:《版权理论中的创作概念》, 载《法学研究》, 1997(6)。

술적 진보"가 있어야 하며 실용실안특허의 출원대상은 신규성과 실용성을 갖추기만 하면 된다. 집적회로 배치설계권을 보면, "배치설계는 단지 어떠한 특정회로상의 배열 또는 분포로서 이러한 이미 알고 있는 회로범위 내의 배열 또는 분포는 단지 일반저작권법 의미상의 창작성 또는 특허법상의 진보성과 유사한 비상규적 조합의 창작성을 갖고 있으며 일반특허법 의미상의 실질적 특징 또는 비자명성의 진보성을 충족하거나 도달하지 못하였다."[341) 이로부터 알다시피 집적회로 배치설계의 보호방식은 저작권법과도 구별되고 특허법과도 구별되므로 "산업저작권"이라는 보호방식을 취하였다. 영업비밀권을 보면, 영업비밀로서의 기술정보 및 경영정보는 반드시 "공중에게 널리 알려지지 않는 것이어야 하며", 영업비밀은 일정한 신규성이 있어야 한다. 이러한 신규성은 특허기술의 진보성과는 "하늘과 땅 정도의 엄청난 차이"가 있으며 일부는 단지 단순한 노동을 통하여 정리한 자료일 뿐, 타인이 이러한 자료를 점유하지 않음으로 인하여 해당 자료는 "신규성"을 갖고 있을 뿐이다. 반면 기타 일부 정보는 창작성이 높아서 특허법이 요구하는 진보성을 구비하였지만 특허로 출원하지 않았다. 따라서 외국에서는 특허와 영업비밀의 보호관계에 대하여 다음과 같이 생생하게 비유한 적이 있다. 특허보호를 높은 곳에 처한, 구멍이 극히 작은 체로 비유하였으며 영업비밀보호를 낮은 곳에 처한 구멍이 비교적 큰 체로 비유하였다. 전자는 보호수준이 높지만 범위가 좁고 후자는 보호범위가 넓지만 보호수준이 낮음을 의미한다. 식물신품종권을 보면, 식물신품종의 진보성이라 함은 품종권을 출원하는 식물신품종이 출원하기 전 상업화하지 않았거나 널리 보급하여 사용하지 않았으며 출원하기 전 기존의 식물품종과 현저하게 구별되어야 함을 말한다. 즉 신규성과 특이성이 있어야 한다.

이로부터 알다시피, 창작성은 한 면으로는 지적성과가 주체 자신의 노동에 의하여 탄생된 것에서 나타나고 다른 한 면으로는 해당 지적성과와 기타 지적성과의 구별성에서도 나타나며 각종 대상의 창작성 정도는 구체적인 상황에 따라 결정된다. 따라서 법률은 각종 객체에 대하여 보호할 때, 구체적으로 분석하여야 하며 적절한 창작성 기준을 확립하여 각종 객체의 보호요건과 보호정도가 서로 대응되게 하여야 한다.

---

341) 乔德喜:《试论集成电路的知识产权保护》, 载中国专利局条法部编:《集成电路与植物品种知识产权保护专辑》, 北京, 专利文献出版社, 1996。

(2) 경영성 표지권

이에는 상표권(서비스상표권 포함), 상호권, 원산지표시권, 도메인이름권, 기타 부정경쟁방지와 관련된 식별성 표지권 등이 포함된다. 경영성 표지권이라 함은 사람들이 경영관리활동에서 사용하는 표지에 대하여 갖는 전용권을 말한다. 동 권리의 보호대상은 모두 제품의 원산지와 생산공장이라는 특정인격을 표시하는 식별성 표지로서 주로 경영거래에 사용되며 식별성은 해당 객체의 중요한 특징이다.

경영성 표지는 원산지를 표기하고 객체의 특정화 또는 주체의 인격화를 나타내는 식별성의 특징을 갖고 있다. 식별성이라 함은 각종 표지가 갖는, 제품의 원산지와 생산공장의 특정인격을 구별할 수 있는 성질을 말한다. 상표권을 보면, 출원등록할 상표는 현저성과 식별성이 있어야 한다. 즉 상표는 현저한 특징을 갖고 있어야 하며 기타 상표와 서로 구별할 수 있어야 한다. 따라서 일부 지리명칭, 상품의 통용명칭, 품질, 원자재, 기능, 용도, 수량 등 현저성이 없는 문자, 도형은 상표로 사용할 수 없다. 상호를 보면, 상호는 경영자가 경영거래과정에서 자신의 영업 또는 기업의 명칭을 선명하게 나타내는 것을 말하며 경영자의 인격화, 특정화의 표지이기도 하다. 상호의 식별성은 동일한 행정구역 및 동일한 업종 내에서 배타성을 갖고 있음을 의미한다. 원산지표시권을 보면, 원산지표시는 한 국가, 지역 또는 지방의 지리명칭으로서 한 제품이 그 지역에서 생산되었음을 표시하며 특정품질 또는 특징의 전부 또는 일부가 지리적 환경에 의하여 결정되며 이에는 자연적 및 인위적 요소가 포함된다. 원산지표시의 식별성은 지리명칭을 표시하는 기능이 있으며 법률로 타인이 원산지표시를 도용하는 것을 금지한다. 지식상품의 특유한 명칭, 포장 및 장식을 보면, 저명상품의 특유한 명칭, 포장 및 장식의 식별성은 그와 일반상품의 명칭, 포장 및 장식의 차이성에서 표현된다. 도메인이름권을 보면, 도메인이름은 컴퓨터가 인터넷에서의 코드로서 도메인이름의 차이점은 다른 이름과의 코드의 차이점에서 표현된다.

경영성 표지, 특히 일정한 인지도가 있는 상업표지는 통상 기업의 중요한 무형재산으로서 기업으로 하여금 높은 부가가치를 창출하게 할 수 있다. 일부 창작성 성과권(예컨대 저작권)과 달리, 경영성 표지권의 가치는 주로 경쟁관계가 있는 재산권에 존재하며 비록 “경제적 보상은 창작성 행위를 격려하는 유일한 동력이 아니지만 상표권 영역에서는 이러한 지식재산권 형태가 존재하는 유일한 이유이기도 하다."[342] 경영성 표지권은 일반적인 재산권과 더욱 유사하지만 무형재산권의 전유권(專有權)에 해당한다.

(3) 경영성 자본신용권

이에는 이미지(상품화)권, 상업명예권, 신용권, 특별경영허가권 등이 포함된다. 경영성 자본신용권이라 함은 사람들이 경영거래과정에서 얻은 자격, 신용명예에 대하여 갖는 전유권리를 말한다. 이는 특수한 인격으로 인하여 발생한 무형재산으로서 그의 권리형태는 전통적인 지식재산권과 다르다. 중국의 상법학자는 이를 "상사인격권(商事人格權)"이라고 부르며 독일법학자는 이를 "재산권으로서의 인신권(人身權)"이라고 부른다. 영미법학자들은 이러한 권리를 "현재 출현 중인 재산권"에[343] 포함시켰다. 당해 종류 권리의 보호대상은 기업이 획득한 우위나 신용명예로서 이러한 독점적 우위, 상업신용 및 명예는 특정주체가 일반기업보다 높은 이익창출능력을 갖게 하였다. 권리객체와 관련된 자격과 능력에는 재산적 이익이 포함될 뿐만 아니라 정신적 이익도 포함된다.

경영성 자본신용권의 보호대상은 개인이나 기업의 신용명예, 자격과 관련이 있으며, 자본신용력은 그 객체들이 갖는 공통된 특징이다. 자본신용력은 특정주체의 자격, 신용명예로 인하여 발생한 경영상의 영향력, 신뢰력 및 지배력을 말한다. 예를 들어 상업명예는 경영주체가 상업문화에서 갖는 특수한 가치형태로서 영국판례에서는 이를 "기업의 양호한 명성, 신용명예 및 거래관계를 위한 혜택과 우위"[344]라고 부른다. 신용은 당사자의 특수한 경제능력(즉 채무상환능력)의 표현으로서 사회가 특정주체에 대한 평가와 신뢰에서 비롯된다.[345] 상품화의 이미지는 "제2차 개발응용"을 통하여 이미지의 이용자가 일정한 경영우위를 점하도록 하게 한다.[346] 특별허가는 일종의 비실물적인 경제자원으로서 주관기관 또는 사회단체가 수여한 특정업종

342) Anthony D. Amato、Doris Estelle Long, *International Intellectual Property Law*, Kluwer Law International, 1997. 转引自王莲峰:《商业标记立法体系化研究》, 26页, 北京, 北京大学出版社, 2009。

343) 程合红:《商事人格权论》, 北京, 中国人民大学出版社, 2002。

344) 转引自关今华:《精神损害的认定和赔偿》, 173页, 北京, 人民法院出版社, 1996。

345) Black's law Dictionary(15Editon), West Publishing Co., 1979, p.331.

346) 董炳和:《论形象权》, 载《法律科学》, 1998(4)。

에 종사하거나 특정상품을 생산 및 경영할 수 있는 자격을 말한다.[347] 전반적으로 말하면, 자본신용력은 지식형 무형재산과는 달리 성명, 명예, 영예, 자본신용 등 인격형 무형재산의 가치의 표현이다.

무형재산권의 입법방식은 주로 지식재산권법과 기타 특별법이 있다. 지식재산권법은 비물질성 재산의 핵심적인 제도이며 세계 각국에서 통용되는 법률제도이자 현대의 지식재산권법은 하나의 개방적이고 동적인 제도적 규범체계이다. 지식경제가 발전함에 따라 새로운 지식재산제도도 계속하여 발생하게 된다. 입법자는 「비주류형 보호법」 즉 지식재산권 보호 관련 여러 규정과 다른 새로운 제도를 창설하든, 혹은 "단독형 보호법" 즉 지식재산권과 유사한 단독적인 전문제도를 설립하여 새로운 지식재산권을 보호하여야 한다. 이로부터 현대의 지식재산권법은 하나의 커다란 비물질성 재산에 대한 법률체계일 것임을 예측할 수 있다.

기타 무형재산권 관련 입법방식은 현재 국제적으로도 일치하지 않다. 요약하면 주로 두 가지가 있다. 하나는 간접보호방식이다. 즉 어떠한 법익을 권리로 할 것인지는 불분명하지만 관련 불법행위에 대한 규제를 통하며 침해당한 무형재산의 이익에 대하여 법적 보호를 제공하는 것이다. 관련 법률로는 주로 부정경쟁방지법, 불법행위법이 있다. 다른 하나는 직접보호방식이다. 즉 민사법을 통하여 비물질성 재산의 권리형태에 대하여 직접 규정함으로서 동 권리를 침해할 시의 민사책임도 명확히 규정하는 것이다. 이러한 법률은 민법전일 수도 있고 민사특별법일 수도 있다. 전반적으로 말하면, 민사기본법은 개괄성이 강하여 각종 무형재산을 최대한으로 포함할 수 있고 특별법은 비교적 융통성이 있어 관련 제도가 성숙될 때 별도로 단독 제정할 수 있다. 독일법은 두 가지 방식을 결합하는 형식을 취하여 민법전의 "불법행위법"이라는 장과 부정경쟁방지법에서 각각 상업명예권, 신용권 보호내용을 규정하였다. 이러한 입법례는 참조할 만하다.

---

347) 吕劲松:《无形资产会计》, 北京, 中国审计出版社, 1998。

제 8 장

무형재산권 관련 권리관계

재산권 및 인격권이라는 2분법은 사권체계를 구축하는 기본적인 방법이다. 이러한 사권구조에 입각하면, 사권영역의 재산법에는 소유권을 핵심으로 한 유형재산권, 지식재산권을 중심으로 한 무형재산권 및 채권, 상속권 등을 내용으로 한 기타 재산권이 포함된다. 본 장은 무형재산권을 중심으로, 체계 내부의 여러 권리와의 연관성 그리고 체계 외부의 기타 권리와의 연관성을 논하고자 한다.

1. 무형재산권체계 외부의 관련 사권과의 관계

사권영역에서 무형재산권과 상호 관련이 있는 것은 동일한 절대권으로서의 인격권, 소유권, 상속권 및 기타 상대성 속성이 있는 채권이다. 구체적으로 논하자면 다음과 같다.

가. 무형재산권 및 인격권

재산권 및 인격권은 민사권리의 기본적인 분류이다. 대륙법계의 전통적인 개념체계를 보면, 민법객체 즉 법률이 보호하는 특정이익은 크게 재산적 이익과 인격적 이익으로 분류되며 서로 다른 권리범주에 귀속된다. 사회생활에서 재산권과 인격권은 매우 밀접한 관련성이 있다. 한 면으로는 인격권에 대한 향유와 보장은 재산권을 행사하는 중요한 전제조건이며 다른 한 면으로는 재산권에 대한 보호는 민사주체의 독립적인 인격을 실현하는 데 유리하다. 그러나 인격권은 “인간이 인간으로서 반드시 갖추어야 할" 권리로서 그 자체는 재산권이 아니며 게다가 재산권에 종속된 권리가 아니다.[348] 예를 들어 생명건강권, 초상권, 성명권 등은 재산권이 갖지 않는 전속성, 보편성 및 선천성의 특성을 갖고 있다.

인격권과 재산권의 상호 관계에 대하여 독일철학자 헤겔(Hegel)은 두 가지 중요한 판단기준을 제시하였다. 하나는 "인격권"은 본질적으로 바로 "물권"으로서 그의 원래의 의미는 인격(또는 인격권이 보호하는 생명, 자유, 존엄 등)을 토대로 하여야만 물(物)(사람의 자유에 대하여 말하면, 모든 외적인 물(物)을 말함)에 대한 권리가 발생할 수 있다. 다른 하나는 "물권은 인격 자체의 권리이다." 재산은 인격을 유지하기 위하여 필요하며 인간의 자유를 실현할 수 있는 일종의 수단이다.[349] 여기서 헤겔은 재산권이 인격권에 대한 의존관계와 현실적 의의를 강조하였다. 이로부터 알 수 있다시피 인격과 재산은 불가분의 관련성이 있으며 확실하게 구분되는 것이 아니다. 사권제도의 발전과정에서 인격권과 재산권은 기존의 절대적 차이로부터 점차 상대적 차이로 발전하였으며 서로 교차하고 융합하는 현상이 발생하였다. 상품경제의 발전으로 인하여 일부 인격적 이익은 점차 상업성을 띈 인격적 이익으로 발전하게 되었다. 현대의 법률구조에서 상업상의 명예로 인하여 상업명예권이 발생하였으며 성명, 초상, 형체의 상업적 이용으로 인하여 상품화권이 발생하였다. 이러한 권리는 일반적인 인격권과 다른 특수한 재산권이다. 외국학자의 저서에 의하면, 당해 권리의 다수가 단독적인 재산권 또는 무형재산권으로 간주되었다.[350]

여기서 인격적 이익을 두 가지 유형으로 요약할 수 있다. 하나는 모든 민사주체가 갖는 인격적 이익을 말하며 이는 직접적인 재산내용이 없는 일종의 인격적 이익이다. 다른 하나는 기업법인 및 상업거래에 종사하는 정부기관, 기업, 법인단체만이 갖는 인격적 이익을 말하며, 이는 상대적으로 독립된 특수한 인격적 이익으로서 통상적인 인격권의 개념으로는 충분히 해석하고 보호하기 어렵다.[351] 전통적 이론에 따르면, 인격권의 객체 모두 주로 무형이익에 해당하는 정신적 이익이다. 하지만 현대의 상품경제의 발전과 사람들의 권리관념의 변화에 따라 인격적 이익 중의 재

348) 王利明灯编著:《人格权法》, 12页, 北京, 法律出版社, 1997。

349) [德] 黑格尔:《法哲学原理》, 范扬、张企泰译, 48~49、201页, 北京, 商务印书馆, 2010。

350) [英] 劳森、拉登:《财产法》, 施天涛、梅慎实、孔祥俊译, 110~113页, 北京, 中国大百科全书出版社, 1998; [日] 小岛庸和:《无形财产权》, 7~11页, 东京, 创成社, 1998。

351) 程合红:《商事人格权刍译》, 载《中国法学》, 2000(5)。

산성 요소가 사회거래에서 갈수록 뚜렷해지고 있으며 점차 독자적으로 존재하는 권리형태로 되었다. 기업법인의 인격적 이익의 재산화는 무형이익의 기본적인 성질을 유보하였을 뿐만 아니라 또한 유형재산의 일반적인 특징과도 구별되었다. 첫째, 무형재산의 이익은 주체의 인격과 서로 밀접한 관련이 있는 이익으로서 전속성의 특징을 갖는다. 둘째, 무형재산의 이익은 주체의 경영능력에 의한 사회적 평가로 인하여 발생한 이익이다. 이러한 재산의 가치는 경영분야에서 발생한 것으로서 사회가 주체의 신용, 명예, 이미지에 대한 평가와 신뢰이다. 다시 말하면 이는 자본신용성의 특징을 갖는다. 셋째, 무형재산의 이익은 기업의 자본신용에서 인정하기 어렵고 안정성이 없는 이익이다. 이러한 재산가치는 장래에 경제이익을 제공할 수 있지만, 그 이익에 대한 예측은 불확정적인 것으로서 수익금액 및 수익기간은 각종 원인으로 인하여 변동하므로 변동성의 특징을 갖는다.

로마법 이후로, 사법영역에서는 일련의 제도적 혁신과 법률적 변혁이 발생하였다. 재산의 비물질화 혁명이 그 중의 하나이다.[352] 재산의 "비물질화"의 결과는 재산법의 적용범위를 대대적으로 확장하였고 권리에 대한 구축내용도 주로 지식재산권이지만 이에 한하지 않는 다양한 방면의 내용이 포함되었다. 인격적 이익의 재산화는 현재 두 가지 추세를 나타내고 있다고 할 수 있다. 하나는 지식형 재산으로서 예컨대 상호는 전통적인 지식재산권에 포함된다. 다른 하나는 자본신용형 재산으로서 예컨대 상업명예, 이미지, 신용 등은 자본신용형 무형재산권에 포함된다.[353]

나. 무형재산권 및 소유권

재산권체계에서 무형재산권 및 유형재산권 모두 법에 따라 발생한 절대권으로서 그의 의무주체는 권리자 이외의 불특정 다수인이다. 이는 급부행위에 의하여 발생한, 의무주체가 특정인인 상대권 즉 채권과는 서로 다르다. 무형재산권을 이용하는 과정에서 저작물, 특허 또는 상표를 통하여 경제보수를 얻을 수 있는 권리는 통상 일종의 소유권의 취득방식이다. 초기의 지식재산권제도는 봉건특허권으로부터 자본주의 재산권으로 전환하는 하나의 역사적 과정을 거쳤다. 당시의 시민계층은 인

352) 吴汉东:《财产的非物质化革命与革命的非物质财产法》, 载《中国社会科学》, 2003(4)。
353) 吴汉东:《论财产权体系一兼论民法典中的"财产权总则"》, 载《中国法学》, 2005(2)。

쇄품, 전문저작품에 대하여 일종의 새로운 권리 즉 소유권의 일종인 "정신적 소유권"을 확립하여야 한다고 주장하였다.[354] 하지만 무형재산권과 소유권은 재산권체계에서 각자 다른 분야에 속하므로 그 차이점은 아주 분명하다.

재산권 내부를 보면, 구체적인 이익의 실현 또는 목적에 따라 재산권을 더욱 구체적으로 분류하였다. 재산권의 목적물이 특정 "물건"일[355] 경우 이러한 권리를 물(物)에 대한 권리 즉 물권이라고 한다. 재산권의 목적물이 특정인의 "급부"(즉 특정행위의 이행)일 경우, 동 권리를 사람에 대한 권리 즉 채권이라고 한다. 전통적으로 재산권은 물권과 채권 두 가지 유형으로 분류된다.[356] 지식재산권은 그 후에 출현한 신형재산권으로서 그 목적물은 무형체인 정신적 산물이므로 무형재산권이라고도 칭하였다. 또한 재산이익의 물질성과 비물질성을 기준으로, 지배성 재산권을 동산, 부동산에 대한 소유권과 정신적 재산에 대한 지식재산권이나 무형재산권으로 나뉠 수 있다. 독일학자 로렌츠(Larrenz)는 이러한 지배권 또는 이용권의 대상을 제1순위 권리객체라고 불렀다. 로렌츠는 제1순위 권리객체는 법적 규정이 아닌 실제로 존재하는 목적물로서 이에는 동산 및 부동산 등 유체물과 저작물 및 발명 등 무체물인 정신상품이 포함된다고 주장하였다.[357]

무형재산권과 소유권 모두 지배성 재산권으로서 절대성과 배타성의 특징을 갖고 있지만 그 권능내용은 다소 다르다. 소유권은 소유자가 물(物)에 대한 점유, 사용, 처분 또는 수익의 권리로 표현되는 반면 무형재산권은 권리자가 정신적 재산에 대한 독점적 사용과 방해금지의 권리로 표현된다. 일본학자 코지마 츠네카즈(小島庸和)는 무형재산권은 소유권과 달리 일종의 "완전히 새로운 특수한 권리"로서 이는 "독점권"과 "금지권"으로 나눌 수 있으며 전자는 독점적으로 객체를 지배할 수 있는 권리를 말하고 후자는 부정경쟁의무의 위반행위에 대하여 제재할 수 있는 금지권을 말한다고 주장하였다.[358]

---

354) L. Ray Patterson、Stanley W. Lindberg, The Nature Of Copyright : A Law of Users Right, The University of Georgia Press, 1991.

355) 광의의 물에는 유체물 및 무체물이 포함되며 후자는 어떠한 재산적 내용이 있는 권리를 말한다. 협의의 물은 유체물에 한한다. 로마법 및 프랑스법은 광의설을 취하고 독일법은 협의설을 취한다.

356) 일부 학자는 어업권, 광산권과 같은 무형자격을 대상으로 한 권리와 상속권과 같은 통합권리인 유산을 대상으로 한 권리 모두 준물권에 귀속시켰다.

357) [德] 卡尔·拉伦茨:《德国民法通论》, 377~378页, 北京, 法律出版社, 2003。

무형재산과 유형재산을 토대로 발생한 두 가지 재산권은 목적물이 상이하므로 병존이 가능하다. 예를 들어 한 폭의 유화에는 미술작품의 저작권과 유화매체물에 대한 소유권이 동시에 존재할 수 있다. 하나의 3D표지에는 표지로서의 상표권과 표시실물에 대한 소유권이 동시에 존재할 수 있다. 상기 서로 다른 두 권리에 대하여 동일한 주체가 향유할 수 있고 서로 다른 주체가 지배할 수도 있다. 어떠한 권리의 이전도 다른 한 권리의 귀속에 영향을 미치지 않는다. 앞서 논한 예를 보면, 저작자가 미술작품의 원작을 타인에게 양도할 경우, 양수인은 해당 원작의 소유권을 취득할 뿐 저작권을 취득할 수는 없다. 반대의 경우도 마찬가지이다.

다. 무형재산권 및 기타 재산권

무형재산권과 채권, 상속권 등 기타 재산권과의 근본적인 차이점은 권리대상에 있음으로서 객체의 차이성은 재산권 분류의 기초이다. 기타 재산권이라 함은 청구권 또는 기대권에 대한 재산권을 말하며 객체에는 일반적 의미의 목적물 외에 법률규정에 의하여 객체로 간주된 권리인 무체물도 포함된다. 로렌츠는 "채무자의 급부행위의 대상(객체)"은 "채무자가 그의 급부행위를 통하여 채권자에게 제공하여야 할 일종의 '사물(事物)'"로서, 예를 들어 채권자로 하여금 특정물을 점유하게 하거나, 특정물의 소유권 또는 기타 권리를 취득하게 하거나, 일정한 금액 및 기타 채무자가 실행한 특정 '성과'를 취득하게 하는 것을 말한다."고 주장하였다.[359] 쎄화이쓰(謝懷栻) 교수는 상속권이란 유산에 대한 각종 권리를 취득하는 것을 말하며 이러한 상속권의 객체에는 각종 물권, 채권 등 권리의 집합체가 포함된다고 주장하였다.[360] 이와 달리 무형재산권의 객체란 지식형 재산(저작권, 특허권 등의 객체)인지, 자본신용형 재산(상업신용권, 신용권 등의 객체)인지 여부를 불문하고 모두 일정한 이익을 대상으로 하는 객체화된 지식체계를 말한다. 무형재산권의 객체는 비록 유체물의 객관적 실재성을 갖고 있지는 않더라도 법률규정에 의한 것이 아닌 실제로 존재하는 사물로서 유체물과는 다른 인식가능성, 재현가능성을 나타내고 있다. 여기서 예외적인 경

---

358) [日] 小岛庸和:《无形财产权》, 5页, 东京, 创成社, 1998。
359) [德] 卡尔・拉伦茨:《德国民法通论》, 379页, 北京, 法律出版社, 2003。
360) 谢怀栻:《论民法权利体系》, 载《法学研究》, 1996(2)。

우에 해당되는 권리가 특별경영허가권이다. 동 권리는 정부기관 또는 기업이 특별히 부여한 자격, 우대나 특권 등 법적 이익으로 구성된다. 상업특별허가경영에서의 권리객체는 일반적으로 지식재산권을 핵심으로 하는 특별허가 관련 이익이다.

무형재산권과 기타 재산권은 객체의 차이점으로 인하여 그들의 법률속성도 서로 다르다. 무형재산권과 채권을 보면, 전자는 무형재산의 귀속 및 이용관계를 나타내며 객체를 직접 지배할 뿐만 아니라 모든 사람을 대항할 수 있는 권리이다. 반면 후자는 일반적인 재산(유형재산과 무형재산을 포함한다)의 이전관계를 나타내며 특정급부를 특정인에게 청구할 수 있는 권리이다. 요약하여 말하면, 양자는 직접적 지배성과 이행청구성이라는 서로 다른 권리속성을 갖고 있다. 무형재산권과 상속권을 보면, 전자는 지식, 자본신용 등 비물질성 이익에 대하여 갖는 소유권으로서 절대권의 성질을 갖고 있으며 그의 객체는 사람들이 생산활동(주로 지적생산활동)을 통하여 제조한 지식상품이다. 후자는 사유재산 소유권(동산, 부동산 소유권 및 무형재산 소유권을 포함한다)에 대한 합법적인 확장으로서 그 권리의 대상뿐만 아니라 각종 재산권(소유권 및 무형재산권 포함)의 집합체를 이루는 유산에 대한 일종의 전속성을 갖는 "특수재산권"이다.[361)]

무형재산권과 기타 재산권은 속성에서 차이점이 존재하지만 밀접한 관련성이 있다. 무형재산권의 이용 및 이전에서 예를 들면, 채권, 상속권은 권리변동의 중요한 방식이다. 무형재산권의 이용은 전반적인 비물질재산분야에서 가장 활성화되고 가장 영향력이 있는 하나의 제도로서 비권리자가 법률규정 또는 계약의 약정에 따라 타인의 무형재산을 이용하는 각종 경우가 포함된다. 무형재산권 가치의 실현은, 하나의 제조-전파-사용의 과정으로서 권리자가 재산적 이익을 실현하는 기본적인 방식은 무형재산권의 권능을 분리하거나 권능의 이용하는 것이다. 이러한 과정은, 주로 권리자가 무형재산에 대한 직접적인 통제나 지배의 관계가 아니라, 기타 주체가 무형재산에 대하여 단독 또는 공동으로 이용하는 관계이다. 여기서 채권은 무형재산 관련 거래과정에서의 법률도구이다. 예컨대 수권사용허락, 법정사용허락, 강제사용허락 등은 모두 계약이라는 채권형식으로 실행된다. 무형재산권에 대한 상속으로 인하여 승계주체가 발생하게 되는데, 무형재산권의 취득방식은 원시취득과 승계

361) 房绍坤等:《民商法原理》(三), 577页, 北京, 中国人民大学出版社, 1999。

취득이 있다. 승계취득이라 함은 무형재산 소유권자의 의지에 따라 무형재산권의 존재를 전제로 발생한 권리주체의 변경을 말하며, 이러한 승계취득은 통상 불완전 취득 또는 제한적 취득이다. 상속인은 상속권의 행사를 통하여 무형재산권의 새로운 소유권자가 된다. 예를 들어 저작권법의 규정에 의하면 일반저작물의 저작권 보호기간은 저작자의 생존기간과 사망 후 50년이다. 저작권의 원시취득의 주체인 저작자가 사망한 후, 그의 상속자는 유효기간 내에 저작권의 승계취득의 주체가 된다. 특허권, 상표권 등 기타 권리도 존속기간 내에 모두 상속에 의한 양도가 발생할 수 있다. 다만 법인에게 전속된 지식재산권, 상업명예권, 특별경영허가권 또는 자연인에게 전속된 신용권 등은 상속에 의한 양도가 발생하지 않는다.

라. 무형재산권 및 부정경쟁방지

사권영역에서 무형재산권제도와 부정경쟁방지법의 관계를 연구하는 목적은 부정경쟁방지법의 입법목적이 무형재산권의 행사를 보호하고 권리남용을 규제하는 것임을 설명하기 위함이다. 법률형식으로부터 보면, 무형재산권과 부정경쟁방지는 두 개의 서로 충돌되는 제도적 설계처럼 보인다. 전자는 무형재산소유자의 독점적 지위를 유지하고자 하는 것이고 후자는 그 독점을 제한하거나 제거하고자 하는 것이다.[362] 그러나 사실상 양자는 합법적인 권리를 보호하고 사회의 발전을 추진하는 공통된 입법목적을 갖고 있다. 다만 다른 것은 무형재산권제도는 권리자의 합법적인 권익을 보호하고 지식의 혁신에 대한 장려를 통하여 목표를 실현하지만, 부정경쟁방지법은 정당한 경쟁질서를 유지하고 불법경쟁행위를 제지하는 것을 통하여 목표를 실현한다. 따라서 무형재산권이라는 독점적 권리와 부정경쟁방지 사이의 관계 다시 말하면 무형재산권제도와 부정경쟁방지법의 관계를 잘 처리하여 부정경쟁방지법체계에서 무형재산권에 대한 보호의 지위를 확립하여야 한다.

부정경쟁방지법은 시장거래에서 경영자 사이의 경쟁관계를 조정하는 법률규범의 총칭으로서 협의에서 보면, 부정경쟁방지 관련 내용만 포함된다. 광의에서 보면,

362) 일본학자 富田徹男은 이에 대하여 아래와 같이 분석하였다. "지식재산권은 기술개발이나 제조, 경영 등 정상으로 실행하는 일종의 권리제도를 말한다. 이는 기술개발-산업-소비자로 구성된 시장구조와 서로 대응되는 일종의 권리이다." [日] 富田彻男:《市场竞争中的知识产权》, 廖正衡等译, 1页, 北京, 商务印书馆, 2000。

협의의 부정경쟁방지와 반독점 및 경쟁제한의 내용이 포함된다. 각국의 정치상황, 경제발전 수준 및 법률전통이 서로 다름으로 인하여 관련 입법의 법률명칭과 법률 내용에서도 비교적 큰 차이를 보이고 있다. 요약하면 주로 아래 두 가지 입법례가 존재하는데, 하나는 각자 입법하는 분립식 방식을 취하여 반독점법, 경쟁제한방지법 및 부정경쟁방지법을 단독으로 제정한다. 독일, 일본이 그 예이다. 다른 하나는 통합된 입법방식을 취하여 반독점, 경쟁제한금지 및 부정경쟁방지를 통합하여 입법한다. 미국이 그 예이다. 서양국가의 반독점조항을 포함한 부정경쟁방지법은 아주 중요한 법적 지위에 놓여 있으며 한 국가의 경제법률체계의 핵심으로서 "경제헌법", "시장경제대헌장"이라는 명성을 갖고 있다. 본 장에서 논한 부정경쟁방지법은 단지 한정된 범위 내에서 일부 부정경쟁행위에 대하여 규제할 뿐 반독점 및 경쟁제한금지 내용이 포함되지 않는다. 중국의 부정경쟁방지법은 두 가지 종류의 대상을 규제하고 있는데, 하나는 신의, 공정원칙을 위배한 전통적인 부정경쟁행위이고, 다른 하나는 시장기능의 정상적인 작동에 영향을 미치는 경쟁제한행위이다.

한 국가의 법률체계에서 부정경쟁방지법은 일반적으로 지식재산권분야로 분류된다. 국제협약 중의, 1967년 「파리협약」 스톡홀름문서에서는 특허, 실용신안, 디자인, 상표, 서비스표지, 제조상 명칭, 제품출처 표지 또는 원산지 명칭 및 부정경쟁방지를 산업재산권의 보호대상에 포함시켰다. 1967년 체결한 「세계지식재산권기구 설립에 관한 협약」에서는 부정경쟁방지권을 지식재산권의 범위 내에 포함시켰다. 세계무역기구의 「지식재산권협정」은 체약국이 「파리협약」의 관련 조항을 준수하여야 한다고 강조하였다. 다시 말하면 「지식재산권협정」은 「파리협약」에서 규정한 부정경쟁방지법이 지식재산권 법률제도의 구성부분임을 인정하는 것이다.

부정경쟁방지법을 지식재산권 법률체계에 귀속하는 이유는 다음과 같다. 첫째, 부정경쟁방지법은 기타 지식재산권법의 규율대상을 그의 보호대상으로 함으로써 저작권, 특허권, 상표권을 침해하는 행위에 대하여 법률제재를 가하는 것이다. 일부의 경우, 법조항의 경합문제 및 법률의 우선 적용문제가 발생하게 된다. 둘째, 부정경쟁방지법은 각종 지식재산권과 관련이 있으나 해당 법률로 관할할 수 없는 객체에 대하여 보호를 제공할 수 있어, 단일한 법률제도로 인하여 발생한 "진공지대(眞空地帶)"를 보완할 수 있다. 셋째, 부정경쟁방지법은 각종 지식재산권 객체의 교차부분에 대하여 "포괄적 보호"를 제공하여 지식재산권의 보호대상을 하나의 완전체로 연결하였다. 당해 법은 지식재산권 분야의 더욱 광범위한 내용이 포함된 일종의 법률 제도라고 할 수 있다. 비록 현재의 입법례에서 부정경쟁방지법의 규율범위가 갈수록 넓어져 수많은 기타 영역에까지 확장되었지만 지식재산권 다시 말하면 무형재산권에 대한 보호는 여전히 부정경쟁방지법의 핵심적인 중요한 임무이다.

한 국가의 경쟁법에서 지식재산권 혹은 무형재산권 보호 관련 부정경쟁행위는 일반적으로 당해 입법의 핵심적인 내용이다. 중국의 부정경쟁방지법에서 열거한 11가지 불법행위 중에서 다음의 경우가 무형재산권 보호영역에 해당된다.

(1) 상품위조행위

상품위조행위는 상품주체의 혼동행위와 허위표시행위가 포함된다. 전자는 타인의 상업명예이나 상품의 명예를 부당하게 이용하여 타인의 상품과 혼동이 발생하게 하는 행위를 말한다. 후자는 상품의 품질, 명예, 생산지나 원산지 또는 기타 성분에 대하여 사실과 다르게 표기함으로써 기타 경영자나 소비자로 하여금 오인하게 하는 행위를 말한다.

(2) 허위홍보행위

허위홍보행위라 함은 경영자가 광고 또는 기타 방식을 이용하여 상품에 대하여 실제상황과 다른 허위홍보를 함으로써 고객 또는 소비자로 하여금 오인하게 하는 행위를 말한다. 허위홍보내용에는 상품의 품질, 제조성분, 성능, 용도, 생산자, 유효기간, 생산지 등이 포함된다. 그 표현형태는 두 가지가 있는데, 하나는 실제상황과 다른 허위홍보이다. 예를 들면 일반제품을 유명브랜드제품으로 홍보하거나 국산품을 수입품으로 홍보하거나 인공합성자료를 천연자료로 홍보하는 경우 등이다. 다른 하나는 오해할만한 홍보를 하는 것이다. 홍보과정에서 과장된 수법을 통하여 고객과 소비자로 하여금 상품의 실제상황에 대하여 잘못된 인상이 발생하게 하여 상품의 선택에 영향을 미치는 것이다.

(3) 영업비밀을 침해한 행위

영업비밀 침해행위에 대한 법률 보호에 관하여 각국에서는 서로 다른 입법례를 취하고 있다. 일부 국가는 단행법을 제정하고 일부 국가는 부정경쟁방지법에서 규정하고 있으며, 일부 국가는 일반적인 불법행위법을 적용하고 있다. 중국은 부정경쟁방지법에서 영업비밀에 대한 보호문제를 규정하고 있다. 당해 법의 규정에 따라 경쟁행위의 주체는 일반적으로 경영자인 반면 영업비밀의 침해자는 경영자 이외의 자와 관련이 있을 수 있다. 상기 부족한 점과 영업비밀 보호의 중요성에 근거하여 일부 학자는 단행법의 형식으로 단독적인 법률을 제정할 것을 건의하였다(본 글에서 영업비밀권에 대하여 별도의 장으로 논함).

(4) 상업비방행위

상업비방행위라 함은 경영자가 허위사실을 조작 및 유포하는 등 부당한 수단을 취하여 경쟁자의 상업신용 및 상품명성을 훼손하거나 실추하게 함으로써 경쟁자의 경쟁력을 약화시키는 행위를 말한다. 상업비방행위는 허위사실을 조작 및 유포하는 것으로 표현된다. 허위사실이라 함은 행위자가 서술한 경쟁상대자의 상황이 객관사실과 다른 것을 말한다. 허위사실 유포에는 불특정인에게 유포하는 것도 포함되고, 특정고객이나 동종업계의 경영자에게 유포하는 것도 포함된다. 허위사실 조작 및 유포에서 흔히 볼 수 있는 수법에는 대비적인 광고 또는 성명성(聲明性)광고를 게재하여 경쟁상대자의 명예를 실추시키거나 일부 사람을 부추키거나 매수하여 고객 또는 소비자의 명의로 신고하여 경쟁상대자의 상품품질에 대하여 비방하는 등이 있다. 상기 부정경쟁행위는 무형재산권 중의 상호권, 상업명예권, 상업비밀권 등을 침해대상으로 하였다.

2. 무형재산권체계 내부의 유형화된 권리 간의 관계

재산권제도에서 무형재산권은 전통적 의미의 재산소유권과 서로 구별되어 존재하는, 비물질적 이익의 형태(지식경험형태, 경영표지형태, 상업자본신용형태 포함)를 토대로 발생한 각종 권리를 말한다. 이는 지식재산권이 포함되나 이에 한하지 않는 비물질적 재산권리체계이다. 무형재산권에는 창작성 성과권, 경영성 표지권, 경영성 자본신용권 세 가지 종류의 권리가 포함된다. 앞의 두 가지는 지식재산권이고 후자는 이와 구별되는 기타 무형재산권이다. 구체적으로 논하면 다음과 같다.

가. 창작성 성과권 및 경영성 표지권

입법과 학설의 연구에서 문학재산권(또는 저작권)과 산업재산권은 지식재산권의 전통적인 기본분류방식이다. 20세기 60년대 이후 산업재산권과 저작권(판권)은 오랜 시간 융합되고 교차되면서 공업제품에 대하여 저작권 보호와 유사한 새로운 권리인 “산업저작권”이 출현하였다.[363] 지식재산권의 새로운 구성내용이 끊임없이 풍부해짐에 따라 다양한 권리에 대하여 단순하게 문학재산권 또는 산업재산권에 귀속시킬 수는 없게 되었다. 1992년 국제지식재산권보호협회 도쿄대회에서는 지식재산권을 창작성 성과권과 식별성 표지권으로 분류하였으며 전자에는 저작권, 특허권, 영업비밀권, 집적회로 배치설계권, 식물신품종권이 포함되며 후자에는 상표권, 상호권, 지리적표시권, 도메인이름권이 포함되었다.

AIPPI의 상기 분류방식은 지식재산권 유형화에 대한 유익한 탐구이며 지식재산권의 본질을 정확히 인식하고 나아가 지식재산권체계를 발전시키는데 지도적 의의가 있다. 20세기 90년대 중기 이전, 필자를 포함한 중국학자들은 지식재산권의 객체는 지적창조 관련 성과라는 추상적인 인식을 토대로, 지식재산권은 사람들이 창작적 지적성과에 대하여 갖는 전유권(專有權)을 말한다고 정의를 내렸다.[364] 90년대 중기 이 후 많은 학자들은 지식재산권 명의하의 각종 권리가 모두 지적창조성과에 의하여 발생하는 것이 아님을 인식하고 지식재산권에 대하여 새로운 정의를 내렸다. 즉 지식재산권은 지적성과, 경영표지 또는 지식정보를 토대로 발생한 권리를 말한다고 요약하였다.[365] 이로부터 알 수 있듯이 현재 중국의 다수 학자들은 지적성과권과 식별표지권이라는 기본적인 분류방식을 인정하고 있다.

창작성 성과권과 경영성 표지권은 지식재산권체계의 두 가지 서로 다른 권리이다. 전자의 보호대상은 사람들이 지적활동을 통하여 창조한 성과로서 통상 과학기술, 문화 등 지식영역에서 발생되며 권리객체가 일정한 정도의 창작성을 구비하는

---

363) 郑成思:《版权法》, 北京, 中国人民大学出版社, 1990。

364) 吴汉东、闵峰编著:《知识产权概论》, 北京, 中国政法大学出版社, 1987; 郑成思主编:《知识产权法教程》, 北京, 法律出版社, 1993; 黄勤男主编:《新编知识产权法教程》, 北京, 中国政法大学出版社, 1995。

365) 吴汉东主编:《知识产权法学》, 北京, 北京大学出版社, 2000; 刘春田主编:《知识产权法》, 北京, 高等教育出版社, 2000; 张玉敏主编:《知识产权法教程》, 北京, 法律出版社, 2005。

것은 법적 보호를 취득하는 필요한 조건이다. 후자의 보호대상은 제품의 원산지를 표시한, 주체의 특정인격에 대한 식별성 표지로서 식별성은 객체의 기본적인 특징이며 주로 상업경영거래에서 그의 역할을 발휘한다. 이러한 객체의 차이점은 양 권리의 서로 다른 법적 특징을 발생하게 하였다. 지식재산권 관련 연구에서 일부 학자들이 주장한 독점성, 시간성 및 지역성은 상기 권리유형의 일반적인 특징이 아니다. 예를 들면 상표권은 완전한 의미상의 독점성(비유사상품은 동일 또는 유사한 상표를 사용할 수 있다)을 갖는 것이 아니며 상호권의 지역성도 자신의 특별한 규정(기업명칭은 단지 등록된 행정구역 내에서만 배타적 효력을 갖는다)을 갖고 있으며 지리적표시권도 시간적 제한(경영성 표지권의 보호기간은 창작성 성과권과 달리 규정하고 있다)이 없다. 권리의 본질로부터 보면, 오직 객체의 비물질성만이 지식재산권 각종 권리의 공통된 법률특징이다.

나. 경영성 표지권 및 경영성 자본신용권

경영성 표지권과 경영성 자본신용권 모두 공상업분야의 무형재산권으로서 기업법인이 공상업활동에 종사함에 있어서 반드시 필요한 무형자산이다. 경영성 표지권이 보호하는 특정이익은 식별성 표지를 매체로 하고 상품, 서비스 또는 주체 자체의 명예를 내용으로 한 재산적 이익이다. 그 중에서 경영성 표지의 외적 형태는 로고(로고의 구성요소인 문자, 도형 등), 대상(표시된 상품 또는 기업), 공급처(상품원산지 또는 주체인격 표시)로 구성된 것이며 상업명예는 경영성 표지의 내적 기초이다. 사실상 표지권이 보호하는 특정이익은 “상업표지의 흡인력” “상업표지의 영향력” 및 이들로 인하여 주체에게 가져다주는 법익이다.[366] 경영성 자본신용권에는 상품화권, 상업명예권, 신용권, 특별경영허가권이 포함되고 그의 보호대상은 공상업기업이 획득한 자격, 우위 및 신용명예로서 이러한 전문경영의 우위와 상업신용명예는 특정주체가 동종업계의 기타 일반기업보다 높은 영리능력을 확보하게 하였다. 이러한 권리의 객체인 자격, 신용, 명예, 이미지 등은 일종의 재산화된 인격적 이익으로서 현저한 재산적 이익을 갖고 있으며 일부 정신적 이익도 갖고 있다.

366) 关令华:《精神损失的认定和赔偿》, 173页, 北京, 人民法院出版社, 1996。

경영성 자본신용권의 출현은 전통적인 지식재산권에 대한 제도적 보완이자 무형재산권제도를 구축하는 기초이다. 비물질적 재산권의 형성은 두 차례의 중요한 제도적 변혁을 거쳤다. 첫째는 특별허가권으로부터 지식재산권으로의 변혁이다. 경영성 표기권을 포함한 지식재산권은 봉건특별허가권으로부터 근대자본주의 재산권으로의 변혁을 거쳤다. 지식재산권은 개인이 갖는 일종의 무형재산권으로서 특정의 권리가 아닌 법정의 권리이며 로마법 이후 사권영역에서의 제도적 혁신의 결과이다. 둘째는 인격권으로부터 특별재산권으로의 변혁이다. 성명, 초상, 명예, 영예 등 정신적 이익은 전통적으로 인격권의 보호범위 내에 포함되지만 통상 직접 재산적 내용을 갖고 있지 않았다. 현대상품경제의 조건에서 일반적인 인격이익은 점차 상업적 인격이익으로 변화하였으며 현대법의 구조에서 자본신용형 특별재산권이 발생하게 되었다. 이는 재산의 비물질화 혁명이 현대시대에서의 지속으로서 "개발 중인 무형재산"이다.[367] 또한 이러한 상황은 무형재산권이 하나의 개방적이고 동적이며 발전적인 제도적 체계임을 의미한다.

3. 무형재산권체계 내부의 각종 권리 간의 관계

무형재산권은 하나의 방대한 체계로서 각종 권리는 서로 구별되면서도 서로 연결되어 있다. 각종 권리사이의 관계를 연구하는 것은 이론연구에 필요할 뿐만 아니라 실무에서도 더욱 중요한 의의가 있다. 구체적인 내용을 논하자면 다음과 같다.

가. 저작권 및 특허권

전통적인 지식재산권의 유형인 저작권과 특허권 모두 창작성 성과권에 속하나 양자의 차이점은 주로 다음과 같다.

(1) 보호대상이 다르다.

저작권의 보호범위는 창작자의 사상표현형식과 서로 관련되어 존재한다. 이러한

367) 曾世雄:《民法总则之现在与未来》, 173页, 台北, 三民书局, 1993。

사상표현형식은 저작물의 최종 형태로서 기본적인 구성요소는 문자, 언어, 색채, 선, 음율, 악보 등을 표현형식으로 한 기호들이다. 사상표현형식은 사상내용 자체와 관련성이 없으며 저작물에 대한 보호는 어떠한 사상, 절차, 방법, 체계, 작동방식, 개념, 원리 등이 포함되지 않는다. 특허권의 객체는 공업, 농업, 상업 등 산업영역에서 매체상에 물질화할 수 있는 창작성 성과를 말하며 통상 공업예술기술 및 기능 그리고 이러한 방법 및 기능과 서로 대응되는 생산업무 및 기타 물질적 장치로 표현된다. 특허권의 보호범위는 특허관리기관이 발명창작의 범위에 부여한 의미에 대한 해석에 의하여 결정된다. 양자의 보호대상은 각각 "사상표현형식"과 "사상내용"으로서 상호 구별된다.

(2) 보호요건이 다르다.

저작권 저작물과 특허기술은 모두 일정한 정도의 창작성을 구비하여야 하며 창작성은 그들이 법적 보호를 받을 수 있는 요건이지만 창작성 정도에 대한 요구는 각자 다르다. 저작권의 저작물은 "독창성" 또는 "창작성"으로 표현되며 작품의 사상내용이 타인의 작품과 동일하거나 유사한지 여부를 불문하고 저작자가 독자적으로 구상 및 창작한 것이어야 한다. 다시 말하면 둘 또는 둘 이상의 자가 독자적으로 동일하거나 유사한 작품을 창작할 시 모두 단독적인 저작권을 획득할 수 있다. 이와 달리 특허권에서의 창작성은 그 정도가 아주 높으며 특허발명은 "기술혁신성" 또는 "비자명성"을 구비하여야 하고 그가 창작한 기술아이디어는 통상 해당 영역의 기술에 비약적인 발전을 초래하여야 한다. 특허권의 본질은 합리적인 기술독점에 있으며 독점의 실행은 새로운 발명에만 한한다. 따라서 둘 또는 둘 이상의 자가 동일한 기술을 발명할 경우, 특허권은 선출원인에게만 부여한다. 이것이 바로 양자가 보호조건 측면에서의 "독창성"과 "최초 창작성"의 차이점이다.

저작권과 특허권은 지적창조성과를 보호함에 있어서 서로 달리 역할을 분담하고 있지만 일정한 관련성도 있다. 첫째, 보충적 보호를 제공한다. 청구범위, 특허명세서 등 특허출원서류는 특허주관기관이 특허범위를 확정하는 근거인 동시에 하나의 문자작품으로서 저작권의 보호를 받을 수도 있다. 둘째, 교차적 보호가 발생된다. 도면설계는 실용미술작품 및 산업디자인으로 간주할 수 있다. 독일, 프랑스, 스위스 등 국가는 이에 대하여 저작권과 디자인(특허)권의 이중적 보호를 적용하며 일본은 대량 생산 여부를 저작권 또는 특허권 보호의 근거로 삼는다.

나. 저작권과 상표권

저작권과 상표권은 각각 창작성 성과권과 경영성 표지권에 해당된다. 전자는 문학, 예술 및 과학분야에 적용되며 후자는 공상업 무역분야에 적용된다. 양자의 차이점은 다음과 같다.

(1) 보호요건이 다르다.

앞서 논한 바와 같이 저작권은 작품의 독창성을 요구하지만 상표권 표기는 "식별성" 요건을 충족하기만 하면 된다. 상표는 상품의 출처에 대한 식별성 표지로서 문자, 도형 및 그 조합이 타인의 상표와 혼동되는 것을 방지하여야 한다.

(2) 권리효력이 다르다.

저작권자가 저작물에 대한 사용권과 타인의 불법사용에 대한 배제권의 범위는 서로 동일하다. 저작권에서 저작물에 대한 지배권과 배타권은 차이점이 존재하지 않는다. 상표권은 이와 달리, 사용권은 권리자가 그의 등록상표를 사용하는 것과 관련된 문제이고, 금지권은 타인이 등록상표를 불법사용하는 것을 대항하는 것과 관련된 문제이다. 입법관례에 따르면 전자는 출원상표와 지정상품에 한하며 후자는 동일 또는 유사한 상품에 동일 또는 유사한 상표를 사용하는 행위까지 범위를 확대하여 모두 금지하고 있다.

(3) 존속기간이 다르다.

저작권은 명확한 보호기간이 있다. 즉 저작권자는 일정한 기간 내에서만 저작물에 대한 전용사용권과 보수취득권을 갖는다. 권리존속의 시간성이라 함은 저작물이 적당한 기간 내에 개인의 전용재산으로부터 사회공유의 정신적 재산으로 전환하게 되는 것을 말한다. 이는 입법자가 과학문화발전을 촉진하고 지적성과연구를 격려하기 위하여 보편적으로 채택하고 있는 원칙이다. 상표권도 보호기간이 정해져있지만 보호기간이 만기될 시 연장할 수 있다. 이는 상표권자가 끊임없는 연장을 통하여 상표권의 실제적 유효기간을 계속하여 연장할 수 있음을 의미한다.

저작권과 상표권은 특정한 경우 서로 교차관계가 발생할 수도 있다. 즉 상표의 디자인과 관련하여, 도형상표 또는 조합상표는 상표법의 보호를 받을 수도 있고 하나의 미술저작물로서 저작권법의 보호를 받을 수도 있다. 일본학자들은 창작성 광고문구, 만화인물이미지를 상표로 사용하는 자는 저작권과 상표권을 동시에 갖는다고 주장하였다. 물론 두 권리는 충돌이 발생할 수도 있는데 타인의 동의를 거치지 않고 그의 미술작품을 상표로 사용할 시 저작권 침해행위에 해당할 수 있다.

다. 저작권과 상품화권

저작권과 상품화권(이미지권)은 창작성 성과권과 경영성 자본신용권이라는 서로 다른 영역에 귀속된다. 상품화권은 일종의 새로운 무형재산권으로서 가상이미지의 저작권에 대한 보호와 아주 밀접한 관련성이 있다. 세계지식재산권기구의 관련 문서에서는 이미지를 "가상캐릭터"이미지와 "실존인물"이미지 두 가지 유형으로 분류하였다.[368] 가상캐릭터이미지 관련 권리를 "캐릭터권"(rights in characters)이라고도 부르며 동 권리의 대상은 작품 속의 "예술이미지"로서 "영화, TV, 만화 등 작품 속에 나타난 인물, 동물 또는 로봇 등이 포함되며 언어로 표현된 작품 속의 가상이미지도 포함된다."[369] 이러한 가상의 작품캐릭터는 "2차 개발이용"의 가치가 있음으로 인하여 저작권자는 자신이 이러한 창작작품의 가상이미지를 이용하거나 타인이 합리적인 대가로 양수하거나 타인에게 이미지의 사용을 허가할 수 있다. 이러한 캐릭터와 특정상품의 결합형태는 소비자들에게 좋은 영향력과 흡인력이 생기게 한다. "2차 개발이용"은 가상이미지로 하여금 전통적인 문학예술분야를 벗어나 상업거래에서 해당 이미지를 통하여 특정상품의 인지도를 높이게 된다. 이러한 권리는 더 이상 기존 의미에서의 저작권이 아니라 재산적 가치가 있는 상품화권으로 발전하였다.

저작권과 상품화권의 관계에 대하여 우리는 아래 두 가지 내용으로부터 볼 수 있다. 첫째, 상품화권은 저작물의 캐릭터에 대하여 보충적 보호를 제공한다. 저작권법에서는 통상 가시적 캐릭터이미지를 미술작품으로 간주하며 문학 속의 캐릭터는

---

368) WIPO, Character Merchandising, WC/INF/10847998/IPLD, p.9.

369) 林雅娜等:《美国保护虚拟角色的法律模式及其借鉴》, 载《广西政法管理干部学院学报》, 2003(5)。

작품의 구성 부분으로 간주하였다. 상기 캐릭터는 특정표현 형태를 형성하여야만 "사상내용"의 범위를 벗어나 저작권법의 보호를 받게 된다. 다만, 특정캐릭터가 갖는 이미지에서 캐릭터이름과 같이 일부는 특정표현이 아니며, 캐릭터 말투와 같이 일부는 독창성 조건을 갖추지 못하여서 저작권의 보호를 받을 수 없다. 이러한 경우, 상기 이미지 요소는 저작권의 보호를 받을 수 없지만 오히려 상품화의 대상이 되어 소비자의 연상을 유발하는 캐릭터의 특징을 갖게 될 수 있다. 다시 말하면 이들은 상품화권의 보호대상이 될 수 있다. 둘째, 저작권은 상품화권이 발생할 수 있는 선권리이다. 상품화권이라 함은 주체가 그의 유명캐릭터에 대하여 상품화하고 그로 인하여 이익을 향유할 수 있는 권리를 말하며 가상캐릭터에 대한 상품화 과정에서 작품 속의 캐릭터가 저작권이 존재하는 것을 전제로 이에 대하여 상품화권을 행사한다. 구체적으로 말하면 저작권자가 작품 속의 가상이미지를 사용함으로 인하여 상품경영활동에서 직접 이익을 획득할 수도 있고 타인의 상품에 그 이미지를 사용하도록 양도나 허가함으로써 관련 비용을 수취할 수도 있다. 따라서 상품화권은 저작권의 유익한 보충 또는 합리적인 연장이라고 볼 수도 있다.

라. 특허권과 상표권

특허권과 상표권에 대한 구분은 아주 용이하다. 특허권에서 제품발명이든 방법발명이든 모두 일종의 응용기술이며, 상표권에서 서비스상표이든 상품상표이든 모두 일종의 서로 다른 출처를 나타내는 식별성 표지이다. 이들 모두 지식재산권의 보호를 받는 지식상품으로서 전자는 지식경험이고 후자는 식별성 정보이다. 그들의 서로 다른 특징은 양 권리의 서로 다른 속성을 결정하였다.

현실생활에서 특허권과 상표권은 주로 디자인, 도형상표, 3D표지의 상표와 관련된다. 특허법에서 디자인은 상품의 형상, 도안, 색채 및 그들의 결합에 대한 새로운 설계를 말한다. 이는 일종의 새로운 디자인으로서 선행기술로는 해당 디자인과 동일 또는 유사한 디자인을 찾을 수 없다. 또한 이는 제품의 구성부분으로서 비록 제품의 외형에 대한 디자인이지만 상품과 서로 결합되어있으므로 디자인특허의 취득요건은 신규성 및 산업생산에 적용되는 응용성이다. 상표법에서 말하는 도형상표라 함은 평면도형으로 된 상표를 말하며 구체적인 이미지도형(예컨대 인물화, 풍경화)

이든 추상적인 구조도(예컨대 기호, 부호)이든 불문한다. 3D상표라 함은 제품의 외형 또는 제품의 포장으로 된 3D특징이 있는 상표를 말한다. 상기 두 가지 종류의 상표에 대하여 출원할 시 동일 또는 유사한 상품에 대하여 타인의 등록상표와 혼동을 초래하여서는 아니된다. 다시 말하면 비유사상품에 대하여 동일 또는 유사한 상표를 사용할 수 있다. 상표는 사람의 디자인을 거쳐 의식적으로 상품 또는 상품의 포장에 부착한 표지(예컨대 상표라벨, 상표표시인쇄 등)이다. 즉 상표는 식별성 표지로서 특정상품에 대한 부착물을 말한다. 따라서 해당 상표에 대하여 전유권(專有權)을 부여할 시 주로 혼동을 야기하는지 여부에 대하여 판단하며 이는 상표는 식별성을 갖추어야 함을 의미한다. 상업영역에서 일부 제품의 외형 또는 포장은 디자인이나 도형상표, 입체상표에 대한 보호를 선택할 수 있다. 미국의 코카콜라 회사는 음료수병의 형상을 상표로 등록하였다. 그 이유는 음료수병은 원래 산업제품 디자인에 속하지만 보호기간이 5년밖에 되지 않으므로 만기 후 1회만 연장 가능한 반면 상표로 등록할 시 정한 기간 내에 연장하기만 하면 오랫동안 보호받을 수 있기 때문이다.[370)]

마. 특허권과 영업비밀권

특허권과 영업비밀권과의 관계는 실질상 특허기술과 노하우(Know-How)의 문제이다. 통상적으로 말하면 영업비밀은 "미공개정보"로서 포괄적으로 기술정보와 경영정보로 분류할 수 있다. 전자는 기술설계, 공예절차, 제품조제방식, 제작방식, 공정도면 등이 포함된다. 특허기술과 노하우에 설정한 "재산권"은 기술정보영역에서의 무형재산권이다.

노하우는 일종의 무형의 정보재산이다. 국제적으로 영업비밀에 대한 법적 보호는 현재 주로 재산권으로 보호하고 있다. 20세기 60년대 국제상회(ICC)는 최초로 영업비밀을 지식재산권에 포함시켰으며 90년대에 이르러 「지식재산권협정」은 "미공개정보"에 대한 보호조항을 단독으로 규정하여 "미공개정보"가 지식재산권 범위에 포함됨을 인정하였다. 영미법계 국가는 통상 영업비밀을 지식재산권 또는 무형재산권으로 간주하였으며 1981년 영국의 「비밀권리보호법초안」 및 1978년 미국의 「통일

370) 孙笑侠等编著:《中国商标事务》, 6页, 北京, 中国法制出版社, 1991。

영업비밀법」이 대표적인 입법례이다. 대륙법계 국가는 오랫동안 계약법 또는 불법행위법에 근거하여 영업비밀을 보호하였으며 현재는 입법을 통하여 영업비밀의 재산권의 성질을 인정하였다. 예를 들면 일본의 새로운 영업비밀보호제도는 민법상의 물권구제방식을 근거로 영업비밀의 합법적인 소지자에게 방해배제청구권을 부여하였다. 이는 상기 국가는 재산권 이론에서 출발하여 영업비밀의 재산적 속성을 인정하고 무형재산권과 유사한 보호를 제공하였음을 의미한다.

유형재산과 달리, 노하우는 공간을 점하지 않음으로서 권리자의 지배를 받기 쉽지 않고, 유형적인 소모도 발생하지 않으므로 일종의 무형재산권이다. 무형재산권의 각종 권능을 보면, 노하우의 권리자는 유형재산 소유권자와 마찬가지로 법에 따라 점유, 사용, 수익 및 처분할 권리를 갖는다. 즉 노하우에 대하여 지배 및 관리할 권리가 있으며 타인이 불법수단을 통하여 획득 및 사용하는 것을 방지할 수 있다. 또한 법에 따라 자신의 노하우를 사용함으로서 타인의 간섭을 받지 않을 권리도 있으며 자신이 사용하거나 타인이 사용하도록 허가하거나 소유권을 양도함으로서 경제적 이익을 얻을 수 있다. 또한 점유 포기, 무상 공개, 증여 또는 양도 등 방식을 통하여 자신의 영업비밀을 처분할 권리도 있다.

특허기술과 달리, 노하우는 "공중에 알려지지 않은", 권리자가 필요한 보호조치를 취한 비밀정보로서 이는 공개된 일반적인 지식정보(특허기술 포함)와 현저하게 구별된다. 따라서 노하우의 권리형태는 특허권, 저작권, 상표권 등 무형재산권과 동일한 본질적 속성을 갖고 있지만 영업비밀권은 전통적인 지식재산권의 주요특징을 구비하지 않았다. 영업비밀권은 지역과 시간의 제한을 받지 않고 비밀유지상태가 권리의 범위지역 및 존속기간을 결정한다. 그러나 영업비밀은 주로 일종의 지적창작성과로서 권리형태는 저작권, 특허권, 상표권과 마찬가지로 객체의 비물질성이라는 본질적 속성을 갖는다. 따라서 관련 국제협약에서 영업비밀권을 일종의 지식재산권으로 간주하는 것은 합당한 이유가 있다고 본다.

바. 특허권과 배치설계권

집적회로 배치설계는 일정한 기술사상에 대한 표현형태로서 특정매체에 부착된 회로소자와 이러한 회로소자를 연결하는 선으로 구성된 것이다. 요약하여 말하면 배치설계는 하나의 기술적 기능이 있는 도형설계이다. 집적회로 배치설계와 산업제품 디자인 모두 산업디자인에 해당하지만 산업제품 디자인과는 다르므로 특허권의 보호를 적용받지 못한다. 그 이유는 다음과 같다. 배치설계는 집적회로의 외형에 의하여 결정되는 것이 아니라 집적회로에서 전자기능이 있는 매개의 전자회로의 실제위치에 의하여 결정된다. 배치설계는 비록 전문가의 대량의 노동이 필요하지만 설계방안은 큰 변화가 없을 것이다. 설계의 주요취지는 집적정도를 높이고 원자재를 절약하며 소모율을 감소하는 것이므로 별도의 창작성이라는 요건을 구비하지 않는다. 집적회로는 기술의 발전이 신속하고 제품의 갱신 및 업그레이드도 아주 빠르므로 배치설계에 대하여 시간적 소모가 비교적 많은 특허심사절차를 취하는 것은 현실적으로 타당치 않다.

집적회로 배치설계의 전유권(專有權)은 일종의 새로운 지식재산권 유형으로서 일부 학자들이 말한 "산업저작권"에 해당된다. 산업저작권은 기존의 저작권과 특허권의 전통적인 분류를 타파하고 양자의 일부 내용을 흡수하여 "교차적 권리"를 형성하였다. 바로 이러한 의미에서 배치설계권은 일종의 단독 권리 또는 "준권리"로 간주되었다. 그 중에서 특허권과 관련된 제도적 설계에는 아래 내용이 포함된다.

(1) 보호대상은 신규성이 있어야 한다. 배치설계는 설계자가 독자적으로 제작한 것으로서 그 구상에 독특한 내용이 있으며 기존의 배치설계의 간단한 중복이어서는 안된다. 신규성은 배치설계가 특허기술과 동등한 기술진보성의 요건을 요하고 있음을 의미한다.

(2) 전유권(專有權)에는 상업사용권이 포함된다. 해당 권능은 일종의 "수익권"으로서 권리자가 상업의 목적으로 배치설계 또는 배치설계를 포함한 집적회로를 사용하는 권리를 말하며 상업사용행위에는 판매, 임대, 수입 등이 포함되며 특허권과 동일한 수권내용을 갖는다.

(3) 등록제 권리취득방식과 단기권리보호기간이다. 배치설계는 통상 등록취득방식을 취하며 신청, 심사, 등록 및 공고 등 법정절차를 거쳐야 한다. 또한 전유권(專有權)의 유효기간은 대체로 10년으로 정하고 있다. 이러한 규칙은 특허권 보호내용을 채택한 것이다.

사. 상표권과 상호권

상호는 기업이 상업경영거래에서 타인과 구분되는 자신에 대한 표시이다. 일부 저서에서는 상호와 제조업자 명칭, 기업명칭을 혼동하여 사용하였다. 엄격하게 말하면 제조업자 명칭, 기업명칭은 지식재산권 의미에서의 상호가 아니다. 1999년 중국에서 공포한 “기업명칭등록관리규정”에 따르면 기업명칭은 행정구역 명칭, 상호(字號), 업종, 기업형태라는 4개의 내용으로 구성되었다. 예를 들면 북경(행정구역 명칭) “易拜天地”(상호) 인터넷기술(업종) 유한회사(기업형식)이다. 여기에서 식별성 의미가 있고 법적 보호를 받는 것은 “易拜天地”라는 상호이다.

기업이 명칭을 사용하는 것은 두 가지 의의가 있다. 첫째는 기업의 인격적 속성을 나타낸다. 즉 기업이 특정생산경영자에 의하여 설립된 것임을 의미한다. 둘째는 기업행위의 속성을 나타낸다. 즉 기업의 업종성질 또는 경영범위를 의미한다. 그러나 기업명칭에서 독점적 사용효력이 있는 것은 단지 상호이다. 기업경영거래에서 상호와 상표 모두 식별표지이지만 그 기능은 서로 다르다. 전자는 생산경영자인 기업을 구별하는 표지이고 후자는 상품의 원산지를 식별하는 표지로서 각각 “주체”와 “물”을 표시하므로 그 기능이 다르다. 두 표지는 서로 다른 매체에 부착되고 서로 다른 식별기능을 가지고 있다. 일부의 경우, 양자를 하나로 동일하게 사용하기도 한다. “통런탕(同仁堂)” “성시푸(盛錫福)” “왕마즈(王麻子)” 등은 기업의 상호이기도 하고 상표이기도 하다.

상호에 설정한 상호권은 기업의 영업을 식별하는 표지에 대한 전용권으로서 지식재산권의 일부 공통적인 특징을 갖는다. 예를 들면 객체의 비물질성, 효력의 전용성, 지역성 등 특징이 있다. 그러나 상표권과 비교하여 보면, 상호권은 자신만의 일부 특징을 갖는다. 첫째는 상대적 배타효력이다. 상호권은 비록 재산권의 일종으로서 절대성의 특징을 갖지만 유효한 등록범위 내에서만 배타적 효력을 갖는다. 즉 등록된 동일한 행정구역, 동일한 업종 내에서 배타적인 전용권을 갖는다. 상표권의 동일한 국가 범위 내에서의 효력과 비교하면 상호권은 일종의 상대적인 절대권이다.[371] 둘째는 무기한 존속효력이다. 상호권은 일반인격권과 마찬가지로 법정보호기간이 존재하지 않는 일부 속성을 갖고 있다. 상호와 기업은 동시에 존속하고

---

371) 张国键:《商事法论》, 102页, 台北, 三民书局, 1980。

소멸하며 기업이 존재하기만 하면 상호권은 계속 존재한다.

아. 상표권과 상품특유명칭전유권(專有權)

상품명칭은 기타 상품과 구별되는 본 상품에 사용하는 칭호를 말한다. 상품명칭은 보통명칭과 특유명칭 두 가지로 나눈다. 전자는 동일한 상품에 대한 일반적 칭호를 말하며 예컨대 자동차, 냉장고, 텔레비전 등이다. 후자는 특정상품의 속성을 나타내는 특정칭호를 말하며 예컨대 "탄커찡(痰咳淨)"(호흡기 약품), "산하이단(山海丹)"(심혈관약품) 등이다.

상품명칭 특히 특유명칭과 상표 모두 식별성 표지의 기능이 있다. 그 구별점은 상표는 등록하기만 하면 독점사용권을 취득하여 상표법의 보호를 받게 된다. 이와 달리, 상품명칭은 유명상품의 특유명칭만이 부정경쟁방지법의 보호를 받게 된다. 엄격하게 말하면 유명상품의 특유명칭으로 인하여 발생한 이익은 지식재산권의 "권리"에 해당하는 것이 아니라 부정경쟁방지법의 보호를 받는 "법익"에 해당한다.[372)]

경영거래에서 등록상표와 상품의 특유명칭의 사용은 서로 연관성이 있다. 등록상표 소유권자에 대하여 말하면, 본인의 부당한 사용을 방지하고 타인의 권리침해의 사용으로 인하여 초래한 "상표가치희석" 현상의 발생을 방지하여야 한다. 상표가치희석이라 함은 등록상표를 상품의 보통명칭으로 사용하는 경우를 말한다. 상표의 역사를 보면, "아스피린" "바세린" "프레온" 등 상표는 사용부당으로 인하여 상품명칭으로 희석되어 권리자로 하여금 상표권을 상실하게 하였다. 상품의 특유명칭 소유자에 대하여 말하면, 만약 해당 표지가 상표법이 규정한 조건을 구비하였다면 상표등록을 출원할 수 있다. 상품의 특유명칭은 통상 서술성 문자로 구성되어 구매자로 하여금 상품의 일부 특징 또는 전체 특성을 연상하게 한다. 따라서 만약 이를 상표로 등록할 경우, 이는 암시성 상표나 서술성 상표가 된다. 상표등록의 실무에서 암시성 상표("와하하(娃哈哈)"표 어린이식품)는 창작성 상표("하이얼(海尔)"표 전자제품), 임의성 상표("애플"표 컴퓨터)보다 현저성이 떨어지지만 상표등록 후 법적 보호를 받을

---

372) 중국의 「부정경쟁방지법」 제6조에서는 세 가지 상업주체의 혼동행위를 규정하였다. 그 중에서 함부로 타인의 일정한 영향력이 있는 상품의 명칭, 포장, 장식 등과 동일하거나 유사한 표시를 사용하는 행위를 부정경쟁행위로 규정하였다.

수 있으며 서술성 상표("오량예(五糧液)"표 소주)는 그 현저성이 분명하진 않지만 오랫동안의 사용을 거쳐 제2의 의미를 얻은 후 등록가능하다.[373)]

자. 상표권과 지리적표시권

상표와 지리적표시는 상품의 출처를 표시하는 전용표지로서 소비자로 하여금 브랜드에 따라 물품을 구매하게 하고 소비자의 오인을 방지하기 위하여 사용한다. 그러나 그들의 기본적인 기능을 보면, 상표는 상품의 출처인 "주체"를 나타내고 지리적표시는 상품의 출처인 "장소"를 나타내며 이들 모두 특정생산경영자와 관련성이 있다.

상표와 지리적표시 모두 산업재산권의 보호대상이다. 상기 표지를 도용하거나 위조할 경우, 상품출처의 혼동을 초래하여 권리자의 제품의 명예를 훼손할 뿐만 아니라 소비자를 기만한 것으로서 국제협약과 각국 법률에서는 모두 이러한 행위를 금지하고 있다.

상표권과 지리적표시권은 모두 경영성 표지권에 해당되지만 양 권리는 일반적인 특징에서 차이점을 보이고 있다.

(1) 주체의 단일성과 단체성이다. 통상적으로 말하면 상표권의 주체는 특정된 개체(자연인 또는 법인)이다. 단, 증명상표, 단체상표는 예외이다. 반면 지리적표시권은 단체재산권으로서 특정지역 내의 해당 상품의 모든 생산경영자가 공동으로 행사할 수 있다.

(2) 보호기간의 유한성과 무한성이다. 상표권은 명확한 보호기간이 있으나 유효기간이 만기 후 연장하지 않을 시 해당 권리는 종료된다. 이와 달리, 지리적표시권은 시간적 제한이 없으며 일종의 영구성 재산권이다.

(3) 권리의 양도성과 양도불가성이다. 상표권은 양도하거나 사용허락을 할 수 있지만 지리적표시권은 해당 표시를 사용하는 모든 생산경영자가 이를 양도하거나 사용허락을 할 수 없다. 이는 권리의 객체인 지리적표시의 본원성에 의하여 결정된

373) 张玉敏主编:《知识产权与市场竞争》, 149页, 北京, 法律出版社, 2005。

것이다.

경영성 표지권체계를 보면, 증명상표, 단체상표 및 지리적표시는 서로 일맥상통하는 부분이 있다. 지리적표시권은 특별법에 의한 보호방식을 취하고 증명상표, 단체상표권은 상표법에 의한 보호방식을 취한다. 후자는 지리적표시를 특별상표로서 상표체계에 포함시켰다. 증명상표, 단체상표에 대하여 일종의 단체소유권을 설정함으로서 특정단체의 권리요구를 충족시킬 수 있으며 이는 지리적표시가 갖는 상품품질에 대한 증명기능과도 서로 부합된다. 일부 국가의 무형재산권제도에서는 상기 두 권리의 보호방식이 병존할 수도 있다.

차. 상표권, 상호권 및 도메인이름권

경영성 표지권 분야에서 도메인이름은 상표, 상호 등과 구별되는 표지이다. 어떤 학자는 도메인이름을 일종의 기업명칭으로 간주하여 이를 “전자상표”로 칭하거나 상표, 상호와 같이 상업표지권으로 분류하였다.[374] 더 구체적으로 말하면, 도메인이름은 기존의 표지가 인터넷 공간에서의 데이터화가 아니라 독자적인 법적 지위와 권리형태를 갖는다.

도메인이름은 인터넷상의 식별성 표지로서 상표, 상호와 마찬가지로 주체의 인격과 상품출처를 표시하는 기능이 있으므로 사람들은 이를 “전자상표” 또는 “인터넷 상호”라고 부른다. 그러나 전통적인 식별성 표지와 달리 도메인이름의 구성은 두 가지 특징을 나타내고 있다. 하나는 구성된 문자나 기호에 대하여 식별성을 요하지 않는다. 컴퓨터가 식별할 수 있는, 미세한 정도에 달하기만 하면 된다. 따라서 업계 명칭 또는 상품의 보통명칭도 도메인이름으로 사용할 수 있다. 예를 들면 VCD제품에 대하여 사람들이 특정상표, 상호를 모르는 상태에서 인터넷에 직접 vcd.com을 입력하여 검색하면 해당 제품을 생산하고 해당 도메인이름을 사용하는 기업을 찾을 수 있다. 다른 하나는 문자나 기호가 국제적 범위 내에서 유일성을 갖는다. 이는 인터넷의 사용범위와 컴퓨터기술에 의하여 결정된 것으로서 도메인이름마다 유일한 것이다. 도메인이름은 비유사한 분야에서 공동으로 존재하는 상표, 상호와 다

374) 应明:《因特网域名使用中的知识产权问题》, 载《电子知识产权》, 1998(3); 李朝应:《域名的知识产权分析》, 载《电子知识产权》, 1998(8)。

르다.

객체의 차이에 따라 도메인이름권은 효력 면에서 상표권, 상호권과 차이점이 있다. 인터넷은 전 세계적인 것으로서 도메인이름권은 지역적 제한이 없어 등록하기만 하면 절대적인 배타적 효력이 발생하며 향후 모든 지역의 모든 사람이 동일한 도메인이름을 등록출원하는 것을 대항할 수 있다.

전자상거래에서 도메인이름은 상표, 상호와 밀접한 관련성이 있다. 경영성 표지의 소유권자에 대하여 말하면, 자신이 소유한 이미 일정한 인지도가 있는 상표, 상호를 적당한 시기에 도메인이름으로 등록하여 상업표지를 통합하여 사용하는 것은 상업신용과 명예의 영향력을 확대하기 위한 경영목적이기도 하고 악의적인 선등록을 방지하고 권리를 보호하는 법적 조치이기도 하다.

카. 상표권, 상호권 및 상업명예권

상표권, 상호권 및 상업명예권은 무형재산권의 서로 다른 영역에 속한다. 전자가 보호하는 이익은 식별표지를 매체로 하고 상업명성과 영예(상품명예 또는 기업명예)를 내용으로 한 재산적 이익이며 후자가 보호하는 이익은 양호한 사회적 평가를 표현형태로 한, 기타 기업과 차별화되는 경영적 우위를 내용으로 한 자본신용적 이익으로서 일종의 재산화된 인격이익이다. 권리의 특징을 보면, 상업명예권은 상표권과 같은 전통적인 지식재산권의 기본적인 특징이 아닌, 불확정한 전용성, 불엄격한 지역성 및 비법정적 시간성을 나타내고 있다. 권리의 이용을 보면, 상표권, 상호권 등은 관리학에서 “확정가능한 무형재산”[375]으로서 명칭으로 식별할 수 있고 단독으로 취득할 수 있으며 양도나 사용허가도 할 수 있다. 반면 상업명예권은 “불확정한 무형재산”[376]으로서 분별불가하고 단독으로 취득불가하며 양도나 사용허가도 할 수 없다.[377]

상업명예권은 비록 “불확정한 무형재산”이지만 그의 가치는 기업의 경영거래와

375) 蔡吉祥:《无形资产学》, 73页, 深圳, 海天出版社, 2002。

376) 蔡吉祥:《无形资产学》, 73页, 深圳, 海天出版社, 2002。

377) 관리학에서는 상업명예는 기업을 이탈하여 독자적으로 존재할 수 없으므로 상기 이익을 별도로 양도할 수 없다고 주장하였다. 参见杨时展主编:《中华会计思想宝库》(第一辑), 北京, 中国财政经济出版社, 1992。

관련된 매체물에서 나타난다. 즉 동 권리의 이익은 특정기업의 표지와 이미지 가치의 집합체이다. 예를 들어 상호는 생산경영자의 영업표지로서 명예가 우수한 기업은 그 명칭이나 표지가 소비자나 고객에게 거대한 영향력을 행사할 수 있다. 상호는 상업명예의 특정화된 주체이자 유형(有形)화된 매체이다. 또한 상표는 기업제품의 출처와 구별되는 표지이고 상표의 명예는 기업명예의 구성부분으로서 상업명예라는 무형재산의 하나의 하드웨어라 할 수 있다.378)

타. 상업명예권과 신용권

상업명예권과 신용권 모두 자본신용형 무형재산권에 해당한다. 상기 권리의 객체는 일종의 이미 재산화된 인격적 이익이며 인격적 요소가 포함된 자본신용형 재산이다.

넓은 의미에서의 상업명예를 보면 신용은 상업명예의 구성부분으로서 양호한 자본신용이 없는 기업은 좋은 상업명예를 확립할 수 없다. 양자의 관련성은 구체적으로 아래와 같다.

(1) 동일한 인격적 속성을 갖는다. 인격적 이익범주 내에서 명예 및 신용은 민사주체가 완전한 인격을 갖는 중요한 내용이다. 인격적 이익은 신체, 건강, 생명과 관련된 신체부위에 대한 인격이익이 포함될 뿐만 아니라 명예, 신용 등 평가성 인격이익도 포함된다. 현대법 구조에서 일반민사주체의 신용과 기업법인의 상업명예는 점차 인격적 이익으로부터 재산적 이익으로 발전하였다.

(2) 양자 모두 주체에 대한 사회적 평가이다. 상업명예는 일종의 적극적인 사회평가이지만 신용은 특정적인 사회평가일 수 있다. 상업명예든 신용이든 그들의 가치는 모두 상태 또는 유형에 대한 평가문제가 존재한다. 입법례에서 일부 국가는 상업명예와 신용에 대하여 명확한 구분을 하였으며 서로 다른 권리보호방식을 취하였다. 양자의 차이점은 아래 측면에서 표현된다. ① 권리주체가 다르다. 상업명예는 기업법인의 명예, 영예로부터 변혁하여 온 것으로서 기업법인에 한한다. 반면 신용

---

378) 高涤陈等:《商誉: 商业文化功能的综合释放》, 载《财贸经济》, 1995(1)。

권의 주체는 상법인에만 한하지 않고 자연인, 법인 나아가 국가 등 모든 주체가 포함된다. ② 권리객체의 매체가 다르다. 비록 양자 모두 주체의 이미지나 능력에 대한 일종의 사회평가이지만 상업명예의 매체는 통상 상표, 상호, 상품 등과 관련이 있으며 신용은 주로 어음, 신용장, 자본신용문서를 매체로서 재산적 이익으로 간주한다. ③ 권리본체의 분류가 다르다. 통상 상업명예권은 인격권 및 재산권이라는 이중적 속성이 있으며 상업명예는 기업의 전반적인 이미지의 인격적 표현이기도 하고 기업의 수익능력에 대한 자본신용이익이기도 하다. 상업명예권은 지식재산권과 관련이 있으며 수많은 국가에서는 부정경쟁방지법을 통하여 이에 대하여 간접적으로 보호하고 있다. 반면 신용권은 일종의 지식재산권과 구별되는 신형의 무형재산권으로서 다수 국가의 법전 또는 불법행위법에서는 이를 독자적인 민사권리로 규정하였으며 해당 권리를 침해할 경우의 법적 책임도 규정하고 있다.

제 9 장
무형재산권에 대한 민법이론 분석

재산권 및 인격권의 이분법과 물권 및 채권의 이원구조는 전통적인 재산권제도체계를 구축하는 기본적인 범주이다. 현대과학기술과 상품경제가 발전함에 따라 새로운 재산권이 끊임없이 나타나고 있으며 기존의 재산권제도도 점차 실질적인 변화가 발생하고 있다. 재산개념에 대한 혁신과 통합은 재산권제도를 통합화하는 토대로서 현대의 재산권은 제도의 유형과 체계의 범위에서 거대한 변화가 발생하였다. 사권영역에서의 재산법은 소유권을 핵심으로 한 유형재산권, 지식재산권을 주체로 한 무형재산권, 채권 및 상속권 등을 내용으로 한 기타 재산권이 포함되어야 한다. 향후 중국의 민법전은 재산권 총칙을 단독으로 하나의 편으로 규정하여 재산권체계를 통합하고 각종 재산권제도에 대하여 일반적인 규정을 두는 것이 타당하다고 본다.

1. 재산권의 형태 및 분류기준

가. 재산권체계 구조의 외부문제

재산권은 민사권체계의 기본적인 유형으로서 "재산을 대상으로, 경제적 이익을 내용으로 한 권리이며"[379) 이에는 물권, 지식재산권, 채권 및 상속권 등이 포함된다. 재산권과 인격권은 민사권리의 기본적인 분류이며 민사권의 내용으로서의 민사권리가 나타내는 이익을 분류기준으로 하였다.

재산권과 인격권의 차이점은 재산권체계 구조의 외부문제와 관련이 있다. 전통적

379) 江平主编:《民法学》, 82页, 北京, 中国政法大学出版社, 1999。

인 민법이론에 의하면 권리대상이 지칭하는 이익은 두 가지 권리를 구분하는 기본적인 기준이다. 다시 말하면 재산적 이익과 인격적 이익의 차이점을 토대로, 우리는 민사권을 크게 재산권과 인격권으로 나눌 수 있다. 민사권리체계에서는 일종의 전통적인 분류방식인 재산권과 비재산권이라는 이분법을 취하나, 이러한 분류방식의 어려운 점은 어떻게 권리에 대하여 "양분"하는가 하는 것이다. 구체적으로 말하면 재산이익 또는 경제이익의 유무는 비록 상기 이익에 대한 "양분"기준이지만 결코 절대적인 것은 아니라는 것이다. 통상적으로 주체 자신의 인격이익을 대상으로 하는 권리는 당연히 인격권에 해당하지만 재산권은 반드시 경제이익을 내용으로 하는 권리라고 단언할 수 없다. 중국의 쎄화이쓰(謝懷栻) 교수는 금전적 가치가 없는 급부도 채권의 내용이 될 수 있다고 보았다. 「독일민법전」 제241조에서는 채권자가 채무자에게 급부를 청구할 수 있다고 규정하였지만 독일법에서 급부에 대한 해석은 이미 금전적 가치를 요건으로 하지 않는다. 「일본민법전」 제399조에서는 "비록 금전으로 계산할 수 없지만 역시 채권의 대상이 될 수 있다."고 명확히 규정하고 있다.[380] 중국의 후창칭(胡長清) 교수는 단순히 "경제이익"을 재산권에 대한 정의의 기준으로 할 수 없으며 지인의 서신, 부인의 유품인 머리카락 등과 같이 일부 직접적인 경제이익이 없는 대상을 재산권에 포함시키지 않는 것은 현저히 논리에 맞지 않다고 주장하였다.[381] 필자는 주체의 인격 및 신분은 통상적인 경우에 인격적 이익으로서 인격권의 대상이 되지만 일부의 경우 경제이익을 갖게 되어 재산권의 대상으로 분류되기도 한다고 본다. 기업법인의 명칭, 명예 및 영예는 인격권의 범주 내에서 명칭권, 명예권 및 영예권의 권리형태로 나타날 수 있지만 재산권의 범위 내에서는 상호권, 상업명예권 등 지식재산권으로 표현될 수도 있다. 상기 상황은 재산권과 인격권이라는 이분법의 곤경을 말해주고 있는데, 하나는 권리의 분류기준에 대하여 아직 논쟁이 존재하며 다른 하나는 일부 권리의 기본적인 속성을 단순하게 확인하기 어렵다는 것이다. 재산권 정의의 기준과 관련하여 세계적인 범위 내에서 아직 공통된 인식을 형성하지 못하였다. 프랑스학자는 법률적 의미에서의 재산은 인류의 물질적 필요를 충족할 수 있는 일종의 "이익"이라고 주장하였다.[382] 독일학

---

380) 谢怀栻:《论民事权利体系》, 载《法学研究》, 1996(2)。
381) 胡长清:《中国民法总论》, 40页, 北京, 中国政法大学出版社, 1999。
382) 尹田:《法国物权法》, 12~13页, 北京, 法律出版社, 1998。

자는 오직 "금전적 가치"가 있는 권리만이 재산에 해당한다고 주장하였다.[383] 다수 학자의 견해를 보면 권리의 이분법은 경제이익의 유무를 평가기준으로 한 것이다. 그러나 일부 일본학자는 직접 정의하지 않는 분류방식을 취하였다. 즉 인격권과 신분권에 대하여 정의한 후 "기타 모든 권리"를 재산권으로 귀속시켰다.[384] 필자는 어떠한 방식을 취하든 막론하고 상기 주장 모두 민사권리의 이익내용과 실질적 의의에 대한 주관적인 학술적 평가라고 본다. 이러한 분류방식은 권리에 대한 제도적 설계와 권리체계의 구축에도 도움이 되며 법률규범 측면에서도 적용가능성을 갖는다. 요약하면 이분법은 비록 하나의 완전무결한 분류이론은 아니지만 우리가 재산권체계를 구축하는 학술적 기초이다.

나. 재산권체계 구조의 내부문제

재산권체계 내부에서 구체적인 실현이익이나 대상에 따라 재산권에 대하여 더욱 구체적으로 분류하고 있다.

(1) 재산권의 대상이 하나의 "물건"일 경우[385] 이러한 권리는 물에 대한 권리 즉 물권이라고 부른다.

(2) 재산권의 대상이 특정인의 "급부"(특정행위의 이행)일 경우 이러한 권리는 사람에 대한 권리 즉 채권이라고 부른다. 전통적으로 재산권은 물권과 채권 두 가지 유형이 포함된다.[386] 지식재산권은 나중에 출현한 새로운 재산권으로서 무형체인 정신적 제품을 대상으로 하므로 무형재산권이라고도 부른다. 상기 재산권에 대한 세 가지 종류의 구분은 명확한 기준이 존재한다. 재산이익의 물질성과 비물질성을 기준으로, 지배성 재산권을 물에 대한 물권과 지식상품에 대한 지식재산권으로 나

383) [德] 卡尔・拉伦茨:《德国民法通论》, 410页, 北京, 法律出版社, 2003。

384) 日本《民事法学辞典》, [日] 岩井万龟:《财产权》条, 转引自谢怀栻:《论民事权利体系》, 载《法学研究》, 1996(2)。

385) 광의의 물에는 유체물 및 무체물이 포함되며 후자는 일부 재산내용이 있는 권리를 말한다. 협의의 물에는 유체물에 한한다. 로마법 및 프랑스법은 광의설, 독일법은 협의설을 취한다.

386) 어떤 학자는 무형자격을 대상으로 한 권리 예를 들면 어업권, 광업권 그리고 권리의 집합체인 유산을 대상으로 한 권리 예를 들면 상속권 모두 준물권으로 분류하였다.

눌 수 있다. 재산이익에 대한 직접적 지배성과 이행청구성을 기준으로, 전자는 지배권 속성을 갖는 물권 및 지식재산권이 발생하고 후자는 청구권 특성을 갖는 채권이 발생한다. 여기에서 객체의 차이성은 여전히 재산권을 분류하는 기초이다. 독일학자 라렌츠(Larenz)는 권리의 객체를 두 가지로 나누는데, 하나는 지배권 또는 이용권의 대상을 말하며 이를 제1순위 권리객체라고도 부르며 다른 하나는 주체가 법률행위를 통하여 처분할 수 있는 대상을 말하며 이를 제2순위 권리객체라고도 부른다.[387] 라렌츠의 주장에 의하면 제1순위의 권리주체는 법률규정에 의한 것이 아니라 실제로 존재하는 목적물을 말하며 이에는 동산 및 부동산 등 유체물과 저작물 및 발명 등 무체물인 정신상품이 포함된다. 제2순위의 권리객체는 법률규정에 의하여 객체로 간주된 권리를 말하며 이는 특정재산권을 하나의 전체로 간주하는 처분대상을 말한다.[388] 라렌츠의 객체분류이론은 재산권 유형의 구분에 대하여 의의가 없는 것은 아니다. 소유권과 지식재산권은 지배성 재산권으로서 그 객체가 물질적 속성을 갖는지 여부를 불문하고 모두 일정한 물질적 이익 또는 정신적 이익의 물로 표현되며 유체물은 객관적 실재성, 지식상품은 인지성 및 재현성으로 표현된다.[389] 라렌츠의 주장에 의하면, 이러한 권리의 객체는 제1순위인 실존대상일 수밖에 없다. 채권, 상속권 및 기타 물권 또는 청구권으로서의 재산권, 또는 기대권으로서의 재산권, 또는 타인의 소유물에 설정한 재산권의 객체는 일반적인 의미에서의 목적물 외에 법률규정에 따라 객체로 간주된 권리(무체물)도 포함된다. 라렌츠는 "채무자의 급부대상(객체)"이라 함은 "채무자가 자신의 급부행위를 통하여 채권자에게 제공하는 일종의 '사물'을 말한다. 예를 들면 채권자로 하여금 특정물을 점유하게 하거나 그 물에 대한 소유권 또는 기타 권리를 취득하게 하거나 일정한 금액 및 기타 채무자가 실행한 특정'성과'를 취득하게 하는 것을 말한다."[390] 중국의 쎄화이쓰(謝懷栻) 교수는 상속권의 대상인 유산이라 함은 유산에 대한 각종 권리를 취득하는 것을 말하며 상속권은 각종 물권, 채권 등 권리의 집합체라고 주장하였다.[391] 중국의 량후이씽(梁慧星) 등 학자들은 소유권은 유체물만이 그의 객체가 될 수 있지만 타물권

---

387) [德] 卡尔 · 拉伦茨:《德国民法通论》, 377~378页, 北京, 法律出版社, 2003。

388) [德] 卡尔 · 拉伦茨:《德国民法通论》, 377~378页, 北京, 法律出版社, 2003。

389) 吴汉东:《财产的非物质化革命与革命的非物质财产法》, 载《中国社会科学》, 2003(4)。

390) [德] 卡尔 · 拉伦茨:《德国民法通论》, 377~378页, 北京, 法律出版社, 2003。

391) 谢怀栻:《论民事权利体系》, 载《法学研究》, 1996(2)。

중 권리사용수익권, 권리질권 등 일부 재산권은 그의 객체가 될 수 있다고 주장하였다.[392] 상기 관점은 이러한 권리는 소유권, 지식재산권과 달리 무체물인 재산권을 객체로 할 수 있음을 의미한다.

로마법부터 근대법까지 재산권의 기본적인 분류와 체계구축의 일반적인 이론은 합리성이 있지만 우리는 이를 고정적인 분석방식으로 간주해서는 안된다. 현대 민사권리체계에서 일부 이중적 속성을 갖는 권리에 대하여 단순하게 재산권과 인격권이라는 이분법을 적용해서는 아니된다. 물권과 채권의 이원체계는 결국에는 하나의 물질화된 재산권 구조를 의미함으로서 비물질성 권리형태를 수용할 수 있는 제도적 공간이 아직은 부족하다. 새로운 재산현상 및 재산형태에 대하여 당대의 재산권체계는 새로운 제도적 마련이 필요한 실정이다.

2. 재산권 유형의 확장 및 제도적 변혁

로마법 이후, 재산권 영역에서는 끊임없이 제도적 혁신과 변혁이 발생하고 있다. 현대과학기술과 상품경제가 발전함에 따라 사회의 부의 형태도 커다란 변화가 발생하였으며 새로운 재산권 유형도 끊임없이 나타나 전통적인 사법제도에 커다란 충격을 초래하였다. 재산권의 새로운 제도적 구축에 대하여 입법자는 두 가지 방식을 취하고 있다. 하나는 현재 재산권에 대한 확장해석을 통하여 기존의 권리유형에 새로운 재산권을 포함시키는 것이며, 다른 하나는 전통적인 재산권의 고유방식을 타파하여 새로운 권리유형에 대하여 새로운 재산제도를 창설하는 것이다. 이러한 제도의 혁신과 변혁은 재산권의 각 분야에서 나타나고 있다. 예를 들면 소유권의 각종 권능의 분리는 여러 주체가 동일한 목적물을 이용할 수 있게 되었으며 이로 인하여 소유권과 완전히 다른 새로운 재산권이 발생하였다. 객체물에 대한 이용방식이 끊임없이 확장되는 상황에서 타물권제도에 대한 새로운 규제는 다양한 새로운 유형의 사용수익물권이 발생하게 하였다. 채권의 "물권화" 및 "증권화"의 결과, 물권과 채권의 경계는 점점 모호하게 되었으며 일부 "채권"으로 하여금 새로운 법률속성

392) 梁慧星:《民法总论》, 80页, 北京, 法律出版社, 1996; 钱明星:《物权法原理》, 26页, 北京, 北京大学出版社, 1994。

을 갖게 하였다. 또한 지식재산권도 갈수록 풍부하고 다양해짐으로써 새로운 권리 형태가 지속적으로 발생하고 있고 이로 인하여 현재의 지식재산권체계가 끊임없이 확장되어 일반적 인격이익이 점차 상업적 인격이익으로 전환하게 됨으로써 현대법의 구조 내에서 전통적인 인격권과 다른 상사인격권을 구축하였다. 상기 경우에 대하여 아래와 같이 각각 논하고자 한다.

가. 소유권 권능의 분리 및 주주권

주권을 주주권이라고도 한다. 주식회사에서 주주는 그 출자재산에 대한 지배권을 출자재산 가치형태에 한하여 수익권을 주로 하는 주주권으로 전환시킨다. 주주권의 성질에 대하여 중국 학계에서는 주로 소유권설, 채권설 및 사원권설 등 세 개의 학파가 존재한다. 상기 학설 모두 미흡한 점이 존재한다. "소유권설"은 주주 "공유권"과 주주 및 회사의 "이중성 소유권"으로 분류된다. 당해 이론은 주주가 회사재산에 대한 최종 처분권을 상실하는 문제에 대하여 해석할 수 없다. 나아가 말하면 주주가 갖는 이익배분권, 잉여재산배분청구권 등은 모두 물에 대한 지배권이 아니다.[393] 또한 "채권설"은 출자재산의 소유권이 이전됨으로써 주주는 단지 잉여재산 반환청구, 이익배분청구라는 채권만 갖게 된다고 주장하였다. 이러한 이론은 주주가 갖는 의결권, 신주우선인수권 및 주식처분권의 기본적인 속성을 해석할 수 없으며 주주가 회사에 대한 투자행위와 채권자의 회사채권에 대한 매수행위의 차이점을 구분할 수 없다.[394] "사원권설"은 주주가 출자액을 대가로 그에 대응하는 사원자격을 취득하여 이러한 자격을 토대로 사원권을 갖게 된다고 강조하였다. 당해 권리는 재산권과 비재산권의 이중적 속성을 동시에 갖게 된다. "사원권설"은 사람들이 사원권에 대한 일반적인 인식을 타파하여 인적 성질을 갖는 사단(社團)의 사원권을, 출자를 조건으로 하는 회사의 주주에 단순하게 적용하였으며 이러한 적용은 쉽게 논쟁을 야기할 수 있다. 또한 해당 이론에 의하여 회사의 재산을 간접적으로 관리하고

---

393) 葛云松:《股权、公司财产权性质问题研究》, 载梁慧星主编:《民商法论丛》, 第11卷, 北京, 法律出版社, 1999。

394) 漆多俊:《论股权》, 载《现代法学》, 1993(4); 康德琯:《股权性质论辩》, 载《政法论坛》, 1994(1)。

주주의 이익의 실현을 목표로 하는 의결권을 비재산권에 귀속시키는 것은 그 이유가 충분치 않다.[395] 상기 분석에 따라 전반적으로 보면, 주주권은 소유권도 아니고 채권도 아님을 의미한다. 그 이유는 다음과 같다. 하나는 주주권은 소유권의 정적 귀속성과 본체의 완전성을 타파하여 소유권과 그의 권능을 최대한으로 분리되게 하였다. 사람들의 재산의 이용방식도 실물형태의 재산에 대한 절대적인 배타적 지배에서 증권형태의 재산의 이익에 대한 공유로 전환되었기 때문이다. 다른 하나는 주주권은 소유권이라는 단일한 형태와 고유한 구조를 벗어나 "권리결합"의 특징을 갖는 재산권을 형성하였다. 이러한 권리의 실질은 소유권의 지배, 처분 및 수익 세 가지 권능 및 채권의 청구권을 하나의 새로운 권리로 재결합하였다. 물권 및 채권에 대하여 말하면, 주주권은 하나의 단독적인 재산권이자 일종의 통합적인 재산권이다.

나. 소유권 권능의 분리 및 신탁권

신탁은 재산을 이전 및 관리하는 일종의 제도로서 이는 중세기 영국에서부터 기원하였으며 그 후 대륙법계 국가들도 이를 도입하였다. 신탁관계에서 신탁자는 신탁재산을 수탁자에게 교부하여 관리하도록 하며 수탁자는 해당 재산에 대한 처분권을 갖게 되고 수익자는 신탁이익에 대한 수익권을 갖게 된다. 신탁권이라 함은 무엇인가? 구체적으로 말하면 수탁자와 수익자가 갖는 권리의 성질은 무엇인가? 상기 질문에 대하여 분명 전통적인 소유권이론을 원용하여 해석할 수 없다. 영미법계 학자들은 재산권 분할의 입장에서 출발하여 "이중소유권"으로 신탁관계의 본질을 해석할 것을 주장하였다. 즉 수탁자는 보통법상의 소유권자 또는 명의소유권자이며 수익자는 형평법상의 소유권자 또는 실제적 소유권자이다.[396] 대륙법계 학자들은 전통적인 민법이론과 개념을 적용하여 신탁제도에 대하여 다양한 분석을 하였다. 이에 대한 관련 관점은 주로 다음과 같다. 첫째, "물권-채권설"이다. 즉 수탁자가 신탁재산에 대한 소유권과 수익자가 수탁자에 대한 채권이다. 둘째, "물권-대리권(관리권)설"이다. 즉 수익자가 신탁재산에 대한 소유권과 수탁자가 수익자에 대한

395) 程晓峰:《关于股权性质的法律思考》, 载《山东法学》, 1998(6)。
396) 周小明:《信托制度比较研究》, 30页, 北京, 法律出版社, 1995。

대리권(관리권)이다.[397] 신탁제도의 법률구조는 전통적으로 절대주의와 단일형식의 특징을 띈 소유권에 대한 일종의 도전이다. 우선, 신탁제도는 신탁재산에 대한 "권리"와 "이익"이 분리되었음을 의미한다. 대륙법계 이론에 입각하면, 신탁제도는 소유권 권능의 분리를 의미한다. 즉 처분(관리)권은 수탁자에게 귀속되고 수익(이익지배)권은 수익자에게 귀속된다. 영미법계 학설에 입각하면, 신탁제도는 "권리결합"의 조합형식이다. 즉 수탁자의 권리와 수익자의 권리는 공동으로 신탁재산에 대한 권리의 완전한 내용을 구성한다. 다음, 신탁제도는 전통적인 민법이 구축한 물권 및 채권의 이원성 체계를 타파하였다. 신탁관계에서 수탁자는 명의상의 소유권과 완전한 관리권을 행사함으로써 신탁권은 물권의 성질을 갖게 된다. 반면 수익자의 권리는 수탁자에게 이익배분을 청구할 채권도 있고 취소 및 소급을 행사할 물권도 있다. 수탁자의 권리와 수익자의 권리의 결합은 신탁관계의 재산권을 구성하였다. 이러한 권리의 법적 성질에 대하여 더욱 깊은 연구가 필요하지만 하나 확실한 것은 이는 전통적인 소유권과 구별되며 단순하게 물권 또는 채권으로 분류할 수 없다는 것이다.

다. 물에 대한 관념의 갱신 및 새로운 용익물권

현대과학기술이 사회생활에서 광범위하게 이용됨에 따라 예전에는 사람들에 의하여 인식되고 통제될 수 없는 사물이 현재는 권리설정의 대상이 되기도 하였다. 물의 개념의 확장과 물의 이용방식의 확대는 전통적인 물권법체계에 직접 영향을 미치고 있으며 예를 들어 인접권, 지상권, 지역권제도는 확장해석 또는 신규규제에 직면하게 되었다. 첫째, 환경물권을 보면, 환경은 인류의 생존 및 발전에 필수불가결한 조건과 기초로서 자연자원의 하나의 기본적인 속성이다. 공업의 발전은 자연환경을 악화시킴으로써 사람들의 생존에 위협을 가하게 되었다. 따라서 일부 환경법학자들은 환경자원은 경제가치와 생태가치라는 이중적 가치가 있으며 환경자원은 전반적으로 보면 사람들에 의하여 지배되지 않고 단지 환경의 일부 또는 일부 기능만 인류에 의하여 지배되고 이용될 수 있다고 주장하였다.[398] 이로 인하여 환경

---

397) 何孝元:《信托法之研究》, 载(台湾)《中兴研究》, 1987(1); 赵许明等:《信托财产权属本质探究》, 载《华侨大学学报》, 2002年(3)。

자원의 이용과 보호는 새로운 객체물에 새로운 물권을 설정하는 문제점이 발생하게 된다. 중국의 차이쓰우츄(蔡守秋) 교수는 환경자원은 일종의 무체물로서 이론적으로 이를 객체로 한 "무체물권 또는 무형물권"을 창설할 수 있다고 주장하였다.399) 비록 "무형(체)물권"이라는 용어는 정확성과 타당성이 다소 부족하지만 전통적인 용익물권 외에 환경사용권, 환경보호인접권을 포함한 환경물권체계를 확립하는 것은 "녹색민법"이론에서 반드시 고려하여야 할 문제이다. 둘째, 구분지상권이다. 전통적인 민법에서의 지상권이라 함은 타인의 토지에 건축물 또는 기타 작업물을 이용하기 위하여 타인의 토지를 이용하는 권리를 말한다. 여기서 말하는 "토지"권에는 토지의 지상 및 지하의 사용권이 포함되지 아니한다. 과학기술의 발전과 토지에 대한 개발능력의 발전으로 인하여 토지에 대한 이용은 지면이용으로부터 지상이용으로까지 발전하였으며 토지의 지면, 지상 및 지하 심지어 수중의 분층까지 이용하게 되었다. 토지에 대한 이러한 입체적 이용은 기존의 지상권이론에 포함되지 아니한다. 이로 인하여 일부 국가 또는 지역에서는 공식적인 입법 또는 사법해석 및 판례를 통하여 구분지상권을 창설하였다.400) 구분지상권이라 함은 토지의 공간적 범위에 대하여 상하로 구분하며 작업물로 인하여 지상권을 별도로 설정하는 것을 말한다. 셋째, 공간지역권이다. 민법상의 지역권은 원래 자신의 토지의 사용편의를 위하여 타인의 토지를 이용할 수 있는 권리를 말한다. 여기서 말하는 토지에는 토지에 설립된 건축물도 포함된다. 로마법에서의 지역권은 전야(田野)지역권 및 도시지역권으로 분류되며 전자는 통행지역권, 취수(取水)지역권, 채굴지역권 등이 포함되며 후자는 채광지역권, 전망지역권, 지지대(支撑地)지역권 등이 포함된다.401) 현대도시의 생활조건에서 고층건축물이 증축함에 따라 공간에 대한 이용문제도 따라서 발생하였다. 지역권의 설정은 토지 지면에 인접한 건축물에서만 발생하는 것이 아니라 지상공간의 이용과도 관련이 있다. 후자를 공간지역권이라고도 부르며 이는 공간이용의 사용이익을 토대로 타인의 공간에 대하여 갖는 권리를 말한다. 현대 민법의 사용수익권체계에서 상기 각종 권리는 특수한 지위를 갖고 있다. 그들의 존재는 기존의 이론범주

398) 吕忠梅:《关于物权法的"绿色"思考》, 载《中国法学》, 2000(1)。
399) 蔡守秋主编:《环境资源法论》, 277~279页, 武汉, 武汉大学出版社, 1996。
400) 谢在全:《民法物权论》(上), 346页, 北京, 中国政法大学出版社, 1999。
401) 桐栩:《罗马法原论》(上册), 北京, 商务印书馆, 1994。

에 제한되지 않고 이에 대한 새로운 제도적 설계가 필요하거나 현존물권의 새로운 형태로 인식하거나 새로운 물권종류로 간주할 필요가 있다.

라. 채권의 물권화 및 임대권

임대권이라 함은 타인의 부동산에 대하여 임대 및 사용할 수 있는 권리를 말하며 이는 임대계약을 토대로 설정한 채권으로서 제3자를 대항할 수 있는 효력을 갖지 아니한다. 로마법 이후 확립된 "매매우선"원칙은 소유권이 채권보다 우선이라는 원리의 전형적인 표현이다. 자본주의 초기, 소유자가 소유권을 취득하는 목적은 주로 소유물을 사용하기 위함이다. 다시 말하면 부동산 소유권의 가치는 주로 소유자 자신이 부동산에 대한 점유 및 사용을 통하여 실현된다. 그러나 상품경제가 갈수록 발전하고 소유권이 점차 사회화된 지금, 소유권관계는 이미 사람이 물에 대한 간단한 지배관계로부터 소유자와 비소유자 사이의 외부적인 권리의무관계로 전환되었다. 소유권에 대한 행사 및 실현은 통상 타물권의 설정 및 채권의 발생 등 비소유권의 방식을 통하여 실행된다. 소유권이 기타 권리형태로 전환하는 것은 재산이익을 실현하는 기본적인 경로로서 소유권은 소유자가 객체물에 대한 내부적 소유관계로만 통하여 표현될 수 없다.[402] 이러한 현상은 토지 및 건축물의 자본화 조건에서 더욱 뚜렷하게 나타나고 있으며 소유자가 관심을 갖는 것은 부동산의 사용가치가 아닌 교환가치이다. 다시 말하면 소유자는 누가 소유물을 사용하는지에 대하여 관심을 두는 것이 아니라 이러한 사용이 수익을 가져올 수 있는지에 대하여 관심을 두고 있다. 임대권은 바로 이러한 배경하에 실질적인 변화가 발생하였다. 각국의 현대민법은 부동산 임대인의 이익을 보호하기 위하여 해당 임대권에 대하여 물권적 효력을 부여하여 "임대권의 물권화"의 추세가 발생하였다. 한 면으로는 "임대우선원칙"을 확립하여 임대기간 내에 발생한 임대물의 소유권 변동이 임대계약의 효력에 영향을 미치지 않도록 하였다. 다른 한 면으로는 부동산 임대인의 "우선매수권"을 확립하여 임차인이 부동산을 매매할 시 매매하기 전 합리적인 기간 내에 임대인에게 통지하여야 하며 임대인은 동등한 조건에서 우선 구매할 권리가 있다.[403] "임대

402) 董开军:《所有权转换现场研究》，载《法律科学》，1999(1)。
403) 江平主编:《民法学》，680页，北京，中国政法大学出版社，1999。

권의 물권화"는 임대권으로 하여금 일종의 특수한 재산권으로 전환하게 하였다. 어떤 학자는 임대권을 절대적인 "채권" 또는 "물권"으로 부를 수 없으며, 일종의 혼합적인 새로운 권리라고 주장하였다.[404] 필자는 임대권은 외형상 물권으로 전환하지 않았고 일반채권과도 서로 다른 특별채권으로 간주하여야 한다고 본다. 이러한 특별채권의 효력은 일정한 조건에서 소유권보다도 우선이며 소유권에 대한 제한이기도 하다.

마. 채권의 증권화 및 어음권

어음권은 민사권리의 일종으로서 금전채권의 범주에 해당한다. 즉 타인에게 일정한 금액의 지급을 청구할 수 있는 권리를 말한다. 통상적으로 금전채권의 주장은 어음의 존재를 필요로 하지 않는다. 당사자 사이에 채권채무관계가 존재함을 증명할 수 있는 증거가 있으면 채권자는 채무자에게 상환을 청구할 권리가 있다. 상기 경우와 달리, 어음권은 일종의 특수한 금전채권이며 어음의 존재를 필요로 한다. 다시 말하면 어음이 없이는 권리자는 자신의 권리를 주장할 수 없으며 어음권과 어음은 하나의 통합체이다. 이것이 바로 "권리와 증권의 결합", "채권의 증권화"이다.[405] 어음권은 증권성 권리로서 증권상의 권리로 표현되며 이는 두 가지 권리로 구성된다. "하나는 증권소지자가 증권이라는 물질(어음종이 한장)에 대한 소유권으로서 이를 증권소유권이라고 한다. 다른 하나는 증권의 내용에 대한 권리로서 증권이 표시한 권리를 말한다. 증권소지자는 증권에 기재된 권리를 향유하거나 행사하며 이를 증권권리라고 한다."[406] 증권소유권과 증권권리의 관계는 다음과 같다. 우선, 증권권리의 존재는 증권소유권의 존재를 전제로 한다. 구체적으로 말하면 증권이 존재하지 않으면 증권소유권을 상실하게 되고 증권권리도 주장할 수 없게 된다. 다음, 증권권리의 실현은 증권소지자가 증권소유권을 갖는 최종 목적이다. 바로 영국학자 젠크스(Jencks)가 논한 바와 같이 "만약 백상팀짜리 어음 한장을 하나의 자연적인 물로 본다면 그는 별로 가치가 없지만, 만약 이를 부유한 자의 지급보증으로

404) 梅夏英:《财产权构造的基础分析》, 81页, 北京, 人民法院出版社, 2002。
405) 谢怀栻:《票据法概论》, 6页, 北京, 法律出版社, 1997。
406) 赵威:《票据权利研究》, 53页, 北京, 法律出版社, 1997。

본다면 그는 백파운드의 가치가 있을 것이다."[407] 어음권의 법률구조는 권리로 하여금 형식적인 소유권(증권소유권)과 실체적인 채권(증권권리)이라는 이중성을 갖게 하여 이로 인한 일정한 금액에 대한 지급청구권은 민법상의 채권과 서로 다르다. "후자는 통상 한번의 청구권만 있으며 예를 들면 계약이나 불법행위 채권은 채권자가 특정채무자에게만 일정한 행위를 행하거나 행하지 않도록 청구할 수 있다." 그러나 "어음권을 보면 어음의 유통성으로 인하여 법률은 최종 어음소지자에 대하여 특별히 보호할 필요성이 있으므로 두 번의 청구권 즉 지급청구권 및 상환청구권을 규정하였다."[408] 요약하면, 어음에 창설한 권리는 일종의 새로운 재산권으로서 특별한 상환효력이 있는 특수채권이라고 할 수 있다.

바. 신형 지식재산 및 지식재산권의 체계화

지식재산권은 현대사회의 하나의 새로운 중요한 재산유형이다. 지식재산권이라는 명목하의 비물질성 재산권은 전통적인 저작권, 특허권, 상표권 3대 영역에만 한하지 않는다. 각종 새로운 권리제도의 출현으로 인하여 현대의 지식재산권은 방대한 법률체계를 구성하였다. 이러한 변화는 주로 아래 두 가지 측면에서 표현된다. 첫째, 새로운 기술을 응용함에 따라 지식재산권의 객체는 새로운 기술범주까지 확장되어 일부는 서로 중복 보호하거나 단독 보호하는 새로운 지식재산권이 출현하였다. 예를 들면 집적회로 배치설계권, 식물신품종권 등이 있다. 둘째, 새로운 재산관념이 발생함에 따라 원래 지식재산권 보호의 예외 또는 보충이었던 일부 권리제도가 현재는 지식재산권체계의 새로운 구성내용으로 발전하였다. 예를 들면 영업비밀 및 부정경쟁방지 등이 있다.[409] 지식의 재산화 또는 지식재산권제도의 확립은 재산의 비물질화 변혁의 결과이지만 지식재산권제도의 체계화에 대한 종결은 아니다. 로마법 이 후 사권영역에서 발생한 제도적 혁신과 변혁은 결코 중지된 적이 없었다. 새로운 과학기술과 현대의 상품경제가 발전함에 따라 지식형태의 각종 새로운 재산도 끊임없이 출현하여 지식재산권법은 단지 전통적인 저작권, 특허권, 상표권 3대

---

407) 转引自王利明:《民商法研究》(第四辑), 170页, 北京, 法律出版社, 1999。
408) 王小能:《论票据权利义务》, 载《中外法学》, 1999(6)。
409) 관련 내용은 본 서 제1장 4.를 참조.

영역에만 한정되지 않고 새로운 체계화 단계로 발전하고 확장할 것이다.

사. 상업적 인격이익 및 자본신용형 권리

상업적 인격이익이라 함은 주로 경영거래에서 발생한 상업명예, 신용, 이미지 등 각종 자본신용을 말한다. 상업신용과 명예, 상업이미지의 구성을 보면, 그 내적 요소는 경제상황, 생산능력, 상품품질, 시장지분율 등 주체의 경영능력을 말하며[410] 이러한 경영능력은 특정주체가 동 업종의 일반기업보다 높은 이익창출능력을 자랑한다. 그 외적 요소는 두 가지 측면이 있는데 일부 단체 또는 기관이 수여한 자격 또는 사회공중이 기업에 대한 평가와 신뢰를 말한다. 이러한 자본신용이익은 명확히 재산적 내용은 물론 일정한 인격적 요소도 포함하고 있다. 대만지역의 학자 쯩쓰슈웅(曾世雄)은 이러한 자본신용형 재산을 현재 개발중인 무형재산이라고 부르기도 하였다.[411] 이러한 권리는 주로 상품화권, 상업명예권, 신용권, 특별경영허가권 등이 포함된다.[412] 여기서 주목할 것은 자본신용형 재산도 현대사회의 중요한 비물질성 재산이라는 것이다. 어떠한 의미에서 보면, 이러한 권리의 출현은 재산의 비물질화 혁명의 연속이라는 의의를 갖고 있다. 자본신용형 재산 자체는 외적 형체가 존재하지 않고 그의 무체성의 지향은 일종의 상업적 인격이익이다. 이러한 상업적 인격이익은 재산권제도의 혁신과정에서 무형재산권에 부여한 기본적인 속성이다. 자본신용재산권은 지식재산권과 다르지만 양자 모두 무형재산권 범주에 포함시킬 수 있다.

3. 재산권체계: 유형재산권, 무형재산권 및 기타 재산권

재산권체계는 사적 재산제도의 내부구조를 말하며 그 외부형태가 아무리 분산되고 복잡하더라도 여러 유형으로 분류할 수 있고 또한 서로 관련되는 하나의 통일된

---

410) 杨立新:《人身权法论》, 638页, 北京, 中国检察出版社, 1996。

411) 曾世雄:《民法总则之现在与未来》, 137页, 台北, 三民书房, 1993。

412) 관련 내용은 본 서 제21장, 제22장, 제23장 및 제24장 참조.

시스템 또는 통합체를 이루고 있다. 이는 재산권을 각종 다양한 재산권의 간단한 집합으로 이해해서는 안된다는 것을 의미한다. 재산이익의 기본적인 속성의 동일성은 각종 재산권의 공통의 대상을 결정하였으며 이는 재산권제도 사이의 연결고리이기도 하고 재산법을 통합화하는 토대이기도 하다. 또한 재산이익의 표현형태의 차이성은 우리가 각종 재산권 유형을 구분하는 기준이기도 하고 새로운 재산권제도를 확립하는 근거이기도 하다.

재산권체계는 역사적으로 형성된 것으로서 정치, 과학기술, 문화, 사회 등 각종 요소의 영향을 받지만 최종 결정적 요소는 한 국가의 경제제도이다. 재산권제도의 구축은 비록 입법자 또는 법학자의 주관적인 의식이 아니라 사회의 물질생활조건에 대한 객관적인 반영이지만 객관적인 규칙은 인간의 활동에 의하여 실현되고 일정한 법학 이론, 법학 관념 및 입법기술도 재산권체계의 확립에 상당한 영향을 미친다. 따라서 재산권체계의 법률을 구축할 시 역사발전의 객관적인 규칙을 지켜야 할 뿐만 아니라 내적 논리의 연결관계도 중요시하여 역사와 논리의 일치성을 유지하여야 한다.

가. 재산권제도의 통합화 토대

재산의 범주는 재산권체계를 구축하는 출발시점이다. 로마법 이후 사람들은 재산은 주로 유체물에 한하여 구성된다는 인식을 토대로 물질화의 재산권제도를 확립하였다. 객체물에 대한 분류에서 유체물은 당연히 유형의 동산 및 부동산을 말하며 무체물도 실존물을 대상으로 한 재산권을 말한다. 보다시피 전통적인 재산권제도는 물질화의 재산구조를 가리킨다고 할 수 있다. 과학기술과 상품경제의 발전으로 인하여 각종 추상화된, 비물질화된 재산이 끊임없이 나타나고 있으며 사람들은 재산의 개념에 대하여 새로운 인식이 생기기 시작하였다. 미국학자는 법원은 19세기에 이르러 일부 무형재산의 가치는 반드시 영업장소 또는 유형의 상업부속물과 서로 연관되는 것은 아니라는 것을 인식하기 시작하였다고 서술하였다. 또한 다수 사건에서 당사자의 무형재산을 보호하는 것이 유형물을 보호하는 것보다 더욱 중요하게 되었다. 다시 말하면, 많은 경우, 보호대상은 "물"이 아닌 "가치"이다.[413] 20세기초 슈왈츠(Schwartz)는 "중대한 가치가 있는 신형재산"에 대하여 열거한 적이 있다." "이러한 재산에는 상업명예, 상표, 영업비밀, 저작권, 경영이익, 특별허가권 및 공정한 편익권이 포함된다."[414] 여기서 말하는 재산권의 대상은 이미 유형물에 한하지 않고 무형물도 포함되었다. 그들은 외적형태의 유무를 불문하고 경제적 이용가치가 있는 이익들이다. 일부 학자가 논한 바와 같이 재산 또는 재산이익을 서로 다른 형태의 사물인 물질실체, 지식본체 및 기타 가치실체로 구분할 수 있다.[415] "재산이익"은 모든 재산권의 공동 지향으로서 이에는 서로 다른 재산형태가 포함되고 이로부터 다양한 재산유형이 발생하였다. 요약하면 재산의 개념에 대한 통합은 재산권제도에 대한 통합화의 토대이다.

나. 인격권 및 재산권의 관계

인격권과 재산권은 민사권의 제일 일반적인 분류로서 이러한 분류는 현재까지 여전히 중요한 의의가 있다. 사권제도의 발전과정에서 인격권과 재산권의 구분은 절대적인 것에서 상대적인 것으로 발전하여 서로 중복과 융합의 현상이 발생하였다. 이러한 현상은 두 가지 측면에서 표현된다. 하나는 전통적인 인격권에서 새로운 재산권이 파생된 것이다. 민사객체의 범주에서 성명, 초상, 명예, 영예 등 인격이익은 전통적인 인격권의 보호범위에 해당하며 통상 직접적인 재산적 내용을 갖지 않는다고 보았다.[416] 비록 상기 인격이익과 재산은 일정한 연관성 즉 주체가 관련 권리를 행사할 시 일정한 경제이익을 획득할 수 있거나 주체가 상기 권리를 침해당함으로 인하여 일정한 경제보상을 획득할 수 있지만 여기서 말하는 재산적 결과는 명예권, 초상권 등 인격권의 내용 자체가 아니다. 상품경제가 발전함으로 인하여 일부 인격이익은 상업성 인격이익으로 변화하여 현대의 법률구조에서 상업상의 명예, 영예를 토대로 상업명예권 및 신용권이 발생하였다. 또한 성명, 초상 및 형체에 대한 상업적 이용으로 인하여 상품화권이 발생하였다. 이러한 권리는 일반적인 인

---

413) [美] 肯尼斯 · 万德威尔德: 《19世纪的新财产: 现代财产权概念的发展》, 载《社会经济体制比较研究》, 1995(1)。

414) [美] 肯尼斯 · 万德威尔德: 《19世纪的新财产: 现代财产权概念的发展》, 载《社会经济体制比较研究》, 1995(1)。

415) 徐瑄: 《知识产权与财产法一体化构建》, 载《暨南学报》(哲学社会科学), 2002(6)。

416) 王利明等: 《人格权法》, 北京, 法律出版社, 1997。

격권과 다른 특수한 재산권으로서 무형재산권에 해당한다.[417] 다른 하나는 인격권과 재산권의 융합으로 인하여 새로운 복합적 권리가 발생하였다. 일부 학자는 지식재산권, 주주권 등은 단순히 인격권 또는 재산권에 귀속할 수 없으며 "이러한 권리 결합의 산물"은 일종의 "혼합형 권리"라고 주장하였다.[418] 필자는 20세기 80년대 말 90년대 초의 일부 저서에서도 이러한 관점을 주장하였다. 하지만 이러한 견해는 지금 수정할 필요성이 있다고 본다. 국제적으로 지식재산권을 재산권으로 간주하는 경우가 많다. 용어학에서 보면, 영문의 intellectual property와 intellectual property right은 각각 "지식재산"과 "지식재산권"을 말한다. 일부 국가의 언어에서 "지식재산권"은 "무형재산권"의 동의어이다. 세계지식재산권기구에서 편찬한 전문 도서에서도 "지식재산"을 지식재산권과 서로 연결시켰다.[419] 「지식재산권협정」에서는 "지식재산권이 사권"임을 인정하였으며 사유재산에 대한 보호원칙에 입각하여 지식재산권과 소유권을 모두 사적 재산권으로 동등하게 간주하였다.[420] 따라서 전반적으로 보면 지식재산권(저작권 등 개별적인 권리 제외)은 하나의 재산권이며 혼합형 권리가 아니다. 주주권은 통상 주식회사와 유한책임회사의 주주권을 말하며 앞서 논한 바와 같이 이는 인적 결합의 성질을 갖는 일반적인 사단의 사원권과도 서로 구별된다. 주주권에서의 의결권은 통상 일부 학자들이 주주권을 사원권으로 간주하고 이를 혼합형 권리로 이해하는 핵심적 근거이다. 사실상 의결권은 일반적인 인격권의 성질을 갖지 아니하며 이는 "재산의 양도를 토대로 발생하고 그 목적은 재산에 대한 간접적인 관리를 행사하여 주주의 이익을 보호하고 이익배분을 하기 위한 것으로써 그 토대와 목적 모두 재산이익에 있으며 이 또한 소유권의 지배 및 처분권능에 대한 변형이다."[421] 따라서 주주권의 기본적인 속성과 주요내용으로부터 보면, 주주권을

---

417) 어떤 학자는 이러한 권리를 통합하여 "상사인격권", "경제인격권" 또는 "재산권로서의 인격권"으로 부른다. 이러한 견해 역시 인격적 속성에서 출발하여 이러한 재산권을 서술한 것이다. 외국학자들의 저서에서는 이러한 권리를 단독적인 재산권이나 무형재산권으로 간주하였다. [英] 劳森・拉登:《财产法》, 北京, 中国大百科全书出版社, 1998; [日] 小岛庸和:《无形财产权》, 东京, 创成社, 1998; Black's Law Dictionary(15 Edition), West Publishing Co.,1979.

418) 王利明等:《人格权法》, 北京, 法律出版社, 1997; 龙卫球:《民法总论》, 124页, 北京, 中国法制出版社, 2002。

419) 世界知识产权组织编:《知识产权纵横谈》, 4页, 北京, 世界知识出版社, 1992。

420) 孔祥俊:《WTO知识产权协定及其国内适用》, 72页, 北京, 法律出版社, 2002。

421) 程晓峰:《关于股权性质的法律思考》, 载《山东法学》, 1998(6)。

일종의 재산권으로 간주할 수도 있다. 한마디로, 주주권은 인격권 관계의 실질적인 변화를 토대로 발생한 새로운 재산권(또는 비물질성 재산권, 또는 단독적인 재산권)이며 양자 속성을 모두 갖는 혼합형 권리가 아니다.

다. 지식재산권 및 무형재산권의 관계

지식재산권은 현대의 상품경제와 과학기술의 발전의 산물이다. 지식상품의 재산화 및 지식재산의 법률화는 재산의 "비물질화 혁명"을 초래하였으며 이는 로마법 이후 사권영역에서의 한차례 심각한 제도적 혁신과 변혁이다. 지식재산은 일종의 새로운 재산으로서 기존처럼 물에 대한 절대적인 지배형 재산이 아니라 "비물질화된 제한성 재산"이다.[422] "비물질화"의 결과, 재산법의 적용범위는 대대적으로 확장되어 권리의 객체는 재산으로 간주할 수 있는 모든 물질성 및 비물질성 대상을 포함하였다. "제한성"의 의의는 새로운 재산권리에 대한 적절한 제한(공간, 시간 및 권능효력에 대한 제한)에 있으며 그 목적은 권리가 지나치게 독점하는 것을 방지하고 지식의 정당한 전파를 보장하기 위함이다. 현재까지 재산의 "비물질화 혁명"은 중단된 적이 없으며 사회의 부의 구조도 거대한 변화가 발생하여 "재산은 점점 무형적 및 비물질적인 것으로 되었다."[423] 따라서 "전통적으로 재산 또는 재산권으로 간주되지 않았던 권리에 대하여 더욱 많은 주목과 보호를 할 필요성이 있다."[424] 이러한 비물질성의 재산권은 주로 지식재산권을 말하지만 지식재산권에 한하지는 않는다. 이러한 배경하에 필자는 20세기 90년대 이후 지식재산권 범위보다 넓은 무형재산권체계를 확립하여 비물질형태를 토대로 발생한 모든 권리를 포함시킬 것을 주장하였다.[425] "무형재산권"의 개념은 독일학자 코블러(Kobler)가 1875년에 제시한 것이다. 상당한 기간 동안, 일부 서양국가의 입법 및 학설에서는 무형재산권으로 지적 성과에 대한

---

422) [美] 肯尼斯・万德威尔德:《19世纪的新财产: 现代财产权概念的发展》, 载《社会经济体制比较研究》, 1995(1)。

423) 尹田:《法国物权法》, 19页, 北京, 法律出版社, 1998。

424) [美] 罗纳德・波斯顿:《美国财产法的当前发展趋势》, 载《外国法译评》, 1994(3)。

425) 필자의 관련 저서 참조:《无形财产权的若干理论问题》, 载《法学研究》, 1997(4);《无形财产权制度研究》, 北京, 法律出版社, 2001;《财产的非物质化革命与革命的非物质化财产法》, 载《中国社会科学》, 2003(4)。

전유권(專有權)을 개괄하였다. 20세기 90년대에 이르러 지식재산권은 국제적으로 통용하는 용어가 되었지만 일부 학자는 여전히 무형재산권이라는 용어를 사용하였다. 필자는 상업명예권, 신용권, 상품화권, 특별허가권 등은 모두 비물질적 속성을 갖지만 지식재산권의 범주에 포함할 수 없는 재산권으로 본다. 사회생활이 갈수록 발전함에 따라 일부 갱신된 무형재산권이 출현할 가능성도 있다. 따라서 객체의 물질성과 비물질성을 기준으로 지배성 재산권을 유형재산권과 무형재산권으로 분류하는 것을 고려해볼 만하다. 여기서 한 가지 강조할 것은 재산권의 "무형"에 관한 것이다. 즉 "무형"이라 함은 객체로 간주할 수 있는 "권리"(무체물)를 말하는 것인지 아니면 객체로 간주할 수 있는 "정신적 상품"을 말하는 것인지이다. 청년학자 위엔슈팅(袁秀挺) 박사는 논문을 발표하여 저자의 무형재산권 이론에 대하여 평론한 적이 있다. 해당 논문에서 많은 관점들은 아주 식견이 있지만 무형재산권의 범위를 채권 및 어음권까지 확장하는 견해에 대하여[426] 필자는 동의할 수 없다. 그 이유는 다음과 같다. 첫째, 유형재산권과 무형재산권은 지배성 재산권의 범위 내에 한하여 분류한 것이다. 앞서 로렌츠의 관점에 따르면 해당 권리의 객체는 제1순위의 권리객체로서 유체물과 무체의 정신상품이 포함된다. 반면 채권 및 어음권(특별채권) 등은 청구성 재산권으로서 또 다른 독일학자 디터 메디쿠스(Dieter Medicus)는 채권과 청구권은 실질적인 구별점이 없다고 주장하였다.[427] 채권을 무형재산권으로 간주하는 것은 사실상 지배권과 청구권을 하나로 취급하여 논한 것과 같다. 둘째, 채권 및 어음권 자체가 권리의 객체로 될 시, 무체물로 간주할 수 있다. 유체물과 무체물은 로마법 및 프랑스법에서 객체물에 대한 분류이며 무체물은 소유권 이외의 재산권을 말한다. 독일법에서 규정한 물은 단지 유체물을 말하며 독일학자는 때로는 정신상품을 무체물이라고도 하지만 이러한 객체는 물권법이 아닌 지식재산권법을 적용하여야 한다고 강조하였다.[428]

이로부터 보다시피 로마법 및 프랑스법에서는 채권 등을 무체물로 간주하여 다른 권리(상속권 및 주주권)의 객체가 될 수 있지만 이러한 무체물(즉 권리객체)이 곧 무형재

426) 袁秀挺:《正本清源－评〈无形财产权制度研究〉之"基本理论编"》, 载《私法》第2辑第1卷, 北京, 北京大学出版社, 2002;《知识产权在财产权体系中的定位》, 载《华中科技大学学报》(社会科学版), 2003(2)。

427) [德] 迪特尔·梅迪库斯:《德国民法总论》, 68页, 北京, 法律出版社, 2000。

428) 孙宪忠:《德国当代物权法》, 3页, 北京, 法律出版社, 1997。

산권(즉 권리본체)이라는 결론을 도출할 수 없다. 독일법에서 무체물은 특히 무체의 정신상품을 말하므로 채권 등을 무체물로 간주할 수 없다. 종합하면, 지식재산권 및 무형재산권에 대하여 구분하고 무형재산권에 대한 범위를 확정하는 것은 재산권 체계를 구축함에 있어서 매우 필요한 것이다.

라. 재산권체계의 핵심제도 및 내부구조

재산권과 인격권의 분립 및 재산권의 기본적인 분류는 로마법 이후의 민법의 전통적 이론이다. 서로 다른 역사시기마다, 재산권의 핵심내용 및 그 제도적 마련은 각자 서로 다른 특징을 갖고 있다. 고대의 로마법에서 구축한 것은 소유권을 절대적인 중심으로 한 재산법이다. 로마인은 "물"을 객체범위로 하고 이를 토대로 소유권 형식을 핵심으로 한 "물권"제도를 확립하였으며 물권제도 및 채권제도를 주요내용으로 한 "물법"인 재산권체계를 확립하였다.[429] 로마법의 재산권체계는 광범위한 개념의 객체"물"을 토대로 구축하였으며 여기서 물은 객관적으로 실존하는 물로서 주관적으로 의제한 물(즉 권리)도 포함된다. 또한 전반적인 재산권체계는 광범위한 의미의 소유권을 핵심으로 하며 채권 및 타물권은 무체물로서 소유자의 소유재산에 해당된다. 이는 소유권을 절대적인 중심으로 한 재산권제도이다. 프랑스민법은 로마법의 전통을 승계하여 유체물과 무체물의 구분을 유보하고 각종 재산권의 기본적인 분류를 원용하였다. 중요한 것은 프랑스민법의 재산제도의 핵심 역시 소유권이라는 것이다. 삼분법의 법률체계에서 제1편은 소유권 및 그 변형이며 다른 한 편은 재산(소유권)의 취득이다. 이로부터 보다시피 소유권을 중심으로 한 법률구조에서 채권 및 상속권 모두 재산의 취득방식으로 규정되고 있다. 그 후 근대의 독일에서 물권 및 채권이라는 이원화 구조의 재산법을 창설하였다.[430] 독일민법전에서 재산권에 대한 제도적 설계는 세 가지 특징이 있다. 첫째, 채권의 독립화이다. 독일법은 채권을 물권과 다른, 사람에 대한 권리로서 단독적으로 존재하는 권리로 간주하여 별도의 장으로 규정하였다. 이는 프랑스법과 다른 점이다. 프랑스법은 상속, 계약, 침해행위 및 담보 등 내용을 하나의 편제로 두어 채권에 대하여 체계화하지 않았고

429) [意] 彼得罗 · 彭梵德:《罗马法教科书》, 北京, 中国政法大学出版社, 1992。
430) [德] 卡尔 · 拉伦茨:《德国民法通论》, 北京, 法律出版社, 2003。

채권도 독립적 지위를 갖지 못하였다. 둘째, 채권의 우선화이다. 독일법은 소유권 중심의 입법례를 더 이상 고수하지 않고 채권편을 물권편보다 앞서 규정하였다. 독일법에서는 "물의 이용"이념이 "물의 귀속"이념보다 우선이다. 즉 채권을 소유권의 취득방식이 아닌 소유권 성립의 전제로 간주하여 규정하였다. 셋째, 물권 및 채권제도의 이원화 구조의 체계화이다. 로마법은 각종 재산제도를 "물법"에 규정하였으며 프랑스법도 소유권을 중심으로 재산제도체계를 확립하였다. 반면 독일법은 정식으로 물권 및 채권이라는 양대제도를 확립하였다. 이러한 체계에 따르면 구체적인 재산권 모두 상기 권리범주에 포함시킬 수 있다. 독일법이 확립한 이원화 구조의 재산법은 그 후의 입법에도 아주 큰 영향을 미쳤다. 현대민법이 어떠한 재산권체계를 구축하여야 하는 것은 각국의 입법자 및 법학가가 공동으로 노력하여 모색하지만 이에 대하여 아직 공통적인 인식이 형성되지 않았다. 필자는 중국은 대륙법계의 전통에 따라 물권 및 채권이라는 용어를 계속 사용하며 소유권의 절대적 중심의 이념을 고집할 필요도 없고 물권 및 채권의 이원화 구조를 고수할 필요도 없다고 본다. 즉 현대의 재산권체계는 하나의 개방적인 제도적 체계이자 다원화된 권리범주여야 한다고 본다.

상기 분석을 토대로 필자는 중국의 재산권체계에는 아래 세 가지 내용이 포함되어야 한다고 본다. 즉 소유권을 핵심으로 한 유형재산권제도, 지식재산권을 주체로 한 무형재산권제도, 채권 및 상속권 등을 내용으로 한 기타 재산권제도이다. 유형재산권 범주에는 소유권 외에 토지사용권, 농촌토지도급경영권, 주택지사용권, 지역권, 공간이용권, 전세권, 주거권, 인접권 및 저당권, 질권, 유치권 등 담보물권이 포함되어야 한다. 무형재산권 범주에는 저작권, 특허권, 상표권, 상호권, 지리적표시권, 식물신품종권, 집적회로 배치설계권, 영업비밀권 등 지적재산권 외에 상업명예권, 신용권, 상품화권, 특별경영허가권 등 비물질성 권리도 포함되어야 한다. 기타 재산권에는 채권, 상속권 및 기타 일부 단독적 의의가 있는 재산권 예를 들면 주주권, 신탁권, 어음권 등이 포함되어야 한다. 이러한 권리 중에서 일부는 청구성 재산권이고 일부는 물권 및 채권 속성을 겸한 특별재산권이다.

4. 재산권 입법 및 민법전 편찬

로마법 이후 수많은 입법자와 법학가의 연구를 통하여 재산권제도는 이미 하나의 성숙된 개념으로 발전하였고 서로 다른 제도적 체계가 발생하였다. 중국의 재산권 관련 입법은 반드시 실무경험과 이론이 통합된 구축방식을 취하여야 하며 엄격한 논리성 개념과 체계성을 적용하여 각종 재산권제도를 민법전의 내용으로 통합시켜야 한다.

가. 양대 법계에서 재산권에 대한 정의

재산권의 "법전"화는 우선 재산권의 정의에 관한 문제에 직면하게 된다. 이에 대하여 영미법계와 대륙법계는 각자 다르게 이해하고 있다. 영미법계에서 재산권이라 함은 유체물을 객체로 한 지배권을 말한다. 『옥스퍼드법률대사전』에 의하면 "엄격하게 말하면 이 용어는 재산소유권을 가리킨다." "재산권이라 함은 모든 객체 속에 또는 그 위에 존재하는 완전한 권리를 말한다." 이러한 권리는 유형재산에 존재할 수도 있고 무형재산에 존재할 수도 있다.431) 캐나다 퀘벡민법전은 상기 재산권 개념의 입법례를 취하였다. 해당 법전 제3, 4, 5편에서는 각각 "상속법", "재산권" 및 "채권법"을 규정하였다. 관련 재산법의 주요내용은 "재산의 종류", "소유권", "소유권의 특수형태", "소유권의 권리분할" 등이 있다. 중국의 량후이씽(梁慧星) 교수가 말한 바와 같이 퀘벡민법전이 채택한 것은 협의의 영미법계의 재산권 개념으로서 입법례에서 "재산법" 및 "채권법"이라는 분리형 입법방식을 취하였다.432) 대륙법계의 재산권은 경제이익을 내용으로 한 모든 권리를 말하며 재산의 지배권과 청구권이 포함된다. 재산의 지배권이라 함은 주체가 객체 "물"에 대하여 직접 갖는 권리를 말한다. 프랑스 "라루스백과대사전"에서는 재산의 일부를 구성할 수 있고 자신이 점유할 수 있는 재물이 바로 물이며 이는 동산과 부동산을 포함한 유체물 그리고 용익권처럼 물과 관련이 있는 권리 및 저작권처럼 물과 관련이 없는 권리를 포함한 무체물 두 가지로 분류된다고 하였다.433) 이처럼 물에 직접 설정한 권리를 "대물권"(rights in

431) [英] 戴维 · M · 沃克主编:《牛津法律大辞典》, 729页, 北京, 光明日报出版社, 1989。

432) 梁慧星:《是制定"物权法"还是制定"财产法"?》, 载《私法》第2辑第2卷, 北京, 北京大学出版社, 2003。

rem)라고 부른다. 프랑스법에서 규정한 "대물권"은 그 후 독일법 이론에서 진일보 발전되었으며 "해당 개념은 이미 물권, 지식재산권 및 준물권관계를 처리하는 연결점이 되었다."[434] "대물권"이라는 상위개념 아래에 유체물을 객체로 한 지배권을 물권이라 하고 정신상품을 객체로 한 지배권을 지식재산권이라고 하며 재산성 권리에 설정한 지배권을 준물권이라고 하였다. 청구권이라 함은 타인에게 일정한 급부를 청구할 수 있는 권리를 말한다. 채권은 전형적인 청구권으로서 기초권리의 청구권(계약 채권)과 구제권리의 청구권(침해 채권)이 포함된다. 대륙법계의 재산권 범위는 대체로 상기 각종 재산권제도가 포함되며 그의 전형적인 입법례는 1992년의 네덜란드민법전이다. 구체적으로 말하면, 하나는 재산 및 재산권 개념에 대하여 광의의 정의를 하고 있다. 즉 "재산에는 모든 물 및 모든 재산성 권리가 포함된다." "재산성 권리라 함은 단독으로 양도하거나 기타 권리와 같이 양도할 수 있는 권리로서 소지자로 하여금 물질적 이익을 획득하게 할 수 있는 권리이며 현실적인 물질이익 또는 기대가능한 물질이익의 교환에 사용할 수 있는 권리를 말한다."[435] 둘째는 재산법 총칙(제3편)을 설정하였다. 그 후 상속법(제4편), 물권법(제5편), 채권법(제6,7,8편) 및 지적성과법(제9편)을 규정하였다. 중국의 민사입법의 전통에 입각하면, 향후 민법전을 구축하는 재산권체계는 당연히 물권(준물권 포함), 지식재산권, 채권, 상속권 및 기타 재산권이 포함된 광의의 재산권 개념을 취하여야 한다.

나. 대륙법계의 재산권에 대한 법전화

재산권의 법전화에 대하여 대륙법계 국가는 편찬방식의 문제 즉 법학제요방식과 판덱텐(pandekten)방식의 입법 선택에 직면하게 된다. 프랑스민법전은 법학제요방식의 정석으로서 해당 법전은 『유스티니아누스 법학제요』에 대한 혁명적인 혁신이다. 개념에 대한 논리체계를 추구하기 위하여 프랑스민법전은 물권과 채권을 "물법"에 포함시키는 동일성 구조를 타파하고 별도의 편(編)에서 재산 및 재산의 취득을 규정하였지만 재산권 분류에 대하여 과학적이지 못한 문제점이 존재하였다. 법전의

433) 法国《拉鲁斯大百科全书》第3卷, 载"国外法学译丛"《民法》, 168页, 北京, 知识出版社, 1981。
434) 徐涤宇:《历史地、体系地认识物权法》, 载《法学》, 2002(4)。
435) 徐涤宇博士提供的中南财经政法大学民法典研究所所藏民法典资料。

제3편은 재산문제에 대한 "포괄적" 및 "포용적" 규정으로서 각종 일시적으로 논리상 분류하기 어려운 문제를 모두 본 편에 규정하고 있다. 호주학자 라이언(Ryan)은 이에 대하여 다음과 같이 비판하였다. "어떠한 과학적인 규정방식이라 하여도 하나의 편에 상속과 증여, 계약과 침해행위, 혼인재산, 담보 및 시효 등 아무런 관련성이 없는 내용을 '재산의 취득방식'에 규정하지는 아니한다."[436] 이러한 재산권 입법방식의 폐단은 아래 두 가지 측면에서 나타난다. 하나는 채권은 독자적인 지위를 갖지 못하고 단지 하나의 재산소유권의 취득방식일 뿐이다. 다른 하나는 재산권제도가 논리적인 체계를 형성하지 못하고 서로 다른 유형의 권리가 같이 규정되어 있어 체계의 혼란을 초래하였다. 프랑스민법전은 "재산"과 "재산의 취득방식"이라는 이편적 방식을 취하여 기타 국가의 민법전의 재산권체계 구축에도 커다란 영향을 미쳤다. 유럽의 벨기에, 모나코, 로마니아 등 국가, 아메리카주의 해지, 도마니가, 베네수엘라 등 국가, 아프리카의 등 국가 모두 이러한 편찬방식을 취하였다.[437] 상기 경우와 달리, 독일민법전은 깊이있고 정확하며 추상적인 판덱텐식 재산권체계를 구축하였다. 법전은 편, 장에 따라 연역식으로 배열하였다. 그 중 총칙에는 재산에 대한 추상적인 원칙성 규정을 하고 있고 그 후 별도로 채권, 물권, 상속 세 편으로 구체적인 재산관계에 대하여 규정하고 있다. 독일민법전은 물권과 채권 두 개념을 정확하게 확정하였으며 이를 토대로 논리계층의 관계에 따라 자신의 재산권제도를 구축하였다. 독일민법전은 이러한 방식을 통하여 프랑스민법전에서 존재하는 재산권 입법에서의 논리상 혼란을 피할 수 있었으며 이는 역사의 발전이라고 할 수 있다. 하지만 독일민법전의 물권 및 채권이라는 이원화 구조도 부족점이 존재한다. 하나는 지나치게 경직적이라는 점이다. 개념에 대한 엄격한 논리에 따라 모든 구체적인 재산권리를 상기 범주에 포함시키며 권리분류에서 반드시 그 중 하나에 귀속시켜야 한다. 근대에 이르러 권리형태가 변화함에 따라 일부 이중적 속성을 갖는 재산권에 대하여 이러한 물권 및 채권이라는 이원화 구조는 한계성이 존재한다. 둘째는 지나치게 폐쇄적이라는 점이다. 이러한 재산권체계는 로마법 이후의 물적 재산구조의 영향을 완전히 탈피하지는 못하였다. 이는 엄격한 체계이지만 개방적인 체계는 아

---

436) [澳] 瑞安:《民法导论》, 楚建译。转引自《民法的体系与发展(民法学原理论文选辑)》, 35页, 北京, 中国政法大学出版社, 1991。

437) 徐国栋:《法国民法典模式的传播与变形小史》, 载中国民商法律网。

니다. 다시 말하면, 물권 및 채권의 이원화 구조는 지식재산권 및 기타 재산권의 제도적 공간을 고려하지 않았다는 점이다. 독일민법전이 취한 재산권 분류방식 및 그의 제도적 마련방식은 대륙법계 국가에게 아주 광범위하고 깊은 영향을 미쳤다. 현행의 이탈리아민법, 포르투갈민법, 러시아민법, 일본민법, 브라질민법, 태국민법 등은 기본적으로 이러한 방식을 원용하였다.

법학제요방식 및 판덱텐방식에서 재산권체계의 구축에 관하여 19세기의 범식민법전에서 아주 전형적인 표현을 하였지만 그들 각자 부족점이 존재하는 것도 사실이다. 이를 토대로, 네덜란드 신민법전은 20세기의 모범민법전으로서 재산권제도에 관하여 새로운 설정을 하였다. 즉 법학제요식의 방식을 수정하여 독특한 풍격의 다양한 편집식의 재산권 입법체계를 확립하였다. 총 9편 중 7편은 재산권 관련 내용이다. 또한 판덱텐식의 민법인 "총칙-분칙"의 서술방식에 한하지 않고 독창적으로 "재산법 총칙"을 설정하여 각 분칙에 적용되나 논리적으로 장애가 있는 일반적인 "총칙"방식을 채택하지 않았다. 재산권제도에서 다차원, 복합식의 "총칙-분칙"방식을 창설한 것은 참조할 만한 점이다.

다. 향후 중국 민법전에서 지식재산권에 대한 제도적 마련

향후 중국의 민법전에서는 하나의 재산법 또는 재산법 총칙을 설정하는 것을 고려할 수 있다. 중국의 마쥐인쥐(馬俊駒) 교수, 쉬디이위(徐滌宇) 박사 등 학자들 모두 유사한 구상을 제시한 적이 있지만 구체적인 제도적 설계를 하지 않았다는 것이 아쉬운 점이다. 필자는 물권, 지식재산권, 채권 상속권 등 개념의 구성 및 제도의 분류를 유보하는 전제 하에 재산권 총칙을 규정하는 것은 아주 의미가 있다고 본다. 이러한 재산권 총칙은 아래 문제점을 해결할 수 있다.

(1) 재산에 대한 정의를 통하여 개방적인 재산권체계를 구축하기 위한 기본적인 개념을 제공한다. 네덜란드민법전을 참조하면 재산은 모든 물과 모든 재산적 권리가 포함되어야 한다. 전자는 광범위한 의미의 물로서 물질적 실체의 "유체물", 지식본체의 "정신산물" 및 기타 가치실체의 "추상물"을 말하며 후자는 의의를 확정하는 권리로서 각종 유형의 재산권리, 금전적 가치가 있는 권리 및 소극적 채무가 포함되

지 않은 권리여야 한다.[438]

(2) "물권일반규칙"을 규정하여 부동산물권과 동산물권 그리고 소유권과 용익물권 및 담보물권에 공동으로 적용되는 총칙규범을 추상적으로 개괄한다. 독일민법전은 물권총칙을 설정하지 않았지만 물권법 관련 저서에서는 이러한 내용을 언급하고 있다. 반면 일본 및 대만지역 민법의 물권편에서는 모두 총칙이 있다.[439] 따라서 이러한 설정은 타당하다고 본다. 물권일반규칙은 물권의 정의, 물권법의 기본원칙, 물권의 효력 및 변경 등을 규정할 것으로 고려할 수 있다.

(3) "채권일반규칙"을 규정하여 단독 한 편으로 규정한 계약법과 침해법에 적용하며 별도로 귀속될 수 없는 부당이익 및 사무관리도 포함시켜 적용한다. 채권총칙을 규정할 것인지 여부에 관하여 학자들의 견해가 일치하지 않는다. 일부 학자는 채권총칙의 내용을 계약법 총칙에 규정하여 별도로 채권총칙을 설정하지 않을 것을 주장하며, 일부 학자는 채권총칙을 설정하지만 계약법 총칙의 내용을 중심으로 강조하고 침해법을 단독 한 편으로 규정할 것을 주장하였다.[440] 필자는 만약 각종 재산권에 공동으로 적용되는 재산권 총칙을 규정한다면 채권총칙은 규정하지 않고 "채권일반규칙"으로 대체하여 채권의 정의, 채권의 유형, 채권의 이행, 채권의 이전, 채무위반의 책임 등 내용을 규정할 수 있다고 본다.

(4) "지식재산권 일반규칙"에 대한 규정을 통하여 재산권제도의 "법전도입"의 문제도 해결하고 민사특별법의 단행법 형태도 유보할 수 있다. 지식재산권은 현대재산권체계의 중요한 구성내용이지만 지식재산권법을 민법전에 그대로 도입할 수는 없다. 필자는 입법역사에서 모범민법전 모두 지식재산권편이 없으며 지식재산권편을 규정한 민법전은 모두 모범식이 아니었다고 본다. 현재까지 민법전에 단독 한 편으로 지식재산권을 규정하지 않는 것은 다수 학자들의 공통된 인식이다.[441] 지식재산권제도는 비록 그대로 민법전에 도입할 수 없지만 민법전에 일반적인 규정을

438) [德] 卡尔 · 拉伦茨:《德国民法通论》, 410~411页, 北京, 法律出版社, 2003。

439) 梁慧星主编:《中国物权法草案建议编》, 北京, 社会科学文献出版社, 2000。

440) 채권총칙에 대한 논쟁은 马俊驹:《对我国民法典制定中几个焦点问题的粗浅看法》, 载中国民商法律网 참조.

441) 吴汉东:《知识产权立法体例与民法典编纂》, 载《中国法学》, 2003(1)。

하는 것은 여전히 필요하다고 본다. 다시 말하면 민법전 초안의 하나의 단일조항으로 단순하게 개괄할 수 없다는 것이다. "지식재산권 일반규칙"은 민법전에서 규정한 기본적인 원칙 및 일반적인 제도와는 다르며 후자의 경우, 보편적인 적용성을 갖고 있으므로 여기에서 별도로 규정할 필요가 없다. 또한 여기서 규정한 일반적인 조항은 반드시 지식재산권제도로부터 추상하여 공동으로 적용되는 내용이어야 하며, 그 외 본장의 일반규칙은 이 제도가 기타 재산권 제도와 상이한 점에 대해 중점적으로 서술해야 한다. 구체적으로 지식재산권의 성질, 범위, 효력, 이용, 보호, 제한 및 민사특별법과의 관계 등 내용이 포함될 수 있다.

(5) 기타 재산권에서는 물권, 지식재산권, 채권, 상속권 등에서 언급하지 않는 기타 재산권을 규정한다. 재산권의 유형화는 사권체계의 논리성에 대한 요구이자 입법실무의 경험에 대한 총결이기도 한다. 사권체계의 구조에서 재산권에 대한 분류는 필요한 것이지만 이러한 분류에서 언급한 구체적인 물은 제한적인 것이다. 전통적인 재산권의 각 편 외에 실제로 일부 정확하게 분류할 수 없는 기타 재산권이 존재한다. 그 중 하나가 상사인격권이다. 민상분립 국가에서 상사인격권은 상법에 규정할 수 있어서 고려할 필요가 없지만 중국은 민상통합의 전통을 유지하고 있어, 회사법, 어음법, 상사법, 보험법 등은 단행법의 형식으로 존재하나, 상사거래에서 발생한, 상사인격권과 관련이 있지만 재산적 속성을 갖는 권리, 예를 들면 상업명예권, 신용권, 특별경영허가권, 이미지권(상품화권)등은 기본법인 민법전의 인정이 필요하다. 다른 하나는 복합적 재산권이다. 소유권 권능의 분리 및 채권의 물권화의 영향으로 인하여 주주권, 신탁권, 어음권 등 일부 재산권에 대하여 단순하게 정의하고 정확하게 분류할 수 없다. 따라서 이를 물권편 및 계약(채권)편에 규정하는 것은 타당치 않음으로 "기타 재산권"이라는 장에 규정하는 것이 실행가능하다고 본다.

상기 분석을 토대로 필자는 향후 민법전에 "재산권 총칙"을 단독 한 편 설정하여 그 아래 다음 각 장을 규정할 것을 주장한다.

제1장 일반 규정(재산 정의, 분류, 보호, 제한 등)

제2장 물권 일반규정

제3장 채권 일반규정

제4장 지식재산권 일반규정

제10장
무형재산권에 대한 경제이론 분석

법률제도의 발전역사를 보면, 정의는 항상 법률의 기본적인 가치목표임을 알 수 있다. 진리는 사상체계에 대하여 말하는 것이라고 하면 정의는 사회제도의 우선적인 가치라고 할 수 있다.[442] 그러나 정의는 법률의 모든 가치를 포함하는 것은 아니다. 법률에 대한 경제적 분석의 결과, 경제거래에서의 법률은 사회정의의 기능을 구비하여야 할 뿐만 아니라 자원에 대한 효과적인 배분 및 사회의 부를 증가하는 사명도 감당하여야 한다. 다시 말하면, 정의와 효익은 당대 법률의 이중적 가치목표를 구성하고 있다. 본 장은 경제학의 이론과 방법을 통하여 무형재산권의 창설, 구조 및 효익 등의 문제에 대하여 연구하고자 하며, 이에 대한 분석도구로는 주로 미시경제학, 지식경제학 및 재산권경제학이 있다. 무형재산권의 경제문제에 대한 검토를 통하여 이러한 법률제도의 경제본질을 파악함으로써 무형재산권의 기능을 인식하고 평가함에 있어서 새로운 사유방식을 제공하고자 한다.

1. 재산권 범위 확정 및 무형재산권의 제도적 선택

재산법의 경제적 목표는 유한한 자원을 가장 합리적으로 이용하고 생산량을 최대한으로 확대함으로써 최대의 효익을 실현하고자 하는 것이다. 여기서 제일 핵심적인 문제는 재산권의 범위에 대한 확정이다. 재산권이라 함은 한 사람이 어떠한 자원에 대하여 무엇을 할 수 있고 무엇을 할 수 없는지를 말한다. 재산권에는 “점유,

442) 乔克裕等:《法律价值论》, 160页, 北京, 中国政法大学出版社, 1991。

사용, 수정, 증여, 양도 또는 타인의 자신 재산에 대한 침해 방지"의 권리가 포함된다.[443]

가. 공공상품이론 및 무형자원 재산권에 대한 범위 확정

지식 및 정보(작품, 발명, 표기 등을 포함한 정신상품)라는 무형자원에 대하여 재산권을 확정하는 것은 경제학자의 공공상품 및 개인상품에 관한 이론에서 기원된 것이다. 경제학자는 소비형태 및 그 사용상황을 근거로 상품에 대하여 분류하였다. 최초로 개인상품 및 공공상품의 구별점에 대하여 명확히 설명한 자는 미국의 저명한 경제학자 Paul · A · Samuelson(1955년)이다. 그는 사과(개인상품)와 가로등(공공상품)을 예로 양자의 경제적 의미를 해석하였다. 소위 개인상품이라 함은 그의 사용과 소비에 있어서 개인의 배타성을 갖는 물품을 말한다. 이러한 물품은 특정조건에서 특정주체에 의하여서만 사용되며 학자들은 이를 생생하게 "바지는 특정시간 내에 한 사람만 입을 수 있으며", "한 차량은 동시에 두개의 서로 다른 방향으로 통행할 수 없다."고 비유하였다. 이는 "개인상품의 소비는 대항성을 갖는 것"을 의미한다.[444] 소위 공공상품이라 함은 사용과 소비에 있어서 개인의 배타성을 갖지 않는 물품을 말하며 이러한 물품은 "일단 생산되면 그의 생산자는 누가 이를 획득할 것인지를 결정할 수 없게 된다."[445] 공공상품은 일정한 시간적, 공간적 조건에서 각기 다른 주체에 의하여 동시에 사용될 수 있다. 예를 들면 공공버스는 모든 승객에게 서비스를 제공하고, 가로등은 모든 행인들에게 편리를 제공한다. 이는 공공상품의 소비는 대항성이 없음을 의미한다.

정보경제학 이론에서는 지식 및 정보는 일종의 특수상품으로서 공공상품의 특정 속성을 갖고 있다고 보았다. 일찍 1959년에 닐슨(Nelson)은 지식의 공공상품의 성질에 대하여 검토한 적이 있으며, 아로(Arrow)는 1962년에 정보경제에 대하여 논의할 시 지식의 공공성 문제를 언급한 적이 있다. 요약하여 말하면, 지식상품은 공공상품

443) [美] 罗伯特 · 考特、托罗斯 · 尤伦: 《法和经济学》, 张军译, 166页, 上海, 上海三联书店, 1994。
444) [美] 罗伯特 · 考特、托罗斯 · 尤伦: 《法和经济学》, 张军译, 147页, 上海, 上海三联书店, 1994。
445) D. Friedman, Price Theory, South-Western Publishing Co., 1986. 转引自谭忠东等: 《知识产权保护的经济学分析》, 载《知识产权》, 1994(4) 재인용.

으로서 아래의 기본적인 특성을 갖는다. 첫째, 지식상품의 생산자는 지식혁신의 성과를 지배하기 어렵다. 만약 창조자가 지식상품을 은폐한다면 그의 혁신행위는 인정받을 수 없게 되어 사회적 의의를 상실하게 된다. 만약 창조자가 지식상품을 공중에 공개한다면 그는 정보라는 이 무형재산을 사실상 효과적으로 지배하기 어렵게 된다. 둘째, 지식상품에 대한 개인소비는 타인의 소비에 영향을 미치지 않으며 무수한 개인은 공개한 정보자원에 대하여 함께 공유할 수 있다. 무형의 지식상품을 유형의 매체형식으로 공개하게 되면 이는 경제학적 의미의 "공용성"을 갖게 된다. 셋째, 지식상품은 일종의 소멸용이성 재산이다. 정보의 생산은 대가가 있지만 이러한 정보의 전파비용은 상대적으로 낮은 편이다. 일단 생산자가 이러한 정보를 특정소비자에게 판매하였다면 그 소비자는 기존 생산자의 잠재적인 경쟁상대가 되거나 기타 소비자는 해당 정보의 "무임승차자"가 된다. 이는 무형재산권 영역에서 무상으로 타인의 지식상품을 모방하거나 복제하는 경우를 말한다. 넷째, 지식상품의 소비는 기타 공공상품과 달리, 그의 사용은 유형적인 소모가 발생하지 않아 지식상품이 감소되지 않을 뿐만 아니라, 오히려 사회 무형재산의 총량을 증가시킬 수도 있다. 이러한 "외부성" 원인으로 인하여 소비자는 통상 생산자가 제공한 정보를 자유롭게 사용할 수 있고 그 결과 지식상품이 가져다 준 사회적 효익이 창조자 개인이 취득한 효익보다 훨씬 높은 반면, 오히려 지식상품의 생산자는 정보의 판매를 통하여 원가를 회수하기도 어려운 상황이 발생하였다.[446] 지식상품의 이러한 경제적 속성은 무형재산권의 객체로서의 법률속성 그리고 비물질성, 공개성, 사회성 등의 법률특징과도 일치한다(제3장 참조).

나. 지식재산제도 발생의 경제적 동기

지식상품은 경제학에서는 일종의 자원이며 법학에서는 일종의 재산으로 간주할 수 있다. 지식상품이 지식재산으로 될 수 있고 재산법의 보호대상이 될 수 있는 경제적 동기는 주로 두 가지가 있다.

446) 지식정보 관련 경제학 특징의 서술은 刘茂林:《知识产权法的经济分析》, 北京, 法律出版社, 1996; 袁志刚:《论知识的生产与消费》, 载《经济研究》, 1999(6) 참조.

(1) 지식상품의 유용성이다. 지식정보는 사회에서 제일 유용한 자원 중 하나로서 사회재산의 중요한 구성부분이다. 우선, 지식상품은 사람들의 정신적 생활에 사용되고 사람들의 정신적 생활의 욕구를 충족시킬 수 있으며 이로 인하여 일정한 사회적 효익을 발생시킬 수 있다. 다음, 지식상품은 생산영역에 투입되어 무형의 물질상품으로 전환될 수 있으며 이로써 사람들의 물질생활의 필요를 충족시킬 수 있고 이로 인하여 일정한 경제적 효익이 발생할 수 있다. 상품경제의 배경에서 지식상품은 상품의 기본적인 속성을 이미 구비하였다. 다시 말하면 지식상품은 이미 상품화되었다. 그들은 물질상품과 마찬가지로 사용가치 및 가치를 갖고 있으며 인류가 부지런하게 노동한 결과이다. 다만 다른 것은 그들의 지적 소모는 체력적 소모를 초과하였으며 인류의 추상적인 노동이 지식상품 속에 응결된 것이다.

(2) 지식상품의 희소성이다. 자원이 재산이 될 수 있는 또 다른 원인은 바로 그의 희소성이다. 지식정보는 천연적으로 형성된, 무궁무진한 자원이 아니다. 그 희소성은 우선 지식상품에 대한 생산의 장기성, 복잡성 및 고원가성에서 나타난다. 지식경제학 이론에 의하면 지식정보의 생산과정은 지식입력, 지식가공, 지식상품 수출 세 가지 절차가 포함된다. ① 지식입력이라 함은 지식의 교육 및 연수, 정보의 수집 등 과정을 말한다. ② 지식가공이라 함은 지적 투입을 통하여 행한 창조성 노동을 말하며 이로 인하여 새로운 지적 성과를 생산하는 과정을 말한다. ③ 지식상품의 수출이라 함은 정보, 기술, 예술상품 등 지식노동성과를 응용하는 과정을 말한다. 상기 전반적인 과정은 사회 내지는 개인의 대량의 투입이 필요하며 장기간의 탐색, 창조 및 지속적 노동을 필요로 한다. 또한 지식상품의 희소성은 지식상품의 창조자 수량의 희소성과 가치의 소중함에서 표현된다. 창조성 인재는 지식의 생명적 매체이며 그들의 노동과 물질적 생산은 중복성 노동과는 달리, 선인들이 축적한 지식을 자료로 하고 추상적인 지식상품을 대상으로 한 정신적 생산노동이다. 지식상품의 생산과정에서 생산자의 지적 투입은 특별한 요구조건을 구비하여야 하는데, 하나는 생산자의 지능지수가 일반인보다 높으며, 높은 지적 투입의 노동을 감당할 능력이 있어야 한다. 둘째는 문헌저장 및 대뇌저장을 통하여 상당한 지식을 축척하였으며 높은 지적 투입의 기본적인 요건을 구비하여야 한다. 사회적 필요성에 입각하여 보면, 이러한 인재는 통상 공급부족의 상황이다.[447] 지식, 정보의 유용성 및 희소성

을 토대로, 사회는 이에 대응하는 무형재산권제도를 확립하여 지식상품의 생산원가와 수익관계를 조율하며 이를 통하여 지식상품을 무상으로 사용하거나 소비하는 상황이 발생하는 것을 방지할 필요성이 있다.

지식상품이 지식재산으로 되려면 재산권에 대한 범위 확정은 반드시 해결하여야 할 문제점이며, 실질적인 재산권 범위 확정은 지식재산이 사적 소유인지 아니면 공적 소유인지에 대한 답을 찾아야 한다. 경제학자들의 의견에 의하면 재산권의 종류를 선택할 시 반드시 공공성 자원의 외부성 문제 및 무임승차의 문제를 고려하여야 하며, 특히 효익성을 제일 우선적인 원칙으로 하여야 한다. 외부성은 일종의 외부의 영향 또는 효과를 말하며 이는 긍정적인 외부효과일 수도 있다. 예를 들면 한 사람이 나무를 심었을 경우, 타인이 무료로 이를 공유할 수 있는 경우이다. 또는 외부성은 부정적인 외부효과일 수도 있다. 예를 들면 한 기업이 오염물을 방출할 시 타인이 이에 따른 환경의 손해를 받는 경우이다. 정신적 영역에서의 외부성 문제는 소비자 효익의 최대화 및 생산자 이익의 최대화 행위의 무효익(無效益)을 초래한다. 정보의 생산자는 생래적으로 우수한 자원(창조능력)을 보유하고 있으며 정신상품이 결핍한 조건에서 정신적 재산권에 대한 독점성을 통하여 각종 "경제학 임대료"(economic rent, 즉 독점적 이익)를 획득할 수 있다. 그들은 자신의 사적 이익을 최대화하기 위하여 사회 전반의 문화 번영과 과학기술 발전의 필요성을 무시할 수도 있다. 반면 정보의 소비자는 정보에 대한 사용 및 소비의 필요에 따라 정보의 공공상품 속성을 이용하여 효익의 최대화를 추구하며, 이로 인하여 정보생산자의 이익에 손해를 미칠 수 있다. 요약하면 외부의 부정적 효과는 타인의 이익에 손해를 미치는 방식을 통하여 자신의 이익을 추구하는 것이므로 이는 경제학의 효익원칙에 맞지 않는 것이다. 외부성 문제에 대하여 어떠한 대책을 마련할 것인가 하는 것은 지식상품의 재산권 범위를 확정함에 있어서 해결하여야 할 문제점이다. "무임승차"(free rider)라 함은 아무런 대가를 지불하지 않고도 타인 또는 사회로부터 이익을 획득하는 행위를 말한다. 예를 들면 공공버스회사는 반드시 사람들에게 편의를 제공하여야 하며 출자자든 미출자자든 모두 승차할 수 있다. 이러한 공공상품의 소비에 대하여 미출자한 자가 바로 경제학자들이 말하는 "무임승차자"이다. 무임승차

447) 지식노동, 지식노동가치 관련 이론은 张和生:《知识经济学》, 沈阳, 辽宁人民出版社, 1992 참조.

현상의 보편적인 존재는 사회생활의 저효율성을 초래할 수 있다. 정신적 영역을 보면, 지식상품은 일단 공개하게 되면 정보생산자는 비용을 지불하지 않은 "무임승차자"에 대하여 대처하기 어렵게 된다. 무임승차자는 정보생산자가 제공한 제품을 사용할 뿐 관련 비용을 지불하지 않으므로 그 결과 정보생산자는 그가 투입한 원가를 시장거래를 통하여 충분한 수익을 보상받지 못하게 된다. 이 경우, 개인시장에서 제공된 지식상품의 수량은 최적화 수치보다 낮을 수 있으며 이로 인하여 정보경제학에서 말한 "부족"(non-appropriability) 문제가 발생할 수 있다. 소비자가 정보량을 필요로 하므로, 사회는 지식창조에 대한 장려제도를 확립하여 지식재산의 권리귀속 문제를 명확히 규정할 필요가 있다.

다. 지식재산에 대한 재산권 범위 확정의 제도적 선택

지식재산에 대하여 재산권 범위를 확정하는 것은 매우 필요한 것이다. 그러나 지식상품이라 함은 인류의 과학, 기술, 문화 등 정신적 영역에서의 창조성 상품에 대한 총칭으로서 그 종류 또한 아주 다양하므로 단순하게 획일적인 재산권 형식을 취하는 것은 타당치 않다. 과학성과라 함은 인류의 실무경험에 대한 개괄 및 총결로서 자연, 사회 및 사유에 관한 각종 이론지식과 연구성과를 말한다. 현대과학단계에서 과학활동의 내부분업은 점점 세분화되고 있으며, 인문과학과 사회과학이 자연과학으로부터 점차 분리되고 있는 실정이다. 이러한 의미에서 보면 "과학"이란 용어는 통상 자연과학을 말한다. 자연과학의 목적은 과학의 발견을 실현하기 위함이다. 통상적인 의미에서의 발견이라 함은 "연구, 탐색 등을 거쳐 선인들이 보지 못한 사물 또는 규칙을 보거나 찾아내는 것을 말한다."[448] 예를 들면 새로운 천체, 수학공식, 물리이론, 지진규칙 등에 대한 새로운 발견을 말하며 과학역사에 기재된 코페르니쿠스의 "지동설", 뉴톤의 "만유인력규칙", 멘델레프의 "원소주기율표", 아이슈타인의 "상대성 이론" 등은 모두 "선인들이 알지 못한" 자연계 및 객관법칙에 대한 과학발견이다. 과학발견은 자연법칙에 대하여 서술하고 논증하는 신개념이자 신지식으로서 그의 창조가치는 미지의 세계를 발견하고 그 비밀을 탐구하는 데 있다. 이러한 발견

448) 中国社会科学院语言研究所词典编辑室编:《现代汉语词典》, 294页, 北京, 商务印书馆, 1987。

은 실제로 현실에 모두 응용할 수 있는 것은 아니지만 이를 통하여 인류의 지식영역을 확장하였고 인류가 자연 및 인류 자체의 비밀에 대하여 더욱 깊이 탐구할 수 있도록 하였으며, 나아가 일부는 응용과학을 도입하여 산업기술의 발명창조의 기반이 될 수도 있다. 과학발견에 대한 경제학 분석에 의하면 이러한 지식상품에 대하여 사유재산권의 형식을 취하는 것은 효율적이지 않다는 것이다. 그 이유는 다음과 같다. 첫째, 과학발견은 단지 과학사실 또는 객관규칙에 대하여 서술한 기초과학의 연구성과이며 이는 인류의 새로운 사상, 이론 및 관념에 해당하므로 인류의 인식의 "전대미문성", "유일성" 및 "진리성" 특징을 갖는다. 따라서 발견자가 이러한 과학발견을 독점 또는 전용하는 것은 타당치 않다. 다시 말하면 발견자는 타인이 그의 과학발견을 이용하는 것을 저지할 수 없다. 「과학발견에 관한 국제등록의 제네바협약」에서 규정한 바와 같이 협약의 목적은 과학발전을 추진하고 사람들이 이미 발견한 자연법칙을 응용하도록 격려하기 위함이지 그 사용을 제한하고자 하는 것이 아니다. 둘째, 과학발견은 대량의 재산과 인력의 투입이 필요하지만 그 자체는 상품가치가 없거나 그 가치를 측정할 수 없을 만큼 소중한 것이므로 그의 가치량을 계산할 수 없다. 발견자는 과학사실 및 객관규칙에 대하여 발견하고 이해할 뿐 이를 창조하거나 변화할 수는 없다. 다시 말하면 인류의 추상적인 노동이 이러한 과학사실과 객관규칙에 응결된 것이 아니다.449) 상기 상황으로부터 알다시피 기초과학의 연구성과는 사회가 필요한 중요한 정보지만 그에 투입되는 원가도 아주 높으므로 원가와 수익의 비대칭의 국면에 직면하게 된다. 또한 이러한 성과는 직접적인 상품가치가 없으므로 생산자와 소비자는 실제로 사용료에 대하여 협상할 여지가 없다. 그리고 이러한 성과는 전형적인 공공상품의 속성을 갖고 있으므로 생산자 개인이 독점하는 것 또한 타당치 않다. 이러한 연구성과에 대하여 사적 재산권의 형태를 취할 경우, 사회과학 발전의 저효율을 초래할 수 있다. 상기 문제점을 해결하는 기본적인 사고방향은 사회가 정보에 대한 필요성을 충족하여 제품이 시장에서 소멸되어 모든 소비자의 복지에 영향을 미치는 것을 방지하는 한편 특별제도를 확립하여 소비자가 간접적으로 원가를 지불하도록 하여 생산자의 정신적 생산활동을 지원하고 장려하는 것이다. 이와 관련된 방식은 주로 두 가지가 있다. 첫째는 세금수입으

449) 刘春茂主编:《中国民法学. 知识产权》, 北京, 中国人民公安大学出版社, 1997。

로부터 생산원가를 지원하는 방식을 취하여 대학교와 과학연구기관으로 하여금 기초과학연구형 공공상품을 생산하게 하는 것이고, 둘째는 과학장려제도를 확립하여 비시장체제의 보수시스템을 통하여 사회가 과학성과에 대한 공유재산권을 대신 획득하는 것이다.

과학성과에 대한 비시장체제의 보수시스템은 경제학자들에 의하여 우선권(priority) 보수시스템이라고 불리기도 한다.[450] 이는 일종의 우선권과 관련된 각종 보수에 대한 장려제도이다. 우선은 과학발견의 명명권(命名權)이다. 즉 과학발견을 완성한 과학자의 이름으로 해당 과학발견을 명명(命名)하는 것이다. 다음은 과학상금의 획득권이다. 정부 또는 기타 사회단체로부터 과학발견을 장려하는 과학상금을 수령하는 것이다. 우선권 보수시스템의 실질은 과학발견자에 대한 특정영역에서의 과학적 지위의 선두성 및 유일성을 확립하는 것으로서 그 운영규칙은 "승리자가 모든 것을 획득하는 것이다." 그러나 과학발견자가 획득하는 것은 단지 "명명(命名)"과 상금보수이며 이러한 수익에 대한 대가로 사회는 해당 과학성과에 대한 공유재산권을 획득하게 된다. 바로 이러한 의미에서 필자 및 일부 학자는 발견권제도는 사적인 전용재산에 대한 지식재산권제도가 아니라 일종의 과학기술장려제도임을 주장하였다.

과학성과와 유사하게, 일부 기술성과도 통상 이러한 비시장체제의 재산권 형태를 적용한다. 이것이 바로 발명장려제도이다. 발명은 일종의 중대한 과학기술성과로서 구체적으로 말하면 이는 일종의 "전대미문적인", "선진적인", "실무의 증명을 거쳐 응용가능한" 객관적인 세계를 변화할 수 있는 과학기술성과이다. 발명장려제도는 국가가 발명창조로 인하여 발생된 경제적 효익과 사회적 효익에 대하여 평가한 후 발명명예증서, 상장 및 상금을 지급하는 방식으로 장려하는 것을 말한다. 대신 발명성과 소유권은 명의상 국가에 속하지만, 누구든지 무상으로 사용할 수 있다.

전반적으로 말하면, 기술성과에 대한 재산권 범위확정은 세 가지 경우로 나눌 수 있다.

① 단일제 발명특허제도이다. 즉 기술성과의 사적 재산권을 말한다.

② 단일제 발명장려제도이다. 즉 기술성과에 대한 공적 재산권을 말한다.

③ 이원제 발명특허-장려제도이다. 즉 기술성과의 재산권이 사적 및 공적 두 가치

450) 袁志刚:《论知识的生产与消费》, 载《经济研究》, 1999(6)。

형태를 취하는 것을 말한다. 여기에는 제도에 대한 선택문제가 존재한다. 어떠한 제도를 선택하는 것이 더욱 경제적인가에 대하여 우리는 원가-수익공식을 설정하여 고찰할 수 있다. 여기에는 수익에 대한 평가가 포함되며 이러한 수익은 정보상품의 충분한 효용의 실현을 통하여 사회에 가져다 준 효익이나 또는 정보생산자가 시장 판매정보를 통하여 개인이 획득한 효익을 말한다. 또한 원가에 대한 평가도 포함되며 이러한 원가는 사회가 특정제도에 대한 감독 및 관리의 실행으로 인하여 지출한 비용이나 한 제도를 선택하고 다른 한 제도를 포기함으로써 발생한 이익의 차이를 말한다.[451] 상기 수익-원가공식에서 제도①은 재산권 사유제를 실행하여 생산자로 하여금 정보의 외부유출을 통제하고 원가에 대한 보상을 받도록 하게 하여, 개인의 지식상품에 대한 생산적극성을 자극할 수 있다. 그러나 사유재산권을 획득할 지식상품은 일정한 조건을 구비하여야 하며 단일제 조건에서 일부 기술성과의 재산권 귀속이 불분명함으로써 결국에는 이러한 기술성과가 시장에서 사라질 수도 있다. 제도②는 재산권 공유제를 실행하여 정보가 충분히 공개되고 널리 사용될 수 있도록 하여 일정한 시기 내에 사회로 하여금 극히 적은 원가를 지출하여 수익을 얻을 수 있게 한다. 그러나 지식상품을 완전히 공공상품으로 간주하여 공중이 자유로 사용할 수 있게 하는 것은 개인이 정보를 생산하는 적극성을 상실하게 할 수 있으며, 결국에는 정보의 공급부족을 초래할 수 있다. 제도③은 기술성과에 대한 재산권 사유제를 중심으로 하며, 장려를 대가로 하는 재산권 공유제도를 취하여 앞서 서술한 양 제도의 단점을 잘 보완할 수 있고 기회원가도 비교적 적으며 "상대적 우위법칙"이라는 일반적인 원칙에도 부합된다.[452] 상기 발견권제도와 마찬가지로, 좁은 의미의 발명권제도 역시 전용권의 성질을 갖는 지식재산권체계에 귀속시키는 것은 타당치 않다고 본다.

대표적인 지식상품 모두 재산권 사유제의 형태를 취하는데 이것이 바로 법률상의 무형재산권제도이다. 통상적으로 무형재산권제도의 발생조건은 다음과 같다. 지식상품의 소유권자가 자신의 저작물, 발명창조 등을 공포한 후 공중으로 하여금 이에

451) [美] 罗伯特 · 考特、托罗斯 · 尤伦: 《法和经济学》, 张军译, 上海, 上海三联书店, 1994。

452) 기회원가라 함은 일정한 자원이 어떠한 상품을 생산하기 위하여 사용되는 대신 다른 상품을 생산하기 위한 생산가치를 포기하거나 또는 일정한 자원을 이용하여 어떠한 수입을 창출하는 대신 다른 한 수입을 포기하는 것을 말한다. 미시경제학에서는 사람들이 어떠한 기회원가가 기타 모든 일보다 적은 일에 종사하여야 한다고 주장하였다.

포함된 전문지식을 보게 하고 이해하게 하며 또한 획득하게 하여 공중이 저작자 및 발명자가 일정한 시기 내에 그 지식상품을 독점적으로 사용 및 제조할 수 있는 전용권을 행사하는 것을 인정하는 것이다. 지식상품은 공개적(공공상품의 속성)인 것이지만 무형재산권은 독점적(사적 재산권 속성)인 것이다. 서양법학자들은 이러한 현상을 일종의 사회계약관계로 해석하였다. 즉 국가의 명의로 출현한 사회와 지식상품의 창조자 사이에 체결한 일종의 특수한 계약이다.[453] 경제학자들의 표현에 따르면, 재산점유자는 재산에 대한 보호문제에 있어서 규모경제가 존재함을 인식하여 각 당사자는 관련 재산권을 인정 및 보호하는 정부를 설립하여 담판을 진행한다. "일단 그들이 무력을 배경으로 한 정부의 설립에 대하여 협의일치할 경우, 모든 사람들은 더욱 많은 재산과 안전을 확보받을 수 있다. 철학가들은 상기 협상을 거쳐 최종 달성한 담판을 사회생활의 기본적인 조항을 확립한 "사회계약"이라고 부른다."[454] 무형재산권제도를 확립하는 경제적 동기는 "재산권에 대한 법적 보호는 효과적인 사용자원을 창조하고자 하는 동기"에 있다.[455] 농부가 토지농작물에 대한 재산권을 획득할 수 있어야만 이를 동력으로 필요한 원가를 지불하는 한편 경작의 원가를 가능한 절감하고자 하며 창작자가 무형재산에 대한 독점권을 획득할 수 있어야만 이를 동력으로 지식 및 정보를 생산하기 위하여 투자하고자 할 것이다.

2. 재산권 거래 및 무형재산권의 이용

가. 거래의 본질: 제품 교환 아니면 재산권 교환

미시경제학의 공급 및 수요이론에 따르면 지적창조는 바로 일종의 생산거래이다. 인류사회의 발전은 우선 하나의 생산노동의 과정이며 인류의 생산노동에는 물질생산과 정신생산 두 가지 내용이 포함되며 인류가 창조한 물질적 재산과 정신적 재산 모두 인류사회의 소중한 재산이다. 물질생산의 과정과 마찬가지로, 정신생산의 목적 역시 교환으로서 교환을 거쳐야만 개인이 최적화된 물품의 조합을 획득할 수

453) 《国外专利法介绍》第1册，12页，北京，知识出版社，1981。

454) [美] 波斯纳:《法律之经济分析》，22页，台北，(台湾)商务印书馆，1983。

455) [美] 罗伯特 · 考特、托罗斯 · 尤伦:《法和经济学》，张军译，132页，上海，上海三联书店，1994。

있으며, 이로 인하여 효용 또는 이익의 최대화를 실현할 수 있다. 시장경제의 조건에서 지식상품은 물질상품과 동등한 상품속성을 갖고 있으며 자유교환의 대상이 되었다. 이러한 거래활동은 고효익의 가치실현과 가치증가의 과정이여야 하며, 시장경제에서 자원(지식, 정보 등 자원 포함)에 대한 효과적인 배분은 바로 거래를 통하여 실현된다.

거래의 실질은 물품 자체에 대한 교환이 아닌 재산권에 대한 교환이다. 마르크스는 상품교환의 본질은 서로 다른 상품소유권자 사이의 노동교환이라고 주장하였다. 상품교환을 하기 전, 상품소유권자는 반드시 서로 상대방이 소유권자임을 인정하여야 한다. 이러한 계약형태의 법권관계는 일종의 경제관계를 반영하는 의지관계이기도 하다. 마르크스주의의 정치경제학 이론에서는 거래 또는 교환의 본질은 일종의 경제관계라고 설명하였다. 이러한 경제관계의 핵심은 소유자의 권리이다. 법률상의 권리에 대하여 교환성 여부에 따라 두 가지로 분류할 수 있다. 즉 거래성 권리 및 비거래성 권리이다. 무형재산권을 포함한 재산권은 경제적 가치가 존재하므로 거래할 수 있다. 무형재산권이 경제적 가치가 있는 이유는 두 가지가 있다. 하나는 재산권의 객체는 사람들의 지적 창조성 노동에 의한 산물로서 그들은 비록 외적으로 물질형태를 갖고 있지 않지만 내적인 가치가 있다. 다른 하나는 재산권 본체는 잠재적인 경제적 이용가치가 있다. 즉 주체가 권리를 실현하는 과정에서 주체에게 경제이익을 가져다준다. 재산권의 거래성 특징은 우리에게 자원을 효과적으로 이용하려면 반드시 재산권의 이전을 실현하여야 하며, 이전 과정에서 효익이 발생한다는 것을 알려주었다.[456]

전통적인 재산권 이론의 가치방향 및 사고방식은 물(物)의 귀속성을 존중하고 소유권 중심을 강조하며 법률을 통한 경제조율방식을 취하여 출발점부터 종료점까지 모두 소유권에 귀결시켰다. 로마법학자는 소유권을 일종의 제일 완전한 물권으로 간주하여 소유권의 절대성, 배타성, 영구성이라는 세 가지 특징을 추상하였다. 근대학자들은 "소유권은 문명국민들이 경제를 확립하는 토대"라고 주장하며 권리귀속의 확정을 모든 법률관계의 전제로 보았다. 전통적인 이론은 소유권 내부의 자아만족과 자아실현에 편중하며 사람의 물에 대한 지배, 통제 및 관리를 강조하였다. 그러

456) 高德步:《产权与增长: 论法律制度的效率》, 132页, 北京, 中国人民大学出版社, 1999。

나 상품경제가 갈수록 발달하고 소유권이 점차 사회화된 오늘날, 소유권 관계는 이미 사람이 물에 대한 간단한 지배관계로부터 소유자와 비소유자 사이의 권리의무 관계로 발전하였다. 소유권은 통상 타물권의 설정 및 채권의 발생 등 비소유권의 방식을 통하여 행사하고 실현한다. 소유권이 기타 권리형태로 전환되는 것은 소유자의 재산이익을 실현하는 기본적인 방식이며 단순히 소유자가 객체에 대한 사용관계로 표현되는 것은 아니다. 즉, 사회경제거래의 재산관계는 정적 형태의 소유권 중심에서 동적 형태의 채권 중심으로 전환되었고 소유권은 각종 권리전환으로 인하여 기존의 지위를 상실하였다고 볼 수 있다.[457] 유형재산의 소유권처럼 현대의 무형재산권제도도 정신상품 보호라는 정적 형태의 귀속성을 토대로 제도를 구축할 것이 아니라, 정보생산자가 재산에 대한 점유 및 지배를 인정하는 한편 재산의 동적 형태인 그의 이용을 촉진하여야 한다. 무형재산권의 개념은 사회의 정신적 재산에 대한 법률상의 추상적 개념으로서 정보생산자의 지적 성과의 독점적 지위에 대한 평가이다. 무형재산권 자체는 정신적 재산의 가치증가를 의미하지 않으며 무형재산권의 가치는 하나의 창조-전파-사용(소비 또는 재창조) 의 과정을 통하여 실현된다. 사회분업이 세분화된 현대의 정보화시대에서, 한 지식상품이 창조자 본인 또는 동일한 주체에 의하여 소유권의 형태로 전파 또는 사용되는 것은 거의 불가능한 일이다. 따라서 무형재산권 소유자는 통상 타인의 의사 및 행위를 통하여 자신의 이익을 실현하며 이로써 무형재산권은 비로소 법적 의의뿐만 아니라 현실적 의의도 갖게 된다. 사회의 정신적 재산의 증가는 재산의 신속한 유통, 자원의 합리적인 사용 및 최적화 배분을 그 조건으로 한다. 전통적인 재산권 이론의 정형화된 패턴에서 벗어나 재산에 대해 추상적인 지배에서 구체적인 이용으로 전환하는 것은 현재 무형재산권 입법의 중요한 과제이다.

나. 무형재산권 이용의 거래이론 분석

무형재산권 입법의 제일 우선적인 목적은 관련 재산권의 범위를 확정하고 정보생산자의 합법적인 권익을 보호하는 한편 재산권 거래를 규제하여 정보의 광범위한

457) 董开军:《所有权转换现象研究》, 载《法律科学》, 1991(1)。

전파 및 사용을 촉진하고자 하는 것이다. 무형재산권의 이러한 이중적 입법목적은 상호 보완하고 상호 관련된 것이다. 법률경제학은 정보재산권의 설정에 대하여 하나의 역설을 제시한 적이 있다. 해당 이론에 따르면 모든 정보재산권 확립방식의 전형적인 경제적 특징은 이러한 재산권이 모두 독점권이라는 것이다. 통상적으로 독점성 산업은 경쟁성 산업보다 효익성이 낮다. 그 이유는 다음과 같다. 한 측면으로는 새로운 정보생산자는 미규제시장에서 그 가치를 회수하기 아주 어렵다. 정보생산자에게 독점권을 부여하는 방식은 해당 생산자가 새로운 정보를 발견하기 위한 강력한 자극이 될 것이다. 다른 한 측면으로는 독점자가 제품에 대하여 고가의 대가를 요구할 시 해당 제품의 사용을 방해할 수 있으며 소비자가 비용을 지출하여 정보를 충분히 사용하기 어려우므로 이로 인한 자원배분의 최적화 효익을 실현할 수 없을 것이다. 간단하게 요약하면 이러한 문제의 모순점은 "합법적인 독점이 없다면 충분한 정보의 생산이 어렵지만 합법적인 독점은 많은 정보가 사용되기 어려울 수 있다."는 점이다.[458] 필자는 이러한 양난의 곤경을 해결하는 법률방법은 무형재산권 보호를 토대로, 독점권에 대하여 필요한 제한을 하며 생산자가 독점적으로 해당 정보를 사용하는 것을 보장하는 전제하에 타인이 다른 조건으로 해당 정보를 이용하는 것을 규제하는 것이라고 본다. 이런 경우는 관련 법률에서 무형재산권의 이용으로 표현되며 이와 관련된 중요한 제도로는 수권사용, 법정허락, 강제허락 및 공정이용이 있다.

무형재산권의 이용이라 함은 실질적으로 서로 다른 주체 사이의 재산권 거래행위를 말한다. 미시경제학에서 무형재산권 이용에 대한 제도적 선택 및 마련의 경제적 목표는 바로 효익의 최대화를 실현하는 것이다. 효익이라 함은 본래의 의미는 최소의 원가로 최대의 수익을 얻으며 가치 최대화의 방식으로 경제자원을 이용하는 것을 말한다. 코즈(Coase)이론에 따르면 원가제로인 거래시장에서 재산권 범위만 명확하다면 재산권은 자유로 교환할 수 있으며 주체가 적극적으로 협조하기만 하면 재산권이 누구에게 귀속되든 권리의 배분은 모두 효익을 발생하게 된다. 그러나 원가제로인 거래는 단지 일종의 가설일 뿐 현실거래에서는 "실재거래원가"가 존재한다. 이러한 거래원가에는 시장정보를 획득하기 위한 소요원가, 가격협상 및 계약체결을

458) [美] 罗伯特 · 考特、托罗斯 · 尤伦: 《法和经济学》, 张军译, 185页, 上海, 上海三联书店, 1994。

위한 소요원가, 계약이행 감독 및 위약행위 제재를 위한 소요원가가 포함된다.[459) 상기 "실재거래원가"의 경우, 모든 법률규칙에서 효익이 발생할 수 있는 것이 아니다. 이 경우, 합의한 법률규칙은 교환대가의 효응으로 하여금 최저로 감소하게 하는 규칙이다. 따라서 무형재산권 이용 관련 제도는 반드시 거래원가의 최저화원칙을 고수하여야 하며 정보의 생산자, 전파자 및 사용자의 권리배분관계를 잘 규율하여 문화발전과 사회진보를 촉진하는 최적의 효익을 실현하여야 한다. 우리는 거래원가와 거래효익을 척도로, 무형재산권 이용 관련 여러 제도에 대하여 다음과 같이 구체적으로 평가와 분석을 하고자 한다.

(1) 수권사용제도

수권사용은 사용허가라고도 하며 무형재산권 소유자가 특정방식을 통하여 타인이 지식상품을 사용하도록 수권하는 것을 말한다. 수권사용이라는 법률행위는 통상 사용허가계약으로 표현되며 국제적으로 허가증무역으로 불리기도 한다. 경제학자는 계약을 당사자가 거래를 달성하고 자신의 사적 목적을 실현하기 위한 일종의 합의라고 본다. 무형재산에 대한 재산권 범위확정은 거래를 하기 위함이며 어떠한 거래든지 모두 원가가 필요하다. 사용허가계약제도의 경제적 기능은 사람들의 거래 관습을 정리하여 통일된 거래규범과 용어를 규정함으로써 당사자가 매번 거래할 시 번거로운 계약조항을 체결할 필요가 없어 거래의 원가를 절감하고 당사자의 합의를 도출하기 편리하며 재산권의 거래를 촉진하는 것이다. 해당 제도는 각종 원칙 및 규칙에 대한 설정을 통하여 거래 중의 위약행위, 불가항력 등으로 인한 원가를 예방 및 절감하고 효과적인 구제조치를 제공하였다. 상기 이론은 수권사용제도에 대한 경제적 분석의 토대이다. 이러한 제도가 정신적 재산효익의 최대화를 실현할 수 있는지 여부에 대하여 아래 세 가지 문제점에 대하여 검토할 만하다.

1) 계약조항문제

계약조항은 당사자의 의사표시가 일치한 결과이자 의사자치원칙의 표현이기도 하다. 그러나 20세기 이래 시장경제의 신속한 발전에 따라 무형재산권의 거래는 정형화된 표준계약서를 대량으로 사용하게 되었다. 이러한 표준계약서는 일방에

459) [美] 罗纳德 · 科斯:《社会成本问题》, 载《财产权与制度变迁》, 上海, 上海三联书店, 1994。

의하여 우선 제정된 것으로서 조항의 내용은 수정할 수 없으며 계약상대방은 이를 모두 받아들이든지 아니면 포기하든지 하여야 한다. 계약작성자 다수는 출판업자, 제작업자, 생산업자 등 지식상품의 전파자나 사용자이다. 표준계약서의 출현은 거래과정을 간단히 하고 거래원가를 절감하며 효율성을 높임으로 인하여 당연히 경제적인 합리성과 필연성이 존재한다. 그러나 표준계약은 계약상대방의 의사표시의 자유를 제한하고 약자지위에 처한 지식상품의 창조자에게 불이익을 초래하기 쉽다. 이러한 표준계약의 폐단을 보완하기 위하여 경제학자는 두 가지 해결방법을 제시하였다. 첫째, 시장경쟁을 통하여 해결하는 것이다(코즈, 포스너 등이 해당 관점을 주장함). 즉 독점을 제거하고 경쟁을 보호하며 표준계약의 작성자로 하여금 경쟁우위를 고려하여 상대방에게 유리한 조항을 제시하도록 하며 이를 통하여 기타 경쟁자도 상호 모방하게 하여 거래원가를 절감하는 것이다. 둘째, 정부를 통하여 해결하는 것이다(위크 등이 해당 관점을 주장함). 즉 국가는 표준계약 규제 관련 입법문서를 제정하거나 행정기관에게 수권하여 공정성에 현저히 어긋난 표준계약을 수정하도록 하여 상대방의 이익을 보호하는 것이다. 실무에서 증명하다시피 무형재산권 거래영역에서 국가가 간섭하거나 관련 법률에서 계약 관련 지도성 조항을 제정하거나 무형재산권 거래의 표준계약을 적극적으로 제정하는 것 모두 타당하고 효과적인 것이다.[460)]

2) 수권주체문제

수권주체를 기준으로 사용허가계약은 개인허락계약 및 단체허락계약으로 나눌 수 있다. 전자는 권리자가 자신의 명의로 수권하고 자신의 이익을 위하여 체결하는 것을 말하고, 후자는 수탁자의 명의로 수권하고 그 이익은 권리자와 권리관리단체가 공유하는 것을 말한다. 단체허락계약은 저작권 거래에서 흔히 볼 수 있다. 그 운영방식은 구체적으로 다음과 같다. 저작권소유자는 그들이 소유한 권리를 특정단체에 양도하여 관리하게 하며, 해당 단체는 자신의 명의로 저작권사용자와 연간 사용허락계약을 체결한다. 이러한 단체관리제도의 경제적 의의는 저작권자로 하여금 수천수만의 사용자에 대한 권리행사의 원가(사용료 수취 및 권리침해행위 제지로 인한 비용지출)를 절감할 수 있고 사용자로 하여금 수천수만의 창조자를 직면할 시 권리

---

460) 표준계약 관련 문제의 해결방안은 *彭汉英*:《财产法的经济分析》, 中国人民大学1997年博士学位论文 참조.

취득의 원가(정보 검색, 가격 협상 및 계약이행을 위한 각종 지출)를 절감할 수 있다. 따라서 저작권 거래에서 대대적으로 거래원가를 절감하는 단체관리제도를 실행하여야 한다.[461]

3) 권능이전문제

수권사용은 권리의 이전과 관련이 있으며 법률상의 권리는 재산권과 관련이 있지만 재산권과 동일한 것은 아니다. 재산권 관련 경제학자들은 통상 재산권을 “일련의 권리”(A Boundle of Rights)라고 본다. 간단하게 말하자면 이는 “재산의 소유권을 핵심으로 한 재산적 권리에 대한 총칭”이다.[462] 재산권에 대한 경제학적 의미는 무형재산권 거래에 대하여 두 가지 시사점이 있다. 하나는 소유권과 사용권의 분리이다. 권리자는 무형재산의 소유권을 양도할 수 있고 소유권을 유보하고 그 중의 사용권을 양도할 수도 있다. 다른 하나는 전용권의 각종 권능의 분리이다. 예를 들면 저작권 중의 복제권, 방송권, 제작권, 연역권, 특허권 중의 제조권, 판매권, 수입권 등은 단독으로 서로 다른 사용자에게 양도할 수 있다. 무형재산권 이용제도는 충분한 거래를 촉진하고 각종 권리가 사용자에 의하여 충분히 이용되는 것을 보장하여야 한다. 이는 지식상품이 더욱 많은 이용가치가 있음을 의미할 뿐만 아니라 더욱 많은 자원이 효율성이 높은 사용자에게 유통되어 더욱 많은 재산의 가치증가를 실현할 수 있게 한다.

(2) 법정사용허락 및 강제사용허락제도

이는 수권사용에 대응하여 말한 것으로서 모두 일종의 비자발적 사용허락이다. 전자는 법률상 직접 규정된 방식을 통하여 이미 공개된 지식상품을 사용할 경우, 권리자의 허락은 필요없지만 보수를 지불하여야 하는 제도를 말하며 국제적으로 이러한 거래방식을 “법정허가증”이라고도 한다. 후자는 특정조건에서 국가주관기관이 상황에 근거하여 이미 공개된 지식상품에 대한 특별사용권을 해당 권리를 신청한 사용자에게 부여하는 제도를 말한다. 국제적으로 이러한 거래방식을 “강제허가증”이라고도 부른다. 법정사용허락과 강제사용허락 모두 준법률행위로서 비록 엄격

461) 경제학원리를 이용한 단체관리제도의 설정문제는 刘茂林:《知识产权法的经济分析》, 北京, 法律出版社, 1996 참조.

462) 唐丰义:《产权概念的发展与产权制度的变革》, 载《学术界》, 1991(6)。

한 의미의 의사표시는 아니지만 상대방에 대한 의사표시행위로서 법률행위와 동일한 법적 결과가 발생하는 일종의 법률관계이다. 사용수권에 대하여 말하면, 법정사용허가에서 법률은 권리자가 타인이 지식상품을 사용하는 것을 동의하거나 반드시 동의하여야 한다고 추정하므로 직접 법률로 허가를 규정하였다. 강제사용허락에서 정부는 사용자가 권리자의 수권을 취득할 수 없지만 합리적인 이유가 있다고 판단하였으므로 관리기관에서 개별적으로 수여하였다. 경제학의 기본이론에 따르면 법정사용허락 및 강제사용허락은 실제로 국가가 제정한 "합작게임"이다. 쿠터(Cooter) 및 Ulen은 "법경제학"이라는 저서에서 갑, 을 쌍방의 자동차매매를 예로 들어, 합작이 효익을 발생하게 한다는 관점을 주장하였다. 다시 말하면 거래과정에서 쌍방은 가격협상을 하게 되며 이는 사실상 "담판게임"의 과정이기도 하다. 담판이 성공하면 거래가 성사됨으로써 쌍방 모두 수익할 수 있고 이를 통하여 자원이 합리적이고 효과적으로 이용되면서 사회의 가치도 증가할 수 있다.[463] 합작이 성공하기 위하여 사회는 반드시 일종의 규칙을 확립하여야 한다. 홉스(Hobbes)는 설사 협상과정에 심각한 방해물이 없다하더라도 사람들은 이성적으로 소유지분에 대하여 협의를 달성하기 어려우므로 강력한 제3자가 그들이 동의하도록 압박을 가하여야 한다고 주장하였다.[464] 법정사용허락과 강제사용허락제도의 확립은 거래의 정보원가(거래의 주체, 거래내용 및 거래방식에 대한 발견)를 절감하였을 뿐만 아니라 협상원가(가격협상을 통한 수권 취득)도 절감하여 쌍방당사자가 성공적으로 합작하여 거래할 가능성을 크게 증폭시켰다. 보다시피 당해 제도는 정신재산의 효익 최대화라는 목표를 실현하는데 도움이 된다. 그러나 당해 제도의 적용에 대하여 아래 두 가지 문제점을 주의하여야 한다. 첫째, 비자발적 허락제도는 단지 이미 공개된 일부 지식상품의 한정된 범위 내에만 적용되며 만약 그 범위를 널리 확대한다면 필히 권리자의 이익에 손해를 미치게 된다. 파레토기준에 따르면 효익을 높이려면 각 당사자에게 모두 유리하여야 하며 일방의 이익손해를 대가로 타방의 이익을 보완하는 방법은 실질적으로 효익이 없다.[465] 둘째, 비자발적 허락제도는 단지 일부 거래원가를 절감하였을 뿐 전부의 거래원가를 절감하는 것은 불가능한 일이다. 사용자가 비록 수권의 측면에

463) [美] 罗伯特 · 考特、托罗斯 · 尤伦:《法和经济学》, 张军译, 上海, 上海三联书店, 1994。
464) 转引自高德步:《产权与增长: 论法律制度的效率》, 10页, 北京, 中国人民大学出版社, 1999。
465) [美] H.范里安:《微观经济学: 现代观点》, 24页, 上海, 上海三联书店, 1994。

서 법률상 또는 정부의 허가를 취득하였지만 보수의 지불과 관련하여 여전히 권리자와 협상하여야 한다. 관련 법률규정은 개인이 협의서를 작성할 시 발생하는 어려움을 효과적으로 줄일 수는 있다.

(3) 공정이용제도

이는 무형재산권 이용에 대한 특별한 경우이다. 공정이용은 명확한 법률규정이 있는 경우, 권리자의 동의를 얻을 필요도, 보수도 지불할 필요도 없이 정당한 목적으로 타인의 지식상품을 사용하는 합법적 사실행위이다. 공정이용은 무형재산권 영역에서 광범위하게 사용되고 있다. 예를 들면 저작권에서 개인용도 이용, 뉴스보도용 이용, 복제게재 및 중계방송 이용 등의 경우가 있고 특허권에서 선사용권자의 이용, 비상업적 목적의 이용, 국내를 통과하는데 불과한 이용 등 경우가 있으며 상호권 및 상표권 중의 공공업무, 사법활동 또는 사회공익을 목적으로 한 사용 등의 경우가 있다. 공정이용의 본질적 특징은 자유사용 및 무상사용이며 그의 내용만 보면, 당해 제도는 지식상품 창조자의 권익에 대한 양도이며 그 결과가 사용자에게만 유리한 듯하다. 파레토기준으로 보면 공정이용은 창조자와 사용자 모두에게 유리할 경우에만 "공정이용"에 해당하며 그렇지 않을 경우 "경제적 공정성"의 부족으로 인하여 무효익(無效益)이라는 결과를 도출하게 된다. 이를 근거로 구체적으로 분석하고자 한다. 공정이용제도는 저작권 영역에서 시작되었으며 그 최초의 동기는 후임저작자가 새로운 작품을 창작할 시 어떻게 선임저작자의 작품을 이용할 것인가에 대한 문제를 해결하고자 하는 것이었다. 알다시피 저작물은 저작자가 창작한 것으로서 저작자 개인의 정신재산이자 사회재산의 일부이기도 하다. 저작자는 창조과정에서 개인의 창조정신을 나타내기도 하고 선인들의 창작성과를 참조하기도 하였다. 인류의 창작활동은 하나의 유동과정이다. 만약 이러한 과정에 대하여 동적 형태로 분석하자면 공정이용제도에서 저작자 모두 "지출"이 있는 한편 "수익"도 있다. 특정저작자가 창조과정에서 선임저작자의 작품을 이용함으로 인하여 "수익"을 얻었지만 작품이 완성된 후 후임저작자에게 공정이용의 자료를 제공함으로 인하여 "지출"이 발생하게 된다. 인류의 전반적인 창작활동을 보면, 공정이용의 기본적인 규칙내용에서 각 당사자 모두 효익을 취득할 수 있으며 특정저작자의 이익에 손해를 미치고 다른 저작자의 이익을 보호하는 상황이 존재하지 않는다.[466] 상기 "경제적 공정성"에 대한 분석은 전반적인 무형재산권 영역에 적용될 수 있다. 앞서 논한 여러 허락사용과 달리, 공정이용제도에서 사용자와 창조자의 권리거래는 일대일의 거래가 아니라 사회제도의 구조 내에서 특정창조자와 불특정사용자 사이의 정보자원 배분에 대한 교환이다.

공정이용과 앞서 논한 여러 사용허가는 실질적으로 재산권 범위에 대한 확정을 토대로 형성한 여러 종류의 거래방식이다. 사회는 권리의 범위 확정 및 배분을 기준으로 무형재산권 영역에 대하여 "전용구역"(Exclusive Zones) 및 "자유구역"(Free Zones)으로 구분한다.[467] "전용구역"은 정보자원에서 차지하는 범위가 아주 넓으며 창조자는 해당 구역의 "독점자"로서 타인이 지식상품을 사용할 시 창조자의 동의를 얻어야 하고 보수도 지불(예를 들면 수권사용허가의 경우)하여야 하거나 비록 법에 따라 허락을 받을 필요가 없지만 보수를 지불(예를 들면 법정사용허락 및 강제사용허락)하여야 한다. 이러한 구역의 구축은 창조의 원가지출에 대한 대가로서 창조자의 정보생산의 열정을 유지할 수 있으므로 효익이 있다. "자유구역"은 정보자원에서 차지하는 비율이 비교적 적으며 사용자는 당해 범위 내에서는 "자유인"이다. 법적 규정이 있는 경우, "자유인"이 타인의 지식상품을 사용할 시 동의를 얻을 필요도, 보수를 지불할 필요도 없다. 즉 이는 공정이용에 해당된다. 이러한 구역의 구축은 창조자의 이익에 손해를 초래하지 않을 뿐 더러 오히려 공중의 창조활동에도 도움이 되며 정보의 유통 및 전파를 촉진하므로 역시 효익이 있는 것이다. 반면 "전용구역"이 모든 정보자원을 독점하도록 방임하고 창조자가 지식상품의 전파와 사용을 지배할 경우, 지나치게 높은 교환대가가 발생하거나 소비자가 매번 수권을 취득할 수 없거나 독점가격을 지불할 수 없음으로 인하여 정보의 사용을 거절할 수 있다(가설 1). 또는 시장정보 획득, 담판 및 거래 실행, 집행 감독 등 여러 원가도 지불하여야 한다(가설 2). 이는 일종의 무효익(無效益)한 선택이다. 당대의 무형재산권제도의 사명은 사회자원에 대한 공유의 공정성(사회구성원의 권리, 의무, 자원 및 수익을 합리적으로 배분하는 것)을 보호하여야 할 뿐만 아니라 사람들로 하여금 "케이크"의 총 수량의 증가(자원의

466) 필자는 상기 논점에 대하여 정신생산과정의 도표 및 공정이용에 대한 거래수익표를 만든 적이 있다. 구체적인 내용은 吴汉东:《著作权合理使用制度研究》, 74页, 北京, 中国政法大学出版社, 1996 참조.

467) Edward W. Plornan、L. Clark Hamilton, Copyright: Intellectual Property in the information Age, 1980, p.197.

효과적인 이용 및 사회의 정신재산의 증가)를 위하여 노력하도록 격려하여야 한다. 하지만 정보자원에 대한 이용방식이 확장되고 지식상품의 비물질성 또는 공공상품의 속성으로 인하여 현재 공정이용에 대한 적당한 제한도 필요하다. 그 원인은 타인의 지식상품을 자유로 또는 무료로 사용할 수 있는 범위를 부적절하게 확장하면 원창조자의 "수익"이 보상받기 어렵게 되며 이러한 결과는 파레토효익원칙에 맞지 않기 때문이다.

3. 재산권 보호 및 무형재산권의 법률구제

가. 원가 및 수익: 불법행위에 대한 경제분석 도구

거래원가와 사회원가이론은 경제학자들이 불법행위법을 해석하는 중요한 도구이다. 무형재산권 이용제도에서 공정이용이 사실행위에 해당하는 것 외에 기타 이용형식 모두 계약 및 준계약 관계이다. 이러한 제도(주로 계약법)의 목적은 사람들로 하여금 안전한 사적 관계를 맺도록 도움을 제공하여 손실부담의 비율을 확정(법률상의 권리의무관계 체결)할 수 있도록 하는데 있다. 권리침해법은 계약법에 대한 보충으로서 "비율에 따라 손실을 부담하는 원칙을 확립하였다. 즉 잠재적인 가해자와 피해자가 계약관계를 형성하는 비용이 너무 높아 이러한 비율을 확정할 수 없다. 그 결과 권리침해법은 제일 직접적인 방식으로 법에 따라 사적행위에 개입하도록 요구하게 된다."[468] 따라서 권리침해법의 목표는 손해사실이 발생한 후 개인간의 손해로 인하여 발생한 비용을 배분하기 위함이다.

무형재산권 침해행위에 대하여 전통적인 이론은 도덕적 질책과 법률적 평가를 충분히 하였지만 통상 이러한 행위의 발생원인에 대한 경제적 분석은 간과하고 있다. 행위자가 왜 직접 거래를 포기하고 권리침해행위를 택하는 것일까? 원가와 수익에 입각하여 권리침해행위의 경제적 요인을 고찰해 볼 수 있다. 첫째, 거래원가가 지나치게 높다. 이는 거래 당사자의 입장을 토대로 말한 것이다. 재산권 거래에서 당사자 모두에게 파레토의 최적 기준에 달하는, 유리한 합작게임은 사실상 매번마

468) [美] 罗伯特 · 考特、托罗斯 · 尤伦: 《法和经济学》, 张军译, 470页, 上海, 上海三联书店, 1994。

다 실현하기 어렵다. 무형재산권 거래에서 당사자, 목적물, 가격, 이행기간 및 방법, 위약책임 등 제반 문제에 대하여 쌍방은 충분한 정보교류와 행위합작을 진행하여야 한다. 다만 "이러한 업무는 그 수행에 있어 아주 높은 비용을 필요로 한다. 반면 비율 여부를 물론하고 일정한 비용이 있기만 하면, 비용이 필요없는 수많은 가격결정제도 속에서 가능한 거래를 물거품으로 만들어 버릴 수 있다."[469] 경제학자들은 정보의 광범위한 수요가 존재함으로 인하여 일단 협상할 수 없거나 협상이 성공하지 못하였을 경우, 권리침해를 통한 사용은 수권사용 또는 기타 합법적인 형식의 사용을 대체하게 된다고 증명하였다. 둘째, 외부원가의 증가이다. 이는 지식상품의 창조자의 입장을 토대로 말한 것이다. 현실생활에서 완전한 경쟁시장을 설립하는 것은 불가능하며 시장독점, 외부효과, 공공상품은 "시장기능상실"(Market failure)을 초래하는 중요한 원인이기도 하다. 위와 같은 상황은 무형재산권 거래시장에서 보편적으로 존재하고 있다. "시장기능상실"이 발생할 경우, 거래의 외부원가가 발생하게 된다. 생산경영에서 소모하게 되는 투입인 개인원가와 달리, 외부원가는 외부에서 생산경영자에게 강제로 부여한 초과비용을 말한다. 경제학자는 시장의 내부교환은 자발적이고 상호 이익적인 것이지만 시장의 외부교환의 경제효과는 비자발적이고 해로운 것일 수 있다고 보았다.[470] 통상의 사례로는 함부로 오염물질을 방출하여 타인에게 수질 정화에 따른 초과비용을 발생하게 할 경우, 그 외부적 요인의 유발자는 손해발생에 대한 대가를 지불하지 않는다. 지식제품을 이용함에 있어서도 "오염"과 같은 경우가 있다. 사용자는 고의로 또는 무의식적으로 합리적인 범위를 초과하여 타인이 제공한 정보를 사용하게 되며(또는 합리적인 범위가 불분명하여 규범에서 벗어나거나 법적 규정을 회피하기 위하여 불법행위를 행하게 되며) 이로 인하여 권리자에게 손해를 미치게 된다. 셋째, 권리침해행위를 통하여 얻은 "수익"이 예상한 원가보다 높다. 이는 지식상품의 사용자의 입장을 토대로 말한 것이다. 경제학 이론에 따르면 불법행위에도 원가가 있는 바, 이러한 원가에는 행위의 실행과정에서 발생한 물질적 소모, 불법행위로 인하여 초래한 사회적 결과 및 불법행위로 인하여 부담하게 될 사회적 제재 등이 포함된다. 원가에는 필수적인 원가도 포함되고 법률적인 원가도 포함된다. 전자는 불법행위 자체로 인하여 발생한 자원의 소모를 말하며 예를 들어

469) [美] 罗纳德 · 科斯: 《社会成本问题》, 载《财产权与制度变迁》, 上海, 上海三联书店, 1994。
470) [美] H.范里安: 《微观经济学: 现代观点》, 702~713页, 上海, 上海三联书店, 1994。

특허상품 모조품을 제조하기 위하여 기계 및 설비를 구입하거나 불법복제서적을 운송하기 위하여 교통수단을 마련하는 등 권리침해자가 불법행위를 실행함으로 인한 현실적인 지출을 말한다. 후자는 권리침해행위를 실행함으로 인하여 법에 따라 부담하여야 할 대가를 말하며 예를 들어 권리침해자가 재산 또는 기타 경제적 이익으로 피해자에게 벌금, 불법소득 몰수, 손해배상 등 보상을 제공하는 경우이다.[471) 침해자가 일정한 비용을 투입하여 타인의 지식상품을 불법사용하는 행위를 행하는 목적은 수익을 획득하기 위함이다. 불법행위의 "수익"은 주로 두 가지 내용이 포함되는데, 하나는 자원에 대한 점유이다. 즉 침해자는 침해행위를 통하여 특정정보자원을 점유할 수 있으며 나아가 이러한 정보를 이용하여 경제적 이익을 획득할 수 있다. 다른 하나는 기회의 획득이다. 즉 침해행위를 통하여 저작자의 신분으로 위장하거나 국가특허로 사칭하는 등 특정자격, 지위 또는 특정활동에 종사할 수 있는 기회를 취득하는 것이다. 물론 상기 "수익"은 합법적인 수익이 아니라 불법행위를 통하여 획득한 불법수익이다. 권리침해자의 경우, 상기 원가와 수익에 대하여 비교, 계산한 결과, 침해행위로 인하여 소모한 각종 원가가 기대한 불법수입보다 높아서는 아니되는 바, 이러한 "수익"이 "투입"을 초과할 경우, 해당 행위가 "수익성"이 있는 것으로 간주된다. 따라서 침해행위의 원가가 지나치게 낮은 여러 요인이 존재하기만 하면 타인의 무형재산권을 침해하는 행위는 계속 발생할 것이다.

상기 분석으로부터 침해행위의 발생원인과 원가, 수익의 비율 사이에는 밀접한 관련성이 있음을 알 수 있다. 일정한 범위 내에서 원가가 낮을수록 "수익"이 높으며 따라서 침해행위가 발생할 가능성도 높아지게 된다. 현단계의 무형재산권 영역을 보면, 침해행위의 원가, 수익의 비율변화는 여러 요인의 영향을 받게 된다. 이러한 요인에는 아래 내용이 포함된다.

(1) 제도적 요인

법률제도는 직접 침해행위의 법률적 원가의 높고 낮음을 결정하게 되며 침해행위에 대한 제재 및 처벌방안, 조치, 방법 등을 설정하고 규범화한다. 만약 관련 제도가 특정침해행위에 대한 처벌이 가벼울 경우, 동 행위의 법률적 원가는 자연히 낮아지

471) 关于违法行为的成本分析，可参见吕忠梅、刘大洪:《经济法的法学与法经济学分析》，364页，北京，中国检察出版社，1998。

게 됨으로서 권리침해법의 처벌성 기능이 약화되어 단속에도 불구하고 무형재산권 침해행위가 지속적으로 발생하게 될 것이다. 현대의 각국 입법상황을 보면, 권리침해행위에 대한 처벌강도를 강화하는 것이 통상적인 방식이다. 예를 들면 침해행위에 대하여 엄격히 처벌하는 형사제재조항을 추가하거나 침해행위의 법정배상액을 명확히 규정하거나 행정처벌수단을 보완하는 등 방식을 취한다. 이러한 입법추세는 실제로 입법자가 침해행위의 원가 및 수익의 비율관계에 대하여 조율하는 것으로서 그 목적은 제도적인 측면으로부터 권리침해의 원가가 지나치게 낮아서 침해행위가 범람하는 현상을 감소하기 위함이다.

(2) 집행요인

제도의 적용 및 실행은 실제로 법 집행의 수준에 대한 문제이다. 경제거래에서 만약 법에 따라 집행하지 않고 법에 대한 집행이 엄격하지 않고 침해행위에 대하여 책임을 추궁하지 않는다면, 침해행위의 현상은 자연히 발생하게 되고 점차 확산될 것이다. 다시 말하면 법의 집행수준이 침해행위에 대한 추궁율의 높고 낮음을 결정하게 된다. 추궁비율이라 함은 침해행위가 법적 처벌을 받을 확률을 말하며 이는 침해행위에 의한 전체적 원가에 영향을 미치는 매우 중요한 변동지수이다. 구체적으로 말하면, 만약 한 제도의 실행효과가 별로이고 법 집행의 수준이 높지 않아서 대량의 침해행위가 마땅히 받아야 할 처벌을 받지 않을 경우, 침해행위의 법률적 원가는 감소하게 되며 따라서 침해행위의 전체적인 원가에도 영향을 미치게 된다. 현재 침해행위의 수익률과 성공률은 높은 편인데, 이러한 현상은 제도상 효과적인 법 집행이 어려운 것과 관련이 있다고 할 수 있다.

(3) 기술적 요인

무형재산권 침해행위는 다수가 신형의 권리침해행위이다. 현대의 정보사회에서 이러한 침해행위와 지적 창조성 특징을 가지고 있는 지식상품의 이용은 서로 관련성이 있으며 통상 상당한 기술성을 갖고 있다. 한 면으로는 새로운 전파매체, 새로운 정보기술의 발전으로 인하여 타인의 지식상품을 불법으로 복제, 모방, 절도하는 것은 아주 신속하고 편리해졌다. 다른 한 면으로는 지식상품에 대한 이용행위 다수는 기술수준이 높아서 권리자가 침해행위를 효과적으로 방지할 수 없으므로 이러한 침해행위는 일반침해행위보다 더욱 큰 은폐성을 갖고 있다. 상기 기술적 요인은 침해주체의 불법행위능력을 강화하였을 뿐만 아니라 침해행위로 인한 자원소모로 발생한 원가도 크게 감소하였다.

(4) 관념적 요인

의식형태는 제도 확립, 침해행위 제재와 마찬가지로 권리를 보호함에 있어서 중요한 방식으로 간주되었다. 노스(North)부터 베커(Becker)까지 다수 경제학자들은 자신의 저서에서 경제학적 분석의 방법을 적용하여 의식형태가 경제제도와 법률제도에서의 역할을 논술하였다.[472] 의식형태의 주요역할은 일부 집단으로 하여금 더 이상 원가 및 수익에 따른 단순한, 향락주의 및 개인의 계산에 따라 행동하지 못하도록 하였다.[473] 무형재산권에 대한 보호는 아직 의식형태의 주류를 형성하지 못하여 지식상품의 이용과정에서 기회주의 행위가 성행하고 있는 실정이다. 또한 "법은 공중에게 책임을 묻지 않는다."는 원칙 하에 일부 사람은 불법수익을 획득할 수 있고 사람들은 "무임승차"를 통하여 수익을 얻을 것을 원하며 굳이 필요한 원가를 지불하면서 수익을 얻고자 하지 않는다.

나. 재산권 보호: 법률대책에 대한 경제적 고찰

무형재산권 침해행위는 사회의 정신제품에 대한 생산 및 소비과정에서 직접 발생된다. 법률의 실행효익이 그리 높지 않은 상황에서 이러한 권리침해행위의 발생 및 확산은 창작자가 정보에 대한 생산 및 개발의 적극성에 영향을 미칠 수 있으며 이로 인하여 전반적인 사회의 복지수준이 하락할 수 있다. 이에 대한 경제학의 관점은 재산권 거래 및 보호에 대한 원가와 수익관계를 조율하여 이성적인 경제인으로 하여금 권리침해 및 기타 불법행위를 포기하도록 하여야 한다는 것이다. 구체적인

---

472) 详见 [美] 道格拉斯・C・诺思:《经济史中的结构与变迁》, 上海, 上海三联书店, 1994; [美] 加里・S・贝尔:《人类行为的经济分析》, 上海, 上海三联书店, 1993。

473) 류마오린(刘茂林) 박사는《知识产权法的经济分析》(北京, 法律出版社, 1996)라는 저서에서 지식재산권의 의식형태를 논할 시 첫째는 경제제도의 합리성을 해석하여 사람들로 하여금 권리침해행위를 행하지 않는 것이 경제적으로 이득임을 인식하게 하여야 하며, 둘째는 법률제도의 합리성을 해석하여 사람들로 하여금 전유권에 대한 규정은 권리자와 상대방에게 모두 합리적임을 인식하게 하여야 한다고 하였다.

실행방식은 다음과 같다.

첫째, 재산권 거래에 대한 합작게임을 실현하도록 촉진하여야 한다. 재산권 거래는 두 가지 상호 관련된 효율성 목표가 존재한다. 즉 극대화 및 균형화이다. 극대화라 함은 모든 경제개체의 목표로 간주되어 효용 및 이익의 극대화를 실현하는 것이다.[474] 균형화라 함은 양 당사자 모두 최대의 목표를 달성하는 한편 지속적으로 존재하는 상호 작용형태에 달하는 것을 말한다. 균형의 구체적인 표현은 다음과 같다. 누구든지 거래를 통하여 욕구를 최대한으로 충족할 수 있는 물품의 조합을 얻기를 원한다. 그들은 이러한 욕구만족을 위하여 서로 일정한 가격을 형성하고 서로 제약하면서 점차 수요와 공급이 동등한 결과에 이르게 되어 가격이 더 이상 변동하지 않고 지속적으로 변동이 없는 상황이 나타나게 된다. 균형적인 효익을 실현하는 목표의 관건은 재산권 거래에 대한 합작게임방식을 취하는 데 있다. 실증분석이 증명하기를 만약 담판비용이 너무 높아서 쌍방이 계약관계를 체결할 수 없을 경우 쉽게 침해행위가 발생한다. 앞서 논한 바와 같이 무형재산 관련 재산권 범위확정으로부터 거래까지는 하나의 복잡한 경제활동으로서 침해행위에 대한 인정 및 배상문제의 어려움에 직면하게 된다. 무형재산권 시장이 부실하고 기회주의가 성행하는 상황에서 재산권 분쟁을 법률방식으로 해결할 경우 통상 지나치게 높은 거래원가가 발생하게 된다. 중국의 짱우창(張五常) 교수가 거래비용에 대하여 논할 시 한 발명특허의 구매자가 해당 특허의 수익평가액을 계산할 시, 그의 변호사는 통상 예산수익의 3분의 2를 향후 발생가능성이 있는 소송비용으로써 공제하여야 한다고 조언할 것이라고 주장하였다.[475] 따라서 무형재산권 분쟁을 해결하는 제일 이상적인 방식은 쌍방이 협상을 통하여 보상문제를 해결하는 것이다. 이를 위하여 국가는 재산권 거래의 운영에 대하여 유효한 "게임규칙"을 제공하여 재산권 거래시장을 건전하게 육성함으로써 거래원가를 낮추도록 하여야 한다. 이는 침해행위의 발생을 방지하고 감소하는 중요한 토대이다.

둘째, 침해행위로 인한 원가의 구조 및 그 한도액에 대하여 과학적으로 설정하여야 한다. 침해행위는 일종의 사회위험성이 있는 불법행위이며 시장주체의 침해행위에 대한 개인선택을 제지하는 관건은 침해행위의 발생원인을 파악하여 침해행위의

474) [美] 罗伯特 · 考特、托罗斯 · 尤伦: 《法和经济学》, 张军译, 22页, 上海, 上海三联书店, 1994。
475) 张五常: 《卖桔者言》, 成都, 四川人民出版社, 1998。

"수익"이 원가를 초과하는 기대를 억제하는 것이다. 침해행위의 원가의 설정에 대하여 아래 세 가지 문제점을 고려하여야 한다. 첫째, 침해자의 침해행위능력을 약화시켜 불법행위의 물질적 조건을 제거함으로써 침해행위의 필수소요원가를 높이고 침해행위가 가져다 줄 수 있는 "수익"을 감소하여야 한다. 둘째, 침해행위의 필수원가, 법정원가 및 불법이익 사이의 관계를 과학적으로 평가하고 계산하여 침해행위에 의한 총소요원가가 불법행위로 인하여 얻은 "이익"을 초과하도록 하여야 한다. 이것이 법정원가의 최저한도이다. 셋째, 일부 특별히 심각한 침해행위에 대하여 비교적 높은 법정원가를 설정하여야 한다. 즉 법률이라는 형태로 당해 불법행위에 대한 처벌을 가중하여 불법행위자가 이익을 얻을 수 없도록 하는 것이다. 바로 일부 학자들이 지적한 바와 같이, 침해행위의 원가를 설정하는 것은 침해행위에 대한 처벌을 보편적으로 높게 하여 "중벌주의" 방식을 택하는 것을 의미하는 것이 아니다.[476] 실무에서 증명하기를 엄격한 중형벌은 불법행위를 효과적으로 통제할 수 없을 뿐더러 오히려 더욱 심각한 불법행위를 초래하게 된다. 조지 스티글러(George Joseph Stigler)는 주장하기를 "중형벌의 위협성은 아주 미미한 것으로서 오히려 역효과를 낼 수도 있다. 만약 경미한 범죄에 대하여 살인죄와 같은 사형을 처한다면 형벌은 살인죄에 대한 위협성을 상실하게 된다. 만약 5달러를 훔친 도둑에 대하여 손을 절단하는 처벌을 할 경우, 그는 차라리 5000달러를 절도하기를 원할 것이다."[477] 무형재산권 침해행위에 대한 법정원가의 설정도 같은 원리이다.

셋째, 권리침해사건에서 배상에 관한 입증책임의 효율성을 강화하여야 한다. 권리침해법의 핵심문제는 침해책임에 대한 범위확정이다. 법학자들은 행위자의 책임부담 여부의 관건은 "합리성 주의"와 "신중의무"를 다하였는지 여부라고 주장하였다. 경제학자들은 상기 원칙을 적용하려면 행위자가 제일 합리적인 원가로 손해를 예방하여 권리자의 이익을 보호하여야 한다고 주장하였다. 합리적인 손해예방원가에 대하여 미국연방법원 법관 핸드(Learned Hand)는 "United states v. carroll Towing co."사건에서 유명한 "핸드원칙"[478]을 제시하였다. 본 원칙은 B〈PL이라는 책임방정

---

476) 吕忠梅、刘大洪:《经济法的法学与法经济学分析》, 369页, 北京, 中国检察出版社, 1998。

477) [美] 乔治 · J · 斯蒂格勒:《法律实施的最佳条件》, 载《法学译丛》, 1992(2)。

478) 详见 [美] 罗伯特 · 考特、托罗斯 · 尤伦:《法和经济学》, 张军译, 上海, 上海三联书店, 1994; 张乃根:《经济学分析法学》, 上海, 上海三联书店, 1995; 彭汉英:《财产法的经济分析》, 中国人民大学1997年博士学位论文。

식으로 요약할 수 있다. B는 사고예방의 원가이며 PL는 예측한 사고원가로서 그 중 P는 사고발생의 확률이며 L은 사고가 초래한 손실이다. 사고방지의 원가가 예측한 사고원가보다 낮을 경우(즉 B<PL), 행위자는 침해책임을 부담하여야 하며 사고방지의 원가가 예측한 사고로 인하여 발생한 손해보다 클 경우(즉B>PL), 잠재적 가해자는 발생한 사고에 대하여 책임을 부담하지 않는다. 핸드원칙은 과실이 있는 권리침해사건에 적용되는 기본규칙이다. 그 후 포스너(Posner)는 해당 이론을 발전시켜 행위자가 반드시 엄격책임을 부담하여야 할 경우, 여전히 B>PL의 경제적 결과를 고려하여야 하지만 다만 다른 것은 B>PL 시, 사람들은 발생가능한 사고손실비용을 배상할지라도 사고방지원가를 지불하는 것을 원하지 않으며 그렇지 않을 경우 행위자의 손실이 더 크게 된다고 주장하였다.[479] 침해행위에 대하여 어떠한 책임기준을 선택하여야 효율적인가에 대하여 쿠터(Cooter) 및 율렌(Ulen)은 "만약 침해방지책임자가 양 당사자라면 즉 당사자 쌍방 모두 방지를 통하여 사고발생의 심각성과 가능성을 감소할 수 있다면 과실책임원칙은 타당한 책임기준이다. 만약 방지책임자가 일방당사자라면 즉 가해자만이 조치를 취하여 사고발생의 확률 및 가능성을 감소할 수 있다면 엄격책임규칙은 타당한 책임기준이다."고 지적하였다.[480] 전통적인 권리침해법 이론에 의하면 무형재산에 대한 권리침해책임은 과실책임원칙을 적용한다. 경제학 측면에서 보면, 쌍방당사자 모두 손해에 대한 방지조치를 취하여야 하고 과실에 대하여 "핸드원칙"을 근거로 객관적으로 이를 수량화하여야 한다. 이는 무형재산권제도의 확립 초기에는 아주 효율적이라 할 수 있다. 그러나 현대의 정보화사회에서 일부 권리침해손해는 행위자가 일방적으로 방지하는 것이 보다 효과적일 수도 있다. 그 원인은 다음과 같다.

(1) 행위자가 무상으로 타인의 지식상품을 이용할 시 침해상품의 필수소요원가가 비교적 낮게 되므로 시장에서 우위적 지위를 점할 수 있다.

(2) 행위자가 방지조치를 취함으로 인하여 지불한 원가는 생산자보다 적다. 생산자는 지식상품이 공개된 후 타인의 이용정보를 검색하거나 타인의 사용과실에 대하여 입증하려면 통상 상당한 원가를 지불하여야 한다. 효익원칙의 측면에서 보면,

479) [美] 波斯纳:《法律之经济分析》, 台北, (台湾)商务印书馆, 1987。

480) [美] 罗伯特 · 考特、托罗斯 · 尤伦:《法和经济学》, 张军译, 596页, 上海, 上海三联书店, 1994。

무형재산권 침해에 대하여 기존의 책임원칙을 수정할 필요가 있다. 즉 과실추정책임 또는 엄격책임을 보충 적용하여야 한다.[481] 구체적으로 말하면 권리침해로 인하여 심각한 손해가 발생할 경우, 행위자가 우선 입증하도록 명하여야 하며 행위자는 항변사유를 통하여 B>PL를 설명할 시 즉 과실이 없음을 증명할 시 그 책임을 면제받을 수 있다. 만약 항변사유가 없거나 그 사유가 성립되지 못할 경우 행위자의 과실이 추정된다. 과실책임원칙 또는 엄격책임원칙을 보충 적용하면 쌍방당사자가 사고방지로 인하여 발생한 원가의 비율을 조율할 수 있고 권리침해행위에 대한 책임추궁률도 높일 수 있으며 이를 통하여 침해행위법을 더욱 효과적으로 실행할 수 있다.

481) 과실추정책임과 엄격책임의 관계에 대하여 본 저서 제6장 "무형재산권 보호"를 참조.

제11장
무형재산권에 대한 관리이론 분석

무형재산권은 무형재산이라는 자본형태로 표현된다.482) 관리학에서 무형재산은 일종의 실물형태가 없는 독점성 경제자원으로서 고정자산의 범주에 포함된다. 관리학의 기본적인 범주와 방법을 운용하여 무형재산권 중의 단일자산요소의 산출 및 발전 그리고 각 자산요소의 종합적인 응용에 대하여 연구하고 무형재산권이 무형재산자원으로서 창조 및 유통의 각 분야에서의 운행규칙을 탐색하며 무형재산권의 경영, 관리, 평가 등 내용의 문제점에 대하여 분석하고 대책을 강구함에 있어서 실무적으로 중요한 연구가치가 있다.

1. 무형재산권과 무형자산의 관계

가. 무형자산 범위 내에서의 무형재산권

무형자산이라 함은 기업이 보유하고 있는 지력 자원의 총칭을 말한다. 「국제평가기준」(2001)에서는 무형자산을 "경제적 특성을 통하여 그의 존재를 나타내는 일종의 자산으로서 무형자산은 실물형태를 갖고 있지 않지만 소유자에게 권익과 특권을 획득하게 할 수 있으며 통상 소유자에게 수익을 가져다 줄 수 있다."고 정의하였다. 중국의 국가재정부가 공포한 「자산평가기준-무형자산」(2001)에서는 무형자산을 "특정주체가 지배하고 있는, 실물형태가 없으나 생산경영에 대하여 오랫동안 영향력을 발휘하여 경제이익을 가져다 줄 수 있는 자원"이라고 정의하였다. 엄격하게 말하면

482) 刘京城:《无形资产的价格形成及评估方法》, 7页, 北京, 中国审计出版社, 2004。

무형자산(intangibles)은 회계학에서의 정의이고 경제학계에서는 통상 지식자산(knowledge assets) 또는 지적자본(intellectual capital)이라고 칭하며 넓은 의미에서 이는 각종 비물질형태의 장래수익청구권을 말한다.[483]

무형자산의 범위 내에서 세 가지 종류의 무형재산권이 포함된다. 첫째, 지식형 재산권이다. 이러한 재산은 주로 지식, 기술, 정보 등 무형재산이익으로 구성되며 창작성 성과 및 경영성 표지로 분류할 수 있다.[484] 그 권리형태에는 전형적인 지식재산권으로서의 저작권, 상표권, 특허권이 포함된다. 둘째, 자본신용형 재산권이다. 이러한 재산은 주로 경영영역에서의 사업명예, 신용, 이미지 등 경제적 내용이 있는 상업성 인격이익으로서 그 권리형태에는 상업명예권, 신용권, 상품화권 등이 포함된다. 이는 지식재산권과 관련된 기타 무형재산권에 해당된다. 셋째, 특별허가형 재산권이다. 이러한 재산권은 주관기관 또는 사회단체가 특별히 부여한 자격우대, 특권 등 법률이익으로 구성되며 그 권리형태는 특별경영허가권이다. 당해 권리는 무형자산의 범주에 속하며 특별허가의 재산이익 범위에는 지식재산권 요소가 포함되나 이에 한하지 않는다.

나. 무형재산권 자본형태의 특징

무형재산권은 자본형태에 있어서 무형자산의 기본적인 특징을 갖고 있다.

(1) 무형재산권은 지식형태로 존재하는 독점성 경제자원이다. 무형재산권은 특정 주체에 의하여 지배되고 지식형태의 비실물성 자산의 특징을 갖고 있다. 중국 재정부에서 공포한 「기업회계기준-응용지침」(2006)에서는 "무형자산은 주로 특허권, 비특허기술, 상표권, 저작권, 토지사용권, 특별허가권 등이 포함된다."고 규정하고 있다. 동 문서에서 규정한 무형자산의 구성요소에서 무형재산권(특허권, 상표권, 저작권, 특별경영허가권 등)은 지식형태로 존재하지만 토지사용권은 지식형태의 자원이 아니다. 그 외 국제 관련 규칙에서는 여러 종류의 무형자산의 요소를 제시하였다. 예컨대 지적자본, 직원, 노동력조합, 융자우대, 우대계약, 생산 및 판매시스템, 실업평가,

483) 茅宁:《无形资产在企业价值创造中的作用与机理分析》, 载《外国经济与管理》, 2001(7)。

484) 1992년 국제보호지식재산권협회(AIPPI) 도쿄회의에서는 지식재산권을 "창작성 성과권 및 식별성 표지권"으로 분류하였으며 각종 지식재산권을 이 두 종류에 귀속시켰다.

전자주파수 사용권 등이 있지만 이러한 것 모두 지식형태를 구비한 것은 아니다.[485] 관리학 이론에서 무형자산은 통상 지식형태로 존재하는 경제자원으로서[486] 여기에서 중요한 지위를 차지하는 지식형태의 자원은 바로 무형재산권이라고 보고 있다.

(2) 무형재산권은 오랜 시간 사용할 수 있고 경제적 기대효익도 가져다 줄 수 있는 비화폐성 자산이다. 비화폐성 자산이라 함은 화폐성 자산 이외의 자산을 말한다. 화폐성 자산이라 함은 기업이 보유한 현금, 은행예금 및 미수금, 장기투자 등과 같이 향후 금액을 고정하거나 확정할 수 있는 수익 등 자산을 말한다.[487] 무형자산은 실물형태도 화폐성 자산형태도 갖고 있지 아니한다. 무형자산은 수익기간이 길어 1년 또는 하나의 경영주기 이상에서 기업으로 하여금 기대한 경제적 효익을 얻게 하지만 이러한 향후의 경제이익은 불확정적인 것이다. 이로부터 알 수 있다시피 무형재산권은 일종의 비화폐성 자산 또는 자원으로서 다음과 같은 기본적 속성을 갖는다. 무형자산은 비실물형태의 자산이지만 화폐성 자산과 구별되어 회계관례에 따라 장기자산으로 분류되며 이는 기업이 일정한 경영주기동안 획득한 경제이익을 말하는 것이지 유동자산이 아니다. 무형재산권은 비록 향후 경제이익을 기대할 수 있지만 그 이익은 불확정적이며 수익금액과 수익기간도 여러 원인으로 인하여 변동할 수 있다.

(3) 무형재산권은 일종의 독점적 성질을 갖고 있는 법정무형자산이다. 국내외의 회계관례를 보면 개괄주의 방식으로 무형자산을 정의하든 열거주의 방식으로 무형자산의 범위를 확정하든 이러한 규범성 문서에서 무형자산의 구성요소는 주로 일종의 법정권리로서 무형재산권의 자본형태는 일종의 법정무형자산으로 표현된다. 중국재정부 「기업회계기준」(2006)의 "이러한 자산은 '계약상 권리 또는 기타 법정권리로부터 발생된다'"라는 규정은 개괄주의방식에 해당하며 기업회계준칙 편집심사위원회에서 제정한 「기업회계기준-응용지침」의 "무형자산은 주로 특허권, 비특허기술, 상표권, 저작권, 토지사용권, 특별허가권 등이 포함된다."라는 규정은 열거주의 방식에 해당한다. 무형재산권은 유형자산과 달리 일종의 독점성 무형자산이다. 시

485) 余玉林:《时代性: 无形资产理论研究的主题》, 载《会计之友》, 2008(5)(上)。
486) 蔡吉祥:《无形资产学》, 11页, 深圳, 海天出版社, 2002。
487) 吕劲松编著:《无形资产会计》, 7页, 北京, 中国审计出版社, 1998。

장에서는 수많은 내용, 기능 및 성질이 모두 동일한 유형자산이 존재하지만 내용, 기능 및 성질이 모두 동일한 무형자산이 존재하는 것은 불가능한 일이다. 다시 말하면 둘 또는 둘 이상의 서로 동일한 유형재산 위에는 각자 독립된 재산소유권이 존재할 수 있지만 둘 또는 둘 이상의 동일한 무형재산에는 그 중 하나에게만 권리를 부여할 수 있다. 요약하여 말하면 관리학에서의 무형재산권은 "전속지배권을 본질로 한 지식재산이다."[488]

다. 무형재산권의 자본으로의 전환

무형재산권은 자산으로의 전환을 거쳐야만 기업이 이용가능한 무형자산으로 될 수 있다. 우선, 인정하여야 할 것은 무형재산권은 법정무형자산의 기초라는 점이다. 다시 말하면 무형재산권이 없다면 법정무형자산도 있을 수 없다. 반면 무형재산권이 있음으로 하여 당연히 법정무형자산이 발생하는 것은 아니다. 무형재산권의 발생은 일종의 법률상의 인정인 국가주관기관의 수권을 얻어야 한다. 그러나 무형재산권이 기업의 무형자산으로 되려면 경제적 효익의 취득을 그 기준으로 하며 이는 일종의 시장에서의 인정이다. 무형재산권이 기업에게 경제수익을 가져다줄 가능성, 기업이 보유한 무형재산권의 수량 및 규모는 기업영리의 실제수준과 필연적인 관련성이 있는 것은 아니다. 이러한 기대수익이 현실상의 수익으로 되려면 일정한 조치를 취하고 창작조건을 마련하여야 하며 무형재산권이 무형자산으로 전환되게 하여야 한다.[489] 무형재산권이 무형자산으로 전환되려면 통상 아래 과정을 거쳐야 한다. 하나는 응용화 과정이다. 무형재산권과 관련된 지식, 기술이 기업의 생산경영에 이미 응용되어 그의 사용가치가 기본적으로 실현되거나 완전히 실현되어야 한다. 둘째는 상품화 과정이다. 무형재산권은 이미 기업을 위하여 경제효익을 창조하였으며 타인과의 거래와 교환을 통하여 그 가치를 실현하여야 한다. 셋째는 자산화 과정이다. 무형재산권은 평가나 계약을 통하여 그 가치를 확인하고 기업은 이러한 가치를 "무형자산"항목에 기입하는 것이다.[490] 상기 과정을 완성하거나 상기 세 가지

488) 朱国军、杨晨:《基于战略资源论的企业知识产权资产管理内涵探析》, 载《企业管理》, 2006(11)。
489) 刘玉平:《基于知识产权视角的无形资产评估问题研究》, 载《中国资产评估》, 2008(2)。
490) 蔡吉祥:《无形资产学》, 71页, 深圳, 海天出版社, 2002。

기준을 달성하여야만 무형재산권은 비로소 완전한 의미의 무형자산이 된다.

2. 무형재산 및 기업의 핵심경쟁력

가. 기업의 자원 및 강점

핵심경쟁력의 개념은 미국학자 프라할라드과 해멀(Prahalad & Hamel)이 1990년 『하버드상업평론』(Harvard Business Review)에 게재한 논문에서 최초로 제기된 것이다. 그들은 기업의 경쟁강점은 기업의 경쟁능력에 의하여 결정됨으로서 이러한 기업의 경쟁능력에는 자원의 획득능력, 핵심특정기술의 보유능력, 저원가의 창작능력, 시장의 개척능력 및 시장영업네트워크의 구축능력 등이 포함된다. 그러나 상기 모든 능력이 동등하게 중요한 것은 아니다. 그 중에서 기업으로 하여금 장기적으로 경쟁적 우위를 점하게 하고 안정적인 초과이익을 획득하게 하며 경쟁상대보다 현저히 우수하여 쉽게 모방할 수 없고 고객의 가치를 끊임없이 높일 수 있으며 기업으로 하여금 지속가능한 발전의 능력을 얻게 하는 것이 비로소 기업의 제일 관건적인 경쟁력 즉 기업의 핵심경쟁력이다.[491]

기업자원은 기업이 경쟁강점을 보유하는 중요한 원천이다. 기업의 전략관리에 대한 연구에 따르면 기업자원은 유형자산, 무형자산 및 능력 세 가지로 나눈다. 그 중에서 유형자산이라 함은 기업의 고정자산 및 기타 유가증권 형태로 존재하는 재산자원을 말한다. 예를 들면 공장, 설비, 토지, 기타 자본물품, 채권증권, 채권, 은행예금 등이 있다. 무형자산은 지식형태로 된 자산, 인력자본, 기술자원, 명성 및 데이터베이스 등이 포함된다. 능력이라 함은 일련의 자원을 조합하여 일정한 임무나 활동을 집행하는 기술적 능력을 말한다. 이에는 개인의 능력 또는 집단의 능력도 포함될 뿐만 아니라 기업의 좁은 의미에서의 자원에 대한 통합수단 및 상호작용도 포함된다.[492] 기업의 자원과 경쟁강점의 관련성을 기준으로 일반자원과 전략자원으로 분류할 수 있다. 전략자원이라 함은 기업에게 경쟁강점을 가져다 줄 수 있는

491) C. K. Prahalad, Garry Hamel, "The Core Competence of the Corporation", Harvard Business Review, No.90311, March-April, 1992.

492) 朱国军、杨晨:《基于战略资源代的企业知识产权资产管理内涵探析》, 载《企业管理》, 2006(11)。

자원을 말하며 이러한 자원은 특별성, 대가성, 대체불가성, 모방불가성 및 지속적 발전가능성 등 요소를 갖고 있다.

나. 기업의 전략자원에서 무형재산의 지위

유형자산에 비해 무형자산이 기업의 전략자원의 특성을 보다 더 갖는다. "무형자산은 각 분야의 필수자원으로서 총 자산에서 차지하는 비율이 유형자산을 초과하는 추세를 보이고 있다. 현재 세계에서 단일자산 가치가 제일 높은 것은 무형자산이고 경제기술의 수명이 제일 긴 것도 무형자산이다."[493] 현대화의 기업경영은 무형자산 경영을 중심으로 하여야 한다. 미국증권거래위원회 위원이었던 스티븐 월만(Steven Wallman)은 "우리의 사회는 이미 공업을 기초로 한 시대로부터 지식을 기초로 한 시대로 진입하였다. 이러한 사회에서 지식재산권, 소프트자원 및 기타 신속하게 증가하는 무형자산은 부를 창조하는 자원의 주체를 이루었다."고 지적하였다.[494] 기업에 대하여 말하면 지식경제가 가져온 것은 재산구조의 중대한 변화이며 기업의 고정자본 및 금융자본은 이미 기업이 보유한 무형자산에게 중요한 자리를 양보하였다. 일부 글로벌기업은 대량의 고품질의 무형자산을 형성하였다. 통계에 따르면 소프트웨어회사의 무형자산은 총 자산의 70%를 초과하였으며 OECD[495] 가입국의 무형자산은 이미 총 자산의 60%를 초과하였다. 1982년 미국의 500대 대표적인 상장회사의 시가총액을 보면 유형자산과 무형자산의 비율은 각각 62%와 38%이며 1992년에 이르러 해당 비율은 역전되어 양자의 비율은 각각 38%와 62%에 달하였으며 2002년에 이르러 유형자산의 비율은 13%로 감소되었고 무형자산의 비율은 87%에까지 달하였다.[496] 무형자산의 요소에서 제일 전략적 의의를 갖는 것은 지식형태의

493) 蔡吉祥:《无形资产学》, 5页, 深圳, 海天出版社, 2002。

494) [美] 凯文 · G · 里维特、戴维 · 克兰:《尘封的商业宝藏: 启用商战新的秘密武器——专利权》, 陈斌等译, 51页, 北京, 中信出版社, 2002。

495) 경제합작 및 발전단체(Organization for Economic Co-operation and Development, OECD)는 시장경제국가로 구성된 정부간 국제경제단체로서 글로벌화로 인한 경제, 사회 및 정부관리 등 측면의 도전을 공동으로 협력하여 대응하는 한편 글로벌화로 인한 기회도 함께 공유하고자 한다. OECD는 1961년에 설립되어 현재 가입국은 34개이다.

496) 转引自袁真富:《论我国企业知识产权发展的战略思维》, 载《挑战与应对: 国家知识产权战略论文集》北京, 知识产权出版社, 2007。

자산이다. 경제글로벌화가 가속화됨에 따라, 지식은 이미 국경을 넘어 세계적인 범위 내에서 이용됨으로써 글로벌경제의 발전을 촉진하였다. WTO구조 내에서의 국제무역은 화물무역이든 서비스무역이든 다수가 모두 무형재산권과 관련이 있다. 국제적으로 보면, 선진국과 그들의 글로벌기업은 최선을 다하여 지적성과를 무형재산권으로 전환하고자 하며 결국에는 국제시장에서 경쟁우위를 점하게 된다. 영국정부의 백서에서 지적한 바와 같이 경쟁의 승부는 우리가 자신의 독특하고 가치있고 경쟁상대가 모방하기 어려운 자산을 충분히 이용할 수 있는지 여부에 의하여 결정되며 이러한 자산이 바로 우리가 보유한 무형재산권이다.[497]

기업의 핵심경쟁력의 형성은 기업의 전략적 자원인 무형재산 중의 무형재산권에 의하여 크게 결정된다. 시장경제조건에서 기업의 핵심경쟁력은 소비자의 필요를 중심으로 구축된다. 핵심경쟁력의 여러 구성요소에서 제일 쉽게 소비자에 의하여 감지될 수 있는 것은 바로 기술과 브랜드이다. 소비자에 대하여 말하면, 그들이 제일 관심을 갖는 것은 회사의 기업구조 및 경영전략이 아니라 그가 생산한 상품, 더 정확히 말하자면 상품의 기술함량 및 브랜드가치이다. 회사의 기업구조가 아무리 합리적이고 전략이 아무리 과학적이며 기업문화가 아무리 우수하더라도 상품의 기술이 낙후하거나 상품의 브랜드가 소비자의 인정을 받지 못할 경우 소비자는 역시 해당 기업의 상품을 구매하지 않을 것이다. 따라서 기업의 핵심경쟁력은 결국에는 기술혁신 및 브랜드 구축으로 귀결된다.

현대시장에서 기술혁신은 일정한 주기와 비교적 큰 자금의 투입이 필요하며 비교적 큰 기술리스크와 시장리스크를 부담하여야 한다. 그 외 무형재산권제도의 특허권 및 영업비밀이라는 합법적인 방식을 통하여 기술혁신과 관련된 지식자원을 획득하려면 그 난이도와 원가 모두 비교적 높다. 이러한 요인으로 인하여 경쟁자 사이의 기술상의 격차가 발생하게 하였다. 또한 바로 이러한 기술혁신이 기업으로 하여금 시장에서 차별화 경쟁을 통하여 경쟁에서 이길 수 있을 뿐만 아니라 만족스러운 이익을 획득할 수 있어 기업의 장기적이고 지속적인 발전을 보증할 수 있게 되었다.

현대시장에서 소비자의 소비는 이미 상품소비로부터 브랜드소비로 전환되는 추

497) Tony Blair, "Our Competitive Future Building the Knowledge Driven Economy", Presented to Parliament by the Secretary of State for Trade and Industry by Command of Her Majesty, (December 1998), p.5.

세이다. 이러한 소비추세는 브랜드를 숭배하고 브랜드를 추구하는 소비행위에서 나타나고 있다. 브랜드가 소비자의 마음 속에서 일단의 지위를 확보하게 되면 소비자의 인정 및 공감을 얻을 수 있으며 나아가 브랜드는 상품의 고품질 및 기술집약의 대명사가 될 수 있다. 동일한 품질 및 기술함량의 경우, 가격이 아닌 브랜드의 명성이 소비자의 구매행위에 영향을 미치는 결정적 요소가 된다. 따라서 브랜드의 인지도, 명성도 및 충성도를 높이는 것은 기업의 핵심경쟁력을 구축하는 중요한 조치이다. 무형재산권제도에서 상표권은 기업의 브랜드가 정상적인 상황에서 "유일성"을 유지하도록 할 수 있다. 성공한 기업을 보면, 다수가 기술혁신 및 브랜드의 경쟁력을 최대한 발휘한다. 미국인은 자주 말하기를 "칩(chip)이든 포테이토칩(potato chips)이든, 돈만 벌 수 있으면 좋은 칩이다." 여기에서 칩(chip)은 기술혁신에 의하여 돈을 벌고 포테이토칩은 브랜드에 의하여 돈을 버는 것을 말한다.

다. 무형재산권이 기업의 핵심경쟁력을 높임에 있어서의 역할

무형자산에서의 무형재산권은 기업의 전략적 자원으로서 기업의 핵심경쟁력을 높임에 있어서 다음과 같은 역할을 한다. 첫째, 기업의 기술의 선두성을 유지한다. 무형재산권제도는 주로 특허권을 통하여 기술을 보호하고 있다. 특허제도에서 기업의 특정기술은 국가특허기관의 비준을 거쳐 특허로 인정되며 본 국내에서 해당 기술에 대한 독점사용권을 갖게 된다. 기업은 특정기술에 대하여 특허를 획득한 후 이를 기초특허로 관련 개량기술 및 주변기술에 대하여 모두 특허를 신청하여 기초기술과 그 주변기술이 공동으로 하나의 특허망을 구성한다. 이러한 핵심기술의 특허장벽은 경쟁자로 하여금 초월하기 어렵게 하였다. 소위 특허망은 실제로 경쟁자의 기술발전의 가능성을 저지하였으며 경쟁자가 이러한 특허망의 장벽을 벗어나려면 비정상적인 방식으로 기술혁신을 하여야만 하지만 이는 필연적으로 대량의 인력, 물력 및 재력의 투입이 필요하며 기업의 경영원가를 대폭 높이게 된다. 게다가 기초기술에 대한 특허기간이 만료된 후에도 경쟁자에 대한 특허장벽은 여전히 소멸되지 않고 주변기술의 특허는 여전히 유효하여 해당 기업의 관련 기술의 선두성은 여전히 보장받을 수 있다. 둘째, 브랜드의 독특성을 보증한다. 상표는 소비자와 기업을 서로 연결시키는 매체이자 교량이다. 소비자는 통상 기업과 직접 거래하지 않고 상품의 상표를 통하여 기업을 식별하게 된다. 소비자가 상표에 대한 인상은 실제로 기업에 대한 인상을 결정하게 된다. 한 기업의 브랜드는 대량의 시간과 원가를 투자하여야만 소비자의 마음 속에서 좋은 이미지를 확보할 수 있다. 경쟁력이 있는 기업이 제일 우려하는 것은 자신의 상품의 상표와 기타 상품의 상표에 대하여 소비자가 서로 혼동하여 본 기업과 타 기업을 구분할 수 없음으로 인하여 타 기업이 본 기업에 대하여 "무임승차"의 상황이 발생하는 일이다. 기업은 반드시 자신의 브랜드의 독창성을 유지하여야 하며 상표법은 브랜드의 독창성을 보증하는 중요한 기능을 갖고 있다. 상표법의 규정에 의하면 만약 기업이 상표를 출원하여 등록하였다면 해당 기업의 허가없이 그가 신청한 동일하거나 유사한 상품품목 내에서 기타 기업이 동일하거나 유사한 상표를 사용할 수 없다. 그렇지 않으면 위법행위에 해당된다. 일단 기업의 상표가 저명상표로 인정되면 상표법의 특별보호를 받을 수 있으며 이는 더욱 자신만의 브랜드의 유일성을 나타낸다.

3. 기업의 무형재산권에 대한 자산관리

무형재산권이라는 개념에는 기업의 특허권, 저작권, 상표권, 영업비밀권, 상업명예권 등 다양한 내용이 포함되며 기술, 경제 및 법률이라는 삼위일체의 지식형태의 자산에 대한 권리보호형태를 말한다. 기업의 무형재산권에 대한 자산관리라 함은 기업이 지식형태에 대하여 총괄, 지배, 배분 및 운용함으로서 효과적인 보호를 받게 되고 가치유지 및 가치증가를 충분히 실현하는 관리활동을 말한다.[498]

가. 무형재산권에 대한 자산관리의 주체

기업은 무형재산권 자산의 관리주체이다. 무형재산권 자산의 창조 및 획득은 기업의 투입을 통하여 일련의 경영관리활동을 거쳐 실현된다. 무형재산권에 대한 자산관리는 기업관리의 중요한 구성내용이며 기업이 자신의 조건 및 시장상황에 근거하여 무형재산권 사무를 관리하는 관련 활동을 말한다. 기업의 자산활동은 주로

498) 蒋坡主编:《知识产权管理》，465页，北京，知识产权出版社，2007。

시장수단을 취하며 즉 시장이 주도하고 시장경쟁을 내용으로 하며 시장효익을 목표로 하는 지식형태의 자산에 대한 관리를 말한다.[499] 기업관리는 행정관리와 다르다. 국가의 지식재산권 주관기관은 무형재산권에 대한 관리책임을 부담하고 있다. 즉 관련 법률규정에 근거하여 무형재산권에 대한 출원수리, 심사, 수권, 등록 등 관리활동을 진행한다. 정부기관이 무형재산권에 대한 관리는 주로 행정수단 및 법률수단을 통하여 이루어지며 직권범위 내에서 법에 따라 관리한다.

나. 무형재산권에 대한 자산관리의 대상

무형재산권에 대한 자산관리는 각종 무형재산권 자산 그리고 그에 의존하는 유형적인 요소 및 동원가능한 각종 유형자원이 포함된다. 기업이 무형재산권 자산에 대한 경영관리는 일종의 체계적이고 개방적인 활동이다. 그 원인은 무형재산권에 대한 자산운용에서 그가 의존하거나 관련된 유형물질은 권리귀속관계에 변화가 발생하여 나아가 기업의 자산구조와 이익실현에 영향을 미치기 때문이다. 또한 무형재산권에 대한 운용 즉 지식형태의 자산요소의 도입 및 도출은 통상 투자, 개발, 양도, 허가, 경매, 질권, 특별경영허가, 파산처분 등 각종 방식을 취할 수 있으며 이러한 방식은 외부의 경영자원과도 관련이 있다. 따라서 기업이 무형재산권에 대한 자산관리는 단일자산요소의 발전을 주목하여야 할 뿐만 아니라 각 자산요소에 대한 종합적인 응용도 더욱 중요시하여야 한다.

다. 무형재산권에 대한 자산관리의 내용

기업의 무형재산권에 대한 자산관리는 관리목표, 관리방식, 각종 자산의 이용, 자산이익의 보호 및 권리처분 등 내용이 포함된다. 무형자산관리의 기초적 업무로부터 보면, 가장 우선적인 것은 기업에 무형재산권 자산관리부서를 설치하여야 한다. 해당 관리부서는 세 개의 대표적인 형태가 있다. 첫째, 집중식 관리형태이다. 즉 기업의 관리부서가 무형재산권 관련 사무를 통일적으로 관리 및 총괄한다. 예컨대 미국의 IBM회사이다. 둘째, 분산식 관리형태이다. 즉 기업의 무형재산권 본부의

---

499) 朱雪忠主编:《知识产权管理》, 16页, 北京, 高等教育出版社, 2010。

통일적인 관리하에 그 내부기관에 대하여 충분히 수권하는 관리체제이다. 예컨대 일본의 토시바회사이다.[500] 셋째, 행렬식 관리형태이다. 즉 기술별 및 제품별에 따라 기업의 무형재산권을 관리하는 것을 말한다. 예컨대 일본의 캐논회사이다. 다음은 기업은 무형재산권 관리제도를 확립하여야 한다. 관리제도는 기업이 관련 법률, 법규 및 행정규정에 근거하여 기업의 실제상황에 따라 제정한 무형재산권 사무관리 과정에서 반드시 지켜야 할 행위규범의 총합이다. 구체적으로 무형재산권 기획관리제도, 권리귀속제도, 창조관리제도, 이전관리제도, 분쟁관리제도, 계약관리제도, 정보관리제도 등이 포함된다.[501] 여기서 설명할 점은 각 기업의 구체적인 상황에 따라 무형재산권 자산관리의 내용에 다소 차이가 존재하므로 기업상황에 맞는 관리지침을 제정하여야 한다는 것이다.

4. 기업의 무형재산권 운용의 통합화 전략

가. 기업의 무형재산권 운용에 대한 전략조치

기업은 무형자산 자원의 운용과정에서 제품의 속성, 기술발전의 속도, 소비자의 특징 및 동일한 기업의 다양한 브랜드 사이의 파급효과(spillover effect)[502]를 고려하여야 한다. 이를 통하여 각종 지식형태 자산의 효익을 충분히 발휘하여야 하고 또한 강세기술의 형성 및 강세브랜드의 양성을 중심으로 기업이 시장경쟁에서의 장기적인 경쟁력을 구축하여야 한다. 이는 기업의 무형재산권 통합화 전략의 중요한 조치이다.

지식경제시대에 진입한 후, 수많은 다국적 회사는 물질자원의 소모에 의한 발전단계를 거쳐 "혁신연구개발" 및 "시장마케팅" 양대 주축에 의한 발전단계에 이미 이르렀다. 다시 말하면 기술과 브랜드라는 무형재산권을 통하여 자신의 경쟁강점을 확보하고 확장하는 것이다. 20세기 80년대부터 시작하여 지식집약형 제품과 서비스

500) 于涛:《国外企业知识产权管理模式分析》, 载《电子知识产权》, 2003(6)。

501) 朱雪忠主编:《知识产权管理》, 40~41页, 北京, 高等教育出版社, 2010。

502) Gideon Parchomovsky & Peter Siegelman, "Towards an Integrated Theory of Intellectual Property", Fordham Law & Economics Research Paper No.18, (April 2002), p.26.

가 국제무역에서 차지하는 비율이 갈수록 상승하고 있으며 따라서 무형재산권 관련 문제도 점점 증가하고 있다. 국제시장 및 대외무역에서 무형재산권은 약 1만억 달러의 화물 및 서비스 거래무역을 통제하고 있으며 무형재산권분야는 이미 글로벌기업의 경쟁에서 관건적인 전쟁터가 되었다. 다국적 회사에 있어서, 무형재산권의 역할은 두 가지 측면에서 표현된다. 첫째, 지식재산권은 다국적 회사가 가장 우선적으로 투자하는 중요한 자본이다. 기업의 자산구성은 통상 해당 기업의 시장경쟁력을 나타낼 수 있다. 지식경제시대에서 무형재산권을 핵심으로 한 무형자산이 기업자산에서의 비율이 높을수록 기업의 시장경쟁력이 더 강하다는 것을 알 수 있다. 세계 500대 기업 중의 탑 10대 기업 모두 고품질의 무형재산권을 보유한 기업들이다. 통계에 따르면 일종의 신종화학약품 또는 생물약품을 개발하기 위하여 통상 약 1억~6억 달러가 소요되고 10년이라는 시간을 소모하여야만 시장에 투입하여 사용될 수 있다. 그러나 만약 약품의 연구개발이 성공한다면 기업에게 엄청난 이익을 가져다줄 것이다. 따라서 다국적 회사는 시장을 점유하기 위하여 무형재산권을 수익률이 제일 높은 자본으로 보고 있다. 둘째, 무형재산권은 다국적 회사가 경쟁에 참여하는 중요한 도구이다. 경제글로벌시대에서 다국적 회사 사이, 다국적 회사와 현지회사 사이의 경쟁은 점차 무형재산권 경쟁으로 변화하여 지식집약형 제품과 서비스가 국제무역에서 차지하는 비율이 갈수록 상승하고 있다. 중국이 세계무역단체에 가입한 후, 글로벌회사는 무형재산권을 무기로 하여 빈번히 중국기업에 타격을 가하고 있다. DVD 등 특허분쟁부터 일본토요타사와 중국지리이(吉利)사 간의 상표권 침해소송까지, 비록 외관상으로는 무형재산권 침해분쟁에 해당하지만 본질적으로 각국 기업이 국제시장에서의 경쟁이다. 이로부터 다국적 기업은 규모가 크고 판매망이 넓으며 자원통합능력이 우수한 장점도 있는 한편 무형재산권제도를 통하여 끊임없이 자신의 경쟁강점을 강화하고 있음을 알 수 있다.

나. 무형재산권 운용의 국제경쟁 상황

국제경제무역거래의 주인공으로서의 다국적 회사는 이미 무형재산권을 경영전략의 중요한 구성 부분으로 간주하였으며 자신의 무형재산권을 보호하고 이용하는 것이 바로 자신의 경쟁강점을 확보하고 확장한다는 것을 충분히 인식하였다. 이로 인하여 다국적 회사는 여러 방식을 통하여 무형재산권의 이익을 보호하였다. (1) 무형재산권을 통하여 합법적인 "무역장벽"을 구축하였다. 국제시장에서 다국적 회사는 자금 및 기술강점을 이용하고 무형재산권 규칙을 능숙하게 적용하여 중국기업에 대하여 새롭지만 합법적인 "무역장벽"을 구축하였다. 하나는 "기술장벽"이다. 국제표준단체의 표준화 작업에 영향을 미치거나 이를 통제하여 기술표준이 기술특허에 도입되도록 하여 산업사슬의 하이테크 영역을 점유하고 이로부터 고액의 거대한 이익을 획득하였다. 따라서 외국기술표준을 사용하는 중국기업으로 하여금 국제시장에서 생존하는데 어려움에 빠지게 하였다. 다른 하나는 "녹색장벽"이다. 국제적으로 인정하는 환경표준 및 녹색표준을 제정하여 선진국의 시장에 진입하는 표준을 높여서 국제인증의 녹색표준에 달하지 못하거나 통일적인 품질보증이 부족한 수출브랜드의 중국농수산물 및 전자제품은 수출할 시 많은 저지를 받았다. 셋째는 "반위조장벽"이다. 「지식재산권협정」에서 새롭게 규정한 세관조치를 이용하여 일부 타인의 상표, 상호, 지리표시를 위조한 중국수출상품에 대하여 차압 및 압수의 "반위조" 보호조치를 취하였다. (2) 기술양도를 통하여 무형재산권의 실제수익기간을 연장하였다. 지역경제발전의 불균형으로 인하여 각국의 소비품에 대한 수요도 큰 차이가 있다. 선진국의 한 첨단기술이 개발도상국에서는 그 경제가치를 실현할 수 없을 가능성도 있다. 그러나 개발도상국의 국민의 생활수준이 높아짐에 따라 일부 기술의 경제가치는 해당 지역에서 점차 그 가치를 실현할 수 있을 것이다. 통상적으로 다국적 회사는 네 가지 방식을 통하여 대외로 기술을 수출한다. 즉 상품수출, 특허판매, 정부와의 합작 및 외국에서의 투자이다. 이러한 네 가지 방식은 사실상 모두 수출과정에서 기업이 비교적 높은 기업경쟁력을 확보할 수 있는 과정이기도 하다. 동일한 기술상품에 대하여 말하면 기술수준이 현저히 낮은 시장에서 판매하는 것은 더 큰 경쟁력을 확보할 수 있다. 특허를 제3자에게 판매하는 것도 특허의 실제수명을 연장하는 수단이다. 기술이전은 다국적 회사의 글로벌경영전략의 필요라고 할 수 있다. 또한 무형재산권은 기술이전의 과정에서만 최대의 효익을 얻을 수 있다. 그러므로 다국적 회사는 통상 지역경제의 차이성을 이용하여 국가 및 지역을 초월하여 기술을 이전함으로서 이를 통하여 무형재산권의 이익을 최대한으로 확보한다.

요약하여 말하면, 세계적 범위 내에서 다국적 회사가 무형재산권제도에 대한 전반적인 전략목표는 무형재산권제도를 이용하여 자신의 강점을 강화하는 한편 정치,

경제 등 각종 수단을 통하여 무형재산권제도의 발전에 영향을 미치며 이를 통하여 마련된 제도가 그의 경쟁강점을 보호하는 데 유리하도록 수정한다.

다. 무형재산권 운용에 대한 중국의 전략적 선택

중국은 세계무역기구의 가입국으로서 무형재산권 통합화 및 글로벌화 추세하에 「지식재산권협정」에서 규정한 국제의무를 지켜야 한다. 글로벌화 시대에서 통일된 규칙을 적용하여 경쟁에 참여하여야 하며 만약 계속 자신이 생각하는 "적당한" 수준으로 무형재산권을 보호한다면 "폐쇄국면" 나아가 "자아도태"의 결과를 초래하게 될 것이다. 바로 이러한 원인으로 인하여 중국기업은 현재의 상황을 잘 인식하고 통일된 규칙을 적용하여 외국기업과의 경쟁에 적응하고 참여하여야 한다. 그러나 중국기업은 이에 대한 준비가 아직 많이 부족하며 현재 직면한 지식재산권 관련 어려움은 주로 아래 몇 가지 측면에서 표현된다.

(1) 저수준보호에서 고수준보호로 발전하기 위해 필요한 과도기간이 부족하다. 서양국가는 무형재산권의 최초 창조자이기도 하고 무형재산권의 최대 수익자이기도 하다. 그들의 무형재산권제도는 대체로 "약한 보호"로부터 "강한 보호"로 점차 발전하는 과정을 거쳤으며 이러한 약으로부터 강으로의 발전은 선진국 국내기업 자체의 발전상황에 따라 결정된 것이다. 선진국의 다수 기업은 바로 이러한 하나의 단계적인 발전과정을 거쳐 점차 발전되고 강대해진 것이다. 선진국은 무형재산권을 공공정책도구로 이용하여 자국기업의 발전과 확장을 보호하였다. 그러나 21세기의 중국기업이 직면한 것은 완전히 다른 환경이다. 「지식재산권협정」은 무형재산권에 대한 국제보호의 "최저기준"을 확정하여 보호범위를 확대하였다. 이는 중국기업이 무형재산권에 대한 보호가 반드시 기존의 선진국만이 구비할 수 있는 기준에 달하여야 함을 의미한다.

(2) "무형재산권 함정"에 대응하는 경험이 부족하다. 중국시장에서 다국적 기업은 통상 "상품을 유통하기 전에 무형재산권이 우선이라는" 식으로 중국기업에 대하여 "무형재산권 함정"을 설정하였다. 첫째, 연구개발의 강점을 이용하여 중국에서 대량의 특허를 출원하며 특히 관건기술 및 핵심기술에 대하여 그 영역을 확보하고 중국기

업에 특허장벽을 설정하였다. 둘째, 상호 합작과정에서 자금의 강점을 이용하여 중국기업의 민족브랜드를 인수하거나 소멸시키고, 외국브랜드로 중국시장을 점령하여 중국브랜드의 이미 형성된 전통적인 영향력 및 미래경쟁력을 약화시켰다. 셋째, 중국기업에 대한 권리침해소송을 강화하고 심지어 중국에 대한 "위조물품단속팀"을 구성하여 특허, 상표 등 무형재산권 침해를 이유로 법률수단을 통하여 중국기업의 생존공간을 저지하고 억제하였다. 이러한 사태에 직면한 중국기업은 이에 대한 적극적인 대응전략이 많이 부족하다. 만약 타인의 무형재산권을 존중하지 않고 자신의 무형재산권을 보유하지 않는다면 중국기업은 국제 및 국내 두 시장에서 모두 타인의 제약을 받게 될 것이다.

(3) 무형재산권을 효과적으로 실행할 수 있는 조건, 수단 및 사회환경이 부족하다. 무형재산권제도의 목표를 실현하기 위하여 통상적인 사회조건이 마련되어야 한다. 다시 말하면 지식상품의 생산, 전달 및 이용에 영향을 미치는 기본조건이 구비되어야 하며 이러한 기본조건에는 무형재산권제도가 존재하고 효과적으로 실행할 수 있는 경제, 과학기술, 문화, 교육 등 물질시설과 사회적 환경 그리고 무형재산권의 정책방향을 토대로 형성한 관련 공공정책체계가 포함된다. 특허제도를 예로 들면, 특허권은 과학기술영역에서 가장 중요한 무형재산권으로서 이를 효과적으로 실행하려면 두 가지 중요한 조건이 필요하다. 첫째, 특허권을 목표로 하는 기술혁신, 기술성과전환, 기술중개서비스, 기술재산권보호의 공공정책체계를 구축하여야 한다. 이러한 관련 제도가 부족한 상황에서 적지 않은 업계 및 기업에서는 기술이 있지만 특허가 없거나 특허가 있지만 응용할 수 없거나 응용할 수 있지만 산업이 없는 현상이 존재하고 있다. 둘째, 자기혁신에 필요한 연구개발자금 및 물질조건을 제공하여야 한다. 이와 관련한 문제는 더욱 심각하다. 연구개발에 대한 투입부족은 기업의 특허의 수량규모 및 품질수준에 직접 영향을 미친다. 또한 경제구조의 균형 및 산업기술의 업데이트 그리고 자주재산권의 기술체계를 보유하는 기반이 부실함으로 인하여 수많은 기업이 "제조"만 있고 "창작"이 없으며 "재산권"만 있고 "지식"이 없으며 심지어는 위조품으로 경영을 유지하고 있는 상황이 벌이지기도 한다.

중국기업이 무형재산권의 국제적 곤경에서 벗어나 경제글로벌화의 국제시장으로 나아가려면 국가의 거시적 정책과 기업의 미시적 결정에 의하여야 한다.

(1) 정부의 공공정책은 기업의 무형재산권 운용에 대한 지침이다. 기업이 지식재산권에 대한 운용능력과 핵심능력의 강화는 정부의 공공정책의 가이드와 갈라놓을 수 없다. 기업에 대하여 말하면, 정부의 역할은 주로 다음과 같다. 첫째, 신흥산업에 대한 추진정책을 제정한다. 즉 자주혁신능력 및 경제경쟁능력을 높이고 무형재산권을 지배하며 전략적 신흥산업을 발전시키는 것을 주요목표로 한다. 국가산업정책 및 발전기획은 신흥기술산업을 발전시키는 것을 우선적인 목표로 하여야 하며 재정, 세무, 대출 및 구매 등면에서 대폭적으로 지원하여야 한다. 신흥과학기술에 대한 무형재산권의 신청, 관리 및 이용제도는 반드시 관련 정책과 서로 보충하여 적용하여야 한다. 즉 무형재산권을 방향으로 한 공공정책체계를 확립하여야 한다. 둘째, 대외무역정책을 조율하여야 한다. 무형재산권의 무역거래를 활성화하려면 정부정책을 지도로 하고 기업을 주체로 하며 시장체계를 기초로 한 무형재산권의 창조, 관리 및 운용체계를 확립하고 기술의 소화, 흡수 및 혁신능력을 높여서 자주특허 및 자주브랜드가 있는 기술상품의 수출을 확대하고 무역성장방식을 전환하여 무역대국으로부터 무역강국으로 변신하는 전략적 목표를 실현하여야 한다.

(2) 기업의 무형재산권 운영에 대한 통합화전략을 실행한다. 기업은 자신의 무형재산권 운용수준을 높여서 기술 및 브랜드를 주도적 내용으로 한 통합화 전략을 실행하여야 한다. 첫째, 기술혁신을 토대로, 특허의 출원 및 보호를 강화하여야 한다. 특허를 보유하는 것은 경쟁우위를 점하였음을 의미한다. 중국기업은 지속적으로 과학기술의 혁신에 대하여 더욱 많은 인력 및 물력을 투입하여야 하며 이러한 투입을 통하여 개발한 기술을 특허의 형태로 보호하여야 한다. 실무에서 특허보유량은 시장점유율을 의미하며 특허지배자가 시장을 지배한다는 사실이 이미 증명되었다. 이는 무형재산권의 기본적인 특징의 집중적 표현이다. 중국기업은 반드시 적극적으로 특허를 창출, 보호 및 운용하여야 하며 이를 자신의 기술 및 시장우위를 보호하는 법적 무기로 삼아야 한다. 둘째, 브랜드 육성을 핵심으로 하여 기업의 무형재산의 가치증가를 실현한다. 상표의 경쟁력은 상품의 다양성과 품질의 안정성에서 비롯되고 상품의 다양성과 품질의 안정성의 토대는 기업의 혁신이다. 한 면으로는 기업은 품질을 기본으로 하고, 끊임없이 소비자에게 창작상품과 고품질의 서비스를 제공하여 상표를 다양한 고품질의 상품에 사용하여 소비자로 하여금 상품 및

서비스를 인정하도록 하여 상표에 대한 호감도와 충성도를 형성하는 것이다. 다른 한 면으로는 기업도 상표에 대한 소비자의 인정을 통하여 성숙한 상표를 끊임없이 각종 상품 및 서비스에 사용하여 상품 및 서비스의 다원화 발전을 추진하여야 한다.

하 편

무형재산권 기본제도

제12장 저 작 권
제13장 특 허 권
제14장 집적회로 배치설계권
제15장 영업비밀권
제16장 식물신품종보호권
제17장 상 표 법
제18장 지리적표시권
제19장 상 호 권
제20장 도메인이름권
제21장 이미지권
제22장 상업명예권(商譽權)
제23장 신 용 권
제24장 특별경영허가권

제12장

저 작 권

저작권을 판권[1]이라고도 부르며 저작권이라 함은 저작자 또는 기타 저작권자가 법에 따라 문학, 예술 및 과학작품에 대하여 갖는 각종 전용권을 총칭하는 말이다. 저작권은 창작성 성과권으로서 지식형태를 보호대상으로 하고 전용권을 존재형태로 하는 일종의 무형자산이다. 저작권은 문화영역에서 제일 중요한 무형재산권이다.

1. 저작권제도의 이론기초

가. "출판특별허가권"부터 "정신(精神)소유권"까지

근대 저작권제도는 봉건사회의 "출판특별허가권"으로부터 자본주의의 "정신소유권"까지 약 300년간의 오랜 기간 변화를 거쳤다. "출판특별허가권"이 존재하는 의의는 근대의 저작권제도의 발생에 대하여 모종의 역사적 연결고리의 역할을 하는 것이다. 유럽에서 출판특별허가권은 봉건군주에 의하여 수여받는 것으로 통상 일정한 기간과 지역의 범위 내에서 출판상의 배타적인 출판관념을 형성하였다. 그들은 인쇄출판한 작품에 대하여 일종의 소유권이 발생하여야만 출판자는 더욱 큰 범위 내에서 자유롭게 작품을 출판할 수 있는 한편 무단으로 복제하는 자에게 대항할 수

1) 중국에서 저작권이 바로 판권이다. 현행의 저작권법 제57조에서는 "본 법에서 말하는 저작권이 바로 판권이다."고 규정하였다. 중국의 입법에서 채택한 "저작권"이라는 용어는 1910년 "대청저작권율"에서 일본으로부터 도입한 것이다. 전 세계에서 저작권이라는 개념와 유사한 것은 프랑스법에서 인용한 "저작자권"(Droit de Auteur) 및 영미법에서 사용한 "판권"(Copyright) 개념이다. 1990년 중국의 "저작자권법"은 절충의 방식을 취하여 "저작권" 및 "판권" 용어의 차이점을 조율하여 동의어로 정의하였다.

있다고 보았다. 이것이 바로 초기의 “출판소유권”론이다. 그 후 봉건왕조의 몰락 및 시민계급의 권리관념의 강화로 인하여 출판상은 출판물에 대한 독점적 보호는 국왕의 특별수권에 의한 것이 아니라 저작자의 정신소유권의 양도에 의하여 취득하는 것임을 주장하기 시작하였다. 그들은 “자연법”사상을 토대로 자신의 독점권리에 대하여 새로운 이론적 기초를 마련하고자 시도하였다. 즉 “정신소유권”이라는 학설로 기존의 “출판소유권”의 주장을 대체하고자 하였다. “정신소유권”설에서 저작자는 자신의 작품 및 그 작품의 물적 형태인 서적에 대하여 모든 소유권을 갖고 있으므로 이러한 권리를 소유권의 일종으로 간주하였다. 한 가지 명확한 것은 “정신소유권”은 이미 현대저작권의 기본적인 의미를 내포하고 있었다는 것이다. 저작자는 자신의 작품에 대하여 독점권 및 전용권을 갖고 있고 이러한 권리를 자유롭게 양도 및 처리할 수 있으며 작품을 타인이 사용함으로 인하여 얻은 이익을 공유할 수 있다는 관념은 자산계급 혁명시기에 형성된 현대적 의미의 저작권 개념이다. 19세기 유럽에서 저작물의 운명에 대한 결정권은 최초 국가의 권력중심으로부터 저작자 개인 및 출판상에게로 이전되었으며 입법자는 결국에는 민사소송을 통하여 행사할 수 있는 권리인 판권(저작권)으로 전환시켰다.[2] 이로부터 보다시피 저작권은 개인이 향유하는 일종의 무형재산권으로서 결국에는 자본주의사회에서 법률의 보편적인 인정과 엄격한 보호를 얻었으며 점차 하나의 독립적이고 체계적인 법률제도를 형성하였다.

18세기부터 19세기까지 서양국가는 잇따라 저작권에 대하여 입법하기 시작하였으며 정신적 산물의 보호와 관련하여 기능은 유사하나 내용이 완전히 다른 법률전통을 형성하였다. 현재 일부 서양학자들은 세계적 범위의 저작권에 대하여 세 가지 제도로 분류하였다. 즉 시장경제국가, 계획경제국가 및 개발도상국의 저작권제도이다. 일부는 이를 네 가지 법계로 분류하기도 하였다. 보통법, 대륙법, 사회주의국가 및 개발도상국의 저작권법 법계로 분류하였다.[3] 그 중에서 주도역할을 하는 것은 영국, 미국을 대표로 한 보통법계 및 프랑스, 독일을 대표로 한 대륙법계 양대 유파이다.

---

2) Paul. Edward Geller, International Copyright: An Introduction, Mathewbender Ltd, 1990, p.18.

3) [美] E.W.鲍曼、L.克拉克 · 汉密尔顿:《现代版权概念和版权制度比较分析》; [日] 阿部浩二:《各国著作权法的异同及其原因》; 史文清、梅慎实:《简述普通法著作权法系与大陆法系著作权法系的哲学基础及其主要原则》, 载《青海社会科学》, 1991(3)。

나. 보통법계 국가의 “재산가치관”

보통법계 국가의 저작권법은 “재산가치관”을 토대로 구축한 것이며 그들은 “상업저작권”학설을 채택하여 저작권의 실질은 상업을 목적으로 저작물을 복제할 수 있는 권리라고 보며 창작자의 권리를 “copyright”(즉 저작권)으로 표현함으로써 “복제권”이라는 원래의 의미를 내포하고 있었다.[4] 저작권법의 보호내용은 최초의 작품에 대한 인쇄제작권 및 재인쇄권이며 저작권의 존재는 물질형태로 존재하는 작품에 의존하며 저작권의 가치는 타인에게 이전할 수 있는 재산이라는 데 있다. 영국에서 발생한 종교영역에서의 청교도 개혁, 정치영역의 개명독재주의, 경제영역의 중상주의 등 각종 변혁 및 사상흐름의 부흥은 18세기 초기 「안나법령」의 탄생을 위하여 필요한 사회적 조건을 마련하였다. 1643년 영국출판상이 제출한 국회청원서에서는 “출판상 사이의 복제품에 대한 적당한 관리는 인쇄의 번영, 서적의 풍부 및 서적의 저렴함을 추진할 수 있다.”고 서술하였다.[5] 영국의 에드워드 7세는 청원서에 대하여 “인쇄자와 출판상이 관심을 갖는 것은 동전, 실링 및 펜스이다. 그들의 업종은 충분한 돈을 벌고 그들이 벌고자 하는 돈에 관심을 갖는 것이다.”고 평가하였다.[6] 그들의 추진에 의하여 영국은 세계 역사에서 최초로 저작권법을 공포하였으며 이는 “창작을 격려하기 위하여 저작자 및 출판상에게 수여하는 독점적 복제권”에 대한 법안이다. 「안나법령」은 “중상주의”의 경제독점의 관념 및 사유재산의 신성한 재산권 관념을 토대로 한 것으로서 동 법령의 중요한 입법목적은 현대문화의 전파기능 효과의 충분한 실현을 보호하고 사람들이 정신적 산물을 생산하고 출판업을 영위하는데 투자하도록 격려하기 위함이다. 이를 위하여 입법자는 이를 “거래규칙”(trade regulation)[7]으로서 심혈을 기울여 치밀하게 설계하였다. 이는 봉건주의식 출판특별허가권을 자본주의식 “재산권”으로 전환시켜 저작자와 출판상에게 수여하였으며 상업거래를 고려하여 저작권의 기한, 저작권의 효력 및 가격에 대한 제한조항을 설정

4) Copyright는 Copy right 로부터 온 것으로서 원래의 의미는 판권이지만 현대 법률에서 다수가 저작권으로 부르고 있다. “브리태니커백과사건”의 해석에 다르면 Copyright는 이중적 의미를 갖고 있다. 하나는 복제권을 의미하고 다른 하나는 원작에 대한 보유 및 지배인 현대적 의미의 “판권”을 의미한다.

5) L. Ray Patterson、Stanley W. Lindberg, The Nature Of Copyright: A Law Of Users' Right, 1991.

6) L. Ray Patterson、Stanley W. Lindberg, The Nature Of Copyright: A Law Of Users' Right, 1991.

7) L. Ray Patterson、Stanley W. Lindberg, The Nature Of Copyright: A Law Of Users' Right, 1991.

하였다. 이는 copyright의 단일재산적 성질의 전통적인 관념을 유보하였지만 저작자의 인격적 이익을 고려하지 못한 점이 있다. 1790년 미국에서 제정한 저작권법은 「안나법령」의 법률전통을 승계하였으며 "재산가치설"의 기본적인 이론을 표현하였다. 저작권의 입법목적에 대하여 미국은 단독적으로 이를 헌법에 포함시켰다. "국회는 …… 저작자 또는 발명가가 개인작품 또는 발명에 대하여 갖는 전용권에 대하여 일정한 보호기간을 부여할 권한이 있으며 이를 통하여 과학 및 예술의 발전을 촉진한다." 상기 헌법조항은 저작권 보호와 관련하여 세 가지 정책으로 요약하였다.

(1) 지식촉진정책(the promotion of learning) 즉 저작권의 우선 목적은 지식의 전파 및 문화의 발전을 촉진하는 것이다.

(2) "공공영역"유보정책(the preservation of the public domain) 즉 저작권 보호는 일정한 시간 및 범위 내에 한정된 것이다.

(3) 저작자 보호정책(the protection of the author) 즉 헌법이 저작자에게 부여하는 저작물에 대한 전용권이다. 다시 말하면 저작권은 일종의 기능성 개념으로서 저작권의 역할은 저작자의 창작 및 저작물의 전파를 격려하는 것이고 그 목적은 지식의 보급 및 작품의 사용을 위함이다.[8] 상기 세 가지 정책의 논리적 순서는 지식촉진정책 및 공공영역 유보정책이 저작자 보호정책보다 우선이며 후자는 앞의 양자를 실현할 수 있는 방식임을 의미한다. 이에 대한 입법동기에 대하여 일본학자 아베 코지(阿部浩二)는 미국저작권법에서 "저작권에 대한 보호는 저작자 자신에 대한 보호를 제1순위로 하는 것이 아니라 과학 및 공예의 발전을 추진하기 위한 동력으로 간주한다."고 평가하였다.[9] 보통법계 국가의 저작권법 개념에 대하여 각 시기의 학자들은 서로 다른 표현을 하고 있지만 모두 "재산가치관"을 토대로 확립하였다. 초기의 계몽사상가는 지적작품의 "재산권론"을 주장하면서 농민이 토지에서 경작하고 수확하는 것처럼 저작자가 작품의 재산권을 자유로 양도할 수 있도록 허락하여야 한다고 목소리를 높였다. 18세기말에 이르러 일종의 "대리권론"이 등장하여 저작자가 대리인(출판상)에게 수권하여 제3자가 해당 작품을 복제하는 것을 제한하도록 할 것을

---

8) L. Ray Patterson、Stanley W. Lindberg, The Nature Of Copyright: A Law Of Users' Right, 1991.
9) [日] 阿部浩二:《各国著作权法的异同及其原因》, 载《法学译丛》, 1992(1)。

주장하였다. "재산권론" 및 "대리권론" 모두 저작자가 무형재산을 자유롭게 양도할 수 있으며 중개시장을 통하여 작품을 전파하는 것을 전제로 하였다. 19세기에 이르러 미국 Waren 및 Brandeis는 보통법은 단지 재산권만 보호한다는 단점 때문에 "프라이버시권론"을 제시하여 최초로 공표권 등을 일반인격권 보호에 귀속시킬 것을 주장하였지만 이는 여전히 "재산가치관"이라는 사상적 토대를 벗어날 수는 없었다.[10)]

다. 대륙법계 국가의 "인격가치관"

대륙법계 국가는 "인격가치관"을 저작권 입법의 철학기초로 보았다. 그들은 하늘이 인권을 부여한다는 사상을 저작권 이론의 범주에 도입하여 저작자의 정신권리에 대한 보호를 중심으로 한 저작권 개념을 확립하였다. 유럽국가의 저작권 관련 입법활동은 하나의 새로운 역사적 조건 및 사회적 배경을 갖고 있다. 그들은 전 세계를 석권한 자산계급혁명의 폭풍 속에서 하늘이 인권을 부여한다는 기치를 높이 들고, 자신의 정신재산권제도로 하여금 권리가치를 추구하는 최고봉에 오르게 하였다. 1789년 프랑스의 「인권선언」에서는 "자유롭게 사상과 의견을 교류하는 것은 제일 소중한 인권 중 하나이므로 모든 국민은 법률규정이 있는 경우에 한하여 자유를 남용하는 행위에 대하여 책임을 부담하는 외에 모두 자유롭게 발언, 창작 및 출판할 수 있다."고 선언하였다. 이는 저작권을 기본"인권"의 숭고한 지위로 상승시킨 것이다. 18세기 이후, 저작권의 개념은 독일사상가 칸트 등의 추진 하에 한층 더 발전하였다. 칸트는 "사람마다 독립적이고 모두 자기 자신의 주인이며 인격의 내적 존엄을 존중하여야 하고 모든 사람은 타인을 자신의 주관적 의도를 실현하기 위한 도구로 이용할 권리가 없다."고 주장하였다.[11)] 작품은 어떠한 하나의 상품이 아니며 다른 시각에서 말하면, 저작자의 연장선으로서 작품은 인격을 반영하는 것이다.[12)] 바로 이러한 사상을 토대로 입법자는 특별히 개인의 자연권리 특히 인격권에 대하여 세심한 관심과 보호를 가졌다. 그들은 저작자 중심의 입장에서 출발하여, 입법의 중심

---

10) Paul. Edward Geller, International Copyright: An Introduction, 1990, pp.22-23.

11) 陈云生:《权利相对论》, 115页, 北京, 人民出版社, 1991。

12) 刘春田、刘波林:《著作权的若干理论问题》, 载《法律学习与研究》, 1987(2)。

을 개인의 정신이익의 보호라는 점에 치중하였다. 보통법상의 "저작권" 개념과 구별하기 위하여 그들은 "저작자권"이라는 용어(영문"author's right", 프랑스어 "droir de auteur", 독일어 "Urheberrecht", 스페인어 "derecho de autor", 이탈리아어 "diritto d' autore"등은 "저작자권"에 대한 표현이다.)를 창설하여 출판자의 권리에 대한 보호가 아닌 저작자의 개인권리에 대한 보호를 강조하였다. 또한 법률은 저작자의 재산적 권리를 보호하여야 할 뿐만 아니라 저작자의 인격적 권리도 보호하여야 한다는 것을 강조하였다. 19세기 하반기 메이지유신 시대의 일본은 저작권에 대하여 입법할 시 대륙법계의 "인격가치관"의 법률전통을 승계하여 저작자의 인격적 권리에 대한 보호를 중요시하고 저작자권리를 토대로 하는 한편 보통법계의 핵심적 내용을 도입하기도 하였다. 또한 법인도 저작자가 될 수 있다고 승인하며, 저작권의 주체를 저작자 이외의 기타 인(人)까지 확대하였다. 일본학자 미즈노 렌타로(水野鍊太郎)는 독일어 Urhe-berrecht(저작자권)을 근거로 의미가 더욱 풍부한 "저작권"이라는 용어를 창제하여 이를 일본 입법의 공식용어로 사용하였다. "인격가치관"설의 확립은 자연법학파들이 권리를 숭배하고 개인의 자유를 존중하는 가치관념을 표현하였다. 그들은 단일한 재산권을 이중적 내용을 갖는 저작자권리로 더욱 풍부하게 정의하고 저작권 본래의 이성(理性)적 성품을 서술하였으며 이는 하나의 중대한 발전임이 확실하다. 그 외 대륙법계 국가는 저작자가 저작권법에서의 지위를 아주 중요시하였으며 저작자인 자연인, 저작자가 제1저작권자 등 내용과 관련하여 거의 완전무결한 규정을 두었으며 이는 저작자를 입법중심으로 한 관념을 충분히 나타내고 있다. 다만 부족한 점은 기타 저작권소유자의 법적 지위에 대하여 명확히 규정하고 있지 않다는 점이다.

소위 말하는 "재산가치관" 및 "인격가치관"의 구별점은 단지 양대 법계가 저작권의 법률가치에 대하여 서로 다른 선택을 하였음을 의미한다. 실질적으로 말하면, 그들은 모두 자연법학 이론을 뿌리로 하고 있으며 개인권리를 중심으로 한 사상에 대한 구체적인 표현이기도 하다.

(1) 저작권은 기타 권리와 마찬가지로 인위적인 법률의 구속을 받지 않는, 폐지할 수도 없는 자연권이다. 이러한 권리는 신이 권리를 부여한 결과가 아니라 저작자의 창작활동으로부터 기원된 것이다. 「안나법령」은 이러한 권리를 공법영역에서 사법영역으로 진입하게 하고 특별허가권을 법률이 규정한 양도가능한 재산권으로 전환

시키는 것은 하나의 질적인 전환이기도 하다. 또한 대륙법에서 단일한 재산권을 이중적 내용을 갖는 저작자권으로 풍부하게 하였으며 저작권 본래의 이성적 성질을 인정하는 것 또한 하나의 중대한 발전이다.

(2) 저작권은 창작자 개인이 단독적으로 향유하고 타인과 공유하지 않는 권리이다. 개체(個體)는 시민사회의 기본적인 구조단위이며 단독적인 인격과 법적 지위를 갖는 주체이자 민사권리의 소유자이기도 하다. 비록 「안나법령」은 저작자와 출판상에 대한 보호를 명문으로 규정하고 있지만 출판상의 권익은 파생된 것으로서 본원적인 권리가 아니며 저작권 관련 거래에서 저작자가 권리에 대하여 양도한 결과로 간주되었다. 반면 대륙법은 저작자가 저작권법에서의 지위를 아주 중요시하며 저작자인 자연인, 저작자가 제1저작권자 등 내용에 대하여 거의 완벽하게 규정하였다.

(3) 저작권은 절대성 및 배타성을 갖는 정신적 재산권이다. 사유재산에 대한 보호는 인간성 및 이성의 요구에 맞는 자연법칙제도이다. 자연법의 권리사상에 대한 심각한 영향으로 인하여 저작권은 소유권과 유사한 의의를 갖게 되었다.

2. 저작권 속성의 이원성 구조

가. 저작권의 이원성 구조 분석

세계 각국의 입법 및 주요 국제협약은 저작권의 인격권 및 재산권의 이중적 속성을 보편적으로 인정하고 있다. 이성주의를 취하는 대륙법계 국가는 법률의 논리체계를 중요시하여 성문법에서 인격권 및 재산권 등 각종 권리항목에 대하여 집중적으로 규정하고 있다. 프랑스를 대표로 한 “이원론” 국가에서는 저작권은 “일체양권(一體兩權)”으로서 상호 단독적인 인격권 및 재산권으로 구성된다고 보았다. 독일을 대표로 한 “일원론”국가에서는 저작권은 인격권 및 재산권의 유기적인 복합체로서 분리할 수 없다고 보았다. 이와 달리, 경험주의를 취하는 영미법계 국가는 법률의 실제적인 적용을 중요시하여 저작권의 재산가치를 강조하며 분산된 체제를 장기적으로 채택하여 보통법을 토대로 구체적인 개개의 사법판례를 통하여 개인의 인격권을 처리하였다. 영국은 1988년에 이르러서야 저작자의 신분권, 동일성유지권, 성명표시권 및 개인사진, 영상작품의 프라이버시권에 대하여 규정하였으며 미국법은 1990년에 이르러서야 시각예술작품에 대한 저작자의 신분권 및 동일성유지권을 인정하였다.[13] 1928년 「베른협약」 로마본은 저작권 보호에 대한 가장 중요한 국제협약으로서 재산권에 대하여 열거규정하는 한편 인격권에 대하여 다음과 같이 명확히 규정하였다. 즉 "저작자는 자신의 저작물에 대하여 저작자 신분을 요구할 권리가 있으며 자신의 저작물의 명예에 손해를 미치는 어떠한 왜곡, 분리 또는 기타 수정, 또는 기타 손해행위를 반대할 권한이 있다." 1996년 세계지식재산권기구에서 통과한 「저작권협약」 및 「공연 및 녹음제품협약」은 「베른협약」의 관련 규정을 완전히 도입하였으며 인격권의 주체범위를 저작자로부터 실연자에게까지 확장하였다. 이를 근거로, 상기 협약의 체약국은 저작자의 신분권 및 동일성유지권을 보호할 의무가 있다. 이로부터 저작권의 이원성 구조의 속성을 인정하고 인격권에 대하여 보호하는 것은 각국 저작권제도의 발전 및 변혁의 필연적인 추세임을 알 수 있다.

나. 저작인격권 속성에 대한 분석

저작인격권에 대하여 영미법계에서는 이를 "moral rights"로 부르며 중국어로는 "정신권리(精神權利)"로서, 「베른협약」 영문본은 moral rights라는 용어를 사용하였다. 대륙법계 국가에서 저작인격권은 프랑스어로는 driots moraux, 독일어로는 Urheberpersoenlichkeitsrecht이다. 인격권은 저작권의 유기적인 구성부분이다. 현행 저작권법은 저작자가 작품을 사용함으로 인하여 발생한 재산적 이익을 보호할 뿐만 아니라 저작자 및 그 작품에 존재하는 인격 및 정신적 이익에 대하여서도 보호하고 있다. 저작인격권과 일반인격권 모두 "인격관계 및 신분관계에서 나타나는, 그 자체와 분리될 수 없는 이익을 내용으로 한 민사권리"에 해당된다.[14] 저작인격권을 인격권의 "일종의 특수한 형태"로 이해하는 것은 타당치 않으며[15] 이러한 권리는

13) 何炼红:《网络著作权研究》, 载《中国法学》, 2006(3); 王坤:《著作人格权制度的反思与重构》, 载《法律科学》, 2010(6)。

14) 杨立新:《人身权法》, 8页, 北京, 中国检查出版社, 1996。

15) 독일학자는 1971년의 독일연방법원 Petite Jacqueline사건이 실무에서 저작인격권과 일반인격권의 혼동이 발생하는 원인은 전자를 "일반인격권의 일종의 특수한 표현형태"로 간주하였기 때문이

창작자의 인격과 밀접한 관련성이 있다. 다시 말하면 저작인격권은 저작자와 그 작품 사이에 서로 관련되어 존재하는 정신적 이익이다. 독일학자 Manfred Rehbinder는 인격적 이익을 세 가지 측면으로 분류하였다. 첫째는 인격과 직접 관련성이 있는 권리들이다. 예를 들면 신체권, 건강권, 명예권 등이다. 둘째는 주체가 직접 보유한 비인격적 이익이다. 예를 들면 초상권, 프라이버시권 등이다. 셋째는 주체가 직접 보유한 무형재산에 대한 이익이다. 예를 들면 저작권, 발명권 등이다. Rehbinder 교수는 저작인격권을 일반인격권의 범주에 포함시킬 필요도, 포함시켜서도 안되지만 저작인격권 관련 규정을 원용하여 이러한 이익에 대하여 보호할 수는 있다고 주장하였다.[16] 저작인격권은 주로 아래 두 가지 측면에서 일반인격권과 구별된다. 하나는 인격적 이익은 특정대상과 서로 관련된다. 일반인격이익은 민사주체와 서로 분리될 수 없는 주체의 전속권리이다. 다시 말하면 권리의 객체와 주체는 동시에 존재하거나 소멸된다. 반면 저작인격적 이익이 강조하는 것은 특정주체와 그 작품 사이의 정신적 인격의 관련성으로서 권리의 객체와 주체는 서로 분리가능하며 권리는 저작자가 갖지만 결코 "양도불가"한 전속권은 아니다. 다른 하나는 인격이익의 보호범위이다. 일반적인 인격이익은 인격관계 및 신분관계로 인하여 발생한 정신적 이익이고 민사주체가 갖는 고유의 이익이며 주체 및 객체가 통합하여 하나가 될 경우, 권리는 비교적 쉽게 사권 구제를 받을 수 있다. 그러나 저작권의 인격이익은 작품의 이용과 관련되며 주체와 분리될 시 작품에 대한 권리침해가 쉽게 발생할 수 있으며 법률은 단지 작품을 부당하게 사용하여 저작자의 정신적 이익을 침해할 경우에만 보호를 제공한다. 그러므로 저작인격권은 민법인격권의 이론논리의 구속을 받지 않을 뿐만 아니라 일반인격권에 대한 법률규범을 간단하게 원용할 수도 없다.

저작인격권의 특징에 관하여 일부 학자는 이러한 인격권은 저작재산권과 달리 전속권리의 성질을 갖고 있으며 저작자 자체와 분리불가하며 일반인격권과 마찬가지로 양도나 상속을 할 수 없으며 시간적 제한이 없다고 주장하였다. 필자는 저작인격권의 상기 특징에 대하여 일괄하여 취급할 수 없으며 일반인격권과 구별되는 법

다고 주장하였다. 转引自 [德] M. 雷炳德:《著作权法》, 张恩民译, 267页, 北京, 法律出版社, 2005。

16) [德] M.雷炳德:《著作权法》, 张恩民译, 267~268页, 北京, 法律出版社, 2005。

률해석을 하여야 한다고 본다.

(1) 각국 법률 모두 저작인격권은 양도불가하다고 규정하고 있지만 저작인격권의 각종 권능의 양도가능성 여부에 대하여 각국의 견해는 서로 다르다. 독일은 판례법에서 공표권은 양도가능하다고 인정하였지만 저작인격권의 핵심내용은 여전히 저작자가 유보한다고 규정하였다. 프랑스법은 이에 대하여 명문으로 규정하고 있지 않지만 사법실무에서 실제로 인격권의 일부 권능에 대하여 양도하는 사례가 있다. 예를 들면 저작자는 수정권을 갖지만 저작자가 정당한 사유없이 작품의 수정을 거절할 시 법률은 타인이 저작자의 동의없이 수정할 수 있도록 허용하였다. 이는 저작인격권의 일부 내용은 제한적으로 이전가능함을 의미한다.

(2) 저작인격권의 상속가능 여부에 대하여 각국의 입법은 현저한 차이를 보이고 있다. 영미법계 국가에서는 저작권을 재산권으로 간주하며 저작자의 인격이익을 일반인격권과 동등하게 취급하여 그 전속성을 인정하므로 저작권의 상속성을 논할 여지가 없다. 반면 일부 대륙법계 국가에서는 저작인격권의 상속성에 대하여 명문으로 규정하고 있지만 상속자가 저작인격권의 권능을 행사할 시 피상속자의 의사의 제한을 받는다. 예를 들면 피상속자가 명확한 의사표시를 하지 않을 시 권능의 성질과 법률에 따라 저작자의 인격권 중의 양도가능한 범위를 추정한다.

(3) 저작인격권의 보호기간에 대하여 영구적 보호 및 제한적 보호로 분류된다. 프랑스의 저작권법은 저작재산권은 저작자가 사망한 날로부터 50년 후 종료되지만 저작인격권은 영구적으로 존재한다고 규정하였다. 독일법은 저작인격권은 저작재산권과 마찬가지로 저작자가 사망한 날로부터 70년 후 종료된다고 규정하였다. 프랑스는 비록 저작인격권의 영구보호원칙을 취하지만 단지 소극적 저작인격권의 영속성만 인정한다. 대만지역의 규정에 따르면 "저작권 기한이 만료된 저작물은 공공물로 간주된다. 다만, 누구든지 이에 대하여 왜곡, 저작자성명 은폐 또는 다른 명분으로 발행해서는 아니된다." 대만지역의 학자의 해석에 따르면 단서에서 열거한 권리가 영구성을 갖는 경우 외에 저작인격권의 기타 내용은 이미 소멸된 것으로 간주한다.[17] 이로부터 영구성을 갖는 저작인격권은 그 중의 금지권(또는 부정권, 소극권)

17) 张静:《著作权法评析》, 87页, 台北, 水牛出版社, 1983。

에만 한한다는 것을 알 수 있다. 상기 분석을 근거로, 필자는 저작인격권은 저작자가 종신 향유하고 저작자가 사망한 후 저작자의 상속자 또는 피증여자가 그 중의 일부 권능을 행사하며 저작자의 신분자격 및 작품의 명예는 반드시 영원히 존중과 보호를 받아야 하지만 "양도불가", "승계불가" 및 "영구존재"라는 원칙적인 용어사용은 피하도록 하여야 한다고 본다.

다. 저작재산권의 속성에 대한 분석

저작재산권에 대하여 영미법계 국가에서는 이를 economic rights로 부르며 중국어로는 "경제권리"로서, 「베른협약」 영문본에서는 economic rights라는 용어를 채택하였다. 대륙법계 국가에서, 프랑스법은 "저작자의 권리" 하에 "재산권"을 규정하였고, 독일법은 "재산권"이라는 견해를 채택하여 이를 사용권과 구분하였으며 이탈리아법에서는 이를 "저작물의 경제사용권"으로 부르고 있다. 비록 각국의 호칭은 서로 다르지만 저작재산권의 기본적인 정의는 모두 작품에 대하여 저작자가 갖는, 저작자 자신이 사용하거나 타인에게 수권하여 사용하도록 하여 보수를 얻을 수 있는 권리를 말한다. 재산권은 저작권의 중요한 구성부분이다. 현대의 저작권법은 저작권자가 작품을 이용할 수 있는 각종 배타성 권능을 부여하고 사용자의 각종 보수권을 보충규정함으로써, 이를 통하여 작품의 재산적 가치를 저작자에게 귀속시켜 저작재산권의 완전한 내용을 구성하였다.[18] 인격권과 비교하여 말하면, 재산권의 속성은 여러 저작권법에서 제일 쉽게 공통된 인식을 형성할 수 있는 내용으로서 학자들은 이를 일반재산권과 유사한 권리로 간주하였다. 즉 이러한 권리는 본인이 행사할 수도 있고 법에 따라 양도, 사용허가 및 상속할 수도 있다. 그러나 저작재산권은 작품의 이용과 밀접한 관련이 있으며 이러한 재산권이 일반재산권과 구별되는 기본적인 특징은 다음과 같다. 첫째, 저작재산권은 일종의 제한적인 절대권이다. 로마법 나아가 근대민법에서의 사적 소유권에 대한 무제한보호원칙과 달리, 「안나법령」은 세계 최초의 저작권법으로서 저작자의 권리를 보호함과 동시에 하나의 "문학예술의 공공영역"을 구축하였다.[19] 미국학자는 미국저작권법을 평가할 시 저작권

---

18) [德] M.雷炳德:《著作权法》, 张恩民译, 190页, 北京, 法律出版社, 2005。

19) L. Ray Patterson, Stanley W. Lindberg, The Nature Of Copyright: A Law Of Users' Right, The

법은 사회, 정치, 경제, 교육 및 문학의 각 방면과 관련이 있으므로 저작자의 권리보호에 대하여서만 집중할 것이 아니라 수많은 이용자의 권리도 함께 고려하여야 한다고 주장하였다.[20] 저작권 중의 재산권은 일종의 사적 재산권으로서 절대화된 사권은 아니다. 전통적인 재산소유권과 비교하여 말하면, 이는 조건부 독점성, 제한적인 배타성 및 한정적인 시간성으로 표현된다. 둘째, 저작재산권은 일종의 장래의 권리가 포함된 절대권이다. 전파기술의 끊임없는 발전으로 인하여 작품의 사용방식 및 권리유형도 따라서 변하고 있다. 현대국가는 통상 불완전한 열거방식으로 재산권 항목에 대하여 규정하고 있으며 일부 국가는 "일반재산권"의 명의로 포괄적인 규정을 두기도 한다. 이런 방식의 입법목적은 기존 작품의 이용방식뿐만 아니라 장래에 출현할 이용방식까지 저작자에게 유보하고자 하는 것이다.[21] 셋째, 저작재산권은 일종의 여러 주체가 공유하는 절대권이다. 저작재산권의 가치실현은 단순하게 저작자가 작품에 대한 지배로 표현되는 것이 아니라 일련의 창조-전파-사용의 과정이기도 하다. 정보경제시대에서 사회업무영역이 세분화됨으로 인하여 한 저작물이 동일한 주체에 의하여 모든 방식으로 전파되거나 사용되는 것은 거의 불가능한 일이다. 그러므로 저작자는 통상 전파자, 사용자가 저작물을 이용하는 행위를 통하여 자신의 경제이익을 실현한다. 이로 인하여 동일한 작품 위에 여러 개의 권리주체가 존재하거나 여러 주체가 재산권에 대하여 공유하는 경우가 발생하게 된다. Rehbinder 교수는 심지어 전파자의 인접권 및 저작자의 저작권을 "경합성 재산권"으로 부르기도 하였다.[22]

3. 저작권 권리항목의 기본유형

가. 저작인격권의 기본 권리항목

「베른협약」 제6조의 2 제1항에서 규정한 저작인격권에는 두 가지 권리가 포함된다. 즉 저작자의 신분권 및 작품동일성유지권이다. "최저보호기준"원칙에 의하여

University of Georgia Press, p.3, 1991.

20) L. Ray Patterson, Stanley W. Lindberg, The Nature Of Copyright: A Law Of Users' Right, 1991.

21) [德] M.雷炳德:《著作权法》, 张恩民译, 213页, 北京, 法律出版社, 2005。

22) [德] M.雷炳德:《著作权法》, 张恩民译, 213页, 北京, 法律出版社, 2005。

모든 협약의 체약국은 상기 두 가지 권리에 대하여 보호를 제공하고 있다. 그 외 일부 국가는 공표권, 수정권, 회수권 등에 대하여 규정하였다. 중국「저작권법」제10조 규정에 따르면 저작자는 네 개의 인격권을 갖는다. 즉 공표권, 성명표시권, 수정권 및 동일성유지권이다. 저작권협약의 규정을 토대로, 중국 저작권법 및 기타 국가의 입법례를 근거로 저작인격권에 대하여 다음과 같이 구체적으로 논술하고자 한다.

(1) 저작자의 신분권

저작자의 신분권이라 함은 저작자가 작품의 저작자로서 인정될 것을 요구할 수 있는 권리를 말하며 이는 저작인격권의 핵심이자 기초이다. 해당 권리는 창작활동에 의하여 발생된 것으로서 기타 저작권을 보유하기 위하여 필요한 것이다. 긍정적인 측면에서 보면, 저작자의 재산권이 어떠하든(양도되거나 종료될 경우) 저작자의 신분권은 항상 존재한다. 저작자는 생전에 작품창작자의 신분을 주장할 권리가 있으며 사망한 후에도 저작자의 신분자격은 여전히 보호와 존중을 받게 된다. 소극적인 측면에서 보면, 저작자는 타인이 작품창작자로 사칭하여 작품의 명예를 훼손하는 것을 금지할 권한이 있고 법원에 자신의 합법적인 권익에 대한 보호를 청구함으로써 불법행위자에 대하여 법적 책임을 추궁할 권한이 있다. 각국 저작권법의 관련 규정을 보면, 저작자의 신분권에는 아래 내용이 포함된다. 첫째, 저작자는 타인에게 자신이 창작한 작품에 대하여 저작자 신분을 인정해줄 것을 요구할 권한이 있다. 둘째, 저작자는 저작자 신분의 공개 여부 또는 공개 시간, 장소, 방식 및 범위에 대하여 결정할 권한이 있다. 셋째, 저작자는 성명표시권에 대한 행사를 통하여 저작자의 신분권을 실현할 수 있다. 다수 국가의 저작권 입법에서 성명표시권은 저작자 신분권의 권리항목에 해당되지만 소수 국가(예를 들면 러시아)에서는 성명표시권과 저작자 신분권을 분리하거나 일본과 같이 단지 성명표시권만 규정하기도 한다. 성명표시권은 저작자가 그의 작품에 대해 서명 여부 또는 성명, 가명 및 필명을 서명할 권리를 말한다. 작품을 발표할 시 저작자는 자신의 의지에 따라 서명문제에 대하여 결정할 권한이 있으며 작품창작에 참여하지 않은 타인이 작품에 서명하는 것을 금지할 권한이 있다. 저작자가 작품에 성명을 표시하여 발표한 후 타인이 출판, 방송, 연출, 번역, 2차적 저작물 작성권 등 각종 형태로 당해 작품을 사용할 시 반드시 저작자의 성명을 표시하여야 한다. 학술계에서 일부 학자는 저작자의 신분권과 성명표시권은 서로 다른 권리임을 주장하였다.[23] 어떤 학자는 양자가 동일하다고 주장하였다. 즉 저작자는 자신의 작품에 성명을 표시하여 자신의 "저작자"신분을 공개할 권리가 있음을 주장하였다.[24] 필자는 성명표시권 및 저작자 신분권은 서로 관련되어 존재하거나 성명표시권은 저작자 신분권의 중요한 내용이라고 본다. 다수의 경우, 성명표시는 저작자가 그의 신분을 표시하는 일종의 방식이지만 유일한 방식은 아니다. 저작자의 신분권은 저작자의 신분소개의 방식을 취하거나 또는 비록 작품에 성명을 표시하지 않기로 약정하였지만 저작자의 신분권의 이익은 여전히 보류하는 방식을 취할 수도 있다.[25] 이로부터 성명표시권은 저작자 신분권의 일부일 뿐 전부는 아님을 알 수 있다. 성명표시권은 일정한 경우에 포기할 수는 있지만 이로 인하여 저작자 신분권이 상실되는 것은 아니다. 성명표시권은 비록 단독으로 규정할 수 있지만 저작자는 해당 권리의 행사를 통하여 자신의 저작자로서의 신분권을 실현할 수 있다.

(2) 동일성유지권

동일성유지권이라 함은 저작자가 갖는 작품의 동일성을 보호하고 타인이 왜곡, 수정하는 것을 금지할 수 있는 권리를 말한다. 이러한 권리의 발생근거는 작품에서 표현한 창작 개성 및 작품 자체에 대한 존중이다. 저작자는 자신이 전달하고자 하는 사상이 왜곡 및 변경되지 않을 것을 요구할 권리가 있으며 사회도 저작자의 창작작품의 원래의 표현형태를 유지할 것을 요구할 권리가 있다. 동일성유지권에 대한 보호와 관련하여, 일본법에서는 이를 "저작물 및 작품명칭의 완전성을 보호하고 저작자의 의사에 위배되는 수정, 삭제 및 기타 변경을 인정하지 않는 권리"라고 정의하였으며 영국법에서는 "작품에 대하여 손해성 처리를 하는 것을 반대할 권리"로 규정하였으며 러시아법에서는 이를 "저작자 명예보호권"이라고 부르고 있다. 동일성유지권은 저작자의 일종의 금지권이다. 그러나 권리행사의 측면에서 보면, 저작

---

23) 焦广田:《试论作者身份权和署名权》, 载《著作权》, 1992(2)。

24) 郑成思:《版权法》, 145~146页, 北京, 中国人民大学出版社, 1997。

25) "일본저작권법" 제19조 제3항에서는 저작물의 목적 및 상황에 따른 사용에 의하여 "저작자가 바로 창작자임"에 대한 주장에 손해를 미치지 않고 관습을 위반하지 않는다면 저작자의 성명을 생략할 수 있다고 규정하였다.

자 본인이 자신의 작품에 대하여 수정할 수 있고 작품을 재출판할 시 작품에 대하여 수정할 수 있는 권리로 표현된다. 일부 학자는 이를 수정권이라고도 부른다. 입법례를 보면, 다수의 국가는 수정권의 내용을 동일성유지권에 포함시켰으며 일부 소수 국가만 이를 두 가지 권리로서 별도로 규정하고 있다. 결론적으로 작품은 저작자의 인격의 표현으로서 오직 저작자만이 작품을 수정할 수 있으며 타인이 작품을 왜곡하거나 불법 수정하여 작품의 명성 및 명예에 손해를 끼치는 것을 금지할 수 있다. 이 두 가지 형태가 동일성유지권의 완전한 내용을 구성하였다. 타인이 작품을 왜곡하거나 불법수정하는 행위에 대한 금지권을 행사할 시 일정한 조건을 구비하여야 한다. 「베른협약」에서는 이러한 왜곡, 불법수정행위가 작품의 명성 및 명예에 대하여 "손해"를 초래한 경우에만 저작자는 금지권을 행사할 수 있다. 「영국저작권법」에서는 이러한 손해에 대하여 다음과 같이 해석하였다. "작품에 대하여 처리한 결과, 작품이 왜곡 또는 분리의 정도에 달하거나 기타 측면에서 저작자 또는 감독의 명성 또는 명예에 손해를 가할 시" 이 경우 작품에 대한 손해성 처리에 해당된다. 권리행사의 측면에서, 저작자에게 작품을 수정할 권리를 부여하는 한편 해당 권리는 통상 일정한 제한을 받는다. 「일본저작권법」 제20조 제2항에서는 네 가지 제한을 두고 있다. 첫째, 학교교육의 목적으로 작품의 용어 또는 단어에 대하여 부득이하게 수정하는 경우이다. 이러한 수정은 단지 언어에 대한 수정에 한한다. 둘째, 건축물의 확장, 재건, 수리 또는 도면 변경에 따른 수정의 경우이다. 해당 제한은 건축물의 안전 또는 미관을 고려한 것이다. 셋째, 사용자는 컴퓨터프로그램을 더 잘 사용하기 위하여 해당 프로그램에 대하여 필요한 변경을 하는 경우이다. 넷째, 저작물의 성질, 사용목적 및 상황에 따라 부득이하게 변경하는 경우이다. 이러한 규정의 목적은 저작자가 작품이 형식상 약간의 변동만 있기만 해도 민감하게 대응하여 법적 소송을 제기하는 경우를 방지하여 작품을 순조롭게 사용할 수 있도록 보장하기 위함이다. 「영국저작권법」은 동일성유지권의 행사에 대하여 비교적 엄격한 제한을 두고 있다. 첫째, 동일성유지권은 컴퓨터프로그램 또는 컴퓨터를 통하여 창작한 작품, 뉴스보도를 위하여 창작한 작품, 간행물, 고용작품, 편집참고서 등 작품에 적용되지 아니한다. 둘째, 동일성유지권은 법률이 허용하는 일부 행위에 적용되지 아니한다. 셋째, 저작자 또는 감독이 동일성유지권을 행사하는 전제는 저작자 또는 감독의 신분에 대하여 사전에 성명(聲明)을 발표하는 것이다.

(3) 공 표 권

공표권이라 함은 작품을 공중에게 공개할 권리를 말한다. 「베른협약」은 공표권을 저작인격권의 범위에 포함시키지 않았다. 현재 단지 일부 국가만이 공표권을 규정하고 있다. 공표권은 저작자가 갖는 인격권 중의 첫 권리이다. 작품이 창작과정에 있거나 발표하기 전에는 계속해서 저작자의 비밀로서 이러한 비밀의 누설여부는 저작자 개인의 자유선택이다. 따라서 저작물의 공표 여부, 공표의 방식, 시간, 장소 및 조건에 대하여 저작자는 선택권이 있다. 저작자는 출판, 방송, 공연의 형식으로 작품을 공표하거나 또는 기타 형식으로 작품을 사용할 것을 결정할 권한이 있으며 보수를 취득한 조건하에 작품을 공표하거나 또는 보수없이 기타 요구를 충족하는 조건에서 작품을 공표할 것을 결정할 권한도 있다. 또한 특정작품의 전부를 공표하거나 작품의 일부만 공표할 것을 결정할 권한이 있다. 이러한 권리는 저작자의 인격권의 중요한 내용이자 재산권 발생의 토대이며 출판권, 복제권, 녹음녹화권 등과도 서로 관련이 있다. 저작자의 동의없이 함부로 저작자의 미발표한 작품을 공표할 시 이는 저작자의 저작인격권을 침해하였을 뿐만 아니라 저작자의 사적비밀권도 침해하였으므로 권리침해자는 여러 법적 책임을 부담하여야 한다. 공표권은 당연히 저작자가 보유하지만 저작자의 생존기간동안 미발표한 작품에 대한 공표권은 누가 행사하는가에 대하여 여러 국가의 규정은 각기 다르다. 이탈리아법은 유작(遺作)의 공표권은 저작자의 법정상속자 또는 유언상속자가 행사하지만 저작자가 생존 시 명확하게 발표를 금지하거나 타인에게 위탁하여 발표한 경우는 제외한다고 규정하였다. 프랑스법은 공표권은 저작자가 지정한 유언집행자가 행사하며 만약 유언집행자가 없을 경우 저작자의 상속자 또는 피증여자가 행사한다고 규정하였다.

(4) 회 수 권

이미 공표한 저작물에 대한 회수권이라 함은 저작자는 정당사유가 존재하는 전제하에 사용자의 손해배상을 조건으로 이미 공개하여 발표한 작품을 회수할 수 있는 권리를 말한다. 회수권의 행사는 반드시 일정한 조건을 구비하여야 한다. 첫째, 저작자는 정당한 이유가 있어야 한다. 이는 주로 저작자가 주장의 변경, 작품내용의 착오 및 기타 정당한 사유가 있어야 한다. 독일법에서는 정당한 사유를 "저작자는 작품이 그의 관점에 맞지 않으므로 계속 사용될 수 없다고 생각하는 것"이라고 해석하였으며 이탈리아법에서는 "인격상의 중대한 사유"로 규정하기도 하였다. 둘째, 저작자는 미리 고지하여야 한다. 저작자는 작품의 사용자에 대하여 출판, 발행, 공연, 방송 및 기타 형태로 작품을 전파하는 것을 정지하도록 미리 통지하여야 한다. 작품의 회수라 함은 이미 도서, 간행물, 음반 등 형태로 발행한 작품의 복제품을 회수하는 것을 말하는 것이 아니라 해당 작품의 발행, 전파 및 사용을 정지하는 것을 말한다. 셋째, 저작자는 손해를 배상하여야 한다. 이미 발표한 작품에 대한 회수는 필히 작품사용자의 이익에 손해를 초래하게 되며 저작자는 공정하고 합리적으로 상대방에게 초래한 손해를 보상하여야 한다. 넷째, 작품의 회수는 공공이익에 영향을 미쳐서는 아니된다. 예를 들면 독일법에서는 시청각작품에 대한 회수권을 허용하지 않고 프랑스법은 컴퓨터프로그램에 대하여 회수권을 적용하지 않는다. 입법례를 보면 이탈리아, 독일, 프랑스 등 일부 국가는 단독으로 수정권을 규정하였다. 또 다른 일부 국가는 회수권을 공표권 및 수정권으로 분류하였다. 러시아는 두 가지 종류의 수정권을 규정하였다. 하나는 저작자가 이미 작품공표를 결정하였지만 아직 공표하지 않을 경우, 손해배상을 조건으로 기존 결정을 회수할 권리가 있다. 작품의 회수는 발표하지 않는 작품의 권리를 행사하는 것으로서 이러한 의미에서 회수권은 공표권의 일부이다. 다른 하나는 이미 공개적으로 공표한 작품에 대하여 저작자는 손해배상을 조건으로 사용자에게 발행 및 전파를 정지할 것을 요구하는 목적은 인격적 이익을 토대로 저작자가 작품의 기존 관점에 대한 수정권을 보호하기 위함이다. 이러한 의미에서 회수권은 수정권의 일부로 간주할 수 있다. 일부 학자는 회수권을 "저작자가 자신의 수정권을 행사하는 일종의 극단적인 형식"이라고 보기도 하였다.[26] 반면 다른 일부 학자는 회수권은 일종의 아주 특수한 권리로서 "계약은 반드시 지켜야 한다."라는 규칙에 대한 도전이라고 주장하기도 하였다.[27] 심지어 일부 학자는 회수권은 근본적으로 저작인격권이 아니라 일종의 "특별한 계약해지권" 또는 일종의 "특권"이라고 주장하기도 하였다.[28]

---

26) 郑成思:《版权法》，153页，北京，中国人民大学出版社，1997。
27) [西] 德利娅 · 利普希克:《著作权与邻接权》，130页，北京，中国对外翻译出版公司，2000。
28) 唐广良:《试论版权法中的"精神权利"》，载《版权参考资料》，1990(6)。

(5) 접 근 권

접근권이라 함은 저작자가 자신의 작품의 원본이 타인에 의하여 점유될 시 저작권 행사의 필요에 의하여 자신의 작품에 접근할 수 있는 권리를 말한다. 이는 비교적 특수한 권리로서 소수 국가에서만 규정하고 있다. 「독일저작권법」 제25조에서는 "만약 저작물의 복제물을 제작하거나 2차적 저작물을 작성하기 위하여 점유자의 합법적인 권익에 손해를 미치지 않을 시 저작자는 저작물의 원작 또는 복제물의 점유자에게 해당 원작 또는 복제물에 접근할 것을 요구할 수 있다. 다만 점유자는 해당 원작 또는 복제물을 저작자에게 송부할 의무는 없다."고 규정하였다. 「스페인 저작권법」 제14조 제7항에서는 한 작품이 타인에 의하여 점유될 시 발표권 또는 기타 권리를 행사하기 위하여 저작자는 해당 작품의 희귀본(孤本) 또는 선본을 접근할 권리가 있다. 다만 상기 권리는 저작자가 작품의 이동을 요구할 권리에 대하여 인정하지 않으며 작품에 접근할 때 소유자에게 약간의 불편함을 야기하기만 하고 원래 그대로의 모습을 유지하여야 하며 그 이동으로 인하여 소유자에게 손해를 초래할 시 배상하여야 한다고 규정하였다. 상기 관련 규정에서 보다시피 작품의 원본이 타인에 의하여 점유될 때 저작자가 접근권을 행사함에 있어서 일정한 조건을 구비하여야 한다. 첫째, 저작자는 작품에 접근할 수 있는 정당한 이유가 있어야 한다. 즉 발표권, 2차적 저작물 작성권, 복제권 또는 기타 정당한 권익을 행사하기 위하여 필요한 것이어야 한다. 둘째, 저작자는 작품에 접근할 시 점유자의 합법적인 권익에 손해를 미쳐서는 아니된다. 손해의 초래 여부에 대하여 분석할 때 신의성실 원칙을 적용하여야 한다. 그 외 저작자는 통상적인 경우에 작품의 이동에 대한 요구를 제시해서는 아니된다.

나. 저작재산권의 기본적 권리항목

「베른협약」 제8조부터 제14조까지는 저작재산권의 권리항목에 대하여 열거하였다. 이에는 번역권, 복제권, 공연권, 방송권, 낭독권, 2차적 저작물 작성권, 녹화권, 제작권이 포함된다. 이는 체약국으로서 반드시 보호하여야 할 재산권들이다. 그 외 「베른협약」은 체약국이 선택할 수 있는 추급권을 규정하였다. 중국 「저작권법」 제

10조에서 규정한 재산권에는 복제권, 발행권, 대여권, 전시권, 실연권, 방영권, 방송권, 인터넷정보전송권, 촬영권, 2차적 저작물 작성권, 번역권, 편집권이 포함된다. 독일, 프랑스, 이탈리아 등 국가의 입법과 마찬가지로 본 법은 또한 "저작권자가 갖는 기타 권리"를 규정하였다. 저작재산권 권리항목에 대하여 어떤 학자는 권리의 속성에 근거하여 이를 세 가지 종류로 분류하였다. 즉 복제권, 연역권 및 전파권이다.[29] 그 중에서 녹화권, 출판권 등은 복제권에 해당되고 2차적 저작물 작성권, 번역권, 제작권 등은 연역권에 귀속되며 실연권, 방송권, 낭독권, 발행권, 방영권, 대여권, 전시권 등은 모두 전파권에 해당된다. 일부 학자는 작품의 이용형태에 근거하여 복제권, 발행권, 전시권 등 "유형적 이용권", 낭독권, 실연권, 방영권, 공공전파권, 방송권, 재이용권 등 "무형적 재현권" 및 2차적 저작물 작성권, 번역권 등 "2차적 저작물 작성 및 자유사용권" 등으로 분류하였다.[30] 저작권협약 및 저작권 입법례를 근거로, 저작재산권에 대하여 다음과 같이 구체적으로 논술하고자 한다.

(1) 복 제 권

복제권이라 함은 임의의 방식으로 임의의 형태를 취해 작품을 복제할 수 있는 권리를 말한다. "임의의 방식"이라 함은 모든 물질적 방식을 말하나 일본법, 프랑스법에서는 "유형적"인 고정방식임을 강조하기도 하였다. "임의의 형태"라 함은 인쇄, 복사, 탁본, 녹음, 녹화, 녹음녹화물에 대한 복제 및 사진에 대한 복제 등 행위가 포함되나 이에 한하지 않는다. "복제작품"이라 함은 작품을 하나 또는 여러 부의 복제물로 제작하는 것을 말한다. 작품의 복제방식에 따라 복제를 세 가지 종류로 분류할 수 있다. 첫째는 작품의 매체에 대한 표현방식을 변경하지 않는 복제를 말한다. 예를 들면 인쇄, 복사, 수기, 촬영 등이 있다. 둘째는 작품의 매체가 "무"에서 "유"로 되는 복제를 말한다. 예를 들면 녹음 및 녹화이다. 셋째는 2D 또는 3D 도형의 작품을 2D도형으로의 복제를 말한다. 예를 들면 건축 작품의 도면에 따라 시공하는 경우이다. 과학기술이 발전함에 따라 복제수단도 날이 갈수록 커다란 변화가 발생하였다. 현재 모든 2D형태의 작품에 대하여 데이터화 처리한 후 데이터형태로 저장하여 사용하고 있다. 이러한 현상에 발 맞추어 일부 선진국은 법 개정을 통하여

29) 郑成思:《版权法》, 88页, 北京, 中国人民大学出版社, 1997。
30) [德] M.雷炳德:《著作权法》, 张恩民译, 203~265页, 北京, 法律出版社, 2005。

복제에 대하여 확대해석을 하여 복제권의 보호범위를 확장하였는데, 그 이유는 다음과 같다. 정보가 컴퓨터에 "잠시 저장"될 때 정보는 여전히 화면에 표시되며 작품의 내용 또한 "재현"할 수 있으므로 해당 행위는 전통적인 의미의 "복제"와 공통점이 있다.[31] 관련 국제협약에서 「베른협약」은 복제권에 대하여 상당한 해석공간을 마련하였으며 "임의의 방식으로 임의의 형태를 채택하는" 복제에 대한 정의는 "데이터화 및 온라인 환경에서도 해석될 수 있으며 이는 직접적이고 간접적인, 영구적이고 일시적인 복제가 포함되도록 하였다." 1996년 세계지식재산권기구의 「저작권협약」은 "합의 의사록"의 형태로 데이터화 환경에서의 복제문제에 대하여 언급하였다. 「저작권협약」 제1조 제4항의 "합의의사록"에서는 "「베른협약」 제9조의 복제권 및 그 예외규정은 모두 데이터화 환경에 적용되며 특히 데이터 형태로 작품을 사용하는 경우에도 적용된다. 확실한 것은 전자매체에서 데이터형태로 저장된 작품은 「베른협약」 제9조에서 규정한 복제에 해당된다."고 규정하였다. 「실연 및 녹음제품협약」 제7조, 제11조 및 제16조에도 유사한 규정이 있다. 이러한 해석을 통하여 복제의 개념을 데이터화하고 인터넷 환경에까지 범위를 확장하였다.

(2) 발 행 권

발행권은 판매, 증여, 대여 등 방식을 통하여 공중에게 작품의 원본 또는 복사본을 제공할 수 있는 권리를 말한다. 발행권은 통상 복제권에 포함되는 것으로 보지만 사실상 발행권은 일종의 단독 권리로 간주되어 별도로 보호하여야 한다. 그 이유는 저작자는 작품의 복제품의 제작을 결정할 권리가 있을 뿐만 아니라 복제품의 발행방식을 결정할 권한도 있기 때문이다. 예를 들면 판매, 대여 또는 증여방식에 따라 발행의 수량, 가격 및 지역 등이 결정된다. 통상적인 경우, 발행의 목적물은 작품의 복제품을 가리키며 저작자는 발행권을 복제권과 동시에 양도하거나 타인에게 사용허락한다. 그 중에서 미술작품의 발행목적물은 작품의 원본으로서 발행권은 저작자 자신이 유보하거나 위탁대리인이 대신 행사한다.[32] 발행권과 밀접한 관련이 있는 일종의 권리는 수입권이다. 일부 국가의 법률에서는 수입권이라 함은 저작자가 복

---

31) [澳] 马克 · 戴维生:《计算机网络通讯与美国版权法的新动向》, 王源扩译, 载《外国法译评》, 1996(5)。

32) 沈仁干、钟颖科:《著作权法概论》, 83页, 北京, 商务印书馆, 2003。

제품의 수입을 통제할 수 있는 권리를 말한다. 통상적으로 말하면 "최초 판매원칙"에 의하여 작품은 일단 발행하기만 하면 권리자는 작품의 수입을 포함한 그의 유통을 통제할 권한을 상실하게 된다. 그러나 지역성 원칙에 따라 일부 국가는 "권리소진"원칙의 국제무역에서의 효력을 인정하지 않는다. 「이탈리아저작권법」 제17조 규정에 따르면 "유통을 목적으로 외국에서 제작한 복제품을 국내로 수입하는 것"도 발행에 해당되며 저작자의 전용권이다. 이로부터 이탈리아는 수입권의 개념을 발행권에 포함시켰음을 알 수 있다. 작품의 수입문제에 대하여 구체적으로 규정한 국가는 우선 미국이다. 미국은 「저작권법」 제602조에서 "본 법의 규정에 의한 저작권 소유권자의 수권이 아닌, 국외에서 취득한 어떠한 작품의 복제품 또는 녹음제품을 미국에 수입한 행위 모두 제106조에서 규정한 복제품 또는 녹음제품의 발행전용권에 대한 침해에 속하는 경우 제501조 규정에 따라 이러한 행위에 대하여 소를 제기할 수 있다."고 규정하였다. 비록 본 법은 "수입권"의 개념에 대하여 명확히 제시하지 않았지만 발행권에 대한 해석을 통하여 저작자의 관련 권익을 보호하고 있다. 수입권은 소수 국가의 입법례에서만 언급하고 있고 관련 국제협약에서도 명확한 규정이 없지만 수입권이 향후 저작권제도의 발전에 있어서 하나의 중요한 내용이라는 것은 예견할 수 있는 현실이다.

(3) 대 여 권

대여권은 임대, 대출방식을 통하여 타인이 작품의 복제품을 사용하는 것을 허가하는 권리를 말한다. 대여권의 발생은 작품 관련 대여업의 발전과 관련이 있다. 현대의 전파기술의 광범위한 응용에 따라 작품의 대여는 작품의 판매를 대체할 추세를 나타내고 있으며 이로 인하여 저작권자의 재산이익에 위험을 가하여 각국 입법자들은 "권리소진"원칙에 대하여 다시 반성과 고찰을 하고 있다. 일부 국가의 입법에서는 발행권 이외에 대여권을 신설하여 저작권자가 작품의 대여에 대하여 통제하도록 허용하였다. 「러시아저작권법」의 규정에 따르면 저작자는 대여방식을 통하여 작품의 복제품을 발행할 권리가 있으며 이러한 발행은 복제품의 소유권의 제약을 받지 않는다. 「일본저작권법」 제26조의 2에서도 대출권의 형식으로 저작자의 대여권을 인정하였다. 「독일저작권법」에서는 법정허가와 유사한 방식을 취하여 저작자의 대여권을 인정하였다. 즉 "만약 제17조 제2항에 의하여 제2차 전파가 허용된 저작복제물에 대하여 대여 또는 대출할 시 대여자 또는 대출자가 영리목적 또는 공중이 이용할 수 있는 기관(도서관, 음반센터 또는 기타 복제센터)을 통하여 복제물을 대여 또는 대출할 경우, 저작권자에 대하여 적당한 보수를 지불하여야 한다. 해당 보수권은 집행기관을 통하여서만 주장할 수 있다." 대여권의 적용범위는 모든 유형의 작품의 복제품에까지 해당되지는 아니한다. 「지식재산권협정」 제11조 규정에 따르면 "체약국들은 최소한 컴퓨터프로그램 및 영화작품에 대하여 저작자 또는 저작자의 합법적인 상속인에게 저작권을 갖는 작품의 원본 또는 복제본을 공중에게 대여하는 것을 허가 또는 금지할 수 있는 권리를 수권하여야 한다. 영화작품에 대하여 체약국은 대여권의 수여의무를 부담하지 않을 수 있다. 다만 이러한 대여가 이미 작품의 광범위한 복제를 초래하였고 그 복제정도가 체약국의 저작자 또는 저작자의 합법적인 상속인의 복제전용권을 심각하게 침해하였을 경우는 제외한다. 컴퓨터프로그램에 대하여 만약 이러한 프로그램 자체가 대여의 중요한 대상이 아닐 경우, 본 조의 의무를 적용하지 아니한다." 대여대상을 보면 독일법, 프랑스법에서는 컴퓨터소프트웨어를 규정하였고 일본법은 CD, 컴퓨터프로그램, 악보 및 서적, 잡지, 영화작품 이외의 기타 작품이 포함된다. 중국법은 영화작품 및 영화촬영과 유사한 방법으로 창작한 작품 그리고 컴퓨터소프트웨어에 한하고 있다.

(4) 전 시 권

전시권은 전시의 방식으로 작품을 사용하는 권리를 말한다. 현재 「베른협약」에서는 작품의 전시권에 대하여 아직 명문으로 규정하고 있지 않지만 일본, 러시아, 독일, 미국 등 국가의 저작권법에서는 이러한 권리항목을 단독으로 열거하고 있다. 다만 프랑스법은 실연이라는 권리항목 아래에 전시를 규정하고 있다. 「일본저작권법」 제25조의 규정에 따르면 전시권의 범위는 미술작품 또는 미발행한 촬영작품에 한하며 또한 작품의 원작에만 한한다. 기타 국가는 전시권의 범위에 대하여 제한을 두고 있지 않다. 「미국저작권법」에서 규정한 전시권의 대상으로는 저작권이 있는 문자, 음악, 연극 및 무용작품, 무언극, 회화, 각인 또는 조각 작품이 포함되며 영화 또는 기타 음성영상작품 속의 개별영상도 포함된다. 중국의 「저작권법」에서는 전시권을 "미술작품, 촬영작품의 원본 또는 복제본을 공개적으로 진열할 수 있는 권리"로 정의하였다. 이로부터 보다시피 전시권의 대상은 미술작품 및 촬영작품의 원본 및 복제본에 한하며 문자작품, 음악, 연극, 무용작품 등은 전시권을 적용하지 아니한다.

(5) 실 연 권

실연권을 "상영권" 또는 "공연권"이라고도 한다. 실연권이라 함은 직접 또는 기술설비를 이용하여 음성, 표정, 동작의 방식으로 공중에게 작품(문학, 음악, 연극, 무용작품 등)을 전파하는 권리를 말한다. 각국의 역사문화 및 입법전통의 차이로 인하여 실연이 내포한 함의에 대하여 각각 서로 다른 규정을 하고 있다. 실연범위에 대하여 제일 넓게 정의한 국가는 프랑스이다. 즉 "어떠한 방식이든 공중에게 작품을 전파하는 것을 말한다. 특히 공개낭독, 연주, 연극공연, 전시, 공개방영 및 공개장소에서 무선전파작품에 대한 중계방송 및 무선전파도 포함된다. 무선전파라 함은 각종 원격통신방식을 통하여 음성, 영상, 문서, 데이터 및 기타 각종 정보를 전파하는 것을 말한다. 위성에 작품을 발사하는 것 또한 실연으로 간주될 수 있다." 이로부터 보다시피 프랑스에서 작품의 전파와 관련된 모든 행위를 실연으로 통칭하였다. 이와 달리, 독일법에서는 실연을 낭독 및 방영과 분리시켜 실연이라 함은 단지 "개인의 표현을 통하여 공개적으로 음악작품을 표현하거나 연극형식을 통하여 연출작품을 공개하는" 행위를 말한다. 일본, 러시아, 영국 등 국가에서는 절충의 방안을 취하여 낭독을 실연의 범위 내에 포함시켰을 뿐 아니라 기술설비(텔레비전 또는 무선방송, 케이블방송 및 기타 기술설비)를 통한 재현작품, 음반, 공연연출 또는 시청각작품 장면의 연속 방영행위도 실연의 범위에 포함시켰다. 낭독권은 실연권과 밀접한 관련이 있는 일종의 권리로서 수많은 국가의 입법례에서는 이를 실연권에 포함시키고 있다. 그러나 1948년 이후의 「베른협약」에서는 낭독권을 실연권과 동등한, 하나의 단독권리로서 규정하였다. 낭독권은 통상 세 가지 방면의 내용이 포함된다. 첫째, 어떠한 방식이든 어떠한 수단을 통하든 작품을 낭독할 권리; 둘째, 각종 수단을 통하여 공개적으로 공중에게 작품을 전파할 권리, 예를 들면 작품 낭독의 녹음제작품에 대한 발행; 셋째, 작품의 번역본을 공개적으로 낭독하거나 전파하는 권리이다. 실연권은 저작자의 중요한 재산적 권리로서 어떠한 자이든 저작자의 허가없이 그의 작품을 실연할 시 권리침해에 해당된다. 다만 이러한 실연은 각국의 법률에 따라 반드시 아래 조건을 구비하여야만 권리침해에 해당된다. 첫째는 공공장소(통상 극장, 영화관, 무도장, 콘서트홀, 클럽, 음식점 등)에서 공연하여야 할 것; 둘째는 영리를 목적으로

할 것 또는 해당 공연이 유료일 것; 셋째는 실연작품이 이미 저작권을 취득하였으나 저작자의 허가를 거치지 않은 경우이다.

(6) 방 송 권

방송권이라 함은 라디오방송국, 텔레비전방송국, CCTV 등 무선 또는 유선장치를 통하여 공중에게 작품을 전파할 권리를 말한다. 「베른협약」의 규정 및 대다수 국가의 입법례에 의하면 방송권은 아래 세 가지 내용이 포함된다. 첫째, 무선방송권이다. 즉 공간의 전기자석파를 통하여 작품을 방송할 권리를 말한다. 둘째, 유선방송권이다. 즉 케이블 등 설비를 통하여 작품을 방송할 권리를 말한다. 셋째, 확성기를 사용하여 작품에 대하여 방송할 권리를 말한다. 통신위성을 통하여 작품을 전파할 권리도 방송권의 범주에 포함된다. 방송권은 통상 문자작품, 연극작품, 음악작품 및 영화작품에 적용되며 이에 대하여 많은 국가에서 이미 인정하고 있지만 미술작품에 대한 방송권은 여전히 논쟁이 있다. 현재 호주, 뉴질랜드, 영국 등 국가는 저작자의 미술작품에 대한 방송권을 인정하고 있다. 그 이유는 미술작품도 텔레비전을 통하여 전파할 수 있기 때문이다. 방송권과 관련된 또 다른 권리로는 방영권이 있다. 방영권이라 함은 영사기, 슬라이드 영사기 등 기술설비를 통하여 미술, 촬영, 영화 등 작품을 공개적으로 재현하는 권리를 말한다. 프랑스, 독일, 캐나다 및 중국의 법률에서는 별도로 방영권을 규정하고 있지만 그 적용범위에 대한 규정이 다소 상이하다. 일부 저작권 이론에서는 방영권 및 방송권을 통칭하여 상영권이라고 한다.

(7) 제 작 권

제작권을 "영화촬영 제작권"이라고 부르기도 하며 영화제작 또는 영화제작과 유사한 방식으로 작품을 매체에 고정하는 권리를 말한다. 제작권과 관련된 작품은 영화극본, 드라마극본 또는 TV프로그램 대본에 한하며 여기서 말하는 제작은 상기 작품을 영화, 텔레비전 작품, 프로그램으로 촬영 및 제작하는 것을 말한다. "공연, 경치 또는 특정행사장면을 기계적으로 음반작품으로 제작하는 것은 영화제작으로 간주하지 아니한다."[33] 제작권은 「베른협약」에서 규정한 재산권의 하나로, 원 의미는 "영화촬영제작권"이다. 드라마 및 비디오가 발전함에 따라 드라마 및 비디오영화

33) 沈仁干、钟颖科:《著作权法概论》, 86页, 北京, 商务印书馆, 2003。

의 제작권도 이에 포함되고 있다. 현재, 중국 등 일부 국가에서는 별도로 제작권을 규정하고 있으며 일본, 독일 등 다수 국가에서는 제작권을 2차적 저작물 작성권에 포함시키고 있다.

(8) 연 역 권

연역권이라 함은 원작에 대하여 2차적 저작물을 작성하거나 번역할 수 있는 권리를 말한다. 연역행위를 통하여 발생한 작품을 연역작품이라고 하며 이는 원작에서 파생되었지만 원작의 창작사상을 보존하고 있다. 연역권은 통상 번역권 및 2차적 저작물 작성권 두 가지로 분류된다. 2차적 저작물 작성권은 일반작성권 및 제작권 두 가지로 분류된다. 세계에서 미국 등 소수 국가만이 저작권에 "연역권"이라는 통합적 권리를 규정하고 있다. 반면「베른협약」에서는 번역권, 2차적 저작물 작성권 및 제작권을 별도로 각각 열거하였다. 일본, 영국, 독일 등 국가의 입법에서는 번역권을 2차적 저작물 작성권에 포함시키고 있지만 프랑스, 이탈리아, 러시아 등 국가의 입법에서는 번역권은 작성권과 동등한 재산권에 해당된다. 번역권은 문자작품(컴퓨터소프트웨어 포함)의 저작권자가 향유할 수 있는 일종의 전용권으로서 타인이 원작의 문자를 다른 한 문자로 번역하는 것을 허가 또는 금지하거나, 또는 프로그램 문서를 컴퓨터언어나 코드로 전환하거나, 또는 일종의 컴퓨터언어로 작성된 소스프로그램을 다른 한 고수준언어로 작성된 소스프로그램으로 전환할 수 있는 권리를 말한다. 좁은 의미의 작성권이라 함은 번역권을 제외한, 작품에 대하여 수정 및 가공하는 권리를 말한다. 영국법에서 "2차적 저작물 작성권"에 대하여 해석할 시 지적하기를 문학 또는 연극작품에 대하여 작성이라 함은 작품에 대한 번역을 말하며 연극작품을 비연극작품으로 수정하거나(반대의 경우 마찬가지임) 그림방식으로 작품 속의 이야기 또는 장면을 도서, 신문, 잡지 또는 유사한 간행물에서 재현하는 형식으로 전환하는 것을 말한다. 음악작품에 대하여 작성이라 함은 작품에 대한 편집 또는 수정을 말한다. 영국법에서는 예술작품에 대한 작성권을 규정하고 있지 않지만 미국, 독일 등 기타 국가에서는 예술작품에 대한 작성권을 인정하고 있다. 연역권과 관련된 또 다른 권리는 편집권이다. 편집권이라 함은 선택 또는 편집을 통하여 작품 또는 작품의 단락을 새로운 작품으로 집성하는 권리를 말한다. 저작자는 자신이 직접 또는 타인을 허가하여 모든 작품, 한 부 또는 여러 부의 작품 또는 작품의 단락을 새로운 작품으로 집성하거나 편집할 수 있는 권리를 말한다. 편집권이 적용되는 작품에는 문자작품, 구술작품, 미술작품, 촬영작품이 포함될 뿐만 아니라 영화작품, 음악작품, 도형작품, 컴퓨터소프트웨어 등도 포함된다. 중국 등 일부 국가에서는 편집권을 별도로 규정하고 있지만 일부 국가에서는 이를 연역권에 포함시키고 있다.

(9) 인터넷정보전송권

인터넷정보전송권이라 함은 유선 또는 무선의 방식으로 공중에게 작품을 공개하여 공중으로 하여금 자신이 선정한 시간, 장소에서 해당 작품을 획득하게 하는 권리를 말한다. 이러한 권리는 인터넷시대에서의 새로운 권리로서 세계지식재산권기구의 「저작권협약」에서 최초로 신설한 것이며 그 후 수많은 국가가 도입하게 되었다. 인터넷정보전송권은 전통적인 방송권과는 다르다. 첫째, 전송의 매체가 다르다. 인터넷 전송의 매개물은 인터넷이며 방송과 관련된 매개물은 라디오 및 텔레비전 방송국이다. 둘째, 전송하는 정보가 다르다. 인터넷이 전송하는 것은 전자정보이며 방송이 전송하는 것은 전기정보이다. 셋째, 수신방식이 다르다. 인터넷 전송은 일대일방식으로써 수신자는 자신이 선정한 시간 및 장소에 따라 정보를 획득할 수 있고 방송은 일대다수방식으로서 수신자는 단지 방송업체에서 방송한 시간에서만 정보를 수신할 수 있다. 넷째, 상호관계가 다르다. 인터넷전송자와 정보수신자는 대화방식이며 방송정보의 전송자와 수신자는 일방향방식이다. 인터넷은 "제4매체"로 불리우며 센터가 없는 하나의 글로벌 정보매체로서 신문, 방송 및 텔레비전 등 이러한 전통적인 매체와는 서로 구별된다. 인터넷정보전송권은 저작자의 저작재산권이 인터넷공간에서의 연속이다. 동 권리에 의하면 법률규정이 있는 경우를 제외하고 어떠한 자도 함부로 인터넷을 통하여 권리자의 작품, 공연, 음반제품을 공중에 제공할 수 없으며 또한 고의로 기술조치를 피하거나 파괴할 수도, 인터넷상의 권리를 삭제 또는 변경하는 방식을 통하여 전자정보를 관리해서도 아니된다.

(10) 추 급 권

추급권을 "연속권"이라고도 하며 기본적인 의미는 작품을 제1차 양도한 후 재판매함으로서 발생한 이익에 대하여 예술작품의 저작자가 갖는 권리를 말한다. 추급권은 대륙법계에서 기원한 하나의 전통적인 재산권제도이다.[34] 그의 입법의도는 예술가의 경제이익에 대하여 보상하기 위함이다. 즉 예술작품의 원본에 대하여 불공정하게 양도하였을 경우에 적용되며 원저작자는 해당 작품을 재판매할 시 합리적인 보수를 획득할 수 있다. 각국의 저작권법에서는 통상 추급권에 대하여 적용조건 및 범위를 규정하고 있다. 첫째, 추급권은 통상 예술작품(서예, 조각 및 입체적 예술작품 포함), 음악 및 문학원고에 적용되며 복제품을 중요한 표현형태로 한 건축작품 또는 실용미술작품에는 적용되지 아니한다. 둘째, 이러한 작품 및 원고는 통상 공개적인 경매나 상인을 통하여 판매되며 오직 재판매의 가능성을 알고 있는 경우에만 저작자는 추급권을 행사할 수 있다. 셋째, 저작자에게 지불하는 금액의 비율을 법률에서 직접 규정하고 있다. 독일, 프랑스 등 일부 국가는 이러한 작품에 대하여 재판매할 시 저작자는 일정한 비율을 배분받을 수 있다고 규정하였으며 일부 국가는 가치증가의 경우에만 추급권을 행사할 수 있다고 규정하였다. 즉 후자의 판매가격은 전자의 거래가격보다 높아야 하며 저작자는 가치가 증가된 부분에 한하여서만 배분받을 수 있다.

4. 저작권과 관련된 인접권

가. 인접권 개설

인접권은 국제적으로 작품전송자가 갖게 되는 권리에 대한 통칭이다. 영문으로는 Neighbouring Rights, 프랑스어는 DritsVoisins, 이탈리아어는 Diriti Cnessi이며 이는 인접, 관련 또는 상호 연관성이 있는 권리를 뜻한다. 법률용어로서의 인접권이라 함은 저작권과 서로 인접된 권리를 말하며 주로 예술실연자가 자신의 공연에 대한 전용권, 녹음제작자가 자신의 녹음제품에 대한 전용권 및 방송사업자가 자신의 방

---

34) 추급권의 성질에 대하여 입법례와 학계에서는 서로 다른 관점을 보이고 있다. 일부는 추급권은 단지 일종의 보수권으로서 "기타 권리"라는 절(예컨대 프랑스법)에 규정하여야 한다고 주장하고, 일부는 추급권은 저작자 또는 기타 상속자가 전용하므로 포기하거나 양도할 수 없다(예컨대 브라질법)고 주장하였다. [西] 德利娅 · 利普希克:《著作权与邻接权》, 163页, 北京, 中国对外翻译出版公司, 2000。

송프로그램에 대한 전용권을 말한다. 이러한 국제협약에서 규정한 전형적인 인접권의 유형은 대다수 국가에서 인정하고 있다. 그리고 소수 국가에서는 아직 인접권에 대하여 광범위하게 정의하고 있다. 즉 모든 전송작품의 매체가 갖는 전용권을 상기 세 가지 종류의 전용권과 같이 인접권이라고 통칭한다. 저작자가 직접 창작한 작품과 일정한 차이점이 존재하는 상품, 제품 또는 기타 “사상표현형식” 그리고 “작품”이라고 부를 수 없는 내용을 모두 인접권의 범위에 포함시켰다. 이탈리아법, 터키법에서는 개인의 서신, 초상을 인접권의 보호대상으로 하였고, 영국법에서는 영화작품, 방송프로그램, 녹음작품, 인쇄글자체 및 인쇄편집방식 등을 전송작품의 “제품”에 포함시켰으며 이로부터 발생한 전용권은 저작자가 직접 결과물을 창작한 저작권과는 구별된다.[35] 중국의 저작권법은 “인접권”의 개념을 채택하지 않고 “저작권과 관련된 권리”라는 내용에 출판자가 출판도서 및 간행물에 대하여 갖는 권리, 실연자가 자신의 실연에 대하여 갖는 권리, 음반제작자가 자신이 제작한 음반제품에 대하여 갖는 권리, 라디오방송국 및 텔레비전방송국이 자신이 제작한 방송 및 프로그램에 대하여 갖는 권리를 규정하고 있다. 출판자가 갖는 권리의 성질에 대하여 학자들 사이에 아직 논쟁이 존재한다. 일부 학자는 그 성질은 “인쇄판의 양식권(版式權)” 또는 “판본권(版本權)”이며 출판자가 출판도서 및 간행물의 인쇄판의 양식, 표장디자인에 대하여 갖는 권리로서 인접권의 범위 내에 포함된다고 주장하였다. 일부 학자는 출판자의 권리는 실제로 저작자와 출판회사 사이의 전용출판허가계약을 통하여 양도한 권리로서 인접권이 아닌 저작권의 범주에 해당한다고 주장하였다. 필자는 인접권은 저작권과 관련된 작품전송자가 갖는 권리로서 이는 하나의 발전 및 변화하는 권리라고 본다. 각국의 법률을 보면, 실연자권에서 시작된 후 음반제작자권 및 방송제작권까지 확장되지만 이에 한하지 않았다. 작품전송자의 각종 권리에 대하여 전반적인 보호를 제공하는 것은 인접권제도의 중요한 발전추세가 될 것이다.

인접권 및 저작권 모두 지식재산권체계에 포함된다. 이러한 권리의 원천은 작품의 전송활동을 통하여 발생한 것으로서 원작작품의 저작권을 토대로 파생된 것이다. 그리하여 많은 경우, 인접권은 넓은 의미의 저작권에 포함되며 다수 국가는 인접권 및 저작권 모두 “저작권법” 또는 “판권법”이라는 법률문서에 규정하고 있다.

---

35) 郑成思:《版权法》, 52~53页, 北京, 中国人民大学出版社, 1999。

인접권은 저작권과 마찬가지로 엄격한 지역성을 띄고 있으며 오직 국가의 법률에서 인정한 인접권의 지역 범위 내에서만 실연자의 공연, 음반제작자의 음반 및 방송사업자의 방송프로그램에 대하여 법적 규정에 따라 보호한다. 저작권과 인접권 사이의 차이점은 다음과 같다. 저작권의 보호주체는 지적작품의 창작자인 반면 인접권의 보호주체는 실연, 녹음, 방송방식으로 저작자를 조력하여 작품을 전송하는 조력자이다. 후자는 공중에게 창작자의 작품을 전송할 때 자신의 창조성 노동 또는 이를 위한 대량의 투자를 투입하여 원작품이 새로운 형태로 표현할 수 있도록 함으로써 새로운 창작성을 갖게 된다. 이러한 새로운 창작성에 대하여 법적 보호를 요구하는 것은 정당한 이유가 된다.

인접권제도는 현대의 전송기술이 발전한 산물이다. 녹음녹화기술 및 무선전기술이 출현하기 전, 실연은 중복성을 갖는다. 즉 실연자가 직접 무대에 올라서 공연을 하여야만 하였고 실연자는 현장공연 이외에 어떠한 권리도 갖지 못하였다. 음반제작기술 및 전송매체가 발전함에 따라 예술공연은 사람들의 기억 속에만 존재하는 것이 아니라 이를 저장, 복제 및 재현할 수 있게 되었다. 첨단기술의 응용으로 인하여 공중은 CD 또는 방송을 통하여 예술공연을 감상할 수 있게 되었으며 이러한 상황은 실연자의 현장공연의 기회를 감소하게 하였을 뿐만 아니라 실연자로 하여금 자신의 공연에 대한 지배를 상실하게 하였으므로 실연자의 권리를 보호하여야 하는 법적 필요성이 대두하게 되었다. 그 외 음반영상제작기술이 발전함에 따라 CD 대여 및 개인의 복제활동이 끊임없이 보편화되고 해적판 제작행위가 갈수록 창궐함으로 인하여 음반제작자 및 방송사업자의 이익은 심각한 손해를 입게 되었다. 이러한 상황에서 음반제작자 및 방송사업자도 자신의 권리를 보호하는 법적 필요성을 제시하게 되었다. 이러한 배경 하에 20세기 상반기, 작품전송자를 보호하는 전문적인 법률제도 즉 인접권제도가 각국에서 잇따라 확립하게 되었다. 인접권 보호에 대하여 각국이 취한 방식은 서로 다르다. 일부 국가는 노동법, 부정경쟁방지법 또는 계약법을 통하여 인접권을 보호하였고 일부 국가는 민사적 배상 또는 형사적 처벌의 방법으로 보호하였지만 대다수 국가는 지식재산권법을 통하여 이를 보호하였다. 지식재산권제도를 통하여 인접권을 보호하는 국가는 두 가지 종류로 분류된다. 하나는 단행법을 통하여 인접권을 보호하였는데, 예컨대 브라질, 룩셈부르크 등 소수 국가이다. 다른 하나는 인접권을 저작권법의 일부로 간주하였는데, 예컨대 일본,

독일, 러시아 등 다수 국가이다. 1961년 유엔국제노동자단체, 유네스코단체 및 세계지식재산권기구의 공동의 노력 끝에 「베른협약」 및 「세계저작권협약」의 일부 체약국은 로마에서 「실연자, 음반제작자 및 방송사업자의 보호에 관한 협약」(즉 「로마협약」)을 체결하였으며 이를 통하여 인접권에 대하여 국제적인 보호를 제공하였다.

나. 인접권의 기본유형

인접권의 기본적인 유형에 대하여 다음과 같이 논하고자 한다.

(1) 실연자권

실연자권이라 함은 실연자가 자신의 실연에 대하여 갖는 전용권을 말한다. 실연자권은 저작자의 재산권으로서의 실연권과는 다르다. 실연권은 실연자권이 발생하는 법적 토대이다. 권원(權源)으로부터 보면 주로 두 가지 측면에서 표현된다. 하나는 실연자가 타인의 창작작품을 사용하여 실연할 경우 반드시 저작권자의 허가를 얻고 보수를 지불하여야 한다. 다른 하나는 실연자가 타인의 연역작품을 사용하여 실연할 경우, 반드시 창작작품 및 연역작품의 저작권자의 이중허가를 얻고 그들에게 보수를 지불하여야 한다. 여기서 설명할 것은 실연자권의 발생은 작품의 저작권을 권원으로 할 뿐만 아니라 공개실연의 조건을 충족하여야 한다. 즉 실연자는 공공장소에서 실연하여야 한다. 가정범위 내에서 또는 개인적인 모임이나 직장 범위 내에서의 실연은 실연자권이 발생하지 않는다.

인접권 관련 국제협약을 보면, 1961년 「로마협약」은 최초로 실연자의 권리를 보호한 국제협약이지만 규정된 권리항목이 비교적 제한적이다. 즉 실연에 대한 녹화의 권리 및 실연자의 녹음복제의 권리가 포함된다. 1996년 「실연 및 음반협약」에서 보호하는 실연은 주로 현장실연 및 음반에 녹화된 실연을 말하며 시청각제품에 녹화된 실연은 언급하지 않았다. 2012년 「시청각 실연협약」 즉 「북경협약」의 통과는 기존 협약에 존재하는 실연자 보호에 대한 단점을 보완하였다. 상기 3대 협약은 실연자권리에 대한 국제적 보호체계를 구축하였다.

실연자권의 주체는 실연자이다. 실연자라 함은 법에 따라 그의 실연활동에 대하여 권리를 향유하는 자를 말한다. 「로마협약」은 실연자를 "배우, 가수, 음악가, 무용가 그리고 실연, 가창, 연설, 낭독, 연주 또는 기타 방식으로 문학예술작품을 실연하는 자"로 정의하였다. 상기 인원은 협약에 규정된 체약국이 반드시 보호하여야 할 실연자이며 실연자권을 문학예술작품을 실연하지 않은 자에까지 확장할 것인지 여부는 각 체약국이 자유로 결정할 사항이다. 실연자의 범위에 대하여 외국법률의 규정도 각기 상이하며 대체로 세 가지 경우로 분류할 수 있다. 첫째, 작품의 실연에 종사하는 자만이 실연자로 간주할 수 있다. 이는 「로마협약」에서 정한 보호범위에 의한 것이며 작품의 실연자가 아닌 자를 인접권에서 제외하였다. 예를 들면 독일법에서는 본 법에서 말하는 예술실연자라 함은 한 저작을 낭독 또는 실연하거나 한 저작의 낭독 또는 실연에 참여하여 예술적 역할을 한 자를 말한다고 규정하였다. 둘째, 실연자를 기타 실연에 종사하는 실연자에까지 확장하였다. 이는 「로마협약」에서 정한 최저 보호범위를 토대로 작품의 실연자 및 기타 실연활동에 종사하는 자를 실연자의 범위에 포함시켰다. 예를 들면 프랑스법에서 실연자라 함은 실연, 가창, 낭송, 낭독, 연주 및 기타 문학예술작품, 각종 프로그램, 서커스, 목마 공연자를 말한다. 셋째, 실연의 성질을 갖고 있지만 "예술성"이 없는 스포츠경기의 종사자도 실연자로 간주하였다.[36] 일부 스포츠경기는 비교적 높은 감상가치를 갖고 있으므로 소수 국가는 실연자권을 원용하여 관련 자의 이익을 보호하였다. 예를 들면 브라질법에서는 운동선수의 관리자는 기타 문학예술작품의 실연이 갖는 권리와 동일한 권리를 갖는다고 규정하였다. 인접권 의미상의 실연자는 자연인임은 틀림없지만 법인이 포함되는지 여부에 대하여 학계에서는 여전히 논쟁이 존재한다. 어떤 학자는 「로마협약」에서 말하는 "실연자"는 자연인만 포함될 뿐 법인이 포함되지 않는다고 주장하였다.[37] 필자는 현대의 전자저작권 및 당대의 온라인저작권이 발전함에 따라 권리주체제도는 이미 인쇄저작권시대의 주체가 자연인이여야 한다는 제한을 벗어나, 저작자, 실연자 등은 자연인일 수도 있고 법인일 수도 있으며 이는 이미 각국 입법의 통례가 되었다고 본다. 법인을 실연자로 간주할 수 있는 요건은 다음과 같다. 첫째, 실연활동을 주최 또는 조직하거나, 둘째, 자연인이 실연행위를 행하였

36) 일본에서 실연활동에 대한 보호 여부의 판단기준은 그가 "예술성"을 갖는지 여부이다. 이를 근거로, 일본저작권법은 실연자의 범위에 대하여 광범위한 해석을 하였다. [日] 半田正夫、纹谷畅男等编:《著作权法50讲》, 北京, 法律出版社, 1990。

37) Stephen M. Stewart, International Copyright and Neighbouring Rights, Butternorth & Copublishers Ltd. p.123, 1983.

고 셋째, 자신의 명의로 실연활동에 대하여 법적 책임을 부담한다.

실연자권은 신체권 및 재산권이라는 이중적 내용을 포함하고 있다. 인격권을 보면 각국의 규정은 아주 큰 차이점을 나타내고 있다. 이는 주로 두 가지 권리가 포함된다. 첫째, 신분표시권. 즉 실연자는 적당한 방식으로 자신의 성명을 표시하고 자신이 해당 공연의 실연자임을 표시할 것을 요구할 권리가 있다. 표시방식에는 실연활동과정, 실연을 녹화한 음반, 실연을 방영한 방송프로그램, 실연을 녹화한 음반을 발행 및 판매 시의 홍보자료에 실연자의 실명 또는 예명을 표시하는 경우 등이 포함된다. 둘째, 실연이미지 동일성유지권. 실연이미지라 함은 실연자가 실연 과정에 관중 또는 청중에게 보여준 예술이미지를 말하며 이에는 형체이미지 및 명성이미지가 포함된다. 실연이미지 동일성유지권이라 함은 실연자는 타인이 어떠한 형식 또는 방식으로 허위사실을 조작하거나 그의 실연을 왜곡, 수정하거나 그의 명예를 훼손 또는 비방하여 그의 예술이미지에 손해를 미치거나 실추하게 하는 것을 금지할 권리를 말한다. 입법례를 보면, 일부 국가는 두 번째 권리인 실연이미지 동일성유지권만 규정하고 있다. 예를 들면 독일법에서는 "왜곡 방지를 위한 권리"에 관한 규정을 두고 있다. 또 일부 국가는 상기 권리에 대하여 체계적으로 규정하고 있다. 예를 들면 러시아법에서는 "성명표시권" 및 "실연 또는 공연이 어떠한 왜곡이나 기타 실연자의 명예나 인격이 침해당하지 않도록 보호하는 권리"를 열거하였다. 이탈리아의 저작권법에는 실연이미지 동일성유지권에 대하여 특별히 규정하고 있다. 그 외 실연자는 민법전의 일반원칙에 의하여 자신의 성명권, 가명권 및 이미지권을 보호할 것을 청구할 수 있다. 재산권을 보면 절대 다수 국가는 실연의 사용(녹화, 복제, 방송 등 포함)에 대한 전용권을 규정하였다. 상기 방식으로 실연을 사용할 시 실연자의 동의도 얻어야 하고 그에게 대가도 지불하여야 한다. 예를 들면 독일법에서는 실연의 사용에 대하여 세 가지 경우를 규정하고 있다. 즉 "스크린 및 스피커 중계방송", "복제", "방송국 방송"은 반드시 "예술실연자의 허가"를 얻어야만 진행할 수 있다. 또한 일부 국가에서는 이러한 권리를 "실연사용자에게 보수를 요구할 권리"로 해석하였다. 예를 들면 이탈리아법에서는 "연극, 문학 및 음악작품의 실연자는 그 실연작품이 공공영역에 진입하였는지 여부에 상관없이 실연보수 외에 그 실연이 방송, 녹음, 제작에 사용된다면 합리적인 보수를 요구할 권리가 있다."고 규정하였지만 본 법에서 "실연의 사용은 권리자의 허가를 얻어야 하는 것"을 요하지 않았다. 비록 규정상 상기 차이점이 존재하지만 각국의 실연사용권의 유형은 대체로 유사하다. 직접전송권 즉 타인이 현장에서 그의 실연에 대한 전송을 허가 또는 금지할 권리; 녹음녹화권 즉 타인이 그의 실연을 녹음 및 녹화하는 것을 허가 또는 금지할 권리; 복제권 즉 타인이 실연이 포함된 음반을 복제하는 것을 허가 또는 금지할 권리; 인터넷정보전송권 즉 타인이 실연(현장실연 및 음반에녹화된 실연 포함)을 온라인을 통하여 공중에게 전송하는 것을 허가 또는 금지할 권리가 포함된다.

(2) 음반제작자권

음반제작자권이라 함은 음반제작자가 법에 의하여 자신이 제작한 음반에 대하여 갖는 전유권(專有權)을 말한다. 인접권체계에서 음반제작자권을 "음반저작자권"이라고도 부른다. 이는 「로마협약」에서 최초로 사용한 개념으로서 그 후 일부 국가는 이를 "시청각제품제작자권"으로 부르기도 하였다. 대다수 국가는 자연인과 법인 모두 음반제작자가 될 수 있다고 인정하고 있으며 녹음제작자와 녹화제작자에 대하여 구별하여 규정하고 있다. 일본, 독일의 저작권법은 단지 녹음제작자의 권리에 대하여 규정할 뿐 녹화제작자의 권리에 대하여 규정하지 않았다. 프랑스, 중국의 저작권법은 두 권리에 대하여 모두 규정하고 있다. 비록 두 권리 모두 인접권에 해당하지만 음반제작자권과 실연권은 다소 다르다. 원시 음반작품은 저작권의 존재를 그의 권원으로 하지 않았다. 즉 저작권 중의 촬영권에 의존하지 않았다. 물론 기존 작품의 영상실연에 대하여 녹화할 시 이는 저작권과 관련이 있으므로 저작권자의 수권은 물론 실연자의 수권도 얻어야 한다. 음반제품에 대한 보호의 국제법 근거는 1961년의 「로마협약」 및 1971년의 「레코드협약」(즉 「음반의 무단복제로부터 음반제작자를 보호하기 위한 협약」)이다. 입법례에서 프랑스, 독일, 이탈리아 등 대륙법계 국가에서는 작품 및 음반제품에 대하여 엄격하게 구분하고 있으며 저작권의 대상은 "지적창조"에 해당하는 저작물에만 한하고, 음반제작물에 대하여서는 인접권을 통하여 보호한다. 이와 달리, 영미법계 국가에서는 음반제작물은 인접권의 대상이 될 수도, 저작권의 객체가 될 수도 있다. 영국법은 1909년 이 후 현재까지 줄곧 녹음을 저작권의 객체로 간주하였다. 현재 미국, 호주, 인도 등 국가 모두 이러한 입법례를 채택하고 있다. 여기서 지적할 것은 음반에 대한 보호가 저작권에 의하든 인접권에 의하든 모두 「레코드협약」의 요건에 부합된다는 것이다. 하지만 세계지식재산권기구 및 유네스코단체의 비망록에서는 명확히 지적하기를 "판권체계" 국가에서 저작권의 형태로 보호하는 음반은 결코 엄격한 의미의 문학예술작품이 아니라고 하였다.[38)]

음반제작자권의 객체인 음반물에 대하여 두 가지로 분류할 수 있다. 하나는 녹음제품으로서 순수 음성으로만 형성된 원시녹음물을 말하며 이에는 레코드, 녹음테이프 및 레이저 레코드 등이 포함된다. 다른 하나는 녹화제품으로서 영화, 텔레비전, 녹화작품을 제외한 모든 음성 또는 무음으로 된 관련 영상의 원시녹화제품을 말하며 이에는 극본을 바탕으로 영화의 제작과정과 유사하게 여러 사람이 공동으로 창작완성한 녹화물 및 실연활동을 기계적으로 녹화한 녹화물 등이 포함된다.

음반제작자권은 일종의 재산권으로서 음반제작자는 자신이 제작한 음반작품에 대하여 타인에게 복제 및 발행하도록 허가하여 보수를 획득할 수 있는 권리를 갖는다. 음반제작자권에 대한 보호는 이미 세계 대다수 국가의 저작권법의 중요한 내용이 되었으며 관련 국제협약은 체약국에 대하여 제작자권에 대한 최저 보호기준을 정하였다. 1961년에 체결한 「로마협약」은 단지 복제권 즉 타인이 직접 또는 간접적으로 녹음제품의 복제를 허가 또는 금지할 수 있는 권리를 규정하였다. 1971년 체결한 「레코드협약」에서는 체약국은 최소한 음반제작자의 아래 권리를 보장하여야 한다고 규정하였다. 즉 녹음물의 무단복제를 금지할 권리, 타인이 무단복제한 녹음물에 대한 수입을 금지할 권리, 타인이 무단복제한 녹음물에 대한 판매를 금지할 권리이다. 이는 복제권, 수입권, 발행권 등 각종 권리항목과 관련이 있다. 1994년 「지식재산권협정」에서는 녹음제품제작자는 녹음물을 직접 또는 간접적으로 복제하는 것을 허가 또는 금지할 권리가 있으며 상업목적으로 녹음물을 대여하는 것을 허가 또는 금지할 권리가 있다고 특별히 규정하였다. 다만, 대여권에 대하여 만약 체약국이 입법에서 이미 대여권이 포함되지 않은 합리적인 보수지급제도를 확립하였을 시 대여권 관련 규정을 두지 않아도 된다고 하였다. 인접권 보호를 실행하는 국가에서 음반제작자의 권리는 주로 아래 몇 가지가 있다. 첫째, 복제 및 발행권 즉 타인이 음반물을 복제 및 발행하는 것을 허가 또는 금지할 권리를 말한다. 둘째, 공개방영권 즉 타인이 공공장소에서 음반제품을 방영하는 것을 금지할 수는 없으나 보수를 요구할 수 있는 권리를 말한다. 셋째, 대여권 즉 타인이 영리의 목적으로 음반제품

---

38) [西] 德利娅·利普希克:《著作权与邻接权》, 308页, 北京, 中国对外翻译出版公司, 2000。

의 대여를 허가 또는 금지할 권리를 말한다. 넷째, 인터넷정보전송권 즉 타인이 인터넷정보를 통하여 공중에게 음반제품의 전송을 허가 또는 금지할 권리를 말한다.

(3) 방송사업자권

방송사업자권이라 함은 방송사업자가 법에 따라 자신이 제작한 방송프로그램에 대하여 갖는 전유권(專有權)을 말한다. 음반제작자권과 마찬가지로 방송사업자권은 입법례에서 인접권 및 저작권으로 구분된다. 대륙법계 국가에서 저작권법 방식을 취하든 인접권 단행법 방식을 취하든 모두 "방송프로그램"을 인접권의 보호대상으로 간주하였다. 영국, 호주, 뉴질랜드 등을 포함한 영미법계 국가에서는 이를 "저작물"로 보고 저작권법을 통하여 보호하고 있다.

방송사업자권의 주체는 적법하게 설립된 각종 방송기업으로서 이에는 라디오방송국, 텔레비전방송국, 라디오케이블사업자, 위성프로그램중계방송센터 및 기타 프로그램 방영기능을 갖는 전송기업이 포함된다.

방송사업자권의 객체는 방송사업자 자신이 제작한 방송프로그램이다. 여기에서 말하는 "자신이 제작한" 프로그램은 "중계방송"과 구별되며 이는 방송사업자가 촬영 제작, 생방송, 편집, 가공, 통합 등 수단을 통하여 자신이 제작하여 최초 방송한 프로그램을 말한다. 방송사업자는 타인의 저작권 작품을 사용하여 방송프로그램을 제작할 시 상기 제작방식을 채택하여야 하고 일정한 창작성 노동 및 상당한 투자를 투입하여야만 문학예술작품을 방송프로그램형식으로 전환할 수 있다. 여기서 설명할 것은 방송프로그램에 포함된 제작정보 내지는 저작물이 저작권의 보호를 받을 수 있는지 여부와 상관없이 방송프로그램 자체는 방송사업자권의 객체가 된다. 예를 들면 스포츠경기, 자연풍경 등은 작품이 될 수 없지만 이를 내용으로 제작한 방송프로그램은 인접권의 보호를 받을 수 있다. 방송사업자의 적법한 권익을 보호하고 타인이 무단으로 녹화하거나 중계방송하는 불법행위를 제지하기 위하여 각국의 저작권법은 보편적으로 방송사업자권을 인정하고 있다.

국제인접권협약에서는 대체로 방송사업자권에 관하여 규정하고 있다. 「로마협약」은 방송사업자권에 대하여 다음과 같은 권리항목을 제시하였다. 즉 타인이 자신이 제작한 방송프로그램을 실시간 중계방송하는 것을 허가 또는 금지할 권리; 타인이 자신이 제작한 방송프로그램을 물질형태(녹음, 녹화 등 포함)로 고정하는 것을 허가 또는 금지할 권리; 타인이 고정한 후의 프로그램 매체를 복제하는 것을 허가 또는 금지할 권리가 포함된다. 「위성협약」(즉 「위성에 의하여 송신되는 프로그램 전송 신호의 배포에 관한 협약」)에서는 방송사업자권의 보호에 관하여 직접 규정하고 있지 않지만 체약국에 대하여 관련 의무를 부여하였다. 즉 체약국은 본 국의 관련 사업자(또는 개인)이 기타 체약국 국민이 제작한 위성프로그램을 불법으로 중계방송하는 것을 제지할 의무가 있다. 「지식재산권협정」에서는 방송사업자는 방송의 고정(녹음, 녹화 등 포함) 및 고정물의 복제에 대한 허가 또는 금지할 권리, 그리고 무선 수단 또는 텔레비전방송을 중계하는 것을 금지할 권리가 있다. 각국 저작권법 또는 인접권 단행조례에서는 방송사업자권에 대하여 아래와 같이 일반적인 규정을 두고 있다. 1) 복제권 즉 자신이 제작한 방송프로그램을 복제할 권리; 2) 방송권 즉 제작한 방송프로그램에 대하여 재방송 또는 중계방송할 권리이다. 상기 기본적인 권리항목 외에 일부 국가는 보호범위를 확대하였다. 예를 들면 독일법은 녹화권 즉 방송프로그램에 대하여 녹화하고 이를 음반이라는 매체에 고정할 수 있는 권리를 규정하였다. 프랑스법에서는 대여권 즉 공중에게 방송프로그램 복제품을 대여할 권리를 규정하였다. 러시아법에서는 상영권 즉 유료장소에서 공개적으로 방송프로그램을 방송할 권리를 규정하였다. 중국의 법률은 방송사업자가 중계방송권, 녹음녹화권 및 복제권을 갖는다고 규정하였다.

(4) 출판자권

출판자권이라 함은 출판자가 자신이 편집, 출판한 도서 또는 간행물에 대하여 법에 따라 갖는 전유권(專有權)을 말한다. 출판자는 도서출판자 및 간행물출판자로 분류할 수 있다. 중국의 저작권법에서도 출판자권을 규정하고 있다. 「출판관리조례」의 규정에 따르면 출판자는 신문, 잡지, 도서, 음반제품 및 전자출판물 등을 취급하는 전문사업자로서, 출판자 다시 말하면 출판사업자에는 신문사, 잡지사, 도서출판사, 음반출판사 및 전자출판물출판사가 포함된다. 법인이 신문, 잡지를 출판할 경우, 신문사, 출판사를 설립하지 않고 신문 또는 잡지부서만 설립할 시 당해 사업자를 여전히 출판사업자로 간주한다. 따라서 중국에서 출판자라 함은 출판자격을 취득한 법인 또는 기타 사업자를 말하며 자연인이 포함되지 않는다.

출판자권은 앞서 논한 인접권과 달리 권원에 따라 두 가지 권리가 포함된다. 하나는 저작권자의 수권에 의한 것이다. 즉 출판계약의 약정에 따라 도서출판자는 작품에 대하여 전용출판권을 갖는다. 이는 실연자, 음반제작자와 유사한, 출판자가 행사하는 권리로서 인접권의 일정한 속성을 갖고 있다. 다른 하나는 저작권법의 규정에 의한 것이다. 출판자는 법에 따라 자신이 편집, 발행한 신문, 잡지 및 도서, 간행물의 양식디자인에 대하여 저작권을 갖는다. 중국의 법률규정에 의하면 신문 또는 간행물 자체는 일종의 집성작품으로서 이로 인하여 저작권이 발생된다. 그러나 도서, 간행물의 양식디자인으로 인하여 발생한 전용사용권은 전형적인 의미에서의 인접권이 아니다.

5. 저작권 내용의 발전 및 변혁

전송기술영역에서의 혁신은 저작권제도의 발생 및 발전을 가져왔으며 어떠한 의미에서 말하면 저작권제도의 변천사는 전송기술 발전의 역사이기도 하다. 통상적으로 언어문자의 출현 및 인쇄술의 발명은 각각 제1차 및 제2차 정보혁명을 의미하며 전보, 전화, 방송, 위성 등 전자기술의 발생은 제3차 정보혁명을 대표한다. 최근 2, 30년에 나타한 미크로전자기술, 컴퓨터기술 및 인터넷기술은 제4차 정보혁명이 도래하였음을 알리고 있다. 이번 정보혁명은 전통적인 모의기술로부터 디지털기술로의 도약으로서 정치, 경제 및 사회에 대하여 미친 영향력이 엄청나게 크다. "「안나법령」이 시행된 지 약 3세기 동안, 저작권은 줄곧 나날이 새롭게 발전하고 있는 신기술의 발걸음을 좇아왔다."[39] 정보혁명의 발전단계에 따라 저작권제도는 순차적으로 "인쇄저작권"으로부터 "전자저작권" 다시 "인터넷저작권"으로의 역사적 변혁을 거쳐왔다. 당대 저작권제도에서 반드시 해결하여야 할 핵심문제는 바로 어떻게 전용권을 저작물의 인터넷에서의 전송에 더욱 효과적으로 "적용"할 것인가 하는 것이다.[40] 이는 권리의 확장 및 보호와 관련된다. 또한 인터넷기술과 인류정신, 문화 및 도덕의 발전과의 관계 속에서 저작권을 고려하여야 하며 이는 이익의 균형 및 조율과도 관련이 있다. 상기 문제에 대한 답은 당대 저작권제도의 새로운 구축을 의미한다.

---

39) 袁泳:《论新技术与版权扩张》, 载《著作权》, 1998(4)。

40) 薛虹:《网络时代的知识产权法》, 8页, 北京, 法律出版社, 2000。

가. 저작인격권의 보호문제

온라인상에서는 누구나 창작자, 출판자 및 권리침해자가 될 수 있다.[41] 그들은 아무런 흔적없이 온라인작품의 색상, 형태, 순서배열 및 성명표시를 수정할 수 있으며 여러 작품을 하나의 작품으로 통합하여 서로 관련없는 사물을 하나의 사진 속에 연결하기도 한다. 온라인의 신속하고 넓은 범위의 전송을 이용하여 한 작품은 이미 원래의 모습을 찾아볼 수 없게 될 수도, 진실과 허위를 분별할 수 없게 될 수도 있다. 바로 어떤 사람이 말한 바와 같이 온라인은 저작자 인격권의 "종결자"가 될 것이다. 인격권 보호가 디지털작품에도 적용될 수 있는지 여부에 대하여 입법자들은 선택의 기로에 놓여있다. 이에 대한 입법례를 보면 두 가지 입장을 보이고 있다. 하나는 디지털작품에 대하여 일반작품과 동등하게 보호하여야 한다는 입장이다. 「베른협약」에서 규정한 "문학예술작품"에는 표현형태 또는 방식을 불문하고 문학, 예술 및 과학영역 내의 모든 성과가 포함된다. 동 협약에서 인격권에 대한 규정은 컴퓨터소프터웨어 및 기타 디지털작품에도 적용될 수 있다. 다른 하나는 디지털작품의 인격권에 대하여 제한하여야 한다는 입장이다. 예를 들면 프랑스법에서는 양수인이 원저작자의 명예를 훼손하지 않는 전제하에서만 소프트웨어를 수정할 수 있다고 규정하였고 일본법에서는 저작자가 자신의 작품의 완전성을 보호하는 권리를 인정하고 있지만 컴퓨터를 효과적으로 사용하기 위하여 소프트웨어를 수정하는 경우는 이에 포함되지 않는다고 규정하였다. 영국법, 미국법에서는 저작자의 신분권 및 동일성유지권은 소프트웨어 및 기타 디지털작품에 적용되지 않는다고 규정하였다.[42] 비록 유럽의 대륙법 국가에서는 인터넷소프트웨어산업에 대하여 명확하게 규정하고 있지 않지만 디지털작품을 단순하게 일반문학예술작품과 동일하게 취급하여 인격권에 의하여 강력하게 보호하는 것은 실효성의 문제가 있다. 그리고 인터넷 또는 컴퓨터를 이용하여 창작한 작품을 인격권을 통한 보호로부터 완전히 배제하는 것 또한 타당치 않다. 「지식재산권협정」은 미국법상의 정신적 권리에 대한 일관적인 주장을 받아들였지만 이러한 저작자의 인격권을 협정의 범위로부터 제외

41) Ralph Oman, Reflections on Digital Technology : the Shape of Things to Come, WIPO Worldwide Symposium on the Impact of Digital Technology on Copyright and Neighbouring Rights, 1993, pp.21-22.

42) 何炼红:《网络著作人身权研究》, 載《中国法学》, 2006(3)。

하는 것에 대하여 수많은 인권학자의 비판을 받았다.[43] 따라서 입법자는 인터넷의 인격권 보호에 대하여 합리적이고 실행가능한 방식을 모색하여야 한다. 구체적으로 말하자면 인격권에는 아래 세 가지 권리항목이 포함된다.

(1) 성명표시권

성명표시권은 적극적(성명표시)으로 행사할 수도 있고 소극적(성명표시 금지)으로 행사할 수도 있으며 "타인의 성명표시를 위조한 작품에 대한 제작, 판매"를 금지할 수도 있다. 후자는 인터넷 공간에서 특별한 의의가 있다. 즉 소프트웨어 및 기타 디지털작품의 저작자는 타인이 자신의 성명을 빌려 명예를 얻는 것을 금지할 권한이 있다. 예를 들면 유엔국제상거래법위원회에서 제정한 「전자서명통일규칙(안)」, 유럽연맹에서 제정한 「유럽전자서명기준(안)」 및 덴마크, 러시아, 말레이시아 등 국가의 「디지털서명법」은 비록 전자상거래를 위한 서명규칙이지만 전자서명을 규범화하고 위조서명을 금지하고자 하는 입법취지는 인터넷작품의 성명표시권을 보완함에 있어서 참조적 의의가 있다.

(2) 수정권 및 동일성유지권

저작자 본인은 작품을 수정할 권한이 있으며 타인이 작품을 왜곡하거나 불법수정하는 것을 금지할 권한이 있다. 디지털작품의 수정정도(실질적 수정 또는 비실질적 수정)의 차이를 고려하여 상기 작품에 대한 수정정도가 실질적 창조에 해당하지 않고 저작자의 명예를 훼손하는 행위는 동일성유지권의 범주에 포함시켜야 하며 일단 수정정도가 실질적인 창조행위에 해당된다면 재산권 영역의 2차적 저작물 작성권의 범위에 해당된다.[44]

(3) 공 표 권

공표권은 일회성 사용권으로서 언제 어디서든 어떠한 형태이든 작품의 공개발표는 단지 일회이며 통상 공표권은 단독으로 행사할 수 없고 출판, 전시, 실연, 방송

---

43) [美] 奥德丽 · 查普曼:《将知识产权视为人权: 与第15条第1款第3项有关的义务》, 载国家版权局主办:《版权公报》, 2001(3)。

44) 何炼红:《网络著作人身权研究》, 载《中国法学》, 2006(3); 李明德、许超:《著作权法》, 269页, 北京, 法律出版社, 2003。

등 권리와 공동으로 행사한다. 또한 온라인에 전파한 작품은 타인이 이미 발표한 작품일 수도 있고 미공개한 작품일 수도 있으며 이미 발표한 작품을 온라인상에 업로드하는 것은 「베른협약」에서 규정한 복제에 해당할 수도 있다. 복제권 문제와 관련하여 미발표한 작품을 온라인에 업로드하는 것은 공표권 및 정보인터넷전송권에 대한 동시 행사에 해당된다. 이러한 경우, 온라인 공표는 당연히 저작자의 인격권에 해당된다.

(4) 권리표시권

온라인 환경에서 타인의 작품을 다운로드한 후 저작자 또는 작품명을 삭제하거나 변경하여 온라인에 업로드하는 사건이 종종 발생한다. 만약 상기 행위를 즉시 제지할 수 없다면 저작자의 인격권에 손해를 미칠 것이다. 따라서 상기 두 협약 모두 저작권자 및 인접권자의 "권리표시권"을 규정하였다. 즉 작품의 전자정보 그리고 실연 및 음반의 전자정보에 대하여 함부로 변경해서는 아니되며 이는 불법행위에 해당한다고 규정하였다. 이러한 규정은 온라인 정보의 진실성 및 정확성을 보장하고 권리자의 이익을 보호함에 있어서 아주 필요한 것이다.

나. 저작재산권의 확장문제

디지털 및 인터넷기술의 발전은 하나의 새로운 전송방식의 궐기를 의미하며 저작권체계의 기존의 이익구조를 타파하였다. "개인의 정보이용이 폭발적으로 성장한 21세기에 권리자는 이러한 현실을 받아들일 수밖에 없다. 즉 자신의 통제를 벗어난 이용이 끊임없이 발생하고 있다는 점이다. 이러한 통제를 받지 않는 이용을 배경으로, 저작권법은 반드시 새롭게 구축되어야 한다."[45] 디지털이 야기한 저작권 관련 문제는 주로 디지털작품의 성질 및 작품에 대한 디지털화권의 귀속문제이다. 인터넷 저작권의 시대에, 복제로부터 전송까지 모두 커다란 변화가 발생하였다. 작품은 쉽게 처리, 획득, 작동, 운송, 전송 및 이용될 수 있어 작품의 복제품은 원작작품처럼 무제한으로 복제할 수 있으며 소요된 복제비용 또한 저렴하다. 인터넷은 공중들이 타인의 작품을 접할 기회를 대폭 증가시켰으며 수많은 자료에서 선택적으로 채취

---

45) [日] 中山信弘:《多媒体与著作权》, 张玉瑞译, 102页, 北京, 专利文献出版社, 1997。

및 사용하거나 단독 또는 통합하여 자료를 재구성할 수 있는 가능성이 훨씬 증가하였다. 문자, 음악, 데이터, 영상 및 만화를 불문하고 기존의 매개물의 차이점은 소멸되었으며 본질적으로 동일한 속성과 데이터화된 존재형태를 갖게 되었다. 이러한 변화는 저작재산권제도로 하여금 아주 큰 도전에 직면하게 하였으며 입법자는 전통적인 재산권능에 대하여 확대해석하거나 새로운 재산권 항목을 신설하기도 하였다. 이와 관련된 구체적인 내용은 다음과 같다.

(1) 복 제 권

복제권이라 함은 저작재산권의 우선적인 권리항목으로서 작품에 대한 복제를 통제함으로써 권리자는 그 후의 사용행위를 지배할 수 있다. 온라인에서 작품의 복제는 광범위하게 존재하나 문제점은 "새로운 데이터화 복제는 어느 정도까지 복제권에 포함되는가 하는 것이다."[46] 여기에는 복제권에 대한 확장문제 및 필요한 제한문제가 존재한다. 하나는 단말기 복제이다. 단말기 복제라 함은 사용자가 자신이 합법적으로 획득한 정품소프트웨어에 대하여 수권없이 복제하는 행위를 말한다. 이러한 복제는 간단하고 용이하며 정품과 별반 차이가 없으므로 소프트웨어시장의 이익에 대하여 직접적인 손해를 미치게 된다. 이러한 복제행위에 대하여 국제협약 및 각국의 저작권법 모두 명문으로 금지하고 있다. 둘째, 일시적 복제이다. 일시적 복제는 온라인상의 작품에 대하여 말하는 것이다. 사람들이 온라인에서 정보를 검색할 시 컴퓨터는 온라인상의 정보를 우선 고속캐시(cache)에 저장하여 사람들이 재방문할 시 컴퓨터는 cache로부터 정보를 신속하게 동원하여 사용할 수 있으며 해당 정보가 저장된 서버로부터 다시 검색할 필요가 없다.[47] 이러한 정보에 대한 보호과정은 사실상 정보를 복제하는 과정이기도 하다. 이러한 저장된 정보는 컴퓨터의 오프라인으로 인하여 소멸될 수도 있다. 따라서 이를 일시적 복제라고도 한다. 일시적 복제는 온라인에서 작품을 검색하는 과정에서 발생한 것으로서 기존 기술조건에서는 피하기 어려우므로 일부 국가는 이를 합리적인 사용범위 내에 포함하여야 한다고 주장하기도 한다. 미국 백서 및 유럽연맹의 블루북에서는 일시적 복제를 복제권의

---

46) 薛虹:《网络时代的知识产权法》, 82页, 北京, 法律出版社, 2000。

47) Lucinda Jones, "An Artist' s Entry into Cyberspace: Intellectual Property on the Internet", E. I. P. R., 2000, p.87.

범주에 귀속시켜야 한다고 주장하였다. 그러나 이러한 입법의 발의는 국제사회의 공감을 얻지 못하였다. 세계지식재산권기구의「저작권협약」초안에서는 이와 관련하여 다음과 같이 해석하였다. 복제에는 "어떠한 방법 또는 형태, 직접 또는 간접적으로 작품에 대한 영구적 또는 일시적 복제"가 포함된다. 상기 규정으로 보면 컴퓨터 속의 "일시적 저장" 역시 복제로 간주될 수 있다. 물론 본 규정은 정보수출국인 미국에 유리한 것은 분명하다. 하지만 정보수입국인 개발도상국에 대하여 말하면 동 규정은 본 국의 정보산업의 발전에 아주 불리한 것은 명백한 사실이다. 그리하여 해당 해석은 수많은 개발도상국의 격렬한 반대로 인하여 최종 통과하지 못하였다. 해당 협약의 첨부문서인 성명에서는 "「베른협약」제9조의 복제권 및 그 예외규정은 디지털환경에 완전히 적용되며 특히 디지털형태로 사용하는 작품에도 적용된다. 디지털형태의 전자매개물에서의 저장은「베른협약」제9조 의미상의 복제에 해당된다."고 지적하였다. 이에 대하여 다수 학자들은 당해 협약이 성명에서 취한 애매모호한 해석은 실제로 체약국이 본국의 상황에 따라 자체로 입법 또는 사법해석의 방식을 통하여 문제를 해결할 권리를 부여한 것이라고 보았다.[48]

(2) 발 행 권

발행권이라 함은 권리자가 소유권을 판매 또는 이전하는 등 방식을 통하거나 대여, 대출방식을 통하여 공중에게 작품의 복제품을 제공할 권리를 말한다. 인터넷상에 문자, 영상, 음성 및 그들의 조합으로 구성된 각종 작품은 시시각각 광범위하게 고속도로 전송되고 있으므로 인터넷상의 전송은 일종의 중요한 작품의 전송방식이다. 미국백서에서는 이러한 정보전송은 발행행위로서 저작권자의 전용권이라고 규정할 것을 건의하였고, 이에 대한 수정은 새로운 권리를 신설한 것이 아니라고 주장하였다. 인터넷 전송의 실질적인 내용을 보면, 단지 작품정보의 전송만 존재할 뿐 매체의 실제적인 이전은 없으며 해당 정보는 컴퓨터의 메모리 또는 이와 연결된 저장설비에 존재하므로 전통적인 발행권 개념으로는 이러한 전송을 포함하기 어렵게 된다.[49] 미국 백서는 실제로 물질성 매체물이 존재하지 않거나 매체물이 이전하지 않는 "발행"을 인정하고자 하는 데 있다. 세계지식재산권기구의「저작권협약」

48) 郑成思:《两个新的版权条约初探》, 载《著作权》, 1998(1)。

49) [澳] 马克 · 戴维生:《计算机网络通讯与美国版权法的新动向》, 王源扩译, 载《外国法译评》

및 「실연 및 음반제품협약」의 성명에서는 해당 조항에서의 "원본 및 복제본"이라 함은 "유형물로 고정되어 유통될 수 있는" 원본 및 복제본을 말한다고 해석하였다. 이에 대하여 일부 학자는 고정이라 함은 작품이 일정한 시간 내에 장기적이고 안정적으로 관람, 복제 또는 전송될 수 있으며 작품이 고정되기만 하면 유형의 복제품은 이미 형성된 것이므로 "성명에서의 해석에 의하면 인터넷 전송은 「저작권협약」 및 「실연 및 음반제품협약」에서 규정한 발행권에 포함될 수 있음을 표명한다."고 주장하였다.[50] 필자는 발행권에서 말하는 "고정"은 그 대상이 유형물로서 단지 유형의 복제물을 말하며 일시적 복제본에 대한 전송은 발행권에 해당하지 않는다고 본다. 두 협약이 확인한 "발행"개념과 전통적인 저작권법의 발행 관련 규정은 큰 차이가 없으며 인터넷을 통하여 전송한 권리는 저작권자의 또 다른 단독적인 권리로서 발행권의 범위에 포함시킬 수 없다.[51]

(3) 전 송 권

통상적으로 전송권이라 함은 저작권자는 직접 또는 어떠한 장치 및 과정을 거쳐 작품에 대하여 실연 및 전시할 권리를 말한다. 전통적인 의미에서의 전송은 단지 공개적인 실연 및 전시와 관련되며 작품이 온라인상에 전송된 전자전송형태가 포함되지 않는다. 요약하여 말하면 기존의 전송권은 유형의 단일한 실연 또는 전시를 보호할 수 있지만 무형의 복합성 정보전파는 언급하지 않고 있다. 많은 학자들은 전송권은 인터넷으로의 확장과정에서 더 이상 전통기술 및 작품사용방식을 구분하지 않으며 권리통합 및 기술의 중립성의 특징을 분명하게 나타내고 있다고 주장하였다.[52] 「베른협약」에서 전송권에 관한 정의는 온라인 환경에서의 정보전송에 적용될 수 없으므로 「저작권협약」은 전송권에 대한 확장해석을 통하여 전송을 모든 가능한 전송방식에까지 확장하여 전송권으로 하여금 저작권자가 유선 또는 무선방식으로 작품이 공중에 전송하는 것을 통제하는 전용권이 되게 하였다. 이에는 공중의 일원인 개인이 자신이 선정한 지점 및 시간에 공중으로 하여금 작품을 획득하게 할 수 있는 권리가 포함된다. 협약에서 취한 이러한 원칙에 따라 현재 세계 각국의

50) 薛虹:《纳入版权保护体系的网络传输》, 载《中国法学》, 1998(3)。

51) 沈仁干:《世界知识产权组织推出两个新条约》, 载《知识产权研究》第5卷; 郑成思:《两个新的版权条约初探》, 载《著作权》, 1998(1)。

52) 薛虹:《纳入版权保护体系的网络传输》, 载《中国法学》, 1998(3)。

저작권 입법에서는 넓은 의미의 "전송권"을 종합적으로 규정하거나 "정보인터넷전송권"을 별도로 규정하고 있다.

(4) 대 여 권

대여권을 신설한 본래의 목적은 "최초 판매" 후의 권리소진을 제한하여 저작권자가 컴퓨터프로그램, 영화작품, 음반의 원본 또는 복사본에 대한 대여를 지배하기 위함이다. 온라인시대에서 "전자대여"가 출현함으로 인하여 사람들은 예약을 통하여 자신이 선택한 시간 및 장소에 온라인으로 컴퓨터화면을 통하여 필요한 정보를 검색할 수 있게 되였다. "유럽연맹 대여권 지침서"에서는 대여권의 적용공간을 확장하여 작품의 유형복제품뿐만 아니라 디지털 전송을 통하여 제공한 무형서비스도 대여권의 대상에 포함될 수 있도록 제안하였다.[53] 하지만 이러한 제안은 「저작권협약」의 규정과 다르다. 본 협약에서 규정한 대여권은 "유형물로 유통될 수 있는 고정된" 복제품에만 적용되며[54] 온라인상의 복제가 포함되지 않는다. 이러한 관련 국제문서의 차이점은 온라인시대의 대여권 입법에도 영향을 미칠 가능성이 있다.

다. 저작권 권능에 대한 제한문제

「지식재산권협정」이 효력이 발생함으로 인하여 무형재산권에 대한 국제적 보호체제를 강화하였다. 저작권이 사권화로의 확장추세는 국제적으로 개발도상국 및 선진국 사이의 이익이 균형을 잃게 하였으며 제도적 측면에서 보면, 이는 저작권에 대한 보호 및 제한, 역제한의 문제이기도 하다. 통상적으로 저작권의 전용성이라는 속성은 지식의 전파 및 정보 교류의 장애가 되어서는 안된다. 일찍 예전의 저서에서 일부 학자들은 "저작권 보호는 불법경쟁자를 대항할 수는 있지만 공중이 작품에 대한 공정이용을 방지할 수 없다." 또는 "정보의 공개적 전송은 대단히 중요하므로 자유라는 공익 및 민주사회로 하여금 전통적인 저작권 관념으로부터 발생한 개인독점권에 의하여 정복되어서는 안된다."고 주장하였다.[55] 저작권 권능에 대한 제한은

---

53) Ficsor, Digital Transmissions in Information Networks and International Harmonization of Copyright, Problems of Intellectual Property Rights, p.188.

54) 세계지식지산권기구의 「저작권조례」 제7조 및 그의 부속성명.

55) Harry N. Rosenfield , The American Constitution, Free Inquiry, and the Law, Fair Use and

현대 각국의 저작권법의 보편적인 규범이지만 국제사회가 이러한 전용권에 대한 제한에 대하여 엄격한 역제한 규정을 두고 있다는 것이 당대의 발전추세이다. 1994년 「지식재산권협정」에서는 「베른협약」에서 규정한 공정이용제도 등을 중복하여 규정하지 않고 전용권에 대한 제한 및 그의 예외규정에 엄격한 조건만 재성명하거나 강조하였다. 이러한 제한 및 예외내용은 다음과 같다.

(1) 일부 특별한 상황에만 한한다.

(2) 작품의 정상적인 이용과 서로 충돌되어서는 안된다.

(3) 권리자의 합법적인 이익에 불합리하게 손해를 끼쳐서는 안된다.

1996년 세계지식재산권기구의 「저작권협약」에서는 공정이용에 대한 제한원칙을 인터넷 공간에까지 확장하였다. 상기 협약의 규정은 아주 엄격하지만 원칙적인 것이므로 어떠한 제한 및 예외가 합리적인지, 어떠한 제한 및 예외는 불허할 것인지에 대하여 각 체약국은 각기 서로 다른 해석을 하고 있다. 전반적으로 보면, 선진국은 인쇄작품, 전자작품 내지는 디지털작품의 공정이용에 대하여 엄격하게 제한하고 있는 반면 개발도상국은 공중이 인터넷기술을 통하여 더욱 많은 정보를 얻는 것에 보다 더 주목하는 편이다.

선진국은 저작권 제한에 대한 역제한에 대하여 더욱 적극적인 입장을 취하였다. 공정이용의 적용범위를 수정 또는 제한하여 공정이용규칙을 남용하는 것을 제한하며 심지어 일부 영역에서의 공정이용을 취소하여 무상사용의 성질을 갖는 일부 공정이용을 유상의 법정사용허가로 전환하기까지 하였다. 또한 번역권 및 복제권에 대한 강제사용허가제도에서 허가증발급에 대하여 엄격한 조건을 규정하였으며 새로운 재산권 항목인 정보인터넷전송권을 규정하여 저작권 보호를 온라인 공간에까지 확장시켰으며 타인이 허가를 거치지 않은 암호조치를 취하여 디지털작품의 사용 및 전파를 지배하는 것을 금지하였다.

저작권 사권화의 지나친 확장에 대하여 선진국을 포함한 수많은 국가의 학자들은 예의주시하거나 심지어 비판의 입장을 표명하였다. 호주학자 Drahos는 지식재산권의 지나친 보호는 정보의 독점을 초래한다고 주장하였다. 그는 지식재산권이 일종의

Free Inquiry, Ablex Publishing Co., 1980, p.320; [日] 古泽博:《关于利用他人的著作权问题》, 载《独协法学》, 1997-10-22。

수단이라는 이념을 주장하며 재산권 개념을 지식재산권 영역에 도입하고 이를 토대로 지식재산권에 대하여 제한하여 개인이익과 공공이익 사이의 균형관계를 회복하는 것을 반대하였다.[56] 미국학자 Mitchell도 자연계에 생태계가 존재하는 것과 같이 지식영역에도 유사한 생태계가 존재하며 지식의 공유는 해당 생태계를 유지하는 전제조건으로서 지식을 과도하게 재산권화하는 것은 자연자원에 대한 과도한 약탈과 마찬가지로 기존의 생태계로 하여금 파괴당하게 할 수 있으므로 지식의 끊임없는 사유화 추세는 억제되어야 하고 지식공유의 공간을 점차 확대하여 지식생태계의 양성순환을 유지하여야 한다고 주장하였다.[57] 상기 사상추세의 출현에 따라 사람들은 이익균형을 도모하기 위한 여러가지 실천을 실행하였으며 제일 대표적인 예로는 "GNU허가" 및 "재산공유허가"(CCPL)이다. GNU는 "GNUs Not Unix"의 약칭으로서 Richard Stallman이 1983년에서 발기설립한 것으로서 "당대 소프터웨어계의 합작 호환의 정신을 실현하는 것"을 목표로 자유로 사용할 수 있는 운영체제소프트웨어 및 기타 응용소프트웨어를 개발하였다. GNU허가를 통하여, 일단 사람들이 특정소프트웨어를 획득할 시 이를 복제하거나 타인에게 공유할 자유를 얻게 되며 소스코드를 통하여 소프트웨어를 수정할 권한 및 수정한 소프트웨어를 발행할 권한을 얻게 된다. CCPL는 "지식공유단체"가 주장하는 일종의 저작권허가방식이다. 해당 단체는 James Boys 등이 2001년에 창립한 것으로서 설립취지는 저작권자 및 작품사용자 사이에 소통의 교량을 만들어 사람들이 지식을 공유하고자 하는 소망을 이루기 위함이다. CCPL협의에 의하면 저작권자가 타인이 작품을 사용하도록 수권허가할 시 사용자는 반드시 저작권자의 허가로 인한 제한요건도 받아들여야 한다. 지식공유허가에는 여러 가지 방식이 존재하며 저작권자는 그 중 한 가지 방식을 택하여 자신의 홈페이지 또는 지식공유허가의 인터넷 홈페이지를 통하여 작품을 공표할 수 있다. 작품에는 서적, 인터넷일기, 사진, 영화, 영상, 노래 및 기타 음성 또는 영상물 등이 포함된다.

요약하여 말하면, 저작권 권능의 제한 및 역제한 문제에 대하여 국제적으로 아직 공통된 인식을 형성하지 못하였으며 동서양국가도 현저한 입장 차이를 보이고 있

56) Peter Drahos, A Philosophy of Intellectual Property, Dartmouth Publishing Company, 1996, pp.145-223.

57) Henry G. Mitchell, The Intellectual Commons: Toward on Ecology of Intellectual Property, Maryland Lexington Books, 2005, pp.67-173.

다. "규범에서 공통점을 추구하고 이익대립에서 균형을 도모하여" 합리적이고 효과적인 저작권 국제보호질서를 확립하는 것은[58] 당대 저작권제도의 발전 및 변혁의 중요한 목표이다.

58) 杨明:《关于Trips协议的反思与知识产权国际保护制度的改革》, 载吴汉东主编:《知识产权国际保护制度研究》, 132页, 北京, 知识产权出版社, 2007。

제13장
특 허 권

특허권이라 함은 발명가나 기타 특허권자가 발명창조에 대하여 법정기간 동안 갖는 일종의 전유권(專有權)을 말한다. 특허권의 보호대상은 공업, 농업, 상업 등 산업영역에서 어떠한 매체물 상에 물질화될 수 있는 창작성 성과로서, 통상 공예작동 방법 및 기능, 그리고 이러한 방법 및 기능과 서로 대응되는 생산도구 및 기타 물질 설비로 나타난다. 특허권은 기술영역에서 가장 중요한 무형재산권이다.

1. 특허권 구축의 학설 토대

세계 최초의 특허법인 1623년 영국의 「독점법규」가 탄생한 이후, 특허제도가 발전하기 시작한지 거의 400여년 동안, 이론적으로 특허권의 성질 및 기능에 대하여 수많은 해석을 하였다. 이러한 해석은 전반적으로 두 가지 내용으로 분류할 수 있다. 하나는 특허제도에 대한 비판 및 반대학설이고, 다른 하나는 특허제도에 대한 찬성 및 지지학설이다. 특허제도의 역사를 보면, 19세기 일부 유럽국가에서는 "특허법은 악법"이라는 반대의 목소리가 나온 적이 있으며 이로 인하여 특허 관련 입법은 저지를 받거나 성문법이 폐지되기도 하였다. 20세기 80년대 초에 이르러 중국은 특허제도의 확립 여부 및 특허권의 속성은 "자(資)" 인지 아니면 "사(私)"인지에 대하여 치열한 논쟁을 벌인 적이 있었다.[59] 오늘날에 이르러 세계적으로 특허제도의 합리성을 절대적으로 부인하는 관점은 거의 찾아볼 수 없게 되었으며 절대 다수

59) 郭禾:《专利制度的有关假说》，载吴汉东主编:《知识产权法》，3版，138页，北京，法律出版社，2009。

국가 모두 자국의 특허제도를 확립하였다. 특허권에 대한 해석은 비록 여러 가지 이론가설이 존재하지만 공동된 인식은 특허권은 특허권자에게 합리적인 독점권을 부여하여 사회의 기술진보 및 경제발전을 촉진하기 위함이라는 것이다. 이와 관련하여 주로 아래 몇 가지 학설에 대하여 간단히 논하고자 한다.

가. 자연권 이론

자연권 이론은 특허법의 발생 초기 주도적 지위를 차지한 일종의 이론이다. 해당 이론의 핵심관점은 다음과 같다. 발명가가 발명창조에 대하여 보호받을 수 있는 권리는 자연적이고 고유한 것으로서 사람들이 노동의 대가로 당연하게 획득하여 박탈할 수 없는 권리이다. 특허권의 존재는 국가권력기관의 승인에 의하여 결정되는 것이 아니다. 왜냐 하면 승인여부와 상관없이 특허권은 독립적이고 자연적으로 존재하고 있으며 특허권의 수여는 국가권력기관이 자연권에 대하여 인정하는 것에 불과하기 때문이다. 프랑스는 자연권 이론을 채택한 대표적인 국가이다. 그들은 신이 인권을 부여한다는 이론을 토대로, 발명가의 특허권 보호이념을 확립하였다. 프랑스는 1784년의 「인권선언」에서 공민은 자유, 평등, 재산에 대한 침해불가 및 압박에 대한 반항의 권리가 있음을 명확하게 공표하였으며 이로 인하여 재산권은 일종의 "자연적이고 폐지할 수 없는 인권"이 되었다. 그 후 1791년 통과한 프랑스 「특허법」 제1조에서는 "각종 공업영역에서 하나의 새로운 발견 또는 새로운 발명 모두 창작자의 재산이다."고 규정하여 발명의 재산적 속성을 인정하였다. 이러한 속성을 해석하기 위하여 초안작성자는 「특허법」의 서언에서 "모든 참신한 구상은 본래 이러한 구상을 제시한 자에게 귀속되며 만약 공업발명이 발명가의 재산임을 인정하지 않을 경우, 실질적으로 이는 인권침해에 해당된다."고 지적하였다.[60] 이는 발명가의 권리를 기본적인 인권의 높이까지 승화하여 그의 권리에 신성성, 합리성, 인격성 및 침해불가성을 부여한 것이다. 해당 이론에 근거하면 발명가의 권리는 더 이상 봉건군주가 수여한 결과가 아니라 발명가의 이익에 대하여 국가법률의 형태로 인정하였음을 의미한다. 바로 일부 학자가 논한 바와 같이 "공민이 취득한 해당 권리는

---

60) 联合国文件:《专利制度在向发展中国家转让技术中的作用》(英文版), TD/B/AC,11/19/REV, 1,296段, 44页, 1975。

국가가 수여한 결과가 아니라, 국가는 단지 발명가의 자연권리에 대하여 선고 또는 증명할 뿐이다."[61] 자연권 이론은 오늘날 수많은 국가의 특허법에 대하여 영향을 미치게 되었다. 특허법의 "선발명"제도에서 특허를 최초 발명가에게 수여하도록 규정한 것도 어떤 의미에서 보면 "자연권 이론"을 토대로 한 것이다.

나. 비물질재산론

비물질재산이론은 독일의 특허제도 확립 및 발전에 커다란 영향을 미쳤으며 20세기 후반에 광범위하게 확산되었다. 당해 이론의 핵심관점은 다음과 같다. 발명은 정신제품으로서 일종의 비물질성 무형재산이다. 타인의 발명에 대한 침해 모두 발명가 개인에 대한 침해로 간주한다. 발명가의 정신적 생산의 성과인 무형재산은 유형재산과 동등하게 법적 보호를 받아야 한다. 독일학자 클라의 이론에 의하면 특허권은 일종의 무형재산권으로서 아래 특징을 갖는다. 즉 객체의 무형성, 점유의 불가성, 시간의 유한성, 지역성 및 가시불가성이다.[62] 비물질재산론은 지식재산권 영역의 중요한 학설이며 무형재산권은 지식재산권과 동일한 의미의 법률용어이다. 19세기 하반기부터 20세기 상반기 독일에서 무형재산권의 의미는 문학재산권 및 산업재산권이 포함되는 반면 일본학자들이 보기에는 "지식재산권"이라는 용어는 영미법계에서 유래한 것으로서 일본법계에서는 "하나의 아직 성숙되지 않은 단어"여서 상당히 긴 시간 동안 무형재산권으로 지식재산권을 대체하여 정신영역의 권리를 표현하였다.[63]

다. 특허계약론

특허계약론은 국가와 발명가 사이의 계약가설을 통하여 기술공개와 권리독점 사이의 관계를 나타내고 있다. 특허계약론의 핵심관점은 다음과 같다. 특허권은 국가의 명의로 출현한 발명가와 사회가 체결한 특수계약[64]으로서 발명가는 기술발명을

61) 汤宗舜编著:《专利法教程》, 29页, 北京, 法律出版社, 1998。

62) [日] 吉特幸朔:《专利法概论》, 宋永林, 魏启学译, 8页, 北京, 专利文献出版社, 1990。

63) [日] 小岛庸和:《无形财产权》序言, 47页, 东京, 创成社, 1998。

공개하는 것을 대가로 사회가 부여한 해당 기술의 독점사용권을 얻게 된다. 다시 말하면 기술은 공개적(공공물품의 속성)이지만 권리는 독점적(개인재산권의 속성)이며 체결한 계약은 국가 및 발명가의 권리와 의무를 규정하였다. 학자들의 견해에 따르면 국가는 발명가가 일정한 기간 동안 자신이 발명한 물품 또는 방법을 독점적으로 실시할 수 있도록 보장하는 한편 발명가는 자신의 발명을 반드시 공중에게 공개하여야 하며 보호기간이 종료될 시 누구든지 자유로 사용할 수 있다.[65] 이러한 사회계약은 당사자들의 이익을 위한 것이다. 발명가 입장에서 보면, 발명가는 일정한 기간 동안 기술의 독점사용권을 획득함으로써 발명창조로 인하여 발생한 지출을 보상받을 수 있으며 나아가 시장을 통하여 더욱 큰 이익을 기대할 수 있다. 사회적 입장에서 보면, 사회의 지식재산이 증가하게 되었고 새로운 과학기술은 사회의 발전에도 유리하다. 특허계약론은 계몽사상가의 "사회계약론"에서 그 근원을 찾아볼 수 있으며 특허권의 구축에 대하여 단지 일종의 이론가설을 제공하였을 뿐이다. 그러나 기술공개 및 권리독점에 대한 해석은 특허법의 "선출원제도"의 이론적 토대로서 현재 각국 특허법에서 모두 다소 언급되고 있다.

라. 경쟁장려론

경쟁장려론은 특허법의 재산권제도는 기술연구개발에 대한 일종의 경쟁체제라고 해석한다. 경쟁장려론의 핵심관점은 다음과 같다. 특허제도는 발명가에게 독점권을 부여함으로써 부정경쟁을 효과적으로 방지하고 경쟁질서를 유지할 수 있다. 발명가 입장에서 보면, 특허권을 획득하여 이익을 얻을 시 지속적으로 기술을 혁신할 수 있다. 경쟁상대의 입장에서 보면 사용료를 지불하여 실시허가를 얻거나 특허제한을 타파함으로써 새로운 기술혁신을 하여야 한다. 기타 발명가 입장에서 보면, 공개된 특허문헌을 이용함으로써 혁신의 출발점을 높일 수 있다. 전반적인 시장 측면에서 보면, 특허권은 산업경쟁 및 이익배분을 규범화하는 일종의 법률제도로서 국가산업, 기업의 기술경쟁의 법적 표현형태이기도 하다. 현재 각국의 입법자는 혁신을

---

64) 中国科学技术情报所专利馆编译:《国外专利法介绍》(第1册), 12页, 北京, 知识产权出版社, 1981。

65) 简世雄:《专利申请实务》, 13页, 台北, 三民书局, 1988。

장려하고 경쟁을 규범화하는 특허제도의 기능을 매우 중요시하고 있다.

마. 이익균형론

이익균형론은 특허권에 대한 제도적 설계의 지도성 원리로서 당해 이론으로부터 출발하여 특허권제도는 권리자의 독점이익과 사회의 공공이익이 균형을 이룰 필요가 있다. 이익균형은 현대특허법의 기반으로서, 기술의 공공적 속성과 특허의 개인재산권의 속성 사이의 모순을 조율하여야 하며 지식자원의 귀속, 이용, 분배에 대하여 합리적인 제도를 확립하여야 한다. 상기 이념을 근거로, 특허법은 특허권에 대하여 보호하는 한편 일부 특허권에 대한 제한규정을 두고 있다. 예를 들면 법정보호기간, 강제허가, 권리침해의 제외규정 등이 있다. 현대사회에서 이익균형론은 한 국가의 특허 관련 입법의 사상토대를 구축할 수 있을 뿐만 아니라 개발도상국이 기술을 발전시키고 새로운 국제특허의 보호질서를 확립하는 이론적 무기가 될 수도 있다.

바. 경제발전론

경제발전론은 현대 다수 국가들이 도입한 일종의 특허제도 관련 이론이다. 앞서 논한 각종 이론 모두 권리중심 및 개인중심을 토대로 제시한 것이나 경제발전론은 경제발전의 정책도구의 속성에서 출발한 것으로서 개인권리의 재산적 속성으로 특허권을 해석한 것이 아니다. 경제발전론의 핵심관점은 다음과 같다. 특허제도를 확립하여 발명가에게 독점사용권을 부여하고자 하는 목적은 사회경제를 발전시키기 위한 것이다. 특허제도의 기능은 발명가가 발명창조를 하는 것을 격려할 뿐만 아니라 발명가가 기술을 공개하고 지식을 전파하도록 함으로써 사회의 기술 및 경제의 발전을 촉진하고자 하는데 있다. 경제발전론은 특허권이라는 개인재산권 배후의 국가정책의 입장을 해석하고 국가의 산업 및 경제발전의 현황에서 출발하여 특허보호를 위한 제도적 선택에 이론적 근거를 마련하였다.

특허권의 성질에 대하여 학계에서는 서로 다른 관점이 있다. 요약하면 크게 두 가지로 분류할 수 있다. 하나는 "개인재산권론"이다. 예를 들면 자연권 이론, 비물질재산론, 특허계약론 등은 모두 이에 포함된다. 해당 이론 모두 특허권은 발명가의 기본권(자연권 또는 재산권)임을 강조하고 있고 이론적 근거는 인간의 창작사상은 일종의 정신적 재산으로서 발명가가 재산권을 향유하여야 하며 특허의 입법목적은 발명가가 갖는 이러한 권리를 보호하고자 하는 것이다. 다른 하나는 "산업정책론"이다. 예를 들면 경쟁장려론, 이익평형론, 경제발전론 등이 이에 포함된다. 해당 이론은 개인권이 아닌 정책도구의 이론에서 출발하여 특허권을 해석하였으며 특허권을 기술 및 경제발전을 촉진하는 법적 수단으로 보았다. 각국 특허입법의 이론기초를 종합하여 보면, 각종 학설관점에 대하여 절대적인 긍정이나 부정의 입장을 취하지 않고 각종 학설 일부를 도입하거나 언급하고 있으며 다만 일정한 기간 내의 입법가치의 편중이 다소 다를 뿐이다. 각국의 특허입법의 중심에 대한 선택은 어떠한 이론에 대한 편중에 의해서가 아니라 본국의 과학기술, 경제발전의 현황 및 발전의 필요성을 고려한 "국가의 정황"에 따르며 본국이 국제지식재산권 거래에서 처한 지위 및 이익구조라는 "국력"의 제한을 받게 된다.

2. 특허권의 성질 및 내용

가. 특허권의 독점적 속성

특허권은 일종의 독점성 무형재산권이다. 특허권의 독점적 속성에 대하여 특허법학자들은 통상 이를 독점성으로 부르며 일부 저서에서는 특허권과 독점권을 항상 같이 언급하고 있다. 특허권은 법률상의 독점성이 있을 뿐 결코 경제학 의미에서의 독점권은 아니다.

특허권의 발생역사로부터 보면, 특허권이 국가의 독점적인 특별허가와 서로 관련이 있는 것은 확실하다. 중세기에 군주가 공개적인 형식으로 공표한, 어떠한 형태를 취하든 막론한 모든 특별허가 또는 특권을 모두 특허라고 불렀다. 특허는 라틴어인 "letters patent"에서 기원한 것으로서 공개적인 서신을 의미하며 이는 봉쇄한 비밀서신과 서로 대응되며 "patent"로 약칭하였다. 특허에는 특별허가권(charters), 대리권(commissions), 정부공직(offices), 시장독점권(monopolies) 등이 포함된다. 그 중에서 기술과 관련된 특허를 독점(monopolies)이라고 칭하였다.[66] 새로운 기술발명에 대하여 독점적인 특권을 부여하는 것은 결코 현대적 의의의 재산권이 아니라 봉건군주의 하사를 통하여 개인, 단체 또는 도시가 특정기술을 이용하여 특정산업을 전문경영할 수 있는 특별허가권을 말한다. 근대자본주의법률에서 특허권에 대한 수정근거는 다음과 같다. 특허권은 군주의 하사가 아닌 발명가가 법에 따라 갖는 권리이며 특허권은 개별사안에 따라 부여한 개별적인 특권이 아니라 일반법정기준에 따라 인정한 보통권리이다. 1623년 영국 「독점법」에서는 비록 독점특권이라는 칭호를 유보하였지만 본 법은 일반독점은 불법이라고 공표하면서 합법적인 특허독점은 새로운 발명에만 한한다고 명확히 규정하였다.

특허상의 독점과 경제학 의의에서의 독점은 서로 차이점이 존재한다. 고전경제학에서 "독점"이라는 용어는 최초에 희소물(토지)과 관련하여 발생한 것이며 상인들이 독점을 추구하는 이유는 제품가격에 대한 지배를 통하여 고액의 이윤을 획득할 수 있기 때문이다.[67] 애덤 스미스는 독점가격은 어떠한 시기에서든지 최고의 가격을 얻을 수 있으며 구매자에게 최고의 가격을 착취할 수 있다. 반면 자연적으로 형성된 가격 또는 자유경쟁을 통한 가격은 모든 시기가 아니더라도 오랜 시간동안 판매자가 받아들일 수 있는 최저가격이 형성된다.[68] 특허제도에서 특허권의 존재는 제품가격에 대한 독점만을 의미하는 것은 아니다. 존 스튜어트 밀(John Stuart Mill)은 발명가는 당연히 보상과 보수를 획득하여야 한다고 주장하였다. 만약 모든 사람이 무료로 자유롭게 타인의 발명을 사용할 수 있다면 이는 법률적으로도 공정성을 상실하게 된다. 통상 이러한 발명이 유용하고 용도가 클수록 특허권자가 획득하는 보수는 더욱 많을 것이며 보수지불자는 이러한 발명의 소비자가 된다.[69] 이러한 논점은 특허권은 사회복지를 향상할 수 있음을 의미한다. 비록 특허권에서 독점에 대하여 어느 정도 제한이 존재하지만 특허제도의 목표는 개인에게 독점권을 부여함으로써 사회복지를 실현하는 장려제도를 확립하는 것이다. 특허권의 독점성이라 함은 법적 수단을 통하여 기술실시의 독점 또는 특허권 행사의 독점을 말한다.

특허권은 권능방식 및 효력범위로부터 그 독점성이 표현된다. 독점성은 행정기관

66) 杨利华:《从"特权"到"财产权": 专利权之起源探微》, 载《湘潭大学学报》(哲学社会科学版), 2009(1)。

67) 郑媛媛:《试论专利权的价值判断》, 载《理论界》, 2010(7)。

68) [英] 亚当 · 斯密:《国民财富的性质和原因的研究》(上), 北京, 商务印书馆, 1981。

69) [英] 约翰 · 穆勒:《政治经济学原理及其在社会哲学上的若干应用》(上), 北京, 商务印书馆, 1981。

이 심사비준한 독점실시허가권 및 독점판매허가권을 말하며 특정기간 동안(10년, 15년 또는 20년) 특정지역 범위(한 나라 또는 여러 나라) 내에서 다른 동종경쟁자를 대항할 수 있는 배타성 효력이다.[70] 특허권은 국가 또는 사회가 법률의 이름으로 특허제품의 잠재시장을 보장해주는 것으로서 이러한 보장에 대한 "대가"는 발명가가 기술을 공개하는 것이다. 즉 특허권자는 일정한 기간 및 일정한 범위 내에서 해당 특허제품의 시장지분을 독점할 수 있다. 시장지분에 대한 일정한 독점은 발명가가 특허권을 행사한 필연적인 결과이다. 특허권자가 특허제품의 시장지분에 대한 독점은 앞서 논한 "사회복지의 상승을 위한 기술혁신에 대한 장려"라는 정당성이 있을 뿐만 아니라 특허증서에 기재된 권리의 합법성도 구비하였다. 요약하면 특허권은 독점적 속성을 갖고 있지만 "소금, 철도와 같은 전문경영의 독점권"과는 구별된다.[71]

나. 특허권의 권리항목 내용

특허권의 내용은 특허법률관계의 기본적인 구성요소이며 이에는 특허권자가 법에 따라 갖는 권리와 이행하여야 할 의무가 포함된다. 특허권자의 권리는 주로 재산권이다. 발명특허, 실용신안특허 및 디자인특허의 권리속성의 차이점으로 인하여 이들의 권리항목 내용도 서로 다르다. 발명특허권자의 권리에 대하여 「지식재산권협정」 제28조에서는 발명특허소유자에게 다음과 같은 전유권(專有權)을 부여하여야 한다고 규정하였다. (a) 만약 특허의 보호대상이 물건일 경우, 제3자가 허락없이 해당 물건에 대한 제조, 사용, 판매허가, 판매 또는 상기 목적을 위한 수입행위를 제지할 권한이 있다. (b) 만약 특허의 보호대상이 방법일 경우, 제3자가 허락없이 해당 방법을 사용하는 행위 및 최소한 해당 방법으로 직접 획득한 물건에 대한 사용, 판매허가, 판매 또는 상기 목적을 위한 수입행위를 제지할 권한이 있다. 그밖에, 특허소유자는 특허를 양도하거나 상속을 통하여 권리를 이전할 권한이 있으며 허가증계약을 체결할 권한도 있다. 상기 규정으로부터 알 수 있다시피 동 협정은 아래 몇 가지 권리를 규정하고 있다. 물건특허에 대하여 특허권자는 제조권, 사용권, 판매허가권, 판매권, 수입권, 양도권 및 사용허가권이 있으며, 방법특허에 대하여 특허

70) 徐瑄:《专利权垄断性的法哲学分析》, 载《中国法学》, 2002(4)。

71) 郑成思:《知识产权论》, 4页, 北京, 法律出版社, 2001。

권자는 사용권, 판매허가권, 판매권, 수입권, 양도권 및 사용허가권을 갖는다. 중국의 「특허법」 제11조 제1항에서는 「지식재산권협정」과 동일한 내용을 규정하였다. "발명 및 실용실안특허권을 부여한 후 별도의 규정이 있는 경우를 제외하고 어떠한 법인 또는 개인이든 특허권자의 허락없이 해당 특허를 실시해서는 아니된다. 즉 생산경영을 목적으로 특허품을 제조, 사용, 판매허가, 판매 및 수입해서는 아니되며 또는 특허방법을 사용하거나 특허방법으로 직접 획득한 물건을 사용, 판매허가, 판매 및 수입해서도 아니된다." 그 외 동 법 제10조 및 제12조에서는 특허권은 타인에게 양도하거나 타인이 사용하도록 허가할 수 있다고 규정하였다. 따라서 중국의 현행 법률은 이미 「지식재산권협정」이 체약국에 요구한 보호수준에 도달하였음을 알 수 있다. 즉 제조권, 사용권, 판매허가권, 판매권, 수입권, 양도권 및 사용허가권을 규정하였다. 실용신안특허권자의 권리에 대하여 「지식재산권협정」은 명문으로 규정하고 있지 않지만 중국의 특허법은 이에 대하여 발명특허와 동일한 규정을 두고 있다. 디자인특허권자의 권리에 대하여 「지식재산권협정」 제26조 제1항에서는 원칙적인 규정을 두고 있다. "보호받는 산업품디자인소유자는 제3자가 허가없이 상업의 목적으로 특허디자인과 동일하거나 유사한 복제품 또는 실질적 복제품에 대한 제조, 판매 또는 수입행위를 제지할 권한이 있다." 따라서 디자인권자는 통상 제조권, 판매권, 수입권을 갖지만 권리내용이 발명 및 실용신안 특허권자보다 다소 적은 것은 사실이다. 중국의 「특허법」은 「지식재산권협정」과 완전히 일치하며 동법 제11조 제2항에서는 "디자인특허권을 부여한 후 어떠한 법인 또는 개인이든 특허권자의 허가없이 디자인특허권을 실시해서는 아니된다. 즉 생산경영을 목적으로 디자인특허품을 제조, 판매허가, 판매 및 수입해서는 아니된다."고 규정하였다.

독점실시권은 특허권의 핵심내용이다. "특허실시"행위에 대하여 법률은 5가지 방식을 규정하고 있다. 즉 제조, 사용, 판매허가, 판매, 수입이다. 상기 실시방식에 근거하여 아래 관련 권리항목이 발생하게 된다. 첫째, 제조권이다. 제조권이라 함은 특허권자가 갖는 독점적으로 특허제품을 제조하고 타인이 허가없이 특허제품과 동일 또는 유사한 제품을 제조하는 것을 금지할 권한을 말한다. 특허권자는 자신의 특허문서에 기재된 특허제품을 제조할 권리를 갖는다. 타인이 허가없이 제조한 제품이 특허제품과 동일할 시 어떠한 설비, 장치 또는 방법을 사용하든 불문하고 제조수량과도 상관없이 금지범위에 해당된다. 유사물품을 제조할 시 만약 그 기술특징이 청구범위에서 주장하는 보호범위에 해당할 경우, 역시 권리침해로 인하여 제지당할 가능성이 있다. 둘째, 사용권이다. 사용권이라 함은 특허권자가 갖는 특허물품 또는 특허방법 및 특허방법에 의하여 직접 획득한 물건에 대한 사용권을 말한다. 물건의 사용은 기술기능에 따라 하나 또는 여러 개의 용도가 있을 수 있으며 생산영역에 사용될 수도 있고 소비영역에 사용될 수도 있으며 사용방식을 불문하고 지속적 사용이든 일회성 사용이든 상관없이 특허권자가 사용권을 갖는다. 방법특허의 사용에는 특허방법의 사용 및 특허방법에 의하여 직접 획득한 물건에 대한 사용 또는 판매가 포함되며 후자는 방법특허권에 대한 확장적 보호이다. "방법특허에 의하여 직접 획득한 물건"과 물건특허권을 비교할 경우, 방법특허에 대하여 확장보호한 결과 역시 물건과 관련이 있지만 다음과 같이 서로 다른 점도 존재한다. 즉 확장후의 보호대상은 단지 특허방법에 의하여 획득한 물건에 한한다. 특허방법을 사용하지 않고 기타 제조방법을 사용하여 획득한 동일한 물건에 대한 판매허가, 판매 및 사용행위는 방법특허에 대한 권리침해에 해당되지 아니한다. 반면 물건특허의 보호조건에는 이러한 제한이 없으며 물건이 동일하기만 하면 어떠한 방법으로 제조하든 모두 물건특허권에 대한 권리침해에 해당한다. 그 외 방법특허에 의하여 직접 획득한 물건에 대한 확장보호는 해당 물건이 신제품이든 이미 공개된 제품이든 불문하며 신규성 및 진보성을 구비할 것을 요하지 않는다. 이러한 특징은 물건특허권의 객체요건과 현저하게 다르다.[72] 셋째, 판매허가권이다. 판매허가권이라 함은 특허권자가 청구범위에서 기재한 기술특징을 갖는 특허물품에 대한 판매의향을 명시하거나 타인이 특허권자의 허락없이 특허물품에 대한 판매허가행위를 금지할 수 있는 권리를 말한다. 판매허가행위는 특정 또는 불특정 다수를 대상으로 구두 또는 서면 등 형식을 통하여 제품의 전람, 전시, 광고 등 방식으로 특허제품의 판매의향을 명시하는 행위를 말한다. 판매허가권에 대한 규정은 특허제품의 불법거래를 사전에 제지하고 허가없이 특허물품을 제조 및 수입하여 피해가 확산되는 것을 방지하기 위함이다. 판매허가행위는 판매행위의 예비단계로 볼 수 없고 또한 실제판매행위가 발생한 경우에만 판매허가행위가 성립된다고 할 수 없다. 결론적으로 특허법에서 허가없이 판매허가행위를 실시할 시 간접침해행위가 아닌 단독적인 특허침

---

72) 尹新天:《中国专利法详解》, 165页, 北京, 知识产权出版社, 2011。

해행위로 인정된다. 넷째, 판매권이다. 판매권이라 함은 특허권자가 갖는 특허물품 또는 특허방법에 의하여 직접 획득한 물건을 독점적으로 판매할 수 있는 권리를 말한다. 판매는 특허물품에 대한 판매행위를 말하며 일반적인 유형재산의 매매와 동일한 것으로서 소유권의 이전이 발생하게 된다. 이러한 판매는 특허권자 자신이 판매하든 타인에게 판매를 허가하든 "최초 판매"의 권리는 법적 보호를 받게 된다. 최초 판매행위가 발생한 후 즉 "최초 판매"권을 행사한 후 특허권자는 더 이상 제품의 유통에 관여할 수 없게 된다. 다섯째, 수입권이다. 법률상 별도의 규정이 있는 경우를 제외하고 특허권자는 자신이 수입하거나 타인이 허가없이 제조, 판매허가, 판매, 사용 등 생산경영을 목적으로 특허물품 또는 특허방법에 의하여 직접 획득한 물건의 수입을 금지할 권리가 있다. 수입권의 행사와 특허제품의 병행수입은 밀접한 관련성이 있다. 실무에서 특허권자 또는 그의 수권자가 타국에서 제조 및 판매한 특허제품을, 합법적인 구매자가 자신의 본국으로 수입할 시 상기 "병행수입" 행위는 수입권에 대한 침해에 해당하는지의 문제가 발생하게 된다. 「지식재산권협정」의 규정에 의하면 권리소유권자의 동의없이 해당 제품을 수입해서는 아니된다. 이를 근거로, 첫째, 수입한 특허제품 자체가 침해상품이여서는 아니된다. 구체적으로 말하면 해당 제품은 특허권자 또는 그의 수권자가 시장에서 이미 유통한 특허제품이여야 한다. 둘째, 수입한 특허제품을 최초에 시장에 유통할 시 특허권자의 동의를 얻어야 한다. 권리소진원칙에 따라 병행수입행위는 물품이 한 나라에서 다른 한 나라로 이전한 것에 불과하다.[73] 중국 특허법은 특허물품의 병행수입을 허용하고 있다. 독점실시권조항은 특허권의 효력범위와 관련이 있으며 특허권자의 독점실시 행사권을 규정하였다. 즉 특허를 실시하는 상기 다섯 가지 방식은 행사권의 효력범위이기도 하다. 또한 특허권의 배타적 이용에 대한 금지권도 규정하였다. 즉 타인이 무단으로 특허실시권을 행사하는 행위가 바로 금지권이 말하는 권리침해행위이다. 여기서 설명할 필요가 있는 것은 중국 특허법에서는 타인의 특허이용 및 실시행위에 대하여 "생산경영의 목적"에 한하여서만 특허권자는 금지권을 갖는다고 규정하고 있다는 점이다. 독일법, 프랑스법 및 「유럽공동체특허협약」에서도 유사한 규정을 하고 있다. 즉 "개인방식을 통하여" "비상업목적"으로 특허를 실시하는 것은 금지

73) 严桂珍:《权利穷尽原则在美国专利产品平等进口领域中适用及其重大调整》, 载《比较法研究》, 2008(4)。

권의 범위 내에 포함되지 아니한다.[74] 「지식재산권협정」에는 비록 "생산경영의 목적"이라는 조항이 없지만 "각 체약국은 특허에 대한 배타권 규정에 대하여 제한적인 예외규정을 둘 수 있다." 이는 각국 특허입법과 관련 국제협약의 원칙이 일치한다는 것을 의미한다.

처분권 또한 특허권의 중요한 내용이다. 엄격하게 말하면 처분권은 특허권만이 갖는 고유의 내용이 아니며 절대성을 갖는 재산권은 모두 처분권을 갖는다. 소유권과 마찬가지로 특허권자는 자신이 획득한 특허에 대하여 권리의 운명을 결정할 수 있는 법적 처분의 권능을 행사할 수 있다. 특허권의 처분권에는 양도권 및 허가권 두 가지 경우가 포함된다. 양도권이라 함은 특허권자가 특허소유권을 타인에게 양도할 수 있는 권리를 말한다. 양도는 특허권으로 하여금 원시소유자로부터 새로운 소유자에게로 이전되게 하여 권리주체의 변경을 초래하게 된다. 양도에는 두 가지 형태가 존재하는데, 하나는 계약에 의한 양도이다. 예를 들면 매매, 증여, 기술출자로 인하여 발생한 특허권 양도이다. 다른 하나는 상속에 의한 양도이다. 이는 법적 규정에 의하여 특허권이 사망한 특허권자로부터 상속자로 이전하는 것을 말한다. 허가권은 특허권자가 타인이 특허를 실시하는 것을 허가할 수 있는 권리를 말한다. 다수의 경우, 특허권자는 자신이 특허를 실시할 수 없거나 실시하는 것을 원하지 않고 타인이 특허를 실시하도록 허가함으로써 수익을 얻는다. 타인에 대한 특허사용허가는 특허소유권의 이전이 발생하는 것이 아니라 단지 사용권만 타인에게 부여하는 것이다.

표시권은 특허권이 갖는 특수한 내용이다. 표시권이라 함은 특허권자가 자신의 특허물품 또는 해당 물품의 포장에 특허표시 및 특허번호를 표시할 수 있는 권리를 말한다. 표시권 행사는 특허물품의 권리에 대한 홍보역할을 하는 한편 특허물품의 권리보호를 주장할 수 있는 경고적 역할도 할 수 있다. 물론 특허권자는 특허표시 및 특허번호가 없더라도 누구든지 특허물품을 위조할 수 없으며 이 경우 특허권 침해에 해당된다.

---

74) 尹新天:《中国专利法详解》, 126页, 北京, 知识产权出版社, 2011。

3. 특허권 및 기타 권리의 관계

특허권은 일종의 무형재산권으로서 어떠한 발명창조로 인하여 발생한 권리이며 동일한 발명창조에 대하여 선출원인이 획득하는 권리이다. 또한 이는 국가주관기관이 발명가 또는 합법출원인에게 부여하는 권리이기도 하다. 본문에서는 특허의 출원, 심사 및 권리 부여를 중심으로 특허권과 관련 권리의 관계를 검토하고자 한다.

가. 특허권, 특허를 받을 수 있는 권리 및 특허출원권

특허권의 귀속문제는 각국 특허입법이 반드시 해결하여야 할 기본적인 문제이다. 입법기법을 보면, 특허권 귀속과 관련하여 규정할 시 우선 특허출원의 권리주체를 명확히 하여야 한다. 즉 이는 "특허를 받을 수 있는 권리"와 관련된 것이다. 다음은 특허를 출원한 후 출원인이 출원절차를 계속 진행할 것인지 아니면 타인에게 양도하여 특허출원을 계속할 것인지를 결정하고 이로 인하여 "특허출원권"이 발생하게 된다. 마지막으로 출원한 특허가 비준을 얻은 후 특허권은 출원한 주체가 갖게 된다는 권리의 귀속문제를 규정하여야 한다. 이로부터 특허법에서 특허를 받을 수 있는 권리, 특허출원권 및 특허권은 관련성이 있는 세 가지 권리임을 알 수 있다.

특허를 받을 수 있는 권리라 함은 발명이 완성된 후 특허를 출원하기 전, 권리주체가 해당 발명창조에 대하여 특허를 출원할 것인지 그리고 어떻게 특허출원을 진행할 것인지에 대하여 갖는 권리를 말한다. 입법례를 보면, 특허를 받을 수 있는 권리에 대하여 영국법에서는 "특허출원 및 획득할 수 있는 권리"로 표현하고 독일법에서는 "특허에 대한 권리"로 표현하며 한국법에서는 더욱 정확하게 "특허를 받을 수 있는 권리"로 표현하였다.[75] 특허출원의 절차 측면에서 보면 동 권리는 발명창조에 대하여 특허를 출원하기 전의 권리이다. 발명창조와 관련된 권리의 귀속은 주로 두 가지 경우가 있다. 모든 비직무발명, 즉 직무업무 또는 사용자가 지시한 업무 외에 온전히 자신의 물질조건을 이용한 발명창조에 대하여 그 발명가 또는 설계자는 특허를 받을 수 있는 권리, 특허출원권 및 특허권을 모두 갖게 된다. 모든 직무발명, 즉 이를 "종업원발명"이라고도 하는데, 사용자의 임무를 수행하거나 사용자의

75) 尹新天:《中国专利法详解》, 70页, 北京, 知识产权出版社, 2011。

물질조건을 이용하여 완성한 발명창조에 대한 권리 귀속문제와 관련하여 각국의 규정은 서로 다르다. 첫째는, 발명창조의 권리주체는 모두 발명가 또는 설계자로서 이러한 발명창조가 누구의 의지에 의하여 완성되든 누구의 물질조건을 이용하든 불문한다고 규정하였다. 미국, 일본 등 국가는 이러한 입장을 취하고 있다. 「미국특허법」 제111조에서는 "특허출원은 법률상 별도의 규정이 있는 경우를 제외하고 발명가 본인 또는 발명가가 타인에게 수권하여 서면형식으로 특허 및 상표국 국장에게 제출하여야 한다."고 규정하였다. 둘째는, 발명창조의 권리주체는 종업원을 고용한 사용자라고 규정하였다. 영국, 프랑스 등 국가는 이러한 입장을 취하고 있다. 발명가가 창작한 지적창조를 고려하여, 해당 국가의 특허법은 사용자가 특허권을 획득한 후 발명가에게 합리적인 보상을 제공할 것을 요구하고 있다. 셋째는, 특허권 귀속에 대한 특허법의 일반규정 외에 "종업원발명법"을 보충적으로 적용한다. 즉 특허법은 특허 관련 권리는 발명가가 가진다는 원칙만을 규정하고 종업원의 발명에 대한 권리귀속은 "종업원발명법"을 적용하여 사용자 또는 종업원이 자율적으로 규정할 수 있도록 하는 것이다. 독일, 스위스 등 국가도 유사한 규정을 하고 있다. 중국 특허법에서는 특허를 받을 수 있는 권리, 특허출원권 및 특허권 모두 직무발명자인 사용자에게 귀속된다고 규정하고 있다.

특허출원권을 특허출원의 소유권이라고도 부르며 출원인이 국가의 주관부서에 특허를 출원한 후 특허출원에 대하여 갖는 처분권을 말한다. 이러한 처분권은 주로 출원인이 계속 출원절차를 완성할 것인지 아니면 포기할 것인지 또는 특허출원을 자신이 보유할 것인지 아니면 타인에게 양도할 것인지를 결정할 수 있는 권리로 표현된다. 각국의 특허법은 대체로 특허출원권 및 특허권은 양도가능하다고 규정하고 있다. 특허심사비준의 절차 측면에서 보면, 특허출원권은 발명창조를 출원한 후 특허권을 수여받기 전의 권리이다.

특허를 받을 수 있는 권리, 특허출원권 및 특허권은 밀접한 관련성이 있다. 요약하면, 특허를 받을 수 있는 권리는 특허출원권의 전제조건으로서 특허를 받을 수 있는 권리주체가 일단 특허를 출원하게 되면 특허를 받을 수 있는 권리는 특허출원권으로 전환하게 된다. 또한 특허출원권은 특허권을 수여받을 수 있는 전제조건으로서 특허권은 특허를 출원할 권한이 있는 권리주체에게 귀속된다.

나. 특허권 및 발명권, 발견권

특허권, 발명권, 발견권 모두 과학기술영역의 지적성과권이다. 필자의 초기 저서 및 그 후의 일부 학자의 저서에서는 발명권, 발견권을 모두 지식재산권 범주에 포함시킨 적이 있다.[76] 이에 대하여 필자는 20세기 90년대부터 다시 재반성하여 발명권, 발견권 및 기타 과학기술성과권은 일종의 명예 및 장려를 획득할 수 있는 권리로서 엄격한 의미에서의 개인재산권이 아니며 해당 제도는 지식재산권법이 아닌 과학기술법으로 분류하여야 한다고 주장하였다. 특허권과 상기 권리와의 관련성에 대하여 구체적으로 말하면 다음과 같다.

특허권 및 발명권에 대하여 말하자면, 특허권 및 발명권의 보호대상은 모두 일종의 새로운 기술성과 또는 기술해결방안이다. 발명의 정의 및 요건에 대한 규정은 특허권의 객체규정과 유사한 점이 있다. 1973년 구소련의 「발견, 발명 및 합리화 건의조례」 제21조에서는 "발명은 국가경제, 사회문화건설 또는 국방건설의 모든 영역의 문제에 대하여 일종의 새로운, 본질적 차이점이 있는 좋은 효과를 얻을 수 있는 기술해결방안을 말한다."고 규정하였다. 1978년 북한에서 수정한 「발명 및 기술혁신보호법」 제3조에서는 발명이라 함은 "과학, 기술, 사회 및 문화활동의 모든 영역의 특정문제를 해결하기 위한 신기술을 말하며 이러한 해결방안은 경제적 효과가 있으며 과거에 없었던 새로운 기본요소를 말한다."고 규정하였다. 중국의 「발명장려조례」에서는 발명은 하나의 과학기술 관련 중대한 새로운 성과여야 하며 동시에 아래 세 가지 요건을 구비하여야 한다고 규정하였다. ① 선인들에게는 없는, ② 선진적이며, ③ 실천의 증명을 거쳐 응용가능하여야 한다. 상기 규정은 특허법의 "신기술방안"의 객체에 대한 정의 그리고 "신규성", "진보성", "실용성"의 권리부여 요건과 언어적 표현측면에서 근본적인 차이점이 존재하지 않는다. 현재 세계 각국의 기술발명에 대한 보호제도는 서로 상이하고 전반적으로 세 가지로 분류할 수 있다. 첫째, 대다수 국가들이 취한 발명특허제도이다. 둘째, 구소련, 동유럽국가가 취한 적이 있는 발명장려제도이다. 셋째, 발명장려 및 특허제도이다. 중국은 이러한 이원성 제도를 취하고 있다. 따라서 하나의 발명창조에 대하여 당사자는 특허를

---

76) 吴汉东、闵锋:《知识产权法概论》, 北京, 中国政法大学出版社, 1987; 刘剑文、张里安主编:《现代中国知识产权法》, 北京, 中国政法大学出版社, 1993: 刘春茂主编:《中国民法学 · 知识产权》, 北京。中国人民公安大学出版社, 1997。

받기 위한 출원을 할 수도 있고 발명장려를 신청할 수도 있다. 다만 양자 택일하여야만 한다.

특허권 및 발견권에 대하여 말하자면, 발견권의 보호대상은 과학발견으로서 이는 과학사실 또는 객관적 규칙을 해명하는 기초과학의 연구성과를 말한다. 이러한 과학발견의 창조가치는 미지의 세계를 발견하고 신비로움을 인식하는 것이다. 이러한 발견 모두 생산실무에 응용되는 것은 아니지만 인류의 지식영역을 확대하여 인류로 하여금 더욱 깊이 자연계 및 인류 자체의 신비성을 탐구하거나 이를 응용과학에 더욱 심도있게 도입하여 공업기술에 대한 발명창조의 토대가 되게 하였다. 과학발견에 대한 정의에 대하여 1978년 「과학발견에 대한 국제등록 제네바협약」에서는 "현재까지 인식하지 못한 물질세계의 현상, 성질 및 법칙에 대한 정확한 인식"이라고 명확히 규정하였다. 중국의 「자연과학장려조례」에서는 "과학기술의 발전에서 중대한 의의가 있고 자연적인 현상, 특성 또는 규칙을 해명하는 과학연구성과"라고 표현하였다. 이로부터 발견권이 보호하는 과학연구성과는 "전대미문성", "유일성" 및 "진리성"의 특성을 갖는다는 것을 알 수 있다. 과학발견을 토대로 형성한 이론, 사상, 관념은 발견자가 독점 또는 전용할 수 없으므로 입법자는 장려를 중심으로 한 발견권제도를 확립하였다. 예전부터 특허발명 및 과학발견은 명확한 차이점이 존재함으로 인하여 서로 다른 법률제도에 귀속되어 적용되어왔다. 하지만 유전자기술의 환경속에서 특허제도가 발전함에 따라 뚜렷하게 발생한 문제점은 발명 및 발견의 개념을 희석하여 유전자기술의 기초연구성과에 대하여 특허권 보호를 부여하였다는 점이다. 바로 일부 학자가 논한 바와 같이 바이오기술의 출현으로 인하여 "특허는 발명에만 부여할 뿐 발견에는 부여할 수 없다."라는 전통적인 이론이 도전을 받게 되었다.[77] 인류의 게놈 데이터 등 유전자기술의 기초연구성과는 관습적으로 "발명"이 아닌 "발견"으로 간주되었다. 그러나 유전자기술의 기초연구는 응용연구의 전제이며, 더 구체적으로 말하면 인류의 유전자배열의 발견이 없었더라면 이를 교정 또는 변경하는 유전자 신기술이 발생하지 않았을 것이다. 유전자기술의 기초연구단계 및 응용연구단계 모두 법적 보호가 필요하다. 학자들은 유전자기술의 환경에서 전통적인 이론은 진일보 발전할 필요가 있으며 유전자기술의 기초연구성

77) Joseph M. Reisman, Physicians and Surgeons as Inventors: Reconciling Medical Process Patent and Medical Ethics, Berkley Technology Law, California University.

과가 우선 발명인지 발견인지를 확정할 필요없이 직접 특허성 요건에 부합하는지를 심사하여야 한다고 보았다.[78] 인류의 유전자에 대하여 국제사회의 공통된 인식은 유전자배열 자체에 대하여 어떠한 특허도 부여할 수 없지만 일부 유전자배열이 어떠한 용도가 있거나 또는 잠재적인 응용기능이 있을 경우 즉 실용성의 요건을 갖추었다면 특허로 출원할 수 있다는 것이다.[79]

다. 생명기술특허권 및 유전자원소유권

1992년 「생물다양성협약」에 의하면 유전자원이라 함은 식물유전자원, 동물유전자원, 인류유전자원 등 실제적 또는 잠재적 가치가 있는 유전자료를 말한다. 유전자원의 가치는 유전자료 자체를 제공하는데 있는 것이 아니라 유전자료에 포함된 유전정보를 제공하는데 있으며, 이러한 유전정보는 생명기술로 전환되어 경제이익을 가져다 줄 수 있다. 현대의 생명기술 발생의 특징 중 하나가 바로 자원에 대한 의지성 및 자원의 정보화이다. 유전자원과 생명기술의 관계를 보면, 그들은 본원성(本源性) 및 의지성의 관계이다. 연구자가 유전자원물질이 전달하는 유전정보를 발견함으로써 이를 통하여 해당 유전정보의 이용방법을 찾아낸 것이라고 할 수 있다. 이것이 바로 현대생물기술 즉 유전자기술이다.[80] 한 가지 확실한 것은 유전자기술은 인류의 지적창조성과로서 지식재산권의 보호 특히 특허권의 보호를 받아야 마땅하다. 그러나 유전자기술특허는 유전자원을 물질적 토대로 하고 유전자원이 제공한 유전정보를 벗어나 사람들이 손쉽게 유전자 배열을 할 수 없으며 유전자 배열로부터 유전형태를 이해하는 것은 더더욱 불가능한 일이다. 따라서 생명기술특허를 보호하는 한편 유전자원에 대한 보호를 반드시 중시하여야 한다. 유전자원의 권리에 대한 법률속성에 관하여 국제적으로 비교적 통행하는 관점은 이를 지식재산권체계 외로 배제하는 것이며, 또 일부 학자는 이를 일종의 새로운 지식재산권에 귀속할 것을 주장하기도 하였다.[81] 한 가지 확실한 것은 유전자원의 권리는 일종의 새로운 재산

78) 吴汉东、胡开忠等:《走向知识经济时代的知识产权法》, 189~194页, 北京, 法律出版社, 2002。

79) 郝晓锋:《生物技术知识产权保护问题的由来与发展》, 载《知识产权》, 1996(2)。

80) 유전자원 객체의 속성 및 생물기술특허와의 관계에 대하여 吴汉东:《关于遗传资源客体属性与权利形态的民法学思考》, 载(台湾)《月旦民商法杂志》, 第十二卷(2006年7月)。

81) 詹映等:《国际视野下的农民问题初探》, 载《法学》, 2003(8) 관련 관점 참조.

권으로서 그의 보호대상은 유전자료에 부착된 유전정보이며 유전정보와 분리된 유전자료 자체가 아니다. 따라서 이러한 권리는 일반재산소유권과도 구별된다. 유전자원소유권은 생명기술특허권의 우선권리이며 해당 제도의 핵심은 생물기술특허권으로부터 발생한 이익을 공유하는 데 있다. 「생물다양성협약」의 목적은 유전자원의 사용자(특허권자)와 제공자(유전자료소유권자)가 공동협상의 조건에 따라 이러한 자원에 대한 연구 및 개발의 성과 그리고 상업 및 기타 영역에서 이러한 자원을 이용함으로 인하여 획득한 이익을 공정하게 공유하기 위함이다.

1998년 중국은 「인류유전자원에 대한 관리잠행방법」을 공표하여 국가가 본국 인류유전자 자원에 대한 관리 및 보호의 기본적인 입장을 표명하는 한편 서로 협력하여 인류의 유전자자원을 개발하는 정책을 발표하였다. 동 방법의 규정에 따르면 인류의 유전자자원의 국제합작프로젝트는 반드시 평등호혜, 공동참여, 성과공유원칙을 지켜야 하며 국내 인류의 유전자자원정보에 대하여 중국의 연구개발기관은 전속보유권을 갖고 있으며 허가없이 타기관으로 양도할 수 없다. 상기 정보를 획득한 외국측 합작법인 및 개인은 허가없이 이를 공개, 공표 및 특허출원 등 행위를 할 수 없다. 동 방법은 인류의 유전자자원관리 및 연구성과 권리의 공유를 규정하였지만 유전자정보제공자의 권익에 대하여 언급하지 않았다. 유전자정보는 일종의 개인정보자원으로서 제공자는 인격 및 재산의 이중적 권리를 갖는다. 구체적으로 다음과 같다.

(1) 유전자정보비밀유지권, 즉 권리주체는 자신의 유전자정보에 대하여 비밀을 유지하고 타인에게 알리지 않는 권리를 갖는다. 제공자는 자신이 유전자 특징으로 인하여 취업, 입학 및 보험 등에서 차별 또는 기타 부당한 대우를 당하는 것을 방지할 권리가 있다. 또한 연구 또는 기타 어떠한 목적으로 획득한 개인과 관련된 분석 또는 저장처리된 유전자정보에 대하여 권리자의 허가없이 함부로 공개해서는 안된다. 그렇지 않으면 타인의 프라이버시를 침해한 것으로 간주되어 권리침해행위와 관련된 민사책임, 행정책임 및 형사책임을 부담하여야 한다.

(2) 유전자정보의 알 권리, 즉 권리주체가 자신의 유전자정보에 대하여 알고 동의할 권리를 말한다. 어떠한 경우에서든지 인류의 유전자조합에 대하여 연구할 경우, 당사자에게 실험의 성질, 목적 및 검사절차를 고지하여야 하며 당사자로 하여금

유전자치료방안이 자신 및 과학발전에 대한 기여도 그리고 기술의 미숙함으로 인하여 검사과정에서 발생할 수 있는 손해 및 상해사고에 대한 후속해결수단을 충분히 알게 하여 당사자가 이를 근거로 선택하게 하여야 한다. 유전자테스트를 완성한 후 검사기관은 테스트결과를 사실대로 당사자에게 고지하여야 한다.

(3) 유전자정보이용권, 즉 권리주체가 개인의 유전자정보에 대하여 개인의 의지에 따라 사용, 수익 및 처분할 수 있고 타인이 불법으로 수집 및 이용하는 것을 금지할 수 있는 권리를 말한다. 권리자는 경제이익 또는 공공이익의 목적을 위하여 타인이 그의 유전자정보를 이용, 연구 및 공개하는 것을 허락할 권한이 있다.

4. 유전자기술시대에서의 특허권

노벨화학상 수상자 칼(R.F.Carl)은 과학계의 다른 학자들에게 아래와 같이 공표한 적이 있다. "20세기는 물리학 및 화학의 세기이지만 21세기는 생물학의 세기이다."[82) 생물기술발명의 보호와 관련하여 별도의 새로운 법률제도를 신설할 필요는 없다. 유럽의 「생명기술발명에 관한 법률보호지령」에서는 "국가특허법 관련 규정은 생명기술발명에 대하여 법적 보호를 제공하는 핵심적인 토대이다."고 주장하였다.

유전자기술시대에서 특허제도는 기술혁신을 보호하고 공정한 경쟁질서를 유지하기 위하여 필요한 운행체제와 외부환경을 마련하였으며, 그의 제도적 기능 및 정책적 역할은 주로 아래 두 가지 측면에서 표현된다.

가. 유전자기술의 혁신 및 특허권

특허제도의 목적은 발명창조특허권에 대한 보호를 통하여 발명창조를 장려하고 첨단기술의 산업화를 장려하며 과학기술의 발전을 촉진하기 위함이다. 특허제도가 유전자 기술혁신에 대한 촉진역할은 아래 일련의 구체적인 기능에서 나타난다.

---

82) 转引自黄玉烨:《人类基因提供者利益分享的法律思考》, 载《法商研究》, 2002(6)。

(1) 유전자 발명창조에 대한 재산권 귀속문제 확인

"재산권 경제학의 측면에서 보면 사회의 발전 및 진화는 반드시 해당 사회의 재산권제도가 점점 더 개인의 적극성을 효과적으로 불러일으킬 수 있고 이로 인하여 유한한 자원 및 시간이 사회의 제일 효과적인 활동에 사용될 수 있음을 의미한다."[83) 특허법은 특허권자가 법정기한 내에 해당 발명창조에 대한 독점권을 규정함으로서 법률형태로 발명창조에 대한 재산권 귀속문제를 확인하고 인간과 혁신성과의 법률관계를 명확히 하였으며, 발명가 및 기타 특허권자의 사회적 지위를 인정하고 그들의 경제적 이익을 보호하였다. 특허재산권에 대한 인정은 특허권자가 발명창조에 투입한 필요한 투자를 회수하게 할 뿐만 아니라 상당한 보수를 얻을 수 있게 하여 사람들의 창조에 대한 적극성을 야기하여 새로운 기술혁신의 열정을 지속할 수 있게 한다.

유전자산업의 특징은 연구주기가 길고 비용이 높으며 리스크가 크다. 유전자기술에 대한 기초연구 및 응용연구단계는 통상 수억 내지는 수십억달러의 투자가 필요하나 현재 생물학계의 견해로는 유전자상품의 개발성공률은 단지 0.1%에 불과하다는 것이다. 연구단계에서 성공하였다고 하더라도 후속의 투자리스크는 여전히 존재한다. 예를 들면 천식유전자는 이미 발견되었지만 이러한 유전자를 복제하려면 1억달러의 비용이 필요하며 후속의 제품개발비용 또한 일반투자자가 쉽게 해결할 수 있는 금액이 아니다. 미국에서 한 유전자상품이 연구로부터 식품 및 의약관리국의 비준을 거쳐 시장에 판매하기까지 약 3억 내지는 4억 달러가 필요하며 기간은 5년 내지는 7년의 시간이 필요하다. 중국의 인류유전자팀연구 및 잡종벼유전자연구프로젝트 모두 자금부족으로 인한 침체기의 어려움을 겪은 적이 있다. 따라서 완전한 재산권제도인 특허법률제도를 확립하여 유전자연구성과의 재산권 귀속문제를 확정한다면, 더욱 많은 투자자와 연구자들이 유전자산업에 투자할 용기를 갖게 될 것이며 자금, 시간 및 지혜를 유전자연구 및 유전자상품의 개발에 투입함으로서 유전자 관련 경제의 발전을 촉진하게 될 것이다.

83) 马秀山:《试论知识经济与知识产权的关系》, 载《中国专利报》1998-09-23, 第2版。

(2) 유전자특허문헌의 공개

"특허제도의 설립목적 중 하나는 특허출원을 공중에 공개하여 새로운 발명정보를 모든 사람에게 공표함으로써 이를 통한 산업기술의 발전을 촉진하기 위함이다."[84] 공개성은 특허출원인이 특허권을 획득하는 전제이며 공개성은 발명창조의 내용을 사회에 공시 및 공표하는 것을 말한다. 공개정도는 해당 기술영역의 사업자가 해당 발명을 실행할 수 있을 정도이며 공개방식은 국가특허관리기관이 이를 특허문헌에 공개하는 것이다. 특허문헌에는 국가특허관리기관이 공포한 특허공고, 특허명세서, 각종 검색출판서적, 특허 관련 사법문서 등이 포함된다. 특허문서는 인류과학기술의 소중한 저장소로서 정보의 양이 방대하고 정보전달이 신속하며 시스템이 상세하고 내용이 정확하다는 등의 특징을 갖는다. 세계지식재산권기구의 통계에 따르면 세계의 최신발명창조성과의 90% 이상 모두 특허문헌에서 찾아낼 수 있다. 이 경우, 과학기술자들은 과학기술에 대한 과제선택 및 방안선정을 할 시 우선 특허문헌을 검색하여 국내외 신기술의 발전수준 및 동향을 이해하고 파악할 수 있다. 이로써 중복연구를 피하고 빠른 방법을 통하여 자원의 낭비를 방지할 수 있다. "거인"의 어깨위에 서서 최신기술 및 상품을 발전시키는 것은 연구개발의 출발점을 높이고 과학기술의 자원을 효과적으로 배분하는 중요한 수단이다.[85] 마찬가지로 유전자기술에 대하여 특허보호를 부여하는 것은 권리자가 적극적으로 특허를 출원하도록 격려할 수 있으며, 특허주관기관이 심사 후 특허법의 규정에 부합될 시 특허출원문서를 공개함으로써 관련 유전자정보는 공중을 위하여 이용될 수도 있다.

(3) 유전자특허에 대한 법적 보호

특허권에 대한 법적 보호는 특허법의 중요한 내용이다. 법률은 권리자에게 광범위한 권리를 부여하는 한편 권리자가 갖는 권리에 대하여 보호를 제공함으로써 권리자가 자신의 권리를 충분히 행사하여 실질적인 경제이익을 실현할 수 있게 하며 또한 권리가 침해당하였을 때 법적 구제를 얻을 수 있으며 일정한 절차를 통하여

84) [美] 阿瑟 · 米勒 · 迈克尔 · H · 戴维斯:《知识产权法概要》, 周林、孙继红、张灏译, 7页, 北京, 中国社会科学出版社, 1998。

85) 陈美章:《试论专利制度对科技进步和经济发展的作用》, 载《中国知识产权报》, 2000.03.24, 第2版。

권리침해자의 침해행위에 대하여 법률책임을 부담하도록 제재를 가할 수 있다. 특허권 침해행위는 주로 두 가지가 있다. 하나는 특허권자의 허가없이 생산경영을 목적으로 특허상품 또는 특허방법을 제조, 사용, 판매 및 수입하는 것이며, 다른 하나는 소비자를 기만하여 고액의 불법이익을 도모하는 것을 목적으로 타인의 특허권을 위조하는 것이다. 현재 세계 주요국가의 특허법률제도는 통상 특허권 침해자가 민사책임, 형사책임 및 행정책임을 부담하도록 규정하고 있으며 지식재산권에 대한 보호를 통하여 효과적으로 불법행위를 제재하고 특허법의 취지를 실현하고자 한다. 즉 지적창조자의 이익을 보호하고 기술혁신을 장려하며 과학문화사업의 발전 및 번영을 촉진하고자 하는 것이다. 미국의 성장호르몬유전자특허권 침해소송에서 캘리포니아주 법원은 피고가 특허권자에게 2억 달러를 배상하도록 판결하였다. 이는 유전자특허를 보호하고 권리침해행위를 제재한 하나의 판례이다.

나. 유전자기술산업의 발전 및 특허권

유전자기술시대에서 유전자경제는 국민경제에서 아주 중요한 역할을 담당하고 있으며, 과학기술산업화는 유전자경제발전의 핵심이다. 과학연구성과를 어떻게 생산력으로 전환하는 가에 대하여 유엔의 경제협력 및 발전단체에서는 1996년 연보고서인 「지식을 기초로 한 경제」에서 정부의 우선적인 핵심정책을 다음과 같이 지적하였다. 지식 확산에 대한 촉진 즉 기술혁신에 대하여 확장할 필요성이 있으며 다시 말하면 “임무지향성”의 과학기술계획으로부터 “확장지향성”의 계획으로 확대하는 것이다. 이는 대학-산업-정부협력을 위한 제도적 토대의 마련이 포함되며 신기술을 각 부서 및 기업에까지 확산하여 정보의 기초구조의 발전을 추진하고자 한다. 특허제도 자체는 지식의 확산 및 이용에 유리한 기능을 갖고 있으며 특허권자로 하여금 최신기술의 산업화를 실현할 수 있게 함으로서 지식경제의 발전을 촉진할 수 있다.

특허권자의 입장에서 보면, 특허권자가 특허권을 취득한 목적은 단지 해당 발명창조를 “점유”하여 소극적으로 타인이 함부로 그 특허를 이용하는 것을 방지하고자 하는 것이 아니라, 더욱 중요한 것은 특허를 적극적으로 “실시” 또는 “처분”함으로써 “수익”을 얻고자 하는 것이다. 그리고 모든 특허가 사회에 유익한 것은 아니다. 사실상 하나의 발명이 사용되기 전 거의 경제가치가 없으며 심지어 그 가치가 나타나지도 않는다. 오직 특허가 사용을 통하여 생산력으로 전환될 경우에만 일정한 사회적 효익이 발생될 수 있으며 사회의 기술수준을 높이고 나아가 경제성장을 촉진할 수 있다. 이 또한 특허제도가 발명창조를 보호하는 목적이기도 하다. 모든 국가의 특허법에서 특허권자는 자신의 특허에 대하여 독점실시권을 행사한다고 규정하고 있다. 즉 특허상품, 방법 또는 해당 방법에 의하여 직접 획득한 상품에 대한 배타적인 제조, 사용, 판매, 판매허가 및 수입의 권리를 규정하고 있다. 이를 근거로 특허권자는 자체 투자를 통하여 인력 및 물력을 이용하여 특허상품을 생산, 판매하거나 생산과정에 해당 특허방법을 사용하며 이러한 특허실시를 통하여 물질적 및 경제적 수익을 창출하는 것이다. 그러나 현실생활에서 자체적으로 특허를 실시하는 자는 단지 소수이며, 다수는 투자생산의 조건을 갖추지 못하였거나 또는 기타 사유로 인하여 특허가 생산력으로 전환되지 못하고 있는 실정이다. 특허권이용제도는 이러한 문제점을 해결하는데 도움이 되며 구체적인 방식은 다음과 같다.

(1) 특허실시허가, 즉 특허권자는 실시허가계약의 체결을 통하여 특허권의 전부 또는 일부를 일정한 기간 내에 타인에게 사용하도록 허가하여 이에 대한 보수를 획득하는 일종의 특허권 이용방식이다.

(2) 특허권 양도, 즉 특허권자는 계약, 상속 등 방식을 통하여 특허권을 타인에게 양도하여 권리주체의 변경이 발생하게 하는 방식이다.

(3) 일정한 조건에서 강제실시허락을 적용할 수 있다. 즉 국가특허주관기관은 국가 및 사회이익의 필요에 의하여 특허권자의 의사에 반하거나 특허권자의 허락을 받지 않고 특허실시신청자가 특허상품 및 특허방법을 사용할 것을 허가하지만, 피허가자(특허실시신청자)는 합리적인 보수를 지불하여야 한다.

상기 방식을 통한 특허이용제도는 한 면으로는 특허권자가 재산권을 실현하고 보수를 얻을 수 있는 경로를 마련하였고, 다른 한 면으로는 공중이 특허권을 이용하는데 편의를 제공하였으며 특허권자와 특허이용자 사이의 관계를 조율하였다.

유전자기술에 대하여 특허권을 통한 보호를 취할 수 있지만 전통적인 규칙은 유전자기술시대에서 도전에 직면하고 있다. 왜냐하면 유전자기술 자체의 기초연구의 특징 및 그의 발생, 형성, 발전 과정은 객관적으로 존재하는 동물, 식물품종 나아가 인류 자체와 밀접한 관련성이 있으며 이로 인하여 유전자기술성과는 기존 특허의 수여조건 및 규칙과 서로 모순되는 점이 존재한다. 예를 들면 유전자프로젝트의 "자연속성"은 특허기술의 창조성, 실용성과 완전히 일치한 것은 아니므로 특허권체계 외의 과학발견(앞서 이미 논함)에 해당된다. 인체, 동물 관련 유전자기술발명은 윤리 및 도덕기준의 위반으로 인하여 특허심사를 통과할 수 없지만 식물신품종에 대한 보호도 특허권 및 기타 지식재산권의 다양한 선택에 직면하게 된다. 현대 각 국가의 입법례를 보면 전통특허제도를 원용하여 유전자기술에 대하여 변통적인 보호를 제공하는 것이 보편적인 입법방식이다. 만약 특허권체계에 포함되지 못할 경우, 기술성과는 기타 법률 또는 상업화 방식을 통하여 해결할 수 있다. 현재 특허권을 수여한 유전자기술은 주로 아래 몇 가지가 있다.

(1) 유전자상품특허

수권대상에는 유전자 관련 기술연구활동에서 발생한 각종 신물질, 신제품 예를 들면 인체에서 분리하거나 또는 기타 방법을 통하여 획득한 약품, 유전자식품, 유전자 영양품 등이 포함된다.

(2) 유전자방법특허

수권대상에는 유전자의 채취, 변경, 저장, 휴대, 번식 등의 방법이 포함된다. 특정 유전자를 위한 생물체 번식방법은 반드시 미생물방법이나 비생물적 방법이여야 하며 생물학방법은 특허성에서 배제된다.

(3) 유전자변형미생물특허

수권대상에는 유전자변형 생물학 방법 및 미생물 자체가 포함된다. 미생물방법이라 함은 미생물 자료, 미생물 자료에 대한 작용물 또는 미생물로 인하여 발생한 모든 방법을 말한다. 미생물이 분리를 거쳐 순수배양물이 되고 특정된 공업상의 용도를 갖게 될 경우, 미생물 자체는 특허성을 갖게 된다. 유전자변형 등 방법을 통하여 배양한 미생물 균종이 그 예이다.

(4) 유전자변형특허

수권대상에는 공개상품의 새로운 용도 및 공개방법을 특정의 새로운 목표에 사용하거나 공개기술을 기타 방면에 사용하여 예상 외의 효과를 얻는 경우가 포함된다.

해당 발명은 비록 이미 알려진 기술이지만 이 기술을 기타 영역에 운용한 결과, 효과가 매우 뛰어난 경우이다. 예를 들면 특정유전자제품이 통상적으로 완치불가하다고 판정되는 난치병에 대하여 뛰어난 효과가 있을 경우 해당 유전자제품이 특허성을 갖고 있다고 본다.

(5) 기능성 유전자특허

수권대상에는 기능성 유전자 배열에 대한 설명 그리고 어떠한 종류의 단백질을 생산하거나 특정단백질의 어느 부위의 유전자 배열에 대한 설명이 포함된다. 예를 들면 성장호르몬유전자의 발견은 사람으로 하여금 한 사람의 키가 얼마까지 클 수 있고 언제 클 수 있으며 언제 성장이 멈추는지에 대한 비밀을 밝힐 수 있으므로 특허성이 있다.

(6) 유전자변형동식물 신품종특허

수권대상에는 유전자변형동식물 신품종 및 신품종에 대한 배양방법이 포함된다. 이러한 비자연적으로 존재하는 동물 및 식물은 기타 발명과 마찬가지로 신규성, 창조성 및 실용성이라는 특허의 특징을 갖고 있다. 입법례를 보면, 수많은 국가에서 동식물품종특허권을 수여하고 있다. 일부 소수 국가에서는 자국의 실정을 고려하여 동식물품종에 대하여 단기간 보호하지 않고 있지만 동식물품종의 배양방법에 대하여서는 특허권을 수여할 수 있다.

각국 법률에서는 유전자기술에 대하여 특허권을 수여하는 한편 특허성이 없는 경우도 명확히 규정하고 있다. 이에는 주로 아래 경우가 포함된다. ① 공공질서, 윤리 및 도덕을 위배한 발명. 이에는 인간복제방법(해당 방법은 인류 자체의 안전 및 사회생활의 질서에 위배된다), 인류배아의 상업적 이용(다만 질병의 치료 및 진단을 목적으로 한 인류배아의 응용과 질병에 유용한 발명은 포함되지 아니한다), 동물유전자특성을 변형하는 방법(해당 방법은 인류 자체의 안전 및 사회생활의 질서에 위배된다), 동물유전자특성을 변경하는 방법(해당 방법은 동물의 고통만 유발만할 뿐, 인류 및 동물에 대하여 어떠한 실질적인 의학적 이익이 없다) 등이 포함된다. ② 모든 단계의 인체 및 관련 유전자 배열에 대한 간단한 발견(인체의 특정요소에 대한 간단한 발견을 말하며 이에는 유전자 배열 또는 유전자 배열의 특징부분이 포함되나 창조성을 갖지 아니한다) ③ 질병의 진단 및 치료

방법(실시대상은 생명력이 있는 인간 또는 동물로서 공업에 이용할 수 있는 실용성이 없으므로 인도주의적 측면을 고려하여 의사로 하여금 질병을 진단 및 치료하기 위하여 각종 방법 및 조건을 자유롭게 선택하게 하는 것이다).

제14장 집적회로 배치설계권

집적회로 배치설계권이라 함은 권리소유자가 집적회로의 배치설계에 대하여 복제하거나 상업적으로 이용할 수 있는 전유권(專有權)을 말한다. 이는 신기술혁신의 제도적 산물이자 무형재산권체계의 새로운 내용이기도 하다. 집적회로 배치설계권 제도의 구축은 권리의 취득, 내용, 행사 및 보호 등과 관련이 있으며 유형재산권 및 전통적인 무형재산권과는 현저하게 다르다. 심지어 일부 학자는 이러한 권리는 저작권 및 산업재산권 사이의 "교차적 권리"로서 이를 "산업저작권"이라고 부르기도 하였다.[86]

1. 기술적 및 법률적 의미의 배치설계

가. 배치설계의 업종에 대한 정의 및 기술적 특징

집적회로(Integrated circuits)를 관련 업계에서는 칩으로 통칭하기도 하고 영어의 줄임말로 IC로 칭하기도 한다. 이는 반도체 재료를 기판으로 최소 1개 이상의 전원을 갖고 2개 이상의 회로소자의 일부 또는 전부를 기판상 또는 기판 내에 집적하여 어떠한 전자회로의 기능을 갖게 하는 중간상품 또는 단말상품을 말한다. 1988년 세계지적재산권기구가 워싱턴에서 체결한 「집적회로 지적재산권에 대한 워싱턴협

86) "산업저작권"이라 함은 산업제품에 대하여 저작권과 유사하게 보호하는 새로운 전유권을 말한다. "산업저작권"의 입법동기는 산업제품 디자인에 대하여 특허권과 저작권의 이중적 보호의 단점을 바로잡고자 시작하였으나, 그 후 집적회로 배치설계권 보호방식이 되었다. 郑成思:《版权法》, 北京, 中国人民大学出版社, 1990。

약」(즉 「워싱턴협약」)에 의하면 집적회로라 함은 “한 제품이 단말형식이든 중간형식이든 여러 회로소자의 일부 또는 전부를 상호 집적하여 어떠한 전자회로의 기능을 수행하는 것을 말한다.” 각국의 입법을 보면 집적회로에 대한 정의가 「워싱턴협약」과 거의 동일하다. 1990년 캐나다의 「집적회로 토폴로지(topology) 도면법」에서는 집적회로를 “일종의 중간 또는 단말형태로 존재하는 상품으로서 최소 하나의 회로소자로 구성된, 회로소자 사이를 한 기판 위에 연결, 집적 및 고정하여 어떠한 전자기능을 수행하게 하는 것을 말한다.”고 규정하였다. 2001년 중국에서 제정한 「집적회로 배치설계에 대한 보호조례」에서는 집적회로를 “반도체 집적회로”로 표현하였으며 “반도체 재료를 기판으로 최소 1개 이상의 전원을 갖고 2개 이상의 회로소자의 일부 또는 전부를 기판상 또는 기판 내에 집적하여 어떠한 전자회로의 기능을 갖게 하는 중간상품 또는 단말상품을 말한다.”고 규정하였다. 상기 협약 및 법률의 규정에 의하면 집적회로는 ① 중간상품 및 단말상품 두 가지가 포함되고 ② 최소 한 개 이상의 전원을 갖고 있으며 ③ 관련 회로소자를 기판상 또는 기판 내에 집적하여야 하고 ④ 어떠한 전자회로의 기능을 수행하고자 하는 것임을 알 수 있다. 그 외 언급할 것은 절대다수의 집적회로는 반도체 집적회로이므로 각국의 집적회로 관련 법률 대부분이 반도체 집적회로 관련 제도이다.

집적회로는 일종의 종합적인 기술성과로서 배치설계 및 산업기술 두 가지 요소로 구성된다. 그 중에서 배치설계라 함은 집적회로에서 최소 한 개의 전원이 있는 2개 이상의 회로소자의 전부 또는 일부를 상호 연결하여 입체적인 배선을 하거나 집적회로를 제작하기 위하여 준비한 상기 입체적 배선을 말한다. 다시 말하면 배치설계라 함은 일련의 임의의 방식을 통하여 고정하거나 코딩된 형상을 말하며 이러한 형상은 집적회로를 구성한 재료들의 입체적 배치방식을 나타내고 있다. 공정기술이라 함은 배치설계에 따른 마스크를 입체복제의 방식으로 실리콘 칩 또는 기타 반도체 재료에 탑재하여 이를 “고정”하는 것을 말한다. 그 외 공정기술은 밀봉포장(패키지) 및 테스트라는 두 개의 절차를 거쳐야 한다.

집적회로 배치설계는 도형의 형태로 집적회로의 칩 또는 마스크판 위에 존재한다. 기술측면에서 보면 이는 일종의 입체적 배치형태의 도형설계로서 외국에서는 “기능작품”이라고 부르기도 한다. 배치설계의 기술적 특징은 주로 아래와 같다.

(1) 배치설계는 독립적인 기술가치를 지니고 있다. 집적회로는 마이크로 전자기술의 범주에 해당하는 현대전자정보의 토대로서 각종 전자제품에 광범위하게 응용되고 있다. 전자장치에서 제일 중요한 부분으로서 집적회로는 주로 연산 및 저장기능을 담당하고 있으며 디지털가전, 데이터제어장치, 온라인 통신, 컴퓨터 등 업종의 "심장"이라 할 수 있다. 산업사슬의 구조를 보면, 집적회로산업은 설계, 제조, 밀봉포장(패키지), 테스트, 판매 등으로 구성된다. 그 중에서 배치설계는 산업사슬의 상위 측에 위치하고 있으며 제조 및 밀봉포장(패키지) 그리고 테스트는 중, 하위 측에 위치해 있다. 3대 산업(상위, 중위, 하위)의 자금에 대한 수요비율은 1:100:10이며 자금의 가치증가정도는 4:3:3이다. 이로부터 알 수 있듯이 집적회로 배치설계는 저투자, 고산출의 산업으로서 지식 및 기술의 집약정도는 부가가치가 높은 기술가치로서의 특성이 있다. 이러한 특성은 배치설계에 대한 치열한 이익쟁탈전을 야기하였으며 배치설계의 법적 보호에 대한 소송도 끊이지 않고 있다.

(2) 배치설계는 제한된 기술수명을 갖고 있다. 배치설계의 갱신방식은 아주 신속하며 특히 컴퓨터 설계 및 배치의 발전속도는 더욱 빠르고 생산주기도 짧으므로 기술수명을 오래 지속하는 것은 불가능한 일이다. 이와 관련된 통계수치를 보면, 용량에 따라 동적 메모리제품이 연구개발로부터 제조의 최고조를 형성하기까지 4K 저장메모리는 3년, 16K저장은 3년, 64K저장은 2년, 256K 및 1M는 각각 3년이 걸렸다. 현대의 집적회로 배치설계 산업의 발전은 집적도가 향상되고 전력의 소모가 감소되는 추세를 보이고 있으며 갱신속도도 날이 갈수록 빨라지고 있다. 집적회로 산업혁명이라고 할 수 있는 "무어의 법칙"[87]은 18개월을 제품의 갱신주기로 간주하였다. 이러한 기술혁명의 특성으로 인하여 전유권(專有權)으로 배치설계를 보호할 필요가 있을 뿐만 아니라 단기적인 보호기간도 합리적이다.

---

87) "무어의 법칙"은 미국인텔회사의 창시자인 고든 무어가 1965년에 제시한 것이다. 동 법칙에 대한 제일 현대적이고 제일 유행하는 해석은 다음과 같다. 가격이 불변하는 전제하에 컴퓨터칩(즉 집적회로, IC)의 연산능력은 매 18개월마다 1배씩 제고되며, 또는 칩 위의 트랜지스터(transistor) 수량이 매 18개월마다 1배 증가한다. 실제 수치로부터 추산하여 보면, 인텔회사가 1971년에 생산한 최초의 실제연산가능한 실리콘 칩에는 2300개의 트랜지스터가 내재되어 있었으나 2005년에 생산한 칩에는 17억개의 트랜지스터가 내재되어 그 속도는 "무어의 법칙"의 주장과 가깝다. "무어의 법칙"은 사람들에 의하여 컴퓨터 혁명의 토대로 불리우기도 하였다.

나. 배치설계의 법학적 정의 및 법률특징

배치설계는 일정한 기술사상의 표현형태로서 특정매체 위에 부착된 전자회로소자와 이러한 회로소자를 연결하는 도선으로 구성되었다. 배치설계는 무형재산권의 보호대상으로서 아래 법적 특징을 갖고 있다.

(1) 비물질성

비물질성 또는 무형성이라고도 하며, 이는 배치설계가 무형재산권의 객체로서 지적성과의 법률특징이다. 배치설계는 실행과정 중에서 자기디스크 또는 마스크 위에 고정하거나 집적회로 제품에 고정할 수도 있지만 이러한 매개물 및 마스크는 단지 배치설계의 매체로서 지적성과의 표현형태 즉 물질화된 구상(構想)일 뿐이다. 비물질성은 무형재산(예를 들면 저작물, 특허기술, 상업명예 등)의 가장 일반적이고 본질적인 특징으로서 배치설계의 이러한 속성은 배치설계 및 배치설계에 따라 제작한 집적회로제품을 구분함에 있어서 분석수단을 제공하였다.

(2) 복제가능성

배치설계는 저작권의 저작물과 마찬가지로 각종 방식으로 무제한으로 복제될 가능성이 있다. 그 매체는 마스크판 등 반도체 재료가 될 수도 있고, 테이프, 자기디스크, 칩 등 매개물이 될 수도 있다. 매체가 마스크판일 경우 배치설계는 도형형태로 존재하며 이에 대한 복제방식은 마스크판에 대하여 "재복제"하는 것이며, 매체가 테이프, 자기디스크 등의 매개물일 경우 복제방식은 동일한 매개물 위에 배치설계를 "복제"하는 것이다. 만약 배치설계가 이미 제작된 집적회로제품에 "고정"되었을 경우 복제과정은 다소 복잡하다. 우선 집적회로의 외부밀봉포장과 집적회로 칩 표면의 둔화층을 제거하고 서로 다른 부식액체로 칩을 점차 부식시켜 각 층의 도면사진을 촬영 완료하게 되면 도형설계의 복제는 완성된다. 요약하면 복제가능성은 배치설계가 권리객체로서의 법률적 요소이며, 복제용이성은 전유권(專有權) 보호를 제공함에 있어서 중요한 이유가 된다.

(3) 신규성 및 창조성

법적 보호를 받는 배치설계는 설계자가 독립적으로 제작하고 그 구상이 독특할 것을 요구하며 기존 배치설계의 간단한 중복이여서는 안되고 일정한 정도의 진보성을 나타내야 한다. 배치설계 및 특허기술 모두 신규성 및 창조성의 요건을 구비하여야 하며, 신규성은 반드시 상당한 발전정도를 구비하여야 한다. 배치설계 및 특허기술 모두 신규성과 창조성의 요건을 갖추어야 하지만 배치설계는 반드시 상당히 발전한 정도일 필요는 없고 단지 기존의 도형설계에 비하여 일정한 발전과 차별성이 있기만 하면 된다. 즉 해당 분야의 설계자가 보기에 통상적인 설계가 아니면 된다. 하지만 창조성 정도를 보면 집적회로 배치설계는 작품 또는 디자인으로서 보호받는 전자인쇄회로판 배치설계와는 구별된다. 전자인쇄회로판은 단순히 분립회로소자 사이의 전기도선의 연결을 실현하기 위한 것으로, 전기도선의 거시적 연결에 대한 일종의 변형이라 할 수 있다.[88] 반면 집적회로 배치설계는 미시적 체적 내에서 미시적 회로소자 사이의 논리적 연결을 실현하여 일종의 복잡한 전자기능을 수행하기 위함이다. 따라서 배치설계는 제품제조에 대하여 비교적 높은 창조성을 요구하고 있다.

상기 법적 특징에서 알 수 있듯이 비물질성은 배치설계의 무형재산 또는 지식상품으로서의 본질적 속성이고, 복제성은 배치설계와 저작물의 유사성을 나타내고 있으며, 신규성 및 창조성은 배치설계에 대하여 특허기술과 유사한 진보성을 요구하고 있다. 이러한 특징은 배치설계로 하여금 일종의 "산업저작권"의 보호대상인 무형재산권의 특수한 객체가 되게 하였다. 산업저작권이라 함은 저작권 및 특허권이 교차하여 형성된 전유권(專有權)을 말한다.

2. 배치설계권의 보호방식에 대한 선택

집적회로 배치설계는 통상 상당한 자금과 전문인력의 투입이 필요하다. 하지만 이러한 배치설계에 대한 복제원가는 아주 낮으며 전기회로 코팅을 촬영한 사진마스크에 따라서 간편하게 복제할 수 있으므로 배치설계에 대하여 전용권의 보호를 제공할 필요성이 있다.

88) 杨安进:《与印刷电路板相关的知识产权问题》, 载《中华全国律协知识产权专业委员会知识产权论坛暨2001年年会论文集》。

집적회로 배치설계에 대하여 어떠한 방식으로 법적 보호를 부여하는지에 관하여 각국의 입법자들은 오랜 시간 검토한 적이 있다. 집적회로 배치설계에 대하여 저작권법의 규정에 따라 이를 제품설계도로 간주하여 보호할 수 있고 집적회로의 전자제품이 특허성의 요건을 갖출 경우 특허권으로 보호할 수도 있다. 설계도와 전자제품 사이에 놓인 집적회로 배치설계에 대하여 비록 저작권 또는 특허권을 부여할 수 없지만 양 제도의 보호방법을 참조하여 배치설계에 대하여 일종의 양자를 겸비한 "산업저작권"을 부여할 수 있다. 구체적으로 논하면 다음과 같다.

가. 저작권법 보호방식

배치설계는 일종의 3D배치형태의 도형설계로서 이를 마스크판 또는 칩에 형상화할 시 일련의 도형의 조합으로 표현된다. 그러나 이를 테이프 또는 디스크에 저장할 시 일련의 데이터코드로 표현된다. 서로 다른 매체에서의 서로 다른 표현방식은 저작물과 동일하게 비물질성 특징을 갖게 된다. 그 외 집적회로의 생산공정은 배치설계에 따라 마스크판 또는 기타 매개물을 통하여 완성되거나, 마스크판에 저장된 배치설계도형을 재복제하거나, 테이프 또는 디스크에 저장된 데이터코드를 복제하여 배치설계에 대한 복제의 효과를 달성할 수 있으므로 이러한 특성은 저작물의 복제성과 일치한 것이다. 하지만 배치설계는 저작권 의미상의 도형저작물 또는 조형예술저작물에 해당되지 않는다. 그 이유는 다음과 같다. 도형저작물은 문자, 도형 또는 기호로 구성된, 일정한 사상의 표현형태를 갖고 있다. 하지만 배치설계는 전자회로소자 및 그의 연결선으로 구성되어 일종의 전자기능을 수행하고 있을 뿐 어떠한 사상내용을 구현하는 것이 아니다. 조형예술저작물은 그의 "실용성"이 아닌 "예술성"에 의하여 비로소 저작권법의 보호를 받고 있다. 반면 배치설계는 여러 전자소자의 합리적인 배치 및 이를 상호 연결한 3D배치로서 이는 일종의 전자제품이며 그의 "예술성"이 배치설계가 법적 보호를 받게 되는 요건이 아니다. 그 외 저작권의 보호기간은 비교적 길며 만약 배치설계를 일반저작물로서 보호한다면 배치설계의 혁신 및 집적회로산업의 발전에 이롭지 않을 것이다. 따라서 일부 학자는 배치설계를 일종의 "순기능주의적 실용물"로 표현하고 저작권법에 따른 저작물의 요건을 충족할 수 없다고 주장하였다.[89] 또한 배치설계는 저작권에서 저작물과 마찬가지의

50년의 보호기간을 적용할 수 없다. “무어의 법칙”에 의하면 집적회로 제품의 갱신주기는 18개월이며 만약 배치설계를 일반저작물로서 보호한다면 기술독점의 결과를 초래하기 쉽다.

입법실무에서 미국은 저작권으로 배치설계를 보호하려는 시도를 한 적이 있지만 성공하지 못하였다. 1979년 미국 중의원 에드워드(Edward) 의원은 최초로 배치설계를 저작권으로 보호하려는 의회입법안을 제기하였다. 저작권법은 어떠한 형식으로든 타인의 저작물을 복제하는 것을 금지하기 때문에 만약 배치설계에 저작권을 부여한다면 집적회로에 광범위하게 응용되고 있는 역설계(리버스 엔지니어링)도 모두 불법에 해당되므로 그의 의회입법안은 부결되었다.[90] 미국법률은 비록 배치설계를 “마스크저작물”로 호칭하지만 미국 의회는 심사보고서에서 명확하게 지적하기를, 미국저작권법이 반도체 칩과 같은 실용제품을 보호하지 않는 이유는 저작권법이 단지 저작물의 표현형태를 보호할 뿐 그 사상을 보호하는 것이 아니기 때문이다. 이와 반대로 설계도에 대하여서 저작권법에 따라 보호를 제공할 수 있지만 이러한 보호는 해당 도면에 따라 제작한 실용제품까지 확장되지는 않는다. 미국 저작권국도 유사한 관점을 갖고 있으며 배치설계는 실용성이 아주 강하므로 저작권으로 등록하는 것은 거절한다고 주장하였다.[91]

나. 특허법 보호방식

배치설계는 일종의 기술기능을 갖는 도형설계지만 기술방안 및 디자인과 구별되므로 특허법으로 보호하는 것은 적절하지 않다. 그 이유는 다음과 같다. 첫째, 배치설계는 특허법의 기술방안과 다르다. 특허법의 규정에 의하면 기술방안은 실행가능성이 있어야 한다. 다시 말하면 해당 기술방안을 적용하여 제품을 생산할 수 있어야 한다. 그러나 배치설계는 단지 집적회로 제품의 중간형태로서 독자적인 제품기능을 갖고 있지 않으므로 특허법 의미상의 기술방안에 해당되지 않는다. 그 외 제품, 방

89) 刘文:《集成电路布图设计的知识产权性质和特点》, 载《法商研究》, 2001(5)。

90) 郭禾:《集成电路布图设计权——一种新型的知识产权》, 载《工业产权》, 1992(6)。

91) JG Rauch, “The Realities of Our Times: The Semiconductor Chip Protection Act”, The Evolution of the Semiconductor Industry(February 1993). 转引自肖志远:《知识产权权利属性研究》, 115页, 北京, 北京大学出版社, 2009。

법 및 개량된 기술방안에 관하여 반드시 상당한 진보성이 구비되어야 한다. 특허법에서 말하는 진보성이라 함은 특허출원한 발명창작과 선행기술을 서로 비교하여 뛰어난 실질적 특징과 현저한 진보성을 갖추는 것을 말한다. 즉 해당 분야의 통상의 기술자에게 자명한 것이 아니어야 한다. 다시 말하면 기술방안이 특허를 획득하자면 반드시 일정한 "진보성"을 갖추어야 하지만 집적회로 배치설계에 대한 보호기준인 "비통상적 설계"(중국 「집적회로 배치설계에 관한 보호조례」 제4조에서 이러한 용어 사용)는 "비자명성"보다 기준이 낮아야 한다. 이로부터 집적회로 배치설계의 진보성에 대한 기준은 저작권의 독창성 기준보다 높지만 특허의 "진보성" 기준보다는 낮은 비교적 특별한 기준임을 알 수 있다. 현대의 집적회로기술의 발전은 주로 포토리소그래피에 의한 선폭의 끊임없는 축소와 집적 규모가 지속적으로 향상하는 형태로 표현되며 이러한 것은 모두 공정수준이 끊임없이 발전한 결과이며 집적회로 배치설계와의 연관성이 아주 밀접한 것이 아니다. 다시 말하면 차세대 집적회로 제품은 설계과정에서 어떠한 기술이 도출해 낸 개량이 뛰어난 실질적 특징과 현저한 진보성을 구비하였다면, 즉 세 가지 요건을 갖추었다면 당연히 특허법의 보호를 받게 되지만, 전반적인 배치설계를 보면 근본적인 개량이 나타나지 않거나 예측하지 못한 효과가 발생하지도 않고, 매우 드물게 발명특허가 요구하는 진보성의 정도에까지 도달할 수 있지만, 배치설계는 단지 기존 상품에 비해 집적도가 향상되었을 뿐 전대미문의 것은 아니며 뛰어난 실질적 특징 및 현저한 진보성을 갖춘 것도 아니다. 둘째, 배치설계는 특허법의 디자인과는 다르다. 외형디자인이라 함은 실제로 상품에 대한 형태, 도안 또는 그 조합 그리고 색체, 형태 및 도안의 조합이 도출해 낸 미적 감각성을 갖춘, 산업응용에 적용되는 새로운 설계를 말한다. 그 기능은 상품을 미화하고 사람들의 시선을 끌며 상품이 시장에서의 경쟁력을 강화하는 것이다. 우선, 배치설계는 "외형"이라는 요건에 맞지 않다. 앞서 말한 바와 같이 배치설계는 집적회로를 제조하는 중간제품으로 전자기능을 수행하지 않고 집적회로의 "외형"이 될 수도 없다. 최종 제품이 집적회로라고 하더라도 내장형이든 삽입형이든 모두 전자제품 내에 탑재되고 기타 회로소자와 조합되어야 비로소 공동으로 전자기능을 발휘하게 된다. 다음은 배치설계는 "미적 감각성"을 구비하고 있지 않다. 등록된 디자인은 현저한 특징을 갖추어야 한다. 즉 육안으로 볼 수 있고 미적 감각의 효과가 있는 새로운 외형 디자인이어야 한다. 그러나 배치설계의 도형은 아주 섬세하고

정밀하며 특히 CAD(Computer Aided Design)를 운용하여 완성한 배치설계는 더욱 그러하다. 오직 현미경을 통하여서만 정확하게 볼 수 있으며 미적 감각과는 무관하다.

상기 사유 외에 특허권의 취득절차도 배치설계에는 맞지 않다. "선공개, 후심사" 제도 하에 특허출원 및 심사비준의 시간이 비교적 길고 비용도 높다. 반면 배치설계의 기술수명은 그리 길지 않고 갱신속도도 빠르다. 이러한 상반되는 문제는 특허보호제도와 배치설계라는 새로운 기술객체 사이가 서로 적합하지 않음을 시사한다.

다. 부정경쟁방지법 보호

세계지식재산권기구는 배치설계에 대한 보호와 관련하여 각 체결국이 자유롭게 특별법을 제정하거나 또는 저작권법, 특허법, 부정경쟁방지법 등을 통하여 배치설계를 보호할 것을 권고하였다. 이로부터 부정경쟁방지법은 각국의 법적 보호방식의 선택사항 중 하나라는 것을 알 수 있다. 부정경쟁방지법의 기본적인 기능을 보면, 배치설계에 대한 보호를 제공할 수 있는 방식은 두 가지가 있다. 하나는 "기술비밀"에 대한 보호이다. 배치설계를 포함한 집적회로는 비록 하나의 기술제품이라 할지라도 그 배치설계는 기술적 요소를 포함하고 있지만 집적회로 제품이 일단 유통영역에 진입하게 되면 배치설계는 공중에 널리 알려진 것으로, 관련 분야의 통상의 기술자에 의하여 파악되고 운용하게 된다. 배치설계는 중간제품으로서 시장에 투입한 후 비밀상태에서 공개상태로 됨으로 인하여 "비밀성"을 상실하게 되므로 "기술비밀"로서 부정경쟁방지법의 보호를 받을 수 없게 된다. 다른 하나는 "기타 조항"에 의한 보호이다. 부정경쟁방지법은 복제 및 간단한 역설계에 대하여 일정한 제지역할을 할 수 있고 배치설계에 대하여 어느 정도 간접적인 보호를 제공할 수 있다. 그러나 부정경쟁방지는 일종의 진정한 전용권이 아니므로 행위의 "부당성"에 대하여 확실한 해석기준을 제공할 수는 없다.[92] 집적회로업종에서 보편적으로 존재하는 역설계 행위에 대하여 부정경쟁방지법은 권리의 범위를 통하여 행위의 성질을 판단할 수 없으며 "기타 조항"의 역할도 상당히 제한적이라고 할 수 있다.

---

92) [德] 托马斯 · 德莱尔:《集成电路布图设计德保护》, 蒲迈文译, 载《工业版权》, 1992(4)。

라. 특별법 보호

저작권법 및 특허법이 배치설계에 대하여 효과적인 보호를 제공할 수 없는 것은 전통적인 무형재산권제도와 새로운 마이크로전자의 기술성과 사이가 적합하지 않음을 나타내고 있다. 그러나 해당 제도에서 참조할만한 것은 저작권법과 특허법의 장점을 결합하여 양자 사이의 "교차적 권리"를 설정하는 것이다. 구체적으로 말하면 이러한 권리방식은 저작권법의 저작물에 대한 독창성 요건 및 특허법의 등록보호제도를 채택하는 것이다. 배치설계 전용권은 신형의 무형재산권으로서 특별법 보호방식이 이미 세계에서 통용되고 있다.

미국은 집적회로 기술의 발원지로서 세계 최초의 집적회로, 반도체 저장장치 및 마이크로 처리기가 모두 미국에서 탄생되었다. 1984년 미국은 최초로 「반도체칩 보호법」을 통과하여 전용권으로 배치설계를 보호하였다. 본 법에서는 배치설계 전용권자가 ① 광학, 전자 또는 기타 방법을 사용하여 마스크도안층을 복제할 권한 ② 마스크도안층을 포함한 반도체칩 제품을 수입하거나 판매할 권한 ③ 타인이 본조 제①항 또는 제②항에서 규정한 행위를 행하도록 추진하거나 의도적으로 유도할 권한을 갖는다. 입법방식을 보면, 「반도체칩 보호법」은 「미국법전」의 저작권 보호범위에 포함되었다. 즉 「미국법전」 제17편 제902조 및 이하 각 조로 배치되었지만 실제로 본 법은 저작권법 및 특허법과 분리된 독자적인 법률이며 저작권 및 특허권의 관련 규칙 및 방법을 참조한 혼합법이다.[93] 그리고 1년이 지난 1985년, 일본에서는 「반도체 집적회로의 회로배치에 관한 법률」을 공포하였다. 동 법은 미국의 「반도체칩 제품에 대한 보호법」과 아주 유사하며 동 법에서도 배치설계를 하나의 단독적인 권리객체로서 입법적 보호를 제공하였다. 미국의 배치설계에 대한 특별법의 영향으로 인하여 유럽공동체는 1986년 「반도체칩 제품의 토픽도면 보호에 관한 위원회 지침」을 공포하여 각 유럽회원국으로 하여금 지침의 규정에 의하여 전용권을 부여하는 형식으로 반도체 제품의 배치설계를 보호하도록 하였다. 동년 스위스에 이어서 독일, 프랑스, 네덜란드, 스위스 등 국가에서도 연이어 특별법의 형태로 배치설계 보호에 관한 법률을 제정하였다.

세계적으로 보면, 집적회로가 비교적 발달한 미국, 유럽 및 일본 등 국가에서는

---

93) [美] 阿瑟 · R · 米勒等: 《知识产权法概要》, 周林等译, 207页, 北京, 中国社会科学出版社, 1998。

솔선하여 앞서 논한 바와 같이 "산업재산권"이라는 형태로 배치설계를 보호하였다. 그 후 1989년「워싱턴협약」및 1994년「지식재산권협정」의 영향으로 인하여 대다수 국가에서는 이러한 특별법의 형태를 도입하였다. 여기서 지적할 것은 남아프리카에서는 배치설계에 대한 보호를 하나의 입법특례로 간주하였다. 1993년 남아프리카에서는「디자인법」을 공포하여 일종의 전통적인 외장디자인과는 다른 "기능성 디자인"을 규정하였으며 그 범위에는 집적회로 배치설계 마스크 저작물 및 그 계열의 마스크 저작물이 포함된다. 이러한 "기능성 디자인"은 특정기능을 수행하기 위한 필요한 특징을 갖추어야 하는 한편 비교적 높은 수준의 신규성을 구비하여 해당 기술 분야에서 공공연히 알려진 통상적인 디자인이 아니어야 한다. 일부 학자는 이러한 규정은 집적회로를 위한, 집적회로에 적용됨이 명백하다고 주장하였다.[94)]

국제협약체제에서 배치설계의 보호에 관한 국제법 문서로는 우선 1989년 체결한「집적회로에 관한 지식재산권 협약」을 꼽을 수 있다. 같은 해, 세계지식재산권기구는 워싱턴에서 특별회의를 소집하여 본 협약을 체결하였다. 배치설계 보호에 관한 안건은 비록 소수 공업이 발달한 국가에서 제시하였지만 개발도상국의 적극적인 참여 및 공동의 노력을 거쳐 최종적으로 공감대를 이루었다. 본 협약은 배치설계 보호에 대한 법률형태를 규정하였다. 즉 "체결국은 자유로 배치설계 관련 특별법 또는 저작권, 특허, 실용신안, 산업디자인, 부정경쟁방지에 관한 법률 또는 어떠한 기타 법률 또는 어떠한 상기 법률의 조합을 통하여 본 협약이 정한 의무를 이행하여야 한다." 또한 협약은 어떠한 법률형태를 취하든 배치설계에는 복제권 및 상업사용권이 포함되어야 한다고 규정하였다. 그 외 체결국이 보호를 제공하기 위한 필요한 절차를 규정하였으며 보호기간을 최소 8년으로 설정하였다. 1994년 체결한「지식재산권협정」에서는 배치설계에 대한 보호를 세계무역단체의 각 체결국의 법정의무로 하였다. 본 협정 제35조에서는 체결국이「워싱턴협정」에 따라 배치설계에 대하여 보호를 제공할 것을 요구하였다. 제36조에서는 배제방식을 통하여 배치설계 소유권자의 권리범위를 확정하여 회원국이 권리소지자의 동의없이 아래 행위를 행하는 것은 불법으로 간주한다고 규정하였다. 상업을 목적으로 보호받는 배치설계를 수입, 판매 또는 기타 방식으로 발행하는 행위; 상업을 목적으로 보호받는 배치설계

---

94) 乔德喜:《试论集成电路的知识产权保护》, 载郑成思主编:《知识产权研究》, 第3卷, 北京, 中国方正出版社, 1997。

가 포함된 집적회로를 수입, 판매 또는 기타 방식으로 발행하는 행위; 또는 상기 집적회로를 포함한 물품을 상업적 목적으로 수입, 판매 또는 기타 방식으로 발행하는 행위(단지 지속적으로 불법 복제한 배치설계를 포함한 경우에 한한다)가 포함된다.

중국은 1990년 「워싱턴협약」을 체결하였고 1994년에 「지식재산권협정」에 가입하였으며 2001년 「집적회로 배치설계에 대한 보호조례」(아래 「조례」로 약칭함)를 공포하였다.

3. 배치설계권제도의 기본적 규범

배치설계권제도는 하나의 전문적인 무형재산권제도이다. 국제협약 및 중국의 법률규정에 근거하면 기본적인 규범은 다음과 같다.

가. 주체자격

권리주체라 함은 법에 따라 배치설계권을 취득할 수 있는 자를 말하며 통상적으로 전용권자 또는 권리소지자로 칭한다.

국제협약의 규정에 따라 적격의 주체는 주로 아래 두 가지 요건이 포함되어야 한다. 첫째, 배치설계의 창작자, 공동창작자, 고용인, 위탁인 및 상기 주체의 권리를 승계한 자만이 적격의 주체가 될 수 있다. 일부 국가 또는 지역(예하면 유럽연맹 및 그 회원국 내)에서 상기 주체가 부적격할 시 독점적 허가를 받은 자도 배치설계권의 권리자가 될 수 있다. 둘째, 상기 주체가 자국민이거나 거주민, 본국에서 최초 상업적 사용을 한 자, 소속 국가 및 본국 모두 집적회로 관련 국제협약에 가입한 참가국의 외국 국민이거나 거주민, 자국민 또는 거주민에 대하여 보호를 제공하는 외국 국민 또는 거주민 그리고 법률이 규정한 보호를 받을 수 있는 기타인일 경우에만 적격의 주체가 될 수 있다.

주체자격에서 보면, 배치설계권제도는 저작권 규정과 동일하다. 즉 자연인이 창작한 배치설계에서 해당 자연인은 창작자이며 법인 및 기타 단체가 주관하고 법인 또는 기타 단체의 의사에 따라 창작하고 책임을 지는 배치설계에서 해당 법인 또는 기타 단체는 창작자로 간주된다. 만약 배치설계가 다수에 의하여 공동으로 완성될 경우 배치설계권은 창작에 참여한 다수가 공동으로 갖는다. 상기 창작자, 공동권리자, 고용주, 위탁자(자연인 및 법인 또는 기타 단체, 자국인 및 외국인 모두 포함)는 권리의 원시주체이며 해당 권리자는 상속, 양도 등 방식을 통하여 해당 권리를 타인에게 이전할 수 있으며 후자를 권리의 승계주체로 부른다.

나. 권리객체

권리객체는 법률의 보호요건을 구비한 배치설계이다. 구체적으로 말하면 적격의 객체는 반드시 독창성이 있는 배치설계여야 한다.

「워싱턴협약」에서 배치설계의 독창성 관련 규정은 입법의 가이드적 의의가 있다. 본 협약의 제3조 제2항에서는 "(A) 제1조 (A)항에서 말하는 의무는 독창성이 있는 배치설계에 적용된다. 이러한 의의에서의 독창성이라 함은 창작자 자신이 지적 창작을 행한 결과이며 창작과정에서 배치설계자 사이 및 집적회로 생산자 사이에서 분명하게 나타나는 것은 아니다. (B) 명백한 회로소자와 집적회로가 상호 연결 및 결합하여 구성된 배치설계에 대하여 이러한 결합이 하나의 전체가 되고 (A)항의 조건을 구비하여야만 보호를 받을 수 있다." 중국 「조례」 제4조 제1항에서는 "보호받는 배치설계는 반드시 독창성이 있어야 한다. 즉 해당 배치설계는 창작자 자신의 지적 노동성과이며 창작 시 해당 배치설계가 배치설계 창작자 및 집적회로 제조자가 공동으로 인정한 통상의 설계가 아니어야 한다."고 규정하였다. 이어서 제2항에서는 "통상의 설계로 구성된 보호받는 배치설계는 그 조합이 하나의 전체로서 전항의 조건을 충족하여야 한다."고 규정하였다. 상기 규정은 국제협약의 규정과도 일치하다.

배치설계의 "독창성"과 저작권법상 저작물의 "독창성"은 서로 다른 의미를 갖는다. 저작권법에서 독창성은 통상 작자의 독자적인 창작으로 해석되며 창작수준 또는 능력에 대한 기준이 없다. 배치설계의 창작성은 두 가지 의미를 내포하고 있다. 첫째, 해당 배치설계는 타인의 배치설계를 간단하게 복제하거나 간단하게 수정한 것이 아닌 창작자 자신이 지적으로 창작한 결과여야 한다. 둘째, 해당 배치설계는 일정한 진보성을 갖추어야 한다. 창작을 완성할 시 창작자 사이 및 집적회로 업계에서 상용적이고 명백하거나 타인에게 널리 알려진 것이 아닌 일정한 진보성을 갖추어야 한다. 상용적이고 명백한 요소를 포함한 배치설계에 대하여 단지 그들이 하나의 전체로서 독창성을 갖출 경우에만 법적 보호를 받는다.

다. 취득방식

권리의 취득방식에 대하여 국제협약에서는 상대적으로 완화된 규정을 정하고 있다. 「워싱턴협약」에서는 체결국이 상업상 실시 또는 등록을 배치설계권의 취득방식으로 규정하는 것을 허용한다. 「지식재산권협정」에서는 체결국이 등록을 권리취득의 조건으로 할 것을 권고하였지만 이러한 조건에만 한하지 않는다. 각국의 입법상황을 종합하여 보면, 권리의 취득방식에는 아래 세 가지 종류가 있다.

첫째, 등록에 의한 취득이다. 배치설계에 대한 창작을 완성한 후 창작자 또는 기타 전용권을 취득한 자는 관련 기관에 등록수속을 마쳐야만 권리를 취득할 수 있다. 그 이유는 배치설계는 발전속도가 아주 빠르므로 등록제도를 통해서 배치설계의 창작완성시간을 확정할 수 있다. 또한 등록을 통하여 해당 배치설계가 법적 보호조건을 충족하는지를 확정할 수 있으며 설계자 권리의 안정성을 도모할 수 있다. 반면 등록하지 않을 경우, 배치설계의 전용권은 일종의 불안정상태에 처해 있으며 집적회로의 생산자 및 판매자는 수시로 침해소송을 당할 수 있으므로 이는 필히 집적회로 산업의 발전을 저해할 것이다. 따라서 수많은 선진국에서는 이러한 방식을 취하고 있다. 또한 권리자에게 필요한 준비시간을 부여하기 위하여 법률은 통상 배치설계가 최초로 상업에 이용된 날부터 2년 내에 등록신청을 제시하도록 허용하고 있다. 배치설계권의 등록취득절차는 신청, 심사, 기각, 재심의, 등록 및 공고라는 여러 단계를 거치게 된다. 그 중에서 심사제도는 형식심사제도 및 실질심사제도로 나눌 수 있다. 형식심사제도라 함은 주관기관이 단지 신청수속 및 서류의 완비 등 형식에 대하여서만 심사하며 소정의 형식요건만 충족하면 등록가능한 경우를 말한다. 실질심사제도라 함은 주관기관이 신청을 심사할 시 신청수속, 신청서류의 완비뿐만 아니라 배치설계의 독창성에 대하여서도 심사하는 경우를 말한다. 전자는 독일, 프랑스, 네덜란드, 덴마크 등 국가가 그 예이며 후자는 미국, 일본 등 국가가 그 예이다. 중국 "조례"는 등록제도를 취하고 있지만 신청에 대한 초보심사가 형식심사인지 아니면 실질심사도 포함되는지 여부에 대하여 명확히 규정하고 있지 않다.

둘째, 사용 및 등록에 의한 취득이다. 배치설계권의 취득은 등록을 통하여 취득하여야 하지만 미등록배치설계에 대하여서도 최초 상업에 이용한 날부터 일정한 기간 내에 법적 보호를 받게 되며 해당 기간을 초과하여 여전히 등록하지 않을 시 더 이상 법적 보호를 받지 못하게 된다. 네덜란드, 미국 등 국가의 법률은 이러한 입법 방식을 취하고 있다. 미국의 「반도체칩 제품에 대한 보호법」 제908조 제1항에서는 "마스크 저작물의 소유권자는 저작권 등록부서에 마스크 저작물에 대한 보호를 신청할 수 있다. 만약 해당 마스크 저작물이 세계 어떠한 지역에서 최초 상업적으로 이용된 후 2년 내에 본 법의 규정에 따라 보호등록신청을 청구하지 않았을 경우, 본 법에서 규정한 마스크 저작물에 대한 보호는 종료된다."고 규정하였다. 마스크 저작물은 최초 사용된 후 자동으로 일정한 기간 동안 법적 보호를 받게 된다. 이 규정은 권리의 자동취득과 유사하지만 다소 차이가 있다.

셋째, 자연취득이다. 배치설계는 창작이 완성된 후 어떠한 절차나 수속을 거치지 않고도 자동으로 배치설계권을 취득하게 된다. 이러한 제도는 저작권의 자동취득방식과 동일하다. 현재, 미국, 스위스 등 소수 국가만이 이러한 입법방식을 취하고 있다. 영국의 「반도체 제품(토픽도면 보호) 조례」 제5조에서는 "배치설계권은 배치설계에 대한 창작을 완성할 시 발생되거나 본 조례 제3조 제2항 규정의 경우 최초 상업적으로 이용된 날에 발생된다."고 규정하였다. 이 제도는 비록 배치설계의 개발자에 대하여 적시에 법적 보호를 제공할 수 있지만 등록하지 않음으로 인하여 분쟁이 발생할 시 입증하기 아주 번거로우므로 다수 국가는 이러한 입법방식을 채택하지 않았다.

라. 권리내용

권리내용이라 함은 배치설계권 권리자가 법적 보호받는 객체에 대하여 행사할 수 있는 각종 권한을 말한다. 여기에는 아래 두 가지 권한이 포함된다.

하나는 복제권이다. 이는 배치설계권자가 갖는 가장 중요한 전용권으로서 권리자가 법에 따라 광학 또는 전자학의 방식이나 기타 방식을 통하여 보호받는 배치설계를 복제할 수 권리를 말한다. 배치설계에 대한 복제는 저작권법에서의 복제와는 다르다. 저작권법에서 규정한 복제라 함은 복사, 탁본, 모사, 수사본, 사진 재복제 등의 방식으로 저작물을 한 부 또는 여러 부로 작성하는 행위를 말한다. 이에는 평면저작물을 평면저작물로 복제하거나 평면저작물을 입체저작물로 복제하거나 입체저작물을 평면저작물로 복제하거나 입체저작물을 입체저작물로 복제하는 등 다양한 방식이 포함된다. 그러나 집적회로 배치설계의 복제는 실제로 해당 배치설계가 포함된 집적회로를 다시 제작하는 것을 말한다. 구체적으로 말하면 배치설계에 대한 복제는 대체로 아래 몇 가지 단계를 거치게 된다. 우선 화학방법을 이용하여 배치설계가 포함된 반도체칩의 반도체 자료를 용해시켜 배치설계가 외부로 나타나게 하며, 다음은 특수한 카메라를 이용하여 각 층의 배치설계를 촬영하여 확대처리한 후, 다시 해당 사진을 컴퓨터에 입력하여 처리한다(어떠한 수정을 하지 않을 수도 있고 수정을 할 수도 있다). 그리고 배치설계의 평면 마스크판을 제작하여 다시 집적회로의 제작과정에 따라 상기 도면을 집적회로에 표현되게 함으로써 배치설계가 완성된다. 이러한 과정은 복제라기보다 실시라고 할 수 있다. 그러므로 중국 「조례」에서는 "복제"를 "배치설계 또는 배치설계가 포함된 집적회로를 중복 제작하는 행위"로 정의하였다.

다른 하나는 상업적 이용이다. 복제권이라는 "사용권"과 달리, 해당 권리는 일종의 "수익권"이다. 즉 배치설계권자가 상업상 목적으로 배치설계 또는 배치설계를 포함한 집적회로를 사용할 수 있는 권리를 말한다. 배치설계가 일반저작물과 구별되는 중요한 특성은 그 창작목적이 학습, 연구 또는 감상을 위한 것이 아닌, 산업에 이용하기 위함이다. 즉 실용성 또는 상업적 이용의 특징을 갖는다. 각국의 입법규정을 보면, 상업적 이용은 통상 보호받는 배치설계의 집적회로 또는 이러한 집적회로를 포함한 제품에 대하여 행한 아래 몇 가지 행위가 포함된다. 즉 판매, 대여, 전시, 진열 등 상업상 목적을 위한 기타 방식의 이용, 상업적 목적을 위한 수입, 상업목적을 위하여 발송한 청약이 포함된다. 청약행위에 대하여, 미국에서는 청약이 서면방식으로 발송되고 배치설계가 반도체칩 제품에 형상화되어야만 상업적 이용에 해당한다고 규정하였다. 기타 국가에서는 이에 대하여 명문으로 규정하고 있지 않다. 국제법인 「워싱턴협약」 제6조에서는 상업상 사용권에는 "상업적 목적을 위하여 보호받는 배치설계(토픽도면) 또는 이를 포함한 집적회로를 수입, 판매하거나 기타 방식으로 공여하는 것"이 포함된다고 규정하였다. 그 외 해당 협약은 체결국이 권리소지자의 허가를 거치지 않은, 복제 및 상업적 이용 이외의 기타 행위를 불법으로 확정할 수 있는 권한을 부여하였다. 「지식재산권협정」 제36조에서는 상업이용권에는 상업목적을 위하여 보호받는 배치설계를 수입, 판매 또는 기타 방식으로 발행하거나, 상업적 목적을 위하여 보호받는 배치설계가 포함된 집적회로를 수입, 판매 또는 기타 방식으로 발행하거나, 상업적 목적을 위하여 상기 집적회로가 포함된 물품(단지 지속적으로 불법복제한 배치설계를 포함한 경우에 한한다)을 수입, 판매 또는 기타 방식으로 발행하는 것이 포함된다고 규정하였다. 이로부터 보다시피, 상업적 이용권의 권리항목은 주로 수입권, 판매권 및 발행권에 집중되어 있음을 알 수 있다. 그 중에서 「지식재산권협정」에서 규정한 통제범위가 제일 넓으며 배치설계권 소유자는 배치설계의 이용을 통제할 수 있을 뿐만 아니라 배치설계가 포함된 집적회로 및 집적회로가 포함된 물품까지 통제할 권한이 있다. 중국 「조례」에서의 "상업이용"이라 함은 "상업목적을 위하여 보호받는 배치설계, 보호받는 배치설계가 포함된 집적회로 및 그 집적회로가 포함된 물품에 대한 수입, 판매 및 기타 방식으로 제공하는 행위를 말한다." 해당 규정은 국제협약의 내용과 완전히 일치한다.

마. 보호기간

배치설계의 보호기간에 대하여 각국 법률은 통상 10년으로 정하고 있다. 「워싱턴협약」은 보호기간을 최소 8년으로 정하도록 요구하고 있으며 「지식재산권협정」에서는 보호기간을 10년으로 정하고 있다. 중국 「조례」 제12조에서는 배치설계 전용권의 보호기간은 10년이며 배치설계 등록신청일 또는 세계 어떠한 지역에서든지 최초 상업적 이용한 날부터 기산하며 둘 중 빠른 날짜를 기준으로 한다. 그러나 등록 또는 상업적 이용 여부에 상관없이 배치설계가 창작 완성된 날부터 15년이 경과되면 「조례」의 보호를 받지 못한다.

바. 권리제한

권리제한은 무형재산권제도의 기본적인 구성이다. 각국의 법률은 배치설계에 대하여 보호를 제공하는 한편 대체로 사회공익의 측면에서 배치설계권에 대하여 법적 제한을 설정하고 있다. 이는 주로 아래 몇 가지 경우가 있다.

첫째, 역설계이다. 역설계라 함은 배치설계에 대한 분석 및 평가를 토대로, 법정 조건을 충족하는 다른 배치설계를 창작함으로써 배치설계 전용권의 제한을 받지 않는 것을 말한다. 법률이 역설계를 허용하는 원인은 아래 몇 가지 요소를 고려한 결과이다. 사람들이 역설계를 통하여 집적회로 제품의 구조, 기능, 설계사상을 분석, 연구할 수 있고 이를 토대로 더욱 새롭고 더욱 좋은 제품을 개발할 수 있으며 역설계를 통하여 신제품을 개발하는 것은 비교적 경제적이고 용이하다. 만약 역설계를 불허한다면 기술개발자의 특정분야에서의 독점을 야기할 가능성이 있으며 이는 집적회로 산업의 발전에 불리할 것이다. 집적회로분야에서 역설계는 이미 보편적인 현상이 되었다. 현재 각국의 집적회로 관련 법률 및 「워싱턴협약」에서 모두 역설계의 합법성을 명문으로 인정하고 있다. 중국 「조례」 제23조 제2항에서는 배치설계에 대한 전항의 평가, 분석을 토대로 독창성이 있는 배치설계를 창작할 경우, 권리자의 허가를 거칠 필요도, 대가를 지불할 필요도 없다고 규정하였다.

둘째, 공정이용이다. 각국의 배치설계권 관련 법률에서는 통상 저작권법 및 특허법의 공정이용원칙을 참조하여 개인의 학습 또는 강의, 연구목적을 위하여 타인의 배치설계를 복제하거나 사용하는 행위는 권리침해로 간주되지 않는다. 그 이유는 이러한 사용행위는 상업적 이용이 아니며 권리자의 이익에 큰 손해를 끼치지도 않기 때문이다. 반면 이러한 사용제도의 존재는 사회의 과학, 문화 및 기술의 발전을 촉진할 수 있다. 중국 「조례」에서 규정한 공정이용에는 두 가지 경우가 포함된다. 즉 제23조 제1항에서 규정한 개인의 목적을 위한 복제 그리고 단순히 평가, 분석, 연구, 강의 등 목적을 위한 복제이다. 이 두 가지 경우, 권리자의 허가를 거치지 않을 수도 있고, 대가를 지불하지 않을 수도 있다.

셋째, 권리소진이다. 권리소진은 저작권법, 특허법에서 통용되는 권리제한규칙이며 최초 판매 또는 권리소진원칙이라고도 부른다. 권리소진이라 함은 배치설계권자 또는 그의 권리수여자가 배치설계 또는 배치설계가 포함된 집적회로 제품을 시장에 시판한 후 해당 배치설계의 상업적 이용행위에 대하여 더 이상 지배권을 갖지 못하는 것을 말한다. 그 후 누구든지 배치설계권자 또는 그의 권리수여자의 허락없이 해당 배치설계를 수입, 판매 또는 기타 방식으로 사용할 수 있다. 이로부터 보다시피 권리소진 원칙은 배치설계자가 제품을 판매한 후의 통제권을 제한하였으며 제품의 구매자가 구매상품을 자유롭고 편리하게 처리할 수 있도록 함으로서 상품이 시장에서 정상적으로 유통되도록 하였다. 현재 대다수 국가의 배치설계 관련 보호법에서는 모두 권리소진원칙을 규정하고 있다.「워싱턴협약」제6조 제5항에서도 어떠한 체결국이든 권리소지자 또는 그의 동의를 거쳐 시장에 시판한, 보호받는 배치설계 또는 해당 배치설계를 포함한 집적회로에 대하여 권리소지자의 허락없이 상업상 목적을 위하여 수입, 판매 또는 기타 방식의 공여행위를 합법행위로 인정할 수 있다고 규정하였다. 중국「조례」제24조에서는 보호받을 배치설계, 해당 배치설계가 포함된 집적회로 및 그 집적회로가 포함된 물품이 배치설계 권리자에 의하여 또는 그의 허가를 거쳐 시장에 시판된 후 타인이 이를 상업적으로 재사용할 시, 권리자의 허가를 거치지 않거나, 타인이 다시 상업적으로 사용한 경우, 배치설계 권리자의 허가를 거치거나 보상의 대가를 지불할 필요가 없다고 규정하였다.

넷째, 선의의 구매자이다. 선의의 구매자라 함은 배치설계가 포함된 집적회로 또는 그 집적회로가 포함된 물품을 획득할 시 불법복제한 배치설계가 내재되어 있음을 알지 못하거나 알아야 하는 합리적인 사유도 없으며 나아가 이를 상업적으로 이용한 자연인, 법인 또는 기타 단체를 말한다. 배치설계는 일종의 기술성이 아주 강한 지적성과로서 전문적인 설비가 없이는 구분하기 어렵다. 또한 각국의 법률에서는 권리자가 배치설계상에 권리 관련 표시를 하도록 요구하지 않으므로 전문지식을 갖춘 전문가도 자신이 구매한 집적회로 상품에 보호받는 배치설계가 내재되어 있는지 여부를 식별하기 어려우며 하물며 일반적인 소비자에게는 더욱 어려운 일이다. 만약 집적회로 제품에 불법복제한 배치설계가 내재되어 있음을 알 지 못하고 관련 제품을 판매하거나 기타 상업적 이용행위를 일률로 권리침해로 간주하고 행위자의 침해책임을 추궁한다면 시장질서의 혼란을 초래할 가능성이 크며 집적회로 제품판매자의 적극성에 심각한 타격을 야기하여 집적회로의 정상적인 거래에 영향을 미치게 된다. 그리하여 선의의 구매자가 "알 지 못함"으로 인하여 배치설계권자의 권리와 상호 충돌하는 행위를 행할 시 각국 법률은 이에 대한 책임을 면하고 있다. 중국「조례」제33조에서는 선의의 구매자는 집적회로 또는 그 집적회로를 포함한 물품을 획득할 시 불법복제한 배치설계가 내재되어 있음을 알지 못하거나 알아야 하는 합리적인 사유도 없으며 나아가 이를 상업이용에 투입하는 것은 권리침해에 해당하지 않는다고 규정하였다. 그러나 선의의 구매자에게 불법복제한 배치설계가 내재되어 있음을 명확하게 통지한 후, 해당 구매자는 기존 물품 또는 그 전에 이미 예약 구매한 물품을 계속하여 상업에 사용할 수 있지만 배치설계 권리자에게 합리적인 보수를 지불하여야 한다.

다섯째, 강제허가이다. 강제허가를 비자발적 허가라고도 하며 국가주관기관이 법률규정에 따라 배치설계권자의 허락없이 직접 사용허가를 발급하는 제도를 말한다. 이는 배치설계권에 대한 일종의 중요한 제한이다. 미국 등 국가는 특허권, 저작권이 강제허가를 실행하는 것을 반대하므로 미국 및 대다수 공업이 발달한 국가에서는 배치설계권에 대한 강제허가를 규정하고 있지 않으며 단지 소수 국가만 이러한 제도를 규정하였다. 「워싱턴협약」에서는 강제허가에 대하여 구체적으로 규정하고 있다. 즉 어떠한 체결국이든 입법 중에 있어 행정 또는 사법기관이 통상적이지 않은 정황 하에서 제3자가 상업관례에 따른 노력을 거쳤지만 권리소지자의 허락을 얻지 못하고 또한 권리자의 허락없이 제6조 제3항 제1목에서 정한 임의의 행위를 행할 수 없는 경우에 대하여 비독점 허가(비자발적 허가)를 부여할 수 있으며 해당 주관기관은 비자발적 허가의 부여가 국가의 중대한 이익을 보호 유지하는데 필요한 것이라고 인정한다. 해당 비자발적 허가는 단지 해당 국가 내에서만 실시할 수 있으며 제3자는 권리소지자에게 공정한 보상을 지불하는 것이 그 조건이다. 「지식재산권협정」은 배치설계의 강제허가에 대하여 엄격한 조건으로 제한하였으며 특허권의 강제허가 규정과 같은 점이 있다. 이는 각국이 배치설계권에 강제허가를 적용함에 있어서 일종의 엄격한 제한이라고 할 수 있다. 다시 말하면 이는 권리제한에 대한 역제한이다. 중국 「조례」는 강제허가에 대하여 구체적으로 규정하고 있으며 주로 비자발적 허가증 발급의 조건, 절차, 보수 등 내용이 포함된다.

4. 배치설계권에서의 사적 권리 가치 및 정책방향

집적회로 배치설계는 신기술혁명의 산물이기도 하고 지식재산권체계의 새로운 구성원이기도 하다. 무형재산권체계에서 배치설계권은 현대 각국에서 제일 늦게 입법한 특별법이기도 하지만 지식재산권 통합화 과정이 제일 신속히 진행된 국제법이기도 하다.[95] 입법적 측면에서 보면, 배치설계권은 법률제도에 대한 혁신의 결과물이다. 전통적인 무형재산권체계에서 사람들은 습관적으로 지식재산권을 산업재산권 및 저작권으로 크게 구분하며 양자는 권리의 주체, 객체, 내용, 취득, 보호 등의 내용에서 큰 차이점이 존재한다. 배치설계권의 출현은 양자를 유기적으로 결부시켜 "산업저작권"이라는 새로운 제도를 탄생시켰다. 일부 학자는 이러한 새로운 제도는 전통적인 지식재산권의 법률체계를 보완하였으며 지식재산권에 대한 전반적인 보호가 더욱 과학적이고 합리적으로 되도록 하였다고 평가하였다.[96]

배치설계권의 제도적 혁신을 긍정하는 한편, 그의 입법적 동기 즉 법률 제정배경의 제도적 수요를 분석할 필요가 있다. 배치설계는 원래 마이크로 전자공업의 발전 과정 중의 기술적 산물이며 이를 민사적용범위에 포함시켜 이로 인하여 권리의무관계가 발생하게 되며 또한 이를 토대로 일종의 사적 권리가 발생하게 된다. 이러한 사적 권리의 속성에 대한 정의는 한 나라의 무형재산권 입법영역에 대한 정적 고찰의 결과이다. 우리는 배치설계 보호에 대한 법정화 및 국제화의 과정에 있어서 동적 고찰을 진행할 필요가 있으며 "이익 위에서 법률을 해독하고 법률 하에서 이익을 탐구하며"[97] 이로써 배치설계권의 사적 권리 가치 및 정책도구의 속성에 대하여 전반적으로 인식하여야 한다.

배치설계권제도는 발생한 후부터 현재까지 단지 30년 미만의 역사를 갖고 있으나 집적회로 산업의 흥성 및 국제정보산업 구조의 형성에 대하여 중요한 영향을 미쳤다. 이와 관련하여 필자는 아래 세 단계로부터 간단한 분석을 하고자 한다.

가. 특허법에서 특별법으로: 산업이익의 사적 권리화

관련 자료에 의하면 미국 텍사스 기기회사인 잭 킬비(Jack kilby)는 1958년에 최초

---

95) 통상적으로 미국의 1984년 "반도체 칩 보호법"을 세계 최초의 배치설계 관련 전문법으로 보았다. 6년이 지난 후, 워싱턴에서 "집적회로에 관한 지식재산권협약"을 체결하였고 그 후 "지식재산권협정"의 시행을 통하여 "워싱턴협약"으로 하여금 세계무역기구의 모든 체결국에서 실제로 집행되게 하였다. 무형재산권제도의 역사를 보면, 근대 국가는 일찍 17, 18세기부터 잇따라 특허법 및 저작권법을 제정하였지만 19세기 하반기에 이르러서야 1883년 "파리협약", 1886년 "베른협약"을 통과시켜 특허 및 저작권 보호의 국제화 과정을 개시하였다. 국내법으로부터 국제법까지의 과정은 한세기 넘게 걸렸다.

96) 董炳和:《集成电路布图设计的法律保护及其影响》, 载《烟台大学学报》(哲学社会科学版), 1997(2)。

97) 肖志远:《知识产权权利属性研究》, 108页, 北京, 北京大学出版社, 2009。

로 집적회로기술을 발명하였으며 1959년 로버트 노이스(Robert noyce)는 더 발전된 새로운 집적회로를 발명하는 것에 성공하였다. 기나긴 10년간의 소송을 거쳐, 1969년 미국의 관세 및 특허법원은 양자가 집적회로의 특허권을 공유하는 것으로 판결하였다. 여기서 볼 수 있듯이 직접회로 산업의 발전초기에 법률의 적용범위에 포함되는 것은 개괄적인 것으로서 최종 제품형태의 집적회로기술을 말하고 아직 배치설계 자체는 포함하지 않고 있었으며, 특허법만이 법률적 보호를 제공하고 있었다. 20세기의 60년대 대규모의 집적회로 시대에 진입한 후부터 최종 전자상품은 기본적으로 집적회로를 통하여 디자인된 것이다. 이러한 상황 하에서, 경쟁상대보다 우선적으로 시장에 진입함으로 하부 스트림제품을 선두기업의 제품설계 상에 "고정"시킬 수 있어 사용자에 대하여 비교적 높은 전환원가가 발생하게 된다. 미국의 집적회로 설계업은 20세기의 70년대부터 시작되었으며 그 후 점차 세계의 선두적 위치를 차지하게 되었다. 전통적인 저작권법 및 특허법은 배치설계에 대하여 충분하고 효과적인 보호를 제공할 수 없음으로 인하여 일본의 역설계 및 불법복제 등 현상을 제지할 수 없었다. 집적회로 산업계의 압박 및 추진하에 미국은 1984년「반도체칩에 대한 보호법」을 공포하였다. 미국법에서 배치설계를 "마스크 저작물(mask work)"로 표현하였지만 저작권 저작물과는 달리 자동으로 보호받는 것은 아니다. 배치설계는 기술제품이지만 특허에 대한 보호와는 달리 어떠한 기술사상, 공예 및 조작방법 등과는 무관하다.「반도체칩에 대한 보호법」은 집적회로산업에 적용되는 산업입법이자 집적회로산업계를 보호하는 권리입법이다.

나. 국내법에서 국제법으로: 사적 권리제도의 통합화

미국법은 배치설계에 대한 지식재산권 입법의 선례를 개시하였으며 그 후 각국의 입법 특히 집적회로 보호제도의 국제화 발전에 대하여 중요한 촉진적 및 시범적 역할을 하였다.[98] 바로 미국의 이러한 추진하에 1985년 일본은「반도체 집적회로 배치에 관한 법률」을, 1986년 유럽은「반도체칩 상품의 토픽도면 보호에 관한 위원회 지침」을 공포하였다. 지침에 따라 스위스는 같은 해에, 영국은 1987년에 연이어

98) 乔德喜:《试论集成电路的知识产权保护》, 载郑成思主编:《知识产权研究》, 第3卷, 北京, 中国方正出版社, 1997。

특별법을 공포하였다. 한 국가의 범위 내에서 실행되는 배치설계권 보호법은 부여한 전용권이 본국 영토 범위 내에서만 유효하며 국외에서 보호를 받으려면 호혜원칙에 따를 수밖에 없다. 집적회로상품의 국외에서의 지식재산권 문제를 해결하는 유일한 방식은 국제보호제도를 설립하는 것이다. 1983년 세계지식재산권기구는 체결국전문가위원회 회의를 개최하여 집적회로 보호를 테마로 전문적으로 검토하였다. 4년간의 준비를 거쳐[99] 세계지식재산권기구는 워싱턴에서 「집적회로에 관한 지식재산권에 관한 협약」을 통과시켰다. 본 협약의 내용을 보면, 「워싱턴협약」은 미국, 일본 및 유럽의 상기 법률제정에 대한 답변이지만 이러한 국가 및 지역의 법률규정과는 다르다. 구체적으로 이들의 차이점을 살펴보면, 보호조건 방면에 있어서, 독창성을 규정하였는데, 즉 보호받는 배치설계는 "비통상적 설계"이고 법률형식 방면에 있어, 저작권법, 특허법, 산업디자인법 또는 부정경쟁방지법 등 형식 또는 특별법 형식을 선택하여 배치설계를 보호할 수 있고; 보호범위를 보면, 배치설계 및 배치설계를 포함한 집적회로에 국한되며; 보호기간을 보면, 8년이란 하한의 시간을 규정하였다. 「워싱턴협약」은 선진국과 개발도상국이 상호 타협한 산물이라고 할 수 있으며 미국 등 나라의 이익요구를 완전히 충족하지 못함으로 인하여 일부 선진국이 협약에 서명하는 것을 거절하는 중요한 요인이 되기도 하였다.[100]

다. 「워싱턴협약」에서 「지식재산권협정」으로: 사적 권리보호에 대한 고수준화

「지식재산권협정」의 배치설계권 보호에 대한 규정은 「워싱턴협약」을 토대로 한 것이지만 이에 대하여 중요한 변경을 하였다. 모종의 의미에서 보면, 이러한 변경은 미국 등 선진국이 고수준의 법적 보호를 요구하는 주장을 충족하였다고 할 수 있다. 구체적으로 아래 내용이 포함된다. 첫째, 보호범위이다. 배치설계권의 효력은 배치설계 및 배치설계를 포함한 집적회로라는 이 두 가지에만 한하지 않으며 배치설계를 포함한 집적회로가 설치된 제품에까지 확장된다. 이는 「워싱턴협약」의 권리효력

---

99) 전문가위원회 회의 및 외교회의 상황에 대하여, 俞思钰:《集成电路法律保护制度》, 载郑胜利主编:《北大知识产权评议》(第1卷) 北京, 法律出版社, 2002 참조.

100) 肖志远:《知识产权权利属性研究》, 141页, 北京, 北京大学出版社, 2009。

범위와는 명확하게 구별된다. 둘째, 권리내용이다. 배치설계의 복제권 및 상업적 이용권을 제외하고 수입권 및 판매권도 규정하여 「워싱턴협약」의 권리내용 범위를 확장하였다. 셋째, 강제허가 제한이다. 강제허가는 원래 전용권에 대한 제한이며 강제허가에 대한 제한은 전용권 제한에 대한 역제한이다. 「지식재산권협정」은 「워싱턴협약」의 관련 조항을 채택하지 않고 "조건이 대단히 엄격하고 완전한 특허강제허가조항"을 적용할 것을 강조하였다.[101] 이는 집적회로산업이 발달한 국가에 유리한 것은 확실하다. 넷째, 보호기간이다. 「지식재산권협정」은 보호기간을 등록조건과 서로 연결시켜 만약 체결국이 등록제를 실행할 경우, 등록신청일 또는 최초 상업적으로 투입일로부터 10년 내에 유효하며 비등록제를 실행할 경우, 최초 상업투입일부터 10년 내에 유효하다. 이러한 규정은 「워싱턴협약」의 규정보다 훨씬 강행적이고 구체적이며 보호기간이 더욱 길다.

집적회로 산업은 현대의 국제기술 및 경제경쟁의 전략적 감제고지일 뿐만 아니라 각국 장래의 "지구의 적(籍)"에 영향을 미치는 기본적인 요인이기도 하다. 만약 석유를 근대공업의 혈액으로 본다면, 작디작은 칩(집적회로)은 현대 및 초현대의 공업과 생활의 어떠한 "모체"로 볼 수 있다. 이러한 칩은 한 국가의 고부가가치의 수익의 원천이고 종합국력의 기반이기도 하다.[102] 배치설계권제도의 형성 및 발전의 동력은 주로 선진국이 자신의 기술적 우위와 산업적 이익을 보호하는 정책적 입장 및 전략적 목표에서 비롯된다. 배치설계권은 일종의 사적 무형재산권이지만 이러한 사적 권리의 배후로부터 무형재산권의 사적 권리중심원칙을 초월한 정책적 도구의 속성을 볼 수 있다.

---

101) 乔德喜:《试论集成电路的知识产权保护》, 载郑成思主编:《知识产权研究》(第3卷), 北京, 中国方正出版社, 1997。

102) 陈昌柏:《集成电路芯片侵权问题研究》, 载中国专利局条法部编:《集成电路与植物品种保护专辑》北京, 专利文献出版社, 1996。

제15장 영업비밀권

영업비밀은 일종의 무형적인 정보재산이다. 정보사회에서 정보는 생산경영의 중요한 수단이자 중요한 대상이기도 하며, 정보산업은 현대사회의 지주산업으로 성장하였다. 정보혁명은 정보의 재산화 및 정보재산의 권리화를 가져다 주었는데, 기술정보 및 경영정보를 대상으로 한 영업비밀권은 법률제도의 변혁의 결과이다. 무형재산권체계에서 영업비밀권은 전통적인 저작권, 특허권, 상표권과 달리, 일종의 상대적인 독점성, 지역성 및 시간성을 갖는, 객체가 비공개적인 "정보재산권"이다.

1. 영업비밀 보호의 이론 토대

통상적으로, 영업비밀 관련 법률제도는 영미법계의 사법실무로부터 발전하여 대륙법계 국가가 이를 참조한 것으로 보인다. 융통성있는 판례법의 깊은 영향 나아가 영업비밀에 대한 개념 자체가 무제한적인 포용성을 갖고 있으므로 영업비밀 관련 법률제도에 대한 학술이론의 확립은 대단히 어려워 보인다. 현재까지 영업비밀제도에 대한 통일적이고 권위적인 이론이 아직 존재하지 않는다.[103]

이론의 발전은 제도의 변천과 동반하게 된다. "법외이익(法外利益)"의 자아보호로부터 "법익"에 대한 특별법 보호, 나아가 "재산권"인 지식재산권 보호로까지 발전하게 되었다. 영업비밀제도의 역사적 발전에 따라 이에 대한 제도적 구상의 사상토대도 계약이론으로부터 권리침해이론으로, 다시 재산권 이론으로 발전하는 과정을 거쳤다.

103) 唐昭红:《商业秘密研究》, 载梁慧星主编:《民商法论丛》, 第6卷, 738页, 北京, 法律出版社, 1997。

가. 계약이론

대륙법계에서든 영미법계에서든 초기의 영업비밀보호에 대한 이론은 대체로 "계약이론"(the contract theory)을 토대로 하였다. 그 당시의 학계와 법조계에서는 비록 영업비밀의 재산적 성질을 승인하였지만 이를 절대권 및 소유권과 같은 지배권의 범주에 포함시키지 않고, 인권 및 채권과 같은 상대권의 대상으로 간주하였다.

대륙법계 국가는 계약이론을 통하여 영업비밀 보호에 대한 사상토대를 구축할 것을 강조하였고 특히 명시적 서면계약의 사법실무에서의 역할을 중시하였다. 전형적인 영업비밀 관련 소송은 통상 서면계약의 제시 및 계약내용에 의하여 사건의 판결결과가 결정된다. 명시적 서면계약 외에, 미국은 보통법의 사법실무에서 사실상의 묵시계약의 개념을 확립하였다. 즉 쌍방당사자가 묵시적으로 동의한 객관적 사실을 증명할 수 있다면 당사자 사이에 영업비밀의 사용을 제한하는 계약이 존재하는 것으로 추정할 수 있다. 사실상의 묵시개념의 발생은, 영업비밀 보호에 대한 계약이론으로 하여금 기존의 반드시 명시계약이여야 한다는 제한성을 타파하고, 영업비밀 권리자가 명시적 계약이 없거나 명시계약에 분쟁이 존재하는 경우, 사실상 묵시계약에 의하여 법적 보호를 청구할 시 명시계약에서든 묵시계약에서든 모두 영업비밀의 사용시간 및 범위를 한정하였다. 오직 상대방이 이러한 사용시간 또는 범위를 초월할 경우에만 위약으로 간주할 수 있다. 보다시피 이러한 보호체제는 지나치게 묵시 또는 명시의 계약관계에 의존하므로 그의 보호효력은 제한적이다.

상기 폐단에 근거하여, 미국 보통법은 "준계약"(quisi contract) 또는 "법률상의 묵시계약"(the contract implied in law)이론을 신설하였다. 사실상의 묵시계약과 달리, 묵시로 동의한 사실이 존재함을 증명함으로써 계약관계가 존재하는 것을 추정할 필요가 없으며 영업비밀에 대한 보호의 필요성에 의하여 특정된 계약관계를 법률적으로 의제한 것이다. 이러한 법률규정에 의한 묵시의무에는 특허대리인이 특허출원인에 대한 비밀유지의무, 고용인이 고용주에 대한 비밀유지의무 등이 포함된다.[104] 법률은 충실의무를 영업비밀소유권자의 상대방에게 부담하게 하였으며 이러한 충실의무는 해당 고용관계 또는 기타 비밀유지관계가 종료된 후에도 여전히 존재하게 하였다.

---

104) 张玉瑞:《商业秘密法学》, 北京, 中国法制出版社, 1999。

명시계약부터 사실상의 묵시계약으로, 다시 법률상의 묵시계약까지 영업비밀 보호에 대한 구속력은 권리자 및 상대자 사이에서 적용된다. 이와 관련하여 세계지식재산권기구의 「부정경쟁방지 보호에 관한 시범적 규정(해석)」에서는 계약이론에 대하여 다음과 같이 명확하게 해석하였다. "비밀정보와 관련된 계약성 의무는 구두 또는 서면계약을 통하여 명시할 수 있으며, 전형적인 경우는 고용주와 고용인 사이의 계약에 명시하거나 명시계약이 없을 경우 고용관계에 의하여 추정할 수 있다. 이러한 관계는 상업파트너 사이 또는 고용주와 도급자 사이에도 역시 존재한다." 계약이론으로부터 알 수 있는 바와 같이 영업비밀보유자가 주장하는 것은 상대권(對人權)이다. 즉 영업비밀보호제도가 지칭하는 것은 상대방의 충실의무이다. 1831년 영국의 대법관 Vice가 Morision vs. Moot 사건에서 지적한 바와 같이 원고가 해당 지침을 통하여 특허권보다 더욱 많은 이익을 획득하였는지 여부에 대하여 아직 불확실하지만 확신할 수 있는 것은 원고는 절대권이 아닌 상대권을 획득한 사실이다.[105)]

이로부터 알 수 있듯이, 영업비밀 보호의 계약이론은 명확한 제한성이 있으며, 법률상의 묵시적 계약이라 하더라도 그 무기한의 충실의무로 명시적 계약 또는 사실상의 묵시적 계약의 제한적인 비밀유지의무를 대체함으로써, 비밀유지의무는 고용관계 또는 기타 비밀유지관계의 상대방이 반드시 준수해야 할 일종의 강제적 의무가 되었다. 이에 따라 계약이론의 적용범위가 확장되었고 영업비밀의 보호강도도 강화되었다. 그러나 계약이론에 따라서는 제3자의 영업비밀 침해의 불법행위에 대항할 수 없다. 제3자는 명시적 또는 묵시적 계약의무가 없으나, 부당한 수단을 취하여 타인의 영업비밀을 사용하였는데, 이러한 종류의 행위를 어떻게 처리할 것인가? 계약이론은 이에 대해 분명히 해결할 방법이 없는 것이다.

나. 권리침해이론 및 부정경쟁이론

권리침해이론은 "비밀관계를 침해하는 침해행위이론"(the breach of confidence theory of tort liability)을 말하며, 이는 미국의 영업비밀 관련 법률에서 한동안 성행했던 이론

105) Melvin F. Jager, Trade Secrets Law, Clark Boardman Company, ltd., 1985.

이다. 해당 이론에 근거하면 영업비밀을 누설하거나 이용하여 비밀관계를 침해하는 행위는 일종의 권리침해행위이며 침해자는 책임을 부담하여야 한다. 1917년 미국연방대법원에서, E. I. Du pontde Nemours 화약회사가 Masland를 제소한 사건을 심리할 당시 본 이론을 제창하고 발전시켰다. 대법관 홈스(Holmes)는 "상표 또는 영업비밀에 사용되는 '재산'이란 용어는 단지 법률이 원시적인 사실인 신용성실원칙이라는 기본적인 요건이 어떠한 종속된 결과에 대한 간단한 표현이며 원고가 어떠한 가치있는 비밀에 대한 보유 여부를 불문하고 피고는 자신이 획득한 특별한 신뢰를 통하여 사실관계를 조사할 수 있으며 이러한 사실이 어떠하든 불문하고 재산권은 부인될 수 있지만 그 신용은 부정할 수 없다." "우선 확인하여야 할 것은, 피고는 원고가 부여한 신임을 거짓으로 남용해서는 아니되며 이는 비밀유지관계에서 자주 나타나는 사건이다."[106] 1939년 미국「불법행위법(Restatement of Torts)」에서는 "비밀관계를 침해하는 불법행위이론"을 일부 받아들였다. 본 법 제757절 규정에 따르면 타인이 그를 신뢰함으로 인하여 그에게 공개한 영업비밀을 누설하거나 사용하여 신용을 상실하게 될 경우 그 타인에게 책임을 져야 한다. 상술한 바를 종합하면, 권리침해이론은 정보의 재산적 속성, 정보의 보호범위 등 문제를 특별히 중요시하지 않으며 당사자 사이의 영업비밀관계에 더 주목하고 관심을 갖는다. 다시 말하면, 당해 이론은 계약상 비밀유지의무의 약정 여부에 근거하지 않고 심지어 영업비밀의 존재 여부에도 의하지 않는 반면 비밀정보를 유지하는 법률책임의 존재 여부만을 고찰한다.

비교하여 보면, 권리침해이론 및 계약이론 모두 비밀관계의 존재를 전제로 하며, 특히 법률상의 묵시계약에서 무기한의 충실의무와 비밀유지관계에 대한 권리침해행위 모두 신뢰관계를 남용함으로 인하여 관련 책임이 발생하게 되는데 이와 관련하여 양자 모두 상호 상통하거나 유사한 점이 있다. 그러나 상기 두 이론에 의하여 영업비밀을 보호한 법적 결과는 서로 다르다. 이는 권리침해책임이 위약책임보다 비밀관계를 침해한 행위에 대한 제재가 더욱 강력한데, 금지명령을 통한 보호와 배상책임을 제외하고 행위자에 대하여 벌금을 가할 수도 있다.

권리침해이론과 관련된 "부정경쟁방지이론"(thecountering unfair competition of theory)

---

106) 转引自唐昭红:《商业秘密研究》, 载梁慧星主编:《民商法论丛》, 第6卷, 728页, 北京, 法律出版社, 1997。

은 대륙법계 국가에서 영업비밀에 대한 보호와 관련하여 상당한 기간 동안 채택한 하나의 학설이다. 예를 들면, 독일은 영업비밀에 대한 보호를 부정경쟁방지법에서 규정하고 있으며 그 입법목적은 기업의 경쟁을 목적으로 한 부정경쟁행위를 방지하고 경쟁질서를 유지하기 위함이다. 일본은 부정경쟁방지법 수정안에서 영업비밀 보호를 추가 규정하였으며 그 입법목적은 부당한 경쟁을 방지하고 공정한 경쟁질서를 유지하기 위함이다.[107] 영업비밀 보호제도 관련 학설이론에서 독일, 일본법의 부정경쟁방지이론과 미국법의 권리침해이론은 서로 상통한 점이 있다. 즉 영업비밀 침해행위에 대하여 권리침해책임을 부담하도록 제재를 가한 것이다. 두 이론의 차이점은 대륙법계 부정경쟁방지이론은 허가없이 공개적으로 타인의 영업비밀을 사용하는 행위는 정상적인 경쟁질서를 침해하였다고 인정하였다. 영업비밀에 대하여 부정경쟁방지권으로 보호하는 착안점은 개개인의 경쟁자의 이익을 보호할 뿐만 아니라 사회의 전체적인 이익도 보호하고자 하는 것이다. 이는 권리침해이론에서 지나치게 비밀관계를 근거로 하여 발생한 제한성 문제를 해결함으로써 적용범위를 확장하였다.

다. 재산권 이론

20세기 50년대 "재산권 이론"(the property)이 확립되기 시작한 후, 동 이론은 점차 국제사회에서 영업비밀 보호 관련 주류학설이 되었다. 해당 이론은 영업비밀에 대하여 재산권의 형태를 부여하여 법적 보호를 제공하였다. 영업비밀권은 더 이상 계약법 또는 권리침해법이 보호하는 법익이 아니라 법률에서 인정하는 "무형재산권"(intangible property) 또는 "지식재산권"(intellectual property)이 되었다. 재산권 이론은 영미법계 형평법의 법률실무에서 거의 한 세기 넘게 지속하여 적용되어 왔으며, 사법판례는 영업비밀의 재산속성에 대하여 명확하게 해석하고 있다. 1868년 미국의 Peabody vs. Norfolk 사건의 판결문에서 "제작공예 관련 발명 또는 발견에 대하여, 특허권의 보호대상에 해당하는지 여부를 막론하고 권리자는 이에 대하여 비밀을 유지할 경우, 이러한 비밀유지행위는 공중에 대하여 또는 선의로 지식을 획득한

107) 徐玉玲:《营业秘密的保护》, 3页, 台北, 三民书局, 1993。

자에 대하여 당연히 독점권이 없지만 필경 권리자의 특정재산으로서 형평법법원(Court of Equity)은 타인이 계약 또는 비밀의무를 위반하여 무단으로 사용하거나 제3자에게 누설하는 행위를 금지한다."고 판시하였다.[108] 그후, 1897년 U.S. vs. American Bell Telephone 사건, 1953년 Ferroline Corp. vs. DAF Corp. 사건, 1983년 Ruckelshaus vs. Monsanto Company 사건 등은 모두 영업비밀의 재산적 속성을 인정하였다. 그 중, 어떤 판결에서는 "우리가 처리하고 있는 것은 일종의 지식재산권으로서 사실상 일종의 창작한 지식에 대한 재산권이다."고 명시하였다.[109] 성문법체계를 보면, 1978년 미국의 「통일영업비밀법」, 1981년 영국의 「비밀권리 보호 관련 법안」에서는 영업비밀의 재산권적 지위를 확립하였다. 20세기 60년대에 이르러, 국제상회(ICC)는 우선으로 영업비밀의 재산권적 속성을 지식재산권으로 확정하였다. 1967년 「세계지식재산권기구 설립에 관한 협약」에서는 지식재산권의 각종 유형을 열거하였으며 포괄적 조항에서 "공업, 과학, 문학 또는 예술분야의 모든 지식활동으로 인하여 발생한 기타 권리를 말한다."고 규정하였다. 이는 영업비밀권에 대한 인정이라고 볼 수 있다. 20세기 70년대에 이르러 세계지식재산권기구에서 작성한 각종 지식재산권 시범법에서는 모두 영업비밀 법률제도를 규정하였다. 20세기 90년대에 세계무역기구의 「지식재산권협정」에서는 영업비밀을 "미공개정보"로 정의하여 정식으로 지식재산권체계에 포함시켰다.

영업비밀에 대하여 재산권적 보호를 제공하는 것은 비록 각국의 보편적인 제도가 되었지만 이러한 재산권 이론은 대륙법계의 전통적인 물권 이론과 서로 모순되는 점이 존재한다. 이와 관련된 문제점은 다음과 같다. 첫째, 영업비밀권의 배타성 문제이다. 재산권이라 함은 유형재산 소유권이든 무형재산 소유권이든 모두 배타성의 법률적 특징을 띄며, "일물일권(一物一權)"의 기본원칙을 실행한다. 그러나 영업비밀 분야에서 다수 주체가 동일한 기술정보 또는 경영정보를 보유할 가능성이 있어 다수 영업비밀권이 공존하는 상황이 발생하고 있다. 즉 재산권의 배타성 결여문제가 존재한다. 영업비밀 보호 관련 재산권 이론은 유체물의 소유권 이론에만 국한되어서는 안 된다는 점을 인식하여야 한다. 정보재산은 유형재산과 달리, 절대적인 점유지배를 할 수 않으며 점유를 쉽게 상실할 수 있는 특징을 갖고 있다. 법률은 영업비

108) Peabody v. Norfolk 98 Mass452(1868).

109) Ferroline Corp. v. DAF Corp., 207 F. 2D912(7th cir. 1953).

밀에 대하여 재산권을 부여하였고 영업비밀제도는 선점원칙을 토대로 하며, 정보의 생산투자에 대한 장려를 목적으로 한, 정보사회의 일종의 제도적 설계이다.[110] 사실상, 독점성의 속성은 상대적인 것으로서 기타 지식재산권 분야에서도 다소 존재하고 있다. 예를 들면 동일한 발명에 대하여 하나 또는 다수의 발명가가 여러 국가에서 특허출원을 하여 각자 권리를 취득할 수 있으며, 동일한 상표에 대하여 서로 다른 주체가 비유사상품에 대하여 상표등록을 동시에 받을 수 있다. 현대의 영업비밀제도 나아가 모든 지식재산권 관련 법률은 전통적인 물권제도 변혁에 대한 이론적 혁신과 제도적 혁신의 결과라고 할 수 있다. 둘째, 영업비밀권의 공시문제이다. 모두 알다시피, 거래안전을 보호하고 물권의 배타성 요건을 충족하기 위하여 물권의 변동은 반드시 공시하여야 한다. 즉 동산물권의 공시방식은 교부 및 점유이며, 부동산물권의 공시방식은 등록이다. 무형재산권 및 유형재산 소유권은 모두 절대권으로서 권리의 변동은 반드시 일정한 방식으로 공시하여야 한다. 예를 들면 특허권, 상표권은 비록 전통적인 변동 관련 공시방식을 실행할 필요가 없지만, 이를 양도하거나 허가할 시 등록하여야 한다. 그러나 영업비밀의 재산권화는 비밀성을 띈 기술정보의 재산권화를 말하며, 재산권 변동은 반드시 등록하여야 하는 것은 아니다. 무형재산 또는 지식재산체계에서 영업비밀이 보호하는 기술정보만이 비록 재산적 속성을 갖지만 공개성의 특징이 없으며, 오히려 법률에서는 당해 정보의 비밀성의 요건을 규정하였다. 따라서 권리변동에 대한 공시는 영업비밀 보호분야에서는 일종의 예외로 간주되지만, 이로 인하여 영업비밀의 재산권 속성을 부인하기에는 역부족이다.

2. 영업비밀의 개념 및 구성요건

가. 미공개정보: 영업비밀의 개념

각국 법률문건에서 영업비밀 개념에 대한 서술은 대체로 두 가지 내용이 포함된다. 첫째는 보호대상으로서의 정보가 구비하여야 할 내재적 본질특징(내적 의미)이

110) [美] 罗伯特 · 考特、托马斯 · 尤伦: 《法和经济学》, 张军译, 185页, 上海, 上海三联书店, 1991。

고, 둘째는 영업비밀로서의 정보의 종류 또는 형식(외적 범위)이다. 전자에 대하여 통상 개괄적으로 규정하고 있고, 후자에 대하여 통상 열거식으로 규정하고 있다. 비록 각국 법률은 표현상 다소 차이점이 존재하지만 기본적인 속성 및 분류에서 별로 큰 차이점이 없다.

1939년 미국의 「불법행위법(Restatement of Torts)」에서는 최초로 열거방식으로 영업비밀의 개념을 서술하였다. 본 법 제757조에서는 "영업비밀의 정의는 다음과 같다. 하나의 영업비밀에는 어떠한 제조방법, 양식 또는 어떠한 정보의 편집제품이 포함될 수 있으며, 이러한 것이 상거래에서 사용되고 그 사용으로 인하여 사용자에게 기회를 제공하며 해당 영업비밀을 알지 못하거나 사용하지 못하는 경쟁상대에 비해 우위적 지위를 취득하게 할 수 있다. 영업비밀은 일종의 화학혼합물의 제조방법, 일종의 자료에 대한 가공, 처리 및 저장공예, 일종의 기계 및 기타 장치의 양식 그리고 하나의 고객명부가 될 수도 있다."고 규정하였다. 미국은 1979년 「통일영업비밀법」 제1조 제4항에서 "유와 종의 차이(屬加種差)"[111]의 방식으로 영업비밀을 정의하였다. 본 조의 구체적인 내용은 다음과 같다. " '영업비밀'은 특정정보를 의미하며 제조방법, 양식, 편집제품, 프로세스, 디자인, 방법, 기술 및 공예 등이 포함된다. 그 중에서 ① 정보에 대한 공개 또는 사용으로부터 경제가치를 획득한 타인에 의하여 알지 못하거나, 정당한 수단을 이용하지 않았음에도 이미 확정할 수 있으므로 이는 실제 또는 잠재적인 경제가치가 있다. 또한 ② 특정의 경우, 비밀유지를 위한 합리적인 노력을 한 대상을 말한다." 1994년 「지식재산권협정」 제39조의 "미공개정보에 대한 보호" 중에서 특별히 규정하기를 자연인과 법인은 타인이 자신의 동의를 거치지 않고 신의성실원칙을 위배한 방식을 통하여 자신이 합법적으로 지배한 정보를 누설, 획득 및 사용하는 것을 방지할 수 있어야 하며, 이러한 정보가 아래 의미를 갖기만 하면 비밀에 해당된다. 즉 전부 또는 일부의 구체적인 구조나 조합으로서 이러한 정보를 흔히 접하는 자들이 보편적으로 알고 있거나 쉽게 획득할 수 있는

111) 属加种差(per genus et differentiam)란 유(類)와 종(種)의 차이에 의한 정의라고도 칭한다. 물적 정의에서 내포적 정의의 한 유형이다. 이 정의는 정의되는 항이 속하는 유(genus)를 먼저 밝히고 난 다음에, 이 유개념에 속하는 다른 많은 사물들로부터 정의되는 항을 구별시켜 주는 속성을 기술하는 정의이다. 이러한 속성을 전통적으로 종차(differentiam)라고 부른다. 이 정의는 모든 정의방식 가운데 가장 논리적인 정의방식이라고 할 수 있다.(http://cafe.naver.com/lawschoolgo/116 참조. ― 역자 주.

것이 아닌 비밀에 해당하므로 상업적 가치가 있고 해당 정보를 합법적으로 지배하고 있는 자가 구체적인 상황에 따라 합리적인 비밀보호조치를 취한 경우이다.

중국에서 영업비밀권은 하나의 중요한 지식재산권이다. 2017년 11월 4월 통과하여 2018년 1월 1일부터 시행하는「부정경쟁방지법」제9조 제3항에서는 영업비밀을 다음과 같이 개괄하여 정의하였다. "본 조에서 말하는 영업비밀이라 함은 공중에게 널리 알려지지 않는, 상업적 가치가 있고 권리자에 의하여 보호조치를 취한 기술정보 및 경영정보를 말한다." 1998년 국가공상행정관리국에서 공포한「영업비밀 침해행위 금지에 대한 약간의 규정」제2조에서는「부정경쟁방지법」에서 규정한 영업비밀의 정의에 대하여 더욱 구체적으로 해석하였다. 기술정보 및 경영정보에는 디자인, 프로세스, 제품배합방법, 제작공예, 제작방식, 관리노하우, 고객명부, 물품구매정보, 제품판매전략, 경쟁입찰에서 최저입찰가격 및 입찰서 등 내용이 포함된다고 규정하였다.

상기 입법문서의 관련 규정에 근거하여, 영업비밀에는 디자인, 프로세스, 제품배합방법, 제작공예, 제작방식, 관리노하우, 고객명부, 제품판매전략 등 기술 및 영업정보가 포함된다는 것을 알 수 있다.

나. 구성요건: 법률에서 규정한 영업비밀

「지식재산권협정」규정에 따르면, 영업비밀로서 보호되는 정보는 아래 요건을 구비하여야 한다. ① 어떠한 의미적으로 보면, 비밀에 해당되어야 한다. 구체적으로 말하면 해당 정보가 전부 또는 일부 내용의 구성부분으로서 같은 정보분야의 업무종사자가 보편적으로 이해하거나 쉽게 얻을 수 있는 것이 아니어야 한다. ② 비밀정보에 해당함으로서 실용가치가 있어야 한다. ③ 해당 정보의 합법적인 지배자가 비밀유지를 위하여 이미 합리적인 조치를 취한 경우여야 한다.[112] 이에 대하여 구체적으로 분석하면 다음과 같다.

(1) 비공개성

비공개성은 영업비밀의 핵심적인 요건이다. "법률이 영업비밀에 대한 유일하면서

112)《关贸总协定与世界贸易组织中的知识产权协定》, 郑成思译, 28页, 北京, 学习出版社, 1994。

제일 중요한 요건은 바로 해당 영업비밀이 사실상 비밀이여야 한다는 것이다."[113] 중국의 「부정경쟁방지법」은 영업비밀의 비공개성에 대하여 "공중에게 널리 알려지지 않은 것"으로 표현하였으며, 국가공상행정관리국의 「영업비밀 침해행위 금지에 대한 약간의 규정」(수정)에서는 "공중에게 널리 알려지지 않은 것"에 대하여 "해당 정보를 공개적인 방법으로 직접 획득할 수 없는 것"으로 해석하였다. 「지식재산권 협정」 제7절에서는 "비공개정보"에 대한 보호를 규정하면서, 이에 대하여 다음과 같이 해석하였다. "전부 또는 일부 구성요소나 조합으로서 어떠한 의미에서 보면 비밀에 해당되어 정보와 관련된 범위의 사람들에게 널리 알려지거나 쉽게 획득할 수 없는 것을 말한다." 상기 규정에 따라서 다음과 같은 내용을 알 수 있다. 법률에서 말하는 영업비밀이라 함은 일종의 절대적 비밀이 아닌 상대적 비밀이다. "공중"과 "공개적인 방법"은 단지 권리자의 생산경영과 관련된 업종에 한할 뿐 모든 업종을 말하는 것이 아니다. 특정정보가 "해당 정보의 응용분야의 사람들에게 널리 알려지지만 않았다면" 비공개성의 특징을 구비한 것으로 볼 수 있다.[114]

영업비밀의 비공개성은 특허기술의 신규성과 다르다. 비록 양자 모두 관련 정보가 미공개된 공공정보에 한하지만 전자의 경우, 해당 분야에서 관련 정보에 대한 응용 및 이해정도가 보편적이지 않아야 하며, 후자의 경우, 해당 정보가 국내외에서 공개적으로 발표된 적이 없거나 국내에서 공개적으로 사용되거나 기타 방식으로 공중에게 알려지지 않는 것이어야 한다는 것을 강조한다. 즉 공중이 보편적으로 열람하거나 사용하는 것을 조건으로 하지 않는다. 정보의 공개정도를 보면, 영업비밀의 비공개성은 특허기술의 신규성보다 공개성이 낮다.

영업비밀의 비공개성에 대하여 인정할 시, 지역에 대한 판단기준도 특허기술의 신규성과 다르다. 후자는 한 국가(공개사용) 또는 국제적(공개 발표) 지역 범위를 기준으로 하지만 전자의 지역 범위는 법률상 명확한 규정이 없다. 일부 학자는 "영업비밀의 신규성에 대한 지역 범위를 인정할 시 지나치게 엄격하게 규정해서 아니되며 갑지역에서 공개된 기술정보가 을지역의 동종업계에서 공중에게 널리 알려지지 않기만 한다면 을지역의 영업비밀에 해당된다."고 주장하였다.[115] 필자는 영업비밀의

113) Melvin F. Jager, Trade Secrets Law, Clark Boardman Company, ltd., 1985, p.53.

114) 《商业秘密保护法》(送审稿)。转引自张玉敏主编:《知识产权与市场竞争》, 178页, 北京, 法律出版社, 2005。

비공개성에 대한 지역기준과 영업비밀 전유권(專有權)의 독점적 효력은 일치한 것으로서 절대적이 아닌 상대적인 것으로 본다. 영업비밀권은 상대적인 배타성만 있을 뿐, 한 국가의 영토범위 내에서의 독점성을 갖지 못한다. 즉 타인이 합법적인 형식이나 방법을 통하여 자신과 동일한 영업비밀을 사용하는 것을 금지할 수 없다. 영업비밀의 비공개성에 대한 지역기준은, 한 국가의 전체 영토범위가 아닌 특정지역에 한한다는 것이다. 이러한 특정지역의 범위에 대하여 합리적으로 한정하여야 하며 제소법원의 관할지역에 한하여야 한다.

(2) 가 치 성

영업비밀의 속성이라 함은 해당 정보가 실제로 또는 잠재적인 경제가치가 있는 것을 말한다. 이는 영업비밀이 기타 비밀정보와 구별되는 본질적 특징이며, 영업비밀이 기업의 무형재산을 구성하는 중요한 토대이기도 하다.

수많은 저서에서 학자들은 실용성(實用性)을 영업비밀의 구성요건 중의 하나로 보았다. 이러한 이론은 일정한 법적 근거가 있다. 일본의 영업비밀보호제도는 영업비밀이 현실적인 실용성을 갖고 있고 이러한 영업비밀이 경영거래에서 이미 사용되고 있어야 할 것을 요구하였다. 또한 1998년 중국의 국가공상행정총국이 공포한 「영업비밀 침해행위 금지에 대한 약간의 규정」에서는 실용성에 대하여 "확정된 응용가능성"이라고 표현하였다. 상기 법률규정은 영업비밀의 사용 및 전파를 촉진하는 것을 목적으로 하는 한편 잠재적인 사용 또는 잠재적인 가치가 있는 영업비밀을 배제하였다. 「지식재산권협정」 제39조 제2항에서는 영업비밀에 대하여 "비밀에 속하고 상업가치가 있으며 해당 정보에 대한 합법적인 지배자가 이에 대하여 합리적인 보호조치를 취하여 그 비밀성을 유지할 것을" 요구하였으며 실용성에 대한 구성요건을 제외시켰다. 미국의 「통일영업비밀법」에서는 비록 실용성 요건을 규정하였지만, 이에는 현실적인 및 잠재적인 실용성 모두 포함되므로, 미국법이 「지식재산권협정」의 정신에 더욱 가까운 듯하다. 필자는 향후 중국이 영업비밀 보호와 관련하여 법률을 제정할 시 영업비밀에 대하여 실용성을 요구하지 않거나 더 이상 "확정된 응용가능성"을 강조하지 않음으로써 「지식재산권협정」의 규정과 일치시켜야 한다고 본다.

상업상의 가치성은 영업비밀이 개인정보와 서로 구별되는 중요한 기준이다. 영업

---

115) 孔祥俊:《商业秘密保护法原理》, 40页, 北京, 中国法制出版社, 1999。

비밀 및 개인정보 모두 정보의 범주에 해당되며, 영속성 및 유동성 등 기본적인 특징을 갖고 있다. 그러나 영업비밀은 현실적 또는 잠재적 가치성이나 실용성을 필요한 전제로 하나 "절대다수의 개인정보(민감성 개인정보인 프라이버시 제외)는 본인임을 식별할 수 있는 것을 조건"으로 한다.[116] 개인정보는 자연인의 인격적 이익을 표현하지만, 개인정보의 이용으로 인하여 획득한 경제적 이익을 배제하는 것은 아니다. 예를 들면 상업사업자가 고객의 개인정보를 이용하여 영업을 하는 경우이다. 여기서 문제는 개인정보가 법적 보호를 받는 것은 그의 상업상의 가치성을 요건으로 하지 않는다는 점이다.

영업비밀은 국가비밀과도 다르며, 이에 대한 구별기준은 관련된 이익이 서로 다르다는 것이다. 중국의 「국가비밀유지법」의 규정에 따르면, "국가비밀이라 함은 국가의 안전 및 이익과 관련되며, 법정 절차에 따라 확정된, 일정한 시간 내에 일정한 범위의 사람들에 한하여 공개되는 사항을 말한다." 이로부터 알 수 있는 바와 같이, 국가비밀은 공공이익과 관련된 국방건설, 정치, 외교 등 중대한 사항이나 중대한 이익(중대한 경제이익도 포함)이 포함된다. 그러나 이러한 공공이익이 국가비밀에 해당되려면 일정한 절차의 인정을 거쳐야 한다. 반면 영업비밀은 사적 이익과 관련되며, 시장주체가 공상업거래에서 획득한 기술방법 및 경영노하우를 말한다. 따라서 비밀정보에서 영업비밀만이 상업상의 가치성의 특징을 갖는다.

(3) 비밀유지성

영업비밀보유자는 자신의 권리를 주장할 시 정보의 비밀유지성에 대하여 입증할 필요가 있다. 바꾸어 말하면, 정보가 비밀성이 없다면 해당 영업비밀은 법적 보호를 받지 못한다. 비밀유지성이라 함은 권리자가 일정한 조치를 취하여 영업비밀로 하여금 비밀상태를 유지하도록 하는 것을 말한다. 주관적으로 보면, 권리자는 정보를 영업비밀로서 보호할 주관적 의식을 갖고 있으며, 객관적으로 보면, 권리자가 합리적인 보호조치를 취하여야 한다. 해당 비밀유지조치는 합리적인 정도에만 달하면 되고, 비밀절도행위를 방지하기 위한 모든 조치를 필요로 하지 않는다.

통상적으로 말하면, 비밀유지조치에는 비밀유지협의서를 체결하거나 비밀유지제도를 확립하거나 비밀기술장치 또는 설비를 사용하는 등 경우가 포함된다. 여기서

---

116) 乔爱民、李仪:《商业秘密保护法体系化判例研究》, 73页, 武汉, 武汉大学出版社, 2008。

설명할 것은, 정보에 대한 비밀보호는 일종의 절대적인 보호가 아닌 상대적인 보호이며, 핵심은 권리자가 비밀유지의무를 다하였는지 여부이다. 대다수 국가는 영업비밀에 대하여 절대적이고 완전한 비밀성을 요구하지 않는다. 그 원인은 영업비밀에 대한 사용 및 관리 과정에서 일정한 정도의 공개는 피할 수 없으며 "영업비밀은 해당 영업비밀을 사용하는 피고용인에게 고지될 수도 있고 해당 비밀을 유지할 것을 보증한 타인에게 고지될 수도 있기 때문이다."[117] 이에 대하여, 세계무역기구의 「지식재산권협정」에서 비밀성은 "합리적인 조치를 취하여 정보의 비밀성을 유지하는 것"으로 표현하였다. 세계지식재산권기구의 「부정경쟁방지의 보호에 대한 시범성 규정(주석)」에서는 건설적인 실행가능한 견해를 제시하였다. 즉 "정보에 대하여 합리적인 조치를 취하였는지 여부를 확정할 시 권리소지자가 해당 비밀정보를 개발하기 위하여 소모한 정력과 비용, 해당 정보가 그와 그의 경쟁자에 대하여 가지는 가치, 권리소지자가 해당 정보의 비밀유지를 위하여 취한 조치의 범위 및 타인이 합법적으로 해당 정보를 획득할 수 있는 난이도를 고려하여야 한다. 그 외 비밀정보는 문서나 데이터베이스 등 형태로 식별할 수 있어야 한다. 비록 계약체결의 의무가 없지만 권리소지자는 반드시 해당 정보를 비밀정보로 간주할 의도가 있음을 의사표시한 적이 있어야 한다." 각국에서는 비밀유지 조치에 대한 인식이 다소 다르다. 대륙법계 국가는 비밀유지계약서의 역할을 많이 강조하는 편이다. 예를 들면 일본 실무계에서 인정하는 비밀유지조치에는 종업원에게 영업비밀이 존재한다는 사실을 고지하거나 비밀유지계약을 체결하거나, 공장, 기계설비 근처에 진입하는 것을 금지하거나, 비밀문건에 대하여 특별보관하거나 비밀자료의 무단공개를 금지하는 것이 포함된다.[118] 반면 영미법계 국가에서 사법실무를 거쳐 확인된 비밀유지조치에는 영업비밀을 접할 수 있는 자의 범위를 최소한으로 제한하거나 권리자의 허가없이 어떠한 비밀 관련 지식을 획득할 수 없도록 물적 장애를 설치하거나 실행가능한 경우, 종업원이 영업비밀의 일부만 접하도록 한정하거나 영업비밀과 관련된 모든 문건마다 비밀등급의 기호를 표시하거나 영업비밀을 보관한 자에게 타당한 보호조치를 취하도록 요구하거나 영업비밀을 접하는 것을 피할 수 없는 제3자와 비밀유지계약을 체결할 것을 요구하거나 영업비밀을 접한 적이 있으나 곧 사직하게 될 종업

117) Melvin F. Jager, Trade Secrets Law, Clark Boardman Company, ltd., 1985, pp.1-3.
118) 转引自刘金波、朴勇植:《日、美商业秘密保护法律制度比较研究》, 载《中国法学》, 1994(3)。

원에 대하여 검사하는 등의 내용이 포함된다. 상기 내용으로부터 알 수 있듯이 영미법계에서든 대륙법계에서든 비밀유지조치에는 통상적으로 문건에 대한 관리, 종업원에 대한 제한, 기술설비에 대한 통제 등이 포함된다. 상기 국가의 조치를 종합하여 보면, 아래 몇 가지 내용으로부터 비밀유지조치에 대한 합리성을 판단할 수 있다. 즉 비밀유지의무의 주체에 대한 확정 여부, 비밀의 내용 및 대상에 대한 규정 여부, 구체적인 비밀유지조치를 취하였는지 여부이다. 물론 비밀유지조치의 합리성 즉 비밀성의 "정도" 및 "양(量)"은 사법기관이 개별사안에 따라 구체적인 상황을 참작하여 판단하여야 할 것이다.

3. 영업비밀권의 내용 및 특징

가. 영업비밀권의 내용

영업비밀권이라 함은 권리자가 자신이 합법적으로 소지한 영업비밀에 대하여 갖는 전유권(專有權)을 말하며 이는 법률이 영업비밀보유자에게 부여한 일종의 무형재산권이다. 영업비밀권의 내용은 크게 적극적 권리 및 소극적 권리로 요약할 수 있다. 적극적 권리라 함은 권리자 자신이 영업비밀을 사용하거나 타인이 사용하는 것을 허가하거나 영업비밀을 양도할 수 있는 권리를 말한다. 예를 들면 캐나다의 「통일상업비밀법 초안」 제12조에서는 "영업비밀 관련 권익을 향유할 자격이 있는 자는 그 권리의 전부 또는 일부, 지역 제한없이 또는 지역 제한적으로 권리를 양도할 수 있으며 타인이 영업비밀권 관련 이익을 갖는 것을 허가하거나 기타 방식으로 허락할 수 있다."고 규정하였다. 소극적 권리라 함은 권리자가 타인의 불법적인 간섭이나 영업비밀의 이용을 배제할 수 있는 권리를 말한다. 예를 들면 일본의 「부정경쟁방지법」에서는 영업비밀보유자는 타인이 부당한 수단을 통하여 영업비밀을 획득하거나 비밀유지의무를 위반하여 함부로 영업비밀을 공개하는 것을 금지할 권한이 있다고 규정하였다. 이러한 부당한 수단에는 절도, 협박, 재물에 의한 유혹 등이 포함된다. 상기 사용권 및 금지권은 영업비밀권이 지식재산권 또는 무형재산권의 기본적인 속성을 갖고 있음을 의미한다.

영업비밀권 및 특허권 모두 기술정보 분야의 무형재산권에 해당하지만, 양자는 여러 내용에서 차이점이 존재한다.

(1) 보호범위를 보면, 특허권이 보호하는 기술정보는, 하나는 법률에서 규정한 객체범위 내에 해당되어야 하고, 다른 하나는 법률에서 규정한 보호요건을 충족하여야 한다. 지력행위의 법칙방법, 질병진단 및 치료방법, 원자핵 전환방법을 통하여 획득한 물질 등과 같은 특허권 객체에서 제외된 기술정보가 영업비밀의 구성요건을 구비하였다면 "비공개정보"로서 보호받을 수도 있다. 미완성된 또는 실패한 기술방안과 같은 "실용성" 요건을 구비하지 않은 기술방안도 법적 보호를 받는 영업비밀이 될 수 있다. 그 외, 특허권이 보호하는 기술방안과 달리, 영업비밀권의 객체에는 기술정보 외에 경영정보도 포함된다.

(2) 실질적 요건을 보면, 특허권이 보호하는 기술발명은 신규성, 창조성 및 실용성을 구비하여야 한다. 반면 기술정보가 영업비밀권의 보호를 받으려면 비공개성, 가치성, 비밀유지성을 갖기만 하면 된다.

(3) 권리효력을 보면, 특허권은 일종의 절대적인 배타권으로서 타인이 자신이 소유한 특허권 관련 발명창조를 제조, 사용, 판매, 판매허가 또는 수입하는 것을 배제할 수 있다. 이 경우, 타인이 해당 발명창조를 모방한 것인지 독자적으로 개발한 것인지는 불문한다. 영업비밀권은 일종의 상대적인 배타권으로서 타인이 부당한 수단을 통하여 영업비밀을 획득하거나 비밀유지의무를 위반하여 함부로 영업비밀을 공개하는 것을 금지할 수 있다. 그러나 타인이 합법적인 수단을 통하여 영업비밀을 취득하거나 사용하는 것은 금지할 수 없다.

기업의 입장에서 보면, 영업비밀권 및 특허권의 차이점을 인식하는 것은 무형재산권제도를 적용함에 있어서 실질적인 의의가 있다. 즉 기술정보에 대하여 적합한 보호방식을 선택하여 생산경영 및 전략발전의 이익의 최대화를 도모할 수 있다. 기업은 통상 아래 몇 가지 요소를 고려하여 선택하여야 한다.

(1) 기술정보에 대한 연구개발의 난이도를 고려하여야 한다. 만약 기술방안이 쉽게 해독되거나 역설계(Reverse Engineering)를 통하여 쉽게 획득할 수 있을 경우, 특허

권에 의한 보호를 고려할 수 있다.

(2) 기술정보가 구비한 보호요건을 고려하여야 한다. 만약 기술방안이 특허출원이 요구한 신규성, 창조성 및 실용성에 달하지 못할 경우, 영업비밀로서 보호할 수 있다.

(3) 기술정보 존속의 생명주기를 고려하여야 한다. 만약 기술정보의 수명이 비교적 짧고 끊임없는 개선이 필요하다면 복잡한 특허출원의 심사절차가 없는 영업비밀로서 보호할 수 있다.

(4) 기술정보로부터 발생한 효익의 확장정도를 고려하여야 한다. 만약 기술정보의 경제적 효익의 주기가 길고 정도가 높다면 유효한 특허를 통하여 유지하고, 반대의 경우 영업비밀로서의 보호를 택하여 특허권 연비용을 지불하는 고액의 지출을 절감할 수 있다. 물론 영업비밀과 특허권에 대한 보호는 대립되는 것이 아니며 권리자가 중복하여 적용하거나 기술방안의 일부는 특허를 출원하고 일부는 영업비밀로 보호하거나 또는 특허도 출원하고 기술방안을 영업비밀로서 보호하거나 공개적인 특허기술에 기타 기술비밀을 감출 수도 있다. 바로 미국학자가 말한 바와 같이 "영업비밀은 특허권이 통상 사용하는 대체제도이다."[119]

나. 영업비밀권의 특징

전통적인 지식재산권과 비교하여 보면, 영업비밀권은 일종의 상대적인 독점성을 가진 "정보재산권"으로서 자신만의 특유의 특징을 갖고 있다.

(1) **권리주체의 비단일성이다**.

저작권, 특허권을 보면, 하나의 국가 내에서 하나의 지식재산에 대하여 하나의 권리만 설정할 수 있으며 둘 이상의 주체가 내용이 완전히 동일한 무형재산권을 향유할 수 없다. 그러나 영업비밀을 보면, 다수의 권리주체가 각자 별도로 하나의 비밀정보에 대하여 합법적으로 통제하는 경우가 발생할 수도 있다. 요약하면, 영업

119) [美] 波斯纳:《法律的经济分析》(上卷), 蒋兆康等译, 49页, 北京, 中国大百科全书出版社, 1997。

비밀권은 권리주체가 단일한 것이 아닌 절대적 의미의 독점권이 아니라는 것이다.

(2) **권리기간의 불확정성이다**.

통상적으로 지식재산권 모두 법정 보호기간이 있으며 보호기간이 만기될 시 해당 지식재산은 공공영역에 진입하게 된다. 그러나 영업비밀권의 존속기간은 비밀유지 조치의 유효 여부 및 비밀정보의 공개 여부에 의하여 결정된다. 영업비밀이 공개되지만 않으면 해당 권리는 계속 존재할 수 있다.

(3) **수권에 의하지 않은 권리취득이다**.

산업재산권 분야에서 특허권, 집적회로 배치설계권, 식물신품종권 등은 국가주관기관의 심사비준을 거쳐 국가가 수여한다는 특징을 갖고 있다. 그러나 영업비밀권은 출원, 심사, 등록의 절차를 거치지 않고도 권리자가 해당 영업비밀에 대한 통제를 통하여 이와 관련된 이익을 얻을 수 있으며 타인이 부당하게 사용하거나 불법으로 공개할 경우에 법원에 제소하여 자신의 권리를 보호할 필요가 있다.

4. 영업비밀권에 대한 제한 및 보호

가. 영업비밀권 제한의 기본적 방식

영업비밀은 비밀상태에 처한 기술정보 및 경영정보를 말한다. 영업비밀권의 확립은 법률상 개인이 정보를 점유하는 것에 대한 정당성을 확인하였다. 그러나 영업비밀에 대하여 사권적 보호를 제공하는 한편 개인이 정보를 점유하는 것에 대하여 필요한 제한도 하여야 한다. 정보의 공개 및 자유전송은 민주정치의 하나의 상징이기도 하고, 과학기술과 경제발전을 촉진하는 하나의 전제조건이기도 하다. 정보보호 관련 분야에서, 특허권은 기술정보의 공개성 및 권리보호의 시간성을 통하여 개인의 사권과 사회의 공익 사이의 관계를 잘 조율하였다. 반면 영업비밀권은 정보의 "비공개성" 및 "비밀유지성"을 요건으로 하여 상당한 기간 동안 공중이 이러한 정보를 이용할 수 없거나 타인이 중복하여 해당 기술을 개발함으로서 자원의 방치나 낭비를 초래하였다. 따라서 영업비밀권에 대한 제한은 입법자들이 반드시 고려하여야 할 문제이다. 통상적으로 말하면 현행의 입법에서는 대체로 다음 제한내용을 규정하고 있다. 권리취득 면에서, 여러 주체가 동일한 영업비밀에 대하여 소유권을 향유할 수 있도록 함으로서 영업비밀의 적용주체를 확대하여 공중이 정보를 통하여 이익과 혜택을 얻을 수 있게 하였다. 권리객체 면에서, 영업비밀보유자가 독자적으로 개발한 정보만이 보호받을 수 있고, 종업원 자신의 기술 및 경험은 개인재산에 귀속되어야 하며 개인재산을 권리자의 통제범위 내에 포함시키는 것은 타당치 않다고 보았다. 권리보호 면에서, 영업비밀보유자는 영업비밀을 불법으로 획득, 전파 및 사용한 자에 대해서만 대항할 수 있으며, 자체로 개발하거나 합리적으로 비밀정보와 유사한 정보를 획득한 주체를 배제할 권한이 없다. 또한 권리제한 면에서 타인이 역설계를 통하여 영업비밀을 해독할 시 영업비밀보유자는 해당 주체가 영업비밀을 이용하는 것을 더 이상 제한할 권한이 없게 된다. 사적 권리법의 측면에서 보면, 영업비밀권에 대한 제한은 주로 아래 몇 가지 측면이 포함된다.

(1) 선의의 사용 및 공개

선의의 제3자가 해당 정보가 타인의 영업비밀인 지를 알지 못하고 사용하거나 공개할 경우, 제3자의 무과실로 인하여 권리침해로 간주하지 않는다. 중국의 「영업비밀보호법(초안)」에서는 "선의의 제3자가 영업비밀인 지를 알지 못하고 누설하거나 사용할 시 책임을 지지 않는다. 상기 행위가 불법행위임을 알게 된 후, 즉시 그 사용을 정지하여야 하며, 합리적인 조치를 취하여 비밀을 보호하여야 한다. 선의의 제3자가 해당 영업비밀을 획득한 후 계약상 의무가 발생할 시, 계속하여 사용할 수 있다. 다만 이 경우, 권리자에게 합리적인 사용료를 지불하여야 한다."[120)]

(2) 자체 연구개발

영업비밀보유자는 타인이 동일한 영업비밀을 자체로 개발하는 것을 금지할 수 없으며, 타인이 자체로 연구개발한 영업비밀에 대하여 보호조치를 취하는 것을 금지할 수도 없다. 영업비밀권 효력의 상대성으로 인하여 법률은 둘 이상의 권리주체가 동일한 영업비밀에 대하여 권리를 갖는 것을 배제하지 않는다. 따라서 자체 연구개발을 통하여 영업비밀을 획득하는 행위는 동일한 영업비밀의 기존 권리에 대한

120) 转引自张玉敏主编:《知识产权与市场竞争》, 216页, 北京, 法律出版社, 2005。

합리적인 제한이 될 수 있다.

(3) 역 설 계

엄격하게 말하면, 역설계도 자체 연구개발을 통하여 영업비밀을 획득하는 일종의 방법이다. 역설계라 함은 합법적으로 취득한 최종제품에 대하여 분석 및 연구한 결과, 해당 제품의 원시적인 배합방법이나 생산방법을 획득하는 것을 말한다. 역설계로 인정되려면, 해당 제품에 대한 합법적인 취득을 전제조건으로 하며, 그 법적 결과에는 두 가지 가능성이 있다. 하나는 타인이 역설계 분석을 통하여 얻은 기술정보를 공개할 시 영업비밀의 비공개성이 상실되므로 기존 권리자의 권리도 따라서 소멸될 수 있다. 다른 하나는 타인이 해당 기술정보를 비밀상태로 통제관리할 시 동일한 영업비밀에 대하여 둘 이상의 권리자 발생하게 될 것이다.

(4) 기타 합리적인 방식

상기 경우를 제외한, 공개적인 방식으로 영업비밀을 획득하는 것도 권리침해에 해당하지 않는다. 예를 들면 지속적인 추적, 수집 및 축적을 통하여 얻은 관련 자료에 대한 종합적인 분석을 통하여 획득한 정보, 타인의 실수를 이용하여 비밀정보가 저장된 자료 및 설비에 대한 누설, 경업금지계약의 무효로 인한 영업비밀의 자유로운 유통 등은 모두 공개적인 방식으로 합법적으로 영업비밀을 획득한 방식에 해당된다.

나. 영업비밀권에 대한 침해 및 보호

영업비밀은 기업의 중요한 무형재산이며, 중대한 경제적 가치를 포함하고 있으므로 부정경쟁행위의 침해대상에 해당된다. 흔히 볼 수 있는 침해행위에는 두 가지가 있다. 부당한 수단을 통하여 영업비밀을 획득하거나 정보의무를 위반하여 함부로 상업정보를 누설하는 것이다.[121)]

부당한 수단을 통하여 영업비밀을 침해하는 행위는 주로 세 가지 표현형태가 있다.

---

121) [美] 罗伯特 · P · 墨杰斯等:《新技术时代的知识产权法》, 51页, 北京, 中国政法大学出版社, 2004。

(1) 절도, 협박, 재물에 의한 유혹 또는 기타 부당한 수단을 통하여 권리자의 영업비밀을 획득하는 경우이다. “절도”라 함은 불법점유를 목적으로 한, 비밀절취의 방식으로 권리자의 영업비밀을 획득하는 것을 말한다. 이러한 행위자는 내부상황을 아는 내부자일 수도 있고 외부자일 수도 있다. “재물에 의한 유혹”이라 함은 행위자가 재물, 고액연봉 또는 기타 이익으로 영업비밀보유자의 종업원 및 기술자 등을 유인하여 영업비밀을 획득하는 것을 말한다. “협박”이라 함은 행위자가 영업비밀보유자, 내부상황을 아는 자 또는 그의 친족의 생명, 건강, 명예, 재산 등에 대하여 손해를 미칠 것으로 위협하여 관련자가 정보를 누설하도록 압박하는 수단을 통하여 영업비밀을 획득하는 것을 말한다. “기타 부당한 수단”이라 함은 상기 세 가지 수단 외에 영업비밀을 획득하는 행위를 말한다. 예를 들면 뇌물공여, 미인계 등 수단으로 권리자의 영업비밀을 획득하는 경우이다.

(2) 상기 부당한 수단을 통하여 획득한 권리자의 영업비밀을 누설, 사용하거나 타인에 대한 사용을 허락하는 경우이다. “누설”이라 함은 부당한 방식으로 획득한 영업비밀을 공개적으로 공포하는 것을 말한다. “사용”이라 함은 행위자가 불법으로 획득한 영업비밀을 직접적으로 생산경영에 사용하는 것을 말한다. “타인에 대한 사용허락”이라 함은 행위자가 불법으로 취득한 영업비밀을 유상 또는 무상으로 타인이 사용하도록 제공하거나 양도하는 것을 말한다.

(3) 제3자가 영업비밀에 대한 침해행위가 불법행위임을 알고 있거나 알아야 함에도 불구하고 권리자의 영업비밀을 획득, 사용 및 누설하는 경우이다. 이는 간접적인 권리침해행위에 해당된다. 행위자는 정보가 타인의 영업비밀임을 알고 있고 해당 행위가 영업비밀에 대한 침해행위임을 알고 있거나 알아야 함에도 불구하고 여전히 해당 정보를 획득, 사용 또는 누설하는 행위에 대하여, 법률은 이러한 행위를 영업비밀 침해행위로 간주하였다. 상기 행위는 부당한 수단을 통하여 영업비밀을 침해하는 중요한 표현형태일 뿐 모든 행위가 포함된 것은 아니다. 미국의 「불법행위법」에서 지적한 바와 같이 “ ‘부당한 수단’에 대하여 모두 열거하는 것은 불가능한 일이다.” 따라서 미국 「통일영업비밀법」의 입법사유서에서 “부당한 수단”의 조항을 언급할 시 “정당한 수단”의 경우를 하나하나 열거하였다. 즉 영업비밀권에 대한 제한행

위를 판단할 시 상기 “정당한 수단” 범위 내에 포함되지 않는 행위를 모두 “부당한 수단”으로 간주하였다. 이로부터 “부당한 수단”이라 함은 경쟁질서를 위반하여 타인의 영업비밀을 직접 획득한 모든 행위를 가리킨다.

비밀유지의무를 위반하여 함부로 영업비밀을 누설하는 행위에는 주로 세 가지 경우가 포함된다.

(1) 권리자와 업무관계가 존재하는 상대방이 계약약정을 위반하거나 권리자의 영업비밀유지의 청구의사에 반하여 자신이 알고 있는 권리자의 영업비밀을 누설, 사용 또는 타인이 사용하도록 허락하는 경우이다.

(2) 권리자의 종업원이 계약약정을 위반하거나 권리자의 영업비밀유지의 청구의사에 반하여 자신이 알고 있는 권리자의 영업비밀을 누설, 사용 또는 타인이 사용하도록 허락하는 경우이다.

(3) 당사자가 계약을 체결하는 과정이나 체결완료 후 또는 계약이행 과정에서 알게 된 영업비밀을 누설하거나 부당하게 사용하는 경우이다.

영업비밀이 침해당하였을 경우, 권리자는 권리침해책임법을 근거로 권리침해행위를 실행한 불특정인에게 권리를 주장할 수도 있고, 계약법을 근거로 비밀유지의무 위반의 위약책임을 추궁할 수도 있다. 따라서 법률은 영업비밀에 대한 권리를 규정하는 한편 이에 대응되는 구제제도도 확립하였다. 영업비밀의 침해에 대한 권리구제에 관하여 각국의 법률규정은 다소 다르다. 「독일민법전」 및 「독일의 부정경쟁금지법」에서 규정한 구제수단에는 주로 위약손해배상 및 권리침해손해배상 두 가지가 있다. 그 중에서 위약손해배상에는 계약체결 전의 과실로 인한 손해배상도 포함된다. 1990년 일본의 「부정경쟁방지법」은 영업비밀의 침해에 대하여 다양한 구제조치를 규정하였다. 이에는 금지청구권, 손해배상청구권, 폐기제거청구권, 신용회복청구권이 포함된다. 그 중에서 폐기제거청구권은 일본의 「특허법」 제100조 제2항, 「저작권법」 제112조 제2항 등 무형재산권법에서 부정경쟁행위의 재발을 방지하기 위한 조치를 참조한 것이며, 신용회복청구권은 영업비밀소지자의 신용손실을 보상하기 위함이다. 상기 두 청구권은 일본법이 규정한 두 가지 새로운 구제조치로서 일본의 영업비밀보호제도가 비교적 높은 수준에 달하였음을 나타낸다. 미국은 오랜 시간의 보통법 실무를 통하여 자신의 구제제도를 형성하였다. 다시 말하면 금지명령 및 금전배상을 병용하는 구제조치를 취하였다. 1939년 미국 「불법행위법」에서는 영업비밀보유자의 구제청구권에 대하여 다음과 같이 정리하였다. "보유자는 이미 발생한 손해에 대하여 보상을 청구할 수도 있고 영업비밀이 불법으로 공개되거나 사용됨으로 인하여 향후 발생할 손해에 대하여 금지명령을 청구할 수도 있으며 권리침해자의 불법수익을 계산할 것을 청구할 수도 있고 영업비밀이 포함된 설계, 도면 등 실물의 반환을 청구할 수도 있다." 여기서 설명할 것은 미국 보통법에 의한 금지명령에는 예비금지명령 및 영구금지명령 두 가지가 있다는 것이다. 예비금지명령은 영업비밀 관련 소송 과정 중에 발급되어 사건이 심리완료 시 취소된다. 이는 피고인이 계속 영업비밀을 공개하거나 사용하는 것을 금지하기 위함이다. 예비금지명령은 아래 두 가지 전제조건을 충족할 시 발급된다. ① 원고가 사건사실에 기하여 승소할 수 있으며, ② 만약 예비금지명령을 발급하지 않을 경우 원고에게 만회할 수 없는 손실이 발생할 경우이다. 반면 영구금지명령은 법원이 사건에 대한 최종 판결로서 통상 사건을 심리완료 후 예비금지명령을 대체한다. 그 외 미국의 보통법에서의 금전배상금액은 피고인의 불법수익에 한하며, 일본처럼 영업비밀제도에 손해배상금액을 확정하여 권리침해자의 불법수익과 영업비밀 자체의 가치를 고려하지 않는다.

중국의 「형법」, 「민법통칙」 및 「부정경쟁방지법」의 규정에 의하면, 영업비밀을 침해한 자는 민사책임, 행정책임 및 형사책임을 부담하여야 한다. 중국은 아직 별도의 영업비밀보호법을 공포하지 않았으므로 이에 대한 법률구제는 주로 「부정경쟁방지법」에 규정하고 있다. 현행의 규정으로부터 보면, 영업비밀 침해 관련 구제에는 주로 아래 두 가지 부족한 점이 존재한다.

(1) 「부정경쟁방지법」에서는 영업비밀 침해에 대한 민사책임 즉 손해배상책임 그리고 행정책임 즉 상기 불법행위의 정지에 대한 명령 및 벌금을 규정하였지만, 피해자가 충분하고 완전한 구제를 받으려면 각각 사법절차 및 행정절차를 거쳐야 하고, 구제수단도 여러 불편한 점이 존재한다.

(2) 「부정경쟁방지법」은 「지식재산권협정」의 임시 조치에 관한 내용을 규정하지

않아서 영업비밀을 침해당할 시 저작권, 특허권, 상표권처럼 소송 전 금지명령 및 증거보전 등 소송 전 구제조치를 취할 수 없다.

5. 경업금지에서의 영업비밀에 대한 보호

가. 경업금지의 개념 및 종류

경업금지를 경업제한 및 경업방지라고도 부르며 통상적으로 "권리자와 특정관계가 있는 자의 특정경쟁행위에 대하여 금지하는 것"을 말한다.[122] 구체적으로 말하면 기업의 종업원이 재직기간 및 고용관계가 종료되거나 해제된 후의 일정한 기간 동안 또는 지역 범위 내에서 기존의 기업과 서로 경쟁관계가 있는 기업에 재직할 수 없으며, 자체로 기존의 업무와 서로 관련되는 특정업무에 종사할 수도 없다.

경업금지는 법정 및 약정 경업금지 두 가지로 분류할 수 있다. 전자는 주체가 법률의 직접적인 규정에 의하여 경업금지의무를 부담하는 것을 말한다. 법정경업금지의무는 법률이 직접 규정한 강제성을 갖고 있으므로 당사자가 계약의 약정으로 이를 배제할 수 없다. 예를 들면 중국「회사법」제148조 제1항에서는 주주대회의 동의를 거치지 않고 이사 및 사장은 자체로 또는 타인을 위하여 재임회사와 동일한 동종영업을 영위해서는 안된다고 규정하였다. 그 외「동업기업법(合夥企業法)」,「개인독자기업법」등에서도 동업기업의 파트너, 개인독자기업의 투자자가 위탁하거나 채용한 관리자들이 부담하여야 할 금지의무를 규정하고 있다. 이러한 규정 다수가 재직 관련 경업금지의무이다. 후자는 주체가 계약의 약정에 의하여 경업금지의무를 부담하는 것을 말한다. 이러한 약정은 통상 쌍방이 경업금지협의서를 체결하는 형태를 취한다. 중국「노동계약법」제23조에서는 이와 관련하여 명확하게 규정하고 있다. 사용자와 근로자는 노동계약을 체결 시 사용자의 영업비밀 및 지식재산권과 관련된 사항의 비밀유지를 약정할 수 있다. 사용자는 사용자의 영업비밀 유지의무를 부담하는 근로자에 대하여 근로계약서 또는 비밀유지합의서에 근로자와 경업제한조항을 약정하고 근로계약이 종료되거나 해지된 후에도 근로자에 대한 경업제한

---

122) 李永明:《竞业禁止的若干问题》, 载《法学研究》, 2002(5)。

기간 중에 근로자에게 매월 경제적 보상을 지불할 것을 약정할 수 있다. 근로자가 경업제한약정을 위반한 경우, 약정에 따라 사용자에게 위약금을 지불하여야 한다. 이는 이직 후의 경업금지의무에 관한 것이다.

통상적 의미에서의 경업금지약정 또는 경업금지협의는 여러 측면으로부터 그 목적을 실현할 수 있다. 요약하여 말하면, "사용자에게 근로자의 직업선택을 제한할 권리를 부여함을 통하여 경쟁상대를 방어하고 시장의 장래이익을 확보하는 것이다."[123] 물론, 경업금지협의서는 반드시 영업비밀에 대한 보호와 관련이 있다. 현실에서 기술자 또는 관리자가 기업의 영업비밀을 가지고 기존 기업과 경쟁관계가 있는 다른 기업으로 이직하거나 자체로 기업을 설립하여 기존 회사와의 경쟁업무를 취급하는 경우가 흔히 발생하게 된다. 사용자 또는 기업의 영업비밀이 침해당하는 것을 방지하기 위한 중요한 법적 수단은 바로 종업원과 경업금지협의서를 체결하는 것이다. 입법례와 사법실무로부터 보면, 수많은 국가는 경업금지협의서는 영업비밀을 보호하기 위한 목적에 사용되어야 한다고 강조하였다. 미국의 관련 법률 및 판례에 따르면, "종업원과 체결한 경업금지협의서는 처음부터 무효이다. 다만 영업비밀을 보호하는 의미에서만 경업금지협의서는 법원의 인정을 받을 수 있다."[124] 1976년의 "Strauman"사건에서 법원은 주장하기를 "통상적으로 경쟁을 제한하는 협의서는 오직 영업비밀의 공개 및 사용을 방지하는 차원이라는 이 합리적인 요건을 충족하는 경우에만 실행가능하다."[125] 다시 말하면 제한성 경업금지협의서는 영업비밀의 공개 및 사용을 방지하는 차원이라는 이 합리적인 요건을 충족하여야만 해당 협의서가 유효하고 집행가능하다. 중국의 관련 법률에도 유사한 규정이 있다. 상기 「노동계약법」 제23조에서는 계약의 경업제한조항의 주체인 사용자에 대하여 영업비밀유지의무를 부담하는 근로자를 규정하였다. 국가행정공상총국이 공포한 「영업비밀 침해행위의 금지에 대한 약간의 규정」에서는 권리자에 대한 영업비밀유지의무를 위반한 행위를 종업원의 위약책임으로 규정하였다. 이러한 규정은 경업금지조항은 주로 영업비밀을 보호하는 경우에 적용됨을 의미한다.

123) 金泳峰、付丽莎:《竞业禁止与商业秘密保护法律问题研究》, 载《知识产权》, 2011(2)。

124) 李明德:《美国竞业禁止协议与商业秘密保护及其启示》, 载《知识产权》, 2011(3)。

125) Reed, Robert Association, Inc. v Strauman(Court of Appeals of New York, 1976). 转引自李明德:《美国竞业禁止协议与商业秘密保护及其启示》, 载《知识产权》, 2011(3)。

나. 경업금지협의서에서의 영업비밀조항

경업금지협의서는 종업원의 자유이동, 지식 및 기술의 전파 및 시장의 자유경쟁 등 여러 내용과 관련이 있으며, 이에 대하여 입법자는 통상 사용자의 영업비밀을 보호하는 입장을 신중하게 취하고 있다. 또한 경업금지 자체에 대하여 일부 제한적인 조치를 취하고 있다.

(1) 주체에 대한 제한이다. 경업금지는 단지 영업비밀을 알 게 될 수 있는 종업원에 한한다. 중국의 「노동계약법」 제24조에서는 "경업제한 대상은 사용자의 고위관리자, 고급기술자 및 기타 비밀유지의무를 부담하는 자에 한한다."고 규정하였다.

(2) 기간에 대한 제한이다. 경업금지기한은 합리적인 기한 내여야 하며 피제한자의 취업의 어려움을 초래할 만큼 기한이 지나치게 길어서는 아니된다. 「노동계약법」 제24조에서는 노동계약을 해지 또는 종료한 후 경업금지 제한기한은 2년을 초과해서는 아니된다고 규정하였다.

(3) 지역 및 범위에 대한 제한이다. 지역에 대한 제한은 종업원과 실절적으로 경쟁관계가 발생할 가능성이 있는 경영지역에 한하여야 하며 종업원이 향후 경영할 가능성이 있는 지역까지 확장해서는 아니된다. 해당 범위와 관련하여 「노동계약법」 제24조에서는 사용자와 근로자가 약정할 수 있다고 규정하였다. 범위에 대한 제한은 피제한자가 기존에 종사한 특정업무에 한하여야 하며 종업원의 인격의 일부가 된 기술 및 지식이 포함되어서는 아니된다. 「노동계약법」 제24조 규정에 따라 경업제한의 범위라 함은 동종제품을 생산 또는 경영하거나 동종업무에 종사하는 것을 말한다. 제한조치를 제외하고, 법률은 또한 보상조항 및 위약책임도 같이 규정하였다. 「노동계약법」 제23조 규정에 의하면 사용자가 노동계약을 해지 또는 종료한 후 경업금지기한 내에 비밀유지의무를 부담하는 근로자에게 매월 경제보상을 지급하여야 한다. 또한 근로자가 경업금지의무를 위반할 시 약정에 따라 사용자에게 위약금을 지불하여야 한다.

제16장 식물신품종보호권

식물신품종권은 품종권으로 약칭하며 식물신품종의 육성자가 연구개발 및 육성한 신품종에 대하여 획득한 일종의 특허권을 말한다. 이러한 품종권은 단독적으로 식물신품종에 대한 보호형태를 형성하였다. 20세기 이후 국제사회는 줄곧 식물신품종보호제도를 모색하고 구축하여 왔으며 수많은 권리형태의 입법방식이 출현하기도 하였다. 현재에 이르러, 식물신품종보호권은 이미 농업영역에서의 중요한 무형재산권으로 발전하였으며 새로운 창조성 권리로서 국제지식재산권의 보호체계에 포함되었다.

1. 현대의 생물공학기술 및 식물신품종

가. 현대의 생물공학기술에서의 식물품종

몇천년 동안 인류역사의 발전과정에서 한세대 한세대의 사람들은 자연식물을 발견하고 이를 증식하였을 뿐만 아니라 종류가 풍부하고 형태가 다양한 식물신품종을 육성하기도 하였다. 꽃, 풀, 고목으로부터 곡식, 보리, 과일까지, 유성번식으로부터 무성번식까지, 식물신품종의 대량 출현으로 인하여 인류의 일상생활을 더욱 풍부하게 하였을 뿐만 아니라 인류의 생태환경에도 커다란 영향을 미치게 되었다.

현대과학기술의 발전은 식물신품종이 발생하는 원동력이다. 선택육성 및 교잡육성을 대표로 한 전통적인 생물기술 및 유전자 공학을 핵심으로 한 현대생물기술은 식물육성에서 극히 중요한 응용기술이다. 작물육성방법에는 아래 두 가지가 포함된다. 하나는 웅성불임(male sterility) 및 교잡육성이다. 식물의 웅성불임은 자연계에 보편적으로 존재하는 현상이다. 농업생산에서 웅성불임을 토대로 세 개의 육성체계를 확립하였다. 웅성불임체계, 유지체계 및 회복체계이다. 다른 하나는 유전자변형작물이다. 최근 몇년간 유전자변형작물에 대하여 획득한 성과로는 주로 작물의 저항성, 작물품질개선, 생물의 공중질소 고정법 등이 있다. 저항성 측면에서 보면, 항살초제작물, 항곤충작물, 항진균작물, 항중금속카드뮴작물, 항바이러스작물 등에서 성과를 이루었다. 품질개선의 유전자변형작물 측면에서 보면, 수많은 우수한 성능이나 새로운 성능을 갖춘 식물신품종이 출현하였다. 사람들은 치료제로 사용될 수 있는 일부 유전자변형식물을 성공적으로 개발하였으며 생물의 공중질소 고정에 관한 연구에서도 상당한 성과를 이루었다.

나. 법률문서에서 "식물신품종"

현대의 생물학의 분류방법에 의하면, 생물계 전체를 식물, 동물 및 미생물 세 가지 종류로 나눌 수 있으며 그 중에서 식물 및 동물은 고등생명체에 해당된다. 특허법 의미에서의 식물이라 함은 광합성 작용을 거쳐 물, 이산화탄소 및 무기염류 등 무기물을 이용하여 탄수화합물 및 단백질을 합성하여 생존을 유지하며 통상 이동하지 않는 생물을 말한다.[126] 식물품종이라 함은 인류가 일정한 생태조건 및 경제조건에서, 인류의 필요에 따라 선택하여 육성한 어떠한 작물의 특정종류의 집합체를 말하며[127] 이에는 농작물 및 임작물 품종이 포함된다. 법률문서에서 말하는 "식물품종"과 생물학 의의에서의 "식물품종"은 동일한 대상을 말하며 실질적인 차이점이 없다. 「국제식물신품종보호협약」(UPOV)에서는 식물품종에 대한 보호대상을 "신(新)품종"으로 확정하였으며 여기서 "신(新)"은 식물품종이 단독으로 보호받을 수 있는 법률요건을 말한다. 동 협약의 1991년 문서에서는 식물신품종에 대하여 다음과 같이 정의하였다. "품종"이라 함은 이미 알고 있는 최저분류단위의 식물군을 말하며 품종권 부여 요건을 충분히 충족하였는지 여부를 막론하고 해당 식물분류는 아래 요건을 구비하여야 한다.

---

126) 国家知识产权局编:《审查指南2001》第二部分第一章，第3、4条。

127) 潘家驹主编:《作物育种学总论》，2页，北京，中国农业出版社，1994。

① 어떠한 특정유전자나 유전자 조합을 통하여 성능상의 특징을 나타내며 ② 최소 하나의 성능상의 특징을 통하여 기타 식물군과 구분할 수 있으며 ③ 하나의 완전체로서 번식을 거친 후에도 그의 적응성에 변함이 없어야 한다.[128] 상기 정의에 근거하여 중국은 1997년에 「식물신품종보호조례」(2013년 수정)를 공포하였으며 해당 조례에서는 식물신품종에 대하여 다음과 같이 정의하였다. "인공육성이나 새로 발견된 야생식물에 대한 개발을 거쳐, 신규성, 구별성, 균일성 및 안정성을 구비하게 되고 이에 적합한 명칭이 있는 식물품종을 말한다."

다. 식물신품종의 사회적 응용가치

식물신품종의 육성 및 응용은 한 국가에 대하여 중요한 의의를 갖는다. 20세기에 진입한 후 현대과학기술의 추진 하에 천연식물 외에 여러 세대를 걸쳐 수량이 방대한 새로운 식물품종이 탄생하였다. 중국의 경우, 20세기 50년대 초부터 20세기 말까지 41개 종류의 농작물에 대하여 5000여개의 신품종을 육성하였으며 양식작물 및 경제작물의 신품종은 전국적 범위 내에서 3~5차례 변경되었으며 매번 변경할 때마다 생산량이 10%~30% 증가하였다. 1949년부터 1994년까지 45년 동안, 중국의 식량 생산량은 1132억 킬로그램에서 4451억 킬로그램까지 증가하였으며 일련의 성장요인 중에서 신품종의 요인이 약 30%~35%를 점하고 있다. 임목업을 보면, "75"기간 동안 호두나무 등 중요한 임목종류를 108개, 백양수 등 중요한 활엽수 종류를 155개, 백양수 및 침엽수 무성계열 신품종을 약 100개 육성하였다. 이러한 우량한 종자출처, 계열 및 품종은 신속하고 풍부한 생산과 품질 좋고 우수한 기지를 위하여 종묘를 제공하였으며 최근 몇 년래 이미 329만여 헥타르의 산림에 널리 보급되었다. 국제적으로 보면, 20세기 90년대까지 각국이 현재 시험재배 중인 유전자변형식품종류는 이미 4500개를 초과하였지만 정부의 비준을 거쳐 시장에 진입한 품종은 겨우 40개에 불과하다. 전 세계 유전자변형종자의 판매액은 1995년에는 단지 7500만 달러에 불과하였지만 1998년에는 이미 15억 달러까지 상승하였다.[129] 이로부터

128) 《国际植物新品种保护公约》(1991年文本), 国家知识产权局工作组编: 《知识产权法律法规及国际规则汇编》, 北京, 人民出版社, 2008。

129) 薛福康: 《转基因食品安全吗?》, 载《光明日报》, 1999.11.12, 第4版。

식물신품종은 현대과학기술이 원시농업제품에 응용한 산물로서 대단한 가치가 있는 인류의 혁신적인 연구성과 중 하나라고 할 수 있다.

식물신품종은 사람이 식물에 대한 인공육성이나 야생식물에 대한 개발로부터 발생된 것이다. 신품종에 대한 개발 및 개량의 동기는 아주 다양하다. 예를 들면 품종의 품질적 특성을 높여 작물의 가치나 시장능력을 상승시키거나, 감상용 식물의 육성을 통하여 사람들의 생활의 필요성을 충족시키거나, 소멸위기의 품종을 보존하여 생물의 다양성을 유지하는 등이 있다. 요약하면, 높은 수확량과 우수한 품질의 식물신품종은 농업, 원예 및 임업의 생산품질 및 능력을 향상시킬 수 있고 환경자원에 대한 압력도 감소함으로써 국민경제의 건강한 발전을 촉진하고 생태환경을 개선함에 있어서 중요한 의의가 있다. 식물육성은 지식, 자금, 시간 및 정력의 투자가 필요하며 이러한 많은 노력을 통하여 육성된 품종은 오히려 타인에 의하여 쉽게 번식될 수 있음으로 육성자는 자신의 투자를 회수할 수 없는 상황에 직면하게 된다. 육성자에게 특별한 전용권을 부여하는 것은 법률제도를 통하여 사람들이 식물신품종에 대한 투자와 연구개발을 격려하기 위함이다.

2. 식물신품종의 보호방식

가. 식물신품종보호제도의 변혁

무형재산권 법률체계에서 기술발명에 대한 보호를 말하자면 우선 특허법이라 할 수 있다. 그러나 20세기 30년대 전의 전통적인 특허제도에서 식물신품종은 줄곧 제외되어 왔다. 전통적인 이론에 의하면 식물신품종은 기타 객체와 다른 생물의 특성을 갖고 있고 번식의 안정성 및 균일성은 자연환경의 영향을 쉽게 받으므로 기타 인공제품과 동등하게 특허권을 부여하는 것은 타당치 않다는 것이 그 이유였다.

20세기 30년대에 진입한 후, 농업과학기술의 발전으로 인하여 대량의 식물신품종이 발생하였으며 객관적으로 이러한 품종에 대한 법률 보호 관련 문제도 제시되기 시작하였다. 농림업육성자의 권리에 대한 보호는 농림업과학기술의 발전을 촉진하는 필연적인 추세가 되었다. 독일특허청은 1934년에 최초로 인공육성에 의한 신식물에 대하여 특허권을 부여하였지만 많은 사람들이 이견을 제시하게 되어 제2차 세계대전 후의 최고법원에서도 쉽게 관련 판결을 내리지 못하였다. 그 후 독일특허청은 전문적인 재배방법을 통하여 얻은 식물의 "번식권리출원"에 대하여 특허권을 부여한 적이 있었지만 1973년 아프리카 바이올렛사건에 대한 연방특허법원의 판결에서는 이러한 번식방법 자체는 발명이 아니며 진정한 발명성이 있는 재배방법은 중복불가하여야 한다고 주장하면서 "번식권리출원"의 특허성을 명확하게 부정하였다.[130] 품종에 대한 특허권 보호는 수많은 질의로 인하여 독일정부는 다른 새로운 길을 개척하기로 결정하면서, 1953년에 「종자자료법」을 제정하여 처음으로 육성자의 권리에 대하여 특별히 보호하였다.

미국은 세계에서 최초로 단독 입법을 통하여 식물신품종에 대하여 보호를 제공한 국가이다. 1930년 미국 국회는 식물특허법을 공포하여 화훼 및 과목 등과 같이 무성번식을 통하여 획득한 구별성이 있는 새로운 식물품종에 대하여 특허를 부여하였다. 이는 특허부여를 통하여 식물신품종을 보호한 세계 최초의 법률이다. 본 법은 그 후 「미국특허법」 제161조 및 제162조에 규정되었다. 「미국특허법」 제161조에서는 어떠한 자든 불문하고 무성번식의 어떠한 독특성 및 신규성을 갖는 식물품종을 발명하거나 발견할 시 모두 본 법의 요구조건에 따라 특허를 취득할 수 있으며 이에는 육성의 변종, 이종, 배아 및 신규발견한 종자가 포함된다. 다만 시험관재배가 아닌 식물 또는 미육성 상태에서의 발견은 제외된다고 규정하였다. 식물특허에 대한 보호라 함은 발명자에게 "타인이 무성방식을 통하여 해당 식물을 번식하거나 무성번식을 통하여 획득한 식물을 판매하거나 사용하는 것을 배제할 수 있는" 전용권을 부여하는 것을 말한다. 미국은 무성번식의 식물품종에 대하여 특허권을 부여하는 것 외에 일부 식물에 대하여 일반특허를 부여하였다. 일반특허라 함은 미국특허법에서 규정한 방법특허, 식물특허, 디자인 외의 제품형 특허를 말한다. 그들이 일반특허를 획득할 수 있는 이유는 이는 일종의 새로운 물질로 구성된 것으로서 "만약 하나의 신기술이 산업제품, 물질적 구성 또는 기계로 간주된다면 특허를 획득할 가능성이 있기"때문이다.[131] 해당 입법을 통하여 미국은 특허법 범위 내에서 식

130) 乔德喜:《试论植物品种的知识产权保护》，载中国专利局条法部编:《集成电路与植物品种知识产权保护专辑》，北京，专利文献出版社，1996。

물품종에 대하여 식물특허 및 일반특허 두 가지 형태의 보호를 제공하였다. 1970년대에 이르러, 「국제식물신품종에 대한 보호협약」의 규정을 충족하기 위하여 미국 의회는 「식물신품종보호법」을 통과하여 유성번식에 의한 식물품종에 대하여 식물품종보호증서를 발급하였다. 그 목적은 "유성번식에 의한 식물신품종의 연구를 격려하고 이를 공중에게 공개하여 품종의 재배, 연구 및 발견한 자에 대하여 보호를 제공하는 방식으로 농업의 발전을 촉진하고자 하는 것이다." 따라서 일부 학자는 "미국의 식물품종에 대한 지식재산권보호제도는 삼권병존형태이다. 즉 무성번식의 식물품종에 대한 식물특허보호, 유성번식의 식물품종에 대한 특별법 보호 및 식물발명에 대한 일반특허보호 이 세 가지 방식이 병존한다."고 주장하였다.[132)]

나. 식물신품종 보호방식의 국제적 현황

현재까지 식물신품종에 대한 보호는 국제적으로 주로 세 가지 방식이 있다.

(1) 독일을 대표로 한 품종권 방식은 특별법을 통하여 식물신품종에 대하여 보호하는 방식이다.

(2) 이탈리아 및 헝가리를 대표로 한 특허권 방식은 특허제도를 통하여 식물신품종을 보호하는 방식이다.

(3) 미국을 대표로 한 혼합권 방식은 특별법 및 특허법을 겸용하는 방식을 통하여 식물신품종을 보호하는 입법방식이다.

특별법 및 특허법 모두 식물품종분야의 "기술혁신"에 대한 보호와 관련되는 지식재산권제도로서, 품종개발을 격려하고 농업발전을 추진하는 동일한 기능을 갖고 있지만 양자는 현저한 구별점이 존재한다. 특허법에서 규정한 식물특허는 비자명성의 진보성 정도에 달하여야 하므로 특허요건이 높은 반면 그의 권리효력은 품종의 상위개념인 식물종속특허 및 품종의 하위개념인 유전자, 단백질, 세포조직 등에까지 확장되어 보호범위가 아주 넓다.[133)] 이에 비해 특별법에서 규정한 식물신품종에

131) 黄革生:《美国对植物的知识产权》, 载《知识产权》, 1997(1)。

132) 乔德喜:《试论植物品种的知识产权保护》, 载中国专利局条法部编:《集成电路与植物品种知识产权保护专辑》, 北京, 专利文献出版社, 1996。

대한 기준은 통상 특허의 진보성 정도보다 낮으며 보호범위는 단지 품종의 증식자재(繁殖材料)에만 한하고 농민의 자가채종(留種)의 전유권에 대한 제한적 규정도 있다. 요약하면, 특허권 보호방식은 보호범위가 더욱 넓고 효력도 더욱 강하며 제도적 설계도 육성자의 이익을 더욱 많이 고려한 반면 품종권 보호방식은 수권요건과 보호수준이 대등하며 제도적 측면에서 농민의 이익에 대하여서도 적당하게 고려하였다.

식물신품종 보호에 대한 국제협약이라면 우선 1961년에 체결한 「국제식물신품종에 대한 보호협약」(UPOV)을 말할 수 있다. 본 협약은 1968년에 발효하여 1972년, 1978년, 1991년에 세 차례의 수정을 거쳐 현재 문서는 1978년 및 1991년의 문서이다. 식물신품종에 대한 보호방식에 대하여 1978년 문서 제2조에서는 "체약국은 식물재배자에 대하여 특별한 보호 또는 특허보호를 선택하여 제공할 수 있지만 양자를 병용해서는 아니된다."고 규정하였다. 그 후 1991년 문서에서는 해당 규정을 수정하여 식물신품종에 대한 이중적 보호를 허용하였다. 실제로 다수 체약국은 모두 특허권 보호방식을 택하였으며 1994년에 통과한 「지식재산권협정」에서 인정한 식물신품종에 대한 보호방식은 UPOV의 규정과 거의 일치하며 국가 사이의 우량품종의 연구개발, 기술양도, 합작교류 및 신제품거래를 위하여 법적 토대를 마련하였다. 이 두 국제협약의 체결은 국제적 범위에서 식물신품종에 대한 보호제도의 형성을 촉진하는 큰 역할을 하였다.

다. 식물신품종 보호에 대한 중국의 입법 선택

중국은 생물자원이 아주 풍부한 개발도상국으로서 식물신품종에 대한 보호가 갈수록 강화되는 국제적 추세 속에서 점차 자신만의 법률보호제도를 구축하였다. 1993년 중국은 국제식물신품종보호연맹에 신청을 제출하고 1999년에 정식으로 협약의 체약국이 되었다. 1997년 중국국무원은 「식물신품종보호조례」를 공포하여 조건을 구비한 식물신품종에 대하여 품종권을 부여하여 육성을 완성한 법인이나 개인에게 해당 품종에 대한 독점권을 갖도록 하였다. 또한 2004년 「종자법」을 제정하여

---

133) 李剑:《植物新品种知识产权保护研究》，中国人民大学2008年博士学位论文。

식물신품종에 대한 보호를 강화하였다. 그 외 중국의「특허법」규정에 따라 식물신품종 자체에 대하여 비록 특허권을 수여할 수 없지만 식물을 생산하는 "비생물학적 방법"이나 "주로 비생물학적 방법에 의하여" 및 특허방법에 의하여 얻은 물질에 대하여 특허권을 부여할 수 있다. 다시 말하면 식물신품종의 생산방법에 대하여 특허보호를 제공할 수 있다는 것이다. 결론적으로 말하면, 식물신품종과 관련하여 중국에서는 이미 번식자료에 대한 품종권 보호 및 생산방법에 대한 특허권 보호의 종합적인 보호방식을 확립하였다. 즉 특별법 및 특허법이 서로 결부된 법률보호제도를 취하였다.

3. 식물신품종권제도의 기본적 규범

현재, 다수 국가는 특별법이 아닌 특허법을 통하여 신물신품종권을 신설하고 육성자의 이익을 보호함으로서 식물신품종을 보호하고 있다. 여기서 말하는 품종권이라 함은 식물생산방법과 관련이 없는, 신식물품종이 갖는 전유권(專有權)을 말한다. 식물품종은 주로 인공제조가 아닌 생물학 방법에 의하여 번식하고 환경 및 기후 등 자연조건의 영향을 많이 받음으로 인하여 식물신품종의 보호요건은 발명특허에서 요구하는 진보성, 신규성 및 실용성과 현저한 차이점을 보이고 있다. 이와 관련하여 필자는 주로 품종권과 특허권의 차이점에서 입각하여 식물신품종에 대한 특별보호제도의 기본내용을 논하고자 한다.

가. 식물신품종권의 객체

UPOV협약의 규정에 의하면 식물신품종에 대한 보호범위는 모든 속(屬) 및 종(種)이 포함된다. 생물학 의의에서의 종은 물종이라고도 부르며 생물학의 기본적인 분류단위로서 일정한 형태특징, 생리특징 및 일정한 자연분포구역의 생물군을 말한다. 종의 상위개념의 분류단위에는 속, 과, 목, 강, 문, 계가 있다. 1980년 국제재배식물 용어코드의 정의에 의하면 품종이라 함은 재배식물의 하나의 집합을 말하며 이 집합은 어떠한 성질과 형태(형태적, 생리적, 세포학적, 화학적 및 기타 형태)로도 구별가능하며 유성 또는 무성의 번식을 거친 후에도 그 구별성 성질과 형태를 유지할 수 있는 것을 말한다.[134] 법률에서 말하는 식물신품종은 생물학 의의에서의 식물품종으로부터 변환한 호칭이며 통상 권리의 보호대상에 대하여 필요한 조건을 설정하게 된다. 이러한 조건이 바로 식물신품종권 객체의 법적 특징이다.

(1) 신 규 성

식물신품종의 신규성이 강조하는 것은 "상업판매에서의 신규성"(commercial novelty)이며 출원하기 전 상업화되지 않았거나 보급하여 사용하지 않았어야 한다. 이와 달리, 발명특허의 신규성은 "최초 공개"(first disclosure)로 표현되며 이러한 공개는 출판물 공개, 사용 공개 및 기타 방식의 공개 등이 포함된다. 이로부터 품종권제도에서 공중이 단지 품종 관련 정보만 획득할 뿐 품종의 번식자재를 점유하지 않을 경우, 그의 신규성을 침해하기에는 역부족임을 알 수 있다. 신규성의 기준에 대하여, UPOV협약에서는 품종권을 출원한 식물신품종에 대하여 육성자 또는 기타 허가자의 동의를 거쳐 신청한 체약국 내에서 판매를 제공하거나 시장에서 판매한 적이 없으며, 기타 어떠한 체약국 내에서도 판매를 제공하거나 시장에서 판매한 기간이 4년을 초과해서는 아니된다고 규정하였다. 중국의 규정에 따르면, 출원일 전에 해당 품종의 번식자재가 판매되지 않았거나 육성자의 허가를 거쳐 중국 내에서 해당 품종의 번식자재를 판매한 지 1년 미만이거나 기타 국가에서 등본식물, 임목, 과목 및 감상목 품종의 번식자재를 판매한 지 6년 미만, 기타 번식자재를 판매한 지 4년 미만일 경우, 신규성을 구비한 것으로 본다.

(2) 구 별 성

식물신품종의 구별성이 강조하는 것은 신품종과 일반인에게 알려져 있는 품종 사이의 구별성이다. 일반인에게 알려져 있는 품종이란 공중들이 널리 알고 있거나, 이미 재배나 판매하였거나, 이미 등록을 완료하였거나 등록 중이거나, 참고문헌에서 이미 명확하게 기재된 품종을 말한다. 구체적으로 말하면, 구별성이라 함은 품종권을 신청한 식물신품종이 출원일 이전에 이미 알려진 식물품종과 현저하게 구별되는 하나 또는 여러 개의 특징을 갖고 있어야 함을 말한다. 이와 달리 발명특허가

134) 李剑:《植物新品种知识产权保护研究》，中国人民大学2008年博士学位论文。

요구하는 진보성은 기술발명이 갖는 뚜렷한 실질적 특징 및 현저한 기술적 진보성을 갖는 것을 말하며 진보성 기준에 대한 요구가 비교적 높다.

(3) 균일성 및 안전성

전자는 품종이 유무성번식을 거쳐 예견가능한 변이 외에 관련 특징이나 특성이 균일한 것을 말하며 후자는 반복되는 증식이나 매 증식주기가 완료 후에도 특징이나 특성이 변함없는 것을 말한다. 식물신품종의 균일성 및 안전성은 한 품종이 농업생산 또는 종자거래에 사용될 수 있는 선결조건이다. 법률적으로 보면, 균일성의 결여는 권리의 부여에 영향을 미칠 수 있으며 안전성의 상실은 권리가 취소되게 할 수 있다. 요약하면, 균일성 및 안전성은 식물신품종이 증식과정에서의 생물학 특징이자 품종권 수여의 법적 요건이며 이는 발명특허가 공업생산에서의 실용성(공업실용성, 중복실용성, 유익성 등)의 구체적인 요건과는 현저하게 다르다.

(4) 명칭표기성

보호받는 식물신품종은 어떠한 특정품종임을 표시 또는 식별하기 위하여 적당한 명칭이 있어야 한다. 신품종에 대한 명명은 동일 또는 유사한 식물의 속이나 종에서 이미 알려진 품종의 명칭과 서로 구별되어야 하며 해당 명칭이 등재를 거쳐 식물신품종의 통용명칭이 되어야 한다. 이와 달리, 특허법은 권리자가 특허상품 또는 그 포장에 특허표시 및 특허번호를 표기할 것을 규정하였지만 이는 일종의 수권성 규정일 뿐 권리표시 여부는 권리의 존재에 영향을 미치지 않는다.

나. 식물신품종권의 내용

식물신품종권은 국가가 규정에 부합되는 식물신품종에 대하여 부여한 전용권이다. UPOV협약은 식물신품종권의 구체적인 내용을 규정하였지만 체약국은 자신의 상황에 따라 일부 특별한 규정을 둘 수 있다. 당해 협약에 따르면, 제3자가 보호받는 품종에 대하여 상업판매를 목적으로 증식자재를 생산하거나 판매용 증식자재를 제공하거나, 시장에서 증식자재를 판매하는 행위를 행할 시 우선 육성자의 동의를 거쳐야 한다. UPOV협약의 1991년 문서에서는 육성자의 번식을 위한 재배권, 수출권, 수입권 및 저장권(貯藏權) 등 권리를 추가 규정하였다. 육성자는 증식자재로부터 파생된 자재 및 파생품종에 대하여서도 지배할 권한이 있다. 중국의 「식물신품종보호조례」 규정에 따르면 어떠한 법인이나 개인도 품종권자의 허가없이 상업목적으로 수권품종의 증식자재를 생산하거나 판매할 수 없고 상업목적으로 해당 수권품종의 증식자재를 기타 품종의 증식자재의 생산에 중복하여 사용해서는 안된다. 중국에서 품종권자는 아래 권리를 갖는다.

(1) 생 산 권

품종권자의 증식자재의 생산에 대한 전용권 보호는 식물신품종보호제도를 실시하는 국가의 보편적인 규정이다. 생산권이라 함은 품종권자가 타인이 허가없이 상업목적으로 해당 수권품종의 증식자재를 생산하는 행위를 금지할 수 있는 권한을 말한다. 농업에서 증식자재라 함은 증식가능한 식물의 종자와 식물체의 기타 부분을 말하고 임업에서 증식자재라 함은 묘목을 포함한 전체 식물, 종자(뿌리, 줄기, 잎, 꽃, 열매 등 포함) 및 식물체를 구성한 모든 부분(조직, 세포 포함)을 말한다. 해당 규정에 따라 품종권은 수권품종의 증식자재로부터 획득한 양식, 과일, 야채 등 상품에까지 확대적용되지 않는다.

(2) 판 매 권

판매권이라 함은 수권품종의 증식자재에 대한 판매행위가 품종권자의 허가를 얻어야 함을 말한다. 판매는 품종권자의 경제이익을 실현하는 중요한 방식 중 하나로서 품종권자는 해당 판매행위를 금지할 권한이 있다.

(3) 사 용 권

사용권이라 함은 품종권자가 타인이 허가없이 해당 수권품종의 증식자재를 상업목적으로 기타 품종의 증식자재의 생산에 중복하여 사용하는 것을 금지할 수 있는 권한을 말한다. 생산농작물과 같이 증식자재의 생산이 아닌 기타 사용용도에 대하여 품종권자는 금지할 권한이 없다.

(4) 명칭표기권

명칭표기권이라 함은 자신의 수권품종의 포장 위에 품종권을 표기할 수 있는 권리를 말한다. 조례 및 실행세칙에 따르면 신품종에 대한 명명은 아래 경우가 포함되어서는 안된다. 명칭이 숫자로만 구성되거나, 명칭이 국가법률 또는 사회공공도덕을 위반하거나 민족차별성을 갖거나, 국가명칭으로 명명하거나, 현급 이상의 행정구역의 지명 또는 공중이 널리 알고 있는 외국지명으로 명명하거나, 정부 간의 국제기구 또는 기타 국내외 유명단체의 표시명칭과 동일하거나 유사하게 명명하거나, 식물신품종의 특징, 특성 또는 육성자의 신분 등에 대하여 쉽게 오인을 야기하거나, 동일 또는 유사한 식물의 속이나 종의 이미 알려진 명칭에 해당되어서는 안되며, 명칭에 대하여 과도하게 홍보해서도 안된다.

다. 식물신품종권에 대한 제한

농임업 식물은 인류의 의식주에 필요한 생활필수품이며 인류의 생존 및 발전과 밀접한 관련이 있다. 따라서 각국은 식물신품종을 보호할 시, 모두 사회공공이익의 입장에서, 육성자의 권리에 대하여 일정한 제한을 하고 있다. UPOV협약은 서언에서, 본 협약은 육성자의 권리 및 사회공공이익의 원칙을 균형있게 고려하는 것임을 명확히 하였다. 우선, 각 체약국은 자국의 농업을 발전시키기 위하든 육성자의 권리를 보호하기 위하든 식물신품종에 대한 보호는 아주 중요한 문제임을 인식하였다. 또한 각 체약국은 육성자의 권리에 대한 승인 및 보호로 인하여 발생한 특수문제 특히 공공이익을 위하여 이러한 권리의 자유로운 행사를 제한하는 문제를 인식하게 되었다. 따라서 개인이 비상업성의 목적으로 식물신품종을 사용하거나 실험목적으로 사용하거나 기타 품종의 배양을 위하여 사용하거나 농민이 자가토지에서 증식의 목적으로 자가채종을 하여 획득한 제품을 사용하는 등 행위는 육성자 권리의 제한을 받지 않는다. 이러한 제한성 규정은 농업과학기술자가 정상적인 과학연구를 실행하고 농민의 생산행위를 보호함에 있어서 아주 중요한 의의를 갖는다. 여기서 주목할 것은 UPOV협약 1978년 문서 제9조에서는 상기 제한적 권리에 대하여 두 가지 역제한 규정을 두고 있다는 점이다. 하나는 공공이익을 목적으로 한 권리제한이여야 하며 그렇지 않으면 육성자는 아무런 제한없이 자유로 독점권을 행사할 수 있다. 다른 하나는 품종을 보급하기 위하여 육성자의 권리에 대하여 제한할 시 해당 연맹체약국은 모든 필요한 조치를 취하여 육성자에게 이에 대한 대가를 지불하여야 한다. 동 협약은 체약국이 사회공공이익을 위하여 육성자의 권리를 제한한다는 것을 인정하였고 경제적으로 체약국이 육성자에게 경제적 보상을 제공할 것을 요구함으로서 일정한 정도에서 사회이익과 개인이익의 균형을 이루었다. 중국의 「식물신품종조례」는 품종권자의 전용권에 대하여 다음과 같이 제한하였다.

(1) 공정이용

수권품종을 이용하여 재배 또는 기타 과학연구활동을 수행하거가 농민이 자가채종할 시 수권품종의 증식자재를 품종권자의 허락없이 사용료를 지불하지 않고도 사용할 수 있지만 품종권자의 기타 권리를 침해해서는 아니된다.

(2) 강제사용허가

국가이익 또는 공공이익을 위하여, 농임업행정주관기관은 식물신품종에 대한 강제사용허가의 결정을 할 수 있으며 이를 통하여 수권품종을 보급, 사용하게 할 수 있다. 강제사용허가를 얻은 법인이나 개인은 품종권자에게 합리적인 사용료를 지불하여야 한다.

라. 식물신품종권의 기한

현재 국제적으로 다수가 식물신품종권에 대하여 비교적 긴 보호기간을 규정하고 있다. UPOV 1978년 문서 제8조에서는 육성자의 권리보호기간은 통상 보호증서를 발급한 날부터 15년보다 적어서는 아니되며 등본식물, 임목, 과목, 감상식물 및 그들의 대목은 18년보다 적어서는 아니된다고 규정하였다. 1991년 본 협약은 문서를 수정하여 육성자의 권리기한을 연장하였다. 등본식물 및 임목에 대하여 기존의 18년에서 25년까지 연장하였고 기타 식물은 15년에서 20년으로 연장하였다. 관련 수정을 통하여 식물신품종의 보호기간은 발명특허의 20년과 일치하게 되었다. 중국에서 식물신품종의 보호기간은 수권일로부터 등본식물, 임목, 과목 및 감상목은 20년이고 기타 식물은 15년이다. 보다시피 중국식물신품종의 보호기간은 UPOV협약 1978년 문서에서 규정한 기간의 하한선이고 1991년 문서에서 규정한 기한요구보다 짧다. 여기서 주목할 것은 품종권 및 특허권의 보호기간의 시점이 다소 다르다는 점이다. 품종권의 보호기간은 증서발급일로부터 계산하며 특허권의 보호기간은 통상 출원일로부터 계산한다. 기한의 확정은 법률적 의미가 있으며 품종권자는 품종권을 수여받은 해부터 연비용을 납부하기 시작하며 심사비준기관의 요구에 따라 수권품종의 검사측정을 위한 증식자재를 제공하여야 한다.

마. 식물신품종권 침해에 대한 법률책임

중국법의 규정에 따라 권리침해책임은 민사책임, 행정책임 및 형사책임으로 나눌 수 있다. 중국 「식물신품종보호조례」의 규정에 의하면 품종권자는 수권받기 전의 식물신품종권에 대하여 임시보호를 받는다. 품종권자는 수권받기 전 타인이 허락없이 해당 식물신품종의 증식자재를 사용하는 행위에 대하여 추상권(追賞權)을 갖는다. 즉 수권받은 후 상기 허락없이 상업목적으로 수권품종의 증식자재를 생산하거나 판매하는 법인이나 개인에 대하여 사용료의 지불을 청구할 수 있다. 품종권자의 허락없이 상업목적으로 품종의 증식자재를 생산하거나 판매할 경우, 품종권자 또는 이해관계자는 성급 이상 정부의 농림업행정기관에게 처리를 청구할 수 있으며 직접 법원에 소를 제기할 수도 있다. 성급 이상 정부의 농림업행정기관은 각자의 직권에 따라 품종권 침해행위를 처리할 수 있으며 자치원칙에 따라 쌍방당사자에 대하여 조정을 할 수도 있다. 조정협의에 이르게 되는 경우, 당사자는 관련 협의를 이행하여야 한다. 조정협의에 대하여 일방당사자가 번복하거나 그 이행을 거부하거나, 조정이 협의에 이르지 못하였을 경우, 품종권자 또는 이해관계자는 법원에 민사소송을 제기할 수 있다. 성급 이상 정부의 농림업행정기관은 공공이익을 보호하기 위하여 각자의 직책에 따라 침해자가 침해행위를 정지하도록 명할 수 있으며 불법소득을 몰수하는 한편 불법소득의 1배 이상 또는 5배 이하의 벌금형을 처할 수 있다. 수권품종의 사칭행위로 인하여 심각한 결과를 초래할 시 이러한 범죄행위에 대하여 법에 따라 행위자의 형사책임을 추궁할 수도 있다.

4. 식물신품종권제도의 국제적 변혁 및 중국의 대응

식물신품종권이라 함은 무형재산권체계에서의 새로운 제도를 말한다. 개인의 입장에서 보면 식물신품종권은 농업영역에서의 중요한 무형재산으로서 농업과학기술 성과의 육성자가 권리 보호를 획득하는 새로운 방식이다. 정부의 입장에서 보면, 식물신품종권은 식물품종의 거래행위를 규범화하고 농업과학기술 관련 시장의 질서를 유지하는 제도이기도 하고 국가가 농업경제의 건강한 발전을 촉진하는 정책적 도구이기도 하다. 국제적 입장에서 보면, 식물신품종권은 자국의 농업안전을 보장하고 농산물거래의 국제경제력을 강화하는 법률적 무기이기도 하다. TRIPS시대에 진입한 후, 식물신품종권제도는 끊임없이 발전하는 글로벌의 국제적 배경과 현대화의 시대적 배경에 처하게 되었다. 이러한 새로운 변화는 중국의 관련 법률의 발전 및 제도의 확립에 일정한 영향을 미치게 되었다.

가. 이중식 보호방식: 식물신품종권제도의 국제적 발전추세

「국제식물신품종보호협약」으로부터 「지식재산권협정」까지, 모두 대체로 체약국이 특허방식 또는 일종의 특별제도 또는 양자의 결합을 통하여 식물신품종에 대하여 보호를 제공하여야 한다고 규정하였다. 이중식 보호방식은 국제법적 근거도 있고, 각국이 실무에서의 입법방식이기도 하다.

미국은 이중식 보호방식을 취하는 대표적인 국가이다. 앞서 논한 바와 같이 1930년의 「식물특허법」으로부터 1970년의 「식물신품종보호법」은 식물특허증서, 보통특허증서, 품종보호증서 등 세 가지 법정보호방식을 통하여 미국의 비교적 완비된 식물신품종보호체계를 구성하였다.[135] 체계의 구성내용을 보면, 특허법 보호를 위주로 하고 특별법 보호를 보충으로 하는 듯하다.

일본도 이중식 보호방식을 취하였지만 미국과 다소 다르다. 실무에서 특별법이 주도적 역할을 하며 특허법의 역할은 아주 제한적이다. 1975년 일본특허청에서 공포한 「식물신품종심사기준」에 대한 명문 규정에 의하면 육성한 식물신품종이 반복적인 검증을 통과할 수 있고 모본식물의 특징과 구별되며 만약 진보성을 갖출 경우,

135) 聂洪涛:《论植物新品种国际保护的发展趋势》, 载《江西社会科学》, 2011(10)。

일반특허와도 동등하게 간주된다. 그 외 육성한 식물품종 자체의 발명에 대하여서도 특허성을 인정하였다. 그 후 1978년 일본은 「종묘법」을 공포하여 식물신품종에 대하여 특별법으로 보호하였다.

유럽연맹의 이중식 보호방식 또한 다르다. 유럽회원국은 다수가 세계적 농업대국으로서 식물품종에 대한 보호를 아주 중요시하였지만 과거 긴 시간 동안 식물에 대하여 특허를 부여하지 않았다. 20세기 70년대의 「유럽특허협약」 제53조에서는 동식물품종 및 생물방식을 이용하여 증식한 동식물품종을 특허보호범위에서 배제하였으며 식물신품종에 대하여 특별법으로 보호하였다. 이와 관련한 중요한 법률에는 1994년의 「공동체의 식물신품종보호규칙」 및 1999년의 「유럽식물신품종협약」이 있다. 그러나 이는 유럽연맹국가가 실무에서 식물에 대하여 특허부여하는 것을 금지하였음을 의미하는 것은 아니다. 유럽특허청제소위원회는 Giba v. Case 사건에서 「유럽특허협약」이 식물특허를 보호하지 않는 것에 대하여, 동 협약은 식물품종에 대한 이중적 보호를 방지하기 위하여 단지 식물품종특허를 제외하였을 뿐이라고 해석한 적이 있었다. 그러나 식물품종권을 수여할 수 없는 식물이 특허요건을 구비하였을 경우, 특허를 수여할 수 있다.[136] 1990년 유럽특허청은 「신유럽특허협약실행세칙」 23b(4)조항에서 식물 및 식물품종에 대하여, 식물품종은 식물의 하위개념으로서 한 식물이 특정식물품종에 한정되지 않는다면 특허성이 있다고 규정하였다. 1998년 유럽연맹은 「생물기술발명에 관한 법률보호지시령」을 통과하여 특허에 대한 보호범위에는 생물자재특허 및 생물방법특허가 포함된다고 명확히 규정하였으며 그 특허내용은 식물과 관련이 있다.

유럽, 미국 등 선진국의 입법실무로부터 보면, UPOV협약은 식물신품종에 대한 국제보호의 핵심제도이며 다수 국가는 특별법 및 특허법이 서로 결합된 이중식 보호방식을 취하고 있다.

나. 보호수준 향상: 식물신품종권제도의 국제적 입법주제

경제의 글로벌화 및 지식재산권의 통합화 추세 속에서 각국은 식물신품종에 대한

136) Tim Roberts, "Patenting Plants Around the World", E. I. P. R, Vol.10, 1996, p.531.

보호를 갈수록 중요시하고 있으며 UPOV체약국 수도 신속하게 늘어났다. 그 원인을 보면, 주로 아래 두 가지가 있다. 하나는「지식재산권협정」제27조 제3항 (b)에서는 식물신품종에 대한 지식재산권 보호에 대하여 명확히 규정하였다. 체약국은 동식물에 대하여 특허를 수여하지 않을 수 있지만 특허제도나 실행가능한 전문제도를 확립하거나 또는 양 제도의 결합을 통하여 식물신품종을 보호하여야 한다. 식물신품종권은 세계무역기구 구조하에서의 지식재산권 보호에 대한 제도적 마련이다. 다른 하나는 UPOV협약은 일종의 국제적 보호와 각국 협력합작의 효과적인 체계를 확립하였다.[137] 체약국은 국제식물신품종보호연맹을 설립하여 식물신품종에 대한 보호, 연구개발, 측정평가 및 양도 등 업무를 전개함으로써 육성자의 권익을 보장하였다. UPOV협약의 규칙은 각국이 식물신품종제도를 확립하는 기본적인 구성내용이라 할 수 있다.[138]

UPOV협약은 1968년 발효한 이래, 1972년, 1978년, 1991년의 수정을 거쳐 현재 효력이 있는 것은 1978년 및 1991년 문서이다. 1999년 4월부터 새로 가입한 국가는 1991년 문서만 집행한다. 비교하여 보면, 1991년 문서는 육성자의 권리에 대하여 비교적 높은 수준의 보호를 제공하였다. 이는 주로 아래 몇 가지 측면에서 표현된다. 첫째, 보호범위이다. 1991년 문서는 보호범위를 최저 24개 식물군이나 종에서 모든 식물의 군이나 종에까지 확장하였으며 보호대상도 기존의 증식자재로부터 증식자재, 수확자재, 최종제품, 실질성 파생품종에까지 확장하였다. 둘째, 권리내용이다. 1991년 문서는 식물신품종권의 권리항목에 대하여서는 비록 변화가 없지만 내용범위는 생산, 판매, 판매허가, 수출입, 저장 등 각 유통절차에까지 확장하였다. 셋째, 보호기간이다. 1978년 문서의 보호기간은 품종권 수여일로부터 통상 식물은 최소 15년, 목본식물은 최소 18년인 반면 1991년 문서는 각각 20년 및 25년까지 연장되었다. 넷째, 권리제한이다. 농민특권은 강제성 예외에서 비강제성 예외로 변경되었다. 1978년 문서는 농민특권의 강제적 이용(예를 들면 종자보존, 교환 등)을 규정하였지만 상업목적의 생산인 경우는 제외하였다. 반면 1991년 문서에서는 농민특권의 이용은 정부의 통제에 의한다고 규정하였다. 즉 체약국은 농민권리의 유무 및

137) 2012년까지 UPOV에 가입한 회원국은 이미 70개에 달하였다.

138) 叶盛荣、周训芳:《国际植物新品种保护趋势及我国的对策》, 载《湘潭大学学报》(哲学社会科学版, 2010(3)。

정도에 대하여 자체로 규정할 수 있다. 이 또한 강제성이 아닌 예외규정이라 할 수 있다.

현재까지 약 3분의 2 이상의 UPOV체약국이 집행하는 것은 1991년 문서이다. 새로운 체약국이 끊임없이 가입됨에 따라 비교적 높은 수준의 보호를 제공하는 1991년 문서는 식물신품종 보호에 대한 국제적인 제도방식이 될 것이다.

다. 생물 다양성: 식물신품종제도의 국제적 변혁동향

20세기 말 21세기 초 이래, 환경보호, 생태평형, 생물다양성 관련 문제는 점점 국제적인 광범위한 주목을 받게 되었다. 유엔환경계획서, 유엔양식농업단체, 국제자연보호동맹, 녹색평화단체를 대표로 한 수많은 국제단체 및 비정부단체의 추진하에 식물신품종권제도는 육성자의 상업이익을 보호하는 한편 이와 관련된 환경자원, 생물다양성의 문제를 주목하지 않을 수 없게 되었다.

1992년 유럽환경 및 발전대회에서 체결한「생물다양성협약」(CBD협약)의 목적은 "식물유전자원과 관련된 각종 현저한 문제점 특히 ①「생물다양성협약」이 강조하는 비원시적 수집물(非原生境收集物)에 대한 획득문제 ② 농민권리의 문제를 해결하고자 한다."[139] 동 협약의 취지는 생물다양성을 보호하고 그 구성내용을 지속적으로 이용하며 유전자원을 이용하여 획득한 이익을 공정하고 합리적으로 분배하는 것이다. 동 협약에 근거하여, 한 국가가 타국의 생물자원을 이용할 시 주권원칙, 허가원칙 및 이익분배원칙에 따라야 한다. 구체적으로 말하면 타국의 생물자원을 이용하고자 할 경우, 자원공급국가의 동의를 거쳐야 하며 해당 국가는 자신이 공급한 자원의 생물기술을 이용하여 획득한 성과 및 수익을 공정하게 분배받을 권리가 있으며 이로부터 취득한 자금 및 기술은 생물다양성의 보호에 투입되어야 한다.

CBD협약은 UPOV협약에 대한 중요한 보충으로서 식물품종권제도의 개혁을 위하여 새로운 방향을 제시하였다. 현실적으로 보면, 선진국 및 개발도상국은 생물기술 및 생물자원이라는 두 개의 극단에 각각 처해있으며 전 세계 80%의 생물자원은 개발도상국에 있지만 95%의 생물기술특허는 선진국이 갖고 있다.[140] 장기적으로

139) "생물다양성협약" 내 최종 문서 제3호 결의. 转引自唐广良:《遗传资源、传统知识及民间文学艺术表达国际保护概述》, 载《知识产权文丛》, 第8卷, 北京, 中国方正出版社, 2002。

보면, 생물자원에 대한 "국가주권"의 상실 및 생물기술에 대한 "이익공유"가 결여된 상황에서 현행의 무형재산권제도에 식물신품종권제도를 포함시키는 것은 폐단이 존재한다. 「지식재산권협정」 제27조 제3항 (b) 내용에 관한 담판회의에서 개발도상국의 강한 반대로 인하여 선진국은 협정 실행 4년 후인 1999년에 해당 조항에 대하여 재검토하기로 승낙하였지만 현재까지 해당 검토는 진정으로 이루어지지 않고 있는 실정이다. 하지만 CBD협약의 이념은 이미 적지 않은 국가의 식물신품종권의 입법에 도입되기 시작하였다. 일부 개발도상국은 UPOV협약 외에 새로운 보호방식의 구축을 시도하였다. 이러한 보호방식은 생물다양성, 농민권리 및 지역사회의 권리를 보호하는 전제하에, 식물신품종에 대하여 제한적인 사권적 보호를 제공하는 것이다. 이와 관련하여 대표적인 것은 인도에서 제정한 「식물품종 및 농민권익 보호법」이다. 동 법은 육성자에게 식물신품종권의 생산, 판매 및 수출입의 독점권을 수여하고 또한 농민에게 식물품종에 대한 보존, 사용, 재배 및 교환의 권리를 부여하였다. 일부 UPOV협약의 체약국은 자국의 식물신품종 관련 입법에서 생물다양성 관련 조항을 추가하였다. 예를 들면, 멕시코의 「연방식물신품종보호법」에서는 공공기관 또는 개인이 생물다양성을 보호하기 위하여 보호받는 품종을 이용하여 연구개발을 할 시 무조건 면책하여야 한다고 규정하였으며 뉴질랜드의 「식물품종권법」 수정안에서는 마오리족의 이익 및 생물다양성에 대한 보호 강화를 본 수정안의 중요한 문제로 삼았다.[141)]

CBD협약의 이념을 규범화된 제도적 설정에 도입하는 것은 식물신품종권제도 관련 변혁에 대한 새로운 시도이자 현재 식물신품종의 국제적 보호질서에 대한 유익한 보충이기도 하다. 「지식재산권협정」이든 UPOV협약이든 모두 수정과정에서 이러한 변혁의 추세를 무시할 수는 없다.

식물신품종에 대한 국제보호의 발전추세에 따라 중국은 적극적으로 관련 법률법규를 보완하여 중국의 농업지식재산권 관련 전략의 실시와 농업경제의 발전을 위하여 필요한 제도적 보장을 제공하여야 한다. 이와 관련하여 구체적으로 아래 몇 가지

---

140) 冯飞:《我国与发达国家生物产业化差距15年》, 见 http://news.163.com/10/0623/08/69RNIN7F000146BC.html, 2012.02.14.

141) 牟萍:《我国农业植物新品种保护现状及应对之策》, 载《法学》, 2008(4); 聂洪涛:《论植物新品种国际保护的发展趋势》, 载《江西社会科学》, 2011(10)。

문제점을 고려할 필요가 있다.

(1) UPOV협약 1991년 문서의 가입문제

1991년 문서는 1978년 문서보다 더욱 성숙되고 더욱 수준높은 제도적 설계이며 현대의 농업기술의 발전에 적용되는 것으로서 해당 문서의 채택은 이미 국제적으로 식물신품종 보호의 주류추세가 되었다. 국제사회의 압박에 의하든,[142] 자신의 발전의 필요성에 의하든, 중국은 현행 법률제도를 수정 및 보완하여 1978년 문서보다 높은 수준의 보호를 제공함으로서 점차 1991년 문서로 옮겨가야 한다.[143] 1991년 문서의 요건과 비교하여, 중국은 식물신품종보호제도에 대하여 다음과 같이 수정할 필요성이 있다. ① 품종의 보호범위를 확대하여야 한다. 국가급 식물품종보호명부에 기재한 식물속 또는 종을 추가 열거하여 특히 일부 자국의 특색을 갖는, 경제가치가 높고 국제경쟁력이 강한 신품종을 보호체계에 포함시켜야 한다. ② 품종권 내용을 보완하여야 한다. 단순히 품종권자의 판매권에 대한 보호로부터 수입권, 판매허가권까지 확장보호하여야 한다. ③ 권리침해행위에 대한 처벌강도를 높여야 한다. 형법에서 식품신품종권 침해에 대한 형사범죄행위를 추가 규정하여 심각한 불법행위를 엄격하게 단속하여야 한다.

(2) 특허보호 관련 제도적 마련문제

중국은 식물신품종에 대하여 특별법 및 특허법이라는 이중식 보호방식을 취하고 있다. 중국의 「특허법」 제25조 규정에 따르면 식물품종 자체에 대하여 특허를 수여할 수 없지만 식물을 생산하는 "비생물학적 방법" 및 "비생물학적 방법 중심"의 경우, 방법특허의 보호를 받을 수 있다. 여기에서 식물을 생산하는 방법특허는 해당 방법에 의하여 얻은 물질(즉 식물)에까지 확장되어야 한다. 그 외 특허청의 심사지침의 규정에 의하면 유전자변형식물 및 그 생산방법에 대하여 모두 특허권을 부여할 수 없다. 특허기술의 측면에서 보면, 유전자변형기술은 인위적인 기술수단을 통하

---

142) 2005년, UPOV연맹은 중국의 국가지식재산국, 농업부, 국가임업부과 공동으로 "UPOV협약 1991년 문서의 장점 및 식물신품종 보호 관련 국제협력회의"를 개최하였다. 회의의 주요목적은 중국으로 하여금 조속히 1991년 문서에 가입하도록 독촉하기 위함이다. 参见牟萍:《我国农业植物新品种保护现状及应对之策》, 載《法学》, 2008(4)。

143) 남아프리카, 브라질, 볼리비아, 콜롬버스, 니카라과 등 국가는 식물신품종 관련 입법에서 문서의 점차적인 과도방식을 취하였다.

여 서로 다른 물질종류 사이에서 유전자가 이전되게 함으로서 특수한 형태 및 성능을 가진 신형의 식물이 발생하게 된다. 이를 통하여 유전자변형기술은 특허성의 요건을 구비하게 된다. 그러나 특허정책의 측면에서 보면, 생물기술 관련 발전수준의 제한성으로 인하여 심사지침은 인체의 유전자배열은 특허심사범위에 포함시켰지만 식물의 유전자배열은 언급하지 않고 있다. 이러한 규정은 현재의 시대환경에 따른 것이지만 시대의 변화에 따라 발전하여야 한다.

(3) CBD협약의 농민권 보호문제

UPOV협약 1991년 문서의 진보성은 현대농업기술의 발전의 필요성을 충족한 데 있다. 그러나 부족한 점은 농민특권을 체약국이 자유로 선택할 수 있는 비강제적 예외규정으로 둔 것이다. 중국의 식물신품종 관련 입법은 1991년 문서의 높은 수준의 보호규정을 참조할 뿐만 아니라 CBD협약의 이념을 도입하여 농민권 및 생물유전자원의 보호에 대하여 규정하여야 한다. 1) 농민권에는 식물유전자원과 관련된 전통적인 지식을 보호할 권리, 식물유전자원의 이용으로부터 공정한 이익을 공유할 권리, 국가의 식물유전자원에 대한 보호 및 지속적 이용 관련 사항의 결정에 참여할 권리, 수권품종으로부터 발생한 제품에 대한 보존, 사용, 교환, 판매의 권리 및 상업 육성자의 품종을 이용하여 기타 품종을 육성할 권리 등이 포함된다. 2) 생물다양성 보호 관련 제도를 명확히 하여야 한다. 품종권 출원인이 출원할 시 해당 품종을 육성하기 위하여 사용한 종자의 실제출처를 공개하여야 하며 또한 출원인은 해당 종자자원을 채집한 지역사회 또는 농민단체와 달성한 이익분배협의서를 제시하여야 한다. 한편 국가는 적당한 조치를 취하여 유전자자원을 이용하여 발생한 혜택과 이익을 지역사회에 재투입함으로서 생물다양성을 보호하고 유전자원의 지속적인 이용을 강화하여야 한다.

식물신품종의 입법문제는 한 나라의 생물기술수준 및 상업화 이용정도와 밀접한 관련성이 있다. 선진국은 특허법 및 특별법을 통하여 권리자에 대한 보호를 강화하였다. 즉 한 면으로는 특허법을 통하여 식물품종, 식물육성방법, 식물유전자 등에 대하여 전반적인 보호를 제공하고, 다른 한 면으로는 UPOV협약 1991년 문서의 수정을 통하여 식물신품종권의 보호강도를 높였다. 중국은 개발도상국으로서 전반적인 농업기술의 발전수준 및 농민권익의 보장 등 현실적인 문제에 대하여 현 단계에서는 아직 특허법의 관련 규정을 고수하고 있다. 즉 식물생산방법에 대하여 특허를 수여하지만 유전자변형식물에 대하여서는 아직 특허를 수여하지 않고 있다. 따라서 현행의 「식품신품종보호조례」를 수정하여 점차 UPOV협약 1991년 문서로 넘어가야 한다. 여기서 설명할 것은 국무원은 2013년 1월 31일 「식물신품종보호조례」를 수정하여 "행정벌금"조항을 추가하였다. 즉 성급 이상 정부의 농임업행정기관은 품종권 침해사건, 그리고 현급 이상 정부의 농임업행정기관은 수권품종 사칭사건에 대하여 침해제품이 물품금액이 없거나 그 금액이 인민폐 5만위안 이하일 경우 25만위안 이하의 벌금을 처할 수 있다. 중국의 「식품신품종보호조례」가 향후 UPOV협약 1991년 문서와 어떻게 연결될 것인가에 대하여 아직 더욱 세심한 관찰이 필요한 시점이다.

제17장
상 표 법

상표권은 일종의 상징적 권리이다. 관습상 우리는 상표권, 특허권 및 기타 공상업 거래에 직접 적용될수 있는 지식재산권을 통칭하여 산업재산권이라고 하며 산업재산권과 저작권(인접권포함)을 총괄하여 지식재산권[144]이라고 칭한다. 법률적 측면에서 보면 상표권은 상표권자가 해당 상표에 대하여 독점적 사용권을 갖는 일종의 사적 권리로 간주된다. 또한 관리적 측면에서 보면 상표권은 독자적으로 존재하고 단독적으로 취득가능한 "단독형 무형재산"으로 간주할 수 있다.[145] 상표권은 상거래분야에서 가장 중요한 지식재산권이다.

1. 상표권의 기본적 속성

가. 상표이익의 구성: 표지 및 상업명예

상표권은 사적 권리로서 특정이익을 토대로 발생한 권리이다. 상표권이 보호하는 특정이익이 도대체 무엇인 가의 문제는 상표권의 기본적 속성을 고찰하는 이론적 전제이다.

이익은 권리의 기초 및 근본적인 내용이자 권리의 목표대상이기도 하며 사람들이 권리를 향유함으로 인하여 달성하고자 하는 목적이기도 하다. 미국의 저명한 법학

144) 지식재산권, 산업재산권과 저작권, 특허권, 상표권 등 개념 사이의 논리관계에 대하여 郑成思主编:《知识产权研究》, 第2卷, 北京, 中国方正出版社, 1996 참조.

145) 蔡吉祥:《无形资产学》, 43页, 深圳, 海天出版社, 1996。

가 로스코 파운드(Rothko Pound)는 이익을 권리의 일종 기본적 개념으로 간주하였으며 이익을 사적 이익(개인생활과 직접 관련되는 요구, 필요 또는 희망사항을 말하며 또한 이러한 생활로 단정된 권리), 공중이익(정치단체의 사회생활과 관련되는 요구, 필요 또는 희망사항을 말하며 또한 이러한 단체생활로 단정된 권리)과 사회이익(문명사회의 사회생활과 관련되는 요구, 필요 또는 희망사항을 말하며 또한 이러한 생활로 단정된 권리)으로 구분하였다. 파운드(Pound)의 논점에 따라, 사적 이익인 개인생활의 이익을 다시 인격이익, 가정이익 및 물질이익으로 구분할 수 있으며 개인의 물질이익은 유형재산에 대한 지배요구, 거래의 종사 및 계약의 자유에 대한 요구, 승낙에 따른 이익이나 금전적 이행에 대한 청구 그리고 타인과 경제적 이익관계가 발생할 시 외부의 간섭을 받지 않도록 보호할 것을 청구하는 등 네 가지 방면의 요구나 청구를 포함하고 있다.[146] 그중에서 상업관계를 보호하기 위하여 외부의 간섭을 받지 않는 것에 대한 청구는 법률적으로 일종의 새로운 재산권을 형성하였다. 파운드(Rothko Pound)는 재산법은 통상 협의의 재산법, 무형재산법 그리고 끊임없이 발전하는 경제적 이익관계를 보호하는 법률원칙이 포함되어야 한다고 주장하였다.[147] 상기 이론에서 출발하여, 상표권이 보호하는 특수한 이익으로서 개인이 지배하고 이용할 수 있는 대상에 대하여 구체적으로 표지와 상업명예로 구분할 수 있다.

표지는 상표이익의 외적 형태로서 표지(문자, 도형등 상표의 구성요소), 대상(상표가 표시한 상품 또는 서비스) 및 출처(상품 또는 서비스의 출처에 대한 표장 또는 식별)라는 세 가지 요소로 구성된다.

상표의 가장 원시적이고 기본적인 기능은 상품이나 서비스의 출처에 대한 표시이다. 기록에 따르면, 중세의 상인들은 자신들의 판매상품에 해당 협회의 표지를 부착함으로서 제조자의 신분을 표명하였으며 그 목적은 바로 상품의 출처를 알리기 위함이다. 초기에 상표에 대한 보호는 경쟁상대가 자신의 상표와 혼동되는 표지를 사용함으로 인하여 소비자들을 기만하는 것을 금지하는 것으로 표현되었다.[148] 이로부터 보다시피 상표의 제일 기본적인 특징은 표시성이며 상표는 이로 인하여 일종의 표지권을 형성하였다. "상표법의 상표권 관련 규정은 상표의 표시성 및 표지권

146) [美] 罗斯科 · 庞德:《法理学》(第三卷》, 77~78页, 北京, 法律出版社, 2007。

147) [美] 罗斯科 · 庞德:《法理学》(第三卷》, 77~78页, 北京, 法律出版社, 2007。

148) 王春燕:《商标保护法律框架的比较研究》, 载《法商研究》, 2001(4)。

이라는 법률적 속성으로부터 이해할 필요가 있다."[149] "사용주의"를 취하는 국가의 판례법에서 일반적인 단어로 구성된 상표는 상품출처에 대하여 강한 식별성 의미가 있을 수는 있으나, 재산적 의미가 있고 법적 보호를 받을 수 있는 것은 상표권자의 상업신용명예이며, 상표는 단지 이러한 재산을 보호하는 수단이나 도구일 뿐이라고 주장하였다.[150] 더 구체적으로 말하자면, 표지는 상표권이 보호하는 이익의 외적 형태로서 객관화된 매체의 역할을 담당하고 있다. "등록주의"를 취하는 국가의 제정법에서 대체로 현저한 특징을 가진 표지만이 표시성이 있으며 따라서 상표로 등록될 수 있고 상표권도 발생하게 된다고 규정하였다. 미등록상표는 해당 상표가 실제로 식별성을 갖춘 전제하에, 일정한 조건이 구비될 경우, 법률적 보호를 받을 수 있다. 등록주의에 의하여 발생한 상표권의 보호대상 및 권리성질은 모두 법률에 의하여 규정된다. 다시 말하면, 법률의 보호대상은 "상표"이고, 보호권리는 "재산권"이라고 명문으로 규정되어 있다. 이론적으로 상표권과 상업신용명예는 상대적으로 분리될 수 있다. 예를 들면, 「영국상표법」 제24조에서는 등록상표권은 이전가능하며 이전할 경우 상업신용명예와 동시에 이전할 수도 있고 단독으로 이전할 수도 있다고 규정하고 있다.

상업명예는 상표이익의 내적 기초이다. 통상적으로 말하면, 상업명예(영문으로 goodwill 또는 reputation of business)는 사람들이 어느 기업의 경제능력에 대한 긍정적 평가를 말한다. 『옥스포드법률대사전』에서는 상업명예를 "한 업종이 갖는 우수한 품질은 해당 기업의 명예에서 탄생되며 고객 및 고객과의 연결을 유지할 수 있는 환경과도 관련된다."고 해석하였다.[151] 상표권이 보호하는 특정이익의 실질은 "상업기호의 흡인력", 상품표시의 영향력 및 이를 통하여 상표권 주체에게 가져다 줄 수 있는 우위와 혜택을 말한다.[152]

영국법원은 수많은 판례를 통하여 상표에는 어떠한 재산도 존재하지 않으며 위조

---

149) 孔祥俊:《商标的标识性与商标权保护的关系》, 载《人民司法 · 应用》, 2009(15)。

150) Hanover Star Milling Co. v. Metcalf,240 U. S. 403(1916)。转引自王春燕:《商标保护法律框架的比较研究》, 载《法商研究》, 2001(4)。

151) [英] 戴维 · M · 沃克主编:《牛津法律大辞典》, 北京社会与科学发展研究所组织编译, 381页, 北京, 光明日报出版社, 1989。

152) 1901년 영국의 국내세무담당자 대 뮐러(Mueller)에 대한 사건 참조. 转引自关令华:《精神损害认定与赔偿》, 173页, 北京, 人民法院出版社, 1996。

상표소송을 통하여 보통법이 보호하고자 하는 것은 상표를 이용하여 확립한 상업의 신용명예라고 재확인하였다. 미국법원도 마찬가지로 상표에 대한 독점적 사용권의 실질은 사람들이 향유하는 거래의 명성, 상업의 신용명예 및 타인의 침해를 방지하는 권리라고 인정하였다.[153] "사용주의" 국가에서 법률이 상표를 보호하는 전제조건은 상표가 공중에서 갖는 명성이며, 상표의 명성은 상표의 사용에 의하여 형성된 것이다. "등록주의" 국가에서 상표등록은 일종의 수권행위이다. 다시 말하면 상표등록은 실제로 이미 존재하는 상업권익에 대한 확인이 아니라 등록상표에 대하여 전용권을 부여하거나 창설하는 것이다. 그러나 "등록상표의 전용권의 범위는 상표의 인지도와 직접 관련된다. 상표의 인지도가 높을수록 표시성이 강하며 따라서 범위도 더 넓다."[154]

상표권이 보호하는 특정이익은 식별성 표지를 매체로 하고, 상품의 명성을 내용으로 한 재산적 이익이다. 표지 및 상업명예는 상표이익의 외적 형태와 내적 기초를 구성하고 있으며, 양자는 "서로 분리될 수 없는 샴쌍둥이처럼 일단 분리되면 모두 사망한다."고 볼 수 있다.[155]

나. 상표권 보호방식: 혼동 및 희석화 방지

상표권은 재산권으로서 권리의 설정목적은 상표의 사용목적과도 직접 관련된다. 상표의 기초는 일종의 기호로서, 기본적인 기능은 바로 상품의 출처를 밝히고 상품의 명예를 대표하는 것이다. 표지로부터 재산으로의 발전과정은 상표이익의 기본내용을 요약할 수 있으며 이 또한 사용권과 금지권(다음 내용에서 논함)이라는 상표권의 내용구성을 결정하였다. 상표권의 보호방식은 혼동 금지 및 희석화 방지이다. 이와 관련한 구체적인 내용은 다음과 같다.

혼동금지는 상표권 보호의 시작점이며, "사용주의" 국가든 "등록주의" 국가든 모두 혼동금지를 상표 관련 입법의 출발점으로 한다. 「지식재산권협정」 제16조에서는

---

153) 王春燕:《商标保护法律框架的比较研究》, 载《法商研究》, 2001(4)。

154) 孔祥俊:《商标的标识性与商标权保护的关系》, 载《人民司法、应用》, 2009(15)。

155) Thomas McCarty, McCarty on Trademark and Unfair Competition, 2008, 转引自邓宏光:《从公法到私法: 我国商标法的应然转向》, 载《知识产权》, 2010(5)。

"등록상표권자는 혼동을 초래할 가능성을 방지하기 위하여 타인이 무역거래에서 허락없이 등록상표와 동일 또는 유사한 표지를 사용하는 것을 금지할 권리가 있다."고 규정하였다. 중국「상표법」제57조에서는 상표권자의 허락없이 동일상품이나 유사상품에 등록상표와 동일 또는 유사한 상표를 사용해서는 안된다고 규정하였다. 상표법에서 말하는 혼동이라 함은 상품이나 서비스의 출처 및 관련 내용에 대한 오인이 이미 발생하였거나 발생할 우려가 있는 것을 말하며 넓은 의미와 좁은 의미로 구분할 수 있다.

좁은 의미의 혼동은 상업출처에 대한 혼동을 말하며 소비자가 상품이나 서비스의 출처에 대하여 오인할 우려가 있음을 말한다. 좁은 의미의 혼동은 통상적으로 동종상품이나 서비스 간에 발생된다. 넓은 의미의 혼동은 출처에 대한 혼동 외에, 상품이나 서비스의 기타 내용에 대한 오인도 포함되며 통상적으로 비동종상품이나 서비스 사이에서 발생된다. 전통적 상표법에서의 혼동은 통상적으로 좁은 의미의 혼동을 말한다. 하지만 시장경제의 발전과 상표권에 대한 보호수준이 높아짐에 따라 상표제도는 넓은 의미의 혼동을 기준으로 하는 추세를 나타내고 있다.[156] 상표혼동에 대한 인정은 상표 자체의 현저성 및 인지도와도 관련이 있다. 즉 상표가 현저성이 강할수록 혼동될 가능성이 크며 이는 현저성이 강한 상표일수록 보호받기 용이하다는 것을 의미한다. 그 외 상표가 유명할수록 배타적 사용능력이 강하며 실질적으로 영향력이 강한 상표일수록 보호범위가 더 넓다. 요약하면 혼동금지라 함은 상품이나 서비스의 출처를 식별하는 표지를 유지하고 제3자가 동일 또는 유사한 표지를 사용하는 것을 배제하는 것을 말한다.

희석화 방지는 상표권의 특별한 보호방식이다. 희석화 방지는 상표법이 저명상표에 대하여 제공하는 특별한 보호로서, 그 목적은 상표의 독특한 개성, 광고가치 및 양호한 명성을 보호하기 위함이다. 저명상표는 지정상품이나 서비스 사이의 관련성이 아주 강하며 소비자에 대하여 흡인력을 가지고 있다.

통상적으로 말하면 저명상표에 대한 도용과 혼동은 직접적인 관련이 없으며 상표

156) 중국의 사법실무에서 행위자가 상표침해행위를 행하였는지 여부를 인정할 때 그가 사용한 상표가 공중으로 하여금 상표의 출처에 대하여 쉽게 오인이 발생하는지 여부 그리고 양자 사이에 어떠한 관련성이 있다고 생각하는지 여부에 따라서 결정한다. 최고인민법원의「상표민사분쟁을 심리함에 있어서 법률 적용의 약간의 문제에 대한 해석」(법해석[2002] 제32호).

권자의 손해는 혼동으로 인한 고객의 감소가 아니라 상표의 영향력의 약화 및 상표 가치의 훼손이다. 따라서 상표의 희석화는 상품의 유사성, 소비자의 혼동 및 출처에 대한 오인을 조건으로 하는 일반적인 상표권 침해가 아니다. 이는 주로 아래 두 가지 형식으로 표현된다. 첫째는 상표를 약화시키는 것이다. 즉 권한없는 사용자가 저명상표와 동일 또는 유사한 상표를 저명상표의 지정상품과 동일 또는 유사하지 않은 상품에 사용함으로 인하여 저명상표와 지정상품 사이의 특정된 관련성이 점차 약화됨으로써 저명상표의 특유한 흡인력과 광고가치를 추락하게 하는 것을 말한다. 둘째는 명예를 훼손하는 것이다. 즉 저명상표를 어떠한 서비스나 상품 또는 어떠한 환경에 사용하여 해당 상표의 양호한 신용을 저평가시키거나 훼손시키는 것을 말한다. 예를 들면 어린이 장난감 상표를 음란사이트에 사용하거나 향수상표를 화장실도구에 사용하는 경우이다. 이러한 사용행위는 사람들로 하여금 저명상표에 대하여 불편감이나 혐오감을 느끼게 하여 해당 상표의 이미지에 손상을 끼칠 수 있다. 입법례를 보면 미국은 제일 먼저 희석화 방지법을 제정한 국가이다. 1996년 미국 국회는 「연방상표희석화방지법」을 통과하였으며 이는 주로 저명상표 권리자의 희석화 방지권, 희석화의 법률구제방식, 저명상표의 인정기준, 희석화의 예외경우 등 내용으로 구성되었다. 2004년 유럽연합이 통과한 「공동체상표조례」에서는 희석화 방지조항을 다음과 같이 단독으로 규정하였다. "상표권자는 모든 제3자가 자신의 허락없이 무역거래에서 공동체상표와 동일 또는 유사한 어떠한 표지를 공동체상표의 지정상품이나 서비스와 비유사한 상품이나 서비스에 사용하는 것을 금지할 권리가 있다. 이러한 공동체상표가 공동체 내에서 높은 명성을 갖고 있을 경우, 해당 표지의 사용은 정당한 사유없이 공동체 상표의 현저성이나 명성을 인용하거나 이에 손해를 끼치게 된다." 중국 상표법은 아직 상표의 희석화 방지에 대하여 명확히 인정하지 않고 있다. 하지만 일부 학자들은 「상표법」 제13조 제3항의 "동일 또는 유사하지 않은 상품에 출원한 상표가, 타인이 이미 중국에서 등록한 저명상표를 복제, 모방 또는 번역한 것으로서 소비자의 오인을 초래하고 저명상표권자의 이익에 손해를 끼칠 우려가 있을 경우, 등록을 불허하고 사용을 금지한다."는 규정이 희석화 방지규정의 도입을 위하여 제도적 공간을 마련하였다고 주장하였다. 요약하여 말하면, 희석화 방지는 상품의 출처에 대한 표지와 관련이 없고 다만 특정상표의 양호한 명예와 관련이 있다. 희석화 방지는 중국 상표법의 발전과정에서 중요한 내용이라고 할 수 있다.

2. 상표권의 내용구성 및 법률특징

상표권은 상표법의 제일 핵심적인 개념이다. 상표 관련 입법의 제일 기본적인 임무는 바로 상표권을 부여하고 보호하는 것이다. 상표권은 상표권자가 법에 따라 상표에 대하여 특정범위 내에서 갖는 각종 전유권의 총칭이다. 중국은 "등록주의"를 권리발생의 근거로 하고 있으므로 학계에서는 오랜 시간 상표권을 "등록상표권"[157]으로 해석하여 왔다. 현재 대다수 학자들은 상표권과 등록상표권은 차이가 있다고 인정하고 있다.[158] 그 이유는 "등록주의" 국가에서 등록상표가 보호받을 뿐만 아니라 등록하지 않은 저명상표도 특별한 보호를 받을 수 있고 "사용주의"나 "혼합주의" 국가에서 상표권은 상표의 사용이나, 사용 및 등록에 의하여 발생하기 때문이다.

가. 상표권의 기본내용

상기 분석에 따르면, 우리는 일부 교과서에서처럼 상표권을 단면적으로 등록상표에 대한 지배권으로 이해하여 이러한 지배권을 간단히 사용권(또는 전용권), 금지권, 존속기간갱신권, 양도권, 허가권 등의 권리로 해석하는 것은 타당치 않다고 본다. 이러한 분석방법은 사실상 민법상의 소유권의 내용을 상표법에 적용한 것이다. 필자는 상기 권리사항을 두 가지 종류로 나눌 수 있다고 본다. 하나는 권리의 객체를 지배함으로 인하여 발생한 권리항목이다. 즉 등록상표를 상품에 독점적으로 사용하거나 타인이 등록상표와 혼동을 초래하는 것을 금지하는 전용권 및 금지권이다. 다른 하나는 권리 자체를 처분함으로 인하여 발생한 권리이다. 양도 또는 사용허가의 대상은 등록상표가 아닌 등록상표의 전용권 자체이다. 요약하면 상표권은 절대권으로서 양도 또는 허가의 방식으로 재산권의 운명을 결정하며 이러한 처분권능은

---

157) 张序九主编:《商标法教程》, 法律出版社, 1997; 刘春田主编:《知识产权法》, 北京, 中国人民大学出版社, 2000, 张玉敏:《知识产权法学》, 北京, 法律出版社, 2010; 필자도 초기 저서에서는 이러한 관점을 주장하였다. 吴汉东、闵峰:《知识产权法概论》, 北京, 中国政法大学出版社, 1987。

158) 张今:《商标法》, 载吴汉东主编:《知识产权基本问题研究》(分论), 北京, 中国人民大学出版社, 2009。

소유권, 내지는 저작권 및 특허권과 별반 다를 바 없다. 따라서 상표에 대한 지배에 의하여 발생한 전용권 및 금지권만이 상표권이 갖는 특유의 권리이다. 이와 관련하여 다음과 같이 구체적으로 논하고자 한다.

(1) 전 용 권

상표전용권이라 함은 상표권자가 갖는, 해당 등록상표에 대하여 완전히 지배하거나 독점적으로 사용할 수 있는 권리를 말한다. 전용권의 내용에 대하여 중국 「상표법」에서는 "등록결정한 등록상표를 지정상품에 사용하는 것"이라고 기술되어있다. 상기 권리항목 내용은 상표권의 전용성 특징을 표현하였으며 이는 상표권의 적극적 권능이다. 따라서 상표권자는 지정상품에 독자적으로 등록상표를 사용하여 합법적인 이익을 취득할 수도 있고 또는 자신의 의지에 따라 등록상표를 타인에게 양도하거나 타인이 사용하는 것을 허가할 수도 있다. 전용권의 효력에 대하여 중국 「상표법」에서는 "등록결정된 등록상표와 지정상품에 한한다."고 명문으로 규정하고 있다. 본 조항은 전용권의 행사범위는 등록사항을 기준으로 하고 있음을 나타내고 있다. 구체적으로 보면, 첫째는 상표는 상표관리기관에 등록한 문자, 도형이나 그 조합에 한하며 이와 유사한 문자, 도형이나 그 조합을 사용해서는 안된다. 둘째는 상표관리기관에 등록한 지정상품이여야 하며 이를 기타 유사상품에까지 확대해서는 안된다.

(2) 금 지 권

상표금지권이라 함은 상표권자의 허락없이 함부로 해당 등록상표를 사용하는 것을 금지할 수 있는 권리를 말한다. 상표권과 소유권은 타인의 침해를 받지 않는 배타성이라는 공동속성을 갖고 있으며 이는 상표권의 소극적 권능이다. 이는 구체적으로 타인이 등록상표를 불법사용 또는 불법인쇄제작하거나 타인이 상표권 침해상품을 불법판매하는 것을 금지하는 것으로 표현된다. 효력범위를 보면, 상표권자는 타인이 허락없이 동일 또는 유사상품에 자신의 등록상표와 동일 또는 유사한 상표를 사용하는 행위에 대하여 모두 배타권을 갖고 있다. 구체적으로 말하면 금지권의 효력은 아래 네 가지 경우가 포함된다. 첫째, 동일상품에 동일상표를 사용하는 것; 둘째, 동일상품에 유사상표를 사용하는 것; 셋째, 유사상품에 동일상표를 사용하는 것; 넷째, 유사상품에 유사상표를 사용하는 것이다.

전용권과 금지권은 상표권의 두 가지 불가분적 권능이다. 전자는 상표권자의 등록상표사용에 대한 적극적 권능이며, 후자는 상표권자가 타인의 등록상표의 불법사용에 대항하는 소극적 권능이다. 이는 상표권의 절대성과 배타성의 법률적 표현이며 이러한 특성은 상표제도의 본질에도 부합된다. 상표법의 취지는 상표의 표시기능과 식별기능 다시 말하면 상표의 현저성을 보호하는 것이다. 만약 타인에게 혼동상표를 함부로 사용하게 하여 상품의 출처에 대한 혼동을 초래할 경우, 결국에는 소비자에 대한 기만이라는 결과를 초래하게 되며 또한 등록상표에 대한 상표권자의 효과적인 사용을 방해하게 되어 무형재산의 권익에 손해를 미치게 될 것이다.

나. 상표권의 기본적 특징

상표권은 공상업분야의 상업표지권으로서 지식혁신분야의 저작권이나 특허권과는 다르다. 상표권은 지식재산권의 일반적 특징 외에 아래와 같은 몇 가지 특징을 보이고 있다.

(1) 보호범위의 특정성

보호범위는 지식재산권에 대한 침해행위를 판단하는 기초이다. 오직 전용권의 범위를 확정하여야만 이를 근거로 타인의 행위가 침해행위인지를 판단할 수 있다. 앞서 논한 바와 같이 상표권 권리항목의 구성요소 중에서 금지권의 효력범위는 특허권이나 저작권과 달리 전용권의 효력범위보다 넓다. 통상적으로 특허권의 금지권 효력은 권리자가 취득한 발명창조의 특허범위에 한정되며, 임의로 기타 기술분야의 발명창조에까지 범위를 확장해서는 아니된다. 다시 말하면 금지권과 전용권의 범위는 일치한다는 것이다. 예를 들면 중국「특허법」제11조의 규정에 의하면 특허권자는 타인이 허락없이 생산경영을 목적으로 해당 특허상품을 제조, 사용, 판매승낙, 판매 및 수입하거나 또는 해당 특허방법을 사용하거나 해당 특허방법에 의한 상품의 사용, 판매 및 수입을 금지할 권리가 있다. 저작권의 보호범위를 보면, 금지권의 범위는 전용권의 범위와 일치하거나 심지어 더 좁다. 예를 들면 중국「저작권법」제10조에서는 저작권자가 갖는 복제권, 발행권, 대여권, 전시권 등 각종 권능을 규정하고 있다. 저작권자는 작품을 본인이 사용하거나 타인이 사용하도록 수권할 수 있으며 또한 타인이 허락없이 함부로 사용하는 것을 금지할 권리도 있다. 다만 저작권법의 규정에 따라 금지권을 행사할 경우 일부 제한이 있는 바, 예를 들면 법정사용허가의 경우, 타인은 일정한 보수를 지불하고 저작권자의 동의없이 해당 작품을 사용할 수 있으며 공정이용의 경우, 타인은 보수를 지불하지 않고 저작권자의 허락이 없이도 작품을 사용할 수 있다.[159]

효력범위를 보면, 비록 금지권의 범위가 전용권보다 넓지만 상표권 보호범위의 특정성에 따라 금지권은 여전히 일정한 범위 내에서 타인의 동일 또는 유사한 상표의 사용행위에 대한 배척권일 뿐이다. 다시 말하면 금지권의 효력이 미치는 범위는 제한적이라는 것이다. 어떤 학자는 이러한 특성을 "상표권의 상대성"이라고 부르기도 하였다.[160] 요약하면 보호범위에 대한 확정은 상표권이 갖는 전용권의 특유한 특징을 표현함으로써 법률적 의의를 갖고 있다. 바로 일부 학자들이 제기한 바와 같이 전용권은 단지 동일 또는 유사한 상품에 등록상표를 사용하는 행위를 대항하기 위하여 부여한 권리로서, 이것이 보호범위에 대한 일종의 제한인 것은 명백한 사실이다.[161] 심지어 일부 법관들은 이러한 속성을 근거로 지정상품 외의 상품에 대한 보호의 합법성 문제를 판정할 수 있다고 주장하였다. 예를 들면 이전의 실무에서는 일정한 인지도가 있는, 타인의 등록상표와 동일 또는 유사한 상표를 비유사상품에 모방해서 등록할 경우, 이러한 행위를 취소할 수 있는지 여부에 대하여 논쟁이 발생한 적이 있었다. 그러나 상표법의 규정에 따라 보호범위의 특정성으로부터 본다면, 저명상표만이 지정상품 외의 상품에 대한 보호를 적용할 수 있으며, 상표권자는 타인이 비유사한 상품에 동일 또는 유사한 상표를 등록하는 것을 대항할 수 없다.[162]

(2) 권능효력의 제한성

권능효력의 제한성은 지식재산권 제한의 범주에 포함되며, 그의 기본적인 의미는 "일정한 경우, 상표권자의 권리와 타인의 정당한 이익이 충돌이 발생하였을 시, 각

159) 王莲峰:《商标法通论》, 72页, 郑州, 郑州大学出版社, 2003。
160) 孔祥俊:《商标权属性及其与商标权保护的关系》, 载《人民司法》, 2009(17)。
161) 黄晖:《商标法》, 129页, 北京, 法律出版社, 2004。
162) 孔祥俊:《商标权属性及其与商标权保护的关系》, 载《人民司法》, 2009(17)。

당사자의 이익형평을 유지하고 공정한 보호를 제공하기 위하여 상표권에 대하여 취한 필요한 제한"[163]이라고 이해할 수 있다. 입법례를 보면, 무형재산권에 대한 국제협약이든 각국의 상표입법이든, 오랜 시간 상표권의 제한에 대한 규정이 비교적 적다. 그 이유는, 저작권이나 특허권은 창작적인 성과에 대한 권리로서, 입법자는 권익의 보호와 지식전파의 합리적인 범위라는 양자에 대하여 선택하여야 하므로 해당 권능효력에 대한 제한성 규정은 명확하고 상세하여야 한다. 이에 비해, 상표권은 경영성 표지권으로서, 혼동을 방지하기 위하여 상품의 출처를 표시하는 것과 상표권을 보호하기 위하여 독점성을 유지하는 것은 일치하는 것으로서 상표법에는 소위 말하는 강제사용허가제도가 확립되지 않았다. 그러나 상표권은 기타 무형재산권과 마찬가지로 일종의 "비물질적이고 제한받는 재산이다."[164] 다시 말하면 상표권은 사적 권리지만 절대화된 사적 권리는 아니라는 것이다. 따라서 상표권에는 권능효력에 대한 제한문제가 존재한다. 이는 주로 아래 경우가 포함된다. 첫째는 정당한 사용이다. 여기서 말하는 정당한 사용이란 상표권자 이외의 타인이 생산경영에서 서술적 표현의 사용(상품이나 서비스의 정보를 제공하기 위하여 서술적인 상표에서 표시하는 상품품질, 주요원료 ,기능, 용도 및 지명, 성씨 등 기호를 선의로 사용하는 경우)이나 지시성 사용(상품의 종류 또는 서비스의 범위 등을 객관적으로 설명하기 위하여 경영거래에서 타인의 등록상표를 사용하는 경우)등 방식으로 상표권자의 상표를 선의로 사용하지만 상표권 침해에 해당하지 않는 행위를 말한다. 상표권에 대한 공정이용에 관하여 현재 관련 국제협약이나 입법례에서 이미 규정하고 있다. 국제무역기구의 「지식재산권협정」에서는 "체약국은 상표권에 대하여 제한적인 예외규정을 둘 수 있다. 기술성 어휘에 대한 정당한 사용처럼 상표권자와 제3자의 합법적 권익에 대하여 충분한 고려가 있을 경우 예외규정을 둘 수 있다."고 규정하였다. 「유럽공동체상표조례」 제6조에서는 상표권자는 제3자가 상업상 신의성실의 관례에 따라 자신의 명칭과 주소 또는 품종, 품질, 수량, 가치, 원산지 등 특징과 관련된 표시를 사용하는 것을 금지할 권리가 없다고 규정하였다. 중국은 2002년 「상표법실시조례」 개정 시 비로소 제44조에 등록상표의 정당한 사용에 대하여 규정하였다. 둘째는 선사용권자의

163) 冯晓青:《商标权的限制研究》, 载《学海》, 2006(4)。

164) [美] 肯尼斯 · 万德威尔德:《19世纪的新财产: 现代财产权概念的发展》, 载《社会经济体制比较》, 1995(1)。

사용이다. 선사용권이란 타인의 상표출원 전에 이미 동일 또는 유사상품에 그 상표와 동일 또는 유사한 표지를 사용하여, 타인의 상표가 등록된 후에도 계속하여 기존 범위 내에서 사용할 수 있는 권리를 말한다. 선사용권제도는 주로 "등록주의" 국가에 적용된다. "등록주의"에 의하면 상표권은 상표의 사용과 무관한, 등록에 기하여 발생한 것이다. 실무에서 만약 선사용권제도가 없다면, 타인이 장기적으로 우선 사용하여 시장에서 일정한 명예를 갖고 있는 미등록상표에 대하여 악의적으로 등록하고 악의적으로 등록한 자는 등록상표의 전용권을 근거로 선사용자에게 자신의 상표를 사용하는 것을 금지할 경우 불공정한 경쟁을 초래할 우려가 있다. 이로부터 선사용권제도는 "상표법이 등록제도의 결함을 해결하고 출원우선원칙의 부족점을 보완하기 위하여 설정한 일종의 구제조치"라고 할 수 있다.[165] 셋째는 상표권의 권리소진이다. 권리소진 또는 권리고갈이라 함은 상표권자나 그의 허락을 받은 자가 상표를 부착한 상품을 시장에 투입한 후 타인이 해당 상품을 계속 사용하거나 판매할 경우 상표권자는 이를 금지할 권리가 없는 것을 말한다. 실제로, 상표를 부착한 상품이 시장에 투입된 후 상표권자의 권리는 이미 종결된 것으로서, 상표권자의 명의로 타인이 해당 상품의 상표를 사용하는 것을 금지할 권리가 없다. 또한 어떠한 누구든지 무역거래에 해당 상표를 계속 사용하여 상품을 판매할 수 있다. 권리소진에는 국내소진과 국제소진 두 개 지역 범위의 소진이 존재함으로 인하여 상품의 병행수입문제가 발생하게 된다.(관련 논술은 제5장의 "무형재산권의 제한" 참조) 넷째는 비상업성 사용이다. 상기 경우는 모두 상표에 대한 상업성 사용을 말하며 일정한 전제조건을 구비할 경우 상표권 침해에 대한 항변사유가 될 수도 있다. 반면 비상업성 사용은 상품이나 서비스와 무관한 상표를 사용하는 경우를 말하며, 이러한 사용은 통상 상표권 침해의 예외경우에 해당한다. 예를 들면 신문기사나 평론에서 상표에 대한 사용 또는 상표에 대한 익살스러운 모방 또는 사전이나 교과서에서 상표에 대한 사용 등 경우가 포함된다.

(3) 보호기간의 연속성

시간성은 무형재산권의 기본적인 특징이다. 통상적으로 무형재산권은 시간적 제한성이 없는 영원한 권리가 아니다. 이러한 권리는 법률이 정한 기한 내에서만 보호

---

165) 王莲峰:《我国商标权限制制度的构建》, 载《法学》, 2006(11)。

받을 수 있으며 일단 법률이 정한 기한을 초과하면 해당 권리는 자동으로 소멸된다. 사실상 시간성 특징은 무형재산권과 유형재산소유권을 상호 비교하여 말한 것으로서, 상대적 의미를 갖는다. 이른바 특허권이나 저작권과 같이 무형재산권체계에서 모든 창작성 지적성과권은 모두 보호기간이 규정되어 있으며, 상표권이나 지리적표시권과 같은 경영성 식별표지권은 시간의 제한이 없거나 보호기간이 종료하면 존속기간을 갱신할 수 있다.

지적성과권에 대하여 보호기간을 설정하는 것은 각 국가의 무형재산권 입법의 보편적인 원칙이다. 특허권이나 저작권제도의 경우, 이원적 입법취지를 실행하여 과학, 기술, 문화 및 지식의 광범위한 전파를 촉진하는 한편, 지적성과 창조자의 합법적 권익을 보호하여 무형재산권의 독점성과 지식재산의 사회성 사이의 모순을 조율하여야 한다. 지적성과권의 종류와 자국의 실제상황에 따라 각 국가는 서로 다른 보호기간을 규정하고 있다. 저작권의 보호기간은 주로 저작재산권에 대한 것으로서, 저작권자는 일정한 기간 내에서만 작품에 대한 독점적 사용권과 보수 획득권을 향유할 수 있다. 역사적으로 포르투갈과 니카라과에서는 무기한 "영구저작권"에 대하여 규정한 적이 있지만 현재 발표하지 않은 작품의 저작권만이 시간적 제한을 받지 않는 것 외에, 각국의 저작권법은 모두 이미 발표된 작품에 대하여 제한적인 보호기간을 규정하고 있다. 미발표작품은 일단 발표된 시점부터 저작권에서 정한 보호기간의 규정이 적용된다. 저작자가 단독으로 갖는, 비재산권인 저작인격권에 대하여 일부 나라에서는 해당 인격권이 무기한으로 영원히 존재(예를 들면 프랑스)한다고 규정하고 있고 또 일부 나라에서는 해당 인격권이 재산권의 보호기간과 동일(예를 들면 독일)하다고 규정하고 있다. 특허권의 보호기간에 대한 규정의 근거는 주로 두 가지가 있다. 첫째는 사회와 권리자의 이익에 대한 조율이고 둘째는 발명기술 가치의 수명이다. 특허권 기한의 길고 짧음은 당사자 및 사회공중 등 여러 방면의 이익과 직접적인 관련이 있다. 보호기간이 길면 장기적 기술과 중대한 발명에 대한 투자를 장려하고 유치하는 것에 유리하지만 공중이 가능한 빠른 시일 내에 발명을 자유롭게 사용할 수 있는 것을 제한하고 있다. 반면 보호기간이 짧으면 공중이 일찍 자유롭게 발명을 사용할 수 있지만 발명창조를 장려하고 복잡한 첨단기술에 거액의 투자를 유치하는 것에는 불리하다.

상표권에도 보호기간에 대한 규정이 있다. 유럽대륙국가의 규정은 10년이며, 영국이나 영국의 제도를 답습한 국가에서는 다수가 7년으로 규정하였고 미국은 20년으로 규정하였다. 중국의 상표법은 10년으로 규정하고 있다. 앞서 논한 지적성과권과 달리, 상표의 보호기간은 연장성을 갖고 있음으로 인하여 일종의 영구적 재산권으로 될 가능성이 있다. "사용주의"를 적용하는 국가에서 상표권은 사용을 통하여 자연적으로 무제한으로 연장될 수 있고 "등록주의"를 적용하는 국가에서 상표권자는 법정기한 내에 존속기간 갱신을 통하여 등록상표의 유효기간을 연장할 수 있으며 갱신 횟수는 제한을 받지 않는다. 상표권과 저작권, 특허권의 보호기간에 차이가 존재하는 이유는 상기 권리들의 보호대상이 서로 다르기 때문이다. 그 중에서 문화예술작품과 발명창조는 경제와 사회발전에 대하여 더욱 중요한 의의를 갖는다. 지적창조 분야를 보면, 정신적 생산은 통상적으로 선인들의 지적성과를 토대로 하고 있으므로 권리의 보호를 받는 최신지식에 대하여 창작자가 장기간 독점하는 것은 타당치 않다고 본다. 따라서 일정한 보호기간을 규정하여 적당한 시점에 지적성과를 개인의 독점적 재산으로부터 사회의 공유재산으로 전환시킬 필요가 있다. 반면 상표권이 보호하는 식별성 표지는 이와 다르다. 상표는 기업의 상업신용 및 명예의 매체로서, 구체적인 일부 상업표지가 특정된 상품 또는 서비스와 연결되고 경제시장의 소비자들에게 제공되어야만 소비자들의 긍정적인 평가를 얻을 수 있으며 이와 관련된 상업명예를 축적하고 증가할 수 있다.[166] 상업명예는 상표권자가 상표를 사용하고 육성함으로서 비로소 형성된다. 통상적으로 상표의 사용시간이 길수록 대가가 크며 더욱 소비자들의 인정을 받을 수 있고 따라서 상품의 명예도 더욱 높아질 것이다. 상표권 보호기간의 연속성은 권리자가 지식과 기술에 대한 독점과 무관하며 단지 상표의 신용명예의 존속상황에 근거하여 상표권자에게 영구적 권리를 유지할 수 있는 가능성을 부여한 것이라고 할 수 있다.[167]

---

166) 李明德:《商标使用与商标保护研究》, 序言, 3~4页, 北京, 法律出版社, 2008。

167) 시장마케팅에서 기업은 보호기간의 연장에 관한 규칙을 통하여 오랜 시간 상표의 명예를 보호하여 상표권으로 하여금 기업의 중요한 무형재산으로 되게 하였다. 예를 들면 "dupont"상표는 1802년에 창시하였고 "코카콜라"는 1843년에 등록하였으며 "kodak"상표는 1888년에 출현하였고 "audi"상표는 1899년에 탄생하였다. 중국에서는 북경의 "동인당(同仁堂)", 항주의 "장소천(张小泉)"가위상표, 귀주의 "모타이(茅台)"주 상표 모두 백년 이상의 역사를 자랑하는 브랜드상표들이다. 贺寿天编著:《商标战略与品牌提升》, 107页, 南京, 江苏人民出版社, 2010。

3. 상표권 보호 관련 특수문제

권리의 본질은 특정이익을 향유할 수 있는 법률적 효력이다. 상표법이 상표의 신용명예의 이익에 대하여 권리화할 시 "특정이익" 및 "법률적 효력"라는 이 두 가지 요소로부터 출발하여 제도를 설정한 것이다. "등록주의" 국가에서는 이미 사용한 미등록상표와 실제 사용하지 않은 등록상표가 존재하는 바, 그의 권리형태 및 법적 보호문제는 주목할 만한 중요한 문제이다.

가. 미등록일반상표

상표등록제도에서 법률의 보호대상은 주로 등록상표이며, 미등록상표에 대한 적당한 조건부 보호는 등록제도의 예외이다. 여기서 말하는 조건부 보호라 함은 미등록한 저명상표와 일정한 영향력을 가진 주지상표에 대하여 등록제도 이외의 특별한 보호를 부여하는 것을 말한다. 다시 말하면 미등록된 일반상표는 법적 보호를 받지 못한다는 것이다.[168)]

상표법이 보호하는 특정이익은 상표표지 자체가 아니라 특정상업표지와 특정상품 또는 서비스 사이의 관련성에 의하여 발생한 상표의 신용명예이다. 이는 상표권자의 이익이자 상표제도를 구축한 이유이기도 하다. 상표의 신용명예는 상표권자가 공상업거래를 통하여 취득한 경영성과 또는 투자성과이다. 미국학자들은 특허법 또는 저작권이 보호하는 "지적투자성과"와는 달리 상표법의 보호대상을 "투자성과"라고 보고 있다. 이러한 투자성과에는 (1) 상표창작에 대한 투자; (2) 상표와 관련된 상품의 광고홍보에 대한 투자; (3) 기타 상품과 관련된 투자가 포함된다.[169)] 저명상표나 주지상표가 상표권자의 투자경영에 의하여 소비자에게 이미 널리 알려져 높은 명성을 갖게 된 것은 시장경영거래 과정에서 형성된 객관적 사실이며 상표의 등록여부와 직접적인 관련이 없다. 상표법이 등록주의를 고수하는 전제하에 앞서 논한 미등록상표에 대하여 일정한 조건을 구비하여야만 예외적인 보호를 제공한다.

---

168) 张今:《未注册商标的法律地位》, 载吴汉东等:《知识产权基本问题研究》(分论), 406页, 北京, 中国人民大学出版社。

169) [美] Robet P. Merges 等:《新技术时代的知识产权法》, 乔篙等译, 438~441页, 北京, 中国政法大学出版社, 2003。

미등록일반상표는 법적 보호를 받지 않지만 등록상표와 충돌이 없을 경우 사용할 수 있다. 어떤 학자는 미등록상표는 "사용권"이 있지만 독점성이나 배척성을 갖지 않는다고 주장한 적이 있다. 필자는 미등록상표의 사용은 불완전하고 불충분하며 법적 효력이 없는 것이라고 본다. 동일 또는 유사상품에 사용된 등록상표가 미등록상표와 동일 또는 유사할 경우 상표법의 규정에 따라 미등록상표는 그 사용이 금지되어야 한다. 미등록상표의 사용은 법정주의의 "권리"도 아니고 제한적 보호를 받는 "법익"도 아니며 단지 일종의 사용상의 "사실"이 존재할 뿐이다. 사법(私法)관점으로부터 보면, "권리는 사실보다 우선"으로서, 미등록상표와 등록상표가 사용상에 충돌이 발생할 경우, 법률은 단지 후자의 권리형태를 보호할 뿐 전자의 사실상태를 보호하지 않는다.

나. 미등록주지상표

미등록주지상표는 상표법과 부정경쟁방지법의 제한적인 보호를 받을 수 있다. 법률이 보호하는 미등록상표의 대상은 권리형태를 갖추지 않은 일종의 법익이다. 이러한 법익과 권리는 차이점이 존재한다. 권능내용으로부터 보면, 이러한 법익은 온전한 것이 아니라 단면적이며, 효력범위로부터 보면, 이러한 법익은 절대적이 아니라 상대적이다. 미등록상표분야에서 주지상표의 사용은 제한적 보호를 받는 일종의 법익으로서 일반상표의 사용사실과 다를 뿐만 아니라 저명상표의 사용상의 "권리"와도 다르다.

미등록주지상표라 함은 일정한 영향력은 있지만 저명상표의 인지도 정도에까지 도달하지 못한, 주지상품에 사용하는 상표를 말한다. 중국부정경쟁방지법에서는 주지상품의 특유한 명칭, 포장, 및 장식 등을 보호하고 있으며, 타인이 모방하여 사칭하는 것을 금지한다. 여기서 주지상품의 특유한 명칭에는 상표, 상호, 상품의 특정명칭 등이 포함되며, "주지상표는 바로 주지상품에 사용하는 표지"라고 할 수 있다.[170]

미등록주지상표가 보호받을 수 있는 이유는 바로 상표의 "사용"[171]으로 인하여

170) 郑友德、万志前:《论商标法与反不正当竞争法对商标权益的平衡保护》, 载《法商研究》, 2009(6)。

형성되는 명성때문이다. 이러한 명성은 상표가 재산적 성질을 갖게 되는 토대가 된다. 이러한 이익에 대한 토대도 없고 등록조차 하지 않은 상표에 대하여 법률은 보호할 이유가 없다. 미등록주지상표의 권익 보호에 대하여 상표법에는 두 가지 규정이 있다.

(1) 금 지 권

중국「상표법」제32조의 규정에 의하면 미등록상표의 소유권자는, 일정한 영향력이 있는 상표를 타인이 부당한 수단으로 먼저 등록하는 것을 금지할 권리가 있다. 해당 금지권은 상표등록에 대한 이의신청 절차를 통하여 행사하거나 상표등록 취소절차를 통하여 행사할 수도 있다.

(2) 사 용 권

앞서 논술한 바와 같이 선사용권제도에 따라 타인이 일정한 영향력이 있는 미등록상표를 등록하였지만 선사용자는 기존의 범위 내에서 해당 상표를 계속 사용할 수 있으며 등록상표의 독점권의 제한을 받지 않는다. 한편 부정경쟁방지법은 타인의 주지상표를 함부로 사용하는 행위를 부정경쟁행위의 범주에 포함시켜 행위자로 하여금 민사, 행정 또는 형사책임을 지게 하였다.

다. 저명상표

저명상표는 일정한 시장범위 내에서 비교적 높은 명성을 갖고 있고 공중들에게 널리 알려져 있는 상표를 말한다. 관련 국제협약 및 중국 법률법규의 규정에 의하면 저명상표의 정의에 대하여 두 가지 측면으로부터 분석할 수 있다. 첫째, 저명상표는 "일반상표" 또는 "비저명상표"와 대립되는 다른 종류의 상표가 아니다. 다시 말하면 저명상표는 일종의 유형화된 상표가 아니라 특별보호를 받는 상표를 말한다. 일부 학자들은 "저명상표는 상표법상의 일종 특수한 상표가 아니라 법률이 모든 상표에 제공할 가능성이 있는 일종의 특별보호이다."[172]고 지적하였다. 둘째, 저명상표로

171) 통상적으로 상표사용은 "실제사용"(상표가 시장진입상품이나 서비스에 부착되어 판매하는데 사용될 것), "공개사용"(일반소비자가 접촉하거나 감지할 수 있는 방식을 통하여 외부에 사용될 것), "지속사용"(상표를 부착하거나 서비스가 시장에서 연속 한동안 끊임없이 사용될 것)이여야 한다.

인정된 상표는 등록상표일 수도 있고 미등록상표일 수도 있다. 등록여부를 불문하고 저명상표로 인정되기만 하면 특별보호를 받을 수 있지만 효력범위는 각자 다르다.

저명상표의 특별보호에 대하여, 소급해보면 1925년도「파리협약」수정본으로 거슬러 올라갈 수 있다.「파리협약」에서 저명상표조항을 수정한 원래의 목적은 이미 저명하지만 미등록된 상표에 대하여 보호를 제공하기 위함이다. 일부 상표는 상표등록의 지역적 제한으로 인하여 보호받고자 하는 지역에 출원등록하지 않았지만 실제로 이미 많은 사람들에게 널리 알려져 있고 또한 상당한 명성을 축적하였다. 이러한 경우, 법률은 저명상표와 저촉되는 상표의 등록을 제한할 필요가 있다.「파리협약」의 저명상표 보호조항은 "등록제도 및 사용제도라는 이 두 가지 권리확정제도 사이의 모순을 조율하기 위한 산물이며 보편적으로 등록을 통한 상표권 확정제도를 취하는 상황에서 미등록상표에 대하여 취한 하나의 제한적인 예외이다."[173)]

저명상표에 대한 특별보호는 상표소유권자와 소비자의 이익을 보호하기 위한 이중적인 고려이다. 그 이유는 일반상표와 비교할 때 저명상표는 통상 더욱 높은 품질과 서비스를 대표하며, 상표소유권자의 더욱 많은 투자와 상업명예를 포함하기 때문이다. 물론 실제로 더욱 많은 기타 제조경영자들의 모방을 당하기도 한다.[174)] 상표가 이미 저명할 경우, 소비자들은 이를 특정출처에 대한 표시로 인식하고 있으므로 상표의 등록여부를 불문하고 법률은 해당 상표를 반드시 보호하여야 할 특별한 이유가 존재하는 바, "그 이론기초는 침해받은 상표가 이미 사람들에게 널리 알려져 있으므로 소비자들에게 더욱 상품의 출처에 대한 혼란을 초래할 수 있다. 세상이 다 알고 있는 상표가 다른 상품에 도용되면 소비자들은 이를 상표권자의 새로운 상품으로 오해함으로써 혼란을 야기할 수 있다."[175)] 이로 인하여 세계 각국에서는 저명상표에 대하여 일반상표보다 더욱 특별하고 우선적인 법적 보호를 제공하고 있다.

저명상표에 대한 특별보호는 해당 상표의 등록여부에 따라 효력이 다르다.

---

172) 唐广良、董炳和:《知识产权的国际保护》, 359页, 北京, 知识产权出版社, 2002。

173) 张今:《未注册商标的法律地位》, 载吴汉东等:《知识产权基本问题研究》(分论), 406页, 北京, 中国人民大学出版社。

174) 管育鹰:《"驰名商标"认定相关问题探讨》, 载《法律适用》, 2007(12)。

175) 曾陈明汝:《专利商标法选论》, 205页, 台北, 三民书局, 1988。

(1) 미등록상표에 대하여 "금지권 보호"를 취하고 있다. 「상표법」 제13조 제2항에서는 "동일 또는 유사한 상품에 상표를 출원할 경우, 타인이 중국에서 등록하지 않은 저명상표를 복제, 모방 또는 번역하여 혼동을 초래할 우려가 있을 시 출원상표는 등록될 수 없으며 사용을 금지한다."고 규정하였다. 본 조의 규정에서 보다시피, 상표법은 미등록저명상표에 대하여 적극적인 독점적 보호를 제공하는 것이 아니라 상표출원절차가 개시된 후 그 출원의 등록을 배제하고 그 사용을 금지하는 소극적인 보호방식을 채택하였으며 또한 출원한 상표를 사용하는 상품과 해당 저명상표를 사용하는 상품이 동일 또는 유사함으로써 상표의 혼동을 초래할 우려가 있어야 한다.[176]

(2) 기등록한 저명상표에 대하여 "지정상품 이외의 상품보호"를 취하고 있다. 「상표법」 제13조 제3항에서는 "동일 또는 유사하지 않은 상품에 출원한 상표가, 타인이 중국에서 이미 등록한 저명상표를 복제, 모방 또는 번역하여, 소비자의 오인을 초래하고 그 저명상표권자의 이익에 손해를 초래할 우려가 있는 경우, 등록을 배제하고 그 사용을 금지한다."고 규정하였다. 본 조의 규정에서 보다시피, 기등록한 저명상표의 소유권자는 일반상표권자의 권리를 향유할 뿐만 아니라 다른 일부 특수한 권익을 향유할 수도 있다. 다시 말하면 저명상표권자는 타인이 비유사상품에 혼동을 야기할 우려가 있는 형식으로 해당 저명상표와 동일 또는 유사한 상표를 사용하는 것을 금지할 권리가 있다. 여기서 해석할 것은 중국은 저명상표에 대한 보호를 직접적 혼동금지로부터 간접적 혼동금지로 확장하였으며 이러한 지정상품 외의 보호방식은 국제협약의 규정과도 부합된다는 것이다. 상표법의 관련 규정은 상표권에 대한 희석화 방지를 이론적 기초로 하지 않았다. 그 이유는 희석화 방지이론은 혼동에 대한 우려를 고려하지 않고 금지권의 대상은 소비자에 대한 오인행위가 아니라 저명상표 자체의 사용행위이기 때문이다.

라. 미사용등록상표

중국 상표법의 규정에 따라 상표등록은 사실상 사용을 전제와 기초로 하는 것이

176) 郑友德、万志前:《论商标法与反不正当竞争法对商标权益的平衡保护》, 载《法商研究》, 2009 (6)。

아니다. 즉 이미 실제로 존재하고 있는 상표권에 대한 확인이 아니라는 것이다. 등록상표에 대한 심사비준은 행정적인 권리확정행위가 아니라 등록상표 전용권의 수여 또는 신설행위이다.[177] 상표등록의 법률적 의미는 상표출원의 심사비준이 일단 통과되었을 경우, 상표의 사실상의 사용여부와 상관없이 상표권은 효력이 발생하며 법률은 등록상표에 전용적 공간을 제공한다는 것이다. 등록상표의 존속기간 동안 실제로 사용하지 않았더라도 여전히 상표권을 갖는다.

비록 상표권의 획득은 사실상 사용을 전제조건으로 하지 않지만 해당 보호범위의 확인은 사실상 사용과 밀접한 관련성이 있다. "사용"은 상표법상의 중요한 개념이다. 중국「상표법실시조례」제63조의 규정에 따르면 상표의 사용은 아래 몇 가지 경우를 포함하고 있다. 첫째는 상표를 상품, 포장, 용기 및 상품거래문서에 사용하는 것이다. 둘째는 상표를 광고홍보, 전시 또는 기타 업무거래에 사용하는 것이다. 이러한 사용은 상표권자의 자기사용, 기타 제3자에 대한 사용허가, 상표권자와 업무관계가 있는 자의 사용이 될 수도 있고 상품판매 전 또는 후의 사용이 될 수도 있다. 타인이 사실상 미사용한 등록상표와 동일 또는 유사한 상품에 동일 또는 유사한 상표를 사용하였을 경우, 특히 인지도가 높은 상품이 인지도가 낮은 상품의 상표를 사칭하였을 시, 이는 소위 말하는 "역사칭행위"[178]에 해당하며 이러한 행위가 권리침해에 해당하는지 여부 또는 이에 대한 민사적 책임의 확정문제는 사법실무에서도 논쟁이 존재하고 있다. 어떤 학자는 등록상표가 실제로 사용되지 않았으므로 시장혼동과 상품출처에 대한 오인이 발생할 우려가 없기 때문에 권리침해로 인정할 수 없다고 주장하였다. 또 어떤 학자는 등록상표를 사실상 사용하지 않았고 실제적인 손실도 발생하지 않았지만 이론상으로는 등록상표 위조행위는 권리침해에 해당한다. 그러나 손해배상은 할 필요가 없다고 주장하였다. 반면 다수 학자들은 해당 행위는 등록상표권에 대한 침해행위로서 침해자의 영업이익 상황에 근거하여 배상액

177) 郑友德、万志前:《论商标法与反不正当竞争法对商标权益的平衡保护》, 载《法商研究》, 2009 (6)。

178) 라안예(蓝野)주류회사 대 상해 Pepsi Cola 유한책임회사의 상표침해사건에서 피고는 동일한 상품에 피고의 "蓝色风暴"라는 등록상표와 동일한 표지를 사용하였다. 펩시콜라는 아주 높은 인지도를 갖고 있음으로 인하여 소비자가 펩시콜라를 라안예주류회사의 상품으로 오인하는 것이 아니라 반대의 시장혼동을 초래하여 원고의 등록상표의 식별력을 약화시켰다. 절강성 고급인민법원(2007) 浙民三终字第74号 판결문 참조.

수를 확정하여야 한다고 주장하였다. 그 이유는 침해자가 얻은 이익은 권리자의 시장지분을 점한 결과이기 때문이다.[179)]

미사용등록상표에 대한 법적 보호는 주로 금지권의 효력범위와 관련이 있다. 상표권은 등록을 통하여 획득하며 등록상표의 미사용은 현실적으로 시장의 혼동을 초래하지는 않지만 상표권 침해행위를 인정함에 있어서 영향을 미치지는 않는다. 사법실무에서 타인이 동일한 상품에 등록상표와 동일한 상표를 사용함으로 인하여 (즉 전용권의 효력범위 내에) 상표법이 상표권자를 위하여 설정한 상표전용권의 공간이 저해를 받게 되며 이는 충분히 상품출처에 대한 오인을 초래할 수 있다. 이러한 경우는 상표권 침해에 해당된다. 타인이 유사상품에 동일한 상표를 사용하거나 동일한 상품에 유사상표를 사용하거나 유사상품에 유사상표를 사용할 경우, 해당 등록상표의 미사용으로 인하여 상기 사용행위는 시장의 혼동을 초래할 가능성이 아주 적으며 따라서 금지권의 배타성도 아주 약하다. 다시 말하면 상표의 유사성이 아주 높을 경우에만 해당 사용은 권리침해로 인정될 수 있다. 전반적으로 말하면, 혼동 또는 혼동가능은 사용행위가 권리침해에 해당하는지 여부를 판단하는 기준이다. 실제 사용과정에서 상표의 인지도가 높을수록 혼동의 가능성이 크며 보호범위도 더욱 넓다. 반면 상표를 실제로 사용하지 않았을 경우, 그 영향력도 작고 따라서 보호범위도 제한을 받게 된다.

4. 인터넷기술시대에서의 상표권

무형재산권체계에서 상표권은 마치 과학기술과 별로 관련이 없는 듯하다. 고대의 인쇄술, 근대의 증기기관으로부터 현대의 생물기술 및 인터넷기술은, 모두 창조성 과권의 형성과 발전에 영향을 미치고 있으므로 학자들은 저작권을 "인쇄출판의 결과물",[180)] "전파기술의 부속물"[181)]로 칭하고 특허권을 "과학기술발전의 산물"[182)]로

179) 孔祥俊:《商标权属性及其与商标权保护的关系》, 载《人民司法》, 2009(15)。
180) 段瑞林:《知识产权法概论》, 28页, 北京, 光明日报出版社, 1998。
181) [英] R.F.沃尔、杰里米 · 菲利普斯:《版权与现代技术》, 载《国外法学》, 1984(6)。
182) 陈美章:《知识产权的魅力》, 147页, 北京, 知识产权出版社, 2001。

비유하였다. 상기 해석은 현재에도 아마 변화가 발생하고 있을 것이다. 법제발전사로부터 보면, 인터넷기술시대 이후 상표권제도 및 과학기술의 혁신은 전례 없는 역사적 기회에 직면하게 되었다. 전통적인 상표제도는 최신 인터넷기술의 가혹한 도전을 받고 있다고 할 수 있다. 이와 관련한 문제점은 주로 아래와 같다.

가. 인터넷 글로벌화가 상표권의 지역성 원칙에 대해 반격

인터넷은 가상공간으로서 글로벌적 특징을 가지고 있는 반면 상표권은 지역성의 제한을 받고 있다. 상표권의 지역성 특징 즉 통상 말하는 "속지주의원칙"이라 함은 상표권자가 갖는 상표권은 단지 해당 권리를 부여한 국가의 영역 내에서만 보호받을 수 있고 기타 국가에서는 효력이 발생하지 않음을 말한다.[183] 인터넷 공간에서 상표권의 지역성 원칙은 인터넷의 "무국경성"의 위협을 받고 있으며 점차 희석화되고 있는 실정이다. 한 상표는 등록국가에서 자유로 사용될 수 있으며 또한 온라인에서도 마음대로 사용할 수 있으므로 상표권자의 이러한 사용의 실제효력은 전 세계 단말기의 스크린까지 미칠 수 있다. 이러한 변화에 대응하여 우리는 상표권의 지역성에 대하여 새롭게 해석하여야 하며 또한 인터넷 권리의 확장에 대한 대책도 세워야 한다.

상표권자는 인터넷의 무국경성을 이용하여 상표의 국내사용을 국제사용으로 전환시키고 있다. 이러한 사용은 등록국가의 상표법의 보호를 당연히 받고 있지만 인터넷을 통하여 접한 기타 국가 또는 지역에서의 운명을 어떻게 결정할 지에 대한 문제는 사람들로 하여금 곤혹을 느끼게 하는 법률적 난제가 되었다. 통상적으로 상표권의 효력은 지역성이 있다. 통상 말하는 유효상표에 대하여 대체로 중국상표, 미국상표 또는 일본상표로 표기하며 이러한 상표는 등록국가에서 유효하다. 하지만 온라인상 상표의 사용은 중국, 미국 또는 일본 등 이러한 현실적 공간의 지역적 개념이 존재하지 않는다. 상표의 효력문제에 대하여 전문가들은 다음과 같은 두 가지 대책을 제시하였다. 첫째, 국제적으로 하나의 통일된 국제상표등록기구를 설립하여 국제등록으로 국가등록을 대체함으로서 인터넷의 글로벌성과 상표권의 국

---

183) 张序九主编:《商标法教程》, 50页, 北京, 法律出版社, 1997。

제성을 통합화시키는 것이다. 글로벌 경제시대의 오늘날에, 국제적 지식재산권은 이미 실마리를 보여주고 있으며 초기의 베네룩스 "통일상표"로부터 현재의 "유럽공동체상표"까지 특정범위 내에서 이미 상표의 지역성 제한을 타파하였다. 그러나 국제적으로 통일된 상표등록제도를 확립하여 무국적인 "국제상표"를 추진하는 것은 아직 시일이 걸려야 실현할 수 있는 이상이라 할 수 있다. 둘째, "상업효과이론"에 근거하여 온라인 상표사용에 대하여 지리위치를 추적하여 현실공간의 지역성 원칙의 부족함을 보완하고자 한다. 해당 이론을 근거로, 한 상표가 온라인 사용을 통하여 기타 나라에서 상업적 효과가 발생하였을 경우, 해당 상표가 해당 국가에서의 사용으로 인정되며 그 권리의 효과나 사용행위의 결과에 대해서는 해당 국가의 법률을 적용하여 확정할 수 있다.

한 상표의 온라인 사용이 특정국가에서 상업효과를 발생시켰는지 여부를 판단할 시, 국제지식재산권기구의 전문가들은 여러 가지 참조할만한 요소를 제시하였다.[184] 상업효과 상황에 근거하여 적용되는 법률을 결정하고 이에 따라 온라인 상표사용의 법률효력 또는 결과를 판단하는 것은 실질적으로 상표의 지역성 특징을 변경하는 것이 아니라 단지 국부적인 협조나 다방면의 협조의 결과일 뿐이다. 온라인 상표권의 효력에 대한 확정은, 특정국가가 자신의 보호에 대한 법률적 청구가 아니라 국제사회가 상표 관련 법률의 질서를 유지하는 전반적 필요성에 의한 것이다. 따라서 인터넷으로 인하여 발생한 글로벌성 상표권 문제를 효과적으로 잘 해결하려면 반드시 국제적 협조를 통하여 통일되거나 융통성있는 규칙을 정하여야 하며 결코 개별적인 국가들 사이의 국부적인 협조나 다방면의 협조로 해결할 수 있는 것이 아니다.[185]

---

184) WIPO SCT/3/10(2000)문서에서는 각종 요인을 열거하여 체약국이 상업적 효과를 인정할 시 재량하는데 도움을 제공하고자 하였다. 예를 들면 사용자가 자국에서 진실로 고객에게 서비스를 제공하였는지 또는 자국의 어떠한 자와 상업거래관계를 맺었는지 여부, 사용자가 제공한 상품이나 서비스가 자국에서 합법적으로 유통하거나 판매할 수 있는지 여부, 사용자가 온라인을 통하여 자국의 온라인고객이 방문할 수 있도록 교환식 연락방식을 제공하였는지 여부 또는 주소, 전화번호 및 자국에서의 기타 연락방식을 제공하였는지 여부, 온라인에서 자국에서의 판매후속 서비스와 관련하여 언급하였는지 여부 등등이다.

185) 王德全:《Internet与电子商务的有关法律问题》, 载郑成思主编:《知识产权文丛》, 第1卷, 北京, 中国政法大学出版社, 1999。

나. 인터넷기술 이용에 의한 온라인 상표권 침해형태의 변화

전통적인 상표권 침해범위의 확정은 모두 물리적 공간을 토대로 하였다. 블록모델로부터 인터넷모델까지, 인터넷은 전통적인 물리적 또는 지리적 공간과는 구별된다. 이러한 신형의 매체기술은 이미 수많은 상업자들 나아가 수많은 온라인 사용자들에 의하여 부당한 이용을 비롯하여 광범위하게 이용되고 있으며 이러한 이용은 여러 가지 새로운 상표권 침해방식을 야기하였다. 예를 들면, 링크 상표권 침해(허락없이 타인의 상표를 링크함으로써 사용자들을 끌어들여 자신의 홈페이지를 방문하게 하거나 온라인 광고의 방문률을 높이는 것) 검색엔진 상표권 침해(함부로 타인의 상표를 자신의 인터넷 홈페이지의 소스코드에 배치하여 사용자가 검색엔진을 사용할 시 해당 상표의 홈페이지가 출현하게 되는 것)이다. 상기 경우에 대하여 우리는 기술 및 법률상의 분석을 통하여 상표권에 대한 충분하고 합리적인 법적 보호를 모색하여야 한다.

인터넷기술을 이용한 상표의 사용문제에 대하여, 권리침해법에서 아래 세 가지 문제점을 검토할 필요성이 있다. 첫째는 권리침해행위에 대한 확정문제이다. 온라인으로 상표를 링크하거나 상표에 대한 검색엔진은 전자상거래에서 흔히 사용하는 인터넷기술로서 해당 행위가 권리침해로 인정되려면 다음과 같은 요건을 갖추어야 한다. 즉 접속점은 특정상품이나 서비스와 연결되어야 하고 상품이나 서비스의 출처를 구별할 수 있어야 하며, 이러한 링크 설정행위는 상표사용행위로서 "전자형식의 표절"에 해당되어야 한다. 이러한 행위의 결과는 소비자들의 혼동과 오해를 초래하고 상표의 희석화를 야기하여 권리자의 상업명예에 손해를 끼쳐야 한다. 둘째는 권리침해행위의 발생지에 대한 확정문제이다. 어느 국가의 법률을 적용하고 어느 국가가 관할하는 가에 대한 확정근거는 상업효과이론이다. "법률의 기타 적용요건을 불문하고 어떠한 표지의 온라인 사용이 특정체약국의 법률에 따라 보호받는 상표권 또는 기타 표지권을 침해하였다고 판결되면, 이러한 사용은 해당 국가에서 상업효과가 발생된 것이다." 셋째는 권리침해에 의한 손해배상에 대한 확정문제이다. 전자상거래의 재정결산, 영향범위 등은 전통적인 상거래형식과 커다란 차이점을 보이고 있음으로 인하여 권리침해자의 판매재무기록의 획득, 상표권익의 손해에 대한 계산 특히 상업명예의 손해에 대한 계산은 어려운 과제로 남게 되었다.[186)]

---

186) 郝玉强:《论互联网中的商标保护问题》, 载《知识产权》, 2000(3)。

상기 문제는 침해행위의 인정, 침해사건의 관할, 배상액의 계산 등과 관련이 있으며 인터넷기술의 환경에서 상표권 침해이론에 대하여 새로운 법률적 해석을 할 필요가 있다.

다. 상표의 혼동사용이 온라인 상표권 공존에 미치는 영향

전통적인 블록모델의 법률배경에서 상표권자는 각자의 등록국가에서 전용권을 행사하며 지역과 국경을 초월한 합법성은 존재하지 않았다. 다시 말하면 미등록국가에서는 "상표권"을 행사하지 못한다는 것이다. 하지만 오늘날에 이르러 상표의 사용이 온라인에 진입한 후 각 지역에서만 자체로 사용하고 관할지에서만 권리를 행사하던 상황은 이미 확장되어 소위 말하는 "충돌현상"이 발생하였다. 즉 둘 또는 둘 이상의 상표소유권자가 동일 또는 유사한 상표의 사용으로 인한 권리충돌이 발생하였다. 온라인공간에서 상표권자마다 자신의 상표를 온라인에서 사용할 권리가 있으며 이러한 사용은 국경을 초월한 것으로서 상표권을 획득하지 못한 국가에서도 사용될 가능성이 아주 높다. 이에 대하여 상표권제도는 더욱 높은 차원에서 상표권의 기능에 대하여 대응하여야 한다.

무형재산권제도의 목표 기능을 보면, "법률의 차원으로부터 법률의 권위를 통하여 여러 방면의 충돌요인을 조율하고 여러 방면의 이익평형을 조절하여 존재 및 수용의 시스템화된 상태에 처하게 하는 것이다."[187] 이익형평원칙을 지침으로 한 "권리공존"제도의 설정은 온라인상 상표혼동사용의 권리충돌을 해결하는 중요한 과제이다. 이에 관하여 세계지식재산권기구의 "상표, 공업제품, 디자인 및 지리적표시 법률상설위원회"(TheStanding Committee on the Law of Trade-mark Industria1 Desifns and GeographicalIndications, SCT)는 수차례 연구와 토론을 주최하였다. SCT의 의견에 따르면 권리공존제도의 설정목적은 상표권자가 온라인상에서 상표를 사용하도록 허용하며 또한 서로 다른 국가의 법적 보호를 받음으로 인하여 상호 충돌하는 지역성 권리(상표권)가 온라인에서 공존할 수 있게 하기 위함이다.[188] 특정의 경우, 서로

187) 陶鑫良:《网络时代知识产权保护的利益平衡思考》, 载《知识产权》, 1999(6)。

188) WIPO SCT: Draft Provisions Concerning Protection of Trademarks and other Rights in Distinctive Signs on the Internet, note 8.05, 2000.

다른 국가의 상표권자들은 모두 온라인을 통하여 자신의 상표를 사용할 수 있으며 이러한 사용이 예전에는 상표의 혼동사용에 해당되어 권리침해로 인정될 우려가 있지만 온라인에서는 권리침해로 인정되지 않고 권리의 공존을 형성하였다고 할 수 있다. 여기에서 어떠한 경우가 권리공존을 적용할 수 있는 제한적 조건에 해당하는 가에 대하여 일부 전문가들은 아래 몇 가지 경우를 고려하여야 한다고 주장하였다. 첫째, 상표권자가 상표사용국가에 위치해 있지 않고 해당 국가에서 상거래에 종사하지 않는다; 둘째, 상표권자가 합리적인 조치를 취하여 상표사용국가에서 "상업효과"가 발생하는 것을 방지한다[189]; 셋째, 상표의 사용과 관련된, 등록표지를 표시하며 해당 상표의 보호국가의 명칭을 밝힌다.

권리공존은 상표권자 사이의 이익충돌을 해결하기 위하여 설정한 것으로서 상표소유권자가 악의로 상표권을 획득하거나 행사하는 것은 허용하지 않는다. 보다시피 권리공존은 권리에 대한 합법적인 획득과 선의적인 행사의 공존으로서 상표권 침해행위는 이에 포함되지 않는다. 온라인상의 악의적인 상표사용에 관하여 SCT전문가들은 다음과 같은 참작요인을 제시하였다. 첫째, 상표의 획득자 또는 사용자가 최초로 등록 또는 사용할 시 다른 충돌된 상표권의 존재를 이미 알았거나 알아야 하는지 여부; 둘째, 상표의 온라인 사용이 다른 충돌되는 상표의 현저성 또는 명예를 부당하게 이용하였는지 여부이다. 또 일부 학자들은 권리공존원칙에 근거하여 상표권의 획득과 온라인 사용이 악의가 아닌 이상 모든 충돌된 권리의 소유자는 계속하여 온라인에서 선의적으로 상표를 사용할 권리가 있다고 보았다. 반면 일부 학자들은 권리침해방식의 확정문제에 입각하여 보면, 상기 목적을 달성하기 어렵다고 주장하였다. 그 이유는 선의적인 사용은 새로운 모순을 초래할 가능성이 있으며 악의적인 사용도 각 국가 사이의 상표권 충돌을 해결하는 기준이 아니기 때문이다. 결론적으로 말하면 권리공존문제에 관하여 SCT의 국제회의에서 여러 번 검토하였지만 현재까지 광범위한 공통된 인식을 이루지 못하였다.

인터넷기술과 전통적인 상표권제도의 충돌은 앞서 논한 내용에만 한정되는 것은 아니다. 온라인상의 권리침해의 배상귀책원칙 및 그 손해액의 계산, 온라인 상표사

189) 상업효과의 가장 흔히 볼 수 있는 방식은 어떠한 국가에 있는 고객과 상업관계가 발생하거나 해당 국가의 상업활동에 진입하는 것이다. 상업효과에 의하여 한 상표가 온라인에서 사용하여 어떠한 국가에서 상업효과가 발생하였을 경우, 해당 상표가 해당 국가에서의 사용에 해당된다.

용의 유형 및 특징, 권리침해행위에 해당하지 않은 온라인 상표의 사용범위 및 확정 문제 등은 인터넷시대에서 반드시 주목하여야 할 상표 관련 법률문제로서 입법자들과 사법종사자들은 이와 관련하여 적당한 시기에 해결방도와 대응책을 제시할 필요가 있다.

제18장
지리적표시권

지리적표시는 일종의 중요한 무형재산으로서 상표, 상호와 유사한 상업성 표시이다. 중국에서 지리적표시권은 "삼농(三農)"(농업, 농촌, 농민)과 가장 밀접한 관련성이 있는 일종의 지식재산권이다. 1983년 「파리협약」으로부터 1994년의 「지식재산권 협정」까지 지리적표시에 대한 보호제도는 여러 세기의 발전과정을 거쳤다. WTO가 지리적표시권을 지식재산권 보호체계에 도입한 이후, 지리적표시 관련 문제는 각국의 지식재산권 입법에서의 새로운 내용이자 국제적 지식재산권 분야에서의 논쟁의 초점이 되기도 하였다. 동 권리의 특징으로부터 보면, 지리적표시권은 통상적인 무형재산권의 일반적인 특징을 구비하지 않았고, 입법체계로부터 보면, 각국은 서로 다른 제도를 선택하고 있으며 국제적으로 발생한 지리적표시권 관련 이익충돌은 전형적인 동서양국가의 이익충돌과는 성격이 다르다. 상기 논제와 관련하여 본 장에서 검토하고자 한다.

1. 지리적표시 및 지리적표시권

가. 지리적표시 개설

지리적표시(geographical indications)는 상품의 원산지를 표시하는 식별표시이다. 중국의 「상표법」 제16조 제2항의 규정에 따르면 지리적표시라 함은 어떠한 상품이 특정지역을 원산지로 하며 해당 상품의 품질, 명성 및 그 밖의 특징이 주로 특정지역의 자연요소 또는 인위요소에 의하여 결정되는 표시를 말한다. 이러한 표시는 주로 아래 특징을 갖는다. (1) 지리적표시권에서의 지리명칭은 실제로 존재하는 것이다. 지리적표시에 포함된 지리지역은 실제로 존재하거나 존재한 적이 있는 특정 지역, 지구 또는 국가(행정구역명칭 및 역사지명)의 명칭이다. 예를 들면 "스위스시계", "베이징덕", "경덕진도자기"에서의 스위스, 북경 및 경덕진 모두 실존하는 지리명칭이며 인위적으로 만들거나 허구의 명칭이 아니다. (2) 지리적표시는 식별기능을 갖는다. 지리적표시 및 상표 모두 상품의 원산지를 표시하는 식별표시이다. 상기 표시는 식별기능은 동일하지만 기능의 역할은 서로 다르다. 지리적표시는 상품의 출처를 표시하며 상표는 상품의 출처대상을 표시한다. (3) 지리적표시는 표시상품에 대한 증명성을 갖는다. 지리적표시는 특정상품과 원산지 사이의 필연적인 관련성을 증명할 수 있으며 해당 상품의 지리적 환경은 상품의 품질, 명성 및 기타 특징을 결정하게 된다. 지리적 환경요소에는 자연적 및 인문적 두 가지 측면이 포함되며 전자는 특수한 지질, 기후, 수질, 원자재 등 자연조건을 말하며 후자는 특수한 역사, 문화, 기술 등 인문조건을 말한다. 지리적표시는 고품질, 고기준의 표시로서 증명성의 의미에서 보면, 지리적표시는 상표법상의 "증명상표"라고 할 수 있다.

국제협약에서 지리적표시와 관련된 용어로는 "물품원산지표시"(indications of source) 및 "원산지명칭"(applications of origin)이 있다. 1883년 「파리협약」에서 규정한 산업재산권의 보호대상에는 원산지표시가 포함되었다. 1891년 「허위 또는 기만적 상품 원산지표시의 금지에 관한 마드리드협정」(Madrid Agreement for the Repression of False or Deceptive Indication of Source on Goods)(이하 「마드리드협정」이라 약칭함)은 물품원산지표시라는 용어를 원용하였다. 일부 학자들의 연구에 따르면 물품원산지표시라는 용어는 기타 출처가 아닌 상품의 지리적 원산지에 초점을 두고 있으며 상품이 지리적 원산지의 품질 및 특징을 갖출 것을 요구하지 않는다.[190] 1925년 「파리협약」 헤이그 수정본에서는 "물품원산지표시" 다음에 "원산지명칭"을 추가 열거하여 동일한 의미를 부여하였다. 그 후 1958년 「원산지명칭 및 국제등록 보호에 관한 리스본협정」(이하 「리스본협정」이라 약칭함)에서는 "원산지명칭" 및 "물품원산지표시"의 개념을 구별하여 전자는 "한 국가, 한 지역 또는 지방의 지리적 명칭을 특정상품에 사용하여, 특정상품이 갖는 품질 또는 특징이 완전히 또는 주로 해당 지역의 자연환경에 기인

190) 易建雄:《地理标志与"地理标志权"考辨》, 载《法学杂志》, 2007(6)。

하였음을 의미하며 자연환경에는 자연적 및 인문적 요소가 포함된다."고 규정하였다. 「리스본협정」의 "원산지명칭"은 그 후의 「지식재산권협정」의 "지리적표시"와 동의어라 할 수 있다.[191] 지리적표시의 의미에서의 "원산지"는 통상 두 가지 의미에서 사용되며 무형재산권법에서 말하는 사용 외에 대외무역법에서도 사용된다. 후자는 무역거래과정에서 물품을 수입할 시 물품의 출처국인 "원산지"를 통하여 해당 수입물품의 관세세율을 확정하거나 반덤핑, 반보조금제도를 통하여 무역규제를 하는 것을 말한다.

지리적표시(또는 원산지명칭)는 물품원산지표시와 다르다. 후자는 "상품의 원산지를 식별하는 표시를 말하며 통상 명칭, 용어 또는 기호로 구성되며 해당 상품의 출처가 특정국가나 지역임을 표시한다."[192] 예를 들면 "중국제조", "상해제조" 모두 물품원산지표시에 해당된다. 각국의 법률은 대체로 모든 상품은 진실한 제조지를 표시하여야 하며 허위 또는 기만적 표시의 상품은 세관에서 압류할 수 있다고 규정하였다(「마드리드협정」 제1조 규정 참조). 어떤 학자는 물품원산지표시는 직접표시 및 간접표시로 분류할 수 있으며 직접표시라 함은 상품이 특정지역에서 생산되었음을 직접 표시하는 것을 말하고 간접표시라 함은 직접 특정국가, 도시 및 기타 지점을 표시하지 않고 거래의 관례에 따라 특정지역을 연상하게 함으로써 상품과 관련성이 발생하게 하는 표시를 말한다고 주장하였다.[193] 요약하면 소비자가 상품상의 표시와 특정지역을 서로 연결할 수 있고 해당 지역이 상품의 원산지임을 확신할 수 있다면 이러한 표시는 통상 물품원산지표시로 간주된다. 반면 어떤 학자는 물품원산지표시는 통상 "전체 생산지의 명예를 대표하며 상품의 품질과 직접 관련성이 없으며 더더욱 상품의 특정품질을 대표하지 않는다."고 주장하였다.[194]

물품원산지표시와 비교하면, 지리적표시는 상품의 생산지를 명확하게 할 뿐만 아니라 해당 상품이 특정지역에서 기인하였음으로 인하여 어떠한 특수한 품질을 갖고 있음을 의미한다. 즉 상품에서의 일부 특수한 품질은 원산지의 토지, 수분, 기후, 식물 등 자연조건 또는 현지의 전통적인 제조공예와 서로 연결된다. 지리적표

191) 吕国强等:《地理标志的知识产权司法保护》, 载《人民司法》, 2006(9)。
192) 刘春茂主编:《中国民法学 · 知识产权》, 832页, 北京, 中国人民公安大学出版社, 1991。
193) 方彬彬:《产地标识之保护》, 29页以下, 台北, 三民书局, 1995。
194) 张今:《知识产权新视野》, 267页, 北京, 中国政法大学出版社, 2000。

시는 통상 “지리명칭”과 “상품명칭”으로 구성된다. 예를 들면 “귀주마오타이주”라는 명칭은 “귀주마오타이”라는 지명과 “주(酒)”라는 상품명칭으로 구성되었고 “금화소세시”는 “금화”라는 지명과 “소세지”라는 상품명칭으로 구성되었다. 일부의 경우, 구체적인 지리명칭을 직접 지리적표시로 사용하는 경우도 있다. 예를 들면 샴페인은 프랑스의 한 지명이기도 하고 해당 지역에서 유래한 백색의 발포성 포도주의 지리적표시이기도 하다. 귀주마오타이주, 서호루웅징차, 금화소세지 등은 모두 지리적표시로 간주할 수 있다. 통상적으로 상품에 지리적표시를 사용하려면 아래 조건을 구비하여야 한다.

(1) 지리적표시는 인위적으로 만들어내거나 허구의 지명이 아닌 실제로 존재하는 지리명칭이어야 한다.

(2) 지리적표시의 사용자는 해당 지역의 동일한 자연조건 및 전통적인 생산공예를 이용한 생산경영자이여야 한다.

(3) 지리적표시를 부착한 상품은 원산지 이외의 광범위한 지역 범위 내에서도 공중들에게 널리 알려진 유명한 그 지방의 특산물이여야 한다.

지리적표시와 물품원산지표시 모두 상품의 출처에 대한 표시이지만 식별기능의 측면에서 일부 차이점이 존재한다. 구체적으로 다음과 같다.

(1) 물품원산지표시는 단지 해당 상품의 생산지를 표시하며 관련된 지역 범위가 비교적 넓고 한 국가 또는 지방행정구역을 표시할 수도 있다. 반면 지리적표시의 지역 범위는 비교적 좁고 구체적이며 단지 특정상품의 특유한 품질을 결정하는 지역 및 특수한 전통적인 공예가 적용되는 지역만 지칭한다.

(2) 물품원산지표시는 제조, 가공한 공업제품 및 농산품과 같은 어떠한 성질의 상품을 표시할 수도 있다. 반면 지리적표시는 통상 자연제품, 농산품 및 지방특색의 우수한 특산물에 사용된다.

(3) 물품원산지표시의 목적은 해당 상품의 동일성을 명확하게 설명하기 위함이며 사용범위가 비교적 넓다. 반면 지리적표시는 상품의 원산지에 대한 표시 외에 상품

의 특정품질을 보호하고 상품에 이용되는 자연조건 및 사회조건을 표시하는 역할을 한다. 따라서 지리적표시에 대한 사용은 더욱 엄격하며 지역 범위에 대하여 엄격하게 제한하고 있다.

나. 지리적표시권의 정의

지리적표시권은 지리적표시로 인하여 발생한 경영표지성 권리로서 국제협약에서는 하나의 독립적인 지식재산권이다. 지리적표시권이 하나의 권리인지 여부 및 어떠한 권리인지에 대하여 학술계에서는 아직 일부 논쟁이 존재한다. 어떤 학자는 국제협약에서든 국내입법에서든 모두 "지리적표시권"이라는 용어를 찾아볼 수 없고 「지식재산권협정」에서는 저작권, 상표, 특허에 대하여 모두 "전용권"이라는 용어를 사용하였지만 지리적표시에 대하여서는 "이해관계자를 위한 법률적 조치"라고 표현하였다. 또한 지리적표시를 "권"으로 표현하는 것은 주로 "권리 관련 사유방식의 습관" 및 "용어사용상의 편의"에 의한 것이라고 주장하였다.[195] 지리적표시와 저작권, 상표 및 특허의 권리구조에 대한 차이점을 인식하는 것은 유익한 것이지만 이를 통하여 지리적표시권 형태의 존재를 부인할 수는 없다. 「지식재산권협정」의 관련 문서에서는 지리적표시 및 영업비밀에 대하여 모두 "전용권"이라는 용어를 사용하지 않고 별도로 "지리적표시에 대한 보호"(협정 제22조 참조) 및 "미공개정보에 대한 보호"(협정 제7절 참조)를 규정하였으며 양자를 저작권, 특허, 상표 등과 동등하게 "무역 관련 지식재산권"으로 인정하였다. 여기서 설명할 것은 첫째, 지리적표시권 및 영업비밀권은 전통적인 의미에서 전형적인 지식재산권이 아닌 것은 분명하며 엄격한 의미에서 보면 독점성, 시간성 내지는 지역성의 특징을 갖고 있지 않으므로 새로운 특수한 지식재산권의 내용으로서 국제협약에 도입하였다.[196] 둘째, 지리적표시가 보호하는 것은 특정이익으로 인하여 발생한 법률형태의 사권이 아니다. 미국의 저명한 법학가 파운드는 이익은 권리의 기본적인 함의로서 주체가 타인과 경제적 이익관계가 발생할 시 외부의 간섭을 받지 않도록 권리의 보호를 청구할 수 있다고 보았

195) 易建雄:《地理标志与"地理标志权"考辨》, 載《法学杂志》, 2007(6)。

196) 영업비밀 등을 지식재산권체계에 포함시키는 것은 당대 무형재산권제도의 발전 및 변화의 중요한 표현이다. 본 서 제1장 4. 참조.

다.[197] 이러한 법익과 이에 대한 법적 보호는 하나의 새로운 재산적 권리를 형성하게 하였다. 따라서 지리적표시에 대하여 권리형태의 보호를 부여할 필요가 있다.

지리적표시에 대한 권리형태의 특수성을 토대로, 어떤 학자는 이를 "지리적표시재산권"으로 표현하는 한편 이를 "지리적표시소유권" 및 "지리적표시관리권"으로 구분하였다. 전자는 일종의 "사회적 소유권"으로서 특정지역의 불특정사용자가 지리적표시권에 대한 정당사용권, 의견발표권 및 감독권을 공유하는 것을 말한다. 후자는 지리적표시의 소유자(즉 특정지역의 불특정사용자)들이 계약에 따라 자체로 설립한 관리단체가 지리적표시의 관리에 필요한 규칙제정권, 감독관리권, 처벌권 및 소송권을 갖는 것을 말한다.[198] 지리적표시재산권 및 지리적표시권은 실질적인 차이점이 없으며 상기 분류방식은 단지 권리내용 및 권리행사방식에 대한 해석일 뿐이고 지리적표시권이 본래 내포하고 있는 내용이다. 지리적표시권을 소유권 및 관리권으로 분류하는 것은 이론상의 과학성과 실무상의 필요성이 없다고 본다. 또 어떤 학자는 지리적표시에 대한 권리와 저작권, 특허권, 상표권은 상호 구별되며 이는 "지리적표시 관련 지식재산권"의 약칭으로만 간주된다고 주장하였다.[199] 사실상 지리적표시권, 집적회로 배치설계권 및 식물신품종권 모두 일종의 전용권으로서 특정영역의 지식재산권이다. 결론적으로 말하면, 권리형태의 법률구조를 통하여 지리적표시를 보호하는 것은 필요하고 실행가능한 것이다. 지식재산권 또는 무형재산권에 포함된 여러 권리에 대한 호칭의 일치성을 고려하면, 필자는 "지리적표시권"이라는 용어가 성립될 수 있다고 본다.

상기 내용으로부터 알 수 있듯이, 지리적표시권은 일종의 무형재산권이지만 특허권, 상표권, 저작권 등 전통적인 재산권과 달리 자신만의 특성을 갖고 있다.

(1) 비개체성

통상 무형재산권의 주체는 모두 자연인 또는 법인이 포함된 특정화된 개체이지만 지리표시권의 주체는 단체성을 갖고 있다. 지리적표시권은 단지 단체 또는 업계협회의 명의로만 등록할 수 있으며 그 권리는 특정개체가 단독으로 갖는 것이 아니라

197) [美] 罗斯科 · 庞德:《法理学》(第三卷), 77~78页, 北京, 法律出版社, 2007。

198) 付大学等:《浅析地理标志财产权的配置》, 载《北京政法管理干部学院学报》, 2004(2)。

199) 董炳和:《地理标志知识产权制度研究》, 138页, 北京, 中国政法大学出版社, 2005。

해당 지역내에서 생산된 동일한 상품의 모든 경영자가 공동으로 행사하는 일종의 단체재산권이다.

(2) 무기한성

지리적표시는 일종의 영구성 재산권으로서 법정소멸사유 및 보호기간의 제한이 없다. 예를 들면 1991년 「프랑스원산지명칭보호법」에서는 "원산지명칭은 영원히 그의 통용성을 인정할 수 없으며 또한 영원히 공공재산으로 될 수 없다."고 명확히 규정하였다.

(3) 양도불가성

지리적표시권은 비록 재산권이지만 이러한 표시를 사용하는 경영자에 의하여 양도하거나 사용허가할 수 없다. 이는 권리객체의 본원성에 의하여 결정된 것이다. 지리적표시는 특정지역의 자연 및 인문요인과 서로 관련되어 존재하며 지리적 환경요인은 해당 상품의 특성을 형성하는 토대이다. 따라서 주체의 변경은 권리본원의 혼란을 초래하게 된다.

2. 지리적표시의 기능 및 역할

지리적표시는 일종의 상업성 표시로서 상표와 마찬가지로 상품의 원산지를 표시함으로써 식별성 표시의 일반적인 기능을 갖고 있다. 즉 상품의 원산지를 표시하는 기능(특정지역의 상품임을 확정), 품질보증의 기능(상품의 특유한 품질을 의미), 광고홍보의 기능(시장거래에서 이미 형성된 안정된 브랜드이미지)을 갖고 있다. 한편 지리적표시도 일종의 중요한 무형재산으로서 상품마케팅 및 시장점유에서 중요한 역할을 발휘하여 권리자로 하여금 거대한 경제적 이익을 창출하게 할 수 있다.

가. 특색농수산물의 핵심브랜드

지리적표시는 무형재산권을 연결고리로, 지리적표시에 대한 사권 보호 및 상품품질관리기관을 통하여 "지리적표시+농수산물+농업기업(농민)"이라는 경영방식을 구성하는 것은 농업, 수공업, 가공업의 발전을 촉진하는 중요한 법률제도이다. 지리적표시는 지역특색의 상품에 많이 사용되며 지리적표시에 대한 보호목적은 지역경제의 발전을 추진하고 외래상품의 모방을 방지하기 위함이다. 유럽에는 합계 6000여개의 지리적표시가 존재하며 대다수의 전 세계적으로 영향력이 있는 지리적표시는 모두 이로부터 유래된 것이다. 유럽의 지리적표시의 상품에는 육류품, 유류품, 과일, 야채 등이 포함된다. 이러한 상품은 아주 높은 명성을 갖고 있지만 광범위하게 위조당하기도 한다. 따라서 유럽연맹은 지리적표시에 대한 보호를 매우 중시한다. "지리적표시는 농촌을 발전시키고 상품을 판매함에 있어서 대단히 중요한 도구이다. 특히 고품질의 상품을 생산하는 중소기업에 대하여 말하면 특별히 더 유용하다."[200] 일본에서는 본국의 농업을 부흥하기 위하여 지리적표시에 대한 보호를 강화하였다. 2004년 일본의 경제산업부는『국제경제 및 무역』백서에서 "지역브랜드에 대한 보호는 농산품의 경쟁력을 높일 뿐만 아니라 농산품의 부가가치를 향상시켜 지역브랜드를 확립할 수 있고 또한 위조상품의 소멸, 생산자 및 소비자에 대한 보호, 상품정품의 보장 및 지역경제의 발전을 이룰 수 있다."고 지적하였다.[201] 중국에서 2011년까지 지리적표시를 획득한 농수산물은 1850개에 달하며 전체 지리적표시의 94.92%에 달한다. 지리적표시가 농산품에 대한 부가가치는 일반농수산물에 비하여 5%~20% 높다.[202] 국제적으로 보면, 지리적표시는 농수산물의 중요한 브랜드로서 지리적표시를 보호하는 것은 농업경제의 발전을 위한 중요한 조치이다.

나. 자연적으로 형성된 "저명상표"

저명상표는 장기간의 사용을 거쳐 시장에서 비교적 높은 신용과 명예를 갖고 있는, 공중에게 널리 알려진 상표를 말한다. 저명상표는 비교적 강한 인식기능을 갖고 있고 해당 상표를 사용하는 상품은 높은 품질을 자랑하며 비교적 강한 시장경쟁력을 갖고 있다. 지리적표시도 이러한 특징을 갖고 있으며 저명상표와 유사한 상업가

---

200) 冯寿波:《欧盟地理标志产品使用规则研究》, 载《河北法学》, 2008(8)。

201) 管育鹰:《日本地理标志保护制度研究》, 载《知识产权》, 2011(6)。

202)《第二次全国地理标志调研报告》, 见 http://news.aweb.com.cn/z/dlbz/, 2012-02-19。

치를 나타내고 있다. 그러나 저명상표는 특정기업이 독점하고 있으며 하나의 저명상표를 육성하기 위하여 십몇년 심지어 몇십년의 장기간의 시간이 필요하며 몇천만 위안 심지어 몇억 위안의 거액의 광고홍보비가 필요하다. 그렇지 아니하면 사람들에게 널리 알려진 상표의 저명도에 달하기 어렵다. 반면 지리적표시의 형성은 주로 자연적 지리환경과 관련이 있으며 해당 지역의 특정상품의 생산경영자와 공동으로 사용하고 투자상황 및 경영규모에 따라 차이가 존재하지 않는다. 따라서 지리적표시는 일종의 "자연적 저명상표"라고 할 수도 있다. 중국에서 지리적표시를 획득한 농수산물은 통상 상당한 저명도 및 명성도를 갖고 있으며 지리적표시 자체가 특정상품의 우수한 품질의 상징이기도 하다. "하나의 지리적표시를 보유하는 것은 하나의 '자연적 저명상표'를 보유하는 것과 유사함으로써 이는 시장을 개척하는 상업적 기회와 거대한 이익을 보유하였음을 의미한다."[203)]

다. 지역이미지의 간판명함

지리적표시는 지역명칭 및 상품명칭의 결합으로서 지리적표시의 상품은 시장거래에서 해당 지역의 사회적 영향력을 나타낸다. 국가이미지는 국가의 외적 면모와 국가의 내적 자질을 통하여 형성된다. 마케팅학자에게 브랜드는 기업상품의 이미지이고, 정치가에게 브랜드는 국가실력의 상징이다. 보다시피 저명브랜드의 배후에는 통상 하나의 경쟁력이 있는 기업, 생명력이 있는 기업, 경제실력이 있는 기업 나아가 세계적 영향력을 행사하는 국가이며 저명브랜드를 보유한 국가 및 지역은 글로벌시장에서 이익배분의 주요 수익자가 된다. 반면 브랜드실력을 갖추지 못한 국가는 소극적인 지위에 처하게 된다. 저명브랜드는 우선 상표를 말하며 이는 시장거래에서 제일 광범위하게 운용되고 각종 상품 모두 적용가능한 상업표기이다. 다음, 저명브랜드는 지리적표시를 말하며 이러한 표시는 비록 농수산물 등 한정적인 범위에서 사용되지만 지리적표시에 포함된 "원산지"는 특정지역 내지는 국가의 사회적 이미지를 가장 잘 나타낼 수 있다. 어떤 의미에서 보면 지리적표시는 한 지역 내지는 한 국가에까지 영향력을 미치게 된다. 국제적으로 "프랑스향수", "스위스시계",

---

203) 张玉敏主编:《知识产权与市场竞争》, 171页, 北京, 法律出版社, 2005。

"중국우룽차" 등은 특정상품의 명예와 신용의 대표이기도 하고 특정국가의 상징이기도 하다. 현재 중국의 지리적표시의 발전현황을 보면, 지리적표시의 상품은 이미 지역경제의 발전 및 사회이미지의 특별한 명함이 되었다. 예를 들면 사오싱시-사오싱황주, 신양시-신양마오제엔, 금화시-금화소세지, 원산쩌우-원산싼치, 핑야오시-핑야오쇠고기 등이 있다.

중국에서 지리적표시는 농촌, 농업 및 농민과 가장 밀접한 관련성이 있는 무형재산권제도이다. 우선, 지리적표시의 농산품은 직접 거대한 부가가치를 창출하여 농민의 수입을 증가함으로써 농촌경제의 발전을 위하여 활력을 가져다 줄 수 있다. 다음은 지리적표시의 농산품은 자연으로부터 생성되고 또한 자연을 보호함으로써 생태의 양성순환의 생산방식을 형성하여 농업의 지속적인 발전을 추진할 수 있다. 셋째는 지리적표시의 농산품은 국제시장에 진입하는 "인기상품"으로써 지식재산권이라는 "통행증"은 중국의 농산품의 국제경쟁력을 향상하기 위하여 도움이 된다. 지리적표시 관련 법률을 유효하게 실행하고 이러한 제도의 기능을 충분히 발휘하게 하는 것 또한 중요한 사회적 의의가 있다.

3. 지리적표시의 보호방식

무형재산권 분야에서 지리적표시에 대한 보호제도의 구축은 이미 백년의 역사를 갖고 있다. 각국의 입법현황을 보면, 이미 다중적 보호방식을 취하고 있으며 이러한 법률제도는 지리적표시의 보호에 대한 방법, 핵심, 범위 등 내용에 대하여 다소 다르게 규정하고 있다.

가. 특별법적 보호형태

특별법적 보호형태는 특별한 단독 입법을 통하여 지리적표시를 보호하는 것을 말한다. 프랑스는 지리적표시에 대하여 가장 먼저 보호한 국가로서 1919년에 이미 「원산지명칭보호법」을 공포하여 원산지명칭의 등록, 주관기관, 인정절차 및 소송절차 등을 규정하였다. 본 법의 규정에 따르면 법원 및 관련 행정기관은 신청인의 신청에 의하여 지리적 출처 및 품질기준을 근거로 지리적표시를 확정하며 확정된 생산지범위 내의 특정경영자는 지리적표시에 대하여 전용사용권 및 금지권을 갖는다. 또한 보호받는 원산지명칭은 공공영역에 속하므로 통용되어서는 아니되며 원산지명칭에 대한 도용행위는 불법행위에 해당한다고 규정하였다.[204] 현재까지 20여 개 국가가 이러한 특별법방식을 채택하였다. 이러한 입법방식을 취한 원인은 지리적표시의 경제가치의 형성요인은 일반적인 공업표시 및 상업표시와 달리 주로 지리적 환경요소에 의하여 결정된 것이며 권리의 전용성도 일반산업재산권과 달리 특별법으로 규율할 필요성이 있다고 보았기 때문이다. 특별법적 입법방식의 장점은 지리적표시권의 특징을 강조하고 권리의 취득, 행사기간 및 보호에 대하여 특별규정을 둘 수 있어서 주관기관 및 권리자가 이해하기 편리하다.

나. 상표법적 보호형태

상표법적 보호형태는 지리적표시를 증명상표 또는 단체상표에 포함시켜 상표권 보호체계에 도입하는 것을 말한다. 미국은 이러한 보호방식을 취한 대표적인 국가이다. 1946년「미국상표법」제4조에서는 현재 실행되고 있는 등록상표 관련 규정에 의하면 단체상표 및 증명상표에는 원산지명칭이 포함되며 일반등록상표의 규정에 따라 일반상표와 동등하게 본 법에 따라 등록할 수 있으며 동등한 효력을 갖는다고 규정하였다. 통상적으로 말하면 상표법은 지리적표시에 대하여 두 가지 측면으로부터 규정하고 있다. 하나는 일반적인 지리명칭을 일반상표로 등록하는 것을 금지하며 지명을 상표로서 등록하는 것을 금지하는 조항을 두고 있다. 다른 하나는 지리명칭을 포함한 표기를 단체상표 또는 증명상표로 등록하는 것을 허용하는 것이다. 즉 상표권을 통하여 지리적표시를 특별하게 보호하는 것이다. 상표법에서 이러한 규정을 두고 있는 이유는 만약 지리명칭을 포함한 어떠한 표시와 해당 지역의 어느 개체와의 관련성을 확인할 수 없다면 이는 상표가 보호하는 자명성과 상호 충돌이 되므로 등록을 할 수 없게 된다. 반면 단체상표 및 증명상표를 보면, 이는 여러 주체의 권리요구를 충족할 수 있고 지리적표시의 상품품질에 대한 증명기능도 발휘할

204) [法] 多米尼克 · 菲莉奥:《原产地名称》, 载《中法商标法律讲座选编》, 268页, 北京, 经济管理出版社, 1991。

수 있으므로 특수상표로서 보호받을 수 있기 때문이다. 상표법식 보호형태를 취한 국가는 상표등록자의 자격에 대하여 특별한 규정을 하고 있다. 즉 상품의 특정품질에 대한 감독 및 관리능력을 구비한 본 지역의 기관 및 단체에 한한다. 상표등록을 한 후, 등록자는 해당 상표의 사용규칙을 제정하고 지리적표시 관련 단체상표권 또는 증명상표권은 통상 동 지역의 생산경영자가 공동으로 소유하게 된다. 상표법을 통하여 지리적표시를 보호하는 것은 일종의 간편하고 효과적인 수단이며 기존의 상표제도의 규정 및 행정관리자원도 직접 이용할 수 있다. 현재 대다수의 국가는 이러한 방식을 취하고 있다.

다. 부정경쟁방지법적 보호형태

부정경쟁방지법의 보호형태는 지리적표시의 위조 및 남용행위를 일종의 부정경쟁행위로 간주하여 제재하며 권리침해금지라는 간접적인 방식을 통하여 지리적표시에 대하여 법적 보호를 제공하는 것을 말한다. 독일, 일본, 스위스 등 국가의 부정경쟁방지법 모두 이러한 규정을 두고 있으며 그 취지는 지리적표시의 위조 및 남용행위를 방지하고 처벌하여 시장경쟁질서를 규범화하고 합법적인 경영자 및 소비자의 이익을 보호하고자 하였다. 부정경쟁방지법은 여러 무형재산권에 대하여 포괄성 보호라는 특별한 기능을 수행하고 있으며 별도로 단독적인 지리적표시권을 직접 설정한 것이 아니라 지리적표시의 위조 및 남용행위가 부정경쟁행위임을 강조함으로써 시장질서에 대한 보호차원에서 간접적으로 지리적표시를 보호하고 있다. 이러한 보호방식의 장점은 입법원가를 절감하고 부정경쟁행위에 대하여 원칙적인 규정을 둠으로써 법집행자에게 더욱 많은 재량권을 부여할 수 있다.

여기서 지적할 것은 지리적표시에 대한 보호형태의 선택은 한 국가의 역사, 문화, 경제 등 요인의 깊은 영향을 받으며 일정한 차이점이 존재한다는 점이다. 그러나 앞서 논한 이러한 보호방식은 상호 대립되는 충돌된 방식이 아니라 다수 국가는 혼합적 방식을 취하기도 한다. 통상 특별법 또는 상표법식 보호형태를 취하는 한편 부정경쟁방지법을 보충으로 하여 지리적표시에 대하여 다각도로 보호하고 있다.

4. 지리적표시 보호에 대한 중국의 법률규정

가. 지리적표시 보호에 대한 중국의 입법개설

중국의 여러 법률, 법규 내지는 행정규범성 문서 모두 지리적표시에 대한 보호 관련 규정을 두고 있다. 1986년 중국공상행정관리총국 상표국의 "현급 이상 행정지역의 명칭을 상표로 등록하는 문제"에 관한 답변서에서는 "원산지명칭"에 대하여 해석하는 한편 원산지명칭은 중국에서 보호받을 수 있다는 입장을 표명하였다. 1989년 중국공상총국의 「주류상품에 샴페인 또는 Champagne 단어사용의 정지에 관한 통지」에서 중국은 지리적표시 보호에 대한 법률적 입장을 밝혔다. 1994년 국가공상총국은 「단체상표 및 증명상표등록관리방법」을 제정하여 지리적표시를 증명상표 및 단체상표로 등록함으로써 보호받을 수 있게 하였다. 특히 1999년 국가품질감독검사검역총국에서는 「원산지상품보호규정」을 공포하였으며 2005년 개정을 거쳐 「지리적표시 상품에 대한 보호규정」의 명의로 재공포하였다. 2001년 「상표법」은 개정을 거쳐 단체상표, 증명상표 및 지리적표시와의 관계에 대하여 명확하게 규정함으로써 지리적표시는 정식으로 상표법체계에 도입되었으며 지리적표시에 대한 중국의 이중적 보호형태를 형성하였다.

이미 공포한 기타 관련 법률 모두 서로 다른 차원에서 지리적표시 관련 내용을 규정하고 있으며 이는 지리적표시 관련 규정의 보충이 되었다. 예를 들면 2018년 1월 1일부터 시행하게 된 「부정경쟁방지법」 제6조에서는 경영자는 기타 타인의 상품이라고 오인하거나 타인과 특정관련성이 존재한다고 오인하는 혼동행위를 하여서는 아니된다고 규정하였다. 또한 제8조에서는 경영자는 상품의 성능, 기능, 품질, 판매상황, 고객평가, 획득한 영예 등에 대하여 오인할 만한 허위적 홍보나 사기행위를 해서는 아니된다고 규정하였다. 이러한 규정 모두 타인이 무단으로 권리자의 지리적표시를 사용하는 것을 금지하는 규정들이다. 「제품품질법」 제5조에서는 인증표기 등 품질표기를 위조하거나 도용하는 행위, 상품의 원산지를 위조하는 행위, 공장명칭 및 주소를 위조하거나 도용하는 행위, 생산 및 판매 과정에서 다른 가짜성분을 혼합하거나 불량품을 정품으로 판매하는 행위를 금지한다고 규정하였다. 이러한 규정의 취지는 상품의 품질을 보호하고자 하는 것이지만 지리적표시에 대한 법률적 보호의 내용도 포함되어있다. 「소비자권익보호법」 제8조에서는 소비자는 자신이 구매 또한 사용한 상품이나 서비스의 진실한 상황에 대하여 알 권리가 있으며 알 권리의 대상에는 상품의 가격, 원산지, 생산자, 용도, 성능, 규격, 등급, 주요성분, 제조일자, 유효기한, 품질합격증명서, 사용방법설명서 등이 포함된다고 규정하였다. 또한 제56조에서는 경영자가 상품의 원산지를 위조하거나 타인의 공장명칭 및 주소를 위조 또는 도용하거나 제조일자를 왜곡하거나 인증표기, 우수표기 등 품질표기를 위조 또는 도용할 경우, 이에 대응하는 법적 책임을 부담하여야 한다고 규정하였다. 상기 규정은 소비자 권익 및 시장경제질서에 대한 보호의 차원에서 출발하여 상품의 원산지에 대한 위조 및 도용행위를 금지하고 있다.

나. 지리적표시에 대한 중국의 이중적 보호방식

중국의 지리적표시 보호 관련 법률체계는 주로 「상표법」 및 「지리적표시상품보호규정」으로 구성되며 이는 일종의 이중적 보호방식이다.

하나는 증명상표, 단체상표를 통한 보호방식이다. 「상표법」에서 규정한 관련 내용은 다음과 같다.

(1) 지역명칭상표에 대한 제한조항을 두고 있다. 「상표법」 제10조에 의하면 현급 이상의 행정구역의 지리명칭 또는 공중들에게 널리 알려진 외국의 지리명칭은 상표로 등록할 수 없다. 그러나 지리명칭에 기타 의미가 있거나 단체상표, 증명상표의 구성부분일 경우는 제외한다. 또한 이미 등록하여 사용하고 있는 지리명칭상표는 계속 유효하다.

(2) 기만적 지리적표시에 대한 금지조항을 두고 있다. 「상표법」 제16조의 규정에 의하면 상표에 상품의 지리적표시가 있지만 해당 상품이 해당 지리적표시의 지역으로부터 유래한 것이 아니고 공중에게 오인을 초래할 경우, 등록할 수 없으며 또한 그 사용도 금지한다. 그러나 선의로 이미 등록한 경우는 계속 유효하다.

(3) 지리적표시를 증명상표, 단체상표로 등록가능한 확인조항을 두고 있다. 「상표법」 제16조, 「상표법실시조례」 제4조에서 규정한 지리적표시 모두 증명상표 또는

단체상표로서 등록출원할 수 있다. 그 중에서 지리적표시를 증명상표로 등록한 경우, 해당 지리적표시의 사용요건을 구비한 자연인, 법인 또는 기타 단체는 해당 증명상표를 관리하는 단체에게 증명상표의 사용을 요구할 수 있으며 해당 단체는 그 사용을 허가하여야 한다. 지리적표시를 단체상표로 등록한 경우, 해당 지리적표시의 사용요건을 구비한 자연인, 법인 또는 기타 단체는 단체상표로 등록한 단체, 협회 또는 기타 조직에게 자신이 가입할 것을 청구할 수 있으며 해당 단체, 협회 또는 기타 조직은 정관의 규정에 따라 회원으로 가입하는 것을 허가하여야 한다. 그리고 가입신청을 하지 않은 경우에도 해당 지리적표시를 정당하게 사용할 수 있으며 해당 등록단체, 협회 또는 기타 조직은 그 사용을 금지할 권한이 없다.

다른 하나는 지리적표시 상품에 대한 보호방식이다.「지리적표시 상품보호규정」의 주요내용은 다음과 같다.

(1) 지리적표시 상품의 정의에 관하여, 지리적표시 상품이라 함은 특정지역에서 생산된 상품이 갖는 품질, 명성 또는 기타 특성이 본질적으로 해당 원산지의 자연 및 인문요소에 의하여 결정되며 심사비준을 거쳐 지리명칭으로 명명된 상품을 말한다. 이러한 상품에는 해당 지역에서 온 재배 및 양식상품 그리고 원자재가 전부 해당 지역 또는 일부가 기타 지역에서 온 것으로서 해당 지역의 특정공예를 통하여 생산 및 가공된 상품이 포함된다.

(2) 지리적표시 상품의 신청 및 심사비준에 관하여, 지리적표시 상품에 대한 보호신청은 현급 이상의 인민정부가 지정한 지리적표시 상품의 보호신청기관 또는 정부가 인정한 협회 및 기업이 제출한다. 관련 지방정부에서 지리적표시 상품의 원산지 범위에 대하여 건의하고 국가품질관리감독총국에서는 신청서에 대하여 형식적 심사만 한다. 심사합격한 경우, 수리공고를 공포하고 심사불합격의 경우, 서면으로 신청인에게 불합격을 통보한다. 관련 법인단체 및 개인은 공고일 후 2개월 내에 이의를 신청할 수 있다. 이 경우, 국가품질관리감독총국은 전문가심사위원회를 구성하여 이의가 없거나 이의가 있지만 기각된 신청에 대하여 기술적 심사를 진행하며 심사에 합격할 경우, 해당 상품이 지리적표시 상품보호를 취득하였음을 비준하는 공고를 공포한다.

(3) 지리적표시의 보호 및 감독에 관하여, 각 지역의 품질검사기관은 법에 따라 지리적표시 상품에 대하여 보호를 제공한다. 무단으로 지리적표시 명칭 및 전용표시를 사용 또는 위조하거나, 지리적표시 상품기준 및 관리규범의 요구에 따라 해당 지리적표시 상품의 명칭을 사용하지 않거나, 전용표시와 유사한 쉽게 오인할만한 명칭이나 표시 그리고 소비자가 오해할만한 문자나 도안의 표시를 사용하여 소비자로 하여금 해당 상품이 지리적표시 보호상품으로 오인할 결과를 초래하는 행위에 대하여 품질기술감독기관 및 출입국검역기관은 법에 따라 이러한 행위를 검사 및 처벌할 수 있다. 또한 각 지역의 품질검사기관은 지리적표시 상품의 원산지 범위, 원자재, 생산기술공예, 품질등급, 수량, 포장, 표시 그리고 상품전용표기의 인쇄, 발급, 수량, 사용상황, 생산환경, 생산시설, 제품기준 등에 대하여 일상적인 감독 및 관리를 할 권한이 있다.

다. 현행 지리적표시의 보호형태에 대한 평가

상기 상표법 및 특별법이라는 이중적 보호방식은 국가공상총국 및 국가품질검사총국이 각자 자신의 직책을 수행함으로써 관리권한에 대한 충돌과 분쟁이 일어나기 쉬우며 등록심사업무의 중복과 행정관리자원의 낭비를 초래하게 되었다. 수많은 학자들은 이에 대하여 비판적인 의견을 제시하였다. 현존하는 문제점은 서로 다른 등록절차에 따라 발생한 지리적표시권의 효력에 어떠한 차이점이 있는지, 동일한 지리적표시에 대하여 서로 다른 권리소유자가 등록보호를 신청할 경우, 어떻게 처리할 것인지 또한 지리적표시를 상표로 등록한 상품 또는 지리적표시 상품명칭을 취득한 상품에 대하여 다른 행정부서가 이를 감독관리할 권한이 있는지 여부이다.[205] 이러한 문제점 모두 지리적표시 보호제도의 효과적인 실행에 대하여 불리한 영향을 미치게 된다.

기술발명에 대한 이중적 보호와 마찬가지로, 현행 중국의 지리적표시 보호체계의 형성에는 그 역사적 배경이 있다. 과거 오랜 시간 동안, 중국은 지리명칭을 상표로 등록하는 것을 허용하였다. 1992년 「상표법」은 수정을 거쳐 현급 이상의 행정구역

205) 王莲峰:《地理标志的法律保护》, 载《郑州大学学报》(哲学社会科学版), 2003(5)。

의 지리명칭 또는 공중에게 널리 알려진 외국지리명칭은 상표로 등록할 수 없다고 규정하면서 국제관례와 일치하게 되었다. 그러나 소급효원칙에 따라 기존에 이미 상표로 등록한 지리명칭에 대하여 계속 사용할 수 있도록 하였다. 그 후 증명상표, 단체상표를 통하여 지리적표시는 상표로 보호받을 수 있게 되었다. 중국이 WTO에 가입한 이 후, 국가의 관련 부서는 「지식재산권협정」에서 지리적표시 관한 보호규칙을 근거로, 특별보호제도를 확립하였다. 세계적 범위에서 보면, 이러한 이중적 보호방식은 아주 드물며 이러한 보호방식은 기술발명에 대한 이중적 보호방식과도 서로 다르다. 후자의 경우, 개인의 사적 재산권으로서의 특허발명제와 공적 재산권으로서의 발명장려제가 병존하며 수여조건이 유사하지만 권리의 속성은 서로 다르다. 반면 전자의 경우, 지리적표시는 모두 특정주체가 보유한 표기권으로서 수권기관이 수리업무에서 상호 중복되므로 상이한 주체가 권리를 행사하는 과정에서 상호 충돌하는 상황이 출현할 가능성이 있다. 따라서 이중택일은 지리적표시 보호제도 관련 개혁의 출구일 수 있다. 어떤 학자는 특별법으로 지리적표시를 보호하게 되면 "상표와 원산지의 등록기관이 분리되어 등록심사업무의 중복 및 낭비를 야기하고 상품의 심사유형의 확정 및 선권리와의 충돌 여부 관련 검색 등에서도 불편함을 초래하게 된다."고 주장하였다.[206] 상표법을 통하여 지리적표시를 보호하는 것은 타당한 선택으로 보이는 듯하나, 또 다른 학자는 지리적표시 보호 관련 전문기관을 설립하여 "지리적표시 보호법을 주체로 하고 지방성 법규를 보충으로 하여 개방적이고 적극적이며 통일적인 유효한 법률보호체계를 확립하여야 한다."고 주장하였다.[207] 필자는 보호방식에 대한 선택은 역사조건, 사회환경 및 법률전통이라는 "국가의 정황"을 고려하여야 하는 한편 지리적표시 보호제도의 국제적 추세도 주목하여야 하며 다시 말하면 중국의 발전국면 및 국제적 변혁추세에 따라 개별적인 판단을 내려야 한다고 본다. 이와 관련하여 아래 내용에서 구체적으로 논하고자 한다.

206) 刘亚军:《完善我国地理标志法律保护实证分析》，载《当代法学》，2004(2)。
207) 张今:《知识产权新视野》，281页，北京，中国政法大学出版社，2000。

5. 지리적표시에 대한 국제적 보호제도의 발전추세

가. 지리적표시 보호제도 관련 변혁의 국제추세

지리적표시 보호제도의 역사적 발전과정을 보면, 각국은 전통산업, 전통공예 및 전통상품에서 차이점이 있으며 지리적표시에 대한 보호강도도 각자 다르다. 일부 학자는 유럽국가 및 기타 일부 전통상품이 비교적 유명한, 역사가 유구한 국가에서는 세계적으로 유명한 상품이 아주 많으므로 일찍부터 지리적표시에 대한 엄격한 보호를 통하여 고유의 경제이익을 확보하는 경향이 있는 반면 미국, 캐나다, 호주 등 신흥국가의 경제발전과정에는 전통적인 지리 및 인문요소가 적고 지리적표시가 가져다 준 경제이익도 그리 크지 않으므로 이러한 국가는 지리적표시에 대한 보호를 특별히 강조하지 않고 단지 소비자를 기만하는 것을 방지하는 차원에서 규정을 두고 있다고 주장하였다.[208] 세계 각국에서 지리적표시 보호와 관련하여 서로 다른 태도를 보이고 있으나 국제적으로 일찍부터 이를 서로 통합하는 움직임이 있었다. 1883년「파리협약」은 가장 먼저 지리적표시를 산업재산권의 보호범위에 포함시켰으며 지리적표시의 위조행위에 대하여 일부 실질적인 규정을 하였다. 1891년「마드리드협정」 및 1958년「리스본협정」은 각각 기만적 지리적표시를 이용한 부정경쟁행위에 대한 금지규정과 지리적표시의 국제등록절차 및 요구에 대한 구체적인 규정을 두었다. 세계무역단체의「지식재산권협정」에 의하면 지리적표시는 "무역과 관련된 지식재산권" 중의 하나이다. 여기서 주목할 것은「지식재산권협정」의 협의과정에서 선진국의 입장과 목표는 기본적으로 일치하며 그들은 협력하여 개발도상국에 압박을 가하였다. 그러나 지리적표시 보호 관련 문제에서는 심각한 분쟁이 발생하였으며 유럽연맹 및 스위스는 미국과 서로 다른 주장을 고수하였다.「지식재산권협정」에서의 지리적표시에 대한 보호조치 특히 포도주 및 화주에 대한 특별보호는 유럽연맹 및 기타 유럽국가의 기본적인 요구조건을 충족하였지만[209] 미국 등 국가가 일부 지리적표시에 대한 장기간 사용의 현황도 고려하여 여러 예외의 경우도

208) Lee Bendekgey、Caroline H. Mead, "International Property of Appellation of Origin and Other Geographic Indications", TMR. vol.82, p.765. 转引自方彬彬:《产地标记之保护》, 29页, 台北, 三民书局, 1995。

209)「지식재산권협정」 제22, 23조.

규정하였다.[210] 상기 규정은 사실상 선진국의 양대 이익단체가 상호 타협한 결과이다.

「지식재산권협정」의 형성은 서로 다른 국가사이의 지리적표시 관련 보호문제의 모순을 완전히 해소하지는 못하였다. 그리하여 「협정」은 이와 관련된 협의 및 심의 시스템을 가동하여 일부 체약국 사이의 "단일성 지리적표시" 관련 담판을 위하여 법적 토대를 마련하였다. 구제적인 실행상황을 보면, "단일성 지리적표시" 문제는 사실상 일부 체약국에서 이미 통용되고 있는 포도주 및 화주의 지리적표시 보호문제를 해결하기 위함이다. 이는 명백한 향후 보호문제가 아니라 역사적으로 남겨진 문제점이다. 이러한 배경하에, 지리적표시 문제는 2001년 11월 제4차 WTO 장관급 도하회의에서 중요한 의제 중 하나가 되었다. 도하회의에서의 협의는 세 가지 의제가 있었다. 첫째는 포도주 및 화주 관련 지리적표시의 다각적 등록제도이다. 둘째는 포도주 및 화주 관련 지리적표시에 대한 특별보호의 적용범위를 확대하는 것이다. 셋째는 「지식재산권협정」 이사회의 지리적표시 관련 규정의 실행에 대한 심사평가이다.[211] 앞의 두 가지 의제에 대하여 미국과 유럽연맹이 상호 이견이 발생하였다. 유럽연맹은 「리스본협정」규정과 유사한 법률효력이 있는 국제등록제도를 확립할 것을 주장하였으나 미국은 이러한 다각적 등록제도를 찬성하지 않고 설사 이러한 제도를 확립하더라도 단지 지리적표시에 대한 데이터베이스라는 정보공개의 기능만 수행할 뿐 등록체계가 아니라고 주장하였다. 주류상품의 지리적표시에 대한 특별보호조치에 관하여 유럽연맹은 적용범위를 확대할 것을 주장하였지만 미국은 이를 반대하였다. 미국과 유럽 사이의 이러한 심각한 의견충돌로 인하여 제5차 세계무역단체장관급회의(칸쿤회의)를 개최하기 전까지 각 체약국 사이의 지리적표시 관련 협의는 여전히 실질적인 진척이 없었다. 이 또한 2003년 9월 칸쿤회의가 아무런 성과없이 종료한 주요원인 중 하나이기도 하다.

국제사회는 도하회의로부터 칸쿤회의까지 개발도상국의 지리적표시 관련 협의에서의 각국의 입장 및 관점에 차이가 있음을 주목하였다. 지식재산권 문제와 관련하여 기존에는 선진국 및 개발도상국이 각자 하나의 집합체로서 어느 정도 충돌하였

210) 「지식재산권협정」 제24조.

211) DOHA WTO Ministerial 2001: Ministerial Declaration, http://www.wto.org/thewto/ministerial/doha/index.htm. 2003.6.28.

지만 지리적표시 문제와 관련하여 수많은 개발도상국은 자신의 이익에 따라 일부는 미국측(주로 중미 및 남미국가)에, 다른 일부는 유럽측(주로 동유럽 및 아세아국가)에 서로 다른 진영에서 대치하는 국면에 이르게 되었다. 이는 지리적표시에 대한 지식재산권 보호는 각국의 경제발전수준과 무관하며 산업 또는 상품의 "전통"과 관련이 있음을 의미한다.

앞의 내용을 요약하면, 지리적표시 보호문제는 기존의 남북모순이 아니라 "신세계" 국가와 "구세계" 국가 사이의 대립이다. 신구 두 세계에는 선진국도 있고 개발도상국도 있다.[212] 미국과 유럽 사이의 대립 및 견해 차이 그리고 개발도상국의 분열은 국제적 무형재산권 분야로 하여금 일종의 새로운 더욱 복잡한 이해관계에 직면하게 하였다. 지리적표시 보호제도의 확립은 이미 백년의 역사를 맞이하였고 서로 다른 보호이념과 보호방식은 줄곧 양대 법계의 서로 다른 국가에 병존하였다. 현재 이러한 구제도에는 또 다시 새로운 문제가 발생하였으며 이는 「지식재산권협정」이 체약국 국내에서의 실행에 영향을 미칠 뿐만 아니라 향후 「지식재산권협정」 시대에서의 국제무형재산권제도의 발전에 대하여 많은 변수를 추가하였다.

나. 지리적표시 보호제도의 변혁에 대한 중국의 대응

지리적표시 보호제도는 이미 세계무역기구의 다각적 협의 및 다수 국가의 자유무역협정 관련 협의의 의제가 되었다. 중국도 이러한 국제적 외부환경에서 벗어날 수 없으며 국제 및 국내 양 방면에서 적극적으로 대응하여야 한다. 국제협상에서 중국은 "지리적표시에 대한 확대보호와 다각적 등록제도 관련 협상을 동시에 진행하여야 하며 지리적표시에 대한 확대보호를 실현하는 전제하에 다각적 등록제도를 찬성하여야 한다."[213] 중국은 지방특색의 상품 및 민족수공예제품이 풍부하므로 포도주 및 화주 관련 지리적표시의 공고 및 등록의 다각적 시스템을 기타 제품에까지 확대하는 것은 중국제품이 국제시장에서 무형재산권 관련 이익을 획득하는 데 유리하다. 중국의 국내제도를 구축할 때 지리적표시에 대한 상표법 보호가 부족한 점을 찾아내어 지리적표시 보호제도의 가능성을 검토하여야 한다. 일부 학자는 지적하기

212) 董炳和:《地理标志知识产权制度研究》, 中南财经政法大学2004年博士学位论文。

213) 王莲峰:《地理标志的法律保护》, 载《郑州大学学报》(哲学社会科学版), 2003(5)。

를 「지식재산권협정」은 포도주 및 화주 관련 지리적표시에 대하여 넓고 유력하게 규정한 반면 중국의 명주는 다수가 지리명칭에 대한 상표등록을 통하여 보호를 받고 있다. 중국도 가능한 빠른 시일 내에 지리명칭상표 및 저명지리명칭상표에 대한 부당등록의 문제점을 해결하여야 한다. 또한 주류 관련 저명상표가 어떻게 「지식재산권협정」이 제공하는 특별보호를 받을 수 있는지에 대하여 입법적 측면에서 해결방도를 모색하여야 한다.[214] 또 일부 학자는 강조하기를 지리적표시를 증명상표 또는 단체상표로 등록한 후 보호기간이 경과한 후에 기한을 연장하지 않거나 취소 또는 말소의 경우, 지리적표시가 모두 공공영역에 속하게 한다. 이 경우 지리적표시의 영구적 권리속성을 어떻게 유지할 것인 가의 문제점이 발생하게 된다. 지리적표시는 지리적 환경요소로 인하여 발생한 권리로서 등록의 목적은 공시나 증명을 위함이다. 일부 국가에서는 실질적 조건을 구비한 모든 지리적표시는 형식상 등록여부를 불문하고 모두 보호받을 수 있으며 이는 상표등록의 취득과 상호 충돌되는 것이다.[215] 앞의 내용을 요약하면, 중국은 현재 중국의 무형재산권 관련 규정의 장단점을 충분히 인지하고 지리적표시에 대한 "신구세계"의 이익관계를 잘 검토하여 통합된 지리표시적 보호체계를 단독으로 구축하여야 한다.

---

214) 王笑冰等:《我国参加WTO地理标志谈判的立场和对策》, 载《知识产权》, 2010(1)。
215) 王莲峰:《制定我国地理标志保护法的构想》, 载《法学》, 2005(5)。

제19장
상 호 권

상호라 함은 민상사주체가 공상업거래에서 자신을 표시하고 타인과 구별하는 일종의 표지를 말한다. 상호는 민상사주체의 영업표지로서 특정기업의 상업명예 및 서비스품질을 나타내며 상호는 기업의 독립적인 인격과도 서로 관련되고, 기업의 재산권 수익과도 서로 관련된다. 상호로 인하여 발생한 전유권(專有權)을 상호권이라고 부르며 상호권은 기업의 중요한 무형재산권으로서 법적 보호를 받는다.

1. 상호권제도의 기본범주

범주는 이론의 기본적인 요소이다. 간단히 말하면, 각 학과에서 사용하는 일부 기본적인 개념이다.[216] 본 장은 논리학 및 철학에서의 범주에 대한 분석방법 및 법률제도에서의 정적 권리확정으로부터 입각하여 상호권의 대상, 성질, 특징 등을 검토하며 이를 통하여 상호권 관련 법률제도의 구축에서 제일 일반적인 문제점을 해결하고자 한다.

가. 상호 또는 기업명칭: 상호권의 대상

상호 및 기업명칭은 현행의 입법 및 관련 논저에서 제일 광범위하게 사용하고 있으며 공상업분야의 경영주체를 식별하는 두 개념이다. 어떤 자는 양자를 혼동하

216) 李武林:《欧洲哲学范畴简史》, 1页, 济南, 山东出版社, 1986。

여 사용하고 어떤 자는 양자가 본질적인 차이점이 존재한다고 주장하였다.

외국의 입법례를 보면, 다수 국가는 상호를 상사주체의 명칭과 동의어로 간주하였다. 예를 들면「일본상법전」제16조 및 제17조에서는 "상인은 자신의 성, 성명 및 기타 명칭을 상호로 사용할 수 있다." "회사의 상호는 그 종류에 따라 무한회사, 유한책임회사 또는 주식회사 등을 사용하여야 한다."고 규정하였다.「이탈리아민법전」제2563조에서는 "어떠한 상호든지 그 구성에 상관없이 최소 기업주의 성 또는 성명의 약어가 포함되어야 한다."고 규정하였다.「독일상법전」제17조에서는 상호에 대하여 다음과 같이 해석하였다. "① 상인의 상호는 하나의 명칭으로서 상거래에서 상인은 해당 명칭에 따라 경영하거나 서명한다. ② 상인은 상호의 명의로 제소하거나 응소한다." 상기 내용을 근거로, 어떤 학자는 상호에 대하여 세 가지 의미로 정의하였다. 첫째, 상호는 단지 하나의 명칭으로서 상업경영자 또는 상사주체의 성명과 일치할 수도, 불일치할 수도 있다. 둘째, 상호는 적법한 상인의 자격을 갖춘 독자상인, 무한책임회사, 유한책임회사 또는 합자회사 등만이 보유할 수 있다. 셋째, 상호는 상사주체의 상거래에서만 사용될 수 있다.[217] 이와 달리, 영미법계에서는 1946년「미국상표법」제45조에서 상호를 "제조상, 공업기업주, 상인, 농장경영자 또는 기타인에 의하여 상업, 업종 또는 직업의 식별에 사용되는 모든 명칭"으로 정의하였다.「파리협약」에서 상호는 비록 법률의 보호대상에 포함되었지만 협약은 그 정의에 대하여 해석은 하지 않았다. 파리협약연맹은 상호의 인정문제에 대하여 각 보호청구국이 자체로 결정하도록 하였다. 그 후 세계지식재산권기구는「개발도상국의 상표, 상호 및 부정경쟁행위 관련 시범법」에서 상호에 대하여 정의를 내렸다. "상호는 자연인 또는 법인을 식별하는 기업명칭이나 마크를 말한다."

중국의 관련 법률 및 법규에 따르면 상호는 기업명칭과 서로 다른 개념이다. 법학저서에서 통상 명칭은 혈연 또는 가정요소를 토대로 한 자연인의 성명과 다르며 이는 비자연인이 주체인 특정화된 식별성 표지로서 일반법인이 사회활동에서 타인과 구별되는, 자신만을 확인하고 표시하는 기호이자 표지라고 하였다. 중국「민법통칙」제37조,「민법총칙」제58조에 따르면 법인은 반드시 자신의 명칭이 있어야 하며 이는 법인의 필요한 구성요건으로서 명칭이 있어야만 자신의 명의로 민사법률관

---

217) 范健:《德国商法》, 146页, 北京, 中国大百科全书出版社, 1993。

계에 참여할 수 있고 관련 권리를 향유하고 의무를 부담할 수 있다. 또한 명칭을 통하여 자신과 기타 주체를 구별하며 명칭이 없으면 독립적인 인격도 없다. 기업명칭은 명칭의 특수한 유형으로서 경영주체가 보유한 일반법인주체와 구별되는 전용 표지이다. 「기업명칭등록관리규정」 제7조 제1항에 의하면 기업명칭은 순차적으로 기업등록지 또는 영업지, 상호, 업종이나 경영특징 및 기업형태로 구성된다. 예를 들면 "심천텐센트과학기술유한회사"는 이미 등록한 기업명칭이다. 그 중 "심천"은 기업등록지인 행정구역의 명칭이고 "텐센트"는 상호이며 "과학기술"은 업계종류이고 "유한회사"는 기업형태이다. 이로부터 기업명칭에 상호가 포함되며 상호는 기업명칭의 핵심내용임을 알 수 있다. 바로 어떤 학자가 개괄한 바와 같이 상호는 상사주체의 특유의 특징을 가장 잘 반영하고 있으며 동종업계에서 서로 다른 상품의 생산경영자를 가장 근본적으로 구별할 수 있는 표지이다. 반면 기업명칭은 경영지, 상호, 업종, 재산책임형태, 기업형태 등 상사주체의 전반적인 특징을 표현하고 있으며 상품경영자 사이에 존재하는 여러 차이점을 나타내고 있다.[218]

오직 상호만이 상호권의 보호대상이라고 볼 수 있다. 기업명칭의 구성 부분에서 오직 상호만이 무형재산권의 객체적 의의를 갖고 있으며 주체가 행정구역명칭, 업계종류 및 기업형태 등에 대하여 전유권(專有權)으로 지배하는 것은 불가능한 일이다.

나. 인격적 이익 또는 재산적 이익: 상호권의 속성

상호권의 성질에 대하여 학자들은 여러 가지 해석을 하고 있으며 이에 대한 학설은 주로 아래 몇 가지가 있다.

첫째, 성명권설이다. 본 학설에서는 법인, 자영업자, 개인조합의 상호권이 바로 성명권이며 "법인, 자영업자 및 개인조합의 성명권"을 "명칭권"이라고 한다고 주장하였다.[219] 이러한 관점을 주장하는 학자들 다수는 대만지역의 학자들의 주장을 근거로 삼았다. 그들은 법인의 명칭권을 성명권으로 해석한 후 민법상 국민의 성명권 보호방식을 통하여 법인의 명칭권을 보호할 시 피해자에게 유리하다고 보았기

218) 张丽霞:《论商号和商号权》, 载《法律科学》, 1996(4)。
219) 孟玉:《人身权的民法保护》, 8页, 北京, 北京大学出版社, 1988。

때문이다.[220] 성명 및 상호 모두 주체를 구별하는 기호이지만 성명은 통상 혈연관계와 서로 연관되며 자연인을 구별하는 기호이다. 반면 상호는 단지 공상업거래에서만 사용되고 경영주체를 구별하는 기호로서 혈연과는 무관하다. 그 외 상호권은 권리의 취득, 내용, 양도 등 측면에서도 성명권과 많은 차이점이 존재한다. 대만지역의 민법에서는 명칭권에 대한 규정이 없고 성명권에 대한 규정만 있으므로 이에 대한 확대해석을 통하여 명칭을 보호하고 있다. 따라서 중국은 이러한 견해를 취할 필요가 없다.

둘째, 재산권설이다. 본 학설에서는 상호권은 재산권의 일반적인 특징을 갖고 있는, 수익을 획득할 수 있는 재산으로서 이러한 명칭은 영업주체의 인격이 아니므로 인격권 범주에 해당하지 않고 재산권의 범주에 해당하며 재산권의 일종이라고 주장하였다.[221] 필자는 상호권은 경영주체에 대한 식별기능을 갖고 있으며 경영주체의 인격과 상호 관련되므로 상호권이 단지 재산권의 성질만 갖고 있는 것은 아니라고 본다.

셋째, 신분권설이다. 본 학설에서는 명칭권 및 성명권은 서로 성질이 다른 권리이며, 성명권은 인격권인 반면 명칭권은 양도 및 상속할 수 있으므로 인격권이 아닌 신분권이라고 주장하였다. 필자는 비록 상호권은 양도 및 상속할 수 있지만 기업의 신분이 아닌 경영주체의 인격을 표명하며 경영주체 사이의 차이점을 나타내고 있으므로 상호권을 신분권으로 귀속하는 것은 입법근거와 이론토대가 부족하다고 본다.

넷째, 인격권설이다. 본 학설의 주장에 의하면, 첫째, 명칭권의 객체는 법인의 인격이익으로서 명칭은 주체가 상호 구별되는 필요한 조건이다. 둘째, 명칭권은 인격권의 모든 특징을 갖고 있으며 고유권, 전속권 및 필수권이다. 셋째, 명칭권은 비록 어떠한 무형재산권의 속성을 갖고 있지만 이러한 속성은 본질적 속성이 아닌 부속적 속성이다.[222] 필자는 본 학설은 상호권의 인격적 성질을 지나치게 강조한 반면 그의 재산적 성질을 무시함으로써 그의 이론확립이 정확하지 않다고 본다.

다섯째, 이중적 성질설이다. 본 학설에서는 상호권은 인격권 및 재산권이라는 이중적 속성을 갖고 있다고 주장하였다. 한 면으로는 법인 등 독립적인 인격을 갖는

---

220) 曾隆兴:《现代损害赔偿论》, 50页, 台北, 泽华彩色印刷事业有限公司, 1988。

221) 龙显铭:《私法上人格权之保护》, 89页, 上海, 中华书局, 1948。

222) 杨立新:《人身权法论》, 448页, 北京, 中国检察出版社, 1996。

주체에 대하여 말하면, 자신의 명칭을 갖는 것은 민사주체의 필요한 조건이며 주체 자격을 갖지 못하는 사회단체도 단체의 명의로 민사활동에 종사하므로 역시 명칭권을 갖는다. 다른 한 면으로는 명칭권은 재산권의 속성도 갖고 있으므로 재산목적물로서 사용, 수익, 양도 및 처분할 수 있다. 명칭은 고정적인 상태로 존재하는 것이 아니므로 무형재산권에 해당한다.[223]

필자는 상호는 한 면으로는 기업주체의 인격적 표시로서 생산경영자를 구별하는 기본적인 기능을 갖고 있고 기업이 생산경영거래에 종사할 수 있는 전제조건이기도 하며, 다른 한 면으로는 기업의 무형재산으로서 상호에 대한 사용, 사용허락, 양도 및 상속을 통하여 재산이익을 획득할 수 있다. 또한 상호에 대한 도용 및 위조행위도 이에 따른 재산적 결과가 발생하게 된다고 본다. 따라서 상호권은 인격적 및 재산적 내용을 겸비한 복합적 권리라고 할 수 있다. 다만 본 글의 주제내용에 따라 상호권은 재산권 중의 무형재산권으로 간주될 수 있다고 본다.

다. 상대적 효력: 상호권의 특징

상호권은 일종의 사적 권리로서 무형재산권 범주에 귀속될 수 있다. 국제협약에서 상호권은 일종의 산업재산권으로 간주된다. 상호는 경영주체를 구별하는 기능이 있으며 일부 국가에서는 상표법, 부정경쟁방지법 또는 특별법을 통하여 이러한 특수한 경영성 표지권을 보호하고 있다. 상호권은 객체의 비물질성이라는 지식재산권의 본질적 특징을 갖고 있지만 저작권, 특허권, 상표권에 대하여 말하면, 상호권의 효력은 일정한 상대성이 있다. 구체적으로 말하면 다음과 같다.

첫째, 지역적 효력이다. 상호권은 무형재산권으로서 절대권의 일부 특징을 갖고 있지만 단지 유효한 등록지역 범위 내에서만 배타적 효력을 갖는다. 중국의 「기업명칭등록관리규정」에 따라 기업은 현급 이상의 공상행정관리기관에서 법인명칭등록을 하여야 하며 이를 근거로 지역 범위를 말하면, 상호권의 효력은 등록행정구역에 따라 다를 수 있다. 즉 상호권의 효력은 현, 시, 성 내지는 전국 범위 내에서 지역적 차이가 발생할 수 있다.

---

223) 王利明等编著:《人格权法》, 98页, 北京, 法律出版社, 1997。

둘째, 존속적 효력이다. 상호권은 일반인격권의 일부 속성을 갖는다. 즉 상호는 주체의 인격과 상호 관련되어 존재하며 무형재산권의 법정보호기간의 제한문제가 존재하지 않는다. 다시 말하면 상호는 기업과 같이 존속하고 소멸되며 기업이 존재하기만 하면 상호권은 무기한으로 보호받을 수 있다. 반면 기업이 소멸되면 상호권도 따라서 존재하지 않는다.

셋째, 권능적 효력이다. 상호권의 사용 및 금지 관련 권능을 보면, 그 행사효력은 절대적인 것이 아니다. 「기업명칭등록관리규정」 제6조에서는 "기업은 단지 하나의 명칭만 사용가능하며 등록기관의 관할구역 내에서 이미 등록한 동종기업의 명칭과 동일하거나 유사해서는 아니된다. 특별한 필요가 있을 경우, 성급 이상의 등록기관의 심사비준을 거쳐 기업은 소정한 범위 내에서 하나의 종속명칭을 사용할 수 있다."고 규정하였다. 본 규정은 상호권의 독점성은 등록지역 내의 동종업계에만 한하며 등록지역 외의 기업이 이러한 상호를 사용하는 것을 배제할 수 없으며(앞서 논한 "지역적 효력" 참조), 동일한 등록지역 내의 타 업종의 기업이 이러한 상호를 사용하는 것을 제한할 수도 없음을 표명한다. 그 외 특별한 경우, 관련 등록주관기관의 비준을 거쳐 동일한 등록지역의 동종업종 내에 출현한 타기업이 자신과 동일 또는 유사한 상호를 사용할 수도 있다.

요약하면, 상호권의 효력은 일반무형재산권과는 다른 점이 있다. 어떤 학자가 개괄한 바와 같이 상호권은 일종의 상대적인 절대권이다.[224] 그러나 일부 상호는 오랜 기간의 사용을 거쳐 공중에 의하여 보편적으로 널리 알려지고 상당한 명성을 갖고 있어 저명상호 또는 유명상호로 인정될 경우, 해당 상호권의 효력은 일반상호와 다르다. 이와 관련하여 다음 내용에서 구체적으로 논하고자 한다.

2. 상호권과 관련 표지성 권리의 충돌

경영성 표지라 함은 공상업영역에서 상품의 출처 및 기업의 특정인격을 표시하는 전용성 표지를 말하며 권리형태에는 상표권, 상호권, 도메인이름권, 지리적표시권 등이 포함된다. 여기에서 주로 공상업거래에서 상호권과 기타 표지성 권리의 관계

---

224) 张国键:《商事法论》, 102页, 台北, 三民书局, 1980。

및 충돌을 논하고자 한다.

가. 상호권과 상표권의 충돌 및 그 해결책

상호 및 상표 모두 공상업의 경영주체와 밀접한 관련이 있는 표지이다. 일부의 경우, 양자를 통합하여 상호 및 상표 모두 동일한 표지를 사용한다. "치위엔쮜더(全聚德)", "IBM", "레노버(聯想)" 등이 그 예이다. 그러나 대다수의 경우, 기업은 상호 및 상표를 분리하여 서로 다른 표지를 사용한다. 경영주체는 단지 하나의 상호만 있지만 여러 상표를 갖고 있을 수 있다. 서로 다른 종류, 품질, 규격을 생산하는 기업에 대하여 말하면 이는 흔히 볼 수 있는 표지의 사용방식이다. 예를 들면, 광동 바오제(寶潔)회사는 세척계열 상품에 대하여 기능에 따라 "헤드앤숄더(海飛絲)", "리조이스(飄柔)", "팬틴(潘婷)" 등 상표를 갖고 있다. 상호 및 상표 모두 권리주체의 경영의 지혜가 내포되어 있으며 기업의 중요한 무형재산이다. 경영성 표지는 주로 문자, 도형 또는 그 조합으로 구성되며 서로 다른 권리주체의 상호 및 상표가 상호 혼동되기 쉽다. 따라서 이로 인하여 소비자의 오인을 야기하여 시장이익의 상실을 초래할 수 있다. 즉 상호권 및 상표권의 충돌문제가 발생하게 된다. 실제생활에서 양자의 충돌은 주로 아래 두 가지 측면에서 표현된다. 하나는 선등록 상표권과 후등록 상호권 사이의 권리충돌이다. 즉 행위자가 타인의 등록상표와 동일하거나 유사한 문자를 상호로 등록할 시 공중의 오인이나 혼동을 초래할 수 있다. 다른 하나는 선등록 상호권과 후등록 상표권 사이의 권리충돌이다. 즉 행위자가 타인이 등록한 상호와 동일하거나 유사한 문자를 상표로 등록할 시 공중의 오인이나 혼동을 초래할 수 있다.[225] 상호 및 상표의 사용은 공중의 오인이나 혼동을 초래할 수 있는데 그 원인은 상표 및 상호 모두 경영자가 상품이나 서비스를 제공할 시 소비자에게 영향을 미치고 관련 인식을 형성함에 있어서 유사한 역할을 하기 때문이다. 예를 들면 상품상표분야에서 "생산자는 상호를 상품, 설명서, 광고나 홍보자료, 포장물 및 영업장소 등에 선명하게 표기할 시 상호와 상표를 구분하기 아주 어렵게 된다." 서비스상표분야에서 "서비스상표는 물질성 매체가 존재하지 않고 그에 대한 사용은 기업이

---

225) 郭洪波:《商标权与其他标识性知识产权冲突问题研究》, 载《法学》, 2005(9)。

소비자에게 제공한 서비스에서 나타나며 절대다수의 경우, 한 기업의 상호, 기업명칭 또는 그 약칭이 바로 서비스상표이다." "서비스상표는 실질상 기업상호에 대한 상표화이다."226) 필자는 두 가지 표지권의 충돌을 해결하려면 선권리원칙을 적용하여야 한다고 본다. 여기에는 두 가지 의미가 포함된다. 첫째, 선등록된 상표를 상호로 등록하거나 사용하는 것을 금지한다. 「원상표법실행세칙」 제53조에 따르면 "상표소유권자는 타인이 자신의 저명상표를 기업명칭으로 등록하여 공중을 기만하거나 공중에게 오해를 초래할 가능성이 있을 경우, 기업명칭의 등록주관기관에게 그 기업의 명칭을 취소할 것을 신청할 수 있다." 보다시피 선등록된 상표가 저명상표일 경우 타인은 이와 동일 또는 유사한 상표를 상호로 등록할 수 없다. 둘째, 선등록된 상호를 상표로 등록하거나 사용하는 것을 금지한다. 「상표법」 제9조에서는 등록출원한 상표는 타인이 우선 취득한 합법적인 권리와 상호 충돌해서는 안된다고 규정하였다. 다시 말하면 등록출원한 상표와 이미 등록한 상호가 동종업계 또는 동종상품이나 서비스에 대하여 혼동을 초래할 시 후자는 이의, 분쟁 등 절차를 통하여 해당 표지가 등록되는 것을 저지할 수 있다. 만약 해당 상표등록이 비준될 시 선등록된 상호는 기존의 등록범위 내에서 비준된 사용범위에 따라 계속 사용할 수 있으며 후등록 상표권의 금지효력의 영향을 받지 않는다.

나. 상호권 및 도메인이름권의 충돌 및 그 해결책

상호 및 도메인이름권의 관계에 대하여 다수 학자들은 도메인이름은 단지 기존의 표지인 상호 및 상표가 인터넷 공간에서의 데이터화된 것으로서 표지매체의 전환이라고 보았다. 도메인이름은 인터넷을 연결하는 컴퓨터상의 주소이며 공상업거래에서 상호와 마찬가지로 일종의 식별기능도 있고 상업가치도 있다. 양자 모두 알파벳, 기호 및 문자 등 요소로 구성되며 기업은 상호 및 도메인이름의 설계와 사용에서 일치화된 추세를 나타내고 있다. 하나의 표지가 상호이자 도메인이름이기도 하다. 이로부터 한 면으로는 도메인이름은 인터넷에서의 전파를 통하여 상호의 인지도를 확대하고 다른 한 면으로는 도메인이름을 상표로 등록하여 상표법의 보호를 받을

226) 杨玉熹:《商号与商标: 权种冲突与解决》, 载《现代法学》, 1999(4)。

수 있다. 그러나 도메인이름이 상호 및 상표와 동등한 법적 지위를 갖는지 여부, 도메인이름과 관련 표지가 상호 충돌이 발생할 시 어떻게 처리할 것인가에 대하여 실무에서 비록 관련 분쟁해결체제가 존재하지만 법률상 아직 명확한 규정이 없다. 1999년 미국 국회는 「지식재산권 및 통신종합개혁법」을 통과하였지만 도메인이름권을 규정하지 않고 도메인이름을 "분쟁가능한" 대상으로만 규정하였다. "악의적인 분쟁행위로 인하여 도메인이름 소유자에게 손해를 미칠 경우, 도메인이름 소유자는 법에 따라 손해배상을 청구할 수 있다."[227] 인터넷기술 및 전자상거래의 신속한 발전으로 인하여, 도메인이름의 상업 및 법률가치가 점차 주목받기 시작하였으며 따라서 도메인이름은 "지식재산권법에서 상표와 평등한 지위에 처해있고 그 지위에 대응되는 권리를 갖게 된다."[228] 법률적으로 보면, 도메인이름으로 인하여 발생한 이익에 대하여 도메인이름권이라고 명명하지 않았지만 그의 배타성 효력의 법익은 법적 보호를 받는다. 만약 상호 또는 도메인이름이 서로 다른 기업에 의하여 소유하게 된다면 관련 권리의 충돌이 발생하게 된다. 이러한 문제점을 해결하기 위하여 혼동금지원칙을 적용하여야 하며 이와 관련하여 구체적으로 아래 두 가지 경우가 있다. 하나는 타인의 상호를 도메인이름으로 등록하는 경우이다. 기업의 표지권 충돌에 관하여 「부정경쟁방지법」을 적용할 수 있다. 본 법 제5조에서는 무단으로 타인의 기업명칭 또는 성명을 사용하여 타인의 상품임을 오인하게 하는 행위는 부정경쟁행위에 해당한다. 타인의 공중에게 널리 알려진 상호를 도메인이름으로 등록하여 실제생활에서 소비자의 오인을 야기할 경우 도메인이름의 등록행위를 악의성이 있는 부정경쟁행위로 인정하여 제재를 가하여야 한다. 예를 들면 독일에서 어떤 사람이 "Toyota.de"를 도메인이름으로 등록하여 도메인이름 및 상호 관련 분쟁사건이 발생하였다. 본 사건에서 법원은 해당 도메인이름은 도요타회사의 상호권을 침해하였다고 인정하였다. 비상업법인의 표지권의 충돌에 관하여 법률에서는 관련 규정이 없다. 중국의 「중문도메인이름 등록관리방법(시행)」 제8조에서는 중문도메인이름은 국가, 사회 또는 공공이익에 손해를 미치는 명칭을 사용해서는 안된다고 규정하였다. 그러나 당해 「방법」에서 기업, 공공기관의 신분표지를 도메인이름으로

227) Domain Names, "Expert Call for Right of Appeal in Domain Name Dispute Resolution", World Intellectual Property Repot, Vol.14, 2000, p.240。

228) 王范武等:《关于域名纠纷案件中几个问题的思考》, 载《知识产权》, 2000(5)。

등록하는 행위에 대하여서는 명확한 제한이 없다. 예를 들면 북경대학(北京大學)은 중문도메인이름을 "北京大學(북경대학).com.cn"으로 등록할 수 있지만 타인이 "北京大學(북경대학).com.cn"을 도메인이름으로 등록하는 것을 금지할 수는 없다. 어떤 학자는 인지도가 높은 비기업법인의 명칭에 대하여 외국의 도메인이름 등록관리기관이 보편적으로 취하는 "일출조항"(日出條項)을[229] 참조하여 새로운 도메인이름을 추가 등록할 시 사전유보조치를 통하여 저명표지에 대하여 특별하게 보호하여야 한다고 건의하였다.[230] 둘째, 타인의 도메인이름을 상호로 등록하는 경우이다. 중국의 「기업의 도메인이름등록관리규정」에서는 기업명칭에 대하여 제한적인 조건을 규정하고 있다. 즉 기업명칭은 한자를 사용하여야 하며 한자병음(발음표기), 알파벳(외국인투자기업, 국외업무가 있는 기업 제외) 및 숫자가 포함되어서는 안된다. 현실 실무에서 등록된 도메인이름은 모두 알파벳, 숫자 및 연결기호로 구성되었으므로 도메인이름을 직접 상호로 사용하는 경우는 흔치 않다. 중국에서 아주 유명한 도메인이름은 모두 널리 알려진 중문명칭을 갖고 있다. "소우후"(搜狐, sohu), "신랑"(新浪, sina), "야후"(雅虎, yahoo) 등이 그 예이다. 보다시피 도메인이름의 중문번역명은 어떠한 의미에서 보면 이미 도메인이름의 일부분이 되었다. 이로부터 도메인이름과 도메인이름으로 등록한 상호는 서로 다르다는 것을 알 수 있다. 예를 들면 쓰퉁리방(四通利方)회사가 소유한 온라인사이트인 "신랑(新浪)"(도메인이름)과 타인이 강탈등록한 "신랑인터넷회사"(상호) 사이는 자주 권리충돌이 발생하게 된다. 「기업명칭등록관리규정」에는 비록 "기업명칭에는 공중을 기만하거나 오해할 만한 내용 및 문자가 포함되어서 안된다."고 명문으로 규정하고 있지만 실무에서 취소등록되는 다수 상호는 저명상표와 충돌되는 기업명칭이다. 이러한 상황은 저명한 도메인이름을 보호함에 있어서 아주 불리하며 상기 조례의 입법원칙과도 상호 위배된다.[231]

상호권 및 상표권, 도메인이름권과의 충돌에 관하여 "선권리원칙" 및 "혼동금지원칙"을 적용하여 처리할 수 있다. 그밖에 신의성실원칙도 표지권 충돌문제를 해결하는 기본적인 원칙이다. 당사자도 신의성실원칙에 따라 민상사거래에 참여하고 신용

229) 일출조항(日出条项)이란 법률 혹은 계약에서 약정한 일부 또는 전부조항의 효력발생일자를 가리킨다. ㅡ 역자 주.

230) 张玉瑞:《论中国域名的知识产权属性与立法、执法框架》, 载《知识产权》, 2011(3)。

231) 薛虹:《域名能否登记为商号》, 载《电子知识产权》, 1999(6)。

을 중요시하며 표지의 등록 및 사용에서 공중을 기만하거나 오해하게 하지 않아야 한다. 또한 사법기관도 신의성실원칙에 따라 사건을 처리하고 법률에 공백이나 결함이 존재할 시 일정한 정도의 "자유재량권"을 행사하여 보충적 기능을 수행하여 당사자 사이의 이익균형을 유지하여야 한다.[232)]

3. 상호권의 취득원칙 및 방식

가. 상호권의 취득원칙

상호권은 상호가 법률에서의 권리형태이다. 상호권은 상업거래에서의 표지성 권리로서 그 목적은 상업거래를 보호 및 추진하고 상업거래에서의 소극적 요소를 제거하며 법률이 규정한 상호의 기능 및 가치를 실현하기 위함이다.[233)] 입법상의 통행적인 방식 및 사법의 실무경험에 대하여 요약하면, 상호권의 형성은 대체로 아래 몇 가지 기본원칙을 취하고 있다.

(1) 상호의 진실성 원칙

상호는 경영주체의 진실한 상황을 반영하여야 하며 공중의 오인이나 의문을 초래해서는 아니된다. 진실성 원칙은 소비자가 기업의 진실상황을 이해하고 거래의 안전을 보호하며 사회공공이익 및 관련 당사자의 합법적인 권익에 대한 손해를 방지할 수 있다. 「독일상법전」은 서로 다른 유형의 주체에 대한 진실성 요구가 각자 다르다. 본 법 제19조에서는 유한책임회사에 대하여 말하면, 무한책임회사 및 주식합자회사의 상호에는 반드시 적어도 하나의 무한책임을 지는 주주의 성이 포함되어야 하며 회사 존재를 나타낼 수 있는 부가성 표기를 첨부하여야 한다. 주주의 이름은 상호에 표명할 필요가 없다. 독자상인에 대하여 말하면 반드시 그의 성 및 최소 하나의 완전한 성명을 상호로 하여야 한다. 유한책임회사와 주식회사, 주식합자회사 및 합작사에 대하여 말하면, 전자는 인명, 물적 명칭 또는 양자의 혼합을 상호로

232) 郭洪波:《商标权与其他标识性知识产权问题研究》, 载《法学》, 2005(9)。
233) 范健:《德国商号法律制度评析》, 载《法律科学》, 1994(1)。

사용할 수 있고, 후자는 반드시 물적 명칭을 상호로 사용하여야 하며 명칭에 기업형태를 표명하여야 한다. 그밖에 공중의 오해를 방지하기 위하여 동법 제180조 제2항에서는 상호에 대하여 다른 기타 표기를 부가해서는 안된다고 규정하였다. 중국도 이러한 원칙을 취하고 있다. 「기업명칭등록관리규정」 제7조에 의하면 기업명칭은 순차적으로 상호, 업종이나 경영특징, 기업형태로 구성되어야 한다. 기업명칭은 통상 기업소재지의 성(자치구, 직할시 포함) 또는 시(주 포함) 또는 현(직할구 포함)의 행정구역의 명칭으로 명명한다. 그외 기업명칭에는 아래 내용 및 문자가 포함되어서는 안된다. 국가 및 사회이익에 손해를 미치거나, 공중을 기만이나 공중에게 오해를 초래할 가능성이 있거나, 외국국가(지역) 명칭, 국제단체명칭, 정당, 당정군부대기관, 공공단체, 사회단체명칭이나 군대번호를 사용하거나, 한자병음문자, 숫자 및 기타 법률행정법규가 금지하는 명칭을 사용할 수 없다. 정당한 사유가 있는 경우, 기업명칭은 현지나 타지의 지명을 상호로 사용할 수 있지만 현급 이상의 행정구역의 명칭을 상호로 사용할 수는 없다.

(2) 상호의 안정성 원칙

이 원칙을 상호의 지속성 원칙이라고도 부르며 이는 기업의 소유자인 경영주체가 변경되더라도 상호는 계속 보류하여 사용할 수 있음을 말한다. 이러한 제도를 통하여 상호권의 사용가치를 계속 유지할 수 있으며 경영주체의 변경으로 인하여 그 가치가 상실되지 않는다. 상호의 안정성 원칙은 진실성 원칙의 존재를 전제로 하며 상호에 이미 내포되고 있는 가치를 계속 유지하기 위하여 상호가 진실하기만 하면 계속 사용될 수 있다. 「독일상법전」에서는 이와 관련하여 두 가지 경우를 규정하였다. 하나는 상호의 소지자가 변경하는 경우이다. 동법 제24조에서는 "타인이나 사망자로부터 기존의 경영주체 자격을 승계할 시 기존 영업주나 상속인의 명확한 동의를 거쳐 상호를 계속 사용하고자 할 경우, 기존 상호에 표명하거나 승계관계 표명을 하지 않고 보충설명을 한 후 해당 상호를 계속 사용할 수 있다."고 규정하였다. 다른 하나는 상호의 소지자가 개명하거나 상호에 표기한 주주가 개명하는 경우이다. 본법 제21조에서는 "경영자가 변경되지 않고 단지 경영주가 개명하거나 상호에 표기한 주주가 개명할 시 기존 상호는 계속 사용될 수 있다."고 규정하였다. 중국의 실무에서도 만약 기업의 내부인원에 변동이 발생할 시 통상 상호의 변경에 영향을 미치지 않고 기존의 상호도 계속 사용될 수 있다.

(3) 상호의 단일성 원칙

이 원칙을 상호의 식별성 원칙이라고도 부르며 이는 혼동의 발생을 방지하기 위하여 일정한 지역 내에의 상호 사이에 차이점이 존재함을 말한다. 본 원칙의 적용은 상호를 통하여 여러 경영주체를 식별함으로써 경영자 및 소비자의 이익을 보호하기 위한 취지이다. 「일본상법전」 제19조에서는 "동일한 시, 군, 촌 내에서 동일한 영업에 대하여 타인이 이미 등록한 상호를 등록해서는 안된다."고 규정하였다. 중국의 「기업명칭등록관리규정」 제6조에서도 "기업은 하나의 명칭만 갖고 있으며 등록기관의 관할구역 내에 이미 등록한 동종기업의 명칭과 동일 또는 유사해서는 아니된다. 특별한 필요가 있을 경우, 성급 이상 등록주관기관의 심사비준을 거쳐 기업은 소정의 범위 내에서 하나의 종속된 명칭을 사용할 수 있다."고 명확히 규정하고 있다.

(4) 상호의 통일성 원칙

기업은 하나의 상호만 사용할 수 있으며 동시에 여러 상호를 사용할 수 없다. 일종의 자원으로서의 문자는 한정되어 있으며 만약 한 기업이 고의로 여러 상호를 신청한다면 사회정보를 독점함으로 인하여 공공이익에 손해를 미칠 수 있다. 또한 한 기업이 여러 상호를 동시에 사용하게 된다면 시장거래의 혼란을 야기하여 결국에는 사회이익에 손해를 미치게 된다. 따라서 각국 법률은 기업이 하나의 상호만을 사용하는 것을 허용한다.

(5) 상호의 공개성 원칙

상호는 반드시 공개되어야 하며 관련 공중에게 알려야 한다. 본 원칙은 공중이 기업의 상호사용에 대하여 감독하고 선취득한 상호권자의 이익을 보호하기 위함이다. 상호의 공개는 등록의 형식으로 공중에게 공개하여야 하고 「독일상법전」 제29, 31, 32조 및 제36조에 의하여 상호의 등록에는 상호 및 영업주소의 등록, 기업장소 및 소유자의 등록, 상호말소의 등록 등이 포함된다. 중국의 「기업명칭등록관리규정」에서는 기업을 설립할 시 명칭을 등록하여야 하며 기업명칭을 변경 및 말소할 시에도 등록하여야 한다고 명확히 규정하였다.

나. 상호권의 취득방식

상호권의 취득은 일정한 법률절차와 상호 관련되며 취득방식에는 통상 아래 몇 가지 경우가 있다.

(1) 사용취득주의

사용자가 일단 상호를 사용하게 되면 어떠한 법정신청절차를 이행할 필요없이 상호권을 취득할 수 있음을 말한다. 현재 소수 국가에서 이러한 제도를 실행하고 있다. 예를 들면 프랑스에서는 상호가 사회 및 공중과 접하기만 하면 사용행위에 해당하며 사용자는 상호권을 취득할 수 있다. 이러한 입법방식은 물권에서의 선점취득제도와 아주 유사하며 고전자연법의 사상을 나타내고 있다. 「파리협약」 제8조에서는 상호의 신청 또는 등록 여부를 막론하고 체약국이 상호에 대하여 보호할 것을 요구하였다. 사용취득주의를 취할 경우, 선사용자의 권익을 보호하는 데 유리하며 상호는 오직 사용을 거쳐야만 공중에 의하여 알려지고 그 가치를 실현할 수 있다. 그러나 본 제도의 제일 큰 폐단은 분쟁이 발생할 시 해결하기 어렵다는 점이다. 만약 한 기업명칭이 동시에 여러 주체에 의하여 사용될 경우, 최초 선사용자의 확인에 대한 입증이 아주 어려우므로 이러한 사용취득주의를 취한 국가는 많지 않다.

(2) 등록대항주의

상호권의 취득은 등록을 거칠 필요가 없지만 등록을 하지 않을 경우, 제3자를 대항할 효력이 발생되지 않는다. 본 제도는 주로 일본법에서 규정하고 있다. 「일본상법전」 제20조 제1항에서는 "상호를 이미 등록한 자는 부정경쟁의 목적으로 동일 또는 유사한 상호를 등록한 자에 대하여 해당 상호의 사용을 정지할 것을 청구할 수 있다."고 규정하고 제2항에서는 "상호의 양도는 등록을 거치지 않고 선의의 제3자를 대항할 수 없다."고 규정하였다. 미등록한 상호는 사용은 할 수 있지만 배타성이 없으며 그의 사용 및 양도효력은 이미 등록한 상호에 미치지 못한다.

(3) 등록발효주의

상호는 오직 등록을 거쳐야만 사용할 수 있으며 배타성을 갖는 전용권이 발생하게 된다. 현재 독일 등 국가는 이러한 제도를 취하고 있다. 「독일상법」 제29조에서는 모든 상인은 그의 상호를 영업소재지의 상사등록법원에 등록을 신청할 의무가 있으며 법원에 상호를 표기하여 보존하여야 한다고 규정하였다. 따라서 오직 등록수속을 거쳐야만 경영주체는 상호권을 취득할 수 있다. 마찬가지로, 상호 및 상호소유자의 변경, 영업소재지 주소지변경 및 상호폐기의 경우, 경영주체는 등록법원에 관련 변경을 신고하여야 한다. 이러한 제도는 상호권의 귀속을 확실시하여 분쟁을 줄일 수 있으며 또한 상호등록을 통하여 공중에게 공시함으로서 거래의 안전 및 질서를 보호할 수 있다.

중국은 등록발효주의원칙을 취한다. 「민법통칙」 제33조에서는 개인조합은 법에 따라 상호를 비준 및 등록하고 등록된 경영범위 내에서 경영에 종사할 수 있다고 규정하였다. 「기업명칭등록관리규정」 제3조에서는 기업명칭은 심사비준 및 등록한 후 사용할 수 있으며 소정의 범위 내에서 전용권을 갖는다고 규정하였다. 또한 제26조에서는 만약 심사비준 및 등록을 거치지 않은 기업명칭을 사용하여 경영활동에 종사할 경우, 그 경영활동의 정지를 명할 수 있으며 불법소득을 몰수하거나 벌금을 처할 수 있다고 규정하였다. 외국인투자기업은 설립등록 전에 별도의 기업명칭등록을 하여야 한다.

등록대항주의 및 등록발효주의의 취득방식에서 만약 2개 이상의 기업이 동일한 등록주관기관에 동일한 상호의 등록을 출원할 시 등록주관기관은 우선출원원칙에 따라 결정한다. 만약 2개 이상의 기업이 같은 날 상호의 등록을 신청할 시 기업이 협상하여 해결하도록 명할 수 있으며 협상실패 시 등록주관기관이 결정한다. 2개 이상의 기업이 서로 다른 등록주관기관에 동일한 기업명칭을 신청할 시 등록주관기관은 우선수리원칙에 따라 결정한다. 같은 날 수리할 시 기업이 협상하여 해결하며 협상실패 시 각 등록주관기관의 공통된 상급등록주관기관에 보고하여 결정한다.

4. 상호권의 내용

상호권은 경영주체가 심사비준 및 등록된 상호에 대하여 갖는 전유권(專有權)을 말한다. 다수 저서에서는 상호권의 내용을 상호의 설정권, 사용권, 변경권, 사용허가 및 양도권으로 개괄하였다.[234]

상표권 등 무형재산권과 마찬가지로, 우선, 상호권은 일종의 전유권(專有權)이다. 이러한 권리는 일종의 "새로운 특수한 권리"로서 기타 유형재산소유권과 다른 "독점권" 및 "전용권"이다.[235] 다음은 상호권은 일종의 전유성 표지권으로서 권리내용에는 "독점사용권" 및 "금지권"이 포함된다. 전자는 상호소유자가 독점적으로 상호를 사용 및 지배할 수 있는 권리를 말하며 후자는 상호소유자가 타인이 상호의 이용을 배제하고 상호와 혼동을 일으키는 것을 금지할 수 있는 권리를 말한다. 권능을 보면 상호권의 내용에는 사용권 및 금지권이 포함된다.

가. 상호설정권

상호설정권은 경영주체가 갖는 상호를 결정할 수 있는 권리를 말하며 다수 학자들은 이러한 설정권을 상호권의 기본적인 내용으로 포함시켰다. 필자는 이러한 전통적인 견해는 검토할 필요가 있다고 본다. 첫째, 자신의 의지에 따라 명칭을 선정하는 것은 상호권을 취득하는 전제조건이지만 상호권 내용 자체가 아니다. 상호권 설정 또는 명칭의 선정은 상호의 진실성 원칙 등에 의하여야 하며 등록출원 등 절차를 거쳐야만 상호권을 취득할 수 있다. 둘째, 경영주체는 자신의 의지에 따라 명칭을 선정하며 법률이 제한한 범위 내에서 이는 상호권 자체의 권능이 아니다. 앞서 논한 바와 같이 법률은 기업명칭의 주체 및 기타 부속부분에 대하여 명확한 요건을 제시하고 있으며 어떤 내용은 임의로 선정할 수 있지만 어떤 내용은 법에 따라 사용하여야 한다.[236] 따라서 상호설정권을 상호권의 기본내용으로 이해하는 것은 타당치 않다고 본다.

나. 상호변경권

상호변경권은 경영주체가 법에 따라 이미 등록한 상호를 변경할 수 있는 권리를

---

234) 杨立新:《人身权法论》, 445~446页, 北京, 中国检察出版社, 1996; 王利明等编著:《人格权法》, 98~100页, 北京, 法律出版社, 1997。

235) 尹田:《法国物权法》, 56~58页, 北京, 法律出版社, 1998。

236) 范健:《德国商号法律制度评析》, 载《法律科学》, 1994(1)。

말한다. 어떤 학자는 이를 상호권의 내용 중 하나로 주장하였다. 필자는 각국 법률에서는 상호에 대한 일부 또는 전부의 변경을 모두 허용하고 있으며 변경된 상호가 등록 시의 조건을 구비하기만 하면 된다. 따라서 이러한 상호의 변경을 하나의 권리로 간주하는 것은 성립하기 어렵다고 본다. 첫째, 상호의 설정 및 변경은 공통된 속성을 갖고 있으며 상호권의 취득 및 형성의 전제조건이나 상호권 내용 자체가 아니다. 둘째, 상호의 변경은 모든 경영주체의 권능행위 및 이익으로 구성된 것이 아니다. 다시 말하면 다수의 경우, 경영자 주체는 상호를 자주 변경하는 것이 아니라 오랜 기간 상호를 유지하고 육성한다. 따라서 상호의 변경은 상호권의 기본내용이 될 수 없다. 셋째, 상호의 변경행위에 대하여 제한이 있다. 법률은 기업형태 및 사용지역의 변경, 경영주체의 책임부담형태의 변경, 상호권의 지역적 효력의 변경에 대하여 엄격한 제한을 두고 있다.

다. 상호사용권

상호사용권이라 함은 전유권(專有權) 의의에서의 상호권의 내용구성을 말하며 상호의 허가사용권 및 양도권 모두 사용권에 해당하므로 별도로 열거할 필요가 없다.

상호는 법에 따라 등록을 통하여 상호권의 독점적인 사용효력이 발생하게 된다. 상호권자는 간판, 상품, 인감, 은행계좌 등에 상호를 사용할 수 있고 광고홍보 또는 경영거래에서 상호를 사용할 수도 있으며 자신이 사용할 수도 타인이 사용하도록 허가할 수도 있다. 후자는 상호권이 무형재산권으로서 당연한 내용이며 상호권자의 권리처분행위이다. 구체적으로 말하면 아래 두 가지 경우가 포함된다.

(1) 사용허락

상표의 사용허락과 마찬가지로, 상호도 사용을 허락할 수 있다. 당사자는 협의를 통하여 타인이 특정범위 내에서 상호를 사용할 수 있도록 허락할 수 있다. 대다수의 경우, 상호의 허락사용은 비독점적인 허락사용이다. 즉 소유자는 자신 외에 타인이 다른 지역에서 상호를 사용하도록 수권할 수 있다. 이러한 사용허락은 통상 프랜차이즈경영방식과 관련성이 있다. 제3자의 이익 및 시장경제의 질서를 보호하기 위하여 상호사용허가계약은 서면방식을 취하여야 하며 해당 계약은 등록주관기관의 비준을 거쳐야 한다.

(2) 양도사용

상호의 양도에는 두 가지 종류가 포함된다. 하나는 계약에 의한 양도이다. 계약형식을 통하여 상호권을 타인에게 양도하여 상호권의 주체가 변경된다. 각국 법률은 대체로 계약의 양도를 인정하지만 서로 다른 입법방식을 취하고 있다. 일부는 절대양도주의방식을 취하여 상호권이 기업과 동시에 양도되거나 기업이 종료 시 양도하여야 한다. 상호권을 양도한 후, 양도인은 더 이상 상호권을 갖지 아니하며 양수인이 새로운 권리주체가 된다. 「일본상법전」 제24조 제1항에 의하면 상호는 오직 영업과 함께 양도되거나 영업폐기 시 양도할 수 있으며 다수 국가의 상법전 모두 이러한 입법방식을 취하고 있다. 다른 일부는 상대양도주의방식을 취하여 상호권 및 기업은 서로 분리되어 별도로 양도될 수 있다. 양도한 후 양도인 및 양수인 모두 상호권을 갖고 다수 기업이 동일한 상호를 사용하게 된다. 상대양도주의방식은 상호의 사용 및 관리상의 혼란을 초래하기 쉬우므로 다수 국가에서는 상호권은 기업과 분리되어 단독으로 양도할 수 없다고 규정하고 있다. 중국의 「기업명칭등록관리규정」에서도 국제적인 통행방식을 취하고 있다. 본 규정 제23조에서는 기업명칭은 기업 또는 기업의 일부로서 함께 양도되어야 하고 양도된 후 양도인은 이미 양도한 기업명칭을 계속 사용해서는 안된다고 규정하였다. 다른 하나는 상속에 의한 양도이다. 상호권은 무형재산권으로서 기업과 함께 상속이 발생할 수 있으며 주로 개인독자기업 및 자영업자에게 해당된다. 주체가 사망한 후 경영실체의 상호권은 상속될 수 있으며 상속자는 상호에 대하여 등록하여야 한다.

라. 상호금지권

상호는 등록되기만 하면 권리자는 타인이 자신의 상호와 동일 또는 유사한 표지를 사용하는 것을 금지할 권한이 있다. 이러한 금지성 권리는 상호의 단일성 원칙의 규정에서 비롯된 것으로서 그 목적은 소비자의 오인을 야기하는 상호에 대한 혼동을 방지하기 위함이다. 금지권의 법률효력에 관하여 법률은 명확하게 제한하고 있다. 중국의 「기업명칭등록관리규정」 제6조에서는 “기업은 하나의 명칭만 사용할 수 있으며 등록주관기관의 관할구역 내에서 이미 등록한 동종기업의 명칭과 동일 또는 유사해서는 안된다."고 규정하였다. 2018년 1월 1일부터 시행하는 「부정경쟁방지법」 제6조 제2항에 의하면 무단으로 타인의 일정한 영향력이 있는 기업명칭(약칭, 상호 포함)을 사용함으로 인하여 오인의 결과가 발생할 시 부정경쟁행위에 해당하며 행위자는 관련 책임을 부담하여야 한다. 상기 규정으로부터 알 수 있듯이 우리는 상호의 금지권 효력에 대하여 아래와 같이 개괄할 수 있다.

(1) 동종업계 내에서 이미 등록한 상호와 서로 혼동이 발생해서는 안된다. 다시 말하면 금지권의 효력은 동종업계의 상호 사이에서 발생하게 된다. 서로 다른 업종의 기업이 이미 등록한 상호와 동일한 표지를 사용할 수 있는지 여부에 대하여 법률상 명확한 규정이 없다. 사적 권리영역에서는 법률상 명문으로 금지하지 않으면 실행가능하다. 따라서 서로 다른 업종의 기업은 동일한 상호를 사용할 수 있다. 예를 들면 "구어신(國信)" 두 글자로 구성된 상호는 전국에서 "구어신" 전당포, "구어신" 자동차, "구어신" 임대, "구어신" 투자, "구어신" 부동산 등이 있다. 비록 관련된 업종이 광범위하지만 소비자로 하여금 그들의 관련성에 대하여 쉽게 오인할 수 있다. 현행 법률규정의 결함에 대하여 어떤 학자는 아래의 보완조치를 취할 것을 건의하였다. 첫째, 동종업계 범위 내에서의 보호기준을 적용하는 전제하에 일부 저명상호에 대하여 업종 범위 외의 보호를 제공하여야 한다. 둘째, 외국의 저명상호에 대하여 중국에서 등록 여부를 막론하고 필요한 보호를 제공하여야 한다. 셋째, 혼동상황이 일단 출현하기만 하면 이해관계자의 청구에 따라 등록주관기관은 피청구자가 기업명칭을 변경하거나 취소할 것을 요구할 권한이 있어야 한다.[237]

(2) 등록주관기관의 지역 범위 내에서 이미 등록한 상호와 혼동이 발생해서는 안된다. 다시 말하면 금지권은 등록한 행정구역 내에서 효력이 발생한다. 중국에서 동일한 상호가 서로 다른 등록주관기관의 관할구에 해당한다면 각자 별도로 사용가능하다. 서로 다른 지역에서 출현한 "득월루(得月樓)"식당, 여러 도시에서 출현한 "장강(長江)"호텔 등이 그 예이다. 시장경제의 배경에서 기업의 경영거래의 범위도 갈수록 넓어지고 있으며 상호의 혼돈 및 소비자의 오인가능성도 점차 증가하게 된다. 따라서 현행 지역등급별 등록에 대하여 조정하거나 변경할 필요가 있다. 하나는

237) 马又腾:《如何完善我国的商号法律制度》, 载《知识产权》, 1996(4)。

현행등록제도를 변경하기 전에 국가공상국은 업종에 따른 상호목록을 정기적으로 출판하여 전국 또는 일정한 지역 범위 내에서 인지도가 높은 기업상호와 동일 또는 유사한 문자로 등록할 시 지방등록기관은 그 등록을 불허하여야 한다. 둘째, 등급별 등록제도를 통일적인 명칭조회 및 등급별 등록관리제도로 전환하여 국가공상행정관리총국이 전국기업명칭등록조회센타를 설립하여야 한다. 각 지역의 공상행정관리국이 기업명칭을 등록할 시 인터넷을 통하여 조회센터의 데이터베이스로부터 명칭을 조회할 수 있으며 조회를 거친 기업명칭은 전국 범위 내에서 이와 동일한 명칭이 있어서는 아니되며 그 외 유효한 상표명칭과도 서로 교차하여 조회함으로서 양 권리의 상호 충돌을 피할 수 있다.[238] 상기 분석을 통하여 우리는 상호금지권의 효력은 동종업계 및 동일한 등록주관기관의 관할지역 내에 한한다는 것을 알 수 있다. 그러나 "상호의 혼돈 및 시장질서의 혼란의 초래"를 판단기준으로 한다면, 무단으로 타인의 이미 등록한 상호(특히 저명상호)를 사용할 시 주관기관은 행위자의 법적 책임을 추궁하여야 한다.

5. 상호권의 보호

가. 상호권 보호에 대한 외국의 입법례

상호권의 법적 보호에 대하여, 입법례에서는 세 가지 방식이 있다. 첫째, 특별법을 통한 보호방식이다. 초기 상호권에 대한 보호는 다수가 이러한 방식을 취하였다. 1916년 영국의 「제조업체명칭등록법」, 1921년 네덜란드의 「기업명칭법」, 1922년 말라위의 「상호명칭등록법」 등 특별법은 국가가 상호에 대한 관리를 강조하였고 합법적으로 등록한 기업명칭에 대하여 행정적 보호를 제공하였으며 주관기관에게 불적법한 기업명칭에 대한 수정권을 부여하였다. 이는 행정법에 의한 일종 보호방식이다. 둘째, 민상사법전을 통한 보호방식이다. 독일, 일본, 프랑스 등 국가처럼 민법 및 상법이 분리된 국가에서 다수는 상호권에 대한 보호를 상법전에 규정하고 있다. 이탈리아 등 국가처럼 민상법이 통합된 국가에서는 민법전에서 상호권에 대

238) 叶青:《北京市企业字号与商号问题的调查》, 载《中华商标》, 1998(1)。

한 보호를 규정하고 있다. 이러한 법률은 상호권을 일종의 민사권리로 간주하여 권리의 취득, 양도 및 보호와 관련하여 민상법의 일반규정을 많이 적용하고 있다. 셋째, 부정경쟁방지법을 통한 보호방식이다. 상호권에 대한 침해행위를 부정경쟁방지행위로 간주하여 제재하며 이러한 보호방식은 민상사법을 통한 보호방식의 단점을 보완할 수 있다. 현실생활에서 타인의 기업명칭을 사용하는 행위에 대하여 모두 권리침해법을 적용하여 처리할 수 없다. 한정된 지역 범위 및 업종 범위를 벗어나 타인의 상호를 사용할 시 민상법에 의하면 상호권에 대한 침해행위에 해당되지 않지만 부정경쟁행위로 간주될 수 있다. 후자의 경우, "권리침해자의 책임을 가중하여" 이중적인 민사 및 행정책임을 부담하게 하여야 한다.[239)]

국제적으로 최초로 상호권을 보호한 국제협약은 「파리협약」이다. 본 협약 제8조에서는 상호는 각 체약국에서 보호받아야 한다고 규정하였다. 그 후 세계지식재산권기구는 「개발도상국의 상표, 상호 및 부정경쟁방지시범법」에서 상호권에 대하여 보호하는 일부 시범성 규정을 제정하였다.

나. 상호권 보호에 대한 중국의 입법실무

중국의 상호권 보호에 대한 내용은 「민법통칙」, 「부정경쟁방지법」, 「회사법」, 「제품책임법」, 「소비자권익보호법」, 「기업명칭등록관리규정」등 법률 및 법규에 분산되어 규정하고 있다. 필자는 상호권 보호제도를 보완하려면 세 가지 측면으로부터 출발하여야 한다고 본다. 첫째, 향후의 민법전에서 상호권을 명문으로 규정하고 민사권리체계에서의 지위를 확립하는 것이다. 둘째, 상호권과 관련된 특별법률제도를 제정하거나 「상호법」을 제정하거나 세계지식재산권기구가 제정한 「개발도상국의 상표, 상호 및 부정경쟁방지시범법」을 참조하여 상호권 및 기타 표지성 권리를 통합하여 입법하는 것이다. 셋째, 저명상호제도를 확립하여 오랜 시간 사용되어 공중에게 널리 알려진 저명상호에 대하여 저명상표와 유사한 특별보호를 제공하며 저명상호에 대하여 지역 범위 및 업종 범위를 초월한 배타적 효력을 부여하는 것이다.

239) 聂已东:《商业名称的法律保护》, 载《法律科学》, 1999(3)。

제20장

도메인이름권

도메인이름이라 함은 국제인터넷에서의 컴퓨터 주소를 말하며 일종의 실용가치가 있는 식별성 표지로 간주될 수 있다. 도메인이름 보호제도가 무형재산권에 포함된 역사가 그리 길지 않으며 문제가 아주 많다. 예를 들면 도메인이름에 내포된 것이 법익인지 아니면 권리인지, 도메인이름 관련 권익이 지식재산권의 속성을 갖는지 여부, 도메인이름 보호에 대하여 어떠한 법률방식을 채택하는지, 도메인이름 보호제도와 기타 무형재산권제도 사이를 어떻게 조율하는지 등 문제점은 줄곧 학술계와 실무계에서 논쟁이 존재하는 문제점들이다. 본 장에서는 이러한 문제점들을 중심으로 검토하고자 한다.

1. 도메인이름의 개념, 특징 및 역할

가. 도메인이름의 개념 및 구성

20세기 80년대, 일종의 새로운 인터넷프로토콜(TransferControl Protocol/Internet Protocol, TCP/IP로 약칭함)을 기반으로 우리가 현재 널리 사용하고 있는 인터넷이 발생하였다. IP규약에 따라 인터넷에 연결되는 서버마다 인터넷에서 핵심기기의 명칭으로 사용되는 자신만의 특정코드가 있는데 이것이 바로 흔히 말하는 "도메인이름"(Domain Name)이다. 2004년 「중국의 인터넷 도메인이름 관리방법」에서는 "도메인이름"을 일종의 "인터넷에서 식별할 수 있고 컴퓨터의 단계별 구조의 위치를 확정할 수 있는 기호식 표시를 말하며 인터넷프로토콜(IP)주소와 서로 대응된다."고 정의하였다.

현행의 도메인이름 규칙에 의하면 하나의 도메인이름은 통상 좌우 두 가지 내용으로 구성된다. 좌측은 TCP/IP규약의 종류 및 월드와이드웹(World Wide Web, www)으로 구성되어 통용된 내용으로서 통상 식별성이 없다. 우측은 영문중의 "."을 통하여 순차별로 분리되고 단계별 도메인이름(최상위, 2단계, 3단계 내지는 4단계 포함)으로 구성된 특정코드이며 도메인이름은 이를 통하여 식별된다. 도메인이름 관리규칙에 따르면 최상위 도메인이름 코드에는 두 가지가 있다. 하나는 국가별 도메인이름 코드로서 국가 또는 지역별에 따라 중국은 cn, 미국은 us, 일본은 jp 등이다. 다른 하나는 종류별 최상위 도메인이름 코드로서 구체적으로 공상업주체는 com, 인터넷 서비스주체는 net, 비영리단체는 org, 교육기관은 edu, 정부기관은 gov 등이다. 「중국의 인터넷 도메인이름 등록 관련 잠행관리방법」의 규정에 따르면 중국의 국가별 최상위 도메인이름 코드에는 6개의 2단계 종류별 도메인이름 코드 및 34개의 2단계 행정구역의 도메인이름 코드가 대응된다. 전자에는 과학기술연구기관은 ac, 공상기업은 com, 교육기관은 edu, 정부부서는 gov 등이 포함되며 후자의 34개의 2단계 행정구역에는 북경은 bj, 상해는 sh, 후베이는 hb 등이 포함된다. 예를 들면 천진대학교의 도메인이름은 "tju.edu.cn"이며 그 중에서 cn은 최상위 도메인이름으로서 중국을 의미하며 edu는 2단계 도메인이름으로서 교육기관을 의미한다. tju는 3단계 도메인이름으로서 천진대학교의 인터넷 명칭을 의미한다.

나. 도메인이름의 기술 및 법률특징

도메인이름은 하나의 시스템에 대한 명명제도로서 오늘날에 이르러 이미 최초에 설계한 "주소"의 의의를 훨씬 초월하게 되었으며 사이트소유권자의 상징 또는 표시가 되었다. 도메인이름의 표지성 특성을 보면, 기술적 및 법률적 특성을 모두 갖고 있다. 다시 말하면 도메인이름을 위하여 전자는 기술적 보장을 제공하고 후자는 법률적 효력을 부여한다. 도메인이름의 특성은 주로 다음과 같다.

(1) 식 별 성

도메인이름의 설계 및 사용에 대한 최초의 동기는 인터넷에서 각종 단체 및 기관 즉 컴퓨터 사용자를 구분하여 인터넷주소 검색의 편리 및 정보 전송의 목적을 달성하고자 하였다. 식별성 특징을 보면, 도메인이름은 상표 등 전통적인 식별성 표지와 다소 다르며 후자는 식별성에 대한 요구가 높으나 전자는 컴퓨터에 의한 식별로서 약간의 식별성이 있기만 하면 된다.[240)]

(2) 유 일 성

인터넷의 국제성 특징 및 IP주소 관련 기술적 보장을 근거로, 각각의 도메인이름은 유일무이하며 전 세계적 범위 내에서 서로 다른 것이다. 도메인이름은 일정한 "규범성"[241)]을 갖고 있고 고도의 정확성을 필요로 함으로 전 세계적으로 유일한 것이다. 이는 상표, 상호 등 전통적인 식별성 표시와 서로 다르며 이러한 표시는 상품별, 업종별에 따라 표시가 동일 또는 유사한 경우가 발생할 수도 있다.

(3) 배 타 성

도메인이름의 배타성은 절대적이며 지역의 제한도 기한의 제한도 없다. 인터넷의 글로벌성으로 인한 적용범위의 광범위성은 도메인이름으로 하여금 절대적인 배타성 효력을 갖게 하였다. 도메인이름은 유효하게 등록되기만 하면 배타성을 갖게 된다. "선출원, 선등록원칙"에 따라 하나의 도메인이름은 한번만 유효하게 등록될 수 있다. 등록출원한 도메인이름은 기존에 이미 등록한 모든 도메인이름과 동일해서는 안 된다. 다시 말하면 도메인이름은 한번 등록되기만 하면 그 후의 이와 동일한 도메인이름의 모든 등록을 배제할 수 있다. 이로부터 유일성 및 선출원등록원칙은 도메인이름의 배타성의 토대이며 배타성은 유일성의 연장이자 필요한 보증임을 알 수 있다.

다. 도메인이름의 재산적 의의 및 응용가치

기업에 대하여 말하면 도메인이름은 일종의 경영성 표지이자 무형재산으로서 인터넷에서의 기업의 이미지, 신용, 명예 및 상품이나 서비스의 품질을 대표한다. 이

---

240) 邵培樟:《论域名的法律性质》, 载《河北法学》, 2006(6)。

241) 여기서 말하는 "규범성"이라 함은 도메인이름은 영문 문자, 아랍숫자, 연결기호 및 점으로 구성되며 상기 요소의 조합, 배열, 배분, 선택의 규칙은 반드시 도메인이름 시스템(DNS)에 부합되어야 한다.

러한 기능 및 역할은 주로 아래 몇 가지 측면에서 표현된다.

(1) 인터넷 신분에 대한 식별성 역할을 한다. 도메인이름은 컴퓨터의 사용자가 연결하고 있는 인터넷상의 컴퓨터의 주소를 의미하므르 도메인이름은 컴퓨터의 사용자가 온라인상에서 타인과 상호 정보를 교환하고 생각을 교류하며 전자거래를 진행하는데 필요한 조건이다. 광범위한 사회공중의 관심을 끌고 사이트의 정보자원을 확정하며 인터넷 거래를 활성화하기 위하여 수많은 기업은 통상 자신의 명칭이나 자신의 상품브랜드를 도메인이름으로 등록한다. 기업은 이러한 등록을 통하여 자신의 인지도를 높이고 잠재적인 경쟁우위를 점할 수 있게 된다. 이 경우, 기업이 등록한 도메인이름은 단순하게 인터넷의 서버를 구별하는 기호가 아니라 해당 기업의 인터넷상의 표시가 되어 상표와 유사한 역할을 하게 된다. "상거래에서 보면, 도메인이름은 이미 '기업의 인터넷상의 상표'로 간주되었다."[242] "인터넷 명칭은 '성명'의 기능을 수행한다."[243] 필자는 도메인이름은 사실상 기업이 인터넷에서 사용하는, 자신의 신분을 표시하는 일종의 특수한 기호로서 인터넷사용자가 이를 통하여 신분을 식별하는 일종의 중요한 표시라고 본다. 현대의 상거래에서 도메인이름의 역할은 이미 약 200년의 법적 보호의 역사가 있는 상표를 초월하였으며, 사이트소유권자의 성명, 국적, 통신주소, 연락번호 등 전통적으로 특정인과의 연락정보로서 사용되던 신분적 기호를 초월하였다.[244]

(2) 전자상거래에서 광고역할을 한다. 도메인이름은 인터넷의 사용자가 기업을 방문하는 열쇠이자, 기업이 전자상거래에 종사하는 전제이기도 하다. 기업은 통상 자신의 인터넷사이트에 대한 구축 및 보완을 통하여 소비자의 주목을 끄는 목적을 달성한다. 따라서 일부 성공한 기업의 사이트의 도메인이름은 통상 전 세계에 널리 알려질 정도로 유명하며 수많은 사용자의 관심을 받게 된다. 도메인이름은 상품이나 서비스의 브랜드가 되어 인터넷 사용자가 기업의 사이트를 방문함과 동시에 기업에 대한 인식도 깊어지게 된다. 기업명칭이나 상표를 직접 도메인이름으로 한

---

242) 吴晓玲:《域名纠纷的法律经济学分析》, 载《当代法学研究》, 2000(2), (3)。

243) 蔡明诚:《网络名称在台湾的法律保护问题》, 载(台湾)《中兴法学》, 第45期, 2005。

244) 唐广良:《Internet域名及有关的问题》, 载郑成思主编:《知识产权文丛》, 第3卷, 北京, 中国政法大学出版社, 2000。

일부 기업의 경우에는 사용자가 인터넷주소 연결과 동시에 기업의 명칭 및 상표에 대하여 더욱 깊이 이해하게 된다. 도메인이름은 기업의 신용 및 명예의 매체로서 기업에 대하여 광고 및 홍보의 역할을 한다고 볼 수 있다.

(3) 무형재산의 거래역할을 한다. 식별성 표지에서 상표의 경제적 기능은 통일된 품질보증을 제공함으로서 소비자의 선택원가를 절감하는 것이다.[245] 도메인이름 또한 유사한 역할을 한다. 즉 도메인이름 시스템의 운영을 통하여 사람들은 자유로이 인터넷을 통하여 기업을 방문할 수 있으며 사람들이 필요한 인터넷사이트를 검색하기 위하여 소모한 원가를 절감할 수 있다. 한편 일부 도메인이름은 설계 및 제작단계에서 이미 사람들의 구상 및 선택을 거쳤으므로 일정한 창작성 노동이 내포되어 있다. 그 외에도 도메인이름은 기업의 이미지를 대표하며, 그에 내포된 브랜드 및 신용이나 명예는 통상 인터넷 사용자의 방문을 끌어들이고 클릭수를 높이는 핵심적 요인이 된다. 따라서 통상 하나의 도메인이름을 갖기 위하여 거액의 자금을 투입하여 구매하기도 한다. 류쇼칭(劉曉慶, 중국의 유명한 여배우 — 역자 주)의 인민폐 800만 위안을 출자하여 강탈등록된 도메인이름을 환매한 사건 및 미국 ACE회사의 병음으로 구성된 도메인이름에 대한 고가의 경매사건에서 도메인이름은 이미 중요한 재산적 가치를 갖게 되었음을 알 수 있다.

2. 도메인이름의 법률적 속성

가. 도메인이름의 법률적 속성에 대한 논쟁: 부정론 및 긍정론

도메인이름의 법률적 속성에 대한 검토는 주로 도메인이름의 이익에 대한 권리구조의 문제와 관련이 있다. 즉 도메인이름으로부터 발생한 이익은 일종의 단독적인 권리가 될 수 있는지? 만약 일종의 권리로 인정될 수 있다면 어떠한 권리형태에 해당되는 지이다. 현재까지 입법문서에서는 이와 관련하여 명확한 규정이 없으며 학술저서에서도 많은 논쟁이 존재한다.

245) [美] 波斯纳:《法律的经济分析》，蒋兆康译，53页，北京，中国大百科全书出版社，1997。

무형재산권은 사적 권리로서 특정이익을 토대로 발생한 권리이다. 여기에서 이익은 권리의 토대이자 근본적인 내용이고 권리의 목표대상이기도 하며 사람들이 권리를 통하여 실현하고자 하는 목적이기도 하다. 그러나 이익과 권리의 개념은 외연상 동등한 것은 아니다. 바꾸어 말하면 이익에는 권리로 상승될 수 있는 이익과 권리로 상승될 수 없는 이익이 포함된다. 즉 법적 보호를 받는 권리와 법익의 구분이 존재한다. 도메인이름에 내포된 이익이 권리인지 아니면 법익인지의 핵심은 이익내용에 대한 법률화 여부에 달려있다.

부정론을 주장하는 학자들은 각국 법률 및 국제지식재산권협약에서 도메인이름 소유권자에게 타인의 저해에 대한 배제권 및 도메인이름의 해석목적에 대한 자유로운 지정권 등 이익에 대한 권리를 귀속하지 않았으므로, "권리법정"원칙에 입각하면 합법적인 방식으로 획득한 도메인이름으로부터 발생한 이익은 일종의 "민사권익" 또는 "지식재산권과 유사한 신형의 민사권익"이라고 주장하였다.[246] 세계지식재산권기구는 20세기 말, 21세기 초 도메인이름시스템 관련 검토 및 협상을 여러 차례 개최하였으며, 비록 도메인이름의 권리속성에 대하여 어떠한 형태로도 인정하지 않았지만 도메인이름의 소유권자는 타인의 저해에 대한 배제권 및 도메인이름의 해석목적에 대한 자유로운 지정권 등의 이익을 갖게 되었다. 이러한 이익은 아직 법률상의 권리로 인정되지 못하였지만 여전히 법적 보호를 받고 있다. 이와 관련하여 일부 학자들은 "도메인이름은 일종의 법적 보호를 받는 민사이익으로서 사람들의 지적노동의 산물이며 이를 유지하기 위하여 일정한 정력 및 재력의 투입이 필요한, 사람들에게 유용한 것이다."고 강조하였다.[247] "비록 도메인이름은 WIPO에 의하여 지식재산권 중의 일종으로서 보호받지 못하였지만 그것이 일종의 민사권익이라는 사실은 부인할 수 없을 것이다. 그렇지 않으면 도메인이름은 전혀 보호받을 수 없는 난감하고 소극적인 지위에 처하게 될 것이다."[248]

긍정론을 주장하는 학자는 도메인이름을 일종의 단독적인 권리라고 보았다. 법학이론에 의하면 특정이익의 존재는 이에 대응하는 권리발생의 전제이자 필연적인

---

246) 邵培樟:《论域名的法律性质》, 载《河北法学》, 2006(6)。

247) 夏德友:《论域名的法律地位》, 载《当代法学研究》, 2000(2), (3)。

248) 蒋志培:《中国域名纠纷案件的司法实践与理论探索》, 载《知识产权审判指导与参考 · 第3卷》, 北京, 法律出版社, 2001。

결과이다. 도메인이름을 논하자면, 이는 일종의 "인터넷주소"일 뿐만 아니라 도메인이름으로 인하여 발생한 이익에 권리라는 외형을 부여하는 것은 전혀 논쟁할만한 여지가 없는 사실이다. 그러나 도메인이름에 대하여 어떠한 권리구조를 구축할 것인지, 다시 말하면 도메인이름은 어떠한 유형의 권리인지에 대하여 학자들은 서로 다른 견해를 주장하고 있다. 일부 학자는 도메인이름권을 전통적인 상업표지권의 범위에 포함시켜 이를 상업표지형 지식재산권의 "연장"이나 "투영"[249] 또는 상업명예의 일종으로 간주하여[250] 도메인이름을 법적 보호를 받는 상표로 전환할 수 있다고 주장하였다.[251] 반면 대다수 학자들은 도메인이름으로 인하여 발생한 이익을 도메인이름권이라고 부르며 일종의 특수한 형태의 지식재산권으로 간주할 수 있다고 주장하였다. 일부 학자는 도메인이름의 지적성과의 속성에 입각하여 분석한 결과, 도메인이름은 사람들의 구상, 선택 및 창작성 노동을 통하여 발생한 것으로서 지식재산권의 지적 성과에 해당하지만 현존하는 어떠한 지식재산권의 객체와도 구별되므로 도메인이름을 하나의 단독적인 지식재산권의 객체로 간주하여야 한다고 주장하였다.[252] 또 일부 학자는 도메인이름의 기술특징으로부터 논증한 결과, 도메인이름은 일종의 특수한 표시로서 IP인터넷주소와 분리되어 존재할 수 없으며 이러한 기술적 특성은 그가 어떠한 지식재산권의 종류에도 해당되지 않음을 결정하였다. 따라서 도메인이름권은 일종의 새로운, 독자적인 유형의 지식재산권이 될 수 있다고 주장하였다.[253]

나. 신형표시권: 도메인이름 권익형태에 대한 고찰

부정론 및 긍정론은 도메인이름의 법률속성인 법익 및 권리에 대한 서로 다른 인식에 의하여 발생하였다. 부정론인 법익론은 도메인이름제도의 확립이 아직 미숙

249) 陶鑫良:《商业域名、商业域号及其知识产权保护》, 载陶鑫良主编:《域名与知识产权保护》, 北京, 知识产权出版社, 2001。

250) 郑成思:《"域名抢注"与商标权问题》, 载《电子知识产权》, 1997(7)。

251) 唐广良:《Internet域名各纠纷及其解决》, 载陶鑫良主编:《域名与知识产权保护》, 北京, 知识产权出版社, 2001。

252) 张平:《域名的知识产权地位》, 载陶鑫良主编:《域名与知识产权保护》, 北京, 知识产权出版社, 2001。

253) 张乃根:《论与电子商务有关的知识产权》, 载《当代法学研究》, 2003(2), (3)。

할 시 그의 권리귀속 인정에 대해서는 신중할 필요가 있다는 실용주의 태도를 보이고 있으나, 실무에서 실존하는 법익에 대해서는 보호를 제공해야 한다고 주장하고 있다. 일부 학자는 심지어 도메인이름은 일반지식재산권의 객체와 구별되므로 이에 대한 보호방식도 민법의 기본원리를 유추하여 적용할 것이 아니라 이러한 신형의 민사권익에 대하여 특별법을 제정하여야 한다고 주장하였다.[254] 긍정론인 권리론은 제도적 변혁의 입장을 고수하면서, 도메인이름 구축의 인터넷기술의 배후에 존재하는 인터넷자원이라는 무형의 재산적 가치에서 출발하여 도메인이름제도의 발전으로 인한 법률적 필요성을 고려한 결과, 여러 가지 유형의 도메인이름권의 구축방식을 제시하였다. 이러한 제시내용을 보면, 권리의 귀속에 관한 견해는 서로 다르지만 권리 관련 주장은 참조할 만한다. 여기에서 필자도 몇 가지 건의를 제시하고자 한다.

첫째, 도메인이름으로 인하여 발생한 이익은 일종의 단독적인 권리로 간주되어야 한다. 파운드의 권리 및 이익 관련 논술을 보면, 외부의 간섭을 받지 않는, 도메인이름 관련 이익에 대한 보호를 토대로 한 청구는 법률의 확정을 거쳐 하나의 신형의 재산적 권리가 탄생될 수 있다. 이것이 바로 협의의 재산법과 서로 대응되는 무형재산법이다.[255] 비록 현재 국제협약 및 각국 법률에서는 아직 도메인이름권에 대하여 명확하게 규정하지 않았지만 관리상 및 사법상 실무에서 도메인이름의 이익은 이미 권리로 간주되었다. 미국의 특허상표국은 도메인이름을 상표로 등록하는 심사평가 규칙을 제시하였다. 즉 도메인이름등록자는 상표법을 통하여 자신의 도메인이름을 보호할 수 있다. 도메인이름에 대한 등록을 책임지는 NSI(NetworkSolution Inc.)회사는 출원자가 주장하는 등록상표의 발효일자가 도메인이름의 등록일자보다 빠를 것을 요구하였다.[256] 이는 NSI회사는 도메인이름의 이익을 상표권과 서로 동등한, 단독적인 권리로 간주하여 선출원보호원칙을 취한다는 것을 의미한다. 중국의 최고인민법원에서 공표한 「인터넷 도메인이름 관련 민사분쟁사건을 심리할 시 법률적용 문제에 관한 약간의 해석」에 의하면 비록 도메인이름에 "권리"라는 용어를 사용하

254) 景岗:《域名法律问题思考》, 载《法学家》, 2000(3)。
255) [美] 罗斯科 · 庞德:《法理学》(第三卷), 172页, 北京, 法律出版社, 2007。
256) 姜勤峰:《对中国解决域名和商标冲突程序的对比分析》, 载郑成思主编:《数字化技术的知识产权保护》, 北京, 知识产权出版社, 2000。

지 않았지만 도메인이름의 "권익", "권리자"라는 용어를 사용함으로서 해당 사법해석에서는 도메인이름 관련 이익을 민사권리의 일종으로 간주하였음을 알 수 있다. 도메인이름제도의 발전상황에 따라 도메인이름 관련 이익에 권리형태를 부여하는 것은 필요하면서도 실행가능한 것이다. 역사적으로 영업비밀은 하나의 무형의 정보재산으로서 전통적인 지식재산권체계에 포함되지 않았었다. 대륙법계 국가는 장기적으로 계약법 또는 권리침해법에 따라 영업비밀을 보호하였지만 그의 재산권적 성질은 인정하지 않았다. 그 후 20세기 90년대에 이르러, 「지식재산권협정」에서 "비공개정보"의 보호문제에 대하여 단독으로 규정하면서 영업비밀 관련 이익은 일종의 지식재산권이 되었다. 이로부터 우리는 향후 국제적 입법에서 도메인이름에 대하여 권리형태의 법률구조를 구축할 것이라는 예측을 할 수 있다.

둘째, 도메인이름권은 독립적인 권리로서 무형재산권의 범주에 포함되어야 한다. 도메인이름권의 객체는 비물질성 정보로서 그의 인터넷표시의 유일성 및 정보자원의 희소성은 도메인이름의 무형가치와 무형재산권체계의 내적 관련성을 표명하였다. 그러나 전통적인 무형재산권의 기본적인 특징과 비교하면, 도메인이름권은 자신만의 법적 특징을 갖고 있다. 전유성 측면에서 보면, 인터넷의 글로벌성 및 인터넷 IP주소 배분의 기술성이라는 특징으로 인하여 도메인이름은 인터넷상에서의 유일성 특성이 결정된다. 도메인이름의 배타성 효력은 동일 또는 유사한 상품이나 서비스에 한하지 않지만 타인이 그의 도메인이름과 유사한 문자나 코드로 등록하는 것을 배제할 수는 없다. 도메인이름권의 대상은 모든 종류의 상품이나 서비스를 포함하지만 사용하는 문자나 코드는 "동일성 금지"이다. 시간성 측면에서 보면, 도메인이름등록은 연간 심사제도를 실행하므로 적기에 비용을 지불하기만 하면 무기한으로 보유할 수 있다. 도메인이름권이 시간적 제한이 없다는 점은 상표권과 유사하나 저작권 및 특허권과는 구별된다. 지역성 측면에서 보면, 인터넷 자체는 무(無)중심적인 비물질화의 정보공간으로서 무(無)국경성의 특징을 갖고 있으므로 도메인이름권은 전통적인 무형재산권의 지역성 특징인 물리적 공간을 지역제한으로 두지 않는다. 이러한 범국경성의 효력은 기술적 조치의 보장을 토대로 하며 특정국가의 법률보장과 큰 관련성이 없다. 도메인이름권은 전유성, 지역성 및 시간성 측면에서 일부 특수한 특징을 갖고 있지만 객체의 비물질성은 그가 무형재산권의 기본적인 속성을 갖게 하였다. 관련 이론에 대한 분석은 제3장 "무형재산권의 본체, 주체 및 객체"를 참조할 수 있다.

셋째, 도메인이름권은 비록 표지성 권리이지만 하나의 독립적인 무형재산권으로 간주하여야 한다. 도메인이름은 기존의 모든 무형재산권의 객체와 다르므로 기존의 어떠한 권리에 귀속시키는 것은 타당치 않다. 어떤 학자는 도메인이름을 일종의 기업명칭으로 볼 수 있다고 주장하고[257] 어떤 학자는 이를 "전자상표"로 부르기도 하며 도메인이름을 상표, 상호과 동등하게 상업표지권에 귀속시키기도 하였다.[258] 사실상 표지권 분야에서 상호, 상표 내지는 지리적표시 모두 생산경영거래와 밀접한 관련이 있으므로 상업표지권의 범주에 귀속시킬 수 있다. 그러나 도메인이름은 인터넷 사용자가 기존에 지닌 상호 또는 상표와는 달리, 하나의 독자적인 표지종류이다. 따라서 도메인이름을 "전자상표"나 "인터넷상호"로 칭하는 것은 도메인이름은 단지 기존의 표기가 인터넷상에서 데이타화된 표현일 뿐 독자적인 법률적 지위가 없음을 의미하므로 이러한 견해는 성립되기 어려울 것으로 보인다. 어떤 학자가 지적한 바와 같이 도메인이름은 상품이나 서비스와 직접 관련이 없으며 도메인이름을 상업의 목적에만 사용하는 것은 아니므로 도메인이름권을 상업표지권의 범주에 귀속시키는 것은 타당치 못하다.[259]

3. 도메인이름 보호에 대한 입법적 선택

인터넷기술은 인류사회에 대한 영향력이 제일 크고 제일 빠른 신흥기술이다. 인터넷 사용자의 신속한 증가, 각종 사용자명의 대량 출현 및 전자상거래의 활성화는 전통적 표지권제도로 하여금 새로운 도전에 직면하게 하였다. 도메인이름 등록시스템의 기술성 특징으로 인하여 도메인이름은 상표 및 상호와 일대일의 대응관계를 구축할 수 없게 되었다. 따라서 불가피하게 도메인이름권의 주체와 상표 및 상호권의 주체가 불일치한 현상이 발생하게 된다. 도메인이름 관련 분쟁과 권리충돌이 갈수록 늘어남에 따라 국제사회 및 각국 정부에서는 각각 해결방안을 제시하였다.

257) 应明:《因特网域名使用中的知识产权问题》, 载《电子知识产权》, 1998(3)。

258) 李朝应:《域名的知识产权分析》, 载《电子知识产权》, 1998(8)。

259) 魏丽丽:《域名权与商标权的冲突及预防制度构建》, 载《河南社会科学》, 2009(2)。

가. 상표법에 의한 보호방식

도메인이름은 이미 인터넷상의 기술의 매개참고 가치라는 본래의 기능에서 벗어나 일정한 정도 및 일정한 영역에서 상업표지의 기호적 역할을 하게 되었다. 도메인이름의 등록과정에서 광범위하게 존재하는 도메인이름과 상표의 충돌문제에 대하여, 일부 국가는 상표법에 의하여 도메인이름을 보호할 것을 주장하였다. 다시 말하면 도메인이름을 상표권의 객체로 간주하여 상표 특히 저명상표 보호의 입장에서 출발하여 분쟁을 처리하고자 하였다. 미국은 인터넷이 제일 일찍 발전하고 도메인이름권을 제일 일찍 보호한 국가이다. 미국의 특허상표국은 1998년에 도메인이름을 상표로 등록하는 심사평가규칙을 제시하였다. 도메인이름 등록자는 상표법을 통하여 자신의 도메인이름을 보호할 수 있으며 도메인이름과 상표가 충돌이 발생할 시 도메인이름의 등록회사인 NSI가 책임지고 처리한다. NSI회사는 권리분쟁 해결원칙에 따라 상표권을 보호하는 경향이 있다. 만약 제3자가 도메인이름의 등록에 대하여 이의를 제기할 시 상표등록증명을 제시하기만 하면 해당 도메인이름은 “hold”상태에 처하게 되어 어떤 자도 사용할 수 없게 된다. 또한 도메인이름 관련 권익은 상표권과 동등한 단독적인 권리로서 선출원보호정책을 실행한다.[260] 도메인이름의 귀속과 관련하여 NSI회사는 직접 결정을 내리지 않고 법원의 판결에 의한다. 도메인이름과 상표 사이의 권리분쟁에 대하여, 법원은 일관된 입장이 없었지만 최근 몇 년간 미국법원은 「연방상표희석화방지법」을 원용하는 일관된 처리방식을 취하고 있다. 즉 특정상표가 “저명상표”로 인정될 시에만 타인이 등록한 도메인이름에 대하여 배타권을 갖게 된다. 이는 상표권자와 도메인이름 소유권자의 이익관계에 대해 어느 정도 균형을 유지하였으며, NSI회사가 절차상으로 상표권에 대한 확대보호를 수정하였다.[261] 상표법을 이용하여 도메인이름을 보호하는 것은 여러 가지 부족한 점이 존재한다. 첫째, 강탈등록문제를 해결할 수 없다. 만약 도메인이름을 오직 상표로 등록하여야만 보호받을 수 있다면 일단 타인이 도메인이름을 상표로 강탈등록할 경우, 도메인이름 등록자는 법적 보호를 받을 수 있는 가능성을 상실하게 된다.

---

260) 姜勤峰:《对中国解决域名和商标冲突程序的对比分析》，载郑成思主编:《数字化技术的知识产权保护》，北京，知识产权出版社，2000。

261) 谢冠斌:《从域名的法律保护看知识产权制度的发展》，载《法学评论》，2001(3)。

타인이 도메인이름을 서비스상표로 등록할 시 도메인이름 등록자가 선사용을 사유로 해당 상표의 등록에 대하여 이의를 제기할 경우, 만약 타인이 저명한 도메인이름을 기타 영역에서 상표로 등록한다면 도메인이름 등록자는 아마 대처할 권리를 상실하게 될 것이다. 둘째, 일부 도메인이름은 상표등록에서 요구하는 식별성을 구비하지 못할 것이다. 예를 들면 상품의 통용명칭을 사용하는 도메인이름은 기타 방식으로 수권받지 않고 사용할 수 있으며 이 경우 비록 도메인이름 등록자의 이익에 손해를 미치지만 이러한 이익에 대하여 상표법을 적용하여 보호받을 수 없다. 셋째, 상표는 통상적으로 상품이나 서비스에 사용되지만 도메인이름은 비상업적 용도로 사용될 수도 있다. 이러한 도메인이름의 등록자는 일반적으로 일부 비영리단체나 개인으로서, 이러한 사이트는 일정한 인지도가 있을 가능성이 있으므로 그의 도메인이름도 침해당할 가능성이 있다. 일부 국가에서 비경영주체는 상표를 등록할 수 없으므로 따라서 도메인이름도 상표로서 보호받기 어렵게 된다.

나. 부정경쟁방지법에 의한 보호방식

부당한 도메인이름의 사용행위에 대하여 부정경쟁방지법을 적용하여 제재할 수 있다. 이는 도메인이름에 대한 간접적 또는 보충적 보호방식이다. 부정경쟁방지법에 의한 보호방식은 실무에서 아래 몇 가지 해결하여야 할 문제점이 존재한다. 첫째, 도메인이름의 사용이 상업거래에 해당하는지 여부이다. 부정경쟁방지법은 공상업거래영역에만 적용되는 법이다. 현실에서 우리는 자주 아래의 상황에 직면하게 된다. 상업적 성질을 표시하는 최상위 도메인이름인 .com 아래에 타인의 상표와 동일하거나 유사한 도메인이름을 등록하였지만 상업성 활동에 사용하지 않거나 심지어 해당 도메인이름을 판매하거나 대여하려고 하는 경우, 또는 비영리성을 표시하는 최상위 도메인이름(.org 또는 .net) 아래에 타인의 상표와 동일 또는 유사한 도메인이름을 등록하였지만 상업적으로 사용하는 경우이다. 전통적인 부정경쟁방지법에서 "공상업거래"에 대한 판단기준은 "객관적인 기준"을 취하고 있으며 통상 상품이나 서비스의 제공행위 특히 이러한 상품의 "구매" 및 "판매"를 말한다.[262] 그러나

262) 陈江、林旋:《论互联网上域名与商标的法律纠纷的解决》，见 http://www.cnnic.net/daily/2000-10/14.shtml。

도메인이름은 상기 내용에서 말하는 사용의 요건을 충족하기 어려울 수도 있다. 따라서 "공상업거래"에 대하여 확대하여 해석할 필요가 있으며 이에는 주관적 목적에 대한 추정(즉 주관상 공상업거래를 행할 동기가 있음을 추정할 수 있는 경우) 및 객관행위에 대한 인정확대(즉 도메인이름의 매매, 대여 등 행위를 공상업거래로 간주함)를 포함할 수 있다. 둘째, 도메인이름의 사용으로 인하여 주체사이의 경쟁관계를 초래하였는지 여부이다. 전통적인 부정경쟁방지법은 주로 경쟁자 사이의 행위를 규범하는 것이나 대량의 도메인이름 관련 분쟁당사자는 서로 다른 업종에 종사하는 상호 경쟁관계가 존재하지 않는 관계이다. 이러한 법적 폐단을 해결하기 위하여 각국은 점차 "경쟁관계"에 대한 요건을 약화하는 경향이 있다. 세계지식재산권기구는 1996년 「부정경쟁방지에 대한 보호 관련 시범성 규정」에서 "본 시범성 규정은 어떠한 행위의 당사자와 해당 행위로 인하여 이익에 손해를 입은 당사자 사이 또한 양자가 직집적인 경쟁관계가 없는 경우에도 적용된다."고 해석하였다.[263)] 부정경쟁방지법에서는 도메인이름에 대한 부당사용행위를 타인의 상표와 혼돈되는 도메인이름에 대한 등록 및 사용과 관련된 분쟁으로 많이 해석하며 부정경쟁방지법은 주로 도메인이름과 상표의 충돌 관련 법률분쟁을 처리하여 도메인이름을 단독적인 권리로 간주하여 고려하는 경우가 비교적 적다.

다. 특별법에 의한 보호방식

앞서 논한 대체보호 및 간접보호방식과 달리, 특별법에 의한 보호방식은 주로 도메인이름 관리기관이나 단체가 특별규범을 별도로 제정하여 이를 도메인이름권의 확립근거 및 분쟁처리규칙으로 하는 것을 말한다. 국제적으로 1988년 설립한 ICANN단체(Internet Corporation for Assigned Names and Numbers)는 NSI, America Online, Name IT Corporation을 제외한 모든 도메인이름의 등록을 책임진다. 본 단체는 1999년 10월 「도메인이름 관련 분쟁해결에 대한 통일규칙」 및 「도메인이름 관련 분쟁해결 통일규칙에 대한 세칙」을 통과시켰으며 상기 규칙은 아래 조건을 구비한 도메인이름 관련 분쟁에 적용된다. (1) 등록한 도메인이름이 신고자의 상품

---

263) 「WIPO1996년 부정경쟁방지 보호에 관한 시범성 규정(주석)」의 문서는 郑成思主编:《知识产权研究》, 第6卷, 288页, 北京, 中国方正出版社, 1998 참조.

이나 서비스의 상표권과 동일하거나 혼동될 정도로 유사한 경우; (2) 등록자가 도메인이름에 대하여 권리나 합법적인 권익을 갖지 않을 경우; (3) 도메인이름이 악의로 등록되거나 사용되는 경우이다. 상기 경우, 신고자가 청구하기만 하면 해당 도메인이름은 분쟁처리의 행정절차에 진입하게 된다. 또한 이러한 강제적인 행정절차는 신고자가 절차개시 전후에 관련 분쟁을 관할권이 있는 법원에 제소하는 것을 배제하지 않고 단독으로 진행된다. 중국의 인터넷정보센터에서는 1997년에 「중국의 도메인이름 등록 관련 잠행관리방법」을 공표하였다. 그 후 국가정보산업부에서는 2002년에 「중국의 도메인이름 관련 관리방법」을 공표하였으나 본 방법은 2004년에 폐지되고 신규방법에 의하여 대체되었다. 「관리방법」에서 도메인이름과 관련된 내용은 다음과 같다. ① 취득원칙, 즉 도메인이름의 등록서비스는 "선출원, 선등록원칙"을 취한다. ② 사용금지조항, 즉 도메인이름에는 본 방법이 사용금지하는 관련 내용이 포함되어서는 안된다. ③ 책임조항, 즉 도메인이름에 대한 보유 또는 사용으로 인하여 타인의 합법적인 권익을 침해할 시 관련 책임은 상기 보유자가 부담한다. (4) 분쟁해결 관련 규정, 즉 도메인이름 관련 분쟁해결기관이 관련 분쟁을 해결하지만, 법원이나 중재기관에 의해 이미 효력이 발생한 판결과 충돌되어서는 안된다. 특별법에 의한 보호방식관련 규정은 두 가지 특징을 갖고 있다. 첫째, 도메인이름의 관리기관은 국제적인 전문기관으로서 규범적 의미에서의 법적 권력이 없으며 해당 규칙 다수가 일종의 "업계규칙"이다. 중국에서는 중앙부서 소속의 공공기관으로서 해당 관리방법이 비록 중앙부서에서 공표하였지만 단지 일종의 행정법규에 해당하며 엄격한 의미상의 특별법이 아니다. 둘째, 「도메인이름 관련 분쟁해결통일규칙」이나 「중국 도메인이름 관련 관리방법」에서는 모두 도메인이름의 속성 및 내용에 대하여 명확한 규정이 없다. ICANN의 분쟁처리규칙의 관련 조항으로부터 도메인이름등록자는 어떠한 "권리나 합법적인 권익"을 갖고 있음을 추정할 수 있다. 반면 중국의 「관리방법」에는 도메인이름의 취득원칙, 등록 및 사용요건에 대해서만 규정할 뿐 도메인이름 관련 권익에 대한 내용이 없다. 따라서 본 방법은 도메인이름 관련 행정관리법일 뿐 권리보장법이 아니라고 할 수 있다.

4. 도메인이름권 침해에 대한 법률구제

현재까지 도메인이름에 내포된 이익은 하나의 독립적인 권리로 형성되지 못하였다. 1999년 미국의 「지식재산권 및 통신종합개혁법안」에서는 도메인이름 관련 이익의 법률지위에 대하여 명확하게 규정하지 않고 단지 도메인이름을 "논쟁가능한" 대상으로 규정하였으며 "악의적인 분쟁행위로 인하여 도메인이름보유자에게 손해를 초래할 시에만 해당 보유자는 권리침해배상법에 따라 배상을 청구할 수 있다."[264) 필자는 도메인이름 관련 이익은 독자적인 법적 지위를 갖고, 상표, 상호 및 성명 등과 대항할 수 있는 권리형태를 취하는 것이 인터넷 관련 법률의 필연적인 발전추세라고 본다.

도메인이름 권익 관련 분쟁에 대하여, 예전의 많은 학자들은 도메인이름의 등록으로 인하여 상업표지권에 초래할 침해에 대하여 관심을 두었지만 도메인이름 자체의 보호에 대하여 그리 중요시하지 않았다. 도메인이름이 상당한 상업적 가치를 갖고 있음으로 인하여 기업 사이의 도메인이름 관련 쟁탈전이 날이 갈수록 치열해지고 있다. 선등록한 도메인이름이 어떠한 범위 내에서 금지권을 갖는지? 도메인이름으로 인하여 발생한 이익이 법익이든 권리이든 모두 불가피하게 각종 침해를 당하게 되므로 이러한 침해행위에 대하여 어떻게 처리할 것인지? 본문에서는 도메인이름의 혼동 금지 및 도메인이름의 권익에 대한 침해를 중심으로 논하고자 한다.

가. 도메인이름의 혼동 금지문제

금지권은 도메인이름 등록자가 자신의 도메인이름에 대하여 갖는 가장 중요한 권익이며 도메인이름 관련 권익이 기타 상업표기권과 가장 구별되는 권익이다. 상표권에 대하여 말하면, 도메인이름의 선등록자가 아래 금지권을 향유할 수 있는지 여부에 대한 문제점이 존재한다. 도메인이름 등록자가 타인이 동일하게 통용된 도메인이름 하에서 유사한 도메인이름을 등록하거나 또는 기타 다른 통용된 도메인이름 하에서 동일한 도메인이름을 등록하는 것을 금지할 권한이 있는지, 도메인이름

---

264) Domain Names, "Experts Call for Right of Appeal in Domain Name Dispute Resolution", World Intellectual Property Report, Vol.14, 2000, p.240.

등록자가 타인이 도메인이름과 동일 또는 유사한 상표를 등록하거나 사용하는 것을 금지할 권한이 있는지에 관한 문제이다. 상기 문제는 도메인이름권의 범위 확정과 관련된 문제로서 도메인이름 사이 그리고 도메인이름과 상표 사이의 조율문제와도 관련이 있다.

도메인이름은 상표법상의 "유사성 금지"원칙이 아닌 "동일성 금지"원칙을 취하여야 한다. 이러한 금지권 범위에 대한 제한은 도메인이름의 기술성 특성에 의하여 결정된 것이다. 상표에 대한 혼동은 사람들의 식별능력을 토대로 판단하지만 도메인이름에 대한 혼동은 컴퓨터의 식별능력을 토대로 한다. 바로 이러한 컴퓨터의 식별기능을 토대로 하고 있으므로 "동일성 금지"원칙을 적용하여 도메인이름의 혼동을 방지하여야 한다고 볼 수 있다. 이는 유사한 도메인이름이 병존하는 것을 허용함을 의미하며, 동일하게 통용된 도메인이름 하에서 유사한 도메인이름이 병존하거나, 동일하지 않게 통용된 도메인이름 하에서 동일한 도메인이름이 병존하는 경우가 포함된다. 여기에서 상표법상의 "유사성 금지"원칙을 단순하게 도메인이름에 그대로 적용할 수 없다. 그 이유는 다음과 같다. 첫째, 사람들은 도메인이름을 통하여 인터넷을 검색하므로 반드시 컴퓨터에 정확한 도메인이름을 입력하여야만 관련 인터넷 정보를 식별하여 제공할 수 있다. 반면 상표의 검색은 대략적인 기억만으로도 원하는 상품을 찾아낼 수 있으므로 상표정보가 아주 정확할 필요가 없다. 둘째, "도메인이름은 문자, 숫자 및 일부 상용기호로 구성되어 사람들은 사용하기 시작부터 도메인이름의 정확성에 대하여 고도로 주의하게 되므로 유사한 도메인이름으로 인한 혼돈의 발생을 지나치게 유의할 필요가 없다."[265] 반면 상표의 구성요소는 사람들이 상표에 대한 기억을 고도로 정확하게 유지하기 어렵게 한다. 셋째, 도메인이름은 전 세계에서 유일하므로 일단 등록완료되면 타인의 진입을 저지할 수 있다. 따라서 동일하게 통용된 도메인이름 하에서 유사한 도메인이름을 등록하거나 동일하지 않게 통용된 도메인이름 하에서 동일한 도메인이름을 등록하는 것을 허용하는 것도 희소가치가 있는 자원에 대한 완화조치이기도 하다. 반면 상표는 그 구성요소가 풍부하고 상표의 디자인도 더욱 많은 선택을 할 수 있으므로 이는 동일 또는 유사한 상품에 동일 또는 유사한 상표 사용금지를 위한 일종의 가능성을 제공하였다.

---

265) 赵成耿、袁真富:《域名问题: 权利的平等与平衡》, 载《西南师范大学学报》(人文社会科学版), 2003(1)。

도메인이름 금지권은 도메인이름 사이에 적용되는 것이 아니라 도메인이름과 상표 사이에서 표현된다. 만약 도메인이름의 상업명예를 이용하여 이를 상표로 등록할 경우, 이러한 등록행위는 부당한 권리침해행위에 해당한다. 물론 상표권에서 금지권 효력이 발생하는 도메인이름은 일정한 조건을 구비하여야 한다. ① 해당 도메인이름은 상당한 인지도를 갖추어야 한다. 일정한 인지도를 갖추지 못할 경우, 도메인이름은 상업명예 자체가 없으므로 법적 보호를 받을 근거를 상실하게 된다. 이에 대한 판단기준은 저명상표에 대한 인정기준을 참조할 수 있다. ② 타인의 도메인이름을 상표로 사용하는 행위로 인하여 소비자에게 혼동이나 오인이 발생하게 하여야 한다. ③ 타인이 도메인이름을 상표로 사용하지만 도메인이름에 대하여 아무런 합법적인 권리도 갖지 못하여야 한다.

나. 도메인이름의 권익에 대한 침해문제

도메인이름의 권익에 대한 침해는 도메인이름 사이에서 발생할 수도 있고 도메인이름과 관련 표지 사이에서 발생할 수 있으며 기타 비수권사용행위가 포함될 수도 있다. 여기에서 설명할 것은 현재 중국에는 아직 도메인이름을 유형화하고 이에 대한 법적 책임을 규정한 법률이 없다. 따라서 본 문에서는 주로 행정기관 및 사법기관의 법집행을 통한 권리침해문제 및 그 처리조치를 논하고자 한다.

(1) 타인의 도메인이름에 대한 모방행위

도메인이름은 인터넷상의 표시로서 유일한 것이지만 문자 하나가 다르거나 "." 또는 "-" 하나를 가감하더라도 서로 다른 두개의 도메인이름을 충분히 구분할 수 있게 된다. 유사한 도메인이름에 대하여 컴퓨터의 오인은 당연히 발생하지 않지만 사용자는 두 개의 인터넷사이트가 특정관계가 있다고 오인할 수도 있을 것이다. 따라서 타인의 도메인이름과 유사한 도메인이름을 등록하는 행위는 부당한 이익을 취득하거나 기존 등록자에게 불이익을 초래할 가능성이 있다. 도메인이름의 등록행위에 대하여 두 가지로 분류할 수 있다. 하나는 부정경쟁을 목적으로 한 모방이고 다른 하나는 풍자 등을 목적으로 한 "해학모방"이다. 전자는 주로 저명사이트에 대한 모방을 통하여 사용자로 하여금 양자 사이에 어떠한 관련성이 있다고 잘못 인식하여 해당 사이트를 방문하게 하는 것을 말한다. 예를 들면 신랑망(新浪網) "www.sina.com"을 모방하여 "www.newsina.com"이라는 사이트를 등록하여 신랑망과 유사한 업무에 종사하는 경우이다. 인터넷 사용자가 검색사이트나 기타 사이트에서 이러한 링크네임을 보게 되면 해당 사이트가 기존의 신랑망과 어떠한 관련성이 있다고 판단하여 해당 사이트를 방문할 가능성이 있다. 인터넷에서 방문율은 해당 사이트가 환영받는 정도를 의미하므로 광고업무 및 투자를 유치하기 위한 중요한 참고지수이다. 저명사이트의 도메인이름을 모방하는 것을 통하여 더욱 높은 방문율 및 기타 관련 이익을 획득할 수 있으며 이러한 이익의 획득은 명백한 "무임승차"행위이다. 만약 해당 사이트의 관리가 엉망이거나 음란, 폭력 등 비건전한 내용을 홍보한다면 오히려 저명사이트의 명예를 실추하게 할 수도 있다. 현재 이러한 문제점에 대하여 아직 직접 원용할 수 있는 법률규정이 없으며 부정경쟁방지법도 이러한 경우에 적용될 수 없다. 법원은 이러한 사건에 직면할 시 민법의 기본원리를 적용하여 해결할 수 밖에 없다. 후자의 "해학모방"은 주로 타인의 저명도메인이름을 해학적으로 모방하여 특정기업을 풍자하고 조소함으로써 그들의 권위적인 지위에 도전하고자 하는 것을 말한다. 예를 들면 마이크로소프트회사의 도메인이름은 "microsoft.com"이며, "제로마이크로"라는 어떠한 회사는 도메인이름을 "micros0ft.com"로 등록하여 마이크로소프트회사 및 빌 게이츠를 풍자하였다.[266] 이러한 도메인이름은 당연히 사이트의 방문율을 높이지만 모방자의 목적은 전자의 모방과는 다르다. 전자는 저명사이트를 이용하여 광고업무 등 이익을 획득하기 위함이고 후자는 통상 영리의 목적이 아닌 단지 조소의 목적을 달성하기 위함이다. 이러한 해학모방은 통상 권리침해행위에 해당하지 않는다. 그러나 "해학모방"에도 일정한 한도가 있으며 질책, 비판 및 야유는 할 수 있지만 사실을 날조하고 유언을 퍼뜨리며 실제소유권자의 명예에 손해를 입힐 경우, 타인의 명예권 또는 상업명예의 침해행위에 해당될 수 있다. 중국의 「민법통칙」 및 「부정경쟁방지법」의 관련 규정에 따라 행위자는 민사책임을 부담하여야 한다.

---

266) 마이크로소프트회사의 압박하에 "제로마이크로"회사의 도메인이름인 "micros0ft.com"은 미국 NSI에 의하여 등록보류되었으며 그 후 도메인이름의 데이터베이스로부터 취소되었다. David J. Loundy, "A Primer on Trademark Law and Internet Addresses", Journal of Computer & Information Law, Vol.XV, 1997, p.469.

(2) 타인의 도메인이름을 상표로 강탈등록하는 행위

타인의 상표를 도메인이름으로 등록하는 경우와는 반대로, 저명도메인이름도 강탈등록을 당할 수 있다. 도메인이름과 상표는 밀접한 관련성이 있으므로 일부 식별성이 강한 도메인이름은 상표로 등록될 가능성이 있다. 비록 도메인이름과 상표는 기술특징상 서로 다르지만 출원한 도메인이름이 상표등록심사규칙에 부합되면 당연히 등록될 수 있다. 법원은 사건심리과정에서 이미 상품을 소개 및 판매하는 사이트의 도메인이름은 서비스상표로 간주될 수 있다고 지적하였다. 이는 도메인이름이 상표로 등록될 수 있는 가능성을 제공하였다.[267] 일부 도메인이름이 상표로 등록될 수 있다면 강탈등록행위도 불가피하게 된다. 따라서 이러한 분쟁에서 도메인이름등록자의 합법적인 권익에 대한 보호문제는 시급히 해결하여야 할 문제점이 되었다. 현재 중국의 법률에는 이와 관련된 명문규정이 없으며 도메인이름에 대한 보호는 입법의 보완을 통하여 실현할 수 있다.

(3) 기업명칭에 타인의 도메인이름을 사용하는 행위

중국에서 도메인이름을 직접 기업의 명칭으로 사용하는 경우는 흔치 않다. 그 원인은 「기업명칭등록관리규정」은 기업명칭에 대하여 제한적인 요건을 규정하고 있기 때문이다. 즉 기업명칭은 중국어 한자를 사용하여야 하며 중국어병음, 알파벳(외국인투자기업 및 대외업무가 있는 기업 제외) 및 숫자가 포함되어서는 안되나 도메인이름은 알파벳, 숫자 및 연결기호로 구성된다. 따라서 일부 기업은 영어로 된 도메인이름을 기업명칭으로 사용할 수 없게 된다.[268] 그러나 중국에서 수많은 저명도메인이름 모두 인지도가 높은 중국어명칭이 있다. 예를 들면 “sohu”를 “소우후(搜狐)”로, “yahoo”를 “야후(雅虎)”로, “sina(新浪)”을 “신랑”이라고 부른다. 이러한 중국어명칭은 이미 도메인이름 자체와 불가분의 관계를 형성하였으며 이러한 중국어명칭을 보는 순간 자연스레 관련된 사이트를 연상하게 된다. 현실생활에서 도메인이름은 그의 등록자의 기업명칭과 서로 다른 경우가 많다. 예를 들면 신랑망(新浪網)은 쓰퉁리방(四通利方)회사에 의하여 등록되었으며 만약 어떤 자가 해당 도메인이름의 중문번역이름으로 “신랑인터넷회사”를 등록할 시 현행의 법률법규에 따라 도메인이름의 등

---

267) 薛虹:《迷失在网络空间的商标——域名与商标保护》, 载《国际贸易》, 1999(2), 42~43页。
268) 薛虹:《域名能否登记为商号?》, 载《电子知识产权》, 1999(6), 30页。

록자는 공상행정관리기관에 해당 기업의 명칭을 취소할 것을 청구하기 어려울 것이다. 「기업명칭등록관리규정」 제9조에 의하면 “기업명칭에는 공중을 기만하거나 오해할만한 내용과 문자가 포함되어서는 안된다.” 본 조항은 현재 저명상표를 기업명칭으로 강탈등록하는 경우에 적용되지만 아직 기업명칭에 타인의 도메인이름을 사용하는 사례는 발생하지 않았다. 필자는 저명도메인이름을 기업명칭으로 강탈등록하는 문제는 향후 입법이나 현행법률에 대한 확대해석을 통하여 해결하여야 한다고 본다.

(4) 기타 비수권사용행위

이는 주로 상기 경우를 제외한 기타 부당하게 도메인이름을 사용하는 행위를 말한다. 예를 들면 타인의 도메인이름을 상품의 포장, 홍보물 및 기타 영역에 사용함으로 인하여 해당 상품이 해당 도메인이름을 사용하는 사이트와 어떠한 관련성이 있다는 오인을 야기할 가능성이 있는 경우를 말한다. 이러한 행위가 상업상의 부정경쟁행위에 해당한다면 「부정경쟁방지법」을 적용하여 규제하는 것을 고려할 수 있다. 그러나 이러한 행위가 비상업적인 사용 등 부정경쟁행위에 해당하지 않으나 도메인이름 및 그 등록자의 권익에 손해를 미칠 경우, 민법의 기본원리를 적용하여 처리할 수 있다. 그러나 도메인이름에 대하여 더욱 완전하고 통일화된 보호를 실행하고자 한다면 좀 더 심층적인 법률적 보완이 필요할 것이다.

제21장
이미지권

저명이미지에 어떠한 권리형태가 있는지 및 법률이 어떻게 이러한 저명이미지에 보호를 제공하는지는 현재 사적 권리영역에서 발생한 하나의 새로운 과제이다. 이미지 자체는 인격이나 캐릭터 요소와 관련이 있지만 상품경제의 배경에서 지식이미지의 일부 특징은 "제2차 개발이용"의 가치가 있다. 이러한 이미지에 대한 이용목적은 해당 이미지의 인지도 및 창작성 자체에 한하지 않고 해당 이미지와 특정상품의 결합을 통하여 소비자에게 좋은 인상을 가져다주기 위함이다. 즉 소위 말하는 "이미지에 대한 상품화"이다. 저명이미지는 상품화의 과정에서 일종의 특수한 사적 권리형태가 발생하게 되는데 이는 인격적 의의에서의 통상적인 이미지권이 아니라 재산가치가 있는 이미지(상품화)권이다. 이미지권과 지식재산권의 관련성은 아주 밀접하지만 실존한 이미지는 저작권의 보호대상이 아니며 가상이미지도 특허권이나 상표권의 보호요건을 완전히 구비한 것은 아니다. 요약하면 이미지권은 하나의 단독적인 무형재산권이다.

1. 저명이미지: 이미지권의 보호대상

가. 이미지의 개념 및 분류

일반적인 의미에서 이미지라 함은 사람들의 사상이나 감정을 표현하는 구체적인 "형상외모"를 말하거나 문학예술작품 중에서 "사회활동의 묘사대상"으로서 가상의 인물이미지나 기타 동물이미지를 말한다.[269] 이미지는 비록 특정대상의 개성특징에 대한 하나의 집합이지만 수많은 구체적인 요소가 포함된다. 예를 들면 실존인물의 성명, 초상, 목소리, 체형 등 전속적 인격요소, 가상캐릭터의 명칭, 영상, 목소리, 자세 등 예술성 캐릭터 요소가 있다. 각양각색의 인격적 요소나 캐릭터 요소는 이미지의 요소를 구성할 수 있으므로 상품화의 가치를 갖고 있다. 이미지권의 보호대상에 대하여 아래 두 가지 종류로 분류할 수 있다. 하나는 실존인물의 이미지 즉 자연인이 공중에게 자신의 개성특징을 표현한 인격적 이미지를 말한다. 이는 성명, 목소리, 서명, 영상(정적 형태의 초상사진 및 동적 형태의 텔레비전, 영화 속의 개인이미지) 등으로 구성된 인격적 요소를 통하여 실질적인 식별성을 갖는 이미지를 형성하며 이를 통하여 상응하는 자연인을 표시하거나 표현한다. 다른 하나는 가상캐릭터의 이미지 즉 창작작품에서 구현한 개성적 특징을 갖는 예술이미지를 말한다. 이는 명칭, 외형, 시범동작, 입버릇, 인상깊은 문구 등 예술적 요소를 통하여 인물, 동물 등 진실하지 않는 가상캐릭터를 창조한다. 가상캐릭터에는 문학캐릭터(literary character), 시청각캐릭터(audio-visual character), 만화캐릭터(cartoon character)가 포함된다. 일부 저서에서 어떤 학자들은 상기 이미지의 종류 외에 실연이미지 및 공중에게 널리 알려진 표시, 기호, 작품장면, 표제 등 기타 이미지 요소를 열거하기도 하였다. 이에 대한 필자의 주장은 다음과 같다. 실연이미지는 단독적인 이미지가 아니다. 배우가 작품을 실연할 시 만약 강조하고자 하는 것이 배우의 형상화한 캐릭터라면 이는 가상캐릭터의 이미지에 해당하며, 만약 배우 자체의 원래의 이미지(예를 들면, 스틸컷)에 입각한다면 이는 실존인물의 이미지에 해당된다. 그 외 배우가 행하는 것이 작품 캐릭터의 실연, 예를 들어 곡마, 마술, 서커스, 스포츠 등에 관한 것이 아니라면, 실존인물이미지의 범주에 해당된다. 표시, 기호, 작품 장면, 표제 등 "이미지 요소"를 보면, 그들은 비록 개성화 특징을 갖고 있고 일부의 경우, 상품화의 가치를 갖고 있는 것은 분명하지만 그들은 진실 또는 가상된 인물, 동물 또는 기타 생명체를 말하는 것은 아니므로 직접 이미지를 표현하는 기능을 갖지 못한다. 입법에서 상기 "이미지 요소"는 통상 상표법, 저작권법 및 부정경쟁방지법을 통하여 규율한다.

세계지식재산권기구의 관련 문서에서는 이미지를 "가상캐릭터" 이미지 및 "실존인물" 이미지 두 가지로 분류하였다.[270] 미국에서는 학술적으로 "가상캐릭터" 이미

---

269) 《辞海》, 814页, 上海, 上海辞书出版社, 1979。

270) WIPO, Character Merchandising, WC/INF/10847998/IPLD. p.9.

지 및 "실존인물" 이미지로 구분하였지만 그들은 법률적으로 서로 다른 권리형태를 갖고 있다. 실존인물이미지의 관련 권리는 "퍼블리시티권(right of publicity)"으로 부르며 "개인이 그의 이미지를 상업적인 가치로 이용할 수 있는 권리"[271] 또는 "자연인마다 고유한, 그의 인격적 표시에 대한 상업적 사용을 지배할 수 있는 권리"를 말한다.[272] 가상캐릭터이미지 관련 권리를 "캐릭터권"으로 부르며 권리의 대상은 작품 속의 "예술이미지"이며 이에는 "영화, 티비, 만화영화 등 작품 속에 출현한 인물, 동물이나 로봇 등이 포함되고 언어로 표현된 작품 속의 가상이미지도 포함된다."[273] 일본에서 학자들은 이미지에 대한 상품화의 대상을 "캐릭터"로 한정하였지만 이에 대하여 확장해석을 하였다. 다시 말하면 캐릭터에는 만화나 만화영화 속의 등장인물이 시각을 통하여 구현한 가상캐릭터, 소설 속의 등장인물이 문자, 언어를 통하여 구현한 가상캐릭터 및 실존인물이 포함된다.[274] 중국학자 쩡처엉쓰(鄭成思)는 이미지의 각종 형태에 대하여 실존인물의 이미지, 가상인물의 이미지, 창작한 사람 및 동물의 이미지, 인체이미지 등으로 열거하였다.[275] 여기서 말하는 각종 이미지는 실제로 실존인물이미지 및 가상캐릭터이미지로 개괄하여 분류할 수 있다.

나. 이미지의 법률특징

상기 두 가지 종류의 이미지는 기존에 인격권 관련 이익에 해당하거나 저작권의 보호대상에 해당하거나 부정경쟁방지법으로 규율하거나 하였다. 그러나 이미지를 상품화한 결과, 이미지 관련 이익은 점차 상품화된 이미지권의 객체로 전환되었다. 하지만 모든 이미지에 대하여 법적 규제를 할 필요가 없다. 이미지권의 객체적 의의를 갖는 이미지는 아래 법률 특징을 구비하여야 한다.

---

271) Ping Hin Yu, "Intellectual Property: E. Publicity Rights", Berkeley Technology Law Journal & Berkeley Center for Law and Technology, 1998.

272) J. Thomas McCarthy, "The Right of Publicity and Privacy", Vii(Rev, 1993). 转引自程合红:《商事人格权论》, 56页, 北京, 中国人民大学出版社, 2003。

273) 林雅娜等:《美国保护虚拟角色的法律模式及其借鉴》, 载《广西政法管理干部学院学报》, 2003(5)。

274) [日] 藤井义夫:《专有形象标志与肖像》, 载《知的所有权论文集》。转引自熊伟:《形象权法律制度研究》, 武汉大学1992年博士学位论文。

275) 郑成思:《版权法》, 300~305页, 北京, 中国人民大学出版社, 1993。

(1) 이미지의 전체성

이미지권상의 의의를 갖는 이미지는 주체의 개성적 특징을 표현하는 전체 요소를 말한다. 실존인물이미지라 함은 특정자연인을 특정화할 수 있는 신분적 요소를 말한다. 미국「뉴욕주민권법」 제51조에서는 "성명, 초상 또는 사진"을 "법정 3대 요소"로 규정하였다. 이미지권 침해소송에서 어떠한 요소가 이미지권의 보호대상에 해당되는지 여부를 판단할 시 기본적인 판단요건은 그 요소가 모 자연인을 나타낼 수 있는지를 보는 것이다. 법률적으로 이러한 요소를 "동일가능성 요소"(identifiable element)라고 한다.[276] 완전한 가상캐릭터이미지는 개성 특징, 이야기 및 반응으로 구성된다. 개성특징에는 가상캐릭터의 성명, 신분, 외모 특징 및 개성 등이 포함된다. 이야기라 함은 등장인물이 특정 생존환경에서의 경험 및 사연을 말한다. 반응은 사람에 대한 반응 및 물체에 대한 반응이 포함된다. 이러한 법률보호의 요건에 의하면 순수 미술작품 또는 공예품 속의 가상캐릭터는 완전한 인물이미지의 상기 요건을 구비하지 않았으므로 법률의 보호를 받을 수 없다.[277] 여기서 설명할 것은 전체적 이미지도 하나하나의 개성화된 이미지로서 실제표현(실존인물)이든 예술창작(가상캐릭터)이든 모두 실질적으로 식별적 의의를 가지며, 이는 이미지의 인지도 발생의 토대이자 이미지를 상품화할 수 있는 조건이다. 요약하여 말하면 이미지권 의미상의 이미지는 하나의 개성화된 전체 이미지를 말한다.

(2) 이미지의 인지도

이미지는 필연적으로 일정한 지명도를 갖게 되며 이는 이미지를 상품화할 수 있는 전제조건이다. 이러한 특징은 법률적으로 규정할 필요없이 통상 시장 자체의 요건이기도 하다. "이는 주로 인지도가 없는 인물, 캐릭터 또는 기관의 이미지는 상업가치가 아주 낮으므로 상인이 이를 통하여 직접적인 경제이익을 창출하기 어렵기 때문이다."[278] 실존인물을 보면, 인지도는 주로 관련 분야에서의 광범위한 인지도 및 사회공중에 대한 상당한 영향력으로 나타난다. 여기서 인지도는 실제로 상품화할 수 있는 명성이나 명망을 말한다. 가상캐릭터를 보면, 인지도는 주로 매체에

---

276) 李明德:《美国形象权法研究》, 载《环球法律评论》, 2003年冬季号。
277) 吴登楼:《论虚构人物形象的知识产权保护》, 载《著作权》, 1999(1)。
278) 熊伟:《形象权法律制度研究》, 武汉大学1992年博士学位论文。

대한 광범위한 홍보를 통하여 양호한 공중효과를 발생하게 함으로서 형성된다. 가상캐릭터의 인지도는 매체가 문학, 미술, 영화, 텔레비전 등 영역에서 취득한 명성이나 명망을 말하며 통상 공개적인 전파를 통하여 공중효과를 형성하게 된다. 실존인물이나 가상캐릭터의 이미지의 인지도 자체는 상업분야의 범주에 포함되지 않지만 시장소비자에게 영향력을 행사하므로 이미지에 대한 상품화 문제가 출현하게 되었다.

(3) 이미지의 상품화

여기서 말하는 상품화라 함은 관련 주체가 저명한 이미지에 대한 상업적인 이용을 말한다. 권리자는 자기 자신이나 가상이미지를 이용하거나 타인이 해당 이미지를 합리적인 대가로 양수하거나 그의 사용을 허가할 수 있다. 이러한 이용의 목적은 해당 이미지의 인지도 및 창작성 자체에 한하지 않고 시장에서의 영향력을 이용하고자 한 것이다. 구체적으로 말하면, 이러한 영향력은 이미지가 탑재된 상품에도 광범위한 인지도를 가져다줄 수 있으며 이미지의 이용자도 이를 통하여 일정한 경영우위를 선점할 수 있다. 일본에서 이미지의 상품화는 이미지가 “고객에 대한 흡인력(관심도)”으로 표현하였다. 하기와라 유리(萩原有裏)는 저명인사 외에 만화, 만화영화 속의 인물, 동물 및 기타 물품도 상업 이미지권의 대상이 될 수 있으며 요건은 그들이 “고객에 대한 흡인력”에 있다고 주장하였다.[279] 미국에서 상표법은 가상캐릭터에 대하여 “제2의 의미”를 부여하였는데, 즉 캐릭터와 상품이나 서비스 사이에 일치된 대응관계 또는 고정적인 관련성을 형성하여 캐릭터가 대표하는 상품이나 서비스가 캐릭터의 또 다른 의미로 되었다.[280] 세계지식재산권기구가 발표한 한 보고서에서는 이미지의 상품화에 대하여 가상캐릭터의 창작자, 실존인물, 한명 또는 여러 명의 수권을 거친 제3자가 캐릭터의 중요한 개성특징에 대하여 2차 창작을 하거나 이용함으로서 이러한 이미지를 특정된 상품이나 서비스와 연결시켜 이미지에 대하여 익숙하고 호감있는 잠재소비자로 하여금 해당 상품이나 서비스를 구매하도록 하게 한다고 하였다.[281] 현실생활에서 이미지의 상품화는 다양한 형태가 존재

279) [日] 萩原有里:《日本法律对商业形象权的保护》, 载《知识产权》, 2003(5)。

280) 林雅娜等:《美国保护虚拟角色的法律模式及其借鉴》, 载《广西政法管理干部学院学报》, 2003(5)。

281) WIPO, Character Merchandising, WC/INF/10847995/IPLD. p.6.

한다. 예를 들면 이미지를 광고홍보에 사용하거나 상품의 포장, 외관에 사용하거나 기타 작품형태로 변형하거나 입체적 이미지로 제작, 판매하거나 상표나 기업명칭으로 등록하는 경우 등이다. 결론적으로 어떠한 이미지 요소가 어떠한 형태의 상품화로 변형하든 이러한 이미지의 원래의 기능(또는 인격 표시 식별, 또는 예술 개성 감상)은 변화가 발생하게 될 것이며 이러한 경우, 모두 상품에 대한 "홍보판촉기능 및 설명 보증기능"으로 변환하게 된다.[282)]

다. 이미지 속의 "저명" 가치에 대한 평가

"저명이미지"에서의 이미지는 하나의 포괄적인 개념이다. 실존인물에 대하여 말하면 이미지는 자연인의 인격특징의 집중적인 표현이고 가상캐릭터에 대하여 말하면 이미지는 캐릭터의 예술특징의 전형적인 표시이다. 이러한 이미지는 명칭, 초상, 외형, 자태, 목소리 등 각종 구체적인 이미지의 요소로 구성된 것이다. 어떤 학자는 각종 구체적인 이미지의 확인요소 모두 이미지권의 객체라고 보며[283)] 권리자가 이용하고 법적 보호를 받는 것은 모두 이러한 구체적인 인격요소나 예술요소이다. 필자는 이미지권의 객체는 구체적인 이미지 요소가 아니라 상품화한 이미지 즉 이미지권을 실현하는 매체라고 본다. 이미지권의 객체는 각종 구체적인 이미지의 요소로 형성된 개성화된 특징을 갖는 전체 이미지라고 할 수 있다. 다시 말하면 이미지는 각종 구체적인 이미지 요소에 대한 시각, 청각, 촉각을 거쳐 사람들의 대뇌 속에 형성된 전반적인 인상을 말한다. 법률의 범주 내에서 저명인사의 자신의 성명, 초상 등에 대해서만 보호하거나 창작작품의 문자, 화면, 목소리 등에 대해서만 보호하는 것은 인격권법 및 저작권법의 목적일 뿐 이미지권제도의 기능이 아니다.

"저명이미지"에서의 저명은 가치특징에 대한 일종의 평가이다. 이미지권의 실제 기능은 권리형태를 통하여 권리자로 하여금 저명한 실존인물이나 가상캐릭터의 이미지 요소에 대하여 상업적으로 이용하게 함으로서 인격적 범주, 문학예술창작분야에서의 영향력을 시장으로 전향시켜 소비자의 관심을 불러일으키는 것이다. 이를 토대로, 어떤 학자는 이미지권의 객체를 개괄적으로 저명한 실존인물이나 가상캐릭

282) 朱川:《商品化权研究》, 载《复旦民商法学评论》, 2001(1), 北京, 法律出版社, 2001。
283) 孙美兰等:《"奥特曼"纠纷案引发的思考》, 载《法学》, 1997(7)。

터가 보유한 "명성"이라고 정의하였다.[284] 어떠한 의미에서 보면, 특정주체의 이미지의 "저명도"는 사회공중에 대한 영향력, 흡인력을 조성하게 되는데 이것이 바로 이른바 "명성"이다. 이러한 "명성"을 내용으로 한 "저명도"는 이미지권 객체의 가치 특징이다. 이미지권의 객체는 각종 구체적인 이미지 요소가 응집된 전체 이미지라고 볼 수 있다. 이러한 이미지는 기존의 분야에서 이미 광범위한 저명도를 갖고 있고 시장으로 전향한 후 특정상품과의 결합을 통하여 소비자에게 호감이 발생하게 된다. 이것이 바로 이미지가 인지도를 갖고 있고 이를 상품화할 수 있으며 이미지가 이미지권의 객체가 될 수 있는 근본적인 원인이다.

2. 제도 비교: 이미지 상품화의 권리형태

이미지권은 하나의 새로운, 아직 정형화되지 않은 법률개념이다. 사적 권리영역에서 인격권(성명권, 초상권, 프라이버시권 등)과 지식재산권(저작권, 상표권, 상호권 등) 사이에 비주류지대 및 교차부분이 존재하고 있다. 따라서 이미지의 상품화 문제를 단순하게 인격권이나 지식재산권체계 중의 임의의 범주에 귀속시킬 수 없다. 이미지권은 바로 이러한 양대 사적 권리제도 사이에서 신설된 일종의 새로운 재산권이다. 이는 전통적인 사적 권리제도와 밀접한 관련이 있지만 자신만의 독자적인 특징도 갖고 있다.

가. 인격권 및 이미지권의 제도 비교 분석

실존인물의 이미지 관련 이익은 주로 일종의 인격적 이익이며 통상 인격권법을 적용한다. 이미지에 대한 상품화의 권리형태는 최초에 전통적인 인격권 하의 성명권, 초상권, 프라이버시권, 명예권 등으로부터 파생되어 온 것이므로 현저한 인격적 속성을 갖는다. 상품화의 배경에서 성명, 초상 등 인격적 이익은 상업적 이익의 "이미지"로 재형성되어 각종 상업거래에 사용되었다. 이는 인격권제도로부터 기원된 이미지권으로 하여금 기존의 권리범주를 어느 정도 많이 이탈하게 하여 비물질적

284) 刘春霖:《商品化权》, 载《西北大学学报》(哲社版), 1999(4)。

재산영역에 진입하게 하였다. 미국의 법관은 1983년의 "카슨(Carson)"사건에서 "이미지권은 저명인사의 신분 속의 상업적 이익을 보호하기 위하여 발생한 것이다. 이러한 권리의 이론근거는 저명인사의 신분은 상품의 판촉에 가치가 있으므로 그의 권익은 당연히 보호받아야 하며 저명인사는 타인이 허락없이 자신의 신분을 상업에 이용하는 것을 제지할 수 있다."[285]고 판시하였다. 이러한 판결문은 이미지권과 전통적인 인격권의 차이점을 정확하게 설명하였으며 이미지권제도의 확립취지를 표명하였다고 할 수 있다. 첫째, 인격권의 보호대상은 일반적인 인격 이익이며 이미지권은 저명이미지와 관련이 있다. 인격권은 주체가 보편적으로 갖고 있으며 사람마다 인격권은 동일하다. 이로부터 인격권의 주체 인격의 평등성 및 인격권법의 보편적 적용성이 표현된다. 반면 이미지권은 하나의 재산권으로서 사람마다 상이하며 보호대상은 공중에게 널리 알려지고 사회에서 영향력이 있는 저명한 이미지이다. 둘째, 인격권의 목적은 개인의 인격, 행위의 자유, 안전 및 정신적 이익을 보호하기 위함이며 이미지권의 의의는 저명이미지의 상업적 가치를 보호하기 위함이다. 전통적인 인격권 이론에서 인격적 이익은 직접 상품으로 표현할 수 없으며 금전으로 그 가치를 계산할 수 없다. 이미지권의 신설은 이러한 권리형태에 대한 근본적인 변화로서 바로 이미지에 대한 상품화의 시장가치 및 재산이익을 고려한 것이다. 셋째, 인격권은 타인이 자신의 인격 및 정신이익의 손해를 방지하는 기능을 갖고 있고 이미지권은 타인이 자신의 이미지에 대한 상업적 이용을 금지하는 역할을 한다. 따라서 양자의 손해배상액에 대한 계산도 서로 다르다. 법관은 인격권 침해사건에서는 인격, 정신의 손해정도에 주목하고, 이미지권 침해사건에서는 이미지 이익의 시장에서의 손해정도에 주목한다. 다시 말하면 이미지권은 인격권에서 기원되었으나 인격권과는 서로 다르다. 인격권으로부터 특별재산권으로의 변화과정에 대하여, 사회적 동력의 측면에서 말하면 이는 상품경제가 발전한 결과이며, 법률적 측면에서 말하면 이는 사적 권리제도가 신설한 산물이다. 이른바 표지형, 자본신용형 재산권도 인격권과 관련이 있고 전통적인 인격권으로부터 확장된 새로운 제도이며 인격적 이익이 상업적 인격이익으로 전환한 권리형태이다. 우리는 현대법률제도의 구조 내에서 법인이 상업에서의 명칭을 토대로 상호권이 발생하였고 상업거래에서

---

285) 李明德:《美国形象权法研究》, 载《环球法律评论》, 2003年冬季号。

의 명예, 영예를 토대로 상업명예권 및 신용권이 발생하였으며 자연인의 성명, 초상, 형태에 대한 상업적 이용으로 인하여 이미지권이 발생하였다. 이러한 권리 모두 전통적인 인격권과는 구별되는 재산권이다.

나. 저작권 및 이미지권의 제도 비교 분석

가상캐릭터는 통상 저작권이 보호하는 작품 속에서 나온 것이다. 캐릭터는 작품의 구성부분이고 캐릭터이미지의 구축은 작품이 성공할 수 있는 관건이다. 따라서 캐릭터 및 캐릭터이미지는 저작자의 창작적 노력의 성과로서 당연하게 저작권법의 보호를 받는다. 많은 국가는 현재까지 여전히 저작권법을 원용하여 가상캐릭터를 보호하고 있으며 보호정도가 다소 다를 뿐이다. 독일의 법학계에서는 작품캐릭터의 보호문제를 캐릭터 명칭 및 캐릭터 화면 두 가지로 분류하였다. 독일에서 캐릭터 명칭은 독창성 요건을 구비하지 않았다고 판단하여 이에 대한 보호정도가 약하다. 캐릭터 화면은 함부로 사용할 수 없으며 그에 대한 모방도 금지한다.[286] 일본에서 법률은 일련의 판례를 통하여 가상캐릭터에 대한 저작권 보호를 확립하였다. 법관은 캐릭터는 작품 자체가 아니지만 작품에서 인물이나 동물 등 시각화면으로 표현될 경우 해당 화면의 저작권성은 장면 자체의 고정적인 표현에 한하지 않고 표현된 인간, 동물의 형상에까지 미치게 된다고 주장하였다. 일본의 판례에 따르면 캐릭터에 대한 저작권 보호는 도형으로 표현된 만화캐릭터에 한한다.[287] 캐나다에서 시각형태로 표현된 캐릭터에 대하여 예술작품으로서 보호할 수 있다. 문학작품 속의 가상캐릭터는 문학작품 자체와 마찬가지로 저작권을 갖는다.[288] 미국에서 가상캐릭터는 법원의 판례를 통하여 저작권의 보호를 받지만 문학캐릭터와 만화캐릭터에 대한 보호기준은 상당한 차이를 보이고 있다. 문학캐릭터는 언어서술 속에 존재하므로 가상캐릭터의 "저작권 가능성"을 인정하기 어렵다. 따라서 법관은 "Nichols"사건 및 "Sam Spade"사건에서 각각 "독특한 서술"(distinctively delineated) 기준 및 "말하

286) 吴汉东等:《西方诸国著作权制度研究》, 54页, 北京, 中国政法大学出版社, 1998。

287) [日]《判例时报》 第815号、第828号。转引自米槟:《关于角色的商品化权问题》, 載《中外法学》, 1998(1): 杜颖:《论商品化权》, 載梁慧星主编:《民商法论丛》, 第13卷, 北京, 法律出版社, 2000。

288) 吴汉东等:《西方诸国著作权制度研究》, 298~299页, 北京, 中国政法大学出版社, 1998。

고 있는 이야기"(story being told) 기준을 창설하였다.[289] 전자의 기준은 비교적 넓으며 타인의 독특한 서술을 모방한 모든 캐릭터는 권리침해에 해당된다. 후자의 기준은 비교적 엄격하며 오직 캐릭터가 작품의 전부 내용을 구성한 경우에만 보호받을 수 있다. 어느 기준을 취하든 미국의 저작권 보호범위는 작품 자체에만 한하지 않고 조건부로 캐릭터까지 확장하였다. 만화캐릭터는 이와 달리 특정화 및 고정화된 외관이미지를 갖고 있으므로 그 자체가 일종의 "저작권 가능성"의 독특한 서술에 해당한다. 따라서 법관은 단순하게 만화캐릭터와 유사하기만 해도 권리침해의 가능성이 있다고 판단하였다. 상기 내용을 종합하면, 서양의 여러 국가에서 가상캐릭터에 대한 저작권 보호는 아래 특징을 갖는다. 첫째, 가상캐릭터는 저작권 객체의 독특한 영역을 구성하지만 하나의 독립적인 작품은 아니다. 각국에서는 시각작품을 미술작품으로 간주하고 문학캐릭터를 작품의 구성내용으로 간주함으로서 이는 캐릭터가 저작권의 보호를 받을 수 있는 근거이다. 둘째, 저작권 가능성은 가상캐릭터가 저작권의 보호를 받는 중요한 조건이다. 캐릭터는 특정서술을 형성한 경우에만 "사상내용"의 범주를 벗어나 저작권의 보호대상이 될 수 있다. 이러한 점에서 시각캐릭터는 문학캐릭터에 비해 더욱 쉽게 보호받을 수 있다. 셋째, 가상캐릭터가 갖는 명칭, 목소리, 입버릇, 전형적 동작 등 이미지 요소는 통상 상품화의 대상으로서 소비자의 상상을 야기하는 캐릭터의 특징을 갖는다. 그러나 이러한 특징의 사용은 작품의 저작권성 요소에 대한 사용이 아니다. 상기 분석으로부터 우리는 가상캐릭터에 대한 저작권 보호도 결함이 존재함을 쉽게 알 수 있다. 우선, 캐릭터에 대한 저작권 보호는 불완전한 보호이다. 캐릭터의 각종 이미지의 구성요소에서 캐릭터의 성명처럼 일부는 특정표현이 아니며 캐릭터의 목소리처럼 일부는 독창성의 요건을 구비하지 않았으므로 저작권법으로 보호하기 어렵다. 다음은 캐릭터에 대한 저작권 보호는 불확정한 보호이다. 캐릭터를 저작권의 객체로 볼 수 있는지에 대하여 인정하기 어렵다. 영국법은 작품의 표제와 마찬가지로 문학, 희극작품 속의 캐릭터는 저작권이 없다고 보았다.[290] 미국의 판례에서는 비록 캐릭터는 저작권의 보호를 받아야 한다고 주장하였지만 어떠한 종류의 캐릭터가 보호받아야 하는지를 확정할 시 어려

289) 林雅娜等:《美国保护虚拟角色的法律模式及其借鉴》, 载《广西政法管理干部学院学报》, 2003(5)。

290) 吴汉东等:《西方诸国著作权制度研究》, 256页, 北京, 中国政法大学出版社, 1998。

움이 존재하였다. 결론적으로 말하면 현대의 저작권제도는 "사상표현이분법" 및 "독창성"이라는 보호원칙을 시행하였다.291) 이러한 법리제도 하에 가상캐릭터에 대하여 작품과 동등한 법적 보호를 제공하는 것은 어려운 일이다. 캐릭터에 대한 저작권 보호의 폐단이 바로 이미지권제도를 창설하는 이유이기도 하다.

다. 상표권 및 이미지권의 제도 비교 분석

가상캐릭터에 "저작권 가능성"의 창작성 서술이 포함되어 있는 것은 캐릭터가 저작권의 보호를 받을 수 있는 법리토대이다. 상기 경우와 달리, 저명이미지에는 실존인물이미지 및 가상캐릭터이미지가 포함되며 식별 표지로서 "식별성"을 갖고 있으므로 상표법의 보호를 받을 수도 있다. 상표권의 보호요건은 특정대상의 식별기능이다. 즉 이미지 특징 속에서 보호받을 수 있는 요소 즉 식별성을 갖춘 요소를 말한다. 예를 들면 실존인물의 성명, 초상, 가상캐릭터의 명칭, 조형 등이 식별성 특징을 구비하고 상표법의 금지성 규정을 위반하지 않기만 하면 이를 상표로 출원하여 상표권을 획득할 수 있다. 이미지 요소는 상표법의 보호를 받아 상표법의 객체가 될 수 있으며, 이에 대한 이론 근거는 "제2의미"이론이다. "제2의미"라 함은 상표법상의 개념으로서 미국에서는 주로 일부 서술성이나 통용성 문구가 오랫기간의 사용을 거쳐 소비자의 대뇌 속에 이미 그들의 언어적 의미만이 아닌, 관련 상품이나 서비스의 제공자를 대표하여 상품이나 서비스의 출처를 나타내는 것을 말한다.292) 중국의 학자는 통상적으로 통용명칭, 서술성 표지 및 기타 식별성 특징이 결여된 표지가 "제2의미"를 취득하여 식별성 기능을 갖추게 된다면 상표로 등록할 수 있다고 주장하였다.293) 이미지 요소는 본래 실존인물의 인격특징이나 가상캐릭터의 예술특징을 의미하므로 상품의 원산지에 대한 식별기능을 갖지 못한다. 그러나 이미지를 상품화한 결과, 이러한 이미지 요소는 점차 기존의 인격적 범주와 창작영역에서 벗어나 특정상품의 출처와 단일한 대응관계를 형성하였으며 심지어 특정상품의 출처(즉 식별성 표지)에 대한 지시나 표지가 이미지 요소의 또 다른 의미가 되게 하였다.

291) 李明德:《美国形象权法研究》, 载《环球法律评论》, 2003年冬季号。
292) 张今:《商标权法律制度》, 载吴汉东主编:《知识产权法》, 北京, 中国政法大学出版社, 2002。
293) 张玉敏主编:《知识产权与实务》, 111页, 北京, 法律出版社, 2002。

상기 이론과 상호 관련되어, 상표권 영역에서는 "혼동이론"을 근거로 이미지 요소에 대한 권리침해사용이 발생하게 되었다. 국제협약 및 각국의 상표 관련 입법통례에 따라 일반적인 상표권 침해를 판단하는 기준은 "혼동이론"이다. 프랑스, 독일, 이탈리아 등 국가의 법률규정에 의하면, 상표권자의 동의없이 관련 공중에게 혼동을 초래할 가능성이 있을 경우, 타인은 상업거래에서 동종이나 유사한 상품이나 서비스에 해당 상표와 동일 또는 유사한 상표를 사용할 수 없다. 이로부터 알 수 있듯이 혼동의 실질은 소비자의 오인이다. 즉 소비지가 상품을 구매할 시 특정상표가 부착된 상품을 자신이 구매하고자 하는 상품으로 오인하는 것을 말한다.[294] 이미지 요소에 대한 권리침해사용을 판단할 시 그 근거는 이러한 사용으로 인한 공중이 상품의 출처에 대한 혼동이다. 구체적으로 말하면, 소비자는 이미지 이용자의 상품이 이미지 권리자에 의하여 제공되었거나 권리자의 허가나 기타 동의를 거쳤다고 오인하거나, 이미지 이용자의 상업경영이 이미지 권리자와 기타 상업상의 관련이 있다고 오인하는 경우가 포함된다. 요약하면 상표법의 기능은 이러한 각종 이미지 요소를 상표로 등록하는 것은 권리자의 권리를 보호하고 이미지를 상품화하는 과정에서 소비자의 오인과 상품의 출처에 대한 혼동을 방지하는 것이다. 그러나 상표권에 의한 이미지 보호도 제한이 있다. 첫째, 주체자격에 대한 제한이다. 각국 상표법은 상표출원주체에 대하여 일정한 자격제한이 있다. 예를 들면 일부 국가는 상표출원자는 등록상표를 그가 경영하는 상품에만 사용할 수 있다고 규정하였다. 그러나 실존인물이미지의 상품화 대리인이나 가상캐릭터이미지의 창조자는 통상 상품생산의 경영거래에 직접 참여하지 않는다. 즉 이미지에 대한 "제2차 개발이용"의 과정에 참여하지 않는다는 것이다. 둘째, 객체범위에 대한 제한이다. 각국 상표법은 상표등록에 대하여 일정한 제한조항을 두고 있으며 관련 규정이 각자 다르다. 일부 목소리, 글자수가 지나치게 긴 문구 등 이미지 요소는 비록 상품화의 가치가 있지만 상표로 등록할 수는 없다. 셋째, 사용대상에 대한 제한이다. 각국 상표법은 대체로 등록상표의 사용대상은 지정상품에 한하며 유사상품에까지 확장하지 않는다. 만약 그 사용을 확대하려면 상품품목별로 별도로 신청하여야 한다. 방어상표제도를 확립하지 않은 국가에서 이미지 특징을 표기로서 모든 상업영역에 사용하는 것은 불가

---

294) 熊伟:《形象权法律制度研究》, 武汉大学1992年博士学位论文。

능한 일이다. 상기 제한성이 발생한 근본적인 원인은 상표는 단지 상품의 출처를 구별하는 표시일 뿐이지만 이미지의 상품화 형태는 식별기능에 한하지 않고 광고홍보, 상품의 포장외관, 이미지의 변형, 입체이미지의 제작판매, 기업명칭의 등록, 상표 등록 등이 포함되기 때문이다. 따라서 상품표시에 대한 보호를 취지로 하는 상표법은 이미지의 상품화 보호에 대한 필요를 단독으로 충족시킬 수 없다.

라. 부정경쟁방지 및 이미지권의 제도 비교 분석

부정경쟁방지의 기능 중 하나는 각종 지식재산권 사이의 공백지대에 대하여 "포괄적" 보호를 제공하는 것이다. 이는 일부 "회색지대"에 처한 법익이, 이에 대응되는 권리형태가 존재하지 않는 경우에도 부정경쟁방지법을 통하여 간접적으로 보호받을 수 있다. 물론, 이미지의 상품화도 본 법의 적용대상이 될 수 있다. 바로 일부 학자가 지적한 바와 같이 부정경쟁방지법의 규율방식은 권리의 설정을 통하여 권리의 적극적인 실행을 보장하는 것이 아니라 "사용금지"의 설정을 통하여 이익에 대한 방해를 배제하는 것이다.[295] 이미지 상품화에 대한 "사용금지"의 보호방식은 주로 "위조행위"에 대하여 소를 제기하는 것이다. 영국에서 "위조행위"소송은 양도인, 제조상이 타인의 성명 및 초상에 대한 불법사용을 대항할 수 있는 무기이다. 이러한 소송을 제기하려면 아래 세 가지 조건을 구비하여야 한다. 첫째, 불법상품의 허위사용에 해당되어 소비자의 오인 및 상품의 혼동을 초래하여야 한다. 둘째, 양도인이 이미 해당 거래, 상품이나 표시에서 명성, 신용 및 명예를 갖추어야 한다. 셋째, 양도인이 손해를 입어야 한다.[296] 비록 "위조행위"소송은 이미지의 상품화에 대한 "포괄적" 보호를 담당하고 있지만 이러한 보호형태는 현저한 결함을 갖고 있다. 첫째, 부정경쟁방지는 당사자 사이에 경쟁관계가 존재하는 것을 전제로 한다. 경쟁관계라 함은 상품의 대체적 관계가 있는 경영자 사이에서 시장을 쟁탈하고 있는 경우를 말한다. 다시 말하면 당사자는 동종업계에 종사하는 경영자여야 한다. "동업경쟁"이론에 따라 이미지 이익의 소유자가 권리침해자가 종사하는 업종에 종사하지

295) 张今:《英国: 姓名、形象的商品化和商品权化》, 载《中华商标》, 2000(8)。

296) "해명조항" 이론은 林雅娜等:《美国保护虚拟角色的法律模式及其借鉴》, 载《广西政法管理干部学院学报》, 2003(5)。

않을 경우 위조소송을 제기할 수 없다. 둘째, 부정경쟁방지는 권리침해자의 허위진술을 조건으로 한다. 타인의 이미지 요소를 불법사용하는 행위자가 상품의 출처에 혼동을 초래하는 허위사용에 해당되어야만 "부정경쟁"으로 인정될 수 있다. 그러나 "자유경쟁"이론에 따라 상품생산자가 혼동이 야기되지 않는 방식 예를 들면 "해명조항"을 통하여 자신과 이미지의 권리자가 아무런 관계가 없음을 성명하거나 상품에 자신의 상표도 같이 부착함으로서 소비자의 오인을 방지할 경우, "허위진술"에 해당되지 않는다. 요약하면 부정경쟁방지법은 탄력있는 보호를 제공할 수 있고 저작권법의 "저작권 가능성" 및 상표법의 "식별가능성"이라는 엄격한 요건을 요하지 않으므로 후자의 일부 결함을 보완할 수 있다. 하지만 부정경쟁방지법의 목적은 경영질서를 규제하고 합법적인 경영자와 소비자의 이익을 보호하기 위함으로써 이는 이미지 이익을 보호하고자 하는 권리자의 법률적 필요성과는 아직 일정한 거리가 있다.

앞서 논한 바를 종합하면, 인격권법, 저작권법, 상표법 및 부정경쟁방지법은 각자의 법률제도에 따라 이미지 이익에 대하여 서로 다른 정도의 보호를 제공한다. 그러나 상기 법률제도가 제공한 보호는 불충분하고 포괄적이지 않은 것으로서 이러한 법적 보호형식은 이미지 상품화를 보호하는 최적의 선택이 아니다.

3. 무형재산권: 이미지권의 대상과 속성 이론

20세기 90년대 이후부터 이미지의 상품화 문제에 대하여 중국의 법학계는 관심을 갖기 시작하였다. 다수 학자들은 일종의 새로운 권리형태를 신설하여 이미지 관련 이익을 보호하여야 한다고 주장하였다. 그러나 이러한 권리에 대하여 어떻게 명명할 것인지, 그의 내연 및 외연을 어떻게 확정할 것인지에 대하여 서로 다른 주장을 하고 있다.

가. 이미지 보호대상 학설

각종 저서를 보면 권리명칭 및 보호대상은 대체로 서로 대응되지만 대상의 범위는 서로 다르다. 이에 대하여 아래 몇 가지 관점으로 요약할 수 있다.

(1) 협 의 설

본 설에서는 보호대상을 실존인물이미지나 가상캐릭터이미지에 한하며 이에 대하여 서로 다른 권리명칭을 부여한다. 이미지의 상품화 권리에 관하여 일부 학자는 "이미지"의 기본적인 함의는 특정인이 공중에서의 이미지를 말하며 해당 권리는 이미지에 대한 상품화 사용을 지배하는 권리를 말한다.[297] "right of publicity"의 정의나 의미에 따라 일부 저서에서는 이에 대하여 "이미지권", "공개화권", "공개 이미지권" 등 명칭을 부여하였다. 상기 관점과 달리, 일부 학자는 이미지 상품화권은 사실상 가상캐릭터에 대한 이미지권으로서 "저작자가 작품의 캐릭터를 판매상품 상에 인쇄하여 사용할 수 있는 전유권(專有權)" 또는 "상업목적으로 가상캐릭터 및 그 일부나 전부의 구성요소를 사용함으로 인하여 상품이나 서비스의 판매를 촉진할 수 있는 권리"를 말한다고 주장하였다.[298] 이를 근거로 "rights in characters"를 "캐릭터 상품화권" "가상캐릭터 상품화권" 등으로 번역하기도 하였다.

(2) 광 의 설

본 설에서는 보호대상을 상품화할 수 있는 모든 대상에까지 확장하였으며 이에는 실존인물, 가상캐릭터 및 기타 상품화가능한 표기, 기호 및 작품장면 등이 포함된다. 이러한 권리를 "상품화권"이라고 부르며 이는 대중이 필요한 캐릭터나 캐릭터의 특징을 상품에 사용하거나 타인이 사용하도록 허가할 수 있는 권리를 말하며 주로 실존인물이미지의 상품화권, 가상캐릭터이미지의 상품화권 및 상품화가능한 기타 권리가 포함된다.

(3) 절 충 설

본 설에서는 보호대상의 범위를 실질적인 인격특징요소 및 가상의 예술특징요소를 구비한 이미지까지 정하였으며 그들의 공통된 특징은 모두 생명특징과 서로 관련이 있는 이미지를 말하며 실존인물 및 가상캐릭터이미지로 분류할 수 있다. 학자들은 이러한 권리를 "이미지권", "상업이미지권"으로 부른다.[299] 이러한 표현은 미

---

297) 李明德:《美国形象权法研究》, 载《环球法律评论》, 2003年冬季号。

298) 梅慎实:《试论影视作品中"虚构角色"商品化之知识产权保护》, 载《版权参考资料》, 1989(6); 郭玉军等:《论角色商品化权之法律性质》, 载《知识产权》, 2000(6)。

299) 杜颖:《论商品化权》, 载梁慧星主编:《民商法论丛》, 第13卷, 北京, 法律出版社, 2000; 刘春

국법상의 "right of publicity"라는 용어를 참조하였지만 그 외연에 대하여 적당하게 확장함으로써 보호대상을 상품화가능한, 생명특징과 관련이 있는 모든 이미지로 요약하였다.

필자는 광의설에서 "publicity"를 "상품화"로 번역하는 것은 언어적 의미상 정확하지 않다고 본다. 또한 광의설에서 주장하는 "상품화권"의 대상은 상품화가능한 모든 대상을 가리키며 이 경우 보호범위가 지나치게 넓다. 예를 들면 표기, 제목, 작품장면 등은 모두 규범적 의미상의 이미지가 아니므로 직접 지식재산권법으로 규율할 수 있다. 협의설에서는 "캐릭터"(characters)로 "이미지"(publicity)를 대체하거나 또는 "이미지"(publicity)에 대한 이해를 가상캐릭터에 한하고 이와 관련된 권리를 "캐릭터 상품화권"으로 번역하였는데 이는 범위가 지나치게 좁다고 본다. 이러한 방식은 사실상 미국법을 참조하여 실존인물의 이미지권과 가상캐릭터의 이미지권에 대하여 서로 다른 법률제도를 적용한 것이다. 광의설 및 협의설에 비해, 보호대상을 실존인물 및 가상캐릭터이미지로 확정하여 이러한 권리를 "이미지권"으로 개괄하는 것은 타당하다고 본다. 이미지권이라 함은 주체가 저명한 이미지에 대하여 상품화하고 이로 인한 이익을 향유할 수 있는 권리를 말한다. 이는 일종의 새로운 사적 권리이다.

나. 이미지권의 기본적 속성 이론

이미지권의 기본속성에 대하여서도 학자들은 각기 다른 관점을 보이고 있으며, 대체로 아래 몇 가지 이론이 있다.

(1) 신형인격권설

이미지권에 대한 보호는 프라이버시권으로부터 기원한 것으로써, 해당 제도는 인격권법과 갈라놓을 수 없는 관련성이 있다. 1903년 미국 뉴욕에서는 광고나 상업 목적으로 허가없이 타인의 성명이나 초상을 사용하는 행위를 금지하는 법률을 공표하였다. 본 법은 현재까지도 뉴욕주가 프라이버시권 및 이미지권을 보호하는 중요한 근거가 되었다. 이의 영향으로 인하여 일부 학자는 이미지권을 인격권법의 범주

霖:《商品化权论》, 载《西北大学学报》(哲社版), 1994(4)。

에 포함시켰다. 일본학자는 상업성 이미지권의 대상을 저명인물의 이미지 및 가상인물, 동물의 이미지로 분류하였으며 그들 모두 인격권과 관련이 있다고 인정하였다. "인격권은 정신이익을 보호할 뿐만 아니라 경제이익도 보호하며 상업성 이미지권은 인격권의 일부"라고 주장하였다.[300] 필자는 권리대상이 지향하는 이익은 재산권과 인격권을 구분하는 기본적인 기준이며 민사객체의 범주 내에서 성명, 초상, 영예 등 인격적 이익은 전통적으로 인격권의 보호범위에 해당하며 통상 직접적인 재산내용을 갖지 않는다고 본다.[301] 비록 상기 인격적 이익은 재산과 일정한 관련성 즉 그 관련성을 예로 들면 주체가 관련 권리를 행사할 시 일정한 이익을 획득할 수 있거나 주체가 상기 권리가 침해당함으로 인하여 일정한 재산적 보상을 얻을 수 있지만 이러한 내용들은 결코 인격권의 당연한 내용이 아니다. 따라서 이미지권을 재산권과 대응되는 인격권에 포함시킬 경우, 아주 믿기 어려운 결론이 도출된다. 우선, 성명, 초상, 형체, 명예 등 인격요소는 상품화 과정에서 이미 전통적 인격적 이익으로부터 비물질화된 새로운 재산이익으로서의 상업적 인격이익으로 전환된다. 이러한 이익은 더 이상 인격권법으로 규율할 수 없다. 다음, 가상캐릭터의 이미지에는 명칭, 영상, 목소리, 자태 등 캐릭터 요소가 포함되며 이는 저작자의 창작성 지적 성과로서 원래 지식재산에 해당하지만 "2차적 개발이용"을 통하여 상업화된 재산을 형성하였다. 이러한 것은 당연히 인격권법의 범주에 해당하지 않는다.

(2) 신형지식재산권설

이미지 요소는 다수가 창작적 활동과 관련이 있다. 특히 가상캐릭터는 그 자체가 저작자의 창작성 지적 성과인 작품의 중요한 구성부분이다. 이를 토대로, 많은 학자들은 이미지권을 지식재산권 영역에 포함시켰지만 각자 주장에는 약간의 차이점이 있다. 어떤 학자는 이미지권을 저작권, 상표권, 상호권 등과 상호 교차된 신형지식재산권이라고 주장하며[302] 어떤 학자는 이미지권을 저작권, 상표권, 상호권 등과 상호 구별되는 단독적인 신형지식재산권이라고 주장하였다.[303] 상기 이론에서 이

---

300) 郑成思:《版权法》, 300~305页, 北京, 中国人民大学出版社, 1993; 熊伟:《形象权法律制度研究》, 武汉大学1992年博士学位论文; [日] 萩原有里:《日本法律对商业形象权的保护》, 载《知识产权》, 2003(5)。

301) [日] 萩原有里:《日本法律对商业形象权的保护》, 载《知识产权》, 2003(5)。

302) 王利明等编著:《人格权法》, 北京, 法律出版社, 1997。

러한 결론을 도출하는 것은 주로 다음과 같은 이유가 있다. 하나는 이미지는 지식상품의 구성요건을 충족할 수 있으며, 다른 하나는 이미지권은 이미 지식재산권의 기본적인 특징을 구비하였기 때문이다. 이에 대하여 필자는 다른 견해를 주장하고자 한다. 첫째, 지식상품의 특징에 대하여 필자는 많은 저서에서 설명한 적이 있으며 이를 창작성, 비물질성 및 공개성으로 요약하였다.[304] 이미지 요소는 지식상품의 전부 특징이 아닌 일부 특징을 구비하였다. 예를 들면 실존인물의 이미지 요소인 성명, 초상, 형태 등은 비물질성 객체라고 할 수 있으며 사회공중에게도 널리 알려졌지만 지적 성과의 창작성을 갖는 것은 아니다. 이미지권제도의 확립목적은 이미지의 상업화 이용을 규제하기 위함이다. 따라서 이러한 권리의 보호대상은 창작성을 갖는 이미지가 아니라 인지도 및 영향력을 갖는 이미지이다. 다시 말하면 무형의 이미지 관련 이익은 상품화의 조건에서 결코 그의 창작성의 특징으로 인하여 존재하는 것이 아니라 "소비자의 관심도" 다시 말하면 신용가치로 인하여 존재하는 것이다. 따라서 이미지는 지식상품에 해당하지 않는다. 둘째, 지식재산권의 특징에 대하여 많은 저서에서 논의하고 있으며 특징에 대한 서술이 모두 일치하지는 않지만 기본적으로 전유성, 지역성 및 시간성으로 요약할 수 있다. 이미지권은 일종의 전유권(專有權)으로서 일정한 보호기간을 부여하는 것은 당연한 것이다. 다만 그의 지역성에 대하여서는 아직 검토할 여지가 있다. 지식재산권의 지역성이라 함은 엄격한 영토성을 말하며 효력은 본국 내에만 한정된다. 다시 말하면 한 국가의 법률에 의하여 부여한 지식재산권은 해당 국가에서만 보호받는다. 국제협약이나 양자 호혜협정을 체결한 경우를 제외하고 지식재산권은 역외효력을 갖지 아니한다. 이미지권에 대하여 말하면 그의 지역성 특징은 성립되기 아주 어렵다. 실존인물을 예로 들면, 성명, 초상 등 이미지 요소는 원래부터 존재하는 것으로서 그 권리형태는 특별한 수권이 필요없다. 이러한 인격성 이미지 요소는 상품화의 과정에서 지역성 제한으로 인하여 그에 대한 보호를 상실하지 않는다. 여기서 설명할 것은 권리종류에 대한 구분은 대상이나 이익내용의 차이점을 근거로 한다. 예를 들면 재산권 내부에서 재산권의 대상이 어떠한 "물건"일 경우 이에 대한 권리는 곧 물권이며 특정인의 급

303) 朱川:《商品化权研究》; 刘春霖:《商品化权论》; 孙美兰等:《"奥特曼"纠纷案引发的思考》; 郭玉军等:《论角色商品化权之法律性质》; 熊伟:《形象权法律制度研究》。

304) 吴汉东等:《知识产权法》, 15~17页, 北京, 中国政法大学出版社, 2003。

부가 대상일 경우 이에 대한 권리는 곧 채권이다. 반면 서로 다른 유형의 권리라도 동일한 특징이 있을 수 있는데, 예를 들면 소유권과 지식재산권 모두 절대성을 갖는다. 따라서 상기 관점에 의하여 이미지권을 지식재산권에 귀속시키는 이유는 성립되기 어렵다고 본다.

(3) 이미지권 보호입법 개설

입법문서 및 법학저서의 언어적 의미로부터 보면, 비물질성 재산권은 무형재산권으로 불린다. 일부 서양국가에서는 무형재산권으로 지식재산 관련 전유권(專有權)을 개괄한 적이 있다. 그 후 20세기 60년대에 이르러 지식재산권은 국제적으로 통용하는 법률용어가 되었지만 여전히 일부 학자는 무형재산이라는 용어를 계속 사용하고 있다. 이러한 법률용어는 포용성의 의미를 갖고 있으며 참조할만한 하다. 필자가 이미지권을 무형재산권에 귀속시키는 이유는 아래 몇 가지 요인을 고려한 것이다. 첫째, 비물질성 재산은 주로 지식재산을 말하지만 지식재산에만 한하지 않는다. 미국학자 슈왈츠(Schwartz)는 "중대한 가치가 있는 신형재산"에 대하여 열거한 적이 있으며 "이러한 재산에는 상업신용명예, 상표, 영업비밀, 저작권, 경영이익, 특별허가권 및 공정한 편익권이 포함된다."[305] 다른 한 학자 프리드먼(Friedman)도 "본 세기에 이미 '신재산'(new property)의 개념이 출현하였으므로 취업기회, 양로금, 정부 특별허가를 신재산으로 간주하여야 한다."고 주장하였다.[306] 한편 미국법률은 아래 재산을 비물질화 재산으로 간주하였다. 우편을 사용할 권리, 고용주가 자유로 노동자를 증감할 권리, 피고용자가 자유로 취업할 권리, 주주가 회사의 이사를 선정할 권리, 세금면제의 권리, 타인이 자신이 취재한 뉴스를 판매하는 것을 금지할 권리, 증권거래소 회원이 되는 권리 등이 있다.[307] 모든 이익기회, 자격 등을 재산화, 상품화하고 정치권리 및 인격적 권리를 사적 재산권과 동등하게 간주하는 것은 적절치 못하다. 그러나 여기에서 인정하여야 할 것은 지식재산이 출현한 후 새로운 비물질

305) [美] 肯尼斯 · 万德威尔德:《19世纪的新财产: 现代财产权概念的发展》, 载《社会经济体制比较》, 1995(1)。

306) 转引自马骏驹等:《无形财产的理论与立法问题》, 见中国民商法网(www.civilaw.com.cn)—法学前沿。

307) [美] 肯尼斯 · 万德威尔德:《19世纪的新财产: 现代财产权概念的发展》, 载《社会经济体制比较》, 1995(1)。

성 재산이 끊임없이 발생하고 있으며 이로 인하여 사권영역에서 일종의 새로운 무형재산권체계가 출현하였다는 점이다. 둘째, 지식재산권(intellectual property right)을 영문상의 기본적인 의미로 번역한다면 "지식(재산)소유권"라고 하여야 한다. 이는 지식영역에서 발생한 모든 권리에 대한 개괄이다. 협의의 지식재산권 즉 전통적인 지식재산권에는 저작권, 특허권 및 상표권이라는 세 가지 중요한 구성내용이 포함된다. 광의의 지식재산권에는 저작권, 상표권, 상호권, 영업비밀권, 지리적표시권, 특허권, 집적회로 배치설계권 및 식물신품종권이 포함된다. 지식재산권제도의 범위는 이미 각국의 입법 및 국제협약에 의하여 확정되었다고 할 수 있다. 따라서 지식재산권을 비물질성 재산권인 무형재산권과 동일시하는 것은 현실상황에 맞지 않다. 그 이유는 현대의 상품경제의 배경에서 새로운 추상화된 비물질성 재산이 끊임없이 나타나고 있으며 그들 또한 창조성 활동 및 지식분야와의 관련성이 그리 크지 않기 때문이다. 따라서 이러한 권리에 대하여 별도로 분류할 필요성이 있다. 그 외 현대의 지식재산권체계가 이미 성숙되어 지식재산권제도의 통합화, 국제화가 이루어진 지금, 한 국가나 지역이 어떠한 지식재산권을 신설하는 것은 규범적 의의에서의 지식재산권의 감당능력을 증가할 뿐만 아니라 국제사회의 인정을 받기도 어렵다. 셋째, 자본신용형 재산이라 함은 명예, 신용, 이미지 등 재산화된 상업적 인격이익을 말한다. 이에 대한 가치는 아직 완전히 사람들에 의하여 인식되지 못하였으므로 어떤 학자는 이를 "개발 중인 무형재산"으로 부르기도 하였다.[308] 자본신용형 재산의 구성에는 두 가지 요소가 포함된다. 내적 요소는 주체 자신의 능력, 이미지, 명예 등과 관련이 있으며 외적 요소는 사회단체가 수여한 자격이나 사회공중의 평가나 신뢰로부터 비롯된다. 경영거래에서 자신의 인격요소에 외적 영향력을 추가하면 상업명예를 기본내용으로 한 자본신용형 재산이 형성된다. 필자는 이미지권과 명예권, 신용권, 특별경영허가권 모두 일종의 비물질성 속성을 갖지만 지식재산권 범주에 포함시킬 수 없는 무형재산권에 해당된다고 본다. 보다시피 사회경제생활의 발전에 따라 이러한 새로운 무형재산권은 지속적으로 나타날 것이다. 따라서 이미지권의 성질에 대하여 상기와 같이 인정하는 것은 재산의 비물질화 혁명이라는 혁신적 의의를 갖게 될 것이다.

308) 曾世雄:《民法总则之现在与未来》, 137页, 台北, 三民书局, 1993。

이미지권제도의 입법방식에 관하여 국제적으로 보면, 각국은 아직 탐색 중에 있으며 그 중에서 비교적 성숙하고 국제적인 영향력을 미치는 법률은 바로 미국의 입법례이다. 미국의 입법방식은 실존인물 및 가상캐릭터의 이미지에 대하여 각자 다른 보호법을 취하고 있다. 전자는 "right of publicity"라고 부르며 협의의 이미지권을 말한다. 현재 미국 24개 주의 법률에서는 이미지권을 명문으로 인정하고 있다. 그들은 단독으로 법률을 제정하여 이미지권을 보호하거나 이미지권을 프라이버시권제도에 포함시켜 보호하고 있다.[309] 후자는 "rights in characters"라고 부르며 이른바 캐릭터권을 말한다. 미국법은 이에 대하여 저작권법, 상표법 및 부정경쟁방지법의 교차보호를 실행한다.[310] 영국법에는 이미지권 관련 전문적인 제도가 없으며 단지 저작권법, 상표법, 디자인법 및 부정경쟁방지법의 "허위소송"을 통하여 이미지로부터 발생한 이익에 대하여 일부 제한적인 보호를 제공하고 있다.[311] 일본은 20세기 70년대로부터 이미지권의 개념을 도입하고 법원에서도 이미지권 관련 분쟁을 처리한 일부 판례가 있지만 단독적인 이미지권제도를 아직 확립하지 않았으므로 일본의 판결근거는 여전히 전통적인 지식재산권법이다. 독일은 주로 저작권법을 원용하여 캐릭터를 보호하지만 만약 상기 보호조치가 효과가 없을 경우, 부정경쟁방지법의 보호를 모색한다. 상기 경우는 서양국가는 아직 이미지 상품화에 대한 법률규제와 관련하여 성숙된 입법례가 없음을 의미한다. 그러나 수많은 국내외 학자들은 단독적인 이미지권제도를 확립하여 인격권, 저작권, 상표권 및 부정경쟁방지법의 별도의 보호 및 중복 규율의 부족한 점을 해결할 것을 주장하였다. 중국의 관련 입법은 두 단계로 고려할 수 있다. 즉 기존의 민사법률제도를 적용하여 이미지 관련 이익을 보호하고 만약 인격권법이나 지식재산권법의 현 규정의 범위를 초과할 시 관련 판례는 부정경쟁방지법의 일반조항을 참조하여 처리할 수 있다. 여러 요건이 구비될 시 민사특별법의 형태로 단독적인 이미지권제도를 제정하는 것을 고려하여야 한다.

---

309) 관련 입법 상황은 李明德:《美国形象权法研究》, 载《环球法律评论》, 2003年冬季号 참조。

310) 林雅娜等:《美国保护虚拟角色的法律模式及其借鉴》, 载《广西政法管理干部学院学报》, 2003(5)。

311) 张今:《英国: 姓名、形象的商品化和商品权化》, 载《中华商标》, 2000(8)。

4. 이미지권의 제도적 구성

이미지 관련 이익은 일종의 비물질성 재산이익이다. 이미지에 대한 상품화 과정에서 이미지 이익의 권리자와 이미지 이용의 경영자 사이 그리고 그들과 사회공중 사이의 이익배분관계가 발생하게 된다. 이미지권은 일종의 제도적 도구로서, 그 기능은 권리의 기본내용을 부여하고 이익배분방식을 설정하며 불법침해행위를 제재함으로써 이미지에 대한 상품화 과정에서 발생한 각종 사회관계에 대하여 규율하고 규범성 역할을 발휘한다.

가. 이미지권의 내용

채권과 대응하여 보면, 무형재산권은 일종의 전유성을 갖는 민사적 권리이며 소유권과도 다른 일종의 "새로운 특수권리"이다.[312] 이미지권도 이와 마찬가지로 일종의 독점권으로서 권리능력상 이미지 이용권 및 이미지 이용금지권으로 분류할 수 있다. 이미지 이용권은 적극적인 권리능력으로서 권리자가 각종 이미지에 대하여 상품화할 수 있는 권리를 말한다. 목적물을 상품에 사용하는 점에서 이미지권은 상표권과 유사한 점이 있다. 이미지든 상표든 모두 특정상품과 서로 관련성이 있다. 이미지는 상품의 작용물이며 표지는 상품의 부착물이다. 서로 다른 점은 상표전유권(專有權)의 범위는 등록상표 및 지정상품에 한하며 그 범위는 주관기관이 상표와 상품 두 면의 결합을 통하여 확정한다. 이미지 이용권의 범위는 주관기관의 심사비준이 필요없으며 사용방식이 법률상의 금지규정을 위반하지 않기만 하면 된다. 이미지 이용의 주체는 자신이 각종 이미지 요소를 상품에 사용하여 공중에서의 이미지의 인기도를 통하여 경영거래에서 직접 이익을 획득할 수 있고 타인이 관련 상품에 이미지 요소를 사용하도록 양도하거나 허락함으로서 양도비나 허락비용을 수취할 수도 있다. 통상 이미지의 소유자는 자신이 직접 상품을 경영하지 않으므로 타인에 대한 수권사용은 이미지를 상품화(또는 이미지권 실현)하는 중요한 방식이다. 이미지 이용금지권은 소극적 권리에 해당하며 권리자는 타인이 무단으로 자신의 각종 이미지를 상품화하는 것을 배제할 수 있는 권리를 말한다. 다시 말하면 권리자 이외

312) [日] 小岛庸和:《无形财产权》, 5页, 东京, 创成社, 1998。

의 타인은 사실상 이미지의 외적 특징 예를 들면 실존인물의 사진, 서명, 가상캐릭터의 이미지, 목소리 등을 획득할 수 있다. 이는 타인의 허락없이 그의 이미지를 획득, 이용하는 것은 사실상의 불능이 아니라 법률상 불능임을 의미한다. 구체적으로 말하면 이미지권을 보호하려면 법률형태로 일종의 이용금지권을 신설하여 비권리자가 이미지에 대하여 불법이용하는 것을 배제하여야 한다. 이용권 및 금지권의 효력범위에서도 이미지권과 상표권은 다소 다르다. 상표법의 규정에 의하면, 등록상표의 금지권의 범위는 전용권이 말하는 지정상품 및 등록상표 뿐만 아니라 "유사상품" 및 "유사상표"도 포함된다. 이는 상표권의 금지권 범위는 전용권 범위보다 넓다는 것을 의미한다. 이와 달리 이미지권의 금지권 및 이용권의 효력범위는 일치하다. 다시 말하면 법률상 명문으로 금지한 사용방식이 아니기만 하면 어떠한 이미지에 대한 상품화의 방식은 이미지이용권의 범위이기도 하고 금지권의 범위이기도 하다.

나. 이미지권에 대한 제한

이미지권은 일종의 절대권이지만 무제한적인 독점권은 아니다. 이미지제도는 내부적으로 권리 보호 및 제한의 이중적 기능을 갖고 있으며 권리자가 이미지에 대한 상품화 과정에서 갖는 이익을 보호할 뿐만 아니라 권리자가 이미지에 대한 상품화의 자유를 규제하기도 한다. 이미지권의 제한요소는 주로 아래 몇 가지가 있다. 첫째, 공서양속이다. 공서양속원칙은 현대민법의 일종의 중요한 법률원칙으로서 모든 민사거래는 공공질서 및 선량한 풍속을 위배해서는 아니되며 그렇지 않으면 해당 행위는 부정적인 평가를 받게 된다.[313] 통상적으로 "공서"라 함은 정치, 경제, 문화 등 공공질서를 포함한 사회질서를 의미하며 "양속"이라 함은 사회의 존재 및 발전에 필요한 일반도덕, 윤리 및 풍속 등과 관련된 사회도덕을 말한다. 이미지의 상품화는 이미지 사용에 대한 "무질서화", "비정당화", "저속화", "불량화"를 의미하는 것이 아니다. 공서양속원칙을 위반한 행위에 대하여 판사는 사회의 정의라는 일반적인 관념에 따라 그 무효를 인정할 수 있다. 둘째, 표현의 자유이다. 표현의 자유는 각국이

313) 赵万一:《民法的伦理分析》, 145页, 北京, 法律出版社, 2003。

보편적으로 인정하는 헌법상 권리이다. 다시 말하면 공민이 국가 및 사회의 각종 문제에 대하여 자유로 의견을 발표할 수 있는 권리를 말한다. 표현의 자유방식에는 언어방식 및 문자방식이 있으며 신문, 잡지, 회화, 패션, 사진, 영화, 음악, CD, 라디오, 텔레비전, 컴퓨터 등 모든 표현의 수단이 포함된다. 표현의 자유권과 관련된 정보인 메시지, 이미지, 자료, 관념, 의견 등은 이미지권의 이미지 관련 확정요소일 수 있으며 일정한 경우, 두 가지 권리는 충돌이 발생할 수도 있다. 통상적으로 경제의 자유 등 권리에 비해 표현의 자유는 "우월적 지위"를 갖고 있는, 우선적인 법적 가치로 간주되어야 한다.[314)] 즉 이미지권의 독점적 성질은 사상표현과 정보교류의 장애가 되어서는 안 된다. 셋째, 권리소진이다. 권리소진은 본래는 저작권에 대한 제한이다. 저작권법에서 권리소진원칙은 "최초 판매이론"으로 불리기도 하며 법률이 허용한 범위 내에서 권리자가 권리이용에 대한 지배를 의미하지만 이러한 지배는 매체까지 미치지는 않는다. 여기에서 권리소진이라 함은 저명이미지가 내포된 상품을 합법적인 방식으로 판매한 후 해당 상품이 여러 이전을 거쳐 누가 소유하든 이미지권자 모두 해당 상품의 이전을 재지배할 권한이 없음을 말한다. 즉 권리자가 이미지권을 한번 행사한 후 재차 행사할 수 없다. 이러한 제도적 설계는 이미지권자의 이미지 상품화로 인한 이익획득권을 보호할 뿐만 아니라 특정상품 구매자의 합법적인 이익도 보호하여 거래 중의 무제한적인 독점을 방지하고자 하며 상품의 자유로운 유통을 위하여 장애를 제거하고자 한다.

다. 이미지권의 기한

이미지권은 본질적으로 일종의 재산권으로서 지식재산권과 마찬가지로 보호기간을 설정하여야 한다. 비록 일부 실존인물 및 가상캐릭터의 이미지가 영원히 사회공중의 마음속에 존재하지만 이러한 이미지의 상품화로 발생한 재산이익에 대하여 무기한으로 보호하는 것은 아니다. 통상적으로 이미지의 보호기간이 권리자의 생존기간이라는 것에 대하여서는 이견이 없으며 해당 권리가 권리자의 사후에까지 연속되는 것에도 분쟁이 존재하지 않는다. 이미지의 종류에 따라 실존인물 및 가상캐릭

---

314) 杜钢建:《论表现自由的保障原则》, 载《中外法学》, 1995(2)。

터의 이미지권에 대한 보호기간은 법리제도 측면에서 상호 다르다. 통상적으로 가상캐릭터 및 그 각종 이미지의 확인요소는 저작자의 창조물로서 저작권을 갖는 작품의 일부분이다. 작품의 저작권은 보호기간을 설정하고 있으므로 가상캐릭터의 이미지권의 보호기간도 작품의 저작권의 보호기간을 참조하여 제정한다.[315] 실존인물의 이미지 모두 전통적 의미에서의 인격과 관련이 있다. 어떤 학자는 민사주체는 탄생 전과 소멸 후 인격권과 상호 구별되는 법익 및 연장된 법익이 존재한다고 주장하였다.[316] 즉 사망자에 대하여 인격권과 다른 연장된 법익을 제공한다는 것이다. "연장보호설"은 인격적 법익과 인격권이 상호 연결되어 통일된 민사주체의 완전한 인격적 이익을 구축하기 위함이다. 본 이론은 실존인물의 이미지권에 대한 연장보호의 법리기초를 해석함에 있어서 참조할만한 가치가 있다. 이미지 주체에 대한 생전 및 사후 보호의 대상 모두 인격과 관련이 있다. 인격권과 달리, 연속보호의 형태는 여전히 법익이 아닌 권리이다. 이는 이미지권의 재산적 성질에 의한 것이다. 이미지권의 유효기간에 대하여 권리자의 생존기간 및 사후 50년을 고려할 수 있다. 이러한 규정은 저작권의 보호기간의 합리적인 내용(가상캐릭터의 이미지에 대한 보호)을 참조하였으며 외국의 관련 입법례의 합리적인 규정(실존인물의 이미지에 대한 보호)도 고려하여[317] 권리자의 사후에 연속되는 재산적 이익에 대한 존중을 충분히 반영하고 있다.

라. 이미지권의 보호

이미지권에 대한 법적 보호는 권리침해 및 이에 대한 구제문제와 관련이 있다. 이미지권에 대한 침해행위라 함은 수권을 거치지 않고 법적 허가도 없이 무단으로 타인의 이미지에 대하여 상업적으로 이용하는 행위를 말한다. 이미지권에 대한 침해소송을 제기하려면 아래 조건을 구비하여야 한다. 첫째, 권리의 주체가 소송의 주체여야 한다. 권리주체는 유효한 이미지권을 갖고 있어야 하며 소송을 제기할

---

315) 朱川:《商品化权研究》, 载《复旦民商法学评论》, 2001(1), 北京, 法律出版社, 2001。

316) 杨立新:《人身权法》, 280~281页, 北京, 中国检察出版社, 1996。

317) 미국의 캘리포니아주 민법전 제900조에서는 이미지권의 권리자가 사망한 후 그의 이미지권은 통상 50년의 보호를 받을 수 있다. 李明德:《美国形象权法研究》, 载《环球法律评论》, 2003年冬季号。

자격이 있는 자는 이미지권자, 이미지권 양수인, 이미지권의 독점실시권자이다. 둘째, 법률금지행위인 권리침해행위가 존재하여야 한다. 이미지권의 보호대상이라 함은 실존인물이나 가상캐릭터의 각종 확정된 이미지 요소를 말한다. 예를 들면 성명, 초상, 도형, 목소리, 자태 등이 포함된다. 수권을 거치지 않고 상기 이미지 요소들을 상업적으로 이용하는 것은 권리침해에 해당된다. 다만 법률적으로 제한규정이 있는 경우는 제외한다. 셋째, 재산적 이익의 손해사실인 이익손해가 존재하여야 한다. 이미지권에 대한 침해로 인하여 발생한 손해는 권리자가 그의 이미지에 대하여 갖는 상업가치인 이미지 상업화와 관련된 재산적 이익이다. 타인이 이미지 요소를 특정상품에 사용하여 그의 인격에 손해를 미칠 경우, 예를 들면 타인의 이미지를 화장실용품에 사용하여 모독성 사용에 해당된다면 일반인격권에 대한 침해에 해당될 수 있다. 여기에서 이미지권에 대한 구제조치는 민사구제조치를 말한다. 민법상 이미지권에 대한 보호기능은 주로 두 가지가 있다. 하나는 권리상태의 유지이고 다른 하나는 재산손해에 대한 보전이다. 이미지 요소의 비물질성 특성으로 인하여 해당 권리에 대한 보호는 원상회복의 소 및 원물반환청구의 소가 적용되지 아니한다. 따라서 법률구제의 수단에는 주로 금지명령 및 손해배상이 포함된다. 여기서 금지명령이라 함은 침해정지청구를 말하며 이는 일종의 "물권의 소"이다. 침해가 발생할 가능성이 있거나 이미 발생하였을 경우 모두 금지명령을 적용할 수 있다. 실존인물이미지에 대한 권리침해사건에서 만약 손해배상액이 그리 크지 않거나 손해배상액을 계산하기 어려울 경우 금지명령을 내리는 것 특히 영구성 금지명령을 내리는 것은 일종의 효과적인 보호방식이다. 손해배상이라 함은 일종의 "채권의 소"이다. 이미지권이 손해를 입을 시 권리자는 권리침해자에게 일정한 액수의 금전의 지불을 청구할 수 있다. 이러한 조치는 두 가지 문제점이 존재한다. 하나는 손해배상에 대한 귀책원칙이다. 권리침해로 인한 손해배상책임의 적용은 피고의 주관상의 과실 여부를 고려하여야 한다. 지식재산권법에 따른 권리침해에 의한 손해배상 귀책원칙을 참조하여 과실책임이나 과실추정책임원칙을 규정하는 것이 타당하다고 본다.[318] 둘째, 손해배상액의 계산기준이다. 권리자의 손해를 보전하여 손해사실이 발생하기 전의 원상태로 회복하는 것을 기준으로 한다. 따라서 손해배상액을 계산

---

318) 吴汉东:《试论知识产权的"物上请求权"与侵权赔偿请求权》, 载《法商研究》, 2001(5)。

할 때 이미지 요소의 시장가치나 침해자가 얻은 불법이익을 고려하여야 한다. 시장가치와 불법소득을 확정하기 어려울 경우, 판사는 권리침해행위의 사회적 영향, 권리침해수단 및 구체적인 상황, 권리침해범위 및 시간 등에 근거하여 재량권을 행사할 수 있다.

제22장
상업명예권(商譽權)

상업명예는 일종의 상업적 인격이익으로서 이는 이미 전통적인 인격이익으로부터 자본신용형 재산으로 전환되었다. 상업명예의 권리형태 및 법률귀속은 지속적인 검토가 필요한 문제이다. 현행의 부정경쟁방지법에서는 타인의 상업명예를 비방하는 행위를 일종의 권리침해행위로 간주하였으며 여기서 상업명예는 권리가 아닌 단지 법익일 뿐이다. 학자의 각종 저서에서 일부는 상업명예를 명예권 및 영예권의 보호범위 내에 포함시키고 일부는 일종의 신형지식재산권으로 간주하였으며 일부는 상업인격권에 귀속시켰다. 필자는 상업명예는 일종의 자본신용형 권리로서 무형재산권 범주에 포함된다고 본다.

1. 상업명예의 기본범주

가. 상업명예의 개념 및 속성

상업명예(영문: Goodwill 또는 Reputation of Business)는 상업신용 및 명성을 말하며 상품경제가 일정한 단계에까지 발전한 산물이며 일종의 특정주체의 상업문화를 표현한 특수한 가치형태이다.

상업명예의 속성에 대하여 학자들은 서로 다른 의견을 주장하고 있다. 법학계의 통설에 의하면 상업명예는 생산경영자가 생산, 유통 및 이와 직접 관련이 있는 경제행위로부터 점차 형성된 것으로서 사회가 생산, 제품, 판매, 서비스 등 다방면에 대한 종합적인 평가이다.[319] 이로부터 법학저서에서 상업명예는 함의가 넓고 의미가 중성인 개념임을 알 수 있다. 경제학계에서 상업명예는 경제적 속성을 갖는, 기업의 수익능력에 영향을 미칠 수 있는 일종의 특수한 명예로서 기업의 영리능력이 일반기업을 초월하게 하는 결과를 낳는다고 주장하였다.320) 사회평가로부터 보면, 상업명예는 기업이 장기적인 생산경영의 과정에서 우수한 품질이나 서비스를 제공함으로서 소비자들에게 광범위한 인정을 얻은 것이다.321) 경제학 이론에서 상업명예는 일종의 긍정적 또는 적극적 가치가 있는 개념이다.

근대의 중국학자 양주웅센(楊衆先) 박사가 미국에서 발표한 박사논문 「상업명예 및 기타 무형재산」(Goodwill and other Intangible)은 국제적으로 초기의 무형재산 관련 저서라고 할 수 있다. 본 논문에서는 상업명예의 Goodwill이라는 원래의 의미에 의하면 "사실상 양호하거나 선의의 의지에 대한 호칭"이라고 정의하였다.322) 기업에 대하여 말하면 Goodwill은 특정기업에서 발생한 양호한 인사관계를 말하며 사회에 대하여 말하면 상업명예는 공중이 기업의 경제능력에 대한 긍정적 평가를 말한다. 외국의 법학저서 및 사법계에서는 상업명예에 대한 정의의 다수가 긍정적이다. 『옥스퍼드법률대사전』에 의하면 상업명예는 "특정업종에서 갖는 일종의 우수한 품질은 당해 기업의 명예로부터 비롯된 것이며 고객 그리고 고객과의 연락이 유지되는 환경과 관련이 있다. 상업명예는 그가 소속되는 기업과 불가분적이어서 특히 기업의 소유자나 책임자의 인격 및 개인자질에 의하여 결정되기도 하고 기업의 지리적 위치에 의하여 결정되기도 하며 양자 모두와 관련되기도 하다."323) 영국법원은 관련 판례에서 상업명예를 "습관적으로 사람을 끄는 힘"이나 "기업의 양호한 명성, 신용 및 거래관계로부터 발생한 특혜 및 우위"라고 정의하였다.324) 상기 관점은 중국 법학계의 통설과 다소 다르다는 것을 알 수 있다. 상기 이론을 참조하여 필자는 법률상의 상업명예라 함은 민사주체가 생산경영거래에서 갖는 경제능력으로 인

---

319) 梁上上:《论商誉和商誉权》, 载《法学研究》, 1993(5); 朱姝等:《论商誉权的法律保护》, 载《现代法学》, 1996(1); 王娜加:《论侵害商誉权及其法律救济》, 载《内蒙古师大学报》, 1999(6)。

320) 金德浩主编:《资产评估学》, 204页, 长春, 吉林大学出版社, 1992。

321) 高涤陈等:《商誉: 商业文化功能的综合体现》, 载《财贸经济》, 1995(1)。

322) 杨时展主编:《中华会计思想宝库》(第1辑), 北京, 中国财政经济出版社, 1992。

323) [英] 戴维·M·沃克主编:《牛津法律大辞典》, 北京社会与科技发展研究组织编译, 381页, 北京, 光明日报出版社, 1989。

324) 1901년 영국의 국내세무담당자 대 뮐러(Mueller)에 대한 사건 참조. 转引自关今华:《精神损害认定与赔偿》, 173页, 北京, 人民法院出版社, 1996。

하여 사회에서 획득한 적극적 평가를 말한다고 이해할 수 있다. 상업명예의 기본속성에 대하여 두 가지 측면으로 알 수 있다. 첫째, 상업명예는 민사주체 자신의 경제능력에서 비롯된 것으로서 이러한 경제능력에는 기업의 경제상황, 생산능력, 제품품질, 서비스수준, 약속이행태도, 성실원칙 등이 포함된다. 다시 말하면 경제능력은 기업이 생산경영거래에서의 종합적 능력을 말하며 상업명예의 주관적 요건이다. 둘째, 상업명예는 사회가 민사주체에 대한 적극적 평가로 표현된다. 상업명예는 객관적으로 일종의 평가로 표현되며 이러한 평가는 특정주체의 자아평가가 아닌 사회공중의 평가이며 부정적 평가가 아닌 긍정적 평가이다. 사회평가는 상업명예의 객관적 요건이다. 상업명예는 민사주체의 양호한 경제능력과 적극적인 사회평가의 결합으로서 전자는 상업명예가 발생한 토대와 근거이고 후자는 상업명예가 존재하는 표현형태이다.

나. 상업명예의 경제적 속성

현재 법학계의 학자들은 통상 상업명예는 재산적 내용을 갖고 있으며 무형재산의 범주에 해당된다고 주장하였다. 이에 대하여 이론적으로 큰 이의가 없는 듯하다.[325] 상업명예의 무형재산의 가치에 대하여 어떻게 인식할 것인가에 대하여 필자는 그 경제적 특성에서 출발하여 분석할 필요가 있다고 본다. (1) 상업명예는 기업에게 초과수익을 가져다 줄 수 있는 일종의 재산이다. 재산의 본질은 특정주체에게 일정한 이익을 가져다 줄 수 있으며 상업명예는 "기업의 일정한 수익능력에 영향을 미치는 일종의 특수한 신용 및 명예로서 그 가치는 기업수익 및 사회기준수익의 차액부분의 자본화 가격을 통하여 실현된다."[326] 이는 상업명예 자체가 잉여가치를 가져다 줄 수 있는 상당한 경제적 가치를 가지고 있음을 의미하며 이를 통하여 해당 기업의 영리능력은 일반기업을 초과하게 된다. (2) 상업명예는 일종의 물질적 실체에 의존하지 않고 독자적으로 존재하는 재산이다. 재산은 실물형태의 존재 여부를

325) 20세기 90년대 전후의 일부 민법저서에서는 상업명예권과 명예를 혼동하여 전자가 인격적 내용만 있다고 보았다. 일부 학자는 이에 대하여 비판한 적이 있다. 梁上上:《论商誉和商誉权》, 载《法学研究》, 1993(5)。

326) 金德浩主编:《资产评估学》, 204页, 长春, 吉林大学出版社, 1992。

그의 조건으로 하지 않는다. 상업명예 자체는 일종의 종합적인 사회평가로서 특정 주체의 전반적인 기업이미지를 반영한다. 이러한 평가는 객관사물을 대상으로 한 일종의 주관적 평가로서 내적으로 주로 기업의 경영방식, 관리수준 등으로 표현되며 외적으로 기업의 상업도덕, 상품품질, 서비스품질, 자산신용상황 등으로 표현된다. 이러한 신용 및 명성의 파워는 일정한 기업문화와 서로 관련되어 존재하며 특수한 가치형태로 간주되어 기업회계 재무표 중의 무형재산이라는 항목에 포함된다.

(3) 상업명예는 일종의 장기적으로 이용가능하고 양도가능한 재산이다. 재산은 이용가능한 사용가치를 갖고 있어야 하며 양도 등 형식을 통하여 그의 가치를 실현할 수 있어야 한다. 상업명예는 일종의 특수한 재산으로서 유동자산처럼 생산과정에서 일회성으로 소모되는 것이 아니고 고정자산처럼 생산과정에서 점차 소모되는 것도 아니다. 이는 사용과정에서 끊임없이 가치가 증가될 수 있고 사용과정에서 소모되는 특수한 재산일 수도 있다.[327] 그 외 상업명예는 구체적인 금액으로 양도가능한 교환가치가 있어야 하며 그렇지 않으면 경제가치가 발생될 수 없다.[328] 상업명예는 특정기업과 관련이 있으므로 단독으로 존재할 수 없으며 해당 기업의 확인가능한 각종 자산과 분리하여 양도할 수도 없다. 요약하면 상업명예는 그가 의존하는 기업 전체를 양도할 시 함께 양도가능하다.

다. 상업명예와 경영성 표지, 인격이익의 차이점

상업명예는 일종 민사주체의 무형재산으로서 특정기업의 경영성 표지와 밀접한 관련성이 있는 한편 특별민사주체의 경제능력에 대한 일종의 사회평가로 표현되기도 한다. 이는 일반적인 사회평가인 인격이익과 현저한 차이점이 존재한다. 이에 대하여 아래와 같이 구체적으로 분석하고자 한다.

(1) 상업명예 및 상호, 상표

상호는 생산경영자의 영업표지이다. 명성이 높은 기업의 명칭 또는 로고에 대하

327) 高涤陈等:《商誉: 商业文化功能德综合体现》, 载《财贸经济》, 1995(1)。

328) 양주웅센(楊眾先) 교수는 "상업명예 및 기타 무형재산"이라는 저서에서 상업명예의 경제특성에 대하여 심도있게 분석하여 후배들의 높은 평가를 받았다. 王志平:《无形资产的概念与定义初探》, 载《生产力研究》, 1997(5)。

여 소비자 및 사용자의 선호도가 아주 높다. 따라서 상호도 기업의 중요한 무형재산이다. 통상적으로 기업의 명예로 인하여 형성된 물질적 표현형태가 바로 기업의 상호이다. 다시 말하면 제조상의 명칭, 기업의 로고 모두 상업명예의 매체로서 특정주체가 경영규모를 확장하고 시장의 영향력을 확대하며 경제수익을 높이는 면에서 중요한 역할을 발휘한다. 사회공중이 특정기업에 대한 인지도는 통상 해당 기업의 영업표기와 관련성이 있다. 소위 "라오즈호(老字號)"[329], "유명상호(名商號)" 등은 상업명예는 상호에 의존하고 특정상품을 표창함을 의미한다. 따라서 상호는 상업명예의 특정화된 주체이자 유형화된 매체이다.

상표는 상품의 원산지를 구분하는 표기이다. 시장경제거래에서 상표의 기능은 다음과 같이 표현된다. 상품의 원산지에 대한 표시역할, 품질에 대한 감독역할, 구매에 대한 가이드역할, 판매에 대한 홍보역할 등이 있다. 그 외 상표의 중요한 역할은 상업명예의 중요한 매체 중 하나로서 상업명예라는 무형재산의 일종의 하드웨어가 되는 것이다.[330] 한편 상표의 명예 역시 상업명예의 구성내용으로서 상표가치의 증가 및 소모는 상업명예에 대한 평가에 영향을 미치며 상표에 대한 침해는 상업명예에 불이익을 초래할 가능성이 있다. 상업명예 및 상호, 상표의 관계에 대하여 양주웅센(楊眾先) 박사는 주장하기를, 상호 및 상표가 특정기업에서 사실상 상업명예의 필요한 매개물이다. 소비자가 생산경영자에 대하여 호감을 느끼는 것은 상호 및 상표가 전달하는 정보에 의한 것으로서 양자는 불가분의 관계가 있다. 외국의 다수 입법례에서도 이에 대하여 인정하고 있다. 예를 들면 1905년 미국에서는 모든 등록상표는 반드시 기업의 상업명예와 동시에 양도하여야 한다는 조례를 공표한 적이 있다. 이에 대한 입법이유는 대체로 두 가지가 있다. 첫째, 상호 및 상표의 명성은 상업명예 중의 일부로서 상업명예는 기업을 이탈하여 단독으로 존재할 수 없으므로 해당 이익을 분리하여 양도하는 것을 불허하였다. 둘째, 공공이익의 필요성을 고려하여 해당 이익을 자유로 양도할 시 소비자의 오인을 초래하여 손해를 미칠 가능성이 있기 때문이다.[331]

329) 백년 이상의 오랜 전통을 자랑하는 중국 업체로, "라오즈호(老字号)"라는 해당 업체의 상호는 중국에서 일반인이 품질을 인정한다는 것과 동의어로 사용된다. — 역자 주.

330) 高涤陈等:《商誉: 商业文化功能德综合体现》, 载《财贸经济》, 1995(1)。

331) 杨时展主编:《中华会计思想宝库》(第1辑), 北京, 中国财政经济出版社, 1992。

(2) 상업명예 및 명예, 영예

명예(名譽)는 "한 사람의 품격이나 기타 특징에 대한 공통적이나 일반적인 평가"를 말한다.[332] 다시 말하면 민사주체가 자신의 속성 및 인격의 가치에 대하여 얻은 사회적 평가를 말한다. 법인에 대하여 말하면 인격가치에는 경제능력 등 자질이 포함되나 이에 한하지 않는다. 구체적으로 보면 법인의 인격가치는 주로 법인의 자격능력, 생산능력, 경영상황 등 경제능력으로 표현되나 정치입장 및 사회, 자연, 공중과의 관계 등도 포함된다. 명예는 이러한 인격가치에 대한 평가와 관련이 있으며 이는 일종의 객관적이고 필요한 사회평로서 전부 적극적인 사회평가는 아니다. 중국의 학자는 이러한 사회평가를 "사회가치에 대한 일반적인 인식" "모든 활동에 대한 전반적인 평가" "각 방면에 대한 종합적인 평가" 등으로 표현하였다.[333] 이로부터 보다시피 상업명예와 명예 모두 일종의 사회평가에 해당하지만 명예는 주체가 더욱 광범위하고 내용이 더욱 풍부한 범주에 속한다. 정리하면 상업명예는 상사주체에 대한 사회평가로서 경제능력에 대한 종합적인 평가이며 양호한 경제능력을 토대로 한 적극적인 평가이다. 넓은 의미에서의 명예에는 상업명예가 포함된다.

영예(榮譽)는 민사주체의 좋은 성과로 인하여 특정사회단체로부터 얻은 적극적인 평가를 말한다. 영예는 일반적인 사회평가가 아니며 공중이나 사회여론에 의한 것이 아닌 정부기관, 사회단체 및 관련 법인단체에서 수여한 것이다. 이는 부정적이거나 별다른 의미없는 중성적인 평가가 아닌 공식적인 적극적인 평가이며, 아무런 기준없는 임의의 자유로운 평가가 아니다. 상업명예 및 영예 모두 적극적인 평가지만 그들의 차이점은 다음과 같다. 상업명예의 주체는 자연인 및 일반법인이 아니라는 제한이 있다. 상업명예는 주로 공중의 평가에 의한 것이며 반드시 특정사회단체가 절차에 따라 수여한 것이 아니다. 상업명예 및 영예는 관련성이 존재하며 기업이 공식적인 표창을 받았을 경우 해당 기업의 상업명예의 향상 및 가치의 상승에 도움이 되는 것은 명백한 사실이다. 영예는 기업이 획득한 일종의 특수한 평가로서 상업명예의 일부분이다. 상업명예와 명예 및 영예의 관계에 대하여 법학계에서는 언급한 적이 극히 드물다. 통상적으로 명예 및 영예 모두 직접적인 재산내용이 없는

---

332) Black's Law Dictionary, pp.1171-1172, West Publishing Co., 1979.

333) 陈汉章:《人身权》, 19、23页, 北京, 法律出版社, 1987; 唐德华:《谈谈审理损害赔偿案件中的几个问题》, 載《人民司法》, 1989(2)。

정신이익인 인격이익으로 간주하였다.[334] 비록 명예 및 영예는 민사주체가 관련 권리를 행사함으로서 일정한 경제이익을 얻거나 상기 권리가 침해당함으로서 일정한 물질적 보상을 얻는 등 재산과 일정한 관련성이 있지만 여기서 말하는 재산이익은 명예 및 영예의 내용 자체를 말하는 것이 아니다. 재산성 유무는 상업명예와 일반적인 명예 및 영예의 근본적인 차이점이다. 입법자의 입장에서 보면, 명예 및 영예 모두 비매품으로서 일반적인 인격권법의 보호를 받는 반면 상업명예의 기본적인 내용은 재산적 속성을 갖는다.[335] 따라서 민사주체의 경제능력에 대한 사회평가를 일반적인 사회평가로부터 분리시켜 일정한 가치형태의 무형재산이익이 일반적인 인격이익으로부터 분리되게 함으로써 이를 일종의 새로운 재산권의 객체로 인정할 필요가 있다.

2. 상업명예권의 성질, 특징 및 내용

가. 상업명예권 속성에 대한 검토

상업명예권이라 함은 민사주체가 공상업거래에서 발생시킨 상업명예에 대하여 갖는 이익 및 이에 대한 타인의 불법침해를 받지 않을 권리를 말한다. 상업명예권은 일종의 민사권리로서 이미 법학계의 인정을 받았지만 해당 권리가 어떠한 권리범주에 귀속되는지에 대하여 아직 이견이 존재한다. 개괄하면, 상업명예권의 법률속성에 대하여 인격권설 및 복합권설 두 학설이 있다.

(1) 인격권설

본 학설의 핵심은 상업명예권은 인격권에 귀속되며 경제적 내용을 갖는 재산권과 구별된다고 주장하였다. 해당 이론을 주장하는 학자 또한 두 가지 서로 다른 관점을 갖고 있다. 하나는 "단일인격권설"로서 상업명예는 법인 명예의 일부 내용으로서 법인의 명예와 상업명예는 본질적으로 차이점이 존재하지 않는다. 즉 상업명예권은 법인명예권의 중요한 구성부분이다. 법인명예권의 실질적 내용을 보면, 이는 일종

334) 王利明等编著:《人格权法》, 北京, 法律出版社, 1997。
335) 杨立新:《人身权法论》, 北京, 中国检察出版社, 1996。

의 간접적인 재산성질의 권리 또는 간접적인 재산내용을 갖는 권리이다. 상업명예권과 명예권의 차이점을 본다면, 단지 가해자 및 침해방식에 따라 다른 법률을 적용할 뿐이다. "한 기업의 명예가 경쟁상대가 아닌 일반인에 의하여 침해당하였을 경우, 그가 침해한 것은 명예권이며, 한 기업의 명예가 경쟁상대에 의하여 부정경쟁방지법 등에서 규정한 방식으로 침해당하였을 경우, 그가 침해한 것은 상업명예권이다."[336] 다른 하나는 "특별인격권설"로서 상업명예권이 비록 무형재산권의 성질을 갖고 있지만 재산성은 그의 본질적 속성이 아니며 오직 인격권만이 그의 본질적 속성이다. 상업명예권의 객체에는 정신이익 및 재산이익이 포함되지만 후자는 직접적인 재산적 이익이 아니라 상업명예의 이익에 포함된 것이다. 그러므로 상업명예권은 관련 권리와 구별되는 일종의 특별인격권이다.[337]

(2) 복합권설

본 학설은 통상 상업명예권이 재산권 및 인격권이라는 이중적 내용을 갖는다고 인정하지만 그의 귀속문제에 대하여 서로 다른 의견을 보이고 있다. 어떤 학자는 "지식재산권 겸 인격권설"을 주장하였다. 구체적으로 논하면, 상업명예권은 인격성(즉 인격권) 및 재산성(즉 지식재산권)을 겸비한 권리로서 상업명예권의 침해행위는 권리주체의 지식재산권을 침해함과 동시에 그의 인격권도 침해하였다. 이러한 침해행위는 일종의 경합된 불법행위로서 침해당한 객체가 두 개 있다. 하나는 상품으로서 상품의 명성에 대한 침해로 표현되며 다른 하나는 상업명예의 주체로서 상업명예에 대한 침해로 표현된다. 침해받은 객체가 주로 상업명예이지만 상품의 명성에 대하여서도 경합하여 침해하였을 경우, 상업명예권은 일종의 인격권으로 나타나게 된다. 이 경우, 상업명예에 대한 침해는 명예에 대한 침해로 간주된다. 이와 반대의 경우, 상업명예권은 지식재산권으로 표현된다.[338] 또 어떤 학자는 "지식재산권"을 주장하였다. 구체적으로 논하면, 상업명예권은 인격성 및 재산성을 겸비한 지식재산권에 귀속되어야 하며 이는 특허권, 상표권, 저작권과 유사하다. 그 이유는 상업명예는 인간의 사고능력, 지적능력의 창조물로서 다양한 정보와 관련이 있으며 이

---

336) 张新宝:《名誉权的法律保护》, 35页, 北京, 中国政法大学出版社, 1997。
337) 王娜加:《论侵害商誉权及其法律救济》, 载《内蒙古师大学报》, 1999(1)。
338) 关令华:《精神损害的认定与赔偿》, 172、177页, 北京, 人民法院出版社, 1996。

러한 정보는 각종 유형물질과 상호 결합되므로 지식재산권의 고유한 특징에도 부합되기 때문이다.[339] 본 학설과 "지식재산권 겸 인격권설"과의 차이점은 전자는 지식재산권을 단일재산권으로 간주하였고 후자는 지식재산권을 "일체양권(一體兩權)"으로 간주한 것이다. 다시 말하면 "복합권설"의 두 관점 모두 상업명예권을 일종의 인격성 및 재산성의 복합성 권리로 간주하였다.

필자는 상업명예권은 일종의 비물질형태의 특수재산으로서 이로 인하여 발생한 권리는 재산권에 해당한다고 본다.

"인격권설"이론의 결함은 해당 권리의 재산성을 부인한 데 있다. "단일인격권설"에서 법인의 명예권 및 상업명예권의 본질적 차이점을 부인하는 근거는 성립되기 아주 어렵다. 앞서 논한 바와 같이 상업명예는 상법인의 경제능력에 대한 사회평가로서 이미 가치형태의 재산이익으로 전환되었으므로 일반적인 인신이익인 명예로부터 분리되어 법률의 특별한 보호를 받아야 한다. 이러한 새로운 민사권은 인격권 범주 내의 명예권과 현저하게 구별된다.

"특별인격권설"에서는 상업명예권을 인격권에 귀속시켜 인정하였지만 상업명예권의 재산내용을 약화시켰다. 상업명예권은 비록 인격권의 일부 속성을 갖지만 인격이익이 해당 권리의 본질적 속성은 아니다. 상업명예권의 객체를 보면, 상업명예 관련 이익에는 정신이익 및 재산이익이 포함되지만 재산이익은 상업이익 관련 이익의 중요한 내용이다. 상업명예권은 이미 경제계, 법학계의 관련 문서에서 재산권으로서 인정을 받았다. 국제회계학계에서는 무형재산을 가상의 무실체형태의 자산으로 간주하며 그 범위에는 전통적인 지식재산권 및 지식재산권과 관련된 기타 무형재산권이 포함된다. 예를 들면 특별경영허가권, 상업명예권이다.[340] 국제다자투자협의에 의하면 상업명예, 저작권, 특허, 상표 모두 투자가능한 자산형태이다.[341] 이는 상업명예권의 재산성은 의심할 여지가 없음을 의미한다. "복합권설"은 상업명예권이 재산권 및 인격권이라는 이중적 내용을 갖고 있음을 인정하는 것은 정확하지만 관련 학설의 표현기법에서 불만족스러운 면이 있다.

---

339) 梁上上:《论商誉与商誉权》, 载《法学研究》, 1993(5)。

340) 蔡吉祥:《无形资产学》, 深圳, 海天出版社, 1996。

341) 郑新建:《试论商誉权的法律属性》, 载《河北法学》, 2000(1)。

"인격권 겸 지식재산권설"의 결함은 아래와 같다. 첫째, 인격권 및 지식재산권의 기본적인 분류방식에 대한 이론 및 법률근거가 부족하다. 민사권리체계에서 재산권 및 비재산권(또는 인격권)은 제일 기본적인 분류방식인 반면 지식재산권은 일종의 혼합형 권리이다.[342] 지식재산권 범주에서의 저작권 및 상호권은 "일체양권"(一體兩權)이다. 지식재산권협약으로부터 국내 관련 법률에서 규정한 권리내용을 보면, 지식재산권은 인격(저작권 중의 성명표시권, 수정권, 및 상호권 중의 명칭설정권, 변경권) 및 재산(저작권 중의 복제권, 방송권, 상호권 중의 명칭사용권, 양도권)이라는 이중적 속성을 갖는다. 상업명예 역시 이에 해당된다. 둘째, 상업명예권에 대한 침해가 경합된 권리침해라는 관점에 대하여 이론 및 실무에서 성립되기 어렵다. 권리객체로서의 상업명예 관련 이익에 내포된 내용은 아주 광범위하며 이에는 상업신용 및 상품명성을 포함하나 이에 한하지 않으며 상업명예 모두 특정주체에 대한 적극적이고 종합적인 사회평가로부터 발생한 것이다. 따라서 이를 간단하게 분할하여 서로 다른 속성으로 확정할 수 없다. 한편 상업명예 관련 이익의 구성내용을 보면, 상업신용 및 명예는 정신이익과 동등하지 않으며 재산이익도 단지 상품의 명성만을 말하는 것이 아니다. 소위 말하는 상업명예권의 "경합권리침해"의 경우, 인격권 및 지식재산권에 대한 침해를 구분하여 판단하기 아주 어려우며 이론적으로 겨우 구분하더라도 침해종류에 따라 서로 다른 법률을 적용하게 되므로 일부 상업명예권 침해사건은 인격권법의 관련 규정만을 적용하게 된다. 이는 권리침해행위를 제재하고 우수한 기업의 합법적인 권익을 보호함에 있어서 아주 불이익한 결과를 초래하게 된다.

"지식재산권설"에서 상업명예권의 법률적 속성에 대한 분석 및 범주에 대한 확정은 정확하다고 본다. 본 학설에 대하여 보충설명할 것은 권리 본체의 내용으로부터 보면, 상업명예권은 인격성 및 재산성이라는 이중적 속성을 갖는다. 인격성은 상업명예가 특정주체와 상호 관련되어 존재함을 의미하며 기업의 특수한 인격이미지의 표현이다. 재산성은 상업명예는 일반적인 명예 및 영예와 상호 구분됨을 의미하며 상당한 재산적 의의를 갖는다. 반면 지식재산권 범주 내의 특허권, 상표권 등 다수 종류는 단지 단일한 재산권적 속성만을 갖는다. 따라서 "일체양권"은 각종 지식재산권의 공통된 특징이 아니다. 권리객체의 발생으로부터 보면, 상업명예는 기업의 생

342) 谢怀栻:《论民事权利体系》, 载《法学研究》, 1996(2)。

산경영, 서비스태도, 기술혁신, 직원자질, 기업문화, 관리경험으로부터 형성되며 이로 인하여 사회공중의 보편적인 인정 및 적극적인 평가를 얻게 된다. 이러한 경영관리를 통하여 형성된 신용의 일부는 인간의 지적노동의 창조물이지만 다수는 기업의 생산경영의 능력에 의하여 형성된 것이다. 양주웅센(杨众先) 박사는 상업명예를 특허, 영업비밀 중의 상업명예 및 생산, 판매 중의 상업명예로 분류한 적이 있다.[343] 이로부터 보다시피 지적성과는 지식재산권의 유일한 보호대상이 아니다. 다시 말하면 상업명예권은 지식재산권에 귀속되며 그 핵심은 무형재산권의 속성 또는 그 객체(즉 상업명예)의 비물질성에 있다. 이러한 의미에서 우리는 상업명예권은 지식재산권의 고유의 특징을 갖고 있다고 할 수 있다.[344]

나. 상업명예권 특유의 법률특징

상업명예권은 비록 지식재산권 범주에 포함되어 객체의 비물질성이라는 본질적 특징을 갖고 있지만 저작권, 특허권, 상표권 등 전통적인 지식재산권과 비교하면 해당 권리는 또한 자신만의 현저한 특징을 갖고 있다.

(1) 불확정된 지역성

상업명예권은 비록 지식재산권의 일종이지만 출원, 수여 등 법정절차를 거칠 필요가 없으며 그 효력 또한 엄격한 지역성을 갖고 있지 않다. 상업명예권은 비록 한 국가의 지역성의 특징을 갖고 있지 않지만 그 효력범위에 대하여 두 가지 측면으로부터 확정할 수 있다. 하나는 기업이 유효한 등록범위 내에서 독점적 이익을 향유할 수 있다. 즉 상업명예권은 특정기업이 소속된 행정구역이나 업종 내에서 보호를 받을 수 있다는 것이다. 다른 하나는 상업명예권이 영향을 미치는 침해당한 지역범위 내에서 배타적 효력이 갖는다. 즉 상업명예의 주체는 어떠한 지역에서든지 합법적으로 생산경영거래에 종사할 수 있고 상업명예를 확립할 수 있으며 해당 명예에 손해를 미치는 행위가 발생할 시 이에 대한 금지권을 행사할 수 있다.

343) 杨时展主编:《中华会计思想宝库》(第1辑), 北京, 中国财政经济出版社, 1992。
344) 지식재산권의 객체의 비물질성의 본질적 특징은 본 서 제3장 관련 내용을 참조.

(2) 비법정의 시간성

상업명예권은 특정주체와 상호 관련되어 존재하는 일반적인 인격권의 어떠한 속성을 갖고 있음으로 인하여 본 권리에 대한 보호기간은 법률적으로 한정된 것이 아니다. 다시 말하면 일반적인 지식재산권의 시간성의 특징을 갖지 않는다는 것이다. 통상적으로 상업명예권은 특정기업과 함께 존재하며 기업이 존재하기만 하면 그의 상업명예권은 지속적으로 존재한다. 그러나 일부의 경우, 기업은 비록 종료하였지만 상업명예권이 따라서 소멸되지 않는 경우도 있다. 물론 일정한 시간 내에 상업명예권은 주체의 부재로 인하여 권리가 될 수는 없고 단지 일종의 자연상태로 존재하게 된다.

(3) 비정형화된 전용권

상업명예권은 일종의 정형화된 보호범위가 존재하지 않는 무형재산권이다. 상업명예는 특정기업과 동반하여 발생하게 되며 주체의 생산경영거래에서 시종 끊임없이 경쟁의 순환 속에 처하게 되므로 상업명예는 물질상품처럼 최종형태의 제품이 존재하는 것도 아니고 기술상품처럼 출원방식을 통하여 보호범위를 고정시키는 것도 아니다. 따라서 상업명예권은 저작권, 특허권 및 상표권과 달리, 그 보호범위는 객관적인 보호형태(작품), 기술특징(특허)이나 표지구성(상표)을 통하여 확정할 수가 없다. 물론 상업명예권은 "통상적으로 합리적인 시간 내에 일정한 상대적인 안정성을 여전히 유지하고 있거나 전문적인 평가기관을 통하여 과학적인 평가방법을 통하여 이를 데이터화할 수도 있다. 여기서 주목할 것은 평가하기 전 데이터화하기 전의 상업명예권은 시종 존재하며 법적 보호를 받는다는 사실이다."[345)]

다. 상업명예권의 기본내용

상업명예권은 일종의 무형재산권으로서 생산경영자가 상업명예의 이익을 이용하고 명성이 침해당하지 않도록 보호하는 차원에서 보면, 상업명예권은 사용권과 보호 및 금지권 두 가지 측면의 내용이 포함된다. 사용권이라 함은 상업명예권의 주체가 상업명예의 이익에 대하여 이용하고 지배할 수 있는 권리를 말한다. 상업명예권

345) 郭卫华主编:《新闻侵权热点问题研究》, 208~209页, 北京, 人民法院出版社, 2000。

의 주체는 자신의 주관적인 힘을 통하여 사회의 평가를 좌우할 수는 없지만 사회평가에 의하여 형성된 상업명예로부터 발생한 이익에 대하여서는 이용하고 지배할 수 있다. 예를 들면 기업은 자신의 양호한 상업명예를 이용하여 경제활동을 행하고 경제거래를 활성화하여 이로부터 더욱 많은 사회적 이익 및 재산적 이익을 획득한다. 그러나 상업명예권에 대한 지배는 무한하고 임의로 지배하는 것이 아니며 상업명예권은 사용허가를 할 수 없다. 즉 서로 다른 주체가 동일한 상업명예를 이용할 수 없고 분할 양도를 할 수도 없으며 상업명예는 기업과 같이 이전되어야 한다.[346] 보호 및 금지권이라 함은 상업명예권의 주체가 상업명예의 이익을 보호하고 타인의 불법침해를 배제할 수 있는 권리를 말한다. 해당 권리는 실제로 일종의 보호권이다. 보호권은 일종의 사적 권리구제에 해당한다. 다시 말하면 기업은 자신의 상업명예의 객관성과 공정성을 보호하고 타인이 기업에 대하여 객관적이고 공정한 평가를 하며 상업명예 및 상품명성에 대하여 객관적인 존중을 해줄 것을 요구할 권리가 있으며 타인은 상업명예권을 침해하지 않는 부작위의 의무가 있다. 금지권은 일종의 사법구제를 청구하는 권리에 해당한다. 다시 말하면 기업은 타인이 불법으로 상업명예권을 침해하는 행위를 배제할 권리가 있다. 침해행위가 발생한 후 기업은 사법보호를 청구할 수 있으며 사법기관에게 해당 침해행위의 정지, 영향 제거, 사과 내지는 손해배상을 할 것을 청구할 수 있다.

3. 상업명예권제도의 발생 및 발전

상업명예권이라는 용어는 경제학 학계에서 최초로 사용되었다. 이는 무형재산의 내용 중 하나로서 특허, 상표, 기술비밀, 특별경영허가권 등과 마찬가지로 기업의 회계품목에 포함되었다. 양주중셴(楊眾先) 박사의 연구에 의하면 20세기 초 유럽, 미국 등 국가에서 상업명예 관련 저서는 흔히 볼 수 있었지만 모두 저명한 회계학자들

346) 일부 저서에서는 상업명예는 포기 또는 양도해서는 안 된다고 주장하였다. (郭卫华主编:《新闻侵权热点问题研究》, 北京, 人民法院出版社, 2000) 사실상, 상업명예는 기업 자신의 행위로 인하여 훼손되거나 상실될 수 있으며 이러한 상업명예의 보유와 상반되는 행위가 바로 상업명예에 대한 포기이다. 그 외 상업명예는 양도가능하나 일종의 조건부 양도이다. 즉 기업과 함께 양도하여야 한다.

이 저술한 것으로서 주로 상업명예의 법률상의 속성 및 회계학에서의 가치평가방법이 저서의 핵심내용이었다.[347] 서양국가에서 상업명예 및 무형재산은 최초에 단지 하나의 회계상의 용어로 기업에 의하여 원용되었지만 사회경제의 발전 및 법률제도의 진보에 따라 19세기부터 상업명예권 및 무형재산은 새롭게 출현한 법률개념으로서 각국의 입법문서 및 사법판례에 도입되기 시작하였다.

가. 영미법계 국가의 상업명예권제도

영미법계 국가에서 상업명예권에 대한 보호제도는 주로 판례를 통하여 확립된 것이다. 1901년 영국의 국내세무담당사가 뮬러에 대한 소송사건에서 법원은 상업명예를 "이미 관습으로 형성된 사람들의 인기를 끄는 힘" 또는 "기업의 양호한 명성, 명예 및 거래관계로 인하여 발생한 호의적 이익 및 우위"로 표현하였으며 상업명예의 무형재산의 속성을 명확하게 인정하였다.[348] 그 외, 영국의 판례에서는 "Action for passing off"를 포함한 각종 형태의 소송을 신설하여 상품의 허위모방행위나 경쟁자의 이익에 대한 침해행위를 대항하도록 하였다. 그 중에서 일부 특별절차는 타인의 상업명예를 비방하거나 손해를 미치는 행위에 대하여 설정한 것이다.[349] 20세기 말에 이르러 영국법원은 허위모방소송을 통하여 상업명예권을 보호하였다. 1990년 최고법원은 Ricketts Kehlman 유한책임회사 대 Bowlton 주식회사의 사건에서 타인의 상품을 모방하고 상업명예권을 침해하는 행위에 대한 민사책임원칙을 확립하였다. 판례에서는 모방소송에 대한 구제에는 상표권 및 명예권에 대한 침해가 포함될 뿐만 아니라 타인의 상품을 모방하여 상업명예권을 침해하는 행위도 포함되었다고 주장하였다. 법원에서는 상업명예권 침해에 대한 소에는 두 가지 조건이 필요하다고 주장하였다. 하나는 상업명예 권리자는 소송법원의 관할구역 내에서 상업명예를 확립하여야 하며 다른 하나는 이러한 상업명예는 반드시 특정기업의 상품과 서로 관련성이 있어야 하며 상품의 현저한 특징을 통하여 표현되어야 한다.[350] 1886년 미국의 mengdewei 대 Hartmann 사건은 상업명예권 관련 대표적인

347) 杨时展主编:《中华会计思想宝库》(第1辑), 北京, 中国财政经济出版社, 1992。
348) 梁上上:《论商誉与商誉权》, 载《法学研究》, 1993(5)。
349) 曾陈明汝:《专利商标法选论》, 178页, 台北, 自版, 1977。

판례이다. 통상적으로 양호한 상업명예는 상업거래에서 존재하며 양도의 가능성도 있다. 미국법원은 본 사건에서 의사, 변호사 등 기술전문가가 갖는 상업명예는 개인의 기술 및 도덕에서 비롯된 것이며 양도불가하므로 개인이 사망함에 따라 소멸하게 된다고 주장하였다.[351] 수많은 부정경쟁사건에서 법원은 "상업명예"(Goodwill of a Trade or Business)를 일종의 "재산권"으로 간주하여 보호를 받아야 하며 이러한 신용명예를 토대로 발생할 수 있는 기대 또한 마찬가지라고 보았다.[352]

나. 대륙법계 국가의 상업명예권제도

대륙법계 국가는 주로 권리침해법이나 부정경쟁방지법을 적용하여 상업명예를 보호하였다. 통상적으로 대륙법계 국가의 민법전에는 상업명예권 보호 관련 명문 규정이 아주 드물다. 일부 국가의 권리침해법에서는 법인의 명예권에는 상업명예권 관련 내용이 포함되어 있다고 보므로 상업명예권에 대하여 일반적인 인격권제도의 규정을 적용하였다. 예를 들면 1994년의「러시아연방민법전」제8장에서는 공민 및 법인의 상업명예는 침해당하지 않고 피해자는 법원을 통하여 상업명예를 훼손하는 정보에 대하여 해명할 것을 청구할 권리가 있으며 이러한 정보의 전송으로 인하여 받은 손해와 정신적 피해를 배상할 것을 청구할 권리가 있다고 규정하였다.「러시아연방민법전」에서는 상업상 신용명예, 명예 및 존엄 모두 비물질성 이익이라고 강조하였다. 보다시피 상업상 신용명예 관련 권리는 여전히 일종의 인격권이다. 다수 국가는 경쟁법 방식을 통하여 상업명예권을 보호하였다.「독일부정경쟁방지법」제15조 "상업상 비방"이라는 조목에서 규정하기를 "타인의 영리업무, 기업주나 책임자 본인, 타인의 상품이나 공업상 급부에 대하여 악의로 주장하거나 유포하여 기업의 진실에 손해를 미치는 자는 최고 1년의 징역이나 벌금형에 처한다."「일본부정경쟁방지법」제1조 제6항에서도 허위사실을 서술하거나 경쟁관계가 존재하는 자의 상업상 신용을 추락하게 하거나 이러한 허위사실을 유포하는 행위를 규정하였다.[353]

350) 田军:《英国商誉权保护的发展动向》, 载《经济与法》, 194(5)。

351) 杨时展主编:《中华会计思想宝库》(第1辑), 北京, 中国财政经济出版社, 1992。

352) 曾陈明汝:《专利商标法选论》, 178页, 台北, 自版, 1977。

353) 본 법에서 말하는 신용이라 함은 실제로 중국(대만지역 포함)에서 말하는 상업신용 및 명예가 포함된다. 신용에 대한 정확한 의미 및 상업명예과의 차이점과 관련하여 본 저서 제23장의 관련

이와 같이 국가가 경쟁법을 적용하여 상업명예권을 보호하는 것에는 두 가지 특징이 있다. 첫째, 상업명예에 재산적 이익이 포함됨을 인정하지만 완전히 재산권 이론을 받아들이는 것은 아니다. 일본학자 요코지마(小島庸和)는 이러한 권리는 일종의 부정경쟁방지권으로서 단지 금지권의 효력만 있을 뿐이므로 저작권, 특허권, 상표권 등 독점권과 다르다고 주장하였다.[354] 둘째, 권리침해자와 피해자는 경쟁관계가 존재하는 경쟁자이다. 경쟁관계라 함은 경쟁활동 중인 생산경영자의 관계를 말한다. 생산경영자는 자연인 및 법인 모두 가능하다.[355]

다. 상업명예권의 국제적 보호제도

상업명예권에 대한 국제적 보호영역을 보면, 현재 관련 국제협약은 주로 부정경쟁방지의 차원에서 출발하여 상업명예권에 대하여 규정하고 있으며 이를 지식재산권 법률체제에 포함시켰다. 1967년 「파리협약」 스톡홀롬의정서 제10조의 2에서는 특별히 금지하여야 할 세 가지 행위에 대하여 열거하였다. 즉 상업경영거래에서 경영자의 영업장소, 상품 및 공상업거래에서 상업명예에 손해를 미치는 허위사실 유포행위가 포함된다. 1967년 체결한 「세계지식재산권기구 설립에 관한 협약」에서는 지식재산권에는 부정경쟁방지의 권리가 포함됨을 명확히 규정하였다. 부정경쟁행위의 정의에 대하여 비록 본 협약에서는 해석을 하지 않았지만 1993년 세계지식재산권기구에서 제정한 「부정경쟁방지의 보호에 대한 시범성 규정(초안)」 제5조에서는 「파리협약」의 관련 조항을 근거로 상업명예를 비방하는 부정경쟁행위를 규정하였다. 즉 모든 공상업거래에서 타인의 기업이나 그의 활동에 대하여 손해를 미치거나 손해를 미칠 가능성이 있는 행위 특히 해당 기업의 상품이나 서비스의 신용이나 명예에 대하여 허위적으로 또는 부당하게 진술하는 것은 부정경쟁행위에 해당한다. 상업상 혼동행위와 달리, 이러한 상업명예에 대한 손해행위는 비교성 광고 및 상품에 대한 판촉행위에서 발생할 수 있으며 공상업거래에서 발생할 수도 있다.

내용 참조.

354) [日] 小島庸和:《无形财产权》, 43页, 东京, 创成社, 1998。

355) 독일, 일본 등 국가는 특별법의 형태로 상업명예의 권리침해요건 및 법률책임 등에 대하여 구체적인 규정을 하였다. 王娜加:《论侵害商誉权及其法律救济》, 载《内蒙古师大学报》, 1999(1)。

그러나 혼동행위와 다른 점은 대표적인 오인혼동행위는 자신의 상품이나 서비스에 대한 행위로서 소비자로 하여금 자신의 상품이나 서비스에 대하여 가상의 어떠한 인상이 발생하게 하는 것이며 직접 경쟁자를 대상으로 하는 것이 아니다. 상업명예에 대한 손해행위는 직접 경쟁자를 대상으로 한 상품이나 서비스 또는 기타 공상업 활동을 말한다. 국제협약의 입법원칙에서 보면, 지식재산권의 귀속범위에 해당하는 부정경쟁방지권은 주로 일종의 금지권이다. 즉 타인의 경쟁자에 대한 부정당한 손해행위를 배제할 수 있는 일종의 권리이다. 부정경쟁행위의 권리침해대상인 상업명예권은 재산적 성질을 갖는 민사적 권리로서 입법자는 이에 대하여 물권과 유사한 보호를 부여할 것을 주장하고 있다.

라. 중국의 상업명예권 보호제도

중국에서 상업명예권에 관한 무형재산권 성질 및 이에 대한 법적 보호는 우선 국제상의 양자 협약을 통하여 확인하였다. 1982년 중국은 스위스와 「상호 투자 보호에 관한 협정」을 체결하였으며 본 협정에서 "투자"는 체약국의 투자자가 체약국 상대측의 국경 내에서 관련 법률법규에 따라 투자에 사용되는 각종 형태의 자산 특히 저작권, 산업재산권, 공예절차, 상호 및 상업명예가 포함된다고 규정하였다. 1984년 중국과 프랑스가 체결한 「상호 투자 장려 및 보호에 관한 협정」에서는 "투자"에 대한 정의에는 "상업명예"가 포함된다고 해석하였다. 법률의 형태로 기업법인의 상업명예를 확정하는 관련 제도는 우선 1984년의 「민법통칙」을 말할 수 있으며 본 법 제5장 "인격권"에서는 단독으로 법인의 명예권, 영예권을 규정하였다. 본 규정에 의하여 상기 권리를 비재산성 권리에 귀속하는 것은 공상업거래에서의 상업명예권과 아주 큰 실질적인 차이점이 존재한다. 따라서 단지 법인의 명예권제도로 상업명예권에 대한 단독 보호를 대체하는 것은 부족하다. 1993년 통과한 「부정경쟁방지법」은 시장의 공정한 거래질서를 유지하고 시장경제의 건전한 발전에서 입각하여 상업명예권의 침해행위에 대하여 명확히 규제를 하였다. 본 법 제11조에서는 "경영자는 허위사실이나 오인할만한 정보를 조작, 유포하여 경쟁자의 상업명예 및 상품명성에 손해를 미쳐서는 아니된다."고 규정하였다. 본 규정은 중국이 상업명예권을 보호하고 상업명예를 침해하는 부정경쟁행위의 제재에 대하여 직접적인 법률근거를 마련하였다. 이와 동시에 관련 법률문서에서는 자산 또는 재산권으로부터 상업명예권의 성질 및 지위를 인정하였다. 1992년 재정부 및 국가체제개혁위원회에서는 연합하여「주식제 시범기업의 회계제도」제37조에서 “무형재산에는 특허권, 상표권, 전용기술, 토지사용권, 상업명예 등이 포함된다.”고 규정하였다. 같은 해 재정부에서 공포한「기업회계기준」및「기업재무통칙」두 규범성 문서에서는 “무형자산은 기업이 장기적으로 사용하면서 실물형태가 없는 자산을 말하며 이에는 특허권, 비특허기술, 상표권, 저작권, 토지사용권, 상업명예 등이 포함된다.”고 규정하였다. 이는 상업명예권은 저작권, 특허권, 상표권 등 권리와 마찬가지로 기업재산의 중요한 구성내용이며 단독으로 자산평가를 하고 확정된 자산가치로서 투자할 수 있음을 의미한다. 이러한 자산의 권리형태는 무형재산권의 범주에 해당된다.

중국의 상업명예권 보호제도는 이미 관련 법률문서에서 확립되었지만 이러한 규정은 다수의 법률에 분산되어 있으며 많은 규정은 지나치게 원론적이어서 실효성이 부족한 문제점이 있다. 국제협약의 관련 규정 및 국내외의 입법례를 참조하고 중국의 시장경제의 발전을 추진하고 시장의 양호한 질서를 보호하는 차원에서 출발하여 중국의 상업명예권제도의 수정 및 보완과 관련하여 아래 몇 가지 문제점을 집중적으로 고려하여야 한다.

(1) 상업명예권의 법적 지위

국제적으로 지식재산권을 “권리를 대상으로 하는 물권”이나 “소송 중의 준물권”으로 부르기도 한다. 물권법정주의원칙에 따라 상업명예권은 현실에서 실존하는 일종의 구체적인 무형재산권으로서 반드시 민법에 의하여 확인하여야 한다. 중국의「민법통칙」에서는 상업명예권을 확인하지 않고 단지 법인인격권으로부터 상업명예권을 도출하였으며 이러한 권리를 비재산성 권리에 귀속시켰다. 우리는 이러한 입법적 결함을 수정하여야 한다. 필자는 중국은 민법에서 상업명예권을 단독의 지식재산권으로 규정할 것을 건의하며 해당 민사권리는 인격권이 아닌 복합성 권리로서 단순한 금지권만 갖는 것이 아니라 독점권의 성질도 갖고 있다고 본다.

(2) 상업명예권 보호의 법률방식

중국은 현재 상업명예권에 대하여 대체로 간접보호방식을 취한다. 즉 상업명예의 침해행위에 대하여 법인인격을 침해한 행위로 인정하거나 부정경쟁행위로 간주하였다. 간접보호방식은 완전한 단독적인 권리보호제도가 아니며 특별법(예를 들면 「부정경쟁방지법」)에서도 구체적인 규정이 없다. 따라서 사법실무에서 여러 가지 불편한 점이 발생하게 된다. 필자는 중국의 상업명예권 보호에 대하여 직접적인 보호방식을 취할 것을 건의한다. 즉 상업명예권 및 이에 대한 권리침해책임을 직접 인정하는 한편 상업명예권 보호에 대한 법률체제를 형성하는 것이다. 즉 민법전(기본법)-「지식재산권법」, 「부정경쟁방지법」, 「소비자권익보호법」, 「제품품질법」, 「광고법」등(특별법)-단행조례(전문법규) 등에 따라 상업명예권 보호에 관한 문제를 규정한다.

(3) 상업명예권 침해에 대한 법률책임

재산권에 대한 보호는 각 법률부서의 공동의 임무이며 보호방식에 따른 책임형태도 통상 여러 법률제도에 규정되어있다. 다만 무형재산권의 관련 입법은 이와 달리 권리침해행위의 각종 법률책임은 통상 동일한 법률에 규정되어있다. 중국의 부정경쟁방지법은 상업명예권 침해행위에 대하여 민사책임만 규정하였을 뿐 행정처벌조항 및 형사제재조항에 대한 규정이 없다. 이는 아주 명백한 결함이다. 필자는 중국의 「부정경쟁방지법」을 수정하고 단행조례를 제정할 시 상업명예권 침해에 대한 각종 법률책임을 명확히 규정할 것을 건의한다. 즉 기타 부정경쟁행위에 대한 처리방법을 참조하여 상업명예권 침해행위에 대한 행정처벌조치를 추가하고 권리침해자의 민사책임에 대한 추궁을 강화하며 민법상의 민사책임에 대한 규정을 더욱 구체화하고 현행의 형법 관련 규정을 참조하여 상업명예 침해에 대한 형사책임의 조항도 추가하여야 한다고 본다.

4. 상업명예권의 침해 및 민사구제

가. 상업명예권 침해책임의 구성요건

상업명예의 이익은 실질상 상업명예 주체의 특수한 경제이익이다. 상업명예에 대한 침해는 직접 타인이 생산경영자에 대한 신뢰정도 및 생산경영자의 사회적 평가에 손해를 미치는 결과를 낳게 되며 이로 인하여 상업명예의 주체가 기존의 민사권리를 상실하게 된다.

국제협약 및 국내외 입법례의 통행적인 규정에 따라 상업명예권 침해행위는 일종의 특수한 권리침해행위로 간주된다. 즉 경영자가 허위사실을 조작, 유포하는 등 부당한 수단을 통하여 경쟁자의 상업명예 및 상품명성에 손해를 미치는 행위를 말한다. 민사책임의 구성요건으로부터 보면, 상업명예권 침해행위로 인정되려면 아래 몇 가지 문제점을 고려하여야 한다.

(1) 권리침해의 주체

행위자가 경영자의 신분을 갖는 것은 상업명예 침해행위의 중요한 조건 중 하나이다. 다시 말하면 오직 상품경영이나 영리성 서비스에 종사하는 법인, 기타 경제단체 및 개인이 경쟁상대방의 상업명예에 손해를 미치는 행위를 행할 경우에만 특수한 권리침해행위에 해당된다. 비경영자가 실행한 모욕, 비방, 저평가 등 행위는 일반권리침해행위에 해당된다. 「파리협약」 및 세계지식재산권기구의 「부정경쟁방지보호에 관한 시범성 규정」에서는 상업명예 침해행위를 모두 부정경쟁행위로 간주하였다. 영미법계 국가는 상업명예권에 대하여 모방소송 및 기타 특수한 소송의 구제방식을 제공하였으며 그의 주체 모두 경영자이다. 대륙법계 국가는 주로 경쟁법을 적용하여 상업명예권을 보호하므로 권리침해행위자와 피해자는 상업상 경쟁관계가 존재한다. 중국의 최고인민법원은 「민법통칙」 및 「부정경쟁방지법」의 규정에 따라 1998년 사법해석을 공포하여 주관요건의 측면에서 상업명예권 침해행위와 일반권리침해행위의 차이점을 명확히 하였다. 첫째, 방송사업자가 생산자, 경영자, 판매자의 상품이나 서비스의 품질에 대하여 비판, 평론할 시 중요한 내용이 진실하지 않아 그 명예에 손상을 입히거나 경영자의 어떠한 행위나 그의 제품 및 서비스에 대한 평가가 심각하게 부당할 시(예를 들면 어떠한 판단이 잘못되거나 함부로 어떠한 결론을 내려서 경영자의 명예에 손해를 입힐 시) 명예권 침해에 해당되며 타인의 명예권 침해에 따라 처리하여야 한다. 둘째, 소비자가 생산자, 경영자, 판매자의 상품이나 서비스의 품질에 대하여 비판, 평론할 시 그의 명예에 대하여 비방, 훼손하여 손해를 입힐 경우 역시 명예권 침해행위로 인정하여야 한다. 이로부터 보다시피 방송사업자, 소비자와 상업명예권 주체는 경쟁관계가 존재하는 것이 아니며 상호 경쟁상대가 아니므로 상업명예권 침해행위의 주체가 될 수 없다. 그들이 행한 상업상 비방이나 훼손행위는 일반적인 인격권 침해행위에 해당하므로 「부정경쟁방지법」의 관련 규정을 적용할 수 없다.

(2) 권리침해의 불법행위

상업명예권 침해행위는 허위사실을 조작하거나 진실한 사실에 대하여 부당하게 진술하여 경쟁상대의 명예를 훼손하는 행위를 말한다. 세계지식재산권기구가 공포한 「부정경쟁방지 보호에 관한 시범성 규정」에서는 특정기업의 제품, 서비스나 상업활동에 대하여 허위적이나 부당한 진술을 하는 행위 모두 공정경쟁의 원칙을 위반한 것으로서 타인의 상업명예 침해행위에 해당된다.[356]

시범법에서는 상업명예권 침해행위를 두 가지로 요약하였다. 하나는 허위진술행위이다. 즉 타인의 상업명예과 관련된 진실과 다른 사실을 조작하거나 유포하여 경쟁상대의 상업명예 및 상품명성을 훼손하는 것을 말한다. 여기에서 "언어의 비진실성은 허위진술행위의 중요한 판단기준이다."[357] 허위사실의 조작은 전부 또는 일부 사실에 대한 조작일 수도 있고 존재하지 않는 사실을 조작한 것일 수도 있으며 진실사실에 대한 왜곡일 수도 있다. 허위사실의 유포라 함은 각종 방식을 통하여 타인에게 허위사실을 구두 또는 서면 등 방식으로 알려지게 하거나 광고홍보, 뉴스발표를 통하여 공중에게 전송하거나 관련자에게 은밀하게 알리는 등 행위를 말한다. 다른 하나는 부당진술행위이다. 즉 불공정, 부정확, 불완전하게 객관사실을 진술하여 경쟁자의 상업명예를 저평가하거나 훼손되게 하는 것을 말한다. 예를 들면 비교성 광고나 상품판촉을 할 시 동종상품 및 서비스의 평가에 대하여 저평가의 언어를 사용하거나 과학적으로 어떠한 입증이 되지 않은 상황에서 일부 제품이나 서비스의 부작용 및 부정적인 요인에 대하여 편파적으로 홍보하는 경우이다. 여기에서 언어의 비공정성은 부당진술행위의 중요한 특징이다. 현재 중국의 「부정경쟁

356) 세계지식재산권기구에서는 경쟁자의 활동에 관하여, 제품이나 서비스의 허위사실이 전형적으로 불진실한 상황을 반영하는 것이라고 하였다. 이러한 주장은 주로 비교성 광고에서 나타나며 특히 자신의 제품을 판매하는 과정에서 경쟁자의 제품을 "불안전"하다고 하거나 일부 기술적 문제점이 존재하다고 하거나 기타 제품과의 겸용성 문제로 인하여 이러한 제품만의 특성을 이용할 수 없다고 하거나 가격이 실제가격보다 높다고 한다. 허위사실에는 타기업의 기업상황 예를 들면 자산, 신용도 등과도 관련된다. 세계지식재산권기구의 「부정경쟁 보호에 관한 시법성 규정」 주석 5.04 참조.

357) 张今:《知识产权新视野》, 161页, 北京, 中国政法大学出版社, 2000。

방지법」 제14조에서는 상업명예 침해행위에 대한 규제를 규정하고 있으며 해당 규정에서는 단지 허위진술행위만 규정하고 있다. 일본 「부정경쟁방지법」에서도 유사한 규정을 하고 있다.[358] 명백한 것은 시범법은 상업명예 침해행위에 대하여 범위가 더욱 광범위한 해석을 하고 있으므로 상업명예권에 대한 보호가 더욱 강력하다는 것이다. 이는 중국이 부정경쟁방지법을 수정할 시 고려하여야 할 문제점이다.

(3) 권리침해사실

상업명예권 침해로 인한 손해사실은 권리침해행위의 실행으로 인하여 권리주체의 사회적 평가가 저하됨으로써 상업명예에 초래한 실제적인 손해이다. 손해사실을 인정하는 전제조건은 특정주체가 일정한 특정구역 내에서 자신의 상업명예를 확립하였는지 여부이다. 이 문제에 대하여 두 가지 측면으로부터 고찰할 수 있다. 첫째, 당사자가 권리침해의 소를 제기하려면 반드시 제품이 해당 지역 소송법원의 사법관할권 지역에서 판매되거나 서비스업무를 해당 지역에서 취급하거나 해당 지역에서 생산 및 유통과 직접 관련된 경제행위가 존재하거나 생산 및 서비스 관련의 자회사가 있어야 한다. 둘째, 일정한 수의 소비자가 당사자의 상품이나 서비스의 존재를 인식하여야 한다. 만약 공중이 특정주체의 상품이나 서비스가 해당 지역에서 존재하는 것을 인식하지 못하였을 시, 이는 해당 주체가 당해 지역 내에서 상업명예를 확립하지 못하였음을 입증할 수 있으며 따라서 상업명예권 침해사실이 발생할 가능성도 없게 된다.[359] 손해사실의 인정기준은 상업명예의 위험성 결과가 발생하는 것이다. 상업명예에 대한 손해는 상사주체의 상품품질, 경영현황, 판매상황, 계약이행능력 및 태도 등 경제능력에 대하여 저평가함으로써 오해가 발생하거나 부당한 영향을 미치는 사실과 관련이 있다. 상기 사실의 발생이 바로 위험결과의 발생이다. 손해사실은 사회적 평가의 저하를 말하며 통상 특정주체의 재산적 이익에 대한 손실을 초래하게 된다. 상업명예권 침해행위는 반드시 상업명예에 대한 저평가의 위험성 결과가 발생하게 되지만 당연하게 절대적으로 실제적인 경제손실을 발생하게

358) 본 법 제1조의 6에서는 경쟁관계에 있는 타인의 영업상의 명예와 관련된 허위사실을 진술하거나 이러한 허위사실을 유포하는 것은 부정경쟁행위에 해당한다고 규정하였다.

359) 호주법원의 Ken Aquino주식회사 대 mukekai식품회사 사건에서 상업명예권의 침해범위 및 정도에 관한 원칙을 확립하였다. 田军:《英国商誉权保护的发展动向》, 载《经济与法》1994 年 第5期。

되는 것은 아니다. 다시 말하면 상업명예의 실제적인 손실의 초래 여부는 상업명예권 침해의 필요한 조건이 아니라는 것이다.[360]

(4) 주관적 과실

상업명예권 침해행위의 주관적 요건인 과실형태를 보면, 학자들은 두 가지 서로 다른 주장을 하고 있다. 어떤 자는 "신용에 대한 침해는 고의로 허위사실을 조작하거나 타인이 주장하는 허위사실을 전송하는 것" 또는 "가해자의 신용에 대한 침해는 고의성이 인정되어야만 권리침해행위에 해당한다."고 주장하였다.[361] 어떤 자는 신용권에 대한 침해는 고의성에 한하지 않고 행위자가 고의든 과실이든 타인의 신용에 손해를 미치는 사실을 주장하거나 유포할 시 모두 신용권 침해행위에 해당된다."[362] 필자는 상업명예권 침해행위는 경쟁자 사이에서 발생한다고 본다. 이러한 행위의 목적은 타인의 상업명예 및 상품명성에 대한 훼손 및 비방을 통하여 상대방의 경쟁능력을 약화시켜 자신이 경쟁에서 우위를 점하기 위함이다. 따라서 고의적인 행위만이 권리침해행위에 해당된다. 과실의 심리적 요인을 분석하면, 행위자는 자신의 행위로 인해 타인의 상업명예에 손해를 입히는 결과가 발생함(인식측면의 요인)을 알고 있지만 이러한 상업명예 훼손의 위험성 결과가 발생하도록 희망하거나 방임(의지측면의 요인)하는 것이다. 행위자의 이러한 주관적 고의성은 명백하며 확정적인 것이다. 과실로 인하여 타인의 상업명예에 손해를 입힐 경우 명예권 침해행위로 간주하여야 한다.

나. 상업명예권 침해의 민사책임형태

상업명예권 침해에 대한 민사책임문제는 민법에서 명확하게 규정하여야 하는 한

---

360) 일부 학자는 손해사실에는 상업명예 훼손과 재산손해가 포함된다고 주장하였다. 郭卫华主编:《新闻侵权热点问题研究》, 208~209页, 北京, 人民法院出版社, 2000。또 일부 학자는 손해사실이 바로 상업명예훼손의 위험결과라고 주장하였다. 朱姝等:《论商誉权的法律保护》, 载《现代法学》, 1996(1)。

361) 史尚宽:《债法总论》, 148页, 台北, 自版, 1978。

362) 王利明主编:《民法 · 侵权行为法》, 301页, 北京, 中国人民大学出版社, 1993:杨立新:《人身权法论》, 649页, 北京, 中国检察出版社, 1996。상기 두 저서 모두 쓰사앙콴(史尚宽) 교수의 주장대로 상업명예를 신용이라고 부른다.

편 부정경쟁방지법에서 이를 구체화하여야 한다. 권리침해에 대한 민사책임의 주요 방식은 손해배상이며 피해자 입장에서 보면 이는 손해를 구제하는 최적의 방식이기도 한다. 손해배상의 범위에는 피해자가 상업명예 손해로 인한 경영손실, 상업명예 침해행위를 조사하기 위하여 지출한 합리적인 비용, 상업명예를 회복하기 위하여 지출한 필요한 비용 및 상업명예권 침해소송을 위하여 지출한 관련 비용이 포함된다. 피해자의 실제경영손실을 계산하기 어려울 경우, 권리침해기간 내에 권리침해로 인하여 획득한 이익을 통하여 배상범위를 확정할 수 있다. 상업명예 침해에 대한 민사책임에는 손해배상 외에 침해제거의 책임방식도 포함된다. 이에는 침해정지, 상업명예 회복, 영향 제거, 공개사과가 포함된다. 이러한 책임방식은 손해배상과 마찬가지로 민사구제방식에 해당되며 단독으로 적용할 수도 있고 병합하여 적용할 수도 있다.

제23장

신 용 권

신용은 경제학계에서는 앞다투어 연구하지만 법학계에서는 별로 주목하지 않는 범주이다. 중국의 일부 법학저서에서 적지 않은 학자들은 신용을 상업명예와 서로 혼동하거나 신용을 상업명예의 개념에 포함시키기도 하였다. 외국의 법률문헌의 서술 및 중국의 경제학계의 통설에 의하면 신용 및 신용권 모두 단독적인 재산적 의의를 갖는다. 신용의 법률속성에 대하여 검토하고 신용이익의 권리형태를 연구하며 신용권제도의 기본방식을 구축하는 것은 이론적 및 제도적 혁신 측면에서 모두 중요한 의의가 있다.

1. 신용: 채무상환능력에 대한 사회적 평가

가. 신용 개념에 대한 법률해석

통상적인 의의에서 신용은 두 가지 의미를 갖는다. 하나는 성실하게 사람을 임용하여 신뢰하며 사용하는 것이다. 『좌전 · 현공12년(左傳 · 宣公12年)』의 기록을 보면, "임금이 하인을 예로 대한다면 반드시 백성들의 신임을 얻게 될 것이다." 다른 하나는 약속을 지키고 약속에 따라 실천하여 타인의 신임을 얻는 것이다. 『논어 · 학이(論語 · 學而)』에 따르면, "친구로 사귀면서 어찌 믿지 않겠는가?"라고 하였다.[363] 고대, 현대의 중국어에서 신용의 제2 의미는 성실과 정직이며 본 장에서 논한 신용권과 다소 관련성이 있다.

---

363) 转引自《辞海》, 247页, 上海, 上海辞书出版社, 1979。

법률적 의미에서의 신용이란 용어는 최초 로마법으로 거슬러 올라갈 수 있다. 라틴어 Fides는 신임, 신의, 성실의 의미가 내포되어 있다. 로마법에서 Fides는 "타인이 자신에게 보호 또는 어떠한 보장을 제공해 줄 것으로 믿으며 그들 사이는 종속관계일 수도 있고 평등관계일 수도 있다."고 하였다.364) 로마인이 신설한 신용이란 용어는 민사주체의 제도와 밀접한 관련성이 있다. 로마법의 인격제도는 자유권, 시민권 및 가족권을 민사주체의 완전한 자격으로 간주하였다. 인격은 일부나 전부의 권리를 상실하거나 어떠한 권리를 상실하고 다른 권리를 취득하는 변화가 발생할 수 있으며 권리를 보전하는 전제하에 한 사람의 능력이 제한을 받아 약화될 수도 있다. "명예약화"(Existimationis Minutio)를 보면 위증을 한 경우, 증인이 사건 후에 증명을 거절하거나 문자로 타인을 모욕하는 경우, "무신용"(Intestabilis)이라는 제재를 받게 된다. 즉 "무신용자"로 선고받은 사람은 자신이 증인이 되거나 타인을 자신의 증인으로 요청하는 자격을 상실하게 된다.365) 고대의 독일에서 신용은 거래활동의 서약에 존재한다. 최초 사람들은 자주 "Intreu"(성실)의 명분으로 강제로 거래상대방으로 하여금 맹세하도록 하였다. 그 후 더욱 안전한 거래와 계약의무의 이행을 확보하기 위하여 성실 외에 "Glauben"(신용)이라는 용어를 추가하여 서약하도록 하였다.366) 중국어의 본래의 의미에서 보면 1947년 일본민법전에서 확립한 "신의칙"(즉 신의성실원칙) 중의 "신의"가 중국 법학저서에서 말하는 "신용"과 가장 유사하다. 일본법에서의 "신의칙"은 본래 채무자가 의무를 이행하는 일방적인 규칙이었지만 그 후 점차 채권자 및 채무자 모두 지켜야 할 공동의 규칙이 되었다. 1947년 민법은 이를 권리, 의무 관련의 보편적인 지도원칙으로 격상시켰다. 예를 들면 "진술 번복"(약속 위반)이나 금반언 원칙의 법리, 권리실효원칙, 상황변경원칙 등은 모두 "신의원칙"을 토대로 하고 있다.367) 상술한 법률문서에서 신용을 논하는 경우, 다수는 "신의준수", "성실" 등 통상적인 의의로부터 해석할 것이다.

영미법계 국가는 신용을 Credit 또는 Trust, Reliance로 칭하였다. 『옥스퍼드법률대사전』에서는 이를 "물품이나 서비스를 획득 또는 제공한 후 바로 보수를 지급하지

364) [意] 朱塞佩 · 格罗素:《罗马法史》, 黄风译, 234页, 北京, 中国政法大学出版社, 1994。

365) 周枏:《罗马法原论》(上), 115页, 北京, 商务印书馆, 1994; 江平等:《罗马法基础》, 56页, 北京, 中国政法大学出版社, 1987。

366) 徐国栋:《民法基本原则研究》, 中国社会科学院1991年博士学位论文。

367) 邓曾甲:《日本民法概论》, 9页, 北京, 法律出版社, 1995。

않고 향후 보수를 지급할 것을 약속하는 방식을 말한다.", "일방은 신용장(Credit)을 통하여 상대방과 거래를 하며 이러한 거래는 그가 채무자의 특징, 상환능력 및 제공하는 담보에 대한 평가에 의하여 결정된다."고 해석하였다.[368] 미국의 『블랙법률사전』은 법학, 회계학, 재무세무학 등 다방면으로부터 Credit의 기본적인 의미를 논술하였다. 그 중에서 주로 두 가지 내용이 포함된다. 하나는 상인이나 개인이 대출하거나 물품을 획득하는 능력(ability)을 말한다. 이는 주로 미국의 포드대통령의 정치적 명령에 의한 해석이다. 다른 하나는 채권자가 채무자에게 지불을 연기하거나 채무를 부담하되 연기상환의 "권리"(right)를 부여하는 것을 말한다.[369] 이로부터 보다시피 신용은 신용 및 외상구매, 신용장 등 거래행위와 관련이 있으며 당사자의 특수한 경제능력의 표현이기도 하다. 한편 신용 또한 경제상의 일종의 신뢰로서 채권자가 당사자에 대한 평가에 의한다.

중국의 법학계에서 신용에 대한 해석은 영미법계 국가의 관련 학설과 달리, 대표적인 관점으로는 아래 몇 가지가 있다. (1) 신용은 사회에서 경제능력에 대한 경제적 평가를 말한다.[370] (2) 신용은 일반인이 당사자 자신의 경제평가에 대한 신뢰성을 가리키며 신용명예라고 할 수도 있다.[371] (3) 신용은 민사주체가 가진 경제능력에 대한 사회의 신뢰와 평가를 말한다.[372] 상기 이론은 현저한 두 가지 특징을 나타내고 있다. 첫째, 신용의 주요요인은 통상 민사주체의 일반적인 경제능력을 말한다. 여기에는 경제상황, 생산능력, 제품품질, 채무상환능력, 계약이행의 자세, 성실신의 정도 등이 포함된다. 실제 내용으로부터 보면, 여기에서 신용이라 함은 민사주체의 경제측면의 종합적인 능력을 말하며 실질적으로 상업명예를 가리킨다. 둘째, 신용의 기본적 속성이 인격이익으로 분류되므로 신용은 일반인격권의 객체가 되어야 한다. 다수 학자들은 신용 관련 이익을 비재산적 이익으로 간주하고, 비록 일부 학자가 신용이익에 정신적 이익과 재산적 이익을 포함할지라도 후자는 직접적인 재산적 이익이 아니다. 신용은 구체적인 경제활동에서만 재산적 이익으로 전환되거나

---

368) [英] 戴维 · M · 沃克主编:《牛津法律大辞典》, 北京社会与科技发展研究所组织编译, 225页, 北京, 光明日报出版社, 1989。

369) Black's Law Dictionary(Fifth Edition), West Publishing Co., 1979, p.331.

370) 王利明主编:《民法 侵权行为法》, 299页, 北京, 中国人民大学出版社, 1993。

371) 张俊浩主编:《民法学原理》, 158页, 北京, 中国政法大学出版社, 1991。

372) 杨立新:《人身权法论》, 638页, 北京, 中国检察出版社, 1996。

권리침해로 인하여 재산손해를 발생시킨다.

중국의 법학계에서 신용에 대한 일반적인 견해는 상업명예와 개념상에서 서로 혼동하여 인격이익의 단편적인 해석에만 제한되어 있으므로 타당치 못하다. 하지만 경제학계에서 신용에 대한 견해는 영미법계 국가의 법학 이론과 서로 일맥상통하다. 통상적으로 신용은 상환 및 이자 지불을 조건으로 한 가치이동의 일종의 특별형식이고, 주로 화폐의 대출과 상품거래의 신용판매 또는 선불지급이라는 두 방면에서 나타난다.[373] 구체적으로 말하면 신용행위 발생 시, 신용공여자는 일정한 가치물을 제공하여 일정한 시간이 경과한 후 신용수신자가 이를 상환하면서 신용관계를 종료하는 것이다.[374] 경제학 이론에서 신용은 민사주체의 능력과 관련이 있으며 일반적이고 종합적인 경제능력을 말하는 것이 아니라 채무상환능력을 주요내용으로 한 특정한 경제능력을 말한다. 이러한 능력은 민사주체의 정치성향 및 일반도덕성과 다르며, 민사주체의 생산경영능력, 서비스태도, 인사 및 인간관계 등 기타 경제능력과도 무관하다.

상기 분석을 토대로, 필자는 법률상의 신용이라 함은 민사주체가 갖는 채무상환능력이 사회적으로 획득한 신뢰 및 평가를 말한다고 생각한다. 신용의 기본특징은 아래 세 가지 측면으로부터 알 수 있다. 첫째, 신용은 일반민사주체가 향유하는 것이다. 경제학 이론에서 신용주체는 상업신용, 은행신용, 국가신용 및 개인신용으로 나뉜다.[375] 법학 이론으로부터 보면, 자연인, 법인 내지는 개인공상업자, 도급업자, 파트너 및 국가 등을 포함한 모든 민사주체는 전부 신용을 갖는다. 둘째, 신용은 민사주체 자신의 채무상환능력에서 비롯된다. 신용관계에서 신용공여자는 신용의 형식을 취해 화폐를 대출해주거나 상품을 신용판매하고, 신용수신자는 신용의 약정에 따라 약정된 기한 내에 채무를 상환하고 이자를 지불한다. 당사자의 자금능력, 지불능력, 신용결제능력 등 특정한 경제능력은 신용을 발생시키는 주관적 요건이다. 셋째, 신용은 민사주체의 경제상 신뢰에 대한 사회적 평가로 표현된다. 신용의 객관적인 표현은 일종의 평가로서 이러한 평가는 사회공중이나 사회단체의 평가이며 당사자의 자아평가를 말하는 것이 아니다. 이러한 평가는 특정주체의 경제상

373) 黄运武主编:《市场经济大辞典》, 458页, 武汉, 武汉大学出版社, 1993。

374) 何盛明主编:《财经大辞典》, 452页, 北京, 中国财经出版社, 1990。

375)《商业信用研究》, 5~6页, 杭州, 杭州商学院出版社, 1984。

신뢰에 대한 객관적인 평가로서 꼭 긍정적인 사회평가만은 아닐 수도 있다. 다시 말하면 신용에는 긍정적인 신용(양호한 신용)이 포함되어 있지만, 일반적 의미에서의 신용까지도 포괄하고, 심지어 경제능력에 대한 불신도 포함된다.[376] 상기 경제신뢰 관계에 대한 사회적 평가는 신용이 발생하는 객관적인 토대이다.

나. 신용의 속성에 대한 법률적 검토

신용의 법률 속성에 대하여, 현재 법학저서에서는 아직 주목하고 있지 않다. 필자는 신용을 인격이익이 아닌, 무형재산의 범주에 귀속시켜야 한다고 본다. 그 이유는 다음과 같다. (1) 신용은 특정민사주체의 재산적 이익이다. 재산의 성질은 일정한 경제이익으로 표현되며, 민사주체에 대하여 말하면 신용은 당사자가 일정한 거래이익을 획득하는 것에 영향을 미치는 특수한 경제능력으로서 그 가치는 신용교환의 형식을 통해 동등한 교환가치를 획득하는 것에 있다. 예를 들면 상품시장에서 잠시 자금이 없는 자도 물건을 구매할 수 있고 잠시 물품이 없는 자도 물품을 판매할 수 있으며(상업상 신용), 자금시장에서 어음할인, 담보대출, 신용대출 등(은행신용) 형식을 취할 수 있다. 보다시피, 신용은 민사주체가 자금규모를 확대함에 있어서 우위적 이익을 획득할 수 있도록 하며 따라서 수익능력을 향상시킬 수도 있다.[377] 그러므로 신용 그 자체는 경제상의 가치가 있는 재산이다. (2) 신용은 일종의 물질형태가 없는 무형재산의 이익에 해당한다. 재산의 본질은 형태를 불문하고 그 내용의 경제이익성에 있다. 신용은 경제상 신뢰에 대한 일종의 사회평가이며 특정주체의 특수한 경제능력을 반영한다. 이것은 비록 재산적 의의를 갖지만 최종의 물질상품의 형태가 아니다. 신용이나 상업명예와 같이 특수한 가치형태의 재산은 기업의 회계재무표에서 무형재산 품목으로 열거되거나 전문 평가기관을 통하여 과학적인 평가방법으로 이를 데이터화한다. (3) 신용은 주로 어음, 신용장, 자본신용문서를 매체로 한 재산적 이익이다. 신용은 일종의 경제적 신뢰에 관한 사회적 평가로서

376) 미국의 신용평기기관에서는 신용을 3급(ABC) 9등(AAA,AA,A,BBB,BB.B,CCC,CC,C)으로 나누었다. 그 중에서 AAA는 신용이 가장 좋고, C는 신용이 가장 낮음을 표시한다.

377) 杨众先:《商誉和其他无形财产》, 引自杨时展主编:《中华会计思想宝库》(第1辑), 23页, 北京, 中国财政经济出版社, 1992。

상품교환 및 상업무역에 존재하며 반드시 일정한 형태로 표현되어 당사자들이 인식하고 받아들여야 한다. 일반적인 상업거래에서 신용을 대표하는 것은 어음으로, 일정한 지불기한이 있는 채권 또는 일정한 연기지불이 가능한 증서의 일종이다. 수출입무역에서 신용을 대표하는 것은 신용장으로, 수입업자의 거래은행이 수입업자를 위하여 자신의 신용을 제공하여 수출업자가 수입업자에게 개설한 관련 어음의 지불을 보증하는 증서이다.[378] 기타 경제활동에서 신용은 전문기관이나 평가기관에서 개설한 자본신용 관련 문서로 표현된다.

다. 신용과 자본신용이익, 인격이익의 차이점

무형재산체계에서 신용과 상업명예는 밀접한 관련성이 있지만 현저한 차이점도 존재한다. 광의의 상업명예로부터 보면, 신용은 상업명예의 구성 부분이며 양호한 자산신용이 없는 기업은 양호한 상업명예도 확립할 수 없다.[379] 양주중셴(楊眾先)박사는 일찍 20세기 초 “상업명예와 기업신용 사이의 관계”를 논술하였는데, 신용이 기업의 수익능력을 향상시킬 수 있으므로 이러한 수익능력의 향상으로 인하여 발생한 자산가치를 재정관리상의 상업명예라고 하였다.[380] 그러나 무형재산의 종류에서 신용과 상업명예에 대하여 구분하는 것은 의미가 있다. 상업명예와 달리, 신용의 주체는 상업적 법인에 한정되지 않고 자연인, 법인 및 국가를 포함한 모든 민사주체가 포함된다. 신용은 반드시 적극적인 사회평가로부터 비롯된 것이 아니라 주체의 상환능력에 대한 객관적인 일반성 평가이다. 신용의 표현형태는 상표나 상품과 직접적 관련성이 없으며 그 매체는 주로 어음, 신용장, 자본신용문서 등이 있다. 현행 입법의 예를 보면, 일부 국가에서는 이미 신용과 상업명예를 명확히 구분하였으며 서로 다른 권리보호형식을 취하고 있다. 독일에서 신용은 Der Kredit, 상업명예는 Das Wohlwollen이라고 부른다. 이 두 법률용어는 관련 법률문서에서 서로 다른 의미를 갖고 있다. 「독일민법전」 제824조에서는 신용권에 대하여, “진실을 위배하여 타인의 신용이나 타인의 생계 또는 장래에 기타 불이익을 초래할 사실에 대하여

378) 郭来舜等编著:《信用贸易证实务》, 7页, 香港, 万里书店, 1989。

379) 长佳:《商标、商誉价值创立、开发之浅见》, 载《扬州大学商学院学报》, 1996(10)。

380) 杨时展主编:《中华会计思想宝库》(第1辑), 23~24页, 北京, 中国财政经济出版社, 1992。

주장 또는 전파한 자는 그것을 모르고 있었지만 진실이 아님을 알았어야 하는 경우라면 당연히 타인에게 초래한 손해를 배상하여야 한다."라고 정의하고 있다.[381] 본 규정에 의하면 신용의 권리주체와 권리침해주체에는 모든 민사주체가 포함된다. 반면「독일부정경쟁방지법」제15조에서는 상업명예권에 대한 보호를, "타인의 영리업무, 기업주 또는 경영자 본인, 타인의 상품 또는 공업에 대해 악의적 주장을 교부하거나 전파하여 상사기업에 손해를 끼치는 진실 위배에 해당한 사실이 있는 자에 대하여 최고 1년의 유기징역이나 벌금형에 처한다."라고 정의하고 있다.[382] 보다시피 상업명예의 권리주체와 권리침해주체 사이에는 경쟁관계가 형성되며 모두 시장경쟁활동에서의 생산경영자이다.

인격이익의 범주 내에서 신용은 명예와 동일한 인격적 속성을 갖고 있다. 고대 로마법에서 신용은 주체인격의 중요한 내용이다. 한 사람의 명예, 신용을 포함한 명성은 법률상 완전한 인격을 갖는 하나의 중요한 부분으로, 오명(불명예)이나 불신용은 모두 민사주체의 권리능력에 영향을 미칠 수 있다. 또한 신용과 명예 모두 정신이익의 범주에 해당함으로써, 이러한 정신성 인격이익과 신체, 건강, 생명을 포함한 기질성(器質性)인격이익은 하나의 완전히 독립된 민사주체가 반드시 동시에 소유하여야 한다. 그러나 현대법의 구조 하에서 신용은 이미 점차 인격이익에서 재산이익으로 전환되었다. 우선, 현대의 신용은 재산을 토대로 하고 있다. 민사주체에 대하여 말하면, 그의 신용상황은 그가 보유한 재산, 자산과 밀접한 관련성이 있으며 자금실력, 상환실력이 어떠한지가 그의 신용등급을 측정하는 척도가 되었다. 둘째, 현대의 신용은 재산성 신용을 중심으로 삼고 있다. 현재의 상업실무에서 결정적인 역할을 하는 것은 인격성 신용이 아닌 재산성 신용이다. 예를 들면 사람의 담보(즉 보증)는 보증인의 인품을 고려하지만 더욱 중요한 것은 그의 재산상황을 고려해야 한다.[383] 바로 이러한 원인으로 인하여 신용에서 재산요인, 재산가치, 재산결과 등은 원래의 인격이익으로 하여금 부차적인 지위로 물러나게 하였다. 어렵지

---

381) 《德国民法典》, 杜景林等译, 北京, 中国政法大学出版社, 1999。

382) 张德霖:《竞争与反不正当竞争》, 221页, 北京, 人民日报出版社, 1994。

383) 물의 담보에 대하여 말하면, 보증은 일정한 의미에서 인격적 신용을 토대로 한 것이다. 그러나 실제로 보증의 확립과 존속은 재산관계를 벗어나 단순히 인격적 신용에만 의지할 수는 없다. 요약하면 인적 보증도 재산성을 갖는다는 것이다. 董开军:《债权担保》, 71页, 哈尔滨, 黑龙江人民出版社, 1995。

않게 볼 수 있듯이, 신용과 명예는 비록 모두 민사주체에 대한 사회적 평가이고 신용과 명예의 좋고 나쁨을 서로 구분하기 어렵지만, 시장경제의 조건에서 현대의 신용은 어떠한 인격성 품성을 유보하는 반면 날이 갈수록 재산적 의의의 중요성이 명확해져 가고 있다.

2. 신용권: 자본신용이익의 법적 권리상태

가. 신용권의 본질적 속성

신용권이라 함은 민사주체가 자신의 채무상환능력에 대한 사회의 신뢰 및 평가로 인하여 갖는 이용, 보유 및 보호의 권리를 말한다. 해당 권리의 객체인 신용이익은 일종의 무형재산에 해당된다. 통상 무형재산은 "물리적 산물인 무체재산(예를 들면 전기), 권리형태의 무형재산(예를 들면 담보권, 상표권)과 다르다."[384] 여기서 말하는 신용이라 함은 사람의 자본신용활동의 산물이다. 따라서 신용권은 일종의 특수한 민사권리이다.

신용은 비록 거래를 토대로 형성된 자본신용에 대한 평가지만 신용권은 일종의 상대권과 구별되는 절대권이다. 우리는 알고 있듯이, 신용거래는 채권자와 채무자 사이에서 발생하며 통상 제3자와 무관하다. 자본신용평가는 일종의 사회평가로서 당사자 일방이 상대방에 대한 평가도 포함한다. 그러나 신용권은 교부되는 청구권이 아니고 배타성이 없는 상대권도 아니다. 요약하면 이를 계약에 의한 채권으로 귀속시킬 수 없다. 그 이유는 다음과 같다. 첫째, 신용권은 자본신용에 대한 직접적인 통제에 의한 권리이다. 민사주체가 해당 권리를 갖는 것은 자본의 운영규모를 확대하고 거래 및 수익능력을 증가하는데 도움이 된다. 어떠한 자본신용이익에 있어서, 그 통제는 타인에 의해 교부되는 것이 필요하지 않으며 타인 또한 이러한 통제행위를 하지 말아야 한다. 둘째, 신용권은 일종의 어떠한 자에게든지 자본신용이익을 주장할 수 있는 절대권이다. 신용권은 물권과 유사한 독점성, 배타성의 기본적인 특징을 갖고 있으며 권리자 이외의 모든 자에게 대항할 수 있다. "신용은 항상

384) 谢怀栻:《论民事权利体系》, 载《法学研究》, 1996(2)。

자본이나 상품에 대한 일종의 조건부 양도이다."[385] 이러한 상환 및 이자 지불을 조건으로 한 특수한 채권채무관계에서 계약의 성립 및 이행 모두 신용을 토대로 하고 있다. 만약 타인이 사실을 위배하여 당사자 일방의 신용을 저평가함으로써 계약관계가 성립될 수 없는 결과를 초래하게 되면 권리침해의 손해가 발생할 가능성이 있다. 이 경우, 피해자는 자신의 채권이 아닌 신용권을 통하여 제3자에게 대항할 수 있다.

자본신용이익은 비록 권리주체가 직접 통제하는 객체지만 신용권은 일종의 소유권, 지식재산권과 상호 구별되는 무형재산권이다. 신용권은 물권 중의 소유권, 지식재산권 중의 저작권, 상표권 등과 유사하게 독점권의 특징을 갖는다. 이러한 의미에서 우리는 앞서 말한 권리를 일종의 물적 또는 지식적 "소유권"으로 간주할 수 있다. 하지만 신용권의 객체는 일종의 자본신용이익으로서 그 대상이 객관적인 물질이 아니다. 따라서 신용권 및 소유권 모두 재산권 속성을 갖고 있지만 전자는 무형재산권이고 후자는 유형재산권이다. 그 외 신용권은 저작권, 상표권 등 지식재산권과도 다르다. 전자는 "자본신용이익에 대한 소유권"이고 후자는 "지식재산에 대한 소유권"이다. 지식재산권은 객체에 따라 두 가지로 분류할 수 있다. 하나는 창작성 성과권이다. 예를 들면 저작권, 특허권 등의 객체는 인간의 지적 활동의 산물이다. 다른 하나는 경영성 표지권이다. 예를 들면 상표권, 상호권의 객체는 인간의 생산경영활동의 산물이다. 신용권의 객체인 자본신용이익은 인간의 자본신용거래의 산물로서 지적 성과 및 경영 표지와 마찬가지로 비물질성의 특징을 갖는다. 비록 전통적으로 신용권은 지식재산권에 귀속될 수 없지만 그의 객체의 기본적인 속성에 따라 이를 무형재산권으로 간주할 수 있다.

신용은 비록 특정주체의 인격과 상호 관련되어 있지만 신용권은 일종의 전통적인 인격권과 상호 구별되는 혼합성 권리이다. 신용은 전속성이 있으며 특정주체의 특수한 경제능력에 대한 사회평가이므로 이러한 권리형태는 인격권의 일부 속성을 갖게 된다. 신용권의 비재산성이 나타내는 것은, 해당 권리가 표명하는 신용명예가 민사주체의 특수한 인격이미지의 표현으로서 민사주체를 떠나 단독으로 존재할 수도 없고 민사주체와 분리하여 분할 양도할 수도 없다는 것이다. 신용권은 명칭권,

385) 王汉强等编著:《商业信用与商业汇票》, 3页, 北京, 中国财政经济出版社, 1986。

명예권, 영예권 등 전통적인 인격권과 달리, 일종의 일반적인 인격권에서 분리된 새로운 민사권리이다. 민사권리체제를 토대로 한 재산권 및 비재산권의 "양분법" 이론에 의하면 신용권은 양 권리 사이의 "혼합형 권리"라고 말할 수 있다.386) 만약 재산권의 구조 내에서 자본신용형 권리가 물권, 지식재산권과 동등하다면 신용권은 새로운 재산권이라 할 수 있다.

나. 신용권의 기본특징

신용권은 앞서 말한 각종 권리와 구별되며 권리객체를 기준으로 분류한 것이다.387) 만약 "양분법" 이론에 근거한다면, 민사권리는 개괄적으로 재산권 및 비재산권으로 나눌 수 있고, 재산권은 두 가지로 분류할 수 있다. 하나는 소유권을 중심으로 한 유형재산권이고 다른 하나는 지식재산권을 중심으로 한 무형재산권이다. 신용권은 일종의 특수한 무형재산권이며 지식재산권과 유사한 일부 특징을 갖고 있지만 전통적인 지식재산권체계에 귀속할 수 없다. 저작권, 특허권, 상표권 등과 비교하면 신용권은 아래 일부 현저한 특징을 갖고 있다.

(1) 비확정적인 독점적 효력

신용권은 항상 고정불변하는 것이 아니라 그의 보호범위를 확정할 수 없으며 민사주체의 생산경영에 따라 그의 우위와 약세가 끊임없이 변화하고 있다. 신용권은 소유권처럼 유형목적물을 토대로 본권(本權) 및 타권(他權)으로 한계를 설정할 수 없으며 지식재산권처럼 등록을 통하여 그의 효력범위를 확정할 수도 없다. 소유권이나 지식재산권과는 달리, 신용권의 이러한 독점적 효력의 비확정성 특징이 나타내는 것은, 신용이 비록 일회 또는 여러 회를 통하여 간단하게 경제적 효익을 발생하게 하는 것(소유권의 객체처럼 물질상품의 일회성 판매나 지식재산권의 객체처럼 기술제품의 여러 회 사용)이 아니라 일반성이 지속되고 끊임없이 효익을 발생시키지만, 이러한 효익은 가변성을 갖는다. 민사권리의 내용은 보호받는 이익을 말하며 경제적 요인,

386) 谢怀栻:《论民事权利体系》, 载《法学研究》, 1996(2)。

387) 객체를 권리분류의 이론으로 하는 것에 관하여 彭万林主编:《民法学》, 210页, 北京, 中国政法大学出版社, 1994 참조.

도덕적 요인 및 기타 사회적 요인으로 인하여 특정주체의 신용은 반드시 어떠한 변화가 발생할 것이며, 이러한 상황 하에서 그 독점권의 효력범위는 영원히 확정성을 가질 수 없을 것이다.

(2) 상대적인 배타적 효력

신용권은 지식재산권의 지역성 특징을 갖고 있지 않으며 특허권, 상표권처럼 해당 권리에 대하여 한 국가의 범위 내에서 배타적 효력을 부여할 수도 없다. 그러나 법적 보호를 받는 이익이 권리가 될 수 있다면 신용권 또한 예외가 될 수 없다. 신용권은 비록 한 국가의 범위 내에서의 지역적 효력을 갖고 있지 않지만 그의 배타성에 대하여 아래 두 가지 측면으로부터 인식할 수 있다. 하나는 신용권은 특정민사주체가 속한 행정구역이나 업종 내에서 보호를 받는다. 다른 하나는 신용권은 특정민사주체가 생산경영활동을 발생시키거나 기타 경제활동을 행하는 지역이나 업종 내에서 배타적 효력을 갖는다. 이러한 의의에서 우리는 신용권은 일종의 상대적인 절대권이라 말할 수 있다.[388)]

(3) 무기한의 존속효력

신용권은 일반인격권의 모종 속성을 갖고 있다. 즉 법정 보호기간이 없다. 권리의 발생으로부터 보면, 신용권은 민사주체의 인신과 분리할 수 없는 특성을 가지며, 경제활동에 종사한 날부터 발생한다. 따라서 권리의 취득은 대체로 원시취득이다. 권리의 양도로부터 보면, 신용권과 종속된 민사주체는 상호 관련되며, 신용권과 특정기업을 분할하여 양도할 수 없다. 다시 말하면 한 기업을 양도할 때 해당 기업의 신용권도 함께 이전되며 이 경우 승계취득이 발생하게 된다. 권리의 소멸로부터 보면, 신용권과 특정민사주체는 동시에 존재 및 소멸되며 일단 자연인이 사망하거나 법인이 종료할 경우 신용권도 더는 존재하지 않는다.

---

388) 일부 학자는 상호권을 “상대적인 절대권”으로 부르며 기타 산업재산권과 구별하였다. 张国键:《商事法论》, 102页, 台北, 三民书局, 1980。

다. 신용권의 구체적인 권리항목

신용권의 내용은 권리가 통제하는 객체 즉 자본신용이익에 의하여 결정된다. 신용권의 구체적인 권리항목에는 다음의 몇 개가 있다.

(1) 자본신용이익에 대한 이용권

이는 권리주체가 자본신용이익에 대한 사용 및 통제의 권리를 말한다. 신용평가는 일종의 민사주체의 채무상환능력에 대한 사회의 객관적 평가로서 당사자가 자신의 주관적 역량으로 간섭할 수 없고 심지어 사회적 평가를 조종할 수도 없지만, 이러한 사회평가로 인하여 형성된 자본신용이익에 대하여서는 이용하거나 통제할 수 있다. 예를 들면 자신의 양호한 신용을 이용하여 상대방이 자신의 상환능력에 대하여 신뢰가 생기게 함으로써 상품의 신용구매나 자금대출 등에 도움이 되도록 하고 이로써 더욱 많고 더욱 양호한 재산적 이익을 획득하는 것이다.

(2) 자본신용이익에 대한 보유권

이는 권리주체가 자본신용평가의 완전성을 유지하는 권리를 말한다. 신용은 권리주체의 주관적인 경제능력 및 객관적인 사회평가가 서로 결합하여 형성된 산물이다. 당사자는 비록 초경제적인 역량을 사용하여 사회의 자신에 대한 평가를 강제로 변화하게 할 수는 없지만, 자신의 노력을 통하여 상환능력을 향상함으로써 거래상대방과 사회공중의 신임을 얻을 수 있다. 보유권의 행사 결과, 하나는 민사주체가 자신의 신용이 저하되거나 상실되지 않도록 유지하는 것이고, 다른 하나는 민사주체의 신용이미지를 완전하게 유지하고 사회공중의 신뢰감을 끊임없이 향상시키는 것이다.

(3) 자본신용이익에 대한 보호권

이는 권리주체가 자본신용평가의 공정성을 보호하는 권리를 말한다. 타인이 불법으로 침해하는 것을 제거하여 사회의 공정한 평가와 합당한 신뢰를 유지하는 것, 즉 일종의 금지권으로, 이것은 신용권 중 가장 중요한 내용으로 볼 수 있다. 만약 보유권을 권리주체가 자신의 신용에 대해 취한 주관적인 태도이자 권리주체가 "작위가능한" 행위범위라고 한다면, 보호권은 의무주체가 권리자의 신용에 대한 합당한 요구이자 의무주체가 "작위불가한" 행위의 척도라고 할 수 있다. 보호권의 의의는 민사주체는 자본신용이익을 보호할 권리를 가지고 있고, 타인에게 채무상환능력에 대하여 객관적이고 공정한 평가를 요구하고, 그의 신용에 대하여 합당한 존중을 하며 신용권을 침해하지 않는 부작위의무를 부담할 것을 요구할 권리가 있다. 민사주체는 타인이 불법으로 신용권을 침해하는 것을 배제할 권리, 즉 사법기관에 권리침해행위자에 대하여 민사적 제재를 가하고 자신의 신용에 대한 손해를 구제하며 자본신용평가의 공정성과 객관성을 보호할 것을 청구할 권리가 있다.

라. 신용권의 행사에 대한 제한

신용권은 법적 보호를 받는 자본신용이익이다. 기타 민사권리와 마찬가지로 신용권은 절대적인 것이 아니며 법률의 일정한 제한을 받는다. 무형재산권체계 중에서 창조성 성과권리에 대한 제한의 목적은 권리자가 저작권이나 특허권을 남용하는 것을 방지하고 개인이익과 사회이익의 관계를 조율하며 과학기술의 발전과 문화의 번영을 추진하기 위함이다. 또한 경영성 표지권에 대한 제한의 목적은 시장의 공정한 경쟁질서를 유지하고 권리자가 상표권이나 상호권을 남용하는 것을 방지하고 통용되는 표기를 사적 목적으로 이용하는 것을 피하기 위함이다. 신용권에 대한 제한의 목적은 권리자가 자본신용형 권리의 행사범위를 제한하고 "신용을 지키지 않거나" "신용을 남용하여" 타인의 합법적인 이익에 손해를 미치는 것을 방지하기 위함이다. 신용권에 대한 제한은 권리의 향유에 대한 제한이 아니라 주로 권리의 행사에 대한 제한으로 표현된다. 신용권의 남용을 방지하기 위하여 통상 법률은 다음의 몇 가지 조치를 취한다. 첫째, 신용활동을 규범화한다. 신용활동은 성실신용원칙을 신봉하고 신용위기의 발생을 방지하여야 한다. 신용거래는 신용을 주고받는 쌍방과 관련이 있으며 채권자 측은 일정한 기한 내에 잠시 양도한 가치를 회수하고 보수를 획득할 권리가 있으며 채무자 측은 일정한 기한 내에 가치를 상환하고 이에 대한 대가를 지불할 의무가 있다.[389] 이에 대하여 계약형태를 통하여 쌍방당사자의 권리 및 의무를 명확히 해야 하며 "채무자가 이치에 맞고 채무자에게 유리한" 불합

---

389) 何盛明主编:《财经大辞典》, 452页, 北京, 中国财经出版社, 1990。

리한 결과가 발생하는 것을 근절하여야 한다. 둘째, 신용도구를 널리 보급하여야 한다. 신용도구라 함은 신용공여자와 신용수신자 쌍방이 확정한 채권채무관계의 매체를 말한다. 그 중에서 제일 대표적인 신용도구와 지불수단은 어음이다. 신용거래의 어음화는 "구두협의", "백지 "또는 "약속" 등 비공식적인 신용형태의 출현을 방지할 수 있다.[390] 신용거래의 어음화는 기업의 어음출표, 인수, 지급보증 등 행위와 관련이 있으며 은행의 인수, 어음할인 등 업무와도 관련이 있다. 이러한 어음행위는 반드시 전문적인 입법을 통하여 규범화하여야 한다. 셋째, 자본신용 평가제도를 확립하여야 한다. 민사주체의 자본신용은 물론 사회공중이 특수한 경제능력에 대한 신뢰와 평가를 말하지만, 이러한 평가는 객관성 및 공정성이 있어야 하며 주관적인 방임 및 편견이 있어서는 아니된다. 현재 경제생활에는 신용관계의 위기가 존재하여 전반 사회에서 신용의식이 상당히 박약한 편이기 때문에,[391] 자본신용 평가기관의 설립, 평가규범의 제정, 허위신용평가의 명확한 법률책임 등을 포함한 자본신용 평가제도를 확립하여야 한다. 중대한 신용활동에 대하여 관련된 자본신용 증명을 제공하는 것은 특정주체의 특수한 경제능력에 대한 사회평가가 객관성 및 공정성을 갖출 뿐만 아니라 상당한 권위성도 갖도록 할 수 있다. 합법적인 평가기관의 자본신용평가는 권리자가 자신의 정당한 이익을 보호하는 전제조건이자 타인이 당사자의 신용상황을 이해하는 근거가 되기도 한다.

3. 신용권에 대한 법적 보호: 제도적 선택

가. 신용권의 보호방식

신용권에 대한 보호와 관련하여 현재 입법례에는 아직 통행의 방식이 없다. 어떤 국가는 신용이 권리임을 인정하지 않고 단지 형법 등 기타 법률을 통하여 보호받는 법익으로 간주하여, 형법보호규정 위반의 이유로 신용에 대한 권리침해행위를 규제하였다.[392] 어떤 국가에서는 비록 신용을 권리로 간주하지만, 법률 보호에서 두 종

390) 江春:《我国的商业信用及商业票据中的产权问题》, 载《山东金融》, 1998(4)。

391) 孟学峰等:《浅论经济信用关系的重新构造》, 载《银行与企业》, 1997(1)。

392) 쓰사앙콴(史尚宽) 선생이 독일입법례를 고찰할 시 명예에 대한 침해에 관하여 유사한 분석을

류의 다른 방식을 취하였다.

(1) 간접적 보호방식

다수 국가는 이 입법례를 취하고 있다. 즉 신용에 대한 침해행위를 상업명예권 침해행위로 인정하여 권리주체의 신용이익에 대하여 간접적인 보호를 제공하였다. 이러한 국가는 신용, 명예 등 특수한 대상을 광의의 상업명예권의 명목 하에 포함시켰으며 이를 부정경쟁방지법에 규정하였다. 예를 들면 헝가리의 「부정경쟁방지법」에서는 "허위사실을 조작, 유포하거나, 진실을 왜곡하거나, 또는 기타 행위를 통하여 경쟁자의 명성이나 명예를 훼손, 파괴하는 행위를 금지한다."고 규정하였다.[393) 중국의 「부정경쟁방지법」 제14조에서는 "경영자는 허위사실을 조작, 유포하여 경쟁자의 상업명예 및 상품명성에 손해를 끼쳐서는 안된다."고 규정하였다. 상기 규정의 입법 시발점은 신용을 포함한 상업명예에 대한 훼손행위를 시장경영 영역에 있어서 법인 명예권 침해행위의 특수한 표현형태로 간주하였다. 이는 두 가지 특징을 갖는다. 첫째, 상업명예의 권리라 함은 실제로 광의의 상업명예권을 말하며, 신용권은 단지 그의 권리항목 내용의 구성부분일 뿐이다. 권리본체의 광범위성과 달리, 권리주체는 일정한 국한성을 나타내고 있다. 즉 상업명예의 권리자는 단지 상사주체에 한한다. 다시 말하면 일반민사주체인 공민이나 기타 법인은 이러한 권리를 향유할 수 없다. 둘째, 권리자와 의무자 사이에 반드시 경쟁관계가 존재하여야 한다. 즉 피해자와 권리침해자는 반드시 경쟁대상이여야 한다. 따라서 타인의 상업명예에 대한 훼손행위는 사회공중이 경쟁상대에 대한 평가와 신뢰에 손해를 초래하여 경쟁자의 경쟁력을 실추시키고 이로부터 부당한 이익을 탈취하는 부정경쟁을 목적으로 한다.

(2) 직접적 보호방식

어떤 국가는 민사입법방식을 취하여 신용권 침해행위에 대하여 직접권리침해의 민사책임을 인정하였다. 다시 말하면 신용권을 하나의 단독적인 민사권리로 인정하여 해당 권리침해에 대한 법적 결과를 명확히 규정하는 것이다. 「독일민법전」의

한 적이 있다. 史尚宽:《债法总论》, 148页, 台北, 自版, 1978。

393) 转引自孙琬钟主编:《反不正当竞争法实用全书》(中国法律年鉴1993年分册), 45页, 北京, 中国法律年鉴出版社, 1993。

“권리침해행위”의 제27절에서는 각종 권리침해행위를 규정하였다. 그 중 제823조에서는 “고의나 과실로 인하여 타인의 생명, 신체, 건강, 자유, 소유권 및 기타 권리를 불법으로 침해하였을 경우 이로 인하여 발생한 손해에 대하여 타인에게 배상할 의무가 있다.”고 규정하였다. 본 조에서는 “권리침해행위”에 관련된 각종 법익(신용 포함)이 모두 권리형태로 간주된다. 또한 제824조에서는 “진실을 위배하여 타인의 신용이나 타인의 생계 및 장래에 불이익을 초래할 사실을 주장하거나 전파한 자는, 비록 이를 알지 못하였지만 마땅히 진실하지 않음을 알았어야 하므로, 타인에게 이로 인해 초래된 손해를 배상하여야 한다.”고 규정하였다. 본 규정은 신용권을 하나의 단독적인 권리로서 보호하고, 이는 상업명예권과 현저하게 구별된다. 그 이유는 다음과 같다. 첫째, 신용이익을 향유하는 권리주체는 주체에 대한 자격제한이 없으며 민사주체 모두 신용권의 주체가 될 수 있다. 둘째, 신용권의 내용은 일반적인 자본신용이익으로 특정 표적의 지시방향이 아니며, 즉 상업상 신용명예에 한정되지 않는다. 셋째, 권리침해자와 피해자는 경쟁관계가 존재하지 않는다. 행위자의 목적은 상대방의 신용을 저하하여 그의 생계나 장래발전 등에 불이익을 초래하기 위함이며 상대방의 경쟁력을 약화시켜 이로부터 부당한 이익을 탈취하고 하는 것이 아니다. 이로부터 알 수 있듯이 상기 권리침해행위의 구성요건은 상업명예권 침해의 경우에 적용되지 아니한다. 따라서 본 조는 신용권 보호 관련 규정에 해당된다.

상기 두 가지 보호형태는 서로 다른 법률규정을 적용하고 있으며 서로 다른 법적 결과가 발생하게 된다. 이는 각국이 자본신용이익의 권리형태에 대하여 서로 다른 입법경향을 취하고 있음을 알 수 있다. 필자는 신용권에 대하여 직접적 보호방식을 취하는 것이 타당하다고 본다. 그 이유는 다음과 같다.

① 신용은 일종의 중요한 자본신용이익이기에, 현대의 상품경제조건에서 상응하는 권리보호가 절박하게 필요하다. 현대사회에서 상품교환이 존재하기만 하면 신용활동이 발생하게 된다. 또한 신용활동과 관련된 자본신용이익은 주체가 향유하는 일종의 중요한 무형재산으로써 시장경제의 발전과 사람들의 권리관념이 진화함에 따라 이러한 자본신용이익을 일반적인 인격이익으로부터 분리시킬 필요가 있으며 최종적으로 이와 관련된 상업명예와 상호 구별되어야 한다. 즉 단독적인 재산형태를 부여하여 이에 대하여 특별한 법적 보호를 제공하는 것이다.

② 신용주체는 하나의 광범위한 민사적 주체의 범주이며 신용활동의 주체는 필연

적으로 민사권리의 주체가 된다. 신용활동에서 신용의 주체의 상이함에 따라 상업신용, 은행신용, 국가신용 및 민간신용 등으로 분류할 수 있다. 신용관계에서 주체는 능동적인 활동요소로서 신용구매, 선불금 지급 등 신용활동은 주체의 행위를 통하여서만 실현될 수 있다. 따라서 법률은 그들의 신용행위를 규범화하고 그들의 신용이익도 보호하여야 한다. 만약 자본신용이익의 권리주체를 상사주체나 기업법인으로 한정한다면 필연적으로 기타 주체의 자본신용이익이 보호받을 수 없는 공백공간이 생기게 된다. 각종 신용활동 모두 자본신용이익의 주체가 존재하는 경우에, 법률은 일부 이익만을 보호받는 권익으로 인정하고 기타 이익을 무권리상태의 공백으로 배치하는 것은 민법의 평등원칙을 위배한 것이다.

③ 신용관계는 채권채무관계를 토대로 발생한 것이며 그가 설정한 권리는 제3자에게 구속력이 없지만 신용관계의 당사자가 갖는 자본신용이익은 타인의 존중을 받아야 한다. 구체적으로 말하면 신용공여자와 신용수신자 사이에 발생한 신용구매, 선불금 지급 등 채권채무관계에서 채권은 상대방의 청구권에 대하여 말한 것이며 신용공여자 또는 신용수신자가 자신의 자본신용에 대하여 갖는 권리는 어떠한 자에게도 주장할 수 있는 일종의 절대권이다. 즉 자본신용권리의 주체는 소유권자, 인격권자와 마찬가지로 주체 외의 타인(자연인 및 법인 포함)의 불법침해를 배제할 권리가 있다. 만약 권리침해 행위자를 경쟁관계가 있는 경영자로 한정한다면 기타 권리침해행위를 합법적인 행위로 간주한다고 공포한 것과 다를 바 없고, 이는 필연적으로 신용이익에 대한 보호 결여로 부정적인 결과를 낳게 될 것이다.

앞서 논한 바를 종합하면, 중국은 현재 경쟁법을 적용하여 신용권에 대하여 간접적 보호방식을 취하고 있으며 완전한 신용권 보호제도를 구축한 것이 아니다. 시장거래에서 신용활동의 지위가 끊임없이 향상됨에 따라 신용이익은 이미 사람들이 중요시하는 하나의 무형재산으로 발전되었다. 따라서 우리는 민사입법에서 신용권의 독자적인 지위를 확보하여야 하며 직접적 보호방식을 취하여 민사주체의 신용이익을 보호하여야 한다.

나. 신용권 침해책임의 구성요건

자본신용이익은 신용권 주체의 특수한 경제이익과 관련된다. 신용권의 침해는 가끔 타인이 피해자에 대한 신뢰정도와 경제능력에 관련된 평가결과에 영향을 미치게 되며, 이로 인하여 신용권의 주체에 불이익을 초래하게 된다. 신용권 침해행위는 일종의 특수한 권리침해행위로서 외국의 관련 입법규정을 참조하면 우리는 이러한 행위에 대하여 다음과 같이 정의할 수 있다. 허위사실을 조작, 유포하는 등 부당한 수단으로 타인의 자본신용에 손해를 미치는 행위를 말한다. 권리침해에 대한 민사책임의 구성요건 관련 이론에 의하여 신용권 침해를 인정할 시 아래 몇 가지 문제점을 고려하여야 한다.

첫째, 불법행위이다. 신용권 침해는 불법행위로서 타인의 자본신용이익에 손해를 미치는 행위이다. 불법행위의 내용으로부터 보면, 권리주체의 특수한 경제능력(자금력, 지급능력, 결제신용 등 상황)에 대하여 허위사실이나 부당한 사실을 발표하는 것을 말한다. 불법행위의 표현형태는 일종의 폄하행위로서 아무 근거없이 타인의 신용의 실제상황과 맞지 않는 허위사실을 날조하거나 유포하며, 또한 일종의 오인행위로서 일부 객관사실을 불공정하거나 부정확하게 진술하여 타인의 신용상황에 대하여 부당한 영향을 미치게 된다. 상기 불법행위의 내용 및 표현형태에 대한 분석을 토대로, 신용권 침해행위는 주로 일종의 작위행위로서 주장, 조작, 진술, 유포 등 권리침해자의 적극적인 행위의 표현방식임을 어렵지 않게 알 수 있다. 그러나 일부 상황하에서 특정의무를 책임지는 당사자가 부작위 시에도 권리침해를 구성하는 경우가 있다. 예를 들면 자본신용평가회사가 관련된 법인이나 개인에 대하여 법에 따라 특정주체의 자본신용상황에 대하여 질문할 시 해당 회사는 답변과 정보제공의 의무를 부담하게 되고, 반대의 경우, 부작위의 권리침해를 구성할 수도 있다. 필자는 신용권 침해행위에서 부작위의 침해에 대하여 엄격하게 해석하여야 한다고 본다.

둘째, 손해사실이다. 신용권 침해로 인한 손해사실이라 함은 권리침해행위의 실시로 인하여 관련 권리주체의 자본신용평가가 저하되거나 생계나 장래발전에 불이익이 되는 실제손해를 초래하는 것을 말한다. 상기 요건과 상호 관련하여, 행위만 있고 손해가 없을 경우 권리침해행위에 해당하지 않는다. 손해사실의 존재는 불법행위가 법률이 보호하는 이익을 침해하여 법률의 제재를 받아야 하는 사회적 위해성이 있음을 의미한다. 손해사실의 인정에 관하여 그 기준은 신용 관련 손해 결과의 발생 유무에 있다. 이러한 손해사실은 두 가지 측면으로부터 표현된다. 하나는 권리주체의 특수한 경제능력에 대한 사회적 평가가 권리침해행위로 인하여 저하된다는 것이다. 예를 들면 신용등급이 비정상적으로 하락하거나 신용명예 정도의 비자연적인 훼손 등이다. 다른 하나는 권리주체의 특수한 경제능력에 대한 공중의 경제적 신뢰가 하락하거나 내지는 상실하게 되는 것이다. 예를 들면 권리침해행위로 인하여 고객이 특정기업에 대한 신임 등이 무너지는 것이다. 여기에서 강조할 것은 손해사실이라 함은 사회평가와 경제신뢰의 하락으로 인한 손해사실을 말하며 이는 권리주체의 재산적 이익의 손실을 초래하게 된다. 예를 들면 기대한 대출을 받지 못하거나 상품매매가 정상으로 진행될 수 없는 등의 경우이다. 그러나 신용권 침해행위는 비록 신용폄하의 위해한 결과를 초래할 수 있지만 필연적으로 실제 재산손실을 발생하게 하는 것은 아니다. 다시 말하면 재산손실의 정도는 행위자가 민사책임의 정도를 결정하는 근거로 삼을 수 있지만 신용권 침해행위를 인정하는 필요조건으로 간주할 수 없다는 것이다. 그 외 손해사실은 자본신용이익에 대한 손실이며 재산성 내용으로 한정되고, 통상 정신적 손해가 포함되지 않는다. 만약 국민의 신용을 훼손하였을 시 피해자의 정신적 고통이나 정신적 이익에 손해를 미치게 된다. 이 경우, 우리는 하나의 불법행위에 대하여 신용권 침해와 일반인격권 침해를 동시에 인정할 필요가 없지만 정신적 손해를 신용권 침해로 인한 손해사실의 일부로 인정할 수 있다.

셋째, 인과관계이다. 신용권 침해의 인과관계라 함은 타인의 신용을 침해한 위법행위와 자본신용이익의 손해사실 사이의 필연적이고 내적인 관련성을 말한다. 신용권 침해의 인과관계에서 원인으로서의 불법행위는 일종의 허위사실이나 부당한 의견을 주장, 유포하는 행위를 말한다. 신용은 권리주체의 특정경제능력에 대한 평가로 표현되기 때문에 이런 행위는 오직 상술한 진실이 아닌 내용을 제3자에게 공개, 공시할 경우에만 비로소 손해원인으로 구성될 수 있다. 동시에 결과로서의 손해사실은 권리주체에 대한 사회평가 및 경제상 신뢰도의 하락을 초래하는 손해성 결과를 말한다. 이러한 결과발생의 판단기준은 권리주체가 기존의 자본신용이익을 상실하는 데 있으며 단지 이미 발생한 불이익의 사실만이 이를 손해결과라고 말할 수 있다. 논리적 분석방법에 따라 자본신용이익이 불법행위로 인해 발생된 것임을 증명하기만 한다면 양자 사이의 인과관계를 확인할 수 있다.

넷째, 주관적 과실이다. 신용권 침해의 주관적 과실이라 함은 권리침해자가 법률상 비난받을 행위를 한 경우의 주관적 상태를 말하고, 그것이 표현되는 방식은 고의 및 과실이 포함된다. 외국의 관련 입법례에 근거하면, 고의라 함은 권리침해자가 자신의 행위(허위사실의 조작 및 유포)로 인하여 타인의 신용에 손해를 끼치는 결과가 발생함을 알고 있으나(주관적 인식), 타인의 신용이익을 훼손하는 손해결과의 발생을 희망하거나 방임(주관적 동기)하는 것을 말한다. 과실이라 함은 권리침해자가 주의의무를 다하지 못하여 타인의 신용을 훼손하는 허위사실을 명백히 알지 못하나 그것이 진실이 아니라는 것을 알아야 하는 주관적 상태에서 이를 주장하거나 유포하는 것을 말한다. 신용권 침해행위와 상업명예권 침해행위는 서로 다르고, 후자는 경쟁관계에 있는 경영자 사이에서 발생하며 그 행위는 상대의 상업명예에 손해를 끼치는 명백한 목적성을 가지고 있으며, 입법례의 다수는 고의성이 인정되어야만 권리침해에 해당될 수 있다. 반면 전자와 관련된 자본신용관계는 경영자에 한정되지 않으며 손해결과의 발생을 추구하거나 방임하는 것은 물론 권리침해를 구성한다. 그 외 그 행위결과에 대하여 고려하지 않거나 타인의 이익을 존중하지 않거나 손해결과를 초래하는 경우도 권리침해에 해당될 가능성이 있다.

다. 신용권 침해의 민사책임

신용권 침해행위는 상응하는 민사책임을 부담하여야 하며 주로 손해배상이라는 방식을 취한다. 그 외 침해제거의 책임방식에는 침해정지, 영향제거, 공개사과 등이 있다. 하지만 자본신용이익의 침해행위에 대하여 반드시 행위자로 하여금 민사책임을 부담하도록 해야 하는 것은 아니다. 다음의 경우에는, 행위자가 권리침해에 해당하지 않거나 권리책임을 면제할 수 있는 항변사유를 제시할 수 있다.

(1) 정당한 상황의 보고

법에 따라 직무행위를 집행하는 모든 법인이나 개인이 직무의 필요성에 의하여 또한 정당한 경로를 거쳐 특정주체의 부정적 신용상황을 보고하는 경우는 위법성 조각사유가 된다. 예를 들면, 상업은행이 상급기관에 어떤 법인이 대출상환능력이 없음을 보고하는 경우이다. 그 외 법정의무를 부담하지 않는 일반단체나 개인이 자신의 정당한 이익의 필요성에 의하여 정당한 경로를 통해 특정주체의 신용상황을 관련 부서에 보고하는 경우로서, 즉 앞서 말한 주장이 사실에 어긋난다고 할지라도 권리침해에 해당되지 않는다. 예를 들면 소비자의 정당한 신고의 경우이다.

(2) 사실적 뉴스보도

신문매체에서 특정주체의 신용상황에 관한 보도가 기본진실만을 내용으로 하고 있다면 권리침해로 논할 수 없다. 뉴스가 신용권을 침해하는 주요표현형태가 뉴스비방이 되고, 뉴스 비방은 보도한 사실이 조작되거나 왜곡되는 것을 그 구성요건으로 한다. 만약 보도한 사실을 조작하지도, 왜곡하지도 않고 사실에 맞는 것이거나 기본적으로 사실에 맞는 경우, 뉴스비방에 해당되지 않는다.[394]

(3) 권위있는 정보의 출처

법에 따라 성립된 신용평가기관이 규정된 신용평가제도에 따라 개인이나 기업의 특성, 상환능력, 책임능력 및 명예 등 정보를 수집하여, 투자와 거래활동의 당사자에게 신용보고서, 공포된 신용등급 또는 급수 등을 제공하고, 특정주체의 신용에 대한 소극적 평가처럼, 모두 항변사유로 작용하여 신용권을 침해하는 민사책임을 부인할 수 있다. 미국에서는 「투자고문법」에 근거하여 설립한 무디스투자서비스 회사, 스탠다드 앤 푸어스(S&P)와 피치(Fitch)를 말하고, 중국에서는 중국인민은행의 관련 통지에 따라 설립한 신용명예등급 평가위원회를 말하며, 그들 모두 이러한 신용평가기관에 속하며, 그들이 공포한 정보는 권위있는 정보로 간주할 수 있으며 권리침해로 논할 수 없다.

394) 郭卫华主编:《新闻热点侵权问题研究》, 212页, 北京, 人民法院出版社, 2000。

제24장

특별경영허가권

특별경영허가권[395]을 특별허가권이나 전문경영권이라 할 수 있으며 통상 두 가지 형태가 있다. 하나는 정부가 수여한 특별경영허가권이고 다른 하나는 기업이 수여한 특별경영허가권이다. 관리학에서 특별경영허가권은 지식재산권과 구별되면서도 서로 관련성이 있는 무형재산권이다.[396] "특별경영허가"라는 용어는 영어의 "Franchise"로부터 번역한 것이다. 그의 원래의 의미는 정부가 개인이나 회사에 수여한 일종의 특권을 말한다. 이러한 특권은 한 국가의 공민이 갖는 일반적인 권리와 구별된다. 그 후 "Franchise" 는 어떠한 명칭 또는 상품이나 서비스에 대한 판매권리를 수여하는 것으로 확대되어 제조자 또는 공급상이 판매상에게 약정에 따라 특정 상품과 명칭을 사용할 수 있는 권리를 수여하는 것을 말한다.[397] 20세기 이래, 특별경영허가는 상업영역에 광범위하게 사용되었으며 제조상이나 공급상이 도매상이나 소매상에게 그의 상표, 상호, 전용기술 및 경영노하우 등을 사용하도록 수권하는 일종의 상업방식이다. 『메가트랜드』(megatrends)의 저자 존 나이스빗(John Naisbitt)은 이러한 방식은 인류가 역사적으로 제일 성공한 경영이념이라고 주장하였다.[398] 전통적인 지식재산권과 달리, 특별경영허가권은 현대의 상업거래활동에서 발생한 일종의 새로운 무형재산권이다.

---

395) 중국에서는 가맹사업 또는 프랜차이즈 관련 사업을 特许经营(특별경영허가)이라는 용어를 사용하며, 이로 인하여 발생한 권리를 特许经营权(특별경영허가권)이라고 한다. — 역자 주.

396) 蔡吉祥:《无形资产学》, 25页, 深圳, 海天出版社, 2002。

397) Black's Law Dictionary, 5th. ed, West Publishing Co., 1979, p.592.

398) 韩玉梅、刘英:《特许经营: 世纪末的机遇和挑战》, 载《经济与管理研究》, 1999(5)。

1. 특별경영허가권의 기본적인 범주

가. 특별경영허가권의 정의

특별경영허가권의 정의에 대하여 국제단체의 문서 및 각국의 법률규정은 모두 일치하지 않다. 여기에서 비교적 대표적인 정의에 대하여 소개하고자 한다.

(1) 세계지식재산권기구의 「특별경영허가지침」에서 특별경영허가는 아래와 같은 제도적 장치라고 하였다. 즉 어떠한 상업시스템을 개발한 자(특별경영허가자, 特許人)가 다른 일방(피특별허가자, 受許人)이 규정한 약정에 따라 그의 상업시스템을 사용하는 것을 허락함으로써 일정한 대가를 취득하는 것을 말한다. 이러한 관계는 일종의 지속적인 관계로서 피특별허가자는 특별경영허가자가 확정한 기준과 상업실무에 따라 재판매하고 특별경영허가자의 감독과 지속적인 지원, 지지를 받는 것이다.

(2) 국제특별경영허가협회는 특별경영허가를 특별경영허가자와 피특별허가자 사이의 계약관계로 해석하였다. 이러한 관계에서 특별경영허가자는 일종의 특수한 상업경영권을 제공하고 인원양성, 지배구조, 경영관리, 상품구매 등 측면에서 지도와 도움을 주는 한편 피특별허가자는 특별경영허가자에게 이에 대한 비용을 지불하는 것이다.

(3) 유럽특별경영허가연합회에서는 특별경영허가를 일종의 판매상품이나 서비스나 기술시스템이 법률 및 재무상 분리나 독립을 토대로 한 당사자 즉 특별경영허가자와 개개의 피특별허가자 사이의 밀접한 합작을 통하여 특별경영허가자가 개개의 피특별허가자에 대하여 권리를 부여하거나 의무를 부담하게 하여 특별경영허가자의 이념에 따라 경영하게 하고자 하는 것이라고 주장하였다. 그 권리범위에는 상호, 상표, 경영노하우, 상업 및 기술방법 등 지식재산권이 포함된다.

(4) 미국연방무역위원회에서는 아래 두 가지 연속적인 관계 중 하나에 해당한다면 특별경영허가로 볼 수 있다고 주장하였다. 첫 번째 종류에는 아래 세 가지 특징이 포함된다. ① 특별경영허가자가 경영하고 피특별허가자가 판매한 물품이나 서비스가 특별경영허가자가 정한 품질기준(피특별허가자가 특별경영허가자의 상표, 서비스표,

상호명칭, 광고나 기타 상업성 표징에 따라 경영하는 것을 말한다)에 달하거나 특별경영허가자가 표기된 상품이나 서비스를 판매한다. ② 특별경영허가자는 피특허기업의 경영방식에 대하여 효과적인 지배를 행사하거나 효과적인 협조를 제공한다. ③ 업무개시 후 6개월 내에 피특별허가자는 특별경영허가자나 그의 구성원에게 미화 500달러 또는 미화 500달러 이상의 비용을 지불한다. 두 번째 종류 또한 아래 세 가지 특징이 포함된다. ① 피특별허가자는 특별경영허가자 또는 특별경영허가자와 관련이 있는 상인이 공급한 물품이나 서비스를 판매한다. ② 특별경영허가자는 피특별허가자에게 계좌의 개설은행이나 자동판매기, 물품진열대의 장소나 위치를 지정해주거나 상기 두 가지 업무를 처리할 인원을 소개한다. ③ 업무개시 후 6개월 내에 피특별허가자는 그 구성원에게 미화 500달러 또는 미화 500달러 이상의 비용을 지불한다. 연방무역위원회의 규정에 의하면 특별경영허가는 통상 하나의 구두나 서면방식의 계약이나 협의서를 말한다. 그 중에서 명시나 묵시적 규정에 의하면 한 사람이 다른 한 사람에게 상표, 상호명칭, 서비스표, 로고나 기타 유사한 특징의 한 가지 기술을 사용하도록 허락할 시 쌍방당사자는 도매, 소매 등에서 경영하고 있는 상품이나 서비스에 대하여 공동의 이익이 존재하며 피특별허가자는 직접 또는 간접적으로 특별경영허가자에게 일정한 금액의 비용을 지불하여야 한다.

(5) 일본의 통산성에서는 "Franchise"를 "특허체인"으로 부르며 이는 아래와 같은 일종의 시스템이라고 강조하였다. 즉 프랜차이즈 시스템의 특별경영허가자는 피특별허가자에게 특별경영허가자의 상호, 상표 등 영업성 특징을 사용할 수 있고 동일한 기업의 이미지로 경영활동에 종사할 수 있는 권리를 계약의 형태로 부여하는 것을 말한다. 특별경영허가자는 피특별허가자에게 경영을 지도하고 장기적으로 상품(서비스 및 기타 자료 포함)을 공급하는 책임을 부담한다. 상기 권리와 서비스의 대가로, 피특별허가자는 특별경영허가자에게 약정한 가맹금, 보증금 및 권리금을 지불하여야 한다.

(6) 중국의 기존의 국내무역부가 1997년에 공포한 「상업특별경영허가관리방법(시행)」(2005년 실효됨)에서는 특별경영허가에 대하여 다음과 같이 정의하였다. 특별경영허가자는 자신이 보유한 상표(서비스상표 포함), 상호, 제품, 특허, 전용기술, 경영방식 등을 특별경영허가계약의 형태로 피특별허가자가 사용하도록 수여하며, 피특

별허가자는 계약약정에 의하여 특별경영허가자의 통일된 업무방식에 따라 경영활동에 종사하며 특별경영허가자에게 이에 상응하는 비용을 지불하여야 한다.

상기 각종 정의는 다수가 상업상의 특별경영허가에서 출발한 것이며 정부 관련 특별허가경영 내용에 대한 언급이 아주 적으므로 상기 정의는 완전히 일치하지는 않지만 기본적인 내용은 동일하다. 즉 특별경영허가는 일종의 지속성 계약관계(특허계약을 연결고리로 한 상업방식은 "재산으로서의 계약권"이다)이고,[399] 독자적인 경영자 사이의 계약관계(상업활동에서의 특별경영허가는 주로 사적 자치 의미에서의 약정수권이다) 이며,[400] 지식재산권의 내용을 포함한 경영방식이거나 이를 대상으로 한 계약관계(특별경영허가의 형태를 통하여 타인에게 지식재산권 등 무형재산을 사용하도록 허가하는 것이다) 이다.[401]

나. 특별경영허가권의 종류

특별경영허가의 유형에 대하여 경영분야를 토대로 정치, 경제, 문화교육 분야의 특별경영허가로 분류할 수 있다. 그 중에서 제일 핵심적인 것은 경제영역에서의 정부특별경영허가와 상업상 특별경영허가이며 그들의 권리자는 각각 정부 및 기업단체이다.[402]

최초의 특별경영허가방식은 정부에 의한 특별경영허가이다. 다시 말하면 정부가 제일 최초로 특별경영허가라는 방식을 창제하고 이용하였다. 중세기 유럽에서 특별경영허가방식이라 함은 국왕이나 군주의 특허를 획득함으로 인하여 갖게 되는 일종의 특권을 말한다.[403] 당시 영국 국왕은 일부 귀족에게 세무에 대하여 수권한 적이

399) 영국학자는 "재산으로서의 계약권"을 특허, 저작권과 동일한 "무체재산"으로 귀속하였다. [英] F.H.劳森.B.拉登:《财产法》, 17-18页, 北京, 中国大百科全书出版社, 1998。

400) 행정특별허가행위는 군주나 정부의 의사를 나타내는 법정 수권이지만 상업상 특별허가행위는 민사주체의 개인의사를 나타내는 사적 권리이다. 杨明:《特许经营权》, 载吴汉东等:《无形财产权制度研究》, 北京, 法律出版社, 2005。

401) 미국의 분석법학파의 대표자인 호펠드(Hohfeld)의 주장에 의하면, 권리, 특허, 권력 및 면책 등을 "법률이익(Legal interest)"으로 통칭할 수 있다. 주체는 어떠한 특별자격, 이익 또는 능력인 특별허가형 재산을 향유하며 특별경영허가권은 특허권, 상표권, 기술비밀 등 무형재산의 파생물을 말하며 일종의 전문경영자격을 객체로 한 재산권이다. [美] 肯尼斯.万维威尔德:《19世纪的新财产: 现代财产权概念的发展》, 载《社会经济体制比较研究》, 1995(1)。

402) 李维华等:《特许经营概论》, 9页, 北京, 机械工业出版社, 2003。

있었지만 그 후 귀족들은 이러한 수권을 근거로 존(John) 국왕의 통치에 반항하여 결국에는 쌍방이 대헌장의 관련 규정에 따라 화해협의를 달성하였다. 미국학자들은 이번 사건을 특별경영허가권 관련 최초의 소송이라고 보았다. 일찍이 영국에서 존재하는 길드시스템(guild system) 또한 특별경영허가의 일종의 형태로 간주되었다. 이와 관련된 전형적인 사례는 인쇄상과 출판상이 1557년에 설립한 출판상회사(Stationers Company)이다. 「안나법령」이 탄생되기 전에 해당 회사는 영국왕실로부터 도서심사의 봉건적 특권을 수여받았으며 출판상은 저작자로부터 원고의 소유권 및 인쇄, 발행권을 일회적으로 전부 구매하여 작품의 인쇄 및 전파의 상업적 기회를 독점하였다. 중국은 봉건시대로부터 특별경영허가제도가 존재하였으며 주로 소금, 철 등 분야의 전매제도에서 표현되었다. 한무제(기원전 119년)부터 소금, 강철 전매정책을 실행하기 시작하여 국가는 신속하게 대량의 부를 축척하였으며 "예전 선제들이 이민족을 정벌할 시, 30여년 병사를 파견하였지만 백성들에게 세금을 부과하여 군사용으로 사용하지 않는" 국면이 나타났다. 소금, 강철 전매 외에 중국은 담배전매제도를 실행한 적이 있다. 웬쓰카이(袁世凱)는 1915년 5월에 "전국 담배 및 주류의 공개판매에 대한 간단한 잠행규칙"에서는 담배 및 주류에 대한 전국공개판매국을 별도로 설치하였다. 이것은 중국 최초 담배에 대한 전매이다. 초기 정부의 특별경영허가는 주로 어떠한 특권의 개발 및 이용에 집중되었으며 특정된 생산요소에 대한 지배로 표현되었다. 현대 정부의 특별경영허가에는 본질적인 변화가 발생하여 독점적인 협소한 영역과 부당한 수단을 이미 벗어나 정부가 관리한 사회공공자원을 종합적이고 효과적이며 우수하게 이용하기 위함이다. 이러한 사회공공자원에는 토지, 철도, 항구 등 실물자원도 포함되고 정부의 물자구매권, 대형활동스폰서권, 특허상품의 생산 및 판매권, 육해공노선경영권 등 무형자원도 포함된다. 정부의 행정기관은 수권의 방식을 통하여 기업을 수권대상으로 선택하고 장기적인 관리계약(통상 20년~30년)을 체결하여 경영자가 사회공공자원의 개발 및 이용에 종사하게 한다. 현재 정부의 특별경영허가권은 이미 일종의 기업경영의 중요한 재산이 되었다. 미국학자 프리드먼(Friedman)은 20세기에 이미 "신재산"(new property)이라는 개념이 출현하였으며 취업기회, 양로금, 정부의 특별허가 모두 새로운 재산으로 간주할 수 있다

403) Martin Mendelsohn & Robin Bynoe, Franchising: Printed and Bound in Great Britain, Biddles Ltd., Guildford and King's Lynn, 1995, p.21.

고 주장하였다.[404] 프랑스 법학자 Aubry et Rau는 광의의 재산이론을 창설하였으며 재산권의 범위를 일부 비물질성 권리에까지 확장시켰다. 예를 들면 지식재산권, 신탁재산권, 시장경영자유권 등을 모두 무형재산으로 분류하였다.[405]

상업상 특별경영허가는 현대의 중요한 특별경영허가방식이다. 특허내용의 분류에 따라 상업상 특별경영허가는 세 가지 종류로 분류할 수 있다. 첫째는 상품 및 브랜드에 대한 특별경영허가이다. 즉 피특별허가자는 특별경영허가자의 브랜드 및 마케팅방법을 이용하여 특별경영허가자의 상품을 도매 및 판매하는 것을 말한다. 이는 실질적으로 제조상은 브랜드화 상품에 판매경로를 개척하기 위하여 피특별허가자에게 상업개발을 하도록 수권하는 권리를 말한다. 이러한 특별경영허가는 자동차판매, 공중소비품, 화장품 등 업계에서 흔히 볼 수 있다. 둘째는 생산에 대한 특별경영허가이다. 즉 피특별허가자는 자신이 투자하여 공장을 건설하고 특별경영허가자의 특허, 기술비밀, 설계 및 생산기준을 이용하여 특별경영허가권의 상품을 가공하거나 제조하여 도매상이나 소매상에게 이를 판매하는 것을 말한다. 여기서 중요한 것은 이러한 특별경영허가는 통상 지식재산권에 대한 사용허가와 관련이 있다는 것이다. 대표적인 예로는 "코카콜라"회사의 캔포장회사이다. 세 번째는 경영방식에 대한 특별경영허가이다. 피특별허가자는 특별경영허가자의 전반적인 경영방식에 따라 경영하여야 하며 "특허가맹체인" 또는 "Turn-Key Franchise"라고도 부른다. 이러한 특별경영허가의 특징은 피특별허가자가 특별경영허가자의 상표, 상호, 상품, 경영노하우 등 상업방식을 사용하여 완전히 특별경영허가자의 기업이미지로 경영거래에 종사할 권한을 갖게 된다. 예를 들면 맥도날드, KFC 등 경영방식에 대한 특허는 이미 상업상 특별경영허가의 주류가 되었다. 근대적 의의에서의 특별경영허가는 우선 미국에서 출현하고 흥행하기 시작하였다. 1851년 Singer회사는 특별경영허가의 방식으로 재봉틀을 판매하기 시작하였으며 당사자는 특별경영허가계약서의 방식으로 쌍방의 특허가맹관계를 확인하였다. 이러한 방식을 통하여 그들은 빠른 시일 내에 특별경영허가의 네트워크를 형성하였으며 미국의 재봉틀시장의 절대다수의 시장지분을 확보하였다. Singer회사는 특별경영허가의 원조라고 할 수 있다.

---

404) Friedman, "Property, Succession, and Society", 1996 wis. L. Rev.34a. 转引自李维华等:《特许经营概论》, 13页, 北京, 机械工业出版社, 2003。

405) 转引自马俊驹、梅夏英:《无形财产的理论和立法问题》, 载中国民商法律网-法学前沿。

19세기 말부터 20세기 초까지 석유정유회사 및 자동차제조상은 일부 개인과 기업에게 자신의 제품에 대한 판매권을 수여하기 시작하였다. 예를 들면 포드회사는 특별경영허가판매상에게 반드시 본사의 규정에 따른 판매방식과 서비스기준으로 포드자동차를 판매할 것을 요구하였다. 이로부터 특별경영허가는 "제조상 제품에 대한 수권대리판매"라는 상업적 의미를 갖게 되었다. 이 시기의 특별경영허가는 "제1세대 특별경영허가" 또는 "상품브랜드특별경영허가"이라고 부른다. 지금까지 많은 제조상은 아직 이러한 방식을 취하고 있다. 제2차 세계대전 이후 특별경영허가는 상업개척방식 및 고효율성 창업방식으로 발전되었으며 신속히 다른 국가에까지 확장되었다. 아시아에서 일본의 상업상 특별경영허가는 20세기 60년대부터 발전하기 시작한 후 그 기세는 걷잡을 수 없게 되었다. 70년대에 이르러 각 업종에까지 확장되었으며 80년대에는 외국으로까지 발전하여 국제시장의 경쟁에 참여하게 되었다. 유럽에서는 덴마크가 성공적으로 특별경영허가제도의 우월성을 나타내었으며 특별경영허가시스템은 1997년 117개에서 2001년 152개까지 발전하였고 특허가맹점은 기존의 2,588개에서 5,032개까지 추가되었으며 특별경영허가분야에서 고용한 취업자는 21,000명에 달하였다. 전 세계적으로 27개 국가의 특별경영허가협회로 구성된 세계특별경영허가이사회는 현재 전 세계 27,000여개의 특별경영허가시스템을 대변하고 있다. 상업상 특별경영허가는 전 세계적 범위 내에서 전반적으로 발전하고 있으며 이는 경제의 글로벌화 및 세계지식재산권의 통합화의 축소판이다.

2. 특별경영허가 관련 입법의 개황

가. 특별경영허가권의 입법방식

세계 각국의 특별경영허가 관련 입법을 두 가지 방식으로 분류할 수 있다. 즉 단독형 입법방식 및 비단독형 입법방식이다. 단독형 입법방식을 취한 국가에서는 단행의 특별경영허가법 및 기타 관련 법률을 적용하여 공동으로 특별경영허가관계를 규율하는 반면 비단독형 입법방식을 취한 국가에서는 특별경영허가에 관련된 문제점의 성질에 따라 여러 법률로서 규제하고 있다. 전자의 경우, 국가가 특별경영허가에 대하여 전문적인 입법을 하였더라도 하나의 단행법을 통하여 특별경영허가의 모든 문제를 해결할 수는 없다. 그 이유는 다음과 같다. 우선 특별경영허가관계는 아주 복잡하고 많은 법률제도와 관련이 있다. 예를 들면 계약법, 지식재산권법, 정보공개법, 경쟁법, 회사법 등과 관련이 있다. 이로부터 보다시피 특별경영허가법은 단독적인 제도체계가 아니라 통상 어떠한 문제를 규정한 단독법을 중심으로 하고 기타 법률제도의 관련 규정을 보충하여야 한다. 둘째, 국제단체가 지정한 지침성 문서, 시범법 및 표준계약도 특별경영허가법의 법원이 될 수 있다. 셋째, 각국 및 국제상의 업계자율규칙은 엄격한 의의에서의 법률은 아니지만 특별경영허가분야에서는 일종의 사법 자치의 규범성 역할도 한다.

나. 주요 국가의 특별경영허가권 관련 입법

(1) 미 국

미국의 특별경영허가 관련 입법에는 연방입법 및 주 입법 두 가지 내용이 포함된다. 연방입법을 보면, 1979년 연방무역위원회(아래 FTC라고 약칭함)는 「특별경영허가 및 신기업 설립 관련의 공개의무 및 금지사항」(즉 FTC법규)을 제정하여 특별경영허가자가 잠재적 피특별허가자에게 정보를 공개하여 후자로 하여금 모든 필요한 정보를 획득하게 하는 한편 이를 토대로 그가 직면한 특허시스템에 대하여 평가하고 가맹 여부를 결정하게 할 것을 요구하였다. 본 법규는 "잠재적 피특별허가자에게 제공한 최저한도의 보호이다."[406] 1995년 미국 국회에서는 제1717호 「연방이 합리적으로 특별경영허가를 실행하는 것에 대한 법안"을 통과시켰다. 본 법안의 목적은 다음과 같다. "최대한으로 특별경영허가자와 피특별허가자 사이의 합리성 및 공정성을 추진하고 사기성 판매행위로 인하여 피해자가 된 피특별허가자를 보호하며, 특별경영허가행위의 최저기준을 제정하고 사기 또는 불법행위에 대한 사적 구제를 강화하며 공중에게 특별경영허가를 평가할 수 있는 더욱 많은 믿을만한 정보를 제공하여 소비자로 하여금 공정하고 합리적인 특별경영허가관계에서 더욱 많은 이익을 얻게 하기 위함이다."[407] 미국의 3분의 1 이상의 주가 실체법의 제정을 통하여

406) 何易:《特许经营法律问题研究》, 24页, 北京, 中国方正出版社, 2004。
407) Byron E. Fox & Henry C. Su, "Franchise Regulation-Solutions in Search of Problems?", 20

특별경영허가자와 피특별허가자 사이의 관계를 규율하였으며 이러한 법률은 주로 아래 세 가지 측면의 내용을 중심으로 규정하고 있다. “특별경영허가자는 피특별허가자에게 주의를 제시하여 계약을 종료하거나 피특별허가자를 변경할 의사가 있을 시 이에 대한 구제시기를 부여하여야 하고 특별경영허가자가 계약을 종료하거나 임의로 변경할 권리에 대하여 엄격하게 제한하여 특별경영허가자가 신의성실원칙에 따라 실행하도록 하며 특별경영허가관계의 기타 측면을 규율하여 특별경영허가자와 피특별허가자의 관계에서 불평등이 존재한다.”는 이론을 토대로 피특별허가자에게 더욱 많은 권리를 부여하여 그의 합법적인 권익을 보호하고자 하였다.”[408] 미국에서 특별경영허가권에 대한 규범적이고 대표적인 입법으로는 캘리포니아주의 “특별경영허가권 투자법”(1970년), 일리노이주의 “특별경영허가 관련 정보의 고지의무법”(1987년) 및 “특별경영허가 및 상업투기경영 관련 연방통일법”(1992년) 등이 포함된다.

(2) 프 랑 스

프랑스는 1971년에 설립된 “특별경영허가연합회”(FFF로 약칭함)에서 협회의 “행동규칙”을 공포하였지만 단지 회원에게만 구속력이 있다. 비회원일 경우, 사전에 선택하여야만 적용가능하다. 특별경영허가 관련 소송은 주로 계약법의 관련 규정을 통하여 해결하였다. 1989년 프랑스의회에서는 특별경영허가 관련 단행법인 「계약체결 전 관련 정보의 고지의무법」을 제정하여 특별경영허가자의 부가의무를 규정하였다. 본 법 제1조에서는 “만약 어떠한 자가 타인에게 자신의 상업명칭, 상표나 서비스표기를 독점적 또는 비독점적으로 사용하도록 권한을 부여할 경우, 정식으로 협상하기 전에, 특별경영허가자는 타인에게 성실하게 정보를 제공하여 결정하도록 하여야 한다.”고 규정하였다.[409] 프랑스법원은 본 법의 적용에 대하여 다음과 같이 해석하였다. “본 법은 특별경영허가권의 수권협의를 체결하기 전에 적용되며 특별경영허가권의 대상은 상표, 상업명칭 및 서비스표 등이 될 수 있다. 본 법은 모든 특별경

Okla. City U. L. Rev.241.

408) Rober W. Emerson, “Franchise Contract Clauses and The Franchisor's Duty of Caretoward its Franchisee”, 72 N. C. L. Rev. p.905.

409) Edited by Martin Mendelsohn, Franchising in Europe, Cassell, 1992.Chapter 7. France by Gerard Sautereau, p.113.

영허가자에게 적용되며 개인, 회사나 지점 또는 국적 및 프랑스 시장의 진입경로를 불문하고 그들이 특별경영허가의 네트워크를 확립하기만 하면 된다. 특별경영허가자는 계약체결 전 20일 내에 피특별허가자에게 계약의 초안 및 관련 정보를 제공하여야 한다. 그렇지 아니하면 법원은 계약법의 일반원칙에 따라 계약의 조기 종료를 판결할 권한이 있다. 이 경우 피특별허가자는 특별경영허가자에게 이로 인하여 발생한 손해를 배상할 것을 청구할 수 있으며 비록 정보의 양식문서를 제공하지 않았지만 본 법은 특별경영허가자가 서면으로 제공하여야 할 정보를 열거하였다.

(3) 영 국

영국은 상당히 긴 시간 동안 특별경영허가를 "피라미드식 판매계획"(Pyramid Selling Schemes) 및 기타 일부 사기성 행위와 동등하게 취급하였다. 1973년 영국은 공정거래법에서 제11 부분을 단독 설치하여 "피라미드식 판매 및 그와 유사한 거래 네트워크"에서 "본 법은 어떠한 자가 타인을 거래네트워크의 구성원으로 소개하거나, 구성원의 해당 거래네크워크에서의 지위가 향상, 발전 또는 변화하거나 어떠한 기타 구성원에게 상품을 제공하거나, 기타 구성원에게 교육시설이나 기타 서비스를 제공하거나 구성원이 타인의 거래에 상품이나 서비스를 제공하는 행위에 적용된다."고 명확히 규정하였다.[410] 본 조의 내용으로부터 보면, 영국의 공정거래법의 적용범위는 아주 광범위하며 부당한 다방면의 판매가 포함될 뿐만 아니라 정당한 다방면의 특별경영허가방식, 단일한 판매형태 및 특별경영허가방식도 포함된다. 1977년 영국의 "특별경영허가협회"(BFA라 약칭함)는 정식으로 성립되었지만 영국정부는 특별경영허가에 대하여 별도의 단독 입법을 하지 않고 BFA라는 상업자치단체를 통하여 특별경영허가권 관련 분쟁을 처리하였다. 영국에서는 특별경영허가와 관련하여 정식으로 입법하지 않고 일련의 법률을 통하여 특별경영허가권을 규율하였으며 이러한 법률에는 상법, 공정거래법, 제한성 상업행위법, 경쟁법, 소매가격법 등이 포함된다.

410) Martin Mendelsohn & Robin Bynoe, Franchising: Printed and Bound in Great Britain, Biddles Ltd., Guildford and King's Lynn, 1995, pp.68-69.

(4) 독 일

독일은 20세기 80년대 이래 "특별경영허가협회"(DFA라 약칭함)를 성립하였지만 영국과 마찬가지로 특별경영허가와 관련하여 단독으로 입법하지 않았으며 특별경영허가자와 피특별허가자 사이의 권리의무관계는 그들이 체결한 계약에 의하여 규율되었다. 독일법원은 상법전의 상업대리인 관련 조항에 따라 특별경영허가권의 취득을 일종의 대리판매의 법률형태로 인정하였다. 법원은 통상 「독일민법전」 제242조의 "신의성실원칙"을 원용하여 특별경영허가자와 피특별허가자사이의 계약관계를 해결하였다. 현재 독일법원은 특별경영허가권과 관련하여 이미 수많은 규칙을 창설하였으며 피특별허가자의 이익을 우선적으로 보호하였다. 예를 들면 피특별허가자의 독자적인 상인지위, 불공정계약의 처리방식, 계약 체결 전 관련 정보의 고지 불충분에 대한 법적 결과 등 규정이 있다.

(5) 호 주

호주에서 특별경영허가 관련 법률법규는 하나의 「특별경영허가행위수칙」과 여러 관련 법률로 구성되었다. 1998년 호주는 법적 구속력이 있는 「특별경영허가행위수칙」을 공포하여 기존의 「업계자율규범」(self-regulatory code of practice)을 대체하였다. 또한 해당 수칙의 실행을 보완하기 위하여 1974년에는 「무역실무법」을 수정하였다. 1998년 수칙에서 제일 중요한 내용은 정보공개의무조항으로서 특별경영허가자가 정보공개의 규정을 위반하는 경우에는 침묵의 방식으로 긍정적인 진술을 왜곡하거나 진술할 당시는 진실하지만 피특별허가자가 해당 진술을 신뢰하여 이에 따라 행할 시 이미 진술이 진실하지 않음을 발견하였음에도 조치를 취하지 않을 시 「무역실무법」에서 규정한 제재조치를 가할 것이다. 다만 이 경우 피특별허가자가 입증책임을 부담하여야 한다. 그 외 호주에서 특별경영허가 규제에 관한 법률에는 또 아래 법률이 포함된다. 첫째, 상표법이다. 외국의 특별경영허가자는 비록 호주에 경영장소가 없지만 상표등록을 출원할 수 있으며 상표등록 전에 특별경영허가자는 호주에서 이미 사용하였거나 바로 사용할 계획임을 증명하여야 한다. 피특별허가자가 상표를 사용할 시 피특별허가자가 반드시 등록하여 등록사용자가 될 것을 법률상 강제성 규정은 없지만 이러한 등록은 실제현실에서 필요한 것이다. 등록사용자는 상표의 소유권자로 간주되므로 등록사용은 소유권자가 무권리자의 침해를 방지하는

데 유리하다. 소유권자가 호주에 거주하지 않더라도 등록사용자와 함께 상표권 관련 침해행위를 방지할 수 있다. 둘째, 정보보호법이다. 피특별허가자는 수권을 통하여 얻은 특별경영허가자의 상업비밀에 대하여 비밀유지의무를 부담하며 피특별허가자가 이러한 의무를 위반하여 해당 정보를 누설하였거나 함부로 수권받지 않은 정보를 사용할 경우 권리자에 대하여 권리침해책임을 부담하여야 한다. 만약 피특별허가자가 수권을 거치지 않고 무단으로 특별경영허가자의 상표, 서비스표기, 상업명칭을 사용할 경우, "정보도용(Piracy)"이나 "정보해적판"에 해당될 수 있으며 행위자는 이에 대한 법적 결과를 부담하여야 한다. 셋째, 계약법이다. 특별경영허가권은 수권계약에 의하여 발생되므로 계약 관련 법률법규는 특별경영허가권 법률관계에도 적용된다. 넷째, 트러스트 금지법이다. 특별경영허가권을 사용하는 과정에서 부정경쟁의 상황이 발생하는 것을 방지하고 그의 정상적인 운용을 보호하기 위하여 본 법은 "비경쟁조항", "수요와 공급", "끼워팔기 및 강제판매", "특별경영허가권 종료 후의 제한", "특별경영허가자에 대한 제한" 등 내용을 규정하였다.

(6) 일 본

일본의 특별경영허가에 관한 규칙에는 업계자율규칙과 법률강제규범이 포함된다. 1972년 설립된 일본의 "특별경영허가협회"(JFTC라 약칭함)에서는 단독으로 "특별경영허가의 등록관리에 관한 규칙" 을 제정하여 특별경영허가자는 "공서양속을 위배해서는 아니되며", 특별경영허가업무에 대하여 1년 이상의 실제적인 업무종사경험이 있는 등 자격요건을 규정하는 한편 정보공개의 내용에 대하여 명확하고 구체적인 요구를 제시하였다. 특별경영허가와 관련된 법률로는 주로 1973년의 「중소형소매상업촉진법」 및 1983년의 「특별경영허가시스템에 관한 반독점법」이 있다. 상기 법률의 기본적인 내용에는 아래 측면이 포함된다. 첫째, 특별경영허가자는 피특별허가자에게 협조한다. 이에는 특별경영허가권을 수여한 후의 상품공급, 피특별허가자의 경영활동에 대한 지배, 특별경영허가사용료의 지불, 특별경영허가활동 과정에서의 손해배상문제 등이 포함된다. 둘째, 특별경영허가권의 수권계약이다. 이에는 계약의 체결, 존속, 변경 및 종료가 포함되며 특별경영허가자는 피특별허가자에 대하여 강제로 일방적인 불리한 경영의무를 부과할 수 없고 계약취소에 대하여 강제로 고액의 경제적 배상금을 요구할 수 없으며 계약종료 후 피특별허가자가 종사하는 어떠한 특별경영허가업무와 상호 경쟁하는 업무에 대하여 지나치게 엄격한 규정을 두어서는 아니된다. 셋째, 특별경영허가자는 반독점법 제19장의 "공정거래 활동"에서의 단독 조항에 규정된 관련 내용이다.[411]

다. 특별경영허가권 관련 입법

중국은 2007년에 「상업특별경영허가에 관한 관리조례」를 공포하여 실행한 지 10년이 넘은 「상업특별경영허가에 대한 관리방법(시행)」을 대체하였다. 그 외 「민법통칙」, 「회사법」, 「부정경쟁방지법」등 법률도 특별경영허가권에 직접 적용하거나 유추하여 적용할 수 있다. 중국의 현실적인 법률의 필요성에서 출발하여 중국의 특별경영허가 관련 입법은 법률로 상승할 필요가 있다. 이를 토대로 법률규범의 네트워크를 구축하는 것을 목표로 기본법(민법)-단행법(특별경영허가법)-특별법(회사법, 투자법, 부정경쟁방지법, 반독점법 등)의 다각도의 입체형 법률규범 네트워크를 형성하여야 한다.

중국의 특별경영허가 관련 입법은 아래 두 가지 문제점의 해결에 중점을 두어야 한다. 첫째, 특별경영허가권의 사권 체계에서의 지위이다. 특별경영허가권은 일종의 현실에서 확실하게 존재하는 무형재산권으로서 경제학에서는 지식재산권과 동등한 무형재산의 요소이다.[412] 앞서 논한 바와 같이 이는 유형동산 및 부동산과 상호 구별되며 비물질성 재산으로 지식형 재산(예를 들면 지식, 기술, 정보 등), 자본신용형 재산(예를 들면 상업명예, 신용, 이미지 등) 및 특별경영허가형 재산으로 분류할 수 있다.[413] 특별경영허가형 재산은 주관기관이나 사회단체에서 특별히 부여한 자격, 우대특권 등 법익으로 구성된다. 이러한 법익은 특수한 경제능력이나 경제이익을 형성하여 일종의 개인의 재산으로 될 수 있다. 상기 지식형 재산, 자본신용형 재산 및 특별경영허가형 재산은 공동의 비물질성 특징을 갖고 있으므로 필자는 이들 모두 무형재산권 범주에 포함시켜 전통적인(유체물) 소유권제도와 구별하여야 한다고 본다. 둘째, 특허경경단행법의 입법방식 및 중점내용이다. 특별경영허가 관련

411) Nobuo Miyake, "Franchise Business in Japan", 58 Antitrust L; p.975.
412) 蔡吉祥:《无形资产学》, 26页, 深圳, 海天出版社, 2002。
413) 吴汉东:《财产的非物质化革命与革命的非物质财产法》, 载《中国社会科学》, 2003(4)。

단행법을 제정하여 단행법을 통하여 모든 특별경영허가 관련 업무와 종류를 규율하여야 한다. 본 법규는 주로 사적 규범으로서 권리 자체에 입각하여 특별경영허가권의 개념, 객체, 속성, 내용 및 보호 등 관련 내용을 규정하는 한편 필요한 공적 규범도 포함시켜 특별경영허가관리의 필요성에 출발하여 정보공개 및 등록사항에 대하여 규정하여야 한다.

3. 특별경영허가권의 법률속성

가. 역사적 의의에서의 특별경영허가권

특별경영허가권은 역사적 범주에서 특수한 권리이다. 블랙스톤(Blackstone)의 「영국법평석」의 해석에서는 "특별경영허가권은 특별허가권과 동일한 개념이며 그들은 일종의 왕실의 특권이거나 국왕의 특권의 일부분으로서 주로 토지제도에 존재하였다. 그들은 왕권으로부터 비롯되어 국왕의 수권이나 지정을 받아야 한다. 특별경영허가권은 일종의 공통된 원칙이 있으며 그들은 자연인에게 수여할 수도, 정치단체에게 수여할 수도 있으며 1인에게 수여할 수도, 다수인에게 수여할 수도 있지만 동일한 성질의 특별경영허가권을 사전에 어떠한 자에게 이미 수여하였다면 타인에게 더 이상 수여할 수 없으며 그렇지 않으면 전자가 취득한 수권에 손해를 미칠 것이다."[414] David M.Walker가 편집한 『옥스퍼드법률사전』에서는 특별경영허가권이라 함은 "왕실이 수여한 권리로서 특별경영허가권은 특별허가증, 규정 등에 의하여 특별경영허가자가 해당 특별경영허가권을 위하여 국왕에게 일정한 비용을 지불한 증거를 통하여 수여하였다면 특별경영허가권은 성립될 수 있으며 그 성립의 기본원칙은 법률에 의하여 왕실의 특별허가로 전환되어야만 하며 그렇지 않으면 특별경영허가권은 존재하지 않는다." 이로부터 보다시피 초기 보통법의 저서에서는 "Franchise"를 모두 행정특허로 정의하였으며 특별허가권 및 특별경영허가권을 구분하지 않았다. 이는 초기의 특별경영허가권은 정부에서 비롯되고 경제분야에서만

414) Martin Mendelsohn & Robin Bynoe, Franchising: Printed and Bound in Great Britain, Biddles Ltd., Guildford and King's Lynn, 1995, pp.21-22.

전부 또는 부분적으로 적용되는 것이 아니라 정치적 요인을 더욱 많이 표현하였음을 의미하였다.[415] 역사적 의의에서의 특별경영허가권은 행정특별허가권이나 특별허가권으로 정의한 적이 있다.

나. 현대법에서의 특별경영허가권

특별경영허가권은 공상업분야에서 새로운 재산권이다. 현대법 의의에서의 특별경영허가권은 이미 전통적인 정부의 특별경영허가권에서 상업상 특별경영허가권으로 확장되었다. 국제특별경영허가단체로부터 각국의 특별경영허가주관부서까지의 규범성 문서에서는 대부분 상업경영방식의 입장에서 특별경영허가권에 대하여 정의하였다. 예를 들면 유럽연맹위원회가 1988년 공포한 "특별경영허가의 종류별 협의서에 대하여 유럽연맹협약 제85조 제3항의 적용에 관한 4087/88호 규칙"의 제1조 제3항 a에서는 특별경영허가권에 대하여 "특별경영허가권은 최종 소비자에게 상품을 판매하거나 서비스를 제공하기 위하여 타인에게 그의 상표, 상업명칭, 점포표기, 통일된 경영방식, 실용신안, 저작권, 기술비밀권이나 특허권을 포함한 모든 산업재산권 또는 지식재산권을 사용하도록 허가하는 것을 말한다."고 명확히 규정하였다.[416] 상기 특별경영허가와 달리 이러한 상업상의 수권경영은 시장경제발전의 산물이며 사법(私法) 자치의 법률구조에서 계약적 특징을 심도있게 표현하고 있으며 당사자가 약정한 재산적 이익이 발생하게 된다. 마르크스가 경제와 법률의 관계에서 논한 바와 같이 공업 및 상업의 발전이 새로운 거래형태를 창조할 때마다 법률은 그들이 "재산을 획득하는 새로운 방식"임을 인정하지 않을 수 없게 된다.[417] 비록 현대적 의의에서의 특별경영허가는 정부특허 및 상업특허 두 가지 방식이 있지만 그의 권리형태는 동일한 종류로 귀속될 수밖에 없다. 즉 사권의 속성을 갖는 무형재산권이다. 이로부터 우리는 특별경영허가권을 아래와 같이 정의할 수 있다. 민사주체가 정부의 특별허가나 계약의 수권을 통하여 특수한 상품이나 서비스의 경영에

---

415) 李维华等编著:《特许经营概论》, 9页, 北京, 机械工业出版社, 2003。

416) Martin Mendelsohn & Robin Bynoe, Franchising: Printed and Bound in Great Britain, Biddles Ltd., Guildford and King's Lynn, 1995, pp.21-22.

417)《马克思恩格斯全集》, 第3卷, 72页, 北京, 人民出版社, 1960。

종사하거나 특별경영허가자의 지식재산권 및 상업방식을 이용하여 경영할 수 있는 권리를 획득하는 것을 말한다. 그 중에서 정부가 수여한 민사주체의 특별경영허가권에는 특별업종경영권, 독점경영권, 자원개발경영권, 자원전용권이 포함되며 민사주체 사이의 계약의 수권에 의한 특별경영허가권에는 허가증경영권, 상품이나 서비스전문경영권, 상품이나 서비스의 프랜차이즈경영권 등이 포함된다.[418]

다. 특별경영허가권의 속성 및 각종 학설

특별경영허가권은 전문 경영의 자격을 객체로 한 재산권이며 이는 일종의 민사권리로서 법학계에서 광범위하게 인정하고 있지만 해당 권리가 어떠한 속성을 갖는지, 어떠한 범주에 귀속되는지에 대하여 아직 논쟁이 존재하고 있다. 요약하면 이에 대하여 세 가지 학설이 있다.

(1) 독점이용권설

이는 프랑스학자가 제시한 관점으로서 "대상에 따라 무형재산권을 전반적으로 독점경영권(독점이용권이라고도 함) 및 고객권 두 가지 종류로 분류할 수 있다."[419] 특별경영허가권은 무형재산권의 일종으로서 독점이용권에 귀속되었다. "독점이용권설"은 피특별허가자는 특별경영허가자의 상표, 서비스표, 상업명칭이나 전반적인 경영방식의 유일한 이용자로서 어떠한 불특정다수의 제3자에게도 대항할 권리가 있다. 따라서 "독점이용권"으로서의 특별경영허가권은 일종의 전용성 및 배타성을 갖는 재산권이며 권리자는 소유권자과 유사하지만 소유권자와 다른 점이 있다.

(2) 경영권설

이는 중국의 학자들이 시장마케팅학의 측면에서 입각하여 제시한 하나의 관점이다. 그들은 특별경영허가권이라 함은 "경영자가 특별경영허가자가 수여한 그가 경영관리하고 있는 상표, 서비스표, 상업명칭이나 경영방식 등 무형재산에 대하여 수권범위 내에서 갖는 경영성 점유, 사용 및 수익할 수 있는 권리를 말한다."[420] 그들

418) 蔡吉祥:《无形资产学》, 15页, 深圳, 海天出版社, 1996。
419) 尹田:《法国物权法》, 59页, 北京, 法律出版社, 1998。
420) 向欣、孟扬:《特许经营: 商业发展的国际化潮流》, 1页, 北京, 中国商业出版社, 1997。

은 특별경영허가권은 상표, 서비스표, 상업명칭이나 경영방식 등 무형재산에 대한 전용권을 토대로 파생한 권리이며 전통적인 경영권과 비교하면, 특별경영허가권은 권리자가 그가 사용하는 경영방식, 상표 등 무형재산에 대한 처분권능을 갖지 못한다는 것이다. 이로부터 보다시피 본 학설은 상기 학설과 다를 바 없다.

(3) 재산권설

이는 미국학자들이 제시한 하나의 관점이다. 본 학설은 "특별경영허가권은 일종의 재산권으로서 재산권 주체가 유형물, 무형물 및 기타 모든 객체에 대한 권리를 말하며 이러한 권리는 어떠한 단일한 권리가 아니라 일종의 권리결합이다."[421] 법률의 관점에서 보면, 특별경영허가권은 일종의 재산으로서 이는 "일련의 권리이며", "이러한 권리는 어떠한 자가 그가 소유한 자원에 대하여 할 수 있는 것과 할 수 없는 것, 또한 그의 재산에 대한 점유, 사용 및 타인의 침해를 저지하는 등에 대한 진술이다."[422]

필자는 "독점이용권설"은 특별경영허가권과 지식재산권을 구분할 수 없다고 본다. 지식재산권은 전용성을 토대로 독점성의 특징을 나타내고 있으므로 "독점이용권"을 통하여 무형재산권 중의 지식재산권과 특별경영허가권의 범위를 확정할 수 없다. 그 외, 경영자본신용권으로서의 특별경영허가권은 권리자가 "기타 경쟁자에 대하여 일종의 진정한 독점권을 갖고 있는 여부"에 대하여 의문이 있다. Mallory와 Ess는 영업자본신용자는 어떠한 제3자에 대한 진정한 독점권을 갖지 못한다고 주장하였다. "항상 고객이 상인을 선택하는 것일 뿐 상인이 고객을 선택하는 것이 아니다. 따라서 상인은 고객이용에 대한 배타권을 갖지 못한다."[423] 따라서 특별경영허가권을 일종의 독점이용권으로 분류하는 것에 의문이 존재한다. "경영권설"에서 특별경영허가권에 대한 확정이론은 사람들에게 "동일한 언어를 반복할 뿐"이라는 느낌을 준다. "경영"은 재산의 경제적 효익과 사회적 효익을 취득하거나 추가 취득하는 방식과 과정이며 그의 법학 및 경제학적 의의는 "재산의 효익을 취득하거나 추가 취득하기 위하여 시장을 중심으로 전개한 각종 활동을 말한다."[424] 경영권은 본질

421) Lewis G. Rudnick & Joseph W. Sheyka, "General Franchising Considerations", OaibIL. CLE 9-1.

422) [美] 罗伯特 · 考特、托马斯 · 尤伦:《法与经济学》, 张军译, 125页, 上海, 上海三联书店, 1994。

423) 尹田:《法国物权法》, 58页, 北京, 法律出版社, 1998。

적으로 소유권을 토대로 파생한 타물권으로서 경영권자는 소유권자에게 그가 경영관리하는 재산에 대한 지배권을 수여할 수 있으므로 권능상 소유권과 다를 바 없다. 특별경영허가권에서 특별경영허가자가 피특별허가자에게 수여한 것은 상표, 서비스표, 상업명칭 또는 전반적인 경영방식 등 무형재산에 대한 사용권이며 피특별허가자는 이러한 무형재산을 처분할 수 없다. 중국의 민사입법에서 경영권이라 함은 다수가 국유기업의 재산권 형태를 말하며 이 개념으로 특별경영허가권의 속성을 해석하는 것은 타당치 못하다고 본다. 앞서 논한 내용을 요약하면 필자는 "재산권설"이 더욱 설득력이 있다고 본다. 우선, 새로운 제도적 경제학의 관점에 근거하면 재산권은 일종의 권리이지만 다른 측면에서 보면 일종의 자유이기도 하다. "재산권의 법률개념은 바로 소유권자가 자유로 행사하며 타인의 간섭을 받지 않는, 자원에 대한 일련의 권력을 말한다. 타인의 간섭을 받지 않는 선택권을 통상 '자유'라고 한다. 따라서 재산을 법률제도로 정의함으로써 일련의 자원에 대한 권력을 사람들에게 배분하는 것은 바로 자원에 대한 자유를 사람들에게 부여하는 것이다."[425] 특별경영허가권은 바로 일종의 수권범위 내에서 피특별허가자가 특별경영허가자의 무형재산에 대한 자유로운 이용이다. 둘째, 재산권은 경제상의 가치가 거래가능함을 의미한다. 재산권이 경제상의 가치를 갖는 것은 "재산권의 객체가 주체의 노동이나 노동창조의 결과일 뿐만 아니라 이러한 객체가 잠재적인 경제가치가 있음을 의미한다."[426] 특별경영허가권은 주체에게 경제이익을 가져다주므로 이러한 권리의 법률속성을 "재산권"으로 정의하는 것 또한 그의 경제적 본질에 부합된다. 셋째, 재산권은 일종의 사회관계이다. "재산권이라 함은 사람과 물 사이의 관계를 말하는 것이 아니라 물의 존재 및 그들을 사용함으로 인하여 발생한 사람사이의 상호 인정하는 행위관계를 말한다."[427] 특별경영허가권은 특별경영허가자와 피특별허가자 사이의 권리의무를 내용으로 한 경영관계를 말한다.

특별경영허가권은 전문 경영의 자격이나 능력을 대상으로 한다. 어떤 학자가 강조한 것처럼 그들은 "일정한 경영방식"(business format)과 상호 연결된 무형재산권이

---

424) 张俊浩主编:《民法学原理》, 405页, 北京, 中国政法大学出版社, 1997。

425) [美] 罗伯特 · 考特、托马斯 · 尤伦:《法与经济学》, 张军译, 125页, 上海, 上海三联书店, 1994。

426) 高德步:《产权与增长: 论法律制度的效率》, 70页, 北京, 中国人民大学出版社, 1999。

427) [美] E.G. 菲吕博滕、S. 配杰威齐:《产权与经济理论: 近期文献的一个综述》, 载科斯等:《财产权利与制度变迁》, 204页, 上海, 上海三联书店, 1994。

다.[428] 특별경영허가권의 취득은 피특별허가자인 기업으로 하여금 특별경영허가사업에 종사할 수 있게 하며 "일정한 경영방식"의 자격이나 능력을 갖게 한다. 민사객체의 범주에서 보면 특별경영허가권은 전통적인 의의에서의 "물"과 "행위"가 아니고 전형적인 의미에서의 "지적성과"도 아닌 일종의 경영상의 자격 관련 이익이다. 특별경영허가의 분야에서 "자격"문제는 아주 중요하다. 어떠한 기업도 특별경영허가권을 수여받기 전에는 특별경영허가의 자격을 얻을 수 없으며 특별경영허가 관련 사업을 취급할 수도 없다. 이 점에서 특별경영허가권의 객체인 "자격"문제와 상법상 흔히 말하는 "시장진입"원칙은 본질적으로 일맥상통한 것이다. "수권을 통하여 경영의 자격이나 능력을 얻을 수 있는지 여부"는 특별경영허가의 "시장진입"문제이다. "시장진입"원칙의 핵심은 영업능력이나 자격을 말한다. 영업능력이라 함은 "영업활동에 종사할 수 있는 능력"[429]을 말하며 이러한 영업능력은 일반적인 민사능력이 아니라 "일정한 영리의 목적을 위하여 재산을 운용하여 경영활동을 전개할 수 있는 능력을 말하며 이는 우연적인 별개의 거래능력을 말하는 것이 아니라 반복적으로 끊임없이 계획성있게 영업활동을 할 상업능력을 말한다."[430] 여기서 설명할 것은 전문 경영자격은 피특별허가자가 자신의 생산성 행위나 창조성 행위에 의하여 형성된 것이 아니라 어떠한 정부기관이나 민사주체의 특별수권에 의하여 취득한 것이다. 전문 경영의 특별자격, 우대나 능력은 비록 비물질성을 갖지만 재산적 의미를 갖고 있으므로 무형재산권의 객체가 될 수 있다. 물론 자격, 능력이나 우대는 법률의 보호를 받는 이익이지만 모두 법정 권리로 상승되지는 않는다. 상업거래의 필요성과 법의 발전으로 인하여 특별경영허가권은 전문 경영자격의 이익에 대한 법정 권리형태가 되었다. 앞서 논한 바와 같이, 특별경영허가권의 발생으로부터 보면, 초기에는 일종의 행정권의 연속일 뿐이었다. 고대중국에서 존재하는 관료특허, 소금 및 철에 대한 전문경영에서든 중세기 영국에 존재했던 토지의 전문경영에 대한 왕실 수권에서든 모두 피특별허가자가 획득한 것은 일종의 행정특권이다. 다시 말하면 주체가 갖는 일종의 특수한 신분, 지위, 자격을 말하며 이로 인하여 법적 이익을 얻게 된다. 근대사회에 이르러 특별경영허가의 대상은 비록 상당한 부분이 행정

428) 何易:《特许经营法律问题研究》, 5页, 北京, 中国方正出版社, 2004。
429) [日] 上柳克郎等编:《商法总则 · 商行为法》, 34页, 东京, 有斐阁, 1993。
430) [日] 龙田节编著:《商法略说》, 谢次昌译, 22、23页, 兰州, 甘肃人民出版社, 1985。

특허에 해당하지만 대다수는 행정권과 무관한 상업상 특별허가업무이다. 정부특별경영허가와 상업상 특별경영허가의 병존은 특별경영허가방식의 확장을 의미하는 한편 특별경영허가권이 행정권으로부터 사적 재산권으로의 변환을 의미하기도 한다. 다시 말하면 전문경영자격은 정부나 상업상 특별허가에서 비롯되며 이에 대한 권리취득방식을 불문하고 해당 권리의 기본속성에 전혀 영향을 미치지 않는다.

4. 특별경영허가권의 기본내용

가. 피특별허가자의 권리주체 자격

특별경영허가의 상업방식에서 당사자 쌍방은 특별경영허가자와 피특별허가자이다. 특별경영허가자라 함은 특별경영허가권을 수여하는 주체를 말한다. 정부특별경영허가의 주체를 보면 사회의 공공자원에 대한 개발, 건설 등을 입찰, 경매 등 방식을 통하여 타인에게 사용하도록 양도하는 공법인을 말하며 상업상 특별경영허가의 주체를 보면 자신이 소유한 지식재산권, 경영방식 등을 특허가맹계약의 형태로 타인이 사용하도록 수권하는 자연인이나 기업법인을 말한다. 피특별허가자라 함은 특별경영허가권을 취득한 주체를 말한다. 정부특별경영허가에서는 사회의 공공자원에 대한 개발, 이용의 자격을 취득한 기업법인을 말하며 상업상 특별경영허가에서는 어떠한 특별경영허가체계에 가맹한 자연인이나 기업법인을 말한다.

특별경영허가권 법률제도에서 특별경영허가권의 소유자인 피특별허가자가 갖는 권리와 의무가 해당 권리의 기본내용을 구성한다. 현대 특별경영허가의 속성은 “영업방식, 기업경영관리방식 및 사회경제방식” 등 특징을 갖고 있으며[431] 상업상 특별경영허가는 이미 특별경영허가의 중요한 형태가 되었다. 이를 근거로, 아래 특별경영허가권이라 함은 특별한 설명이 없으면 모두 상업상 특별경영허가권을 말한다.

431) 李维华等:《特许经营概论》, 103页, 北京, 机械工业出版社, 2003。

나. 피특별허가자의 권리

피특별허가자가 갖는 권리는 다음과 같다.

(1) 경영정보에 대한 알 권리

즉 피특별허가자는 특별경영허가자에게 그의 결정에 영향을 미치는 모든 경영정보의 제공을 요구할 권한이 있다. 특별경영허가권의 취득은 특별경영허가자의 영업비밀 및 기타 특허기술과 관련이 있으므로 타인이 알 수가 없다. 따라서 특별경영허가계약을 체결할 시, 피특별허가자는 특별경영허가자에게 특별경영허가시스템의 정보의 제공을 요구할 권한이 있다. 이러한 정보에는 특별경영허가시스템의 발전상황 및 시장발전의 가능성, 그리고 피특별허가자가 특별경영허가업무에 종사하여 획득가능한 이익 및 특별경영허가권의 사용범위 등이 포함된다. 민법의 신의성실원칙에 따라 특별경영허가자가 제공한 정보는 정확하고 객관적이어야 한다. 유럽특별경영허가연맹(EFF)이 제정한 「특별경영허가행위규칙」 제3조의 "새로운 구성원 영입, 광고 및 정보공개"의 내용에는 "새로운 구성원을 영입하는 광고에는 의미가 모호한 오인가능한 진술이 있어서는 아니되며 새로운 구성원을 흡수하기 위하여 피특별허가자의 장래의 발전지위 및 수입상황에 대하여 직접 또는 간접적인 모든 참고광고나 홍보자료는 객관적이어야 하며 용이하고 확정가능하여야 한다. 장래의 피특별허가자로 하여금 구속력있는 문서가 정식 실행하기 전의 합리적인 기한 내에 본 문서에 대하여 전반적인 인식이 있어야 하며 경영자는 특별경영허가권에 대하여 명확한 서면정보자료 외에 하나의 행위규칙에 대한 복사본을 얻어야 한다."[432]

(2) 특별경영허가(특별허가권) 청구권

특별경영허가자에게 경영에 필요한 지식재산권, 경영방식 등 무형재산을 청구할 권리를 말한다. 특별경영허가자와 피특별허가자 사이의 법률관계의 토대와 핵심은 특별허가권이다. 특별경영허가자는 자신이 개발한 특별허가권을 통하여 이익을 획득하며 피특별허가자는 일정한 대가를 지불하여 해당 특별허가권의 이익을 공유한다. 특별경영허가의 실질은 지식재산권을 핵심으로 한 특별허가권 거래이다. 외국

432) Rober W. Emerson, "Franchise Contract Clauses and The Franchisor's Duty of Caretoward its Franchisee", 72 N. C. L. Rev. p.905.

의 학자가 지적한 바와 같이 "특별허가는 기술 및 관련 능력에 대한 교환이다."[433] 이는 영업비밀과 같이 단일한 요소일 수도 있고 특허, 상표, 상호 등과 같이 여러 요소의 조합일 수도 있으며 심지어 지식재산권 및 기타 요소가 포함된 전반적인 경영방식의 조합일 수도 있다. 따라서 피특별허가자의 우선적인 권리는 특별경영허가에 대한 청구권이다. 즉 특별경영허가자에게 특별경영허가와 관련이 있는 문서자료를 제공할 것을 청구하는 한편 특별경영허가권이 하자가 없음을 보증하여야 한다. 특별경영허가권은 통상 전용기술 및 영업비밀과 관련이 있으므로 피특별허가자가 이러한 특별경영허가권을 획득할 시 특별경영허가자에게 상기 무형재산을 제공하고 피특별허가자에게 별도의 교육을 실시할 것을 청구할 수 있으며 개업 후에도 지속적으로 피특별허가자를 지원하고 협조하여 특별경영허가시스템의 통일성과 명예를 유지한다. 교육과 지원의 주요내용에는 판매지점의 설립 및 판매지역의 선택에 대한 분석, 제품의 판매방식, 광고홍보 및 직원에 대한 기술능력의 교육이 포함된다. 그 외 특별경영허가자가 개발한 신제품 및 신기술을 지속적으로 획득할 것을 청구할 수 있다.

(3) 독점허가경영권

수권범위 내에서 독점허가에 대한 권리를 말한다. 다시 말하면 피특별허가자는 특별경영허가자가 수권한 범위 내에서 독점경영권을 갖는 한편 특별경영허가자의 지역에 대한 보호를 받아야 한다. 특별경영허가자는 특별경영허가권을 피특별허가자에게 수권한 후 계약에 약정한 범위 내에서 아래 행위를 행해서는 아니된다. 제3자에게 특별경영허가권을 수여하거나 자체로 특별경영허가권을 행사하거나 또는 동일한 방식으로 상품을 판매하거나 서비스를 제공하는 행위이다. 특별경영허가권의 취득의 실질은 피특별허가자의 독점경영권에 있다. 경쟁법의 측면에서 보면 이러한 권리내용은 어느 정도 지역적 보호색채를 띠고 있지만 이러한 지역적 보호는 특별경영허가권을 사용 및 실행함에 있어서 필요한 것이다. 만약 이러한 지역적 보호의 제한이 없다면 피특별허가자는 특별경영허가권을 구매할 적극성을 상실하게 되며 따라서 특별경영허가업무에 대하여 실질적인 투자가 이루어지지 않을 것이다.[434]

---

433) 傅强编译:《技术战略联盟》, 載《IT经理世界》, 2001(2)。

다. 피특별허가자의 의무

피특별허가자의 의무는 다음과 같다.

(1) 특별경영허가시스템의 통일성 유지의무

피특별허가자는 특별경영허가시스템에서 대외적으로 통일된 기업경영이미지를 유지할 의무를 부담한다. 이러한 의무는 특별경영허가활동에서 구체적으로 "표준화"원칙과 "통일성"규칙으로 표현된다. "표준화"(standardization)는 특별경영허가의 제일 기본적인 원칙이며 프랜차이즈경영의 제일 기본적인 특색이다. 표준화원칙은 특별경영허가방식의 복제를 실현하고 전반적인 특별경영허가시스템의 통일성을 유지하기 위함이다. 그 내용에는 생산경영절차, 방식, 외적 이미지 등 하드웨어 및 소프트웨어가 포함된다. 표준화원칙의 지도하에 피특별허가자는 특별허가경영시스템에서 약정한 경영요소에 따라 "통일"기준에 달하여야 한다. 이러한 "필수적 통일"(necessary unification)은 특별경영허가방식 자체의 특성에 의하여 결정된 것이다. 이는 특별경영허가방식이 피특별허가자에 대한 기본적인 요구조건이다.[435] 이에는 통상 통일된 브랜드, 통일된 기업식별성 표지, 통일된 경영방식, 통일된 상품이나 서비스, 통일된 관리 등이 포함된다.

(2) 특별경영허가 관련 비용의 지급의무

특별경영허가 관련 비용은 특별경영허가자가 특별경영허가활동에서 보유한 권익을 나타낸다. 필요한 비용의 지불이라 함은 피특별허가자가 특별허가권을 향유하기 위하여 반드시 일정한 대가를 지불하는 의무를 부담하여야 함을 말한다. 통상적으로 특별경영허가관계의 발생 과정에서 피특별허가자가 특별경영허가자에게 지불한 비용에는 특별경영허가의 초기비용 및 후속비용이 포함된다. 전자는 일회성 비용으로서 피특별허가자가 특별경영허가계약을 체결할 시 일회성으로 전부 지불하여야 할 "입문비"(initial fee) 또는 "가맹금"을 말한다.[436] 후자는 주로 특별허가권 사용료(royalty fee)로서 권리이익금, 관리비라고도 한다. 이는 정기적으로 지불하는 비용으

434) David J. Kaufman, "An Introduction to Franchise Law", 603 PLI Order, No. A4-4367.
435) 李维华等:《特许经营概论》, 139~140页, 北京, 机械工业出版社, 2003。
436) [美] 欧文 · 丁 · 柯普:《特许经营宝典》, 窦莹译, 18~31页, 北京, 机械工业出版社, 2003。

로서 피특별허가자가 계약이 약정한 기준이나 비율에 따라 특별경영허가자에게 정기적으로 지불하는 것을 말한다. 그 외 특별경영허가 관련 후속비용에는 시장마케팅 및 광고비용이 포함되며 이는 주로 특별경영허가시스템의 광고효과를 유지하는데 사용되며 기업이미지의 전체성과 통일성을 유지하기 위하여 지불한 비용이다.

(3) 특별경영허가정보에 대한 비밀유지의무

통상적으로 피특별허가자는 특별경영허가자가 제공한 특별경영허가시스템의 자료 및 특별경영허가의 정보에 대하여 비밀유지의무를 부담한다. 특별경영허가계약의 존속기간 내에 피특별허가자는 약정에 따라 영업비밀을 사용하여야 하며 경영업무에 한하여 사용하여야 한다. 또한 계약 존속기간 및 종료 후 피특별허가자는 특별경영허가자의 영업비밀을 누설해서는 아니되고 피특별허가자가 무단으로 타인의 사용을 허가하거나 타인에게 해당 비밀의 소유권을 불법으로 양도해서는 아니되며 계약기간이 만료 후 해당 영업비밀이 여전히 공중에게 알려지지 않을 시 피특별허가자도 해당 영업비밀을 사용해서는 아니된다. 다만 피특별허가자가 계약기간이 만료되고 영업비밀을 공개한 경우에 해당 영업비밀을 사용할 경우 부정경쟁에 대한 제한행위에 해당될 수 있다. 물론 만약 해당 영업비밀이 피특별허가자에 의하여 누설되었다면 이는 또 다른 문제이다. 피특별허가자는 특별경영허가자에게 영업비밀의 발전성과를 통보하고 특별경영허가자 및 기타 경영자에게 비독점적인 허가사용권을 수여하며 피특별허가자는 특별경영허가자에게 자신이 알고 있는 제3자의 권리침해행위를 보고하는 한편 특별경영허가자의 법적 소송행위를 협조하고 지원할 의무를 갖는다.

5. 특별경영허가권의 침해 및 민사구제

가. 특별경영허가권 보호의 제도적 구성

특별경영허가는 계약에 의하여 유지되는 상업방식이며 특별경영허가의 실질은 바로 지식재산권을 포함한 특별허가권에 대한 거래이다. 특별경영허가권 법률관계에서 권리주체가 갖는 경영정보에 대한 알 권리, 특별경영허가청구권은 특별경영허가자와 피특별허가자 사이에서 발생되며 특별경영허가자를 대상으로 행사하는 청구권으로서 계약이 약정한 의무를 대가로 한다. 반면 권리주체가 갖는 독점경영권은 비록 계약에 의하여 특별경영허가자의 수권에 의하여 발생되지만 이는 일종의 상대적으로 독립적인 지배권이며 불특정 다수(특별경영허가자 자신 포함)를 대상으로 행사하는 청구권으로서 권리주체는 일반소유권자의 법적 지위를 갖는다. 따라서 이러한 독점허가의 성질을 갖는 특별경영허가권은 타인의 불법침해를 받을 시 관련 법률(사법)을 원용하여 구제할 수 있다.

특별경영허가권은 일종의 특수한 무형재산권으로서 법률보호제도는 하나의 네트워크구조여야 한다. 우선, 특별경영허가권을 재산권체계에 포함시키고 민법이나 권리침해법을 통하여 일반재산권의 의의에서 보호한다. 또한 부정경쟁방지법에서 특별경영허가권 침해행위에 대하여 구체적으로 민사책임, 행정책임 내지는 형사책임을 포함한 관련 법적 책임을 규정한다. 그 외 특별경영허가권 침해행위가 지식재산권법, 상법 등 법적 규정과 관련 있을 시 해당 법률을 원용하여 처리한다.

나. 특별경영허가권 침해행위에 대한 인정 및 법적 제재

법적 보호를 받는 특별경영허가권이라 함은 실질적으로 기업이 특정상품이나 서비스경영에 종사할 수 있는 자격이나 능력을 말한다. 특별경영허가권에 대한 침해는 피특별허가자가 경영상에서의 어려움을 직접 초래하게 되고 심지어 경영자격이나 능력을 상실하게 하므로 권리자로 하여금 투자를 회수하거나 기대한 이익을 실현할 수 없게 한다. 특별경영허가권 침해행위는 일종의 특수한 침해행위로서 부정경쟁의 수단으로 피특별허가자의 정상적인 경영을 방해하는 것이다. 이러한 행위는 특별경영허가권 침해행위의 책임제도에 대한 토대를 마련하였다. 필자는 특별경영허가권에 대한 사법 보호를 논하자면 침해행위에 대한 인정 및 민사책임에 대한 확립에서 아래 몇 가지 문제점을 주의하여야 한다고 본다.

(1) 권리침해행위의 주체에 대한 인정문제

침해행위의 주체를 보면, 피특별허가자가 종사하는 업무와 동일하거나 유사한 상품이나 서비스를 경영하는 기업만이 특별경영허가권 침해행위의 주체가 될 수 있다. 상기 주체가 아닐 경우, 그가 실행한 침해행위는 일반적인 권리침해로 간주되어야 한다. 특별경영허가권 침해행위가 일종의 특수한 침해행위인 이유는 그가 일종의 부정경쟁행위라는 것이다. 즉 침해주체는 피특별허가자와 동일하거나 유사한 업무를 종사하는 경영단체여야 하며 이러한 특징을 구비하지 않은 경제단체나 개인이 침해행위를 행하였다면 부정경쟁방지법의 특별경영허가권 침해에 대한 규정을 적용할 수 없다. 여기서 특별경영허가권 침해행위에 해당하지 않는 두 가지 경우를 명확히 할 필요가 있다. 첫째, 만약 피특별허가자와 경쟁관계가 아닌 경제단체나 개인이 특별경영허가자의 상표, 상업명칭, 상업서비스 등 지식재산권을 사용하여 경영을 방해할 경우, 지식재산권에 대한 허가사용권 침해로 간주하여야 한다. 둘째, 만약 상기 주체가 피특별허가자가 정부의 수권에 의한 업무의 종사를 방해하거나 피특별허가자가 특별경영허가자의 전반적인 경영방식의 사용을 방해할 경우, 타인의 경영을 방해하는 일반적인 권리침해행위로 간주하여야 한다. 이로부터 보다시피 부정경쟁행위 및 특별경영허가권 침해행위의 주체는 아래 두 가지가 있다. 첫째, 특별경영허가권을 함부로 변경하거나 취소하여 피특별허가자가 경영에 종사하는 것을 방해하는 특별경영허가자이다. 특별경영허가권은 특별경영허가자의 수권에 의하여 발생하므로 특별경영허가자와 피특별허가자가 동일한 업무에 종사하여 경쟁관계가 존재한다. 반면 특별경영허가자와 피특별허가자는 상호 완전히 독립된 주체이며 각자 자신의 경영결과를 부담한다. 따라서 특별경영허가자의 이러한 행위는 부정경쟁행위로서 특별경영허가권 침해행위에 해당한다. 둘째, 기타 피특별허가자와 상업경쟁관계가 존재하는 경제단체이다. 해당 주체가 실행한 특별경영허가권 침해행위는 대표적인 부정경쟁행위이다. 세계지식재산권기구가 제정한 「부정경쟁방지 보호에 대한 시범성 규정」에서는 상업명예권 침해행위를 이미 부정경쟁행위로 인정하였다. 특별경영허가권과 상업명예권 모두 경영성 자본신용권으로서 본 규범체계에 포함시켜야 한다.

(2) 권리침해의 표현형태

특별경영허가권 침해행위는 주로 경쟁대상인 피특별허가자가 특별경영허가권을 행사하는 것을 저해함으로써 그로 하여금 경영자격이나 능력에 손해를 미치는 결과를 초래한다. 구체적으로 말하면 첫째, 특별경영허가자가 함부로 특별경영허가권을 변경, 취소하는 행위이다. 특별경영허가권은 수권계약에 의하여 발생되며 특별경영허가자의 상기 행위는 위약행위에 해당할 뿐만 아니라 당연히 특별경영허가권에 대한 침해에도 해당된다. 둘째, 행위자가 피특별허가자가 특별경영허가자의 상표, 서비스표, 상업명칭 등 지식재산권에 대한 허가사용권을 저해하는 행위이다. 이러한 침해행위는 구체적으로 피특별허가자의 경쟁자가 수권없이 무단으로 동일한 지역 내에 동일한 상품이나 서비스에 특별경영허가자의 지식재산권을 사용하는 행위로 나타난다. 본 행위는 특별경영허가자의 지식재산권을 침해하였을 뿐만 아니라 특별경영허가권에 대한 침해에도 해당된다. 셋째, 행위자는 피특별허가자가 정부의 수권이나 특별경영허가자의 전반적인 경영방식을 이용하여 경영업무에 종사하는 권리를 저해하는 행위이다. 전자의 경우, 주로 정부의 수권을 거치지 않고 함부로 사회공공복지사업(예를 들면 전력, 상하수도, 우편, 전화, 전보, 가스 등) 및 일부 특수상품(예를 들면 면세상품, 담배, 주류 등)의 경영이나 판매에 종사하는 행위를 말한다. 이러한 행위는 관련 행정법규를 위반하였을 뿐만 아니라 동종업무에 종사하는 피특별허가자의 특별경영허가권도 침해하였다. 후자의 경우, 주로 수권을 거치지 않고 함부로 특별경영허가자의 경영비결, 관리방식, 자금운용, 인원배치 등을 내용으로 한 경영방식을 사용하여 피특별허가자와 동일한 업무에 종사하는 것을 말한다. 이러한 행위 역시 부정경쟁행위에 해당하며 경쟁상대의 특별경영허가권 침해행위에 해당한다.

(3) 손해결과

특별경영허가권 침해의 손해결과라 함은 부정경쟁행위의 실시로 인하여 특별경영허가권의 정상적인 행사에 영향을 미쳐서 피특별허가자의 경영자격이나 능력상의 이익손실을 초래하는 것을 말한다. 예를 들면 시장점유율이 하락하거나 판매액이 감소되는 경우 등이다. 상기 손해결과는 비록 특별경영허가권의 침해로 인하여 초래되었지만 침해행위의 성립은 손해결과의 실제 발생을 필요조건으로 하지 않는다. 다시 말하면 손해결과가 발생할 우려만 있어도 된다.

(4) 권리침해자의 주관적 과실

특별경영허가권 침해행위의 성립에 대한 주관적 요건에서 과실형태에 대한 인정문제에 대하여 학자들은 두 가지 관점을 갖고 있다. 하나는 고의성에 한하고, 다른 하나는 고의든 과실이든 특별경영허가권 침해에 해당한다. 필자는 특별경영허가권 침해는 일종의 부정경쟁행위로서 주로 경영자 사이에서 발생하며 권리침해자의 목적은 피특별허가자의 경영자격이나 능력에 손해를 미쳐서 특별경영허가권의 정상적인 행사를 방해함으로써 피특별허가자의 경쟁우위와 경제실력을 약화시켜 자신으로 하여금 경쟁에서 유리한 지위에 처하게 한다. 따라서 고의성 행위만 권리침해행위에 해당된다고 본다. 즉 행위자가 자신의 행위가 타인의 특별경영허가권 침해의 결과를 초래할 것을 알지만 이러한 손해결과의 발생을 희망하거나 방임하는 것을 말한다.

특별경영허가권 침해에 대한 민사책임문제에 관하여 민법이나 권리침해책임법에서 명문으로 규정하여야 하며 부정경쟁방지법에서 관련 내용을 구체화하여야 한다. 통상적으로 권리침해에 대한 민사책임의 주요방식은 손해배상이며 권리자에 대하여 말하면 이는 손해의 구제에 대한 최적의 방식이다. 특별경영허가권 침해에 대한 민사책임은 손해배상 외에 방해제거, 침해정지, 영향해소, 공개사과 등을 포함한 침해제거의 책임방식이 포함된다. 상기 책임방식과 손해배상 모두 민사구제의 조치에 해당하며 단독으로 적용할 수도 있고 병합하여 적용할 수도 있다.

6. 특별경영허가의 반독점법 규제

가. 특별경영허가자의 권리남용에 대한 규제

특별경영허가권은 무형재산권의 일종으로서 당연히 법적 보호를 받아야 하는 한편 기타 민사권리와 마찬가지로 법적 규제도 받아야 한다. 정부의 특별경영허가권을 말하면, 초기의 특별허가권은 일종의 왕실이나 정부의 수권성 권리로서 봉건군주의 칙령이나 명령을 얻어야 하므로 해당 권리의 행사는 통상 조건 및 기한에 대한 규제가 있다. 현대의 행정특별허가권도 정부가 수권하는 한편 의무도 부담하여야 한다. 상업상 특별경영허가에서 이러한 권리는 당사자의 의사자치를 토대로 확립한 것이지만 계약의 자유에도 여러 제한이 있다. 이는 주로 두 가지 측면에서 표현된다.

하나는 대기업이 계약의 자유를 남용하여 함부로 각종 불평등조항을 체결하는 행위에 대하여 제한한다. 즉 부수적 계약에 대하여 제한하고 관리한다. 다른 하나는 대기업이 계약의 체결을 통하여 경쟁을 제한하고 독점을 실행하는 것을 제한한다.[437]

통상 특별경영허가계약의 체결로 표현되는 특별경영허가권의 취득과정에서 독점행위의 발생은 특수성을 나타내고 있다. 한 면으로는 특별경영허가권의 수여 자체가 일종의 독점을 형성하며 피특별허가자가 일정한 시간 내에 일정한 지역 범위 내에서 특정상품이나 서비스를 경영하는 특권을 취득하게 된다. 다른 한 면으로는 특별경영허가자는 통상 강대한 경제실력을 이용하여 표준계약의 형태로 피특별허가자가 계약조항을 받아들이도록 강박하여 자유로 협상할 여지가 없게 한다. 그 외 특별경영허가네트워크가 점유하는 시장지분은 비교적 크므로 이러한 우월적 지위를 유지하기 위하거나 이러한 우위를 진일보 확대하기 위하여 특별경영허가자는 통상 계약조항을 이용하여 피특별허가자를 어느 정도 규제하고 있다. 상기 두 가지 상황 모두 경쟁을 제한하는 결과를 초래하기 쉬우므로 특별경영허가자, 피특별허가자 및 많은 소비자 사이의 이익이 평형을 잃게 할 수 있다.

반독점법에서 특별경영허가를 규제하는 표현으로는 주로 특별경영허가자의 수권남용에 대한 제한이며 그 실질은 권리남용에 대한 금지로서 지식재산권 및 경영방식의 우위를 이용하여 타인의 이익과 사회의 공공이익을 해하는 것을 방지하기 위함이다. 상기 의의에서 보면, 특별경영허가자의 수권에 대한 규제는 지식재산권 남용에 대한 규제이다. 권리행사의 규제 및 권리남용의 금지는 현대법학에서 보편적으로 실행하는 법률이념이자 현대의 각국에서 보편적으로 규정한 입법원칙이다. 권리남용의 실질은 권리자가 불공정하고 부당한 방식으로 권리를 행사하는 데 있다. 지식재산권 남용에 대한 법적 규제에는 사법규제 및 공법규제 두 가지가 포함된다.[438] 전자는 일종의 내부적 제한으로서 우선 지식재산권법 규정에 대한 제한으로 표현된다. 권리의 정당한 행사의 일반원칙 외에 법률은 지역, 시간, 권능에 대한 제한(공정이용, 법정허가사용, 강제허가사용이 포함) 등 구체적인 제도를 통하여 지식재산권의 효력이 일정한 조건에서 제한을 받게 한다. 다음은 민법의 기본원칙에 의한

437) 方新军:《特许专营合同研究》, 载徐国栋主编:《罗马法与现代民法》(第1卷), 283~284页, 北京, 中国法制出版社, 2000。

438) 梁慧星:《民法总论》, 251页, 北京, 法律出版社, 2007。

제한으로 표현된다. 이는 주로 민법의 신의성실원칙, 권리남용원칙 및 공서양속원칙의 제한을 받는다. 민법의 기본원칙은 각종 민사법률제도에 적용되는 기본원칙이며 민법이 규율하는 사회관계 및 민법관념의 종합적인 표현이기도 하다. 지식재산권은 일종의 민사법률제도로서 상기 기본원칙을 지도로 하여야 하며 평등한 주체 사이의 지식재산관계를 규율할 시 민법의 기본원칙을 나타내어야 한다. 지식재산권 남용행위를 말하면 법적 규제의 기능은 다음과 같다. 첫째, 구속기능이다. 지식재산권의 행사는 민법의 기본원칙의 구속을 받아야 하며 상기 기본원칙을 위반한 민사활동은 법적 보호를 받을 수 없다. 둘째, 보충기능이다. 성문법으로서의 지식재산권을 적용할 수 없을 시 권리남용행위에 대하여 일정한 정도 통제할 수 있으며 법률의 공백에 대한 보충역할을 할 수도 있다.[439] 후자는 일종의 외부적 제한으로서 반독점법의 범위 내에서 지식재산권 남용문제를 해결한다. 지식재산권 자체의 규정이든 민법의 기본원칙인 권리남용에 대한 제한이든 모두 사법 자체의 성질과 수단의 제한성이 있으므로 이 경우 공법의 개입이 필요하다. 반독점법은 국가가 시장경쟁행위에 간섭한 산물로서 공법의 사회적 중심의 속성을 표현하였으므로 지식재산권 남용행위에 대한 규제 측면에서 특별한 효과와 역할을 하였다. 지식재산권은 사권으로서 발생 초기부터 이러한 법률속성은 줄곧 변함이 없었다. 그러나 개인의 사익과 사회의 공익 사이의 관계를 조율하고 평형하기 위하여, 일정한 경우 국가도 사권에 대하여 필요한 간섭과 규율을 할 것이며 지식재산권이 기타 사적 재산권과 마찬가지로 예외가 될 수 없다. 반독점법의 지식재산권분야에 대한 개입은 아래 두 가지 측면으로부터 이해할 수 있다. 첫째, 지식재산권을 기타 재산권과 동등하게 취급하여 동일한 반독점법원칙을 적용한다. 지식재산권은 비록 기타 재산권의 여러 특징과 구별되지만 법률을 적용할 시 반독점법의 심사를 동등하게 받아야 한다. 다시 말하면 각종 재산권은 모두 통일된 기준과 법률원칙을 적용하여야 한다. 이러한 의의에서 지식재산권은 비록 "독점권"으로 간주되지만 반독점법규가 규제하는 시장지배력으로 볼 수 없다. 요약하면 지식재산권을 토대로 형성된 시장분배력 자체는 당연하게 불법으로 인정되지 않는다는 것이다. 오직 지식재산권의 행사가 법률이 정한 범위를 초과하여 타인의 이익과 사회의 공공이익에 대한 손해결과를 초래하였

---

439) 민법기본원칙의 기능역할에 관하여 魏振瀛主编:《民法》, 22~23页, 北京, 北京大学出版社, 2000 참조.

을 경우에만 반독점법이 규제하는 "권리남용"으로 간주할 수 있다. 둘째, 반독점법에서 특별경영허가자가 지식재산권을 남용하여 독점경영허가를 하는 행위는 주로 아래 몇 가지가 있다.

(1) **가격고정**

특별경영허가계약을 통하여 가격을 확정, 유지 및 변동하는 행위를 말한다. 특별경영허가자가 강제로 피특별허가자에게 불합리한 고정된 가격조항을 받아들이게 하거나 당사자가 특정시장에 대한 지배를 통하여 대가를 얻는 등이다.

(2) **시장배분**

당사자가 협의를 통하여 시장(지역시장이나 상품시장 포함), 고객을 분할하는 행위를 말한다. 이러한 행위는 반독점법의 "자체위법원칙"을 적용한다.

(3) **끼워팔기**

특별경영허가자가 강제로 피특별허가자에게 지정상품과 무관한 기타 상품을 구매, 접수하거나 사용하게 하는 상업행위를 말한다. 끼워팔기는 특별경영허가자가 시장지배의 지위를 남용하는 중요한 형태이다.

(4) **허가거절**

특별경영허가자는 법률이 수여한 전용권을 이용하여 경쟁자의 합리적 사용허가를 거절함으로써 경쟁을 배척하고 자신의 독점적 지위를 확보하고 강화하고자 한다. 요약하면 특별경영허가자의 권리남용행위는 피특별허가자의 이익에 손해를 미치거나 제3자의 이익을 침해하거나 사회공공이익을 방해하므로 법률의 제한을 받는다.

나. 피특별허가자의 권리행사에 대한 법률제한

반독점법은 피특별허가자의 특별경영허가권 행사행위에 대하여 어느 정도 제한하고 있다. 이는 주로 특별경영허가권의 지역에 대한 제한문제이다. 특별경영허가권의 수여는 실질적으로 피특별허가자로 하여금 독점경영권을 획득하게 하지만 이러한 권리는 어느 정도 경쟁을 제한하게 된다. 한 면으로는 특별경영허가권은 특별경영허가자가 동일한 지역 내에서 기타 피특별허가자에게 수권하거나 자신이 해당 지역 내에서 상품을 판매하거나 서비스를 제공하는 것을 제한하게 된다. 다른 한 면으로는 피특별허가자가 약정한 지역 외의 지역에서 특별경영허가권을 행사하지 않을 것을 약속하는 한편 기타 기업의 동종경쟁상품을 대리판매하지 않을 것을 약속한다. 이로 인하여 자신이 기타 제조상이나 공급상의 동종상품을 자유로 구매하는 권리가 제한받게 된다. 특별경영허가권의 이러한 약속은 동일한 브랜드의 상품 판매자 사이의 경쟁을 제한하게 되며 그 결과 이러한 판매상들이 협력하여 시장을 분할하는 상황이 발생하게 된다. 따라서 유럽연맹위원회는 독점경영권은 원칙적으로 「유럽연맹조약」 제85조 제1항을 위반한 반경쟁의 성질을 갖는다. 그러나 독점경영권도 긍정적인 측면이 있다. 첫째, 특별경영허가권은 경쟁에 대한 촉진역할을 한다. 특별경영허가권이 제공한 일정한 지역적 보호가 없다면 기타 피특별허가자도 동일한 상품을 같은 지역 내에서 자유로 판매할 수 있으므로 피특별허가자는 특별경영허가자의 상품을 판매하는 적극성을 상실하게 된다. 둘째, 특별경영허가자는 피특별허가자에게 특별경영허가권을 수여함으로써 수많은 고객과 거래하지 않을 수 있어 대량의 자금을 절약하게 되므로 그가 합리적으로 특별경영허가시스템을 구축하는 데 도움이 된다. 특히 국제거래에서 특별경영허가네트워크를 통하여 기업으로 하여금 각국 사이에 존재하는 정치, 윤리, 종교, 문화 및 생활방식의 차이로 인한 시장진입장벽을 극복하게 할 수 있고 비교적 용이하게 자신의 상품을 국제시장에 진입하게 할 수 있다. 셋째, 특별경영허가권은 서로 다른 브랜드의 동종제품 사이의 경쟁에 유리하다. 피특별허가자는 하나의 브랜드의 상품만 대리판매할 수 있을 뿐 기타 동종의 경쟁상품을 동시에 대리판매할 수 없다. 이 경우, 서로 다른 브랜드의 동종상품의 경쟁은 서로 다른 특별경영허가자 사이의 경쟁일 뿐만 아니라 서로 다른 피특별허가자 사이의 경쟁이기도 하다. 이러한 특별경영허가권의 지역적 제한조항은 이중적 속성을 갖고 있으므로 각국 입법자들은 법규정을 할 시 사실상 일종의 이익의 균형을 하고 있다. 다시 말하면 독점경영의 합리성도 인정하는 한편 이에 대하여 어느 정도 제한도 함으로써 특별경영허가자, 피특별허가자 및 소비자 사이의 이익균형을 실현한다.

참고문헌

[한국문헌]

1. 박성호, 저작권법(제2판), 박영사, 2017.
2. 박동식, 유럽특허법, 세창출판사, 2016.
3. 박종태, 상표법(제9판), 한빛지적소유권센터, 2015.
4. 손경환, 사이버지적재산권법, 법영사, 2004.
5. 신혜은, 특허법의 이론과 실무, 진원사, 2010.
6. 오승종, 저작권법, 박영사, 2016.
7. 윤선희, 지적재산권법, 세창출판사, 2016.
8. 이규호, 특허법: 사례 해설, 진원사, 2017.
9. 임병웅, 특허법 판례, 한빛지적소유권센터, 2018.
10. 정차호, 특허법의 진보성, 박영사, 2014.
11. 조영선, 지적재산권법, 박영사, 2017.
12. 조영선, 특허법2.0, 박영사, 2017.
13. 최경수, 국제지적재산권법, 한울아카데미, 2017.
14. 홍봉규, 지적재산권법 개론, 박영사, 2016.

[중국문헌]

1. 陈云生:《权利相对论》, 人民出版社, 1991。
2. 陈仲主编:《无形资产评估导论》, 经济科学出版社, 1995。
3. 程合红:《商事人格权论》, 中国人民大学出版社, 2002。
4. 崔国斌:《专利法: 原理与案例》(第二版), 北京大学出版社, 2016。
5. 董炳和:《地理标志知识产权制度研究》, 中国政法大学出版社, 2005。
6. 董新义译:《韩国资本市场法》, 知识产权出版社, 2011。
7. 邓曾甲:《日本民法概论》, 法律出版社, 1995。
8. 丁春燕:《域名监管制度研究》, 中国政法大学出版社, 2016。
9. 杜颖:《商标法》, 北京大学出版社, 2016。
10. 方彬彬:《产地标记之保护》, 台北, 三民书局, 1995。

11. 冯晓青:《知识产权利益衡平理论》，中国政法大学出版社，2006。
12. 何易:《特许经营法律问题研究》，中国方正出版社，2004。
13. 江平主编:《民法学》，中国政法大学出版社，1999。
14. 蒋坡主编:《知识产权管理》，知识产权出版社，2007。
15. 孔祥俊:《WTO知识产权协定及其国内适用》，法律出版社，2002。
16. 孔祥俊:《商业秘密保护法原理》，中国法制出版社，1999。
17. 李开国:《民法基本问题研究》，法律出版社，1997。
18. 李明德:《商标使用与商标保护研究》，法律出版社，2008。
19. 李维华等:《特许经营概论》，机械工业出版社，2003。
20. 梁慧星:《民法总论》，法律出版社，1996。
21. 马波:《美国形象权法律制度研究》，知识产权出版社，2012。
22. 刘春茂主编:《中国民法学 · 智慧财产权》，中国人民公安大学出版社，1997。
23. 刘春田主编:《知识产权法》，中国人民大学出版社，2000。
24. 刘春田主编:《智慧财产权法教程》，中国人民公安大学出版社，1995。
25. 刘京城:《无形资产的价格形成及评估方法》，中国审计出版社，2004。
26. 梅夏英:《财产权构造的基础分析》，人民法院出版社，2002。
27. 乔爱民、李仪:《商业秘密保护法体系化判例研究》，武汉大学出版社，2008。
28. 孙铁成:《计算机与法律》，法律出版社，1998。
29. 陶鑫良、袁真富:《知识产权总论》，知识产权出版社，2005。
30. 佟柔主编:《民法总则》，中国人民公安大学出版社，1990。
31. 王利明等编著:《人格权法》，法律出版社，1997。
32. 王利明编著:《侵权行为法》，法律出版社，1996。
33. 王莲峰:《商业标记立法体系化研究》，北京大学出版社，2009。
34. 王泽鉴:《民法学说与判例研究》(2)，中国政法大学出版社，1997。
35. 吴汉东主编:《知识产权法学》，北京大学出版社，2000。
36. 吴汉东:《著作权合理使用制度研究》，中国政法大学出版社，1996。
37. 吴汉东等:《西方诸国著作权制度研究》，中国政法大学出版社，1998。
38. 吴汉东主编:《智慧财产权法》，北京大学出版社，1998。
39. 吴汉东、胡开忠等:《走向知识经济时代的知识产权法》，法律出版社，2002。

40. 肖志远:《知识产权权利属性研究》, 北京大学出版社, 2009。
41. 谢铭祥:《智慧财产权之基础理论》, 翰庐图书出版社有限公司, 2004。
42. 徐升权:《商标法: 原理、规则与现实回应》, 知识产权出版社, 2016。
43. 薛虹:《网络时代的知识产权法》, 法律出版社, 2000。
44. 张今:《著作权法》, 北京大学出版社, 2015。
45. 张乃根:《国际贸易的智慧财产权法》, 复旦大学出版社, 1999。
46. 张玉敏:《知识产权法学》, 法律出版社, 2010。
47. 张乃根:《国际贸易中的智慧财产权法》, 复旦大学出版社, 1999。
48. 张新宝:《名誉权的法律保护》, 中国政法大学出版社, 1997。
49. 张玉瑞:《商业秘密法学》, 北京, 中国法制出版社, 1999。
50. 赵宇霆:《无形财产权理论研究》, 法律出版社, 2011。
51. 郑成思:《智慧财产权法》, 法律出版社, 1998。

[외국번역문헌]

1. [德] 拉伦茨:《德国民法通论》, 王晓晔等译, 法律出版社, 2003。
2. [德] 沃尔夫:《物权法》, 吴越、李大雪译, 法律出版社, 2002。
3. [德] 黑格尔:《法哲学原理》, 范扬、张企泰译, 商务印书馆, 2010。
4. [德] 迪特尔 · 梅迪库斯:《德国民法总论》, 法律出版社, 2000。
5. [德] 雷炳德:《著作权法》, 张恩民译, 法律出版社, 2005。
6. [美] 迈克尔 · D · 贝勒斯:《法律的原则一一个规范的分析》, 中国大百科全书出版社, 1996。
7. [美] R · 科斯等:《财产权利与制度变迁》, 上海三联书店, 1994。
8. [美] 波斯纳:《法律的经济分析》(上), 蒋兆康译, 中国大百科全书出版社, 1999。
9. [美] 马克 · 第亚尼:《非物质社会一后工业世界的设计.文化与技术》, 藤守尧译, 四川人民出版社, 1998。
10. [美] 罗伯特 · 考特、托罗斯 · 尤伦:《法和经济学》, 张军译, 上海三联书店, 1994。
11. [美] 凯文 · G · 里维特、戴维 · 克兰:《尘封的商业宝藏: 启用商战新的秘密武器——专利权》, 陈斌等译, 中信出版社, 2002。

12. [美] 阿瑟 · R · 米勒等:《知识产权法概要》, 周林等译, 中国社会科学出版社, 1998。
13. [美] 罗伯特 · P · 墨杰斯等:《新技术时代的知识产权法》, 中国政法大学出版社, 2004。
14. [美] 欧文 · 丁 · 柯普:《特许经营宝典》, 窦莹译, 机械工业出版社, 2003。
15. [英] 劳森 · 拉登:《财产法》, 施天涛等译, 北京, 中国大百科全书出版社, 1998。
16. [日] 北川善太郎:《技术革新与智慧财产权法制》, 国家科委政策法规与体制司等译, 1998。
17. [日] 小岛庸和:《无形财产权》, 东京, 创成社, 1998。
18. [日] 吉特幸朔:《专利法概论》, 宋永林, 魏启学译, 专利文献出版社, 1990。
19. [日] 富田彻男:《市场竞争中的知识产权》, 廖正衡等译, 商务印书馆, 2000。
20. [日] 上柳克郎等编:《商法总则 · 商行为法》, 东京, 有斐阁, 1993。

[외국문헌]

1. L. Ray Pattterson' Stanley W. Lindberg, The Nature of Copyright: A Law of User's Right, The University of Georgia Press, 1991.
2. S · M · Stewart, International Copyright and Neighbouring Rights, Butterworth and Copublishers Ltd., 1983.
3. Edward W. Ploman' L. Clark Hamilton, Copyright: Intellectual Property in the Information Age, Routledge and Kegan Paul ltd, 1980.
4. Sigmund Timberg, A Modernized Fair Use Code For Visual Auditory, And Audiovisual Copyrights, Ablex Publishing Company, 1980.
5. L. Ray Patterson' Stanley W. Lindberg, The Nature Of Copyright : A Law of Users Right, The University of Georgia Press, 1991.
6. Edward W. Plornan' L. Clark Hamilton, Copyright: Intellectual Property in the information Age, 1980.
7. Paul. Edward Geller, International Copyright: An Introduction, Mathewbender Ltd, 1990.
8. L. Ray Patterson'Stanley W. Lindberg, The Nature Of Copyright: A Law Of

Users' Right, 1991.

9. Stephen M. Stewart, International Copyright and Neighbouring Rights, Butternorth & Copublishers Ltd., 1983.

10. Henry G. Mitchell, The Intellectual Commons: Toward on Ecology of Intellectual Property, Maryland Lexington Books, 2005.

11. Melvin F. Jager, Trade Secrets Law, Clark Boardman Company, ltd., 1985.

사항색인

【ㅇ】

〔ㅈ〕

[ㅊ]

[ㅌ]

[ㅍ]

[ㅎ]

[기타]

저자 및 역자 약력

[저자]

오한동(吳漢東)

중국 중남재경정법대학교 교수
중남재경정법대학교 총장 역임
중남재경정법대학교 지식재산연구센터 센터장
영국 국제지적재산권 전문지 Managing Intellectual Property(MIP) "글로벌 지식재산권분야 가장 영향력이 있는 50인"(2009년도 및 2011년도) 선정
중국 교육부 인문사회과학중점 연구기지, 지식재산보호 연구국가기지,
지식재산전략 연구기지, 국가판권국 국제판권 연구기지 센터장
중국 교육부 사회과학위원회 법학부 지도위원, 중국지식재산법연구위원회 명예회장
중국 최고법원 특약자문위원, 중국 최고검찰원 특약자문전문가, 중국 민법법학회 부회장
중국인민대학교, 무한대학교, 남경사법대학교 등 다수 대학교 객원교수

[주요저서]

지식재산권법, 법률출판사, 2014
무형재산권 기본법률문제연구, 중국인민대학교 출판사, 2013
저작권 합리적 사용제도에 관한 연구 등 지식재산권법 분야 저서 및 논문 100여 편

[역자]

동신의(董新義)

중국 서북정법대학교 졸업, 고려대학교 법학석사, 고려대학교 법학박사
중국 중앙재경대학교 법학원 부교수
중국 중앙재경대학교 과학기술 및 금융 법률연구센터 센터장
중국증권법학회 이사, 북경시 금융서비스법학회 이사
북경시 경도변호사사무소 겸임 변호사
중국인민대학교 민상법률연구센터 초빙연구원
중국 산동성 청도지역 검찰청 근무

[주요저서]

한국자본시장법, 중국지식재산권출판사, 2011
한국 투자성 크로드 펀딩 법률제도 및 시사점, 증권시장도보, 2016
자산관리운영자의 신임의무: 법적 지위 및 기본 제도, 구사학간, 2014 등 30여 편
Email: dongxinyi@cufe.edu.cn

신혜은(申惠恩)

서울대학교 약학대학 졸업
고려대학교 법학석사, 고려대학교 법학박사
충북대학교 법학전문대학원 교수
국가지식재산위원회 민간위원, 법제처 법령해석심의위원회 위원
중앙행정심판위원회 위원, 중소기업기술분쟁조정 · 중재위원회 위원
한국특허법학회 회장 역임, 변리사시험위원, 사법시험위원 역임
중국 중남재경정법대학 파견교수, 일본 지식재산연구소 초빙연구원

[주요저서]

특허법의 이론과 실무, 진원사, 2010년
의약 · 생명공학과 지식재산, 특허청/발명진흥회, 2012년

허려화(許麗華)

중국해양대학교 법과대학 졸업
고려대학교 법학석사, 고려대학교 법학박사 수료
북경중은변호사사무소 변호사
업무분야: 회사법, 지적재산권법, 외국인투자법 등

무형재산권론

저 자 吳漢東
역 자 董新義·申惠恩·許麗華
발행인 양진수
발행처 진원사

2018년 10월 10일 초판 인쇄
2018년 10월 25일 초판 발행

서울시 송파구 법원로 9길 26, C동 1107호 (문정동, H비즈니스파크)
전화 : 02) 916-1850 / 팩스 : 02) 916-3442
신고번호 제 2018 - 000026호
http://www.jinwonsa.co.kr
http://www.lawbookstore.co.kr
e-mail : hhansin@hanmail.net

저자와의 합의하에 인지생략

ISBN : 978-89-6346-538-8 93360

정가 50,000원